Helmuth Spaeter

DIE BRANDENBURGER

Helmuth Spaeter

Die Brandenburger
eine deutsche Kommandotruppe
zbV 800

2. teilw. überarbeitete Auflage
mit Personen- und Sachregister

1982

Verlagsagentur WALTHER ANGERER · 8000 München 86

Verlagsagentur Walther Angerer, 8000 München 86,
und Helmuth Spaeter, 8081 Eching
Gesamtherstellung: Ilmgaudruckerei, D-8068 Pfaffenhofen/Ilm
Umschlagentwurf: W. Clormann, Wiesbaden
ISBN 3-922128-05-X

CIP-Kurztitelaufnahme der Deutschen Bibliothek
Spaeter, Helmuth
Die BRANDENBURGER – eine deutsche Kommandotruppe – zbV 800
2. teilw. überarbeitete Auflage 1982

ISBN 3-922128-05-X

Anstelle eines Vorworts zur 2. Auflage:

Auszugsweise Wiedergabe einer von Kapitän z.D. a.D. Friedrich Forstmeier verfaßten Rezension der ersten Auflage des vorliegenden Buches in der vom MILITÄRGESCHICHTLICHEN FORSCHUNGSAMT in Freiburg herausgegebenen Halbjahreszeitschrift MILITÄRGESCHICHTLICHE MITTEILUNGEN (Heft 2/1979).

Diese Geschichte der „Brandenburger" ist ein in mancher Hinsicht bemerkenswertes Buch. Der Verfasser, bei Kriegsende Angehöriger der aus der „Division Brandenburg" hervorgegangenen Panzergrenadierdivision Brandenburg, hat es sich zur Aufgabe gemacht, Werden, Schicksal und Leistungen dieser „z.b.V.-Truppe" im Zweiten Weltkrieg zu überliefern. Aus diesem Bemühen ergab sich eine Mischung zwischen detaillierter Organisations- und Gliederungsgeschichte, Chronik und Einsatzschilderung.

Die Idee zur ersten Aufstellung von Einheiten zu besonderem Einsatz, die zur Tarnung den Namen „Baulehrkompanien" erhielten, stammte aus dem Kreis des Abwehrdienstes unter Canaris; der eigentliche Initiator war Hauptmann v. Hippel. Nach seinen Vorstellungen wurden im September/Oktober 1939 zwei Kompanien gebildet, die in kleinen Gruppen Kommandoeinsätze vorwiegend hinter den feindlichen Linien, bei Eröffnung neuer Feldzüge bereits vor dem Antreten der regulären Verbände, durchführen sollten. Ziel der geplanten Aktionen war die handstreichartige Besetzung kriegswichtiger Objekte wie Brücken, Tunnel, strategisch wichtiger Verteidigungswerke und bedeutender Verkehrsknotenpunkte. Dabei kam es darauf an, nach lautloser und getarnter Annäherung feindliches Bewachungspersonal zu überrumpeln, Sprengsätze auszubauen und anschließend die Stellung bis zum Eintreffen der zum Angriff angetretenen eigenen Spitzentruppen zu sichern und zu halten.

Die Mannschaften dieser Sondereinheiten mußten geistig gewandt, körperlich sehr belastbar und für eine extrem harte Rangerausbildung geeignet sein, sie mußten außerdem für diesen speziellen Einsatz unent-

behrliche Kenntnisse oder Fähigkeiten mitbringen, sei es handwerklich-technischer, sei es sprachlich-landeskundlicher Art. Für bestimmte Einsätze war die einwandfreie Beherrschung der im Einsatzgebiet gesprochenen Sprache wichtigste Voraussetzung. Gemeinsam mußte den Kommandokämpfern eine bestimmte Mentalität sein, geboren aus der Lust am Abenteuer; ihre Risiko- und Einsatzbereitschaft mußte die des normalen Frontkämpfers übertreffen. Diese besondere Mentalität verlangte bei aller Härte der Ausbildung auch ein entsprechendes, man möchte sagen kameradschaftlich-kooperatives Verhältnis zwischen Führern und Geführten, jenseits aller kommißmäßigen Schurigelei. Am besten könnte man den Geist, der die Angehörigen dieser Truppe verband, mit „Freikorpsgeist" umschreiben, und nicht zufällig wohl befanden sich unter den Soldaten der ersten beiden Kompanien ehemalige Freikorpskämpfer. Ein großer Teil der Angehörigen der Brandenburg-Einheiten und späteren -Verbände gelangte durch gezielte Werbung als Freiwillige in die Truppe. Brandenburger kamen aus allen möglichen Bereichen; groß war die Zahl der sich einreihenden Volksdeutschen. Sie kamen aus dem Sudetenland, aus Siebenbürgen, Südtirol, dem Baltikum und aus Oberschlesien. Dazu traten Auslandsdeutsche aus dem ehemaligen Deutsch-Ost- und Deutsch-Südwest-Afrika sowie aus Palästina.

Die Eigenart der zu leistenden Einsätze erforderte nicht nur die Fähigkeit der Brandenburger, als Pionier und Infanterist zu kämpfen, sondern auch als Fallschirmjäger und Marinelandungspionier („Küstenjäger"). Die Brandenburger waren eine vielseitig verwendbare, eine Allround-Truppe. Ihre Sporen verdienten sie sich vor allem bei den Feldzügen in Norwegen und Frankreich. Nicht alle Husarenstreiche glückten, doch überwog die Zahl der erfolgreichen Unternehmen bei weitem. Im Norwegen- und im Westfeldzug schafften es die Brandenburger, von 61 angegriffenen Objekten 42 in ihre Hand zu bringen, eine unerläßliche Voraussetzung für den schnellen Vorstoß der regulären deutschen Verbände. Ihre Kampferfolge forderten den Brandenburgern einen hohen Blutzoll ab, ihm entsprach die hohe Quote an Tapferkeitsauszeichnungen.

Die Brandenburger kämpften bei ihren frühen Einsätzen, vor allem zur getarnten Annäherung an ihre Objekte, mit allen möglichen Tricks und Täuschungen, häufig auch in der Uniform des Gegners. Der Verfasser erörtert nicht die völkerrechtlichen Aspekte dieses Vorgehens. Er weist lediglich darauf hin, daß die Brandenburger Befehl hatten, vor Aufnahme des Kampfes die fremden Uniformen abzulegen und deutlich erkennbar als deutsche Soldaten zu kämpfen. Nach der Haager Landkriegsordnung hätten, in feindlichen Uniformen gestellt, Brandenburger indessen keine Chance gehabt, als Kriegsgefangene im völkerrechtlichen Sinne behandelt zu werden.

Während die Brandenburger im Laufe des Krieges immer mehr ihren Charakter als reine Kommandotruppe verloren und die Division im Mai 1944 schließlich förmlich aufgelöst wurde, gelangten die zeitlich etwas später, etwa im Sommer 1940 aufgestellten „Commandos" der Briten und anderer Nationen zu einer anerkannten Sonderstellung in den jeweiligen Streitkräften. Nach einigen Anfangsschwierigkeiten wurden sie organisatorisch besser in ihren Streitkräften verankert und materiell und personell bevorzugt versorgt. Der Weg der Brandenburger zeigt, daß den konservativen deutschen Militärs alter Schule offenbar eine freikorpsähnliche, mehr oder minder nach eigenen Gesetzen lebende, den überschaubaren Normen militärischen Tuns entzogene Sondertruppe immer etwas suspekt war.

Das waren die BRANDENBURGER

Der Name BRANDENBURGER ist im Laufe der Zeit zu einem Gütezeichen für die erste deutsche Kommandotruppe geworden. Ihre oft an operativen Schwerpunkten erfolgten Einsätze im Zweiten Weltkrieg wurden damals nur verhältnismäßig wenig bekannt. Sie fanden nur gelegentlich — und dann ohne sie beim Namen zu nennen — im Wehrmachtbericht Erwähnung. Am Feind waren sie oft die ersten. Nach Erfüllung ihres Auftrags traten sie meist schnell in die Namenlosigkeit zurück und überließen häufig anderen den Ruhm kampfentscheidender Taten. Es lag freilich auch nicht in der Art der BRANDENBURGER, in der Öffentlichkeit für sich selbst die Werbetrommel zu rühren.

Doch die Augen der Kriegsgegner beobachteten sie scharf. Ihr Urteil hat wesentlich dazu beigetragen, den handstreichartigen und unter Anwendung von Kriegslisten erfolgten Kommandoeinsätzen der BRANDENBURGER einen achtunggebietenden Platz in der Geschichte des Zweiten Weltkrieges einzuräumen.

Diese deutsche Kommandotruppe war durchaus nicht ohne Parallelen. So hatten auch die Engländer im Zweiten Weltkrieg einen Verband für Handstreichunternehmungen aufgebaut, die Commands. Diese Commands bestanden aus ausgesuchten Soldaten, die eine vielseitige und auf ihre Sondereinsätze ausgerichtete Ausbildung erhielten. Im Unterschied zu den BRANDENBURGERN stand diese englische Truppe jedoch stärker im Licht der Öffentlichkeit und war im Bewußtsein der übrigen Truppe verankert. Die Angehörigen der Commands gingen aus der allgemeinen Truppe durch Auslese hervor und kehrten nach einer bestimmten Zeit auch dahin zurück. Sie standen bei der Armee und auch beim Volk als verwegene Einzelkämpfer in hohem Ansehen.

Den BRANDENBURGERN und den Commands gemeinsam war der Kampf mit dem Element der Überraschung und der Kriegslist, der Einsatz unmittelbar hinter der feindlichen Front und in den rückwärtigen Gebieten des Gegners. Ihre Kampfmittel waren in erster Linie das Beherrschen fremder Sprachen, die ausgiebigen Kenntnisse der Gepflogenheiten in fremden Armeen und anderen Ländern sowie Ortskenntnisse, die sich mit denen des Gegners messen konnten.

Voraussetzung ihrer Erfolge waren die Täuschung und das Ausmanövrieren des Gegners. Das sichere Beherrschen der eigenen Waffen war dabei unerläßlich und gab den Männern das Gefühl der Überlegenheit auch in kritischen Augenblicken. Deren Anwendung war dann allerdings nur der letzte Ausweg.

Wer gab den Angehörigen der deutschen Kommandotruppe den Namen BRANDENBURGER? Der Taufpate war die Stadt Brandenburg a. d. Havel. Sie war in der Entstehungszeit dieser kleinen Spezialtruppe ihre Garnisonstadt.

Als diese Truppe dann 1940 zu einem Regiment heranwuchs, hieß dieser Verband Lehrregiment „Brandenburg" zbV 800. Auch der drei Jahre später gebildete Großverband, die Division Brandenburg, behielt mit dem Namen BRANDENBURG ihr Ursprungszeugnis und ihr verpflichtendes Gütezeichen.

Den Männern bei BRANDENBURG, die sich selbst auch zbV-Soldaten und ihre Kommandounternehmen zbV-Einsätze nannten, waren drei Merkmale eigen: Deutsche Abstammung, Freiwilligkeit und Verläßlichkeit. Sie kamen aus aller Herren Länder, und sie kamen als fronterfahrene Offiziere, Unteroffiziere und Spezialisten aus allen Waffengattungen des deutschen Heeres. An ihrer Seite standen oft vollwertige freiwillige Mitkämpfer anderer Völker. Keiner von ihnen war ein bezahlter Agent. Alle kämpften aus Überzeugung für die gleichen Ziele, auch sie für ihre Heimat. Das Verhältnis der BRANDENBURGER untereinander und zu diesen Männern war durch uneingeschränktes gegenseitiges Vertrauen gekennzeichnet. Wer so wie sie im Kommandoeinsatz aufeinander angewiesen war, der fand auch leicht den Weg des gegenseitigen menschlichen Verstehens und einen Umgangston wie in kaum einer anderen Truppe.

Ein Wort wird vielleicht noch der politischen Einstellung dieser zbV-Soldaten zu widmen sein. Man kann es ruhig bei einem einzigen Wort lassen. Und das heißt: deutsch. Bedingungslos deutsch. Bedingungsloser vielleicht als irgendwo anders, wo dieses Wort gern mit parteipolitischen Begriffen verwechselt wurde. Hier stand der Ortsgruppenleiter aus Sidney neben dem Sozialdemokraten aus San Franzisko, der Deutschnationale aus Tokio neben dem katholisch Organisierten aus Rio de Janeiro.

Viele von ihnen trugen das Abzeichen der Blockadebrecher auf ihrem feldgrauen Rock. Es war ihnen verliehen worden, weil sie sich in Zeiten höchster Not durch die Absperrlinien der Gegner durchgeschlagen hatten. So wie sie sich von Mensch zu Mensch achteten, so achteten sie auch gegenseitig ihre innere Einstellung zu Gott und der Welt. Über ihre Auffassung vom Regime verloren sie untereinander nur selten ein Wort. Sie wußten alle, warum sie

gekommen waren — und warum zu dieser Truppe. Das genügte. Ihnen selbst und den anderen auch.
Und sie wußten auch bald, daß der Gegner sie fürchtete. Daß dieser Gegner sie zugleich achtete, wird in zwei Äußerungen über die BRANDENBURGER erkennbar. Ein französischer Offizier sagte von ihnen: C'étaient des as! — Das waren Asse! Und ein Engländer kennzeichnete sie mit den Worten: They were damned good sports! Das besagt soviel wie: Sie waren verdammt gute und faire Kämpfer!

Zwei Kompanien BRANDENBURGER stehen am Anfang

Seit 4.45 Uhr des 1. September 1939 befindet sich die deutsche Wehrmacht im Angriff gegen Polen. Das Unternehmen „Weiß“ ist angelaufen.
Ebenso konzentrisch wie der Vormarsch abläuft, hat die Abwehrabteilung II des Oberkommandos der Wehrmacht ihre Aktionen wenige Stunden vor Angriffsbeginn in Gang gesetzt. Im Norden durch die Abwehrstelle I — ASt Königsberg — mit K-Trupps und Kommandos gegen die Weichselbrücken und andere Ziele, in Westpolen durch die Abwehrstelle VIII — ASt Breslau — mit Kampfgruppen des Kampfverbandes Ebbinghaus gegen das oberschlesische Industriegebiet und von Süden her mit Steuerung durch Abwehrstelle XVII — ASt Wien — mit K-Trupps ebenfalls nach Oberschlesien hinein.
Die Erfolge dieser aus dem Rahmen des rein militärisch-truppenmäßigen Vorgehens fallenden Unternehmen der ersten Stunden und Tage beflügeln die damit befaßten Abwehrstellen zur Abgabe entsprechend positiver Berichte an die Zentrale des Amtes Ausland/Abwehr in Berlin. Das bleibt nicht ohne Rückwirkung auf die oberste militärische Führung, die den Anträgen zur Aufstellung einer Spezialtruppe jetzt zustimmt.
Im Nachhinein erhebt sich die Frage, ob die Abwehr in Berlin und Admiral Canaris selbst in Erwartung dieses Entscheids vorzeitig an mehrere Abwehrstellen Weisung zur Aufstellung gegeben haben, oder die zu den Abwehrstellen Breslau und Wien abgestellten Abwehr II-Offiziere aus eigener Initiative und aus persönlicher Überzeugung den Grundstein für die Aufstellung von Einheiten legten.
Die Idee einer deutschen Kommandotruppe bleibt jedoch das ursprüngliche und ausschließliche Verdienst des Hauptmanns Dr. von Hippel.
In einem Entwurf hat er die Ziele der Kommandoeinsätze so beschrieben: „Die handstreichartige Besetzung kriegswichtiger Objekte wie Brücken, Tunnels, wehrwichtiger Werke und ihr Halten bis zum Eintreffen der Spitzentruppen der Wehrmacht sind wesentlicher Bestandteil des kämpferischen Einsatzes.“ —
Diese Gedanken bleiben über Jahre hinaus gültige Leitziele. Sie gelten, so lange unsere Panzerverbände vorwärts rollen oder auf dem Luftweg Verstärkungen und Entsatz zugeführt werden können. Bei den späteren Rück-

zugsbewegungen — und das trifft für die Jahre 1943 und vor allem 1944 zu — ergeben sich andere Aufgabenstellungen. Sie sind im Rahmen der eigenen Operationen nicht weniger wichtig, unterliegen jedoch immer stärker dem Zwang der jeweiligen Krisenlage.

Dr. von Hippel sucht mit außergewöhnlicher Energie einen Weg zur schnellen Verwirklichung seiner Vorstellungen von einer deutschen Kommandotruppe. Er bemüht sich geradezu mit Verbissenheit um die Genehmigung ihrer Aufstellung durch die oberste militärische Führung.

Sehr wahrscheinlich kommt seinem Bemühen auch die Einsicht bei diesen Führungsstellen entgegen, daß man die Männer der bereits ausgeführten Unternehmen in einem ordnungsmäßigen Verband zusammenhalten und nicht über die ganze Armee verteilen sollte.

In der Aufstellungszeit ragen vier Personen heraus, die den Grundstein zur Aufstellung der ersten BRANDENBURGER Einheiten legen: Dr. von Hippel als Initiator und die Hauptleute Putz, Verbeek und Fleck. Der letztere, der anfangs des Polenfeldzuges besonders in das oberschlesische Industriegebiet hineingewirkt hat, geht jedoch einen anderen Weg. Er scheidet bereits frühzeitig als Helfer für die BRANDENBURGER aus.

Etwa ab 10. August 1939 — also noch vor Angriffsbeginn gegen Polen — hat die ASt XVII Wien die zu ihr kommenden sudetendeutschen Freiwilligen, bestehend aus ehemaligen Freikorpsteilnehmern, ehem. Gedienten der tschech. Armee und sonstigen begeisterten jungen Männern, zum südlich von Wien liegenden Truppenübungsplatz Bruck a. d. Leitha weitergeleitet.

Etwa 80 der in Wien eintreffenden Freiwilligen werden direkt nach Eger in die dortige ehemalige Kaserne abkommandiert und zur Vorbereitung für einen Einsatz in Polen versammelt.

Es ist der 15. September 1939 — Hptm. Putz ergreift nach den in Berlin und Wien vorausgegangenen mehrfachen Besprechungen die Initiative und ruft auf dem Truppenübungsplatz in Bruck a. d. Leitha alle dort versammelten Männer zur Aufstellung der 1. Baulehr-Kompanie zbV auf. Mit der Führung der dort schon mehr als kriegsstarken Kompanie beauftragt er den Hauptmann Verbeek. An Offizieren und Ausbildern stehen die Leutnante Dr. Kniesche und Siegfried Grabert, Feldw. O. A. Süß sowie die Gefreiten Fritz Buchholz und Klüver bereit.

Sofort beginnt eine intensive zbV-Ausbildung: Nehmen und Halten von Brücken und sonstigen Objekten, lautlose sowie getarnte Annäherung an feindbesetzte Ziele und Posten, Ausbau von Sprengladungen, allgemeine Sprengausbildung und anderes mehr.

Gewollt oder ungewollt, den 15. September 1939 muß man als Geburtsstunde der deutschen Kommandotruppe, der BRANDENBURGER, ansehen.

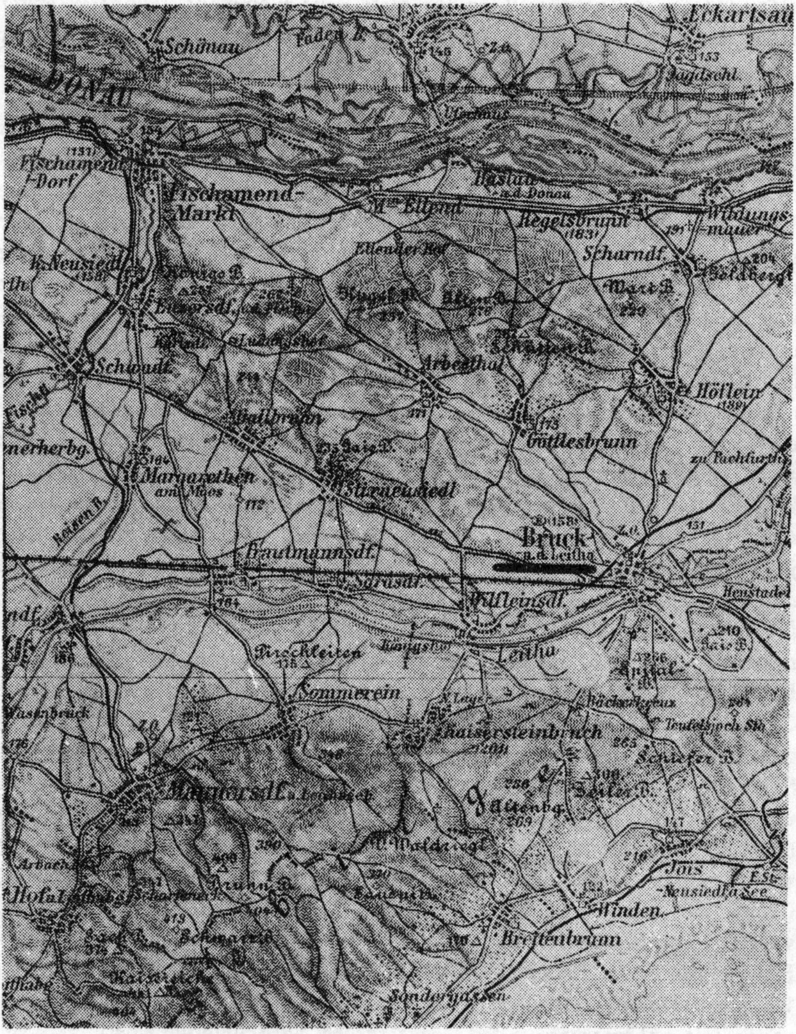
Schönau
DONAU
Eckartsau
Jagdschl.
Fischamend-Dorf
Fischamend-Markt
Regelsbrunn
Wildungs-mauer
Scharndf.
Arbesthal
Höflein
Göttlesbrunn
Wallbrunn
Margarethen am Moos
Bruck a.d. Leitha
Trautmannsdf.
Wilfleinsdf.
Leitha
Sommerein
Kaisersteinbruch
Jois
Neusiedl a. See
Winden
Breitenbrunn

Die Herkunft der Bezeichnung Baulehrkompanie zbV ist nicht eindeutig festzustellen. Es gibt jedoch Anhaltspunkte, die eine Erklärung zulassen. Dr. von Hippel und Verbeek entstammten der Pionierwaffe. Es war ihnen klar, daß die Aufgabenstellung für diese neue Kommandotruppe in erster Linie im pioniertechnischen Bereich liegen würde. Die Bezeichnung „zur besonderen Verwendung" (zbV) weist auf die Besonderheit der zu erwartenden Einsätze hin.
Hptm. Verbeek wird bereits nach wenigen Tagen zur Übernahme eines neuen Auftrages aus Bruck a. d. Leitha abberufen. Er geht zu dem in Aufstellung begriffenen Grenzwach-Regiment Zips in das slowakisch-polnische Grenzgebiet. Dr. Kniesche übernimmt die Führung der 1. Baulehr-Kompanie zbV. Dort in Bruck a. d. Leitha geht die Formierung und Ausbildung zügig weiter. Das Grenzwach-Regiment Zips ist seit April/Mai 1939 im Gebiet von Zips in der Slowakei als loser Verband — zunächst ohne Namen — und zugleich als Sammelbecken für freiwillige Deutsche aus dem tschechischen und slowakischen Sprachenraum, für ehem. Freikorpskämpfer, aber auch für nationalgesinnte Ukrainer zug- und gruppenweise zum Grenzwachdienst eingesetzt. Es bekämpft auch den dort seit jeher blühenden Schmuggel. Vor allem jedoch sichert es die Grenze gegenüber Polen, aber auch gegenüber Ungarn, das sich nach der Besetzung der Tschechoslowakei durch die Deutschen gern den südlichen Zipfel der Slowakei einverleiben möchte. Das jedoch soll verhindert werden. Das Deutsche Reich braucht unbedingt Ruhe und Frieden unter den Balkanvölkern.
Bei Kriegsbeginn gegen Polen sollen einzelne Trupps des Grenzwach-Regiments sogleich tief in das polnische Hinterland eindringen.
Bald nach dem 15. September 1939 — der Polenfeldzug ist noch in vollem Gange — wird die 1. Baulehr-Kompanie zbV ebenfalls in den Raum nordostwärts Preßburg, nach Sliac, verlegt. Das geht jedoch nicht ohne Schwierigkeiten vor sich, denn die neu-etablierte slowakische Regierung unter Präsident Dr. Tiso wünscht zunächst kein „offizielles" Auftreten der deutschen Wehrmacht. Der neugebildete souveräne slowakische Staat — es war ja nur der tschechische Raum von den Deutschen besetzt — läßt seine Grenze zur CSR und gegen Österreich von eigener Polizei, vom Zoll und vom slowakischen Militär abriegeln.
Hauptmann Putz, Leiter der Abwehr II in Wien, erteilte persönlich der 1. Baulehr-Kompanie den ersten zbV-Auftrag: Die Kompanie solle in kürzester Zeit, unbemerkt von den Grenzwachen, nach Sliac verlegen!
Man kann aber nicht etwa 250 Soldaten mit Waffen und allem Gepäck unbemerkt über eine stark bewachte Grenze bringen. Auch bei Nacht und Nebel nicht. Die Slowaken wachen aufmerksam über ihre Grenzen.

In kleinen Gruppen schleusen die Zugführer ihre Männer der Baulehr-Kompanie unbemerkt über die Grenze. Feldw. Süß besorgt sich in Wien zwei Omnibusse und bringt etwa 90 Männer als erholungsbedürftige Jungarbeiter in Zivil- und Sportkleidung in die Slowakei. Die Gewehre liegen, in Decken gewickelt, unter den Sitzbänken. Als jedoch ein Zollbeamter einen Gewehrkolben entdeckt, von dem die verhüllende Decke heruntergerutscht ist, läßt er sich mit dem Hinweis, daß erholungsbedürftige junge Menschen ja auch Sport treiben und daß zum modernen Sport auch Schießen gehöre, nicht beschwichtigen. Er holt seinen Vorgesetzten herbei. Nur ein größerer Geldschein veranlaßt den Zollpostenführer dazu, beide Augen zu verschließen. Die Omnibusse können passieren.
In Sliac wird die Kompanie nunmehr einheitlich eingekleidet. Sie erhält zunächst reguläre slowakische Militäruniformen mit Wickelgamaschen und slowakischen Dienstgradabzeichen.
Allerdings werden diese nach wenigen Tagen gegen umgefärbte slowakische Uniformen ausgetauscht. Dazu werden Armbinden ausgegeben mit der Aufschrift: „Deutsche Kompanie".
Die Ausbildung in Sliac geht unverzüglich weiter, insbesondere wird die zbV-Ausbildung energisch vorangetrieben. Besonderer Wert wird auf die Heranbildung von Gruppenführern und Einsatzführern gelegt. Erfreulicherweise stehen bei der Deutschen Kompanie recht viele dafür gut geeignete Männer im Glied. Von ihnen werden in kurzer Zeit immer mehr als Unterführer herausgenommen. Eine ganze Reihe von ihnen geht später zur Kriegsschule und bewährt sich danach als Offizier der BRANDENBURGER. In Sliac aber wächst die Schlagkraft der Kompanie von Woche zu Woche.
Es geht auch organisatorisch mit der Kompanie voran. Der Gefreite Kurt Buchholz — ein Student, der bei einer Aufklärungsabteilung gedient hat, bekommt als Hauptfeldwebel-Diensttuer (ein Kuriosum als Gefreiter) die Kompanie organisatorisch immer besser in den Griff. Er nimmt einen vierzigjährigen k.u.k.-gedienten Leutnant aus dem Glied und setzt ihn als deutschen Unteroffizier in die Schreibstube zur Aufstellung von Stammrollen. —
Inzwischen war Leutnant Löhlein mit einer Gruppe von etwa 40 in der tschechischen Armee gedienten Sudetendeutschen bei der Deutschen Kompanie in Sliac eingetroffen. Die Gruppe hatte von einer Dachsteinbaude aus Hochgebirgsausbildung betrieben. Sie wurde in die Kompanie eingegliedert. Löhlein erhält einen überstarken Zug zur Ausbildung.
Am 27. September 1939 bittet Hauptmann Dr. von Hippel in einem Gespräch bei Abwehr II darum, einen Befehl zur Aufstellung einer Kompanie

von Sabotageleuten für den Westen zu erwirken. Die Operationsabteilung stimmt zu. Die Organisationsabteilung gibt einen entsprechenden Befehl heraus.

In seinem persönlichen Tagebuch schreibt Dr. von Hippel dazu:

„... schon vor dem Polenfeldzug beschäftigten mich die Einsätze von Oberschlesiern des ‚Industrie-Schutzes OS', welche für unsere Zwecke militärisch erfaßt und für Sonderkommandos verwendet werden sollten. Außerdem hatten wir sonst noch viele V-Leute, zum Teil Reserve-Offiziere, welche ohne militärische Erfassung praktisch ohne Versorgungsansprüche bleiben mußten. Für solche Männer sollte eine Einheit geschaffen werden. Canaris legte meinen Vorschlag dazu dem Oberkommando des Heeres im Ausweichhauptquartier Zossen b. Berlin vor; dort war auch Obstlt. Groscurth, der diesen Plan befürwortete. Der Vorschlag wurde in der Form genehmigt, daß der Hptm. Dr. von Hippel den Auftrag erhielt, eine

Baulehr-Kompanie zbV

aufzustellen. — Diese Formation erhielt die Bezeichnung

zbV 800.

Ihre Sollstärke wurde zunächst mit 320 Mann festgelegt. Damit hatte OKW-Abwehr eine eigene Truppe ..." [1]

In den ersten Oktobertagen 1939 ist von Hippel unterwegs, um eine Unterkunft für seine Truppe zu suchen.

Die Stadt Brandenburg a. d. Havel und ihre Umgebung kennt er aus seiner früheren Verwendung im dortigen Pionierbataillon. Dort hat gerade die II. Abteilung des Artillerieregiments 59 Teile der Generalfeldzeugmeister-Kaserne freigemacht und den bisherigen Küchentrakt — einen Flachbau zwischen zwei Kasernenblöcken — geräumt. Zunächst sind es nur drei Räume. Dort zieht Dr. von Hippel am 15. Oktober 1939 ein.

Das offizielle Aufstellungsdatum für „seine" Kompanie fällt auf den 25. Oktober 1939.

Wenige Tage zuvor — am 10. Oktober 1939 — fand in Berlin ein weiteres Gespräch statt, das die militärische Zukunft der z. Zt. in Sliac untergebrachten „Deutschen Kompanie zbV" zum Thema hatte. In inhaltlicher Zusammenfassung der beiden Gespräche — Hptm. Dr. von Hippel am 27. 9. 1939 und Hptm. Abshagen am 10. 10. 1939, beide in Berlin, mit Thema: Aufstellung und Status der beiden Kompanien, sind zwei Fakten bemerkenswert:

1.) die Bestätigung von zwei Kompanien;

2.) die Zielrichtung: Einsatz im Westen und Einsatz im Osten und Südosten.

Die im Nachhinein aufgestellten Stammtafeln mit Daten-Angaben bestätigen diese Feststellung.

Stammtafel — BRANDENBURG

1. Baulehr-Kompanie D.K. zbV

15. 9. 1939 — aufgestellt durch W.K. XVII und Teilen des Grenzwach-Rgt. „Zips".

1. 10. 1939 — umbenannt in: Deutsche Kompanie zbV (D.K. zbV)

1. 11. 1939 — umgegliedert in: 1. Baulehr-Kompanie D.K. zbV (durch W.K. III und unterstellt unter OKW/Abwehr II)

11. 11. 1939 — Stammpersonal der 1. Baulehr-Kp. D.K. zbV wird abgegeben zur Aufstellung der: 2./Baulehr-Kompanie zbV 800. Die 1. Baulehr-Kp. bleibt im Raum W.K. XVII. Aus der 2./Baulehr-Kp. wird am 16. 8. 1940 die 6./Lehr-Rgt. „Brandenburg" zbV 800.

1. 4. 1940 — wird umbenannt in: 7./Baulehr-Btl. zbV 800.

Stammtafel — BRANDENBURG

Baulehr-Kompanie zbV 800

25. 10. 1939 — aufgestellt durch W.K. III.

ab: 11. 3. 1940 — umgegliedert in: Stab/Baulehr-Bataillon zbV 800.

ab: 1. 6. 1940 — umbenannt in: 2./Lehr-Rgt. „Brandenburg" zbV 800.

ab: 7. 2. 1941 — umbenannt in: 3./Lehr-Rgt. „Brandenburg" zbV 800.

Stabs-Kompanie / Baulehr-Kp. zbV 800

1. 12. 1939 / 1. 1. 1940 (offz.) zusammengestellt aus: Personal der Baulehr-Kp. zbV 800, der Stabs-Kp./Baulehr-Btl. zbV 800.

ab: 1. 6. 1940 wird Stabs-Kp./ I. Btl./Lehr-Rgt. „Brandenburg" zbV 800.

ab: 17. 8. 1940 — werden 180 Mann der Stabs-Kp./I. Bataillon zur Aufstellung der 1./Lehr-Rgt. „Brandenburg" zbV 800 abgegeben. [2]

Hippels zbV-Soldaten in Brandenburg/Havel

Nur zwei Tage nach Beginn des Polenfeldzuges, am 3. September 1939, erklären England und Frankreich dem Deutschen Reich den Krieg.
Unter dem Eindruck der ersten deutschen Waffenerfolge eröffnet Hitler am Abend des 12. 9. 1939 seinem Chefadjutanten, Oberst Schmundt, vertraulich, daß er unmittelbar im Anschluß an den Feldzug in Polen eine Offensive im Westen führen wolle.
Am 27. 9. 1939 beruft Hitler die Oberbefehlshaber der drei Wehrmachtteile und ihre Chefs der Generalstäbe in die Reichskanzlei, um sie auf die Fortsetzung des Krieges vorzubereiten.
Als Operationsziel dieser Offensive im Westen bestimmt Hitler im Oktober 1939:
Starke Teile des franz. Heeres und die an seiner Seite fechtenden Verbündeten zu schlagen und gleichzeitig möglichst viel holländ.-belgischen und nord-franz. Raum als Basis für eine aussichtsreiche Luft- u. Seekriegsführung gegenüber England und als weites Vorfeld des lebenswichtigen Ruhrgebietes zu gewinnen . . .*)
Es besteht kaum ein Zweifel daran, daß bei der Abwehr II die ersten Überlegungen für einen Einsatz im Westen bereits angestellt sind, als Dr. von Hippel am 27. September 1939 den Befehl zur Aufstellung einer Kompanie von Sabotageleuten für den Westen erwirkt. Es ist daher auch verständlich, daß die ersten Männer für diese Aufgabe aus den Reihen der Abwehr, oder zumindest durch deren Vermittlung, nach Brandenburg a. d. Havel kommen.
Unter ihnen trifft am 26. Oktober 1939 auch der Wachtmeister Johannes von der Flakartillerie dort ein. Er wird enger Mitarbeiter Dr. von Hippels und als Leutnant später der erste Btl.-Adjutant des Baulehrbataillons zbV 800.
Vorerst hat Johannes die Aufgabe, die Pläne von Hippels für den Aufbau der Baulehrkompanie in die Tat umzusetzen. Und er tut das, vom Punkt Null angefangen, ohne Vorhandensein eines Kriegsstärkenachweises (KStN) und ohne Kriegsausrüstungsnachweis (KAN), in stiller und unermüdlicher Arbeit. Er beschafft alles, von den Waffen bis zu den Ausrüstungsgegenständen. Und das in einer Zahl, daß schon bald damit ein Bataillon ausgerüstet werden kann.
Dabei hilft ihm vor allem seine Erfahrung aus dem Zivilleben wie auch der Umstand, daß er als Mann der ersten Stunde mit jedem Ankommenden

*) vgl.: Kriegstagebuch d. OKW, Band I — 1. 8. 39—31. 12. 41 — Seiten 49 f.

menschlichen Kontakt findet. Diese Kontaktfähigkeit, das Vertrauen von Hippels und das Vermögen, in jedem Gegenüber zuerst den Menschen, dann den Soldaten und militärischen Führer zu erkennen und anzuerkennen, lassen Johannes in dieser Aufstellungszeit wesentlich zum guten Klima bei den BRANDENBURGERN beitragen.
Wie in einem Schneeballsystem spricht sich herum, was sich in Brandenburg tut. Kaum ist einer eingetroffen und für die Aufgaben für gut befunden, holt er schon seinen Freund, Verwandten oder Kumpel heran, um ihn ebenfalls zu dieser Einheit zu bringen. Aus einem Rinnsal entwickelt sich allmählich ein Strom. Es sind in den ersten Tagen auch viele Offiziere, die den Weg nach Brandenburg nehmen.
Unter diesen wittert man militärische Aufgaben, die nicht so sehr in einer festgefügten Ordnung zu lösen sind. Man hört von Sabotage- und Kommandounternehmen, die am Rande der Legalität ablaufen sollen. Man munkelt von Aktionen, die über die Grenzen hinweg angesetzt werden sollen. So eindeutig jedenfalls ist das den in Brandenburg Ankommenden nicht. Alle beherrscht aber die Bereitschaft zum Risiko und der Wille, sich für das Vaterland einzusetzen.
Es ist daher nicht verwunderlich, daß in den letzten Oktobertagen des Jahres 1939 zum Teil Ältere an Jahren kommen, die bereits den Ersten Weltkrieg erlebt hatten.
Unter den ersten, die sich in Brandenburg melden, ist Hauptmann de la Porte, Flieger aus dem Ersten Weltkrieg, ein Leutnant von Pescatore, ebenfalls Teilnehmer des Krieges 1914—18; dann von der Reichswehr der Feldwebel O. A. von Grohmann. Die damalige Sekretärin Dr. von Hippels veranlaßt ihren Vater, Leutnant Hacke, zur Meldung in Brandenburg. Jedenfalls — man meldet sich, wird registriert, wird eingeteilt oder erst mal wieder weggeschickt. Es ist ein Kommen und Gehen — so ganz blickt man da nicht mehr durch. Wachtmeister Johannes versucht aus dem Konglomerat der sich Anbietenden so etwas wie eine Formation zu bilden. —
Nur wenige Kilometer außerhalb der Stadt Brandenburg — in den Gebäuden eines kleinen Gutes am Quenz-See — hat das Amt Ausland/Abwehr, zunächst ohne direkte Verbindung zu Dr. von Hippel eine Ausbildungsstätte für Abwehrleute eingerichtet, die unter dem Kommando des Hauptmanns Seeliger steht. Alle drei Abteilungen der Abwehr entsenden ständig Leute nach dort, die in Kursen für ihre Aufgaben als Funker, V-Leute und für Sabotage-, Spreng- und Zersetzungs-Aufgaben vorbereitet werden. Berlin ist für diese Ausbildungsstätte weisungsbefugt, beratend ist der Major Marguerre zuständig, der zugleich als Beschaffer der Tarnmittel (Feind-Uniformen, Waffen, Funkgeräte, Sprengstoffe usw.) eingesetzt ist.

Auch die Baulehrkompanie zbV 800 entsendet aus Brandenburg Männer zum Quenz-Gut, die dort ihre erste Einweisung erhalten.
Die Soldaten, die in diesen Wochen nach Brandenburg kommen und sich zum Dienst melden, werden vom für die Aufstellung zuständigen Wehrkreis III, Berlin, zugeführt. Besonderer Wert wird auf Pioniere gelegt, auf Handwerker in Uniform, auf technisch begabte Männer. — Bald herrscht in den Kasernengebäuden die schwarze Waffenfarbe vor; die Dienstgrade werden gleichfalls mit Vorrang von den Pionieren hergeholt.
Der Techn. Inspektor Kutschke — bereits aus der Zeit vor und im Polenfeldzug bekannt — trifft ein und übernimmt die pioniertechnische Ausbildung. Über die landsmannschaftliche Zusammensetzung zu dieser Zeit besteht kein eindeutiges Bild. Ein Übergewicht einer Landsmannschaft scheint nicht zu bestehen.
Das ändert sich, als Leutnant Grabert im November 1939 mit zunächst 11 Mann, dann noch mit einem weiteren Schub Sudetendeutscher von der Baulehr-Kp. „Deutsche Kompanie" zbV aus Sliac/Slowakei nach Brandenburg versetzt wird. Mit seinen Männern aus dem Sudetenland bildet er den Stamm der 2. Baulehr-Kp. zbV 800, deren erster Chef Hauptmann Fabian von der II./Art.Rgt. 59 wird. Weitere Mannschaften und Dienstgrade aus der Einheit Hippel verstärken diese in Aufstellung befindliche Kompanie, sodaß am 11. November 1939 eine erste Übersicht des Wachtmeisters Johannes verzeichnet:

Aufstellungsdaten:	25. 10. 1939	— Baulehr-Kompanie zbV 800,
	1. 11. 1939	— 1. Baulehr-Kompanie D.K. zbV,
	11. 11. 1939	— 2. Baulehr-Kompanie zbV 800.

Zu dieser Zeit — Anfang/Mitte November 1939 — wird Hauptmann Rudloff von der Abwehr II beauftragt, mit einigen Männern aus Brandenburg, es sind 10—12 Mann, in das Aufmarschgebiet der 4. Armee nach Münstereifel zu verlegen. Er soll an der für die nächsten Tage vorgesehenen Offensive mitwirken, nachdem ihm der I c der Armee, Major i. G. Schwatlo-Gesterding, die Objekte im Grenzbereich nach Westen angegeben hat.
Zum Einsatz kommt es nicht, wenn auch späterhin wiederholt Angriffstermine und Rückrufe gegeben werden. Ähnlich geht es auch dem Hptm. Fleck, der aus dem Unternehmen Schlesien einige hundert Mann von Breslau zunächst nach Jülich verlegen soll, um im Streifen der 6. Armee mit Angriffsbeginn Objektschutz an Brücken und Kanälen durchzuführen.
Hauptmann Rudloff, der von der Abwehr II mit noch weiteren Abwehraufgaben bedacht wird, beginnt in Münstereifel mit der Ausbildung und Vorbereitung speziell für den Objekteinsatz. Seine Männer aus dem III. Zug der Baulehrkompanie zbV 800 (der Hippel-Kompanie) bekommen ständig

Zugang von weiteren Kameraden, so auch am 23. November 1939 von 3 Offizieren und 70 Mannschaften, dabei vornehmlich Sudetendeutsche und Volksdeutsche aus Rumänien. Zu nennen sind Oberleutnant Moll und Leutnant Hütten, die beide von der 4. Armee zunächst ausgeliehen werden. Hütten war zu dieser Zeit bereits mit dem E.K. I aus dem Polenfeldzug ausgezeichnet, wo er an der Vernichtung eines feindlichen Kavallerieangriffs entscheidend mitgewirkt hatte.
Dann sind zu nennen der Leutnant Kutschera, ein Offizier der tschech. Armee, der sudetendeutsche Feldwebel Kretschmar, Uffz. Ille und ein uralter Hase bei der Abwehr, der Uffz. Heumann. Sie bilden den Rahmen und das Korsett der sich in Münstereifel entwickelnden Einheit Rudloff, die mit dem 15. Dezember 1939 die Bezeichnung 3. Baulehr-Kompanie zbV 800 trägt.
In Brandenburg/Havel zeichnet sich allmählich ein ordentlicher Dienstbetrieb mit gegliederten Einheiten ab, auch wenn der Zugang an Personal weiter anhält. Diese sammelt man zunächst in der eigentlichen Baulehr-Kompanie zbV 800, um sie von hier aus den Kompanien oder Neuaufstellungen zuzuweisen. Diese Funktion eines Sammelbeckens wird die alte Hippel-Kompanie bis auf weiteres auch nicht mehr los. Sie verzeichnet den Zugang ganzer Gruppen von Männern einer Landsmannschaft. Nicht nur Deutsche aus dem Sudetenland, die in der tschechischen Armee gedient oder am Polenfeldzug teilgenommen haben, treffen ein. Jetzt kommt auch eine Gruppe von Volksdeutschen aus Rumänien, die über das Deutsche Auslandsinstitut in Stuttgart vermittelt sind und sich besonders im II. Zug der Kompanie zusammentun. Feldwebel Sorgenfrey, selbst aus dem Baltikum, geht als Werber ins Wartheland, wo sich zahlreiche baltische Familien nach ihrer Umsiedlung niedergelassen haben, und wirbt dort unter den jungen Leuten für die BRANDENBURGER. Die später in einem Zug zusammengefaßten Baltendeutschen verstärken zusammen mit den Deutschen aus Palästina im „P-Zug" und den Sudetendeutschen im „S-Zug" laufend die in Brandenburg vorhandenen Einheiten. Das führt am 15. Dezember 1939 zur Ausweitung zum Baulehr-Bataillon zbV 800 mit vier Kompanien, dessen Führung Dr. von Hippel übertragen wird.
Die eigentliche Grundkompanie von Hippel wird Stabs-Kompanie unter Beibehaltung der Funktion eines Auffangbeckens für alle neu eintreffenden Männer. Die 1. Baulehr-Kp. „Deutsche Kompanie" zbV liegt jetzt in ihrem Standort in Innermanzing im Wiener Wald und gibt weiterhin Personal für Aufstellungen nach Brandenburg ab. Zusätzlich gehen auf Anforderung der Abwehr III geeignete und sprachenkundige Männer zum Schutz der Ölquellen und der Transportwege nach Rumänien. Die Auffüllung dieser

Kompanie geschieht durch wiederholte Zuweisungen von Deutschen aus Rumänien, Süd-Tirol und anderen Gebieten.
Die 2. Baulehr-Kompanie zbV 800 unter Hptm. Fabian, dabei auch Lt. Grabert und später Lt. Witzel, ist weiterhin in der Generalfeldzeugmeister-Kaserne untergebracht. Die 3. Baulehr-Kompanie zbV 800 (Hptm. Rudloff) liegt weiter in Münstereifel — zur Verfügung der 4. Armee.
Zum Weihnachtsfest 1939 zeichnet sich das Bild eines Verbandes ab, der noch im Auf- und Ausbau und ohne Vorbild in der deutschen Militärgeschichte ist, und dessen Gestaltung auf der Umsetzung der von Dr. von Hippel entwickelten Ideen beruht. Das Offizierskorps der ersten Stunde, wenn man es bereits so nennen will, setzt sich vor allem aus „Älteren" zusammen, die zumeist bereits Teilnehmer des I. Weltkrieges waren. Sie sind Individualisten und Idealisten, ihre Motive zum Eintritt bei der Truppe der Abwehr sind neben der Vaterlandsliebe vornehmlich die Sehnsucht und die Hoffnung nach Wiederholung ihres Erlebens aus der Vergangenheit. Sicher in Überschätzung ihrer Fähigkeiten zur Bewältigung der besonderen Aufgaben dieser Truppe gehen sie mit einem militärischen Wissen an die Arbeit, das bei den Erfahrungen des Ersten Weltkrieges stehengeblieben ist. Daß im Ablauf der vergangenen 20 Jahre und besonders mit dem Aufbau der Wehrmacht umwälzende Veränderungen im Denken und Handeln stattgefunden haben, werden diese Offiziere gespürt, aber kaum in der Praxis miterlebt haben. Sie führen ihre Einheiten noch so, wie sie diese am Ende des I. Weltkrieges oder danach bei den Freikorps verlassen haben. Dieser gravierende Nachteil für die junge Truppe wird sich noch bis in die kommenden Kampfhandlungen auswirken.
Junge, in sich gefestigte Persönlichkeiten als Einheitsführer für diese Truppe mit Sonderaufgaben sind anfangs nur selten anzutreffen; etwa ein Leutnant Grabert, vor dem Polenfeldzug noch als Student in Tübingen, oder ein Leutnant Witzel, 22 Jahre alt. —
Natürlich muß man annehmen, daß der Einfluß der Abwehr auf die Personalgestaltung der ersten Zeit auf der Zuführung von Abwehr-Mitarbeitern beruhte, denen das Metier des Halbdunkel geläufig war. Sicher hoffte man auch, auf diese Weise die mangelnde Erfahrung bei Aufstellung solcher Sondereinheiten wettzumachen. Auch wird die Bezeichnung „Baulehrbataillon" auf junge, interessierte Offiziere nicht gerade attraktiv gewirkt haben. Wer will auch in der Zeit der Siegesmeldungen an den Fronten unbedingt zu einer Baulehr-Einheit, die sich im Sinne ihrer Bezeichnung vermutlich mit Straßen-, Brücken- und Festungsbau befaßt? —
Die Dienstgrade — vom Hauptfeldwebel bis zum Unteroffizier — kommen in der Anfangszeit der Aufstellung durch Versetzungen aus den einzelnen

Wehrkreisen. In der starken Aufbauphase der Wehrmacht werden die befaßten Dienststellen kaum den besonderen Anforderungen an das gewünschte Führungspersonal Rechnung getragen haben. Fachleute werden gesucht: Sprengmeister, Pioniere, Bootsführer, Dolmetscher. Stattdessen kommen Dienstgrade und Militärs, die schon in der Reichswehr das „Rückgrat der Armee" gebildet hatten. Erst durch die Eigenwerbung aus Brandenburg, durch Heranholen von Freunden und Bekannten in Wehrmachtkreisen, durch gezielte Anforderungen — denen die Abwehr stets ihre Unterstützung im eigenen Interesse gibt — kommen die Männer, die den kommenden Einsätzen ihr Format geben. Die Vielzahl der späteren Unternehmen wird erst zeigen, daß die Dienstgrade von entscheidender Bedeutung für das Gelingen geworden sind.
Auch die Mannschaften, das Potential der Truppe, werden nach verschiedenen Kriterien ausgesucht und den Einheiten nach Brandenburg zugeführt. Hier geht es in erster Linie um Soldaten aus Pionier-Einheiten, also solchen, die in dieser Waffe zuhause sind; kräftige Burschen, handwerklich beschlagen, technisch versiert. Das wird die Grundlage für künftiges Handeln. Dann benötigt man sprachenkundige Leute, landeskundige Männer und weltoffene, gewandte Menschen, die sich in jeder Lage zurechtfinden, ohne das Militär gleich als Zwangsjacke zu empfinden. In der Forderung der Abwehr, die Truppe in Brandenburg für den Einsatz über die Grenzen hinweg nach allen Himmelsrichtungen bereitzustellen, liegt bereits der Fundus, aus dem das eigentliche „Sammelbecken", die jetzige Stabskompanie beim „Baulehr-Btl. zbV 800", die Mannschaft bereitstellt. Es sind die Landsmannschaften, die Deutschen aus dem Sudetenland, aus Siebenbürgen, aus Südtirol, aus dem Osten die Baltendeutschen und die Oberschlesier vom grenznahen Industriegebiet. Und es sind Freiwillige, die teils in geschlossenen Gruppen in Brandenburg anrücken. Klugerweise hält man sie in ihren künftigen Einheiten zusammen, nicht nur, um ihren Zusammenhalt zu wahren, sondern auch, weil zugleich die künftige Einsatz-Richtung angezeigt wird: Baltendeutsche und Oberschlesier in Richtung Osten, Rumäniendeutsche und Sudetendeutsche in Richtung Südost.
Eine andere Quelle für den Zustrom an Mannschaften nach Brandenburg bilden die Auslandsdeutschen. Aus Südwest- und aus Ostafrika von den Farmen der deutschen Familien; aus Palästina, die Nachfahren der um 1868 ausgewanderten württembergischen Familien, deren feste Bindung an die Heimat die Söhne zur Ableistung ihrer Dienstpflicht nach Deutschland veranlaßten, aus Australien ebenso wie aus Irland — teils auf den abenteuerlichsten Wegen finden sie sich in Brandenburg wieder. Auch hier wiederholt sich das gleiche Spiel, einer holt den anderen nach. Und der Gang durch

das Tor an der Generalfeldzeugmeister-Kaserne endet zwangsläufig bei der Stabs-Kompanie.
Aus der Retorte dieses Sammelsuriums an Menschen, Idealisten und Abenteurern, aus Sprachenkundigen aller Herren Länder dieser Erde, aus Menschenmasse und Individualisten, aus alten Herren und jungen Gefolgsleuten — aus ihr schöpfen das „Baulehr-Bataillon zbV 800" und die Abwehr gleichermaßen ihre Kontingente. Der sich verstärkende Druck auf das Amt Ausland/Abwehr durch das Oberkommando der Wehrmacht zur Vorbereitung von Einsätzen nach Westen, das wachsende Verlangen nach Aufklärung in zahlreichen Ländern in und außerhalb Europas und die stetig steigenden Anforderungen von V-Leuten und Kampftruppe für neue Aufgaben zwingen die Abwehr immer wieder zum Rückgriff auf die bei der Stabs-Kp. des Baulehr-Btl.'s zbV 800 geführten Personen.
Daneben geht die Aufstellung und Neu-Gliederung wie die Ausbildung für Sondereinsätze weiter, wenn auch hier die Abstellungen von Trupps und Einzelleuten immer mehr überhandnehmen. Es verwundert daher auch nicht, daß zum Jahresende 1939 das Gefüge des Bataillons, dessen Einheiten mit 3. Kp. in Münstereifel, mit 1. Kp. in Innermanzing und 2. Kp. und Stabs-Kp. in Brandenburg stationiert sind, zunächst nur als lose bezeichnet werden kann.
Jeder jedoch, der sich in Brandenburg bei der Stabskompanie meldet, wird registriert und erfaßt, einer alten Forderung des Admiral Canaris folgend, wonach ohne Status eines Wehrmachtangehörigen kein Mann seinen Dienst unter seinem Kommando aufnehmen kann. Die ständigen Abrufe von Einzelpersonen oder Gruppen durch die Abwehr aber zwingen die Karteiführer auf der Schreibstube zur Zweiteilung des Personenkreises: Danach gibt es sehr frühzeitig Personen, die von Brandenburg aus versetzt werden und nicht mehr zurückkehren, und es gibt Männer, die als Angehörige des „Baulehr-Bataillons zbV 800" zur Abwehr und ihren Außenstellen — auf Zeit abkommandiert werden. Sie bleiben in diesem Fall stets weiter Angehörige der Einheit. Der Kreis der letzteren erweitert sich im Zuge des Ausbaus der Abwehr ständig, die Stabskompanie beim Bataillon in Brandenburg wird dadurch immer mehr zu einer Karteiführungs- und Betreuungs-Einheit, d. h. zu einer reinen Abwicklungs- und Verwaltungsstelle.
Zum Heiligabend, den 24. Dezember 1939 wird für die in Brandenburg stationierten Einheiten im Saalbau gegenüber dem Hotel „Schwarzer Adler" eine Weihnachtsfeier durchgeführt, die in Anwesenheit zahlreicher Gäste aus Berlin zu einer feuchtfröhlichen Gemeinsamkeit führt. Eine der größten Attraktionen bei diesem Fest ist das Auftreten des Lt. Grabert in Verkleidung eines Teufels, der seine Späße mit den Anwesenden treibt.

Vermutlich auch zu dieser Zeit, bei diesem Fest, oder einige Tage danach wird der Rufname BRANDENBURGER für alle Angehörigen des Baulehr-Bataillons zbV 800 in und außerhalb der Stadt in den Sprachgebrauch der Truppe eingeführt.

Zur Geschichte der Stadt Brandenburg sollen hier einige Worte vermerkt werden: Zum ersten Mal tritt der Ort in der Geschichte an der Wende des Jahres 928 auf. Damals belagerte der deutsche König Heinrich I. die wendische Inselburg, die er dann zu Anfang des Jahres 929 eroberte.

In dem Bericht über dieses Ereignis in der um das Jahr 967 verfaßten sächsischen Chronik des Mönches Widukind von Corvey führte der Ort den deutschen Namen Brandenburg. — Die Wendenburg hatte demnach einen deutschen Namen, der in den ältesten Urkunden auch noch Brennaburg lautet.

Und zu Brandenburg als Garnisonstadt heißt es in einer Chronik aus dem Jahre 1926, daß seit dem Jahre 1880 in der Magdeburger Straße umfangreiche Kasernen-Bauten errichtet wurden, die im Jahre 1882 von dem Füsilier-Rgt. Nr. 35 und dem Kürassier-Rgt. Nr. 6 bezogen wurden. Im Laufe der folgenden Jahre wechselte die Belegung der Kasernen wiederholt, jedoch verlegt im Jahre 1900 die erste Abteilung des reitenden, brandenburgischen Feldartillerieregimentes von Düben nach Brandenburg. Hieraus entsteht später das Feldartillerie-Regiment Generalfeldzeugmeister (1. Brandenburgisches) Nr. 3.

Noch ein Hinweis aus dem Geschichtsbüchlein des Jahres 1926 ist interessant, weil in ihm der Weg nach Görden und zum Quenz-See, den so viele BRANDENBURGER gegangen sind, beschrieben wird:

Die Städtebahn Altstadt bis Görden, elektrische Straßenbahn Fouquéstraße — Görden (blaue Linie) = 4 Kilometer.

Von den Kasernen auf der Plauer Straße nach der neuen Quenzbrücke (2³/4 Kilometer), dann Quenzbrücke — bis Görden — zwei Wege, über den neuen Silokanal, der zur Entlastung des bedeutenden Schiffsverkehrs durch die Stadt Brandenburg gegraben ist und die Stadt im Norden umgeht. Sechs große Brücken führen über den Wasserlauf. — Schöner Blick auf den Quenzsee, Silokanal, auf das mit Erlen z. T. bewachsene Quenzbruch, das ehemals die Wasserverbindung Gördensee — Quenzsee bildete.

Sicher hat sich bis zur Jahreswende 1939/40 manches in der Stadt Brandenburg geändert, aber die Straße nach Görden, der Görden-See und das Landgut am Quenzsee sind ebenso noch vorhanden wie die Kasernen-Bauten an der Magdeburger Straße, die jetzt den Namen „Generalfeldzeugmeister-Kaserne“ tragen.

Auch in den ersten Wochen des Jahres 1940 treffen weitere Soldaten

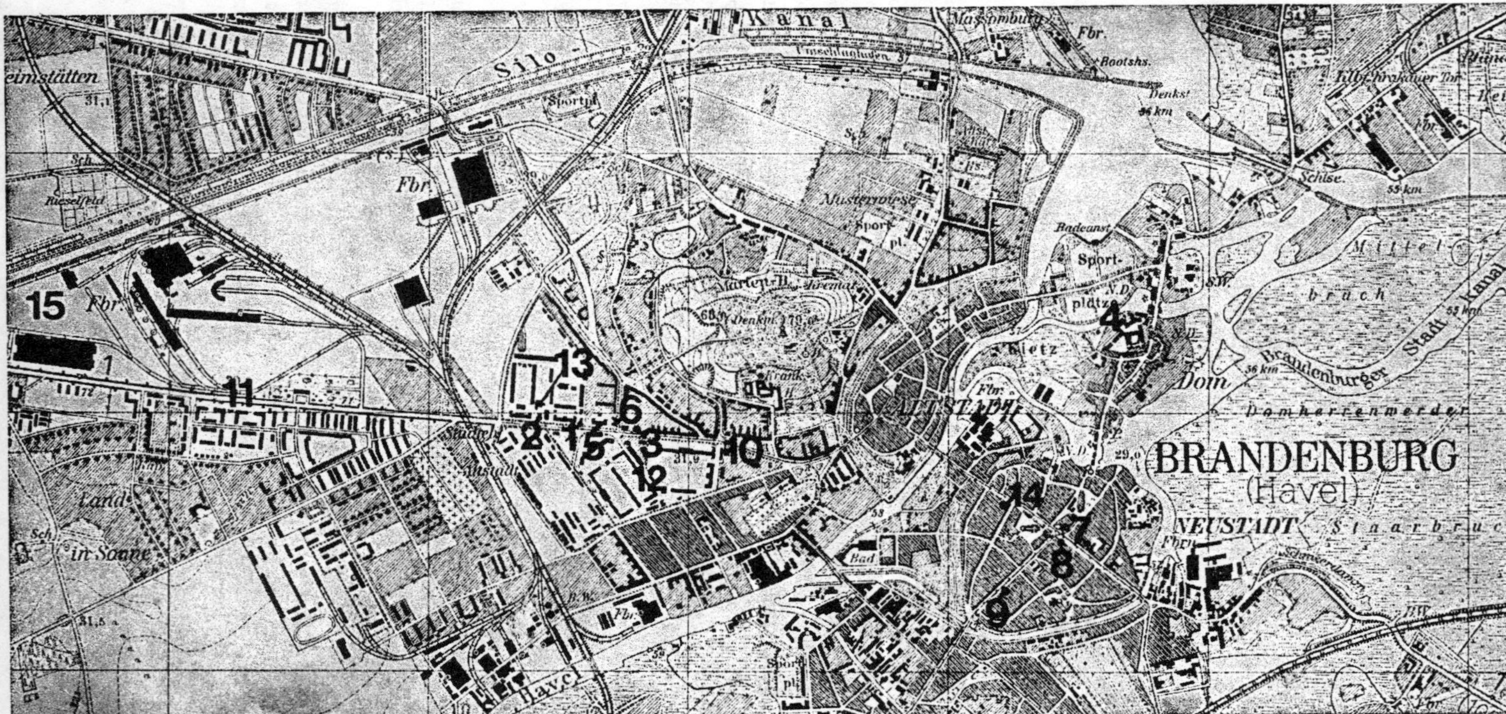

Erklärung: 1 Wache und Stab, 2 Erstes Quartier Baulehrkompanie (Küchengebäude), 3 Kasino, 4 Ritterakademie, 5 Pestalozzi-Schule, 6 V-Schule, 7 Saal Weihn.-Fest 1939, 8 Hotel Schwarzer Adler, 9 Stadtpark Gaststätte, 10 Standortältester, 11 LW.-Kaserne, 12 Infant.-Kaserne, 13 Kantine, 14 Cafe Graf, 15 Opel-Werke

aller Dienstgrade ein — einige Namen sollen stellvertretend für viele ungenannte erhalten bleiben. Da ist der Gefreite Hermann Maurer aus Siebenbürgen, später Feldwebel, der Unteroffizier Haut, später gefallen als Hauptmann und Ritterkreuzträger, der Feldwebel Hollmann, alter Baltenkämpfer mit Baltenkreuz I. Klasse, der Feldwebel von Ziegler-Witzleben, der durch Freunde aus dem OKW nach Brandenburg gekommen ist, aus Palästina Hans Wieland, Feldwebel „Rix" Großmann, seines Zeichens Hotelier aus Haifa, Feldwebel Maschinek, die Leutnante Knaus und Weil und andere mehr. — Oblt. Sturm, der zuletzt bei der II. Abt./Art.Rgt. 59 der Verantwortliche für den Fuhrpark der Abteilung in der Brandenburger Kaserne war, geht mit seiner Truppe bei deren Auszug nicht mit. Er bietet sich Dr. von Hippel für die gleiche Funktion in der neuen Truppe an und bleibt dort.

Und dann Oberleutnant Dr. Hartmann, ein Globetrotter und Schriftsteller, Teilnehmer am I. Weltkrieg, ausgezeichnet mit dem Eisernen Kreuz und dem Türkischen Halbmond, später zur See gefahren und mehrere Jahre in Südamerika verbracht. Desgleichen sein Freund Oblt. Volker Lüthy, ebenfalls jahrelang in der Türkei, der stets einen Haufen verwegener Gestalten von Büchsenmachern und „Waffenhändlern" um sich hat. Und da ist Leutnant Vatter, weißhaarig, wohl der älteste Offizier der Truppe überhaupt, alter k.u.k.-Offizier mit Streifen von Auszeichnungen an der Brust, dabei die goldene Tapferkeitsmedaille. Ferner Oblt. Graf Thun, österr. Weltkriegs-Offizier, über die Abwehr zu Brandenburg gestoßen, befreundet mit Rittm. Dr. Harbich, der als vormaliger Anwalt in Wien dazu stößt.

Und Hauptfeldwebel Mörchel, zumeist bei der 3. Kp., der stets die „Plempe" — den Säbel — so hoch trägt, daß seine Erscheinung eher einer Vogelscheuche gleicht; oder Feldwebel „Rolly" Klähn, alter Spandauer Pionier, dann der sudetendeutsche Feldwebel Zawadil und Oberfeldwebel Töpelmann vom „ältesten Regiment der Christenheit", dem I.R. 115 — übrigens einer der wenigen, der bis Kriegsende ununterbrochen bei den BRANDENBURGERN geblieben ist.

Einige von ihnen sind wahre Spezialisten im Heranholen der Mannschaften, die in diesen Rahmen hineinpassen und für die Ausführung von Sonderaufgaben gut geeignet sind. Der Oberleutnant Weiner — genannt „Weiner-Seff", ein Österreicher — bietet sich an: „... wenn Sie wollen, hole ich Ihnen 500 Mann hierher ..." und verschwindet für einige Wochen aus dem Blickfeld des Hptm. von Hippel. Und sie kommen — es sind Sudetendeutsche, prima Kerle, und sie kommen in ganzen Trupps angereist.

Es kommt Leutnant Fritz Böckl, ebenfalls Österreicher aus der serbo-kroatischen Ecke seines Landes, passionierter Bergsteiger und Kärntner-Kreuz

I. Klasse. Da kommt Leutnant Dlab, von Beruf Schmied, Pionier — er geht los und holt ebenfalls Männer heran, diesmal vor allem Oberschlesier. So füllen sich die Kasernen-Blöcke, die Mannschaft wird vollständig, die Dienstgrade übernehmen die Ausbildung der Truppe und formieren sie zu kampfkräftigen, einsatzfähigen Einheiten.
Daß der preußische Schliff — was oft gar nicht gern gesehen wird — nicht zu kurz kommt, aber bei der Herkunft der Feldwebel, die in der Masse bereits in der Reichswehr gedient haben, nicht verwundert, muß hingenommen werden.
In diesen ersten Wochen des Jahres 1940 — im Februar oder März — wird ein Plan verwirklicht, wie man aus der Luft schnell und überraschend Brücken-Objekte in die Hand bekommen könnte. Fallschirmjäger, das ist das Stichwort, und man setzt den Plan in die Tat um. Leutnant Dlab beginnt aus seinen Oberschlesiern, die er herangeholt hat, eine kleine Truppe, nach seiner Ansicht geeignete Männer, auszusuchen und mit dem Gedanken vertraut zu machen. Schon kurze Zeit später geht es nach Oranienburg, um mit der Spezial-Ausbildung und dem Fallschirmspringen anzufangen. Oberleutnant Gartenfeld, ein erfahrener Lufthansapilot, hat dort die Leitung, Feldwebel Böhme führt die Fallschirmsprungausbildung durch.
Sehr bald jedoch gibt es Dispute bei der in Oranienburg stationierten Aufklärungsgruppe des Oberbefehlshabers der Luftwaffe über die Frage der Zuständigkeit. Ist es die Fallschirmjäger-Truppe der Luftwaffe oder kann das Heer seine eigenen Fallschirmjäger haben? Indem man sich mit Rückhalt bei der Abwehr auf die besonderen Einsätze beruft, die nur dafür besonders ausgebildete Soldaten durchführen können, und daß man die Sprung-Ausbildung eben bei der Luftwaffe ableistet, beruhigen sich die Gemüter bald wieder über die Frage der Zuständigkeit. Allerdings wird auch später wiederholt diese Frage akut werden, aber letztlich bleibt es dabei, daß die BRANDENBURGER ihre eigenen Fallschirmjäger haben. —
Die Verlegung einer Gruppe Oberschlesier zur Fallschirmsprungausbildung nach Oranienburg bringt kaum Entlastung für die Unterbringungsprobleme in den Kasernen-Anlagen an der Magdeburger Straße in Brandenburg. Die ständige Ausweitung des Verbandes erzwingt die Verlegung geschlossener Einheiten in benachbarte Orte und provisorische Unterkünfte. Mit der Aufstellung einer 4./Baulehr-Btl. zbV 800, die am 22. Februar 1940 aus der bestehenden 2. Kp. heraus erfolgt, wird die Platzfrage prekär. Teile der Stabs-Kompanie unter Oblt. Kutschke verlegen nach Plaue, die Kompanie unter Oblt. Weiner verlegt nach Kranepul b. Brandenburg, andere Teile gehen in die „Pestalozzi-Schule“.
Etwa im März 1940 zeichnet sich folgende Gliederung des Baulehr-Bataillons

zbV 800 ab: Btl.-Stab, Stabs-Kp. — Oblt. Kutschke, 1. Baulehr-Kp. Oblt. Dr. Kniesche (Österreich), 2. Baulehr-Kp. Oblt. Dr. Hartmann (Brandenburg), 3. Baulehr-Kp. Hptm. Rudloff (Münstereifel), 4. Baulehr-Kp. Oblt. Walther (Brandenburg).

Die Stabskompanie fungiert dabei als Nachweisstelle für alle Trupps und Kommandos, die auf Grund der Forderungen der Abwehr zusätzlich aufgestellt werden, jedoch nicht gleich in den gliederungsmäßigen Aufbau des Baulehr-Bataillons zbV 800 eingeordnet werden können. Das gilt zum Beispiel für den Fallschirmjägerzug, später auch den Kradzug des Oblt. Erwein Graf Thun, den Nord-Zug, auch „Berg-Zug", die West-Kompanie, die Südost-Kompanie u. a. m.

Der Rahmen ist eben zu klein — die Tendenz der Ausweitung zu einem Regiment zeichnet sich ab.

Die Folge dieser Weiterentwicklung ist aber auch, daß vornehmlich durch die Eigenwerbung bei anderen Truppenteilen und gezielte Zuweisungen des Personalamtes nunmehr vermehrt junge, aktive Offiziere in Brandenburg eintreffen.

So kommen von der Kavallerieschule Hannover die Leutnante Conrad von Leipzig und Mertens. Sodann treffen die aus Südwestafrika stammenden Leutnante Bisping, Schatz und Kuhlmann ein. Es kommt auch Ernst Prohaska.

Sie alle verstärken in den Zugführer- und Kommandoführer-Stellen die Kompanien und schließen vorhandene Lücken.

Die unabänderliche Absicht Hitlers, Frankreich und danach auch England anzugreifen, die er spätestens am 23. 11. 1939 der Generalität mitgeteilt hatte, findet in der Folgezeit ihren Niederschlag in der Ausarbeitung der Operationspläne. Diese wie die eigentlichen Angriffstermine, von denen der erste voreilig bereits für Ende November 1939 vorgesehen war, ändern sich im Verlaufe der Monate und bis Mitte Februar 1940 noch öfter. Die letzte Aufmarsch-Anweisung für den „Fall Gelb" erfolgt zum 24. Februar 1940 mit Festlegung eines Angriffstermins, nachdem General von Manstein bei einem persönlichen Vortrag vor Hitler nochmals eine Änderung des Planes bewirkt hatte. Die Tatsache, daß durch die Notlandung der Majore Rheinberger und Hoenmann am 10. Januar 1940 in Mecheln/Belgien der deutsche Operationsplan in Feindeshand fiel, hat jedenfalls nicht zur Änderung des eigentlichen Aufmarschplanes geführt. Aber der somit in französische Hand gelangte deutsche Angriffsplan veranlaßte die französische

Regierung, die Alliierten um so mehr auf die schnelle Errichtung einer zweiten Front zu drängen.

Ein Dorn im Auge der Alliierten ist dabei die ständige Erzzufuhr aus Schweden über den norwegischen Hafen Narvik nach Deutschland, ebenso wie dieser Versorgungsweg für die deutsche Seite als Achillesferse der deutschen Kriegswirtschaft unter besonderer Beobachtung steht. Immerhin gehen jährlich ca. 3 Millionen Tonnen mit der Erzbahn von der schwedischen Grenze nach dem Ofot Fjord, dem inneren Teil des großen West Fjordes, um dort in dem norwegischen Hafen Narvik von den Erzschiffen übernommen zu werden. Weitere 10 Millionen Tonnen kommen aus den schwedischen Gruben bei Kiruna und Gälliware über die Lapplandbahn zum Hafen Lulea am Bottnischen Meerbusen, wo sie nach Deutschland verschifft werden.

Am 3. Februar 1940 stimmt der Alliierte Oberste Kriegsrat dem von dem damaligen Marineminister Churchill entworfenen Plan zu, drei bis vier britische und französische Divisionen an verschiedenen Stellen Norwegens anzulanden. Sie sollen bis zu den schwedischen Erzgruben bei Gälliware durchstoßen und diese besetzen. Zugleich erhoffen sich die Alliierten eine Unterstützung Finnlands, das sich verzweifelt gegen die sowjetische Invasion zu wehren versucht. Norwegen jedenfalls beharrt nach wie vor auf strikter Neutralität, auch wenn diese unter dem Druck der Alliierten immer mehr zu bröckeln beginnt.

Eine vom Oberkommando der Wehrmacht erstellte Studie über die Möglichkeit eines militärischen Einsatzes unter der Bezeichnung „Studie Nord" wird hervorgeholt. Sie wird wieder aktuell, als sich die Lage durch den Zwischenfall am 15. Februar 1940, den Überfall des britischen Zerstörers „Cossack" auf das deutsche Troßschiff „Altmark", erheblich verschärft [3]. Am 21. Februar 1940 befiehlt Hitler die operativen Vorbereitungen zum „Unternehmen Weserübung", das auf Drängen der deutschen Luftwaffe auch nach Dänemark ausgedehnt wird. Die Leitung des zwischenzeitlich gebildeten Sonderstabes innerhalb des OKW, der alle drei Wehrmachtteile einschließt, übernimmt der Kommandierende General des XXI. Armeekorps, General der Infanterie von Falkenhorst.

Zunächst jedoch tritt eine kurze Atempause ein, als bekannt wird, daß die Briten ihre Anlandungspläne für Norwegen wegen des finnisch-russischen Friedensschlusses am 15. März 1940 zurückgestellt hatten. Dafür versteift sich zunehmend die Haltung Norwegens gegenüber allen Invasions-Gerüchten, die Nervosität nimmt zu. Für die norwegischen Küstenbatterien wird Feuererlaubnis bei Annäherung eines Feindes aus Süd oder West gegeben. Die norwegische Kriegsmarine wird in Alarmzustand versetzt. Schließlich

bestimmt Hitler am 2. April 1940 den Termin zum Angriff nach Norden für den 9. April 1940 um 5.15 Uhr — unter dem Stichwort „Weserübung Nord“ gegen Norwegen, „Weserübung Süd“ gegen Dänemark. —
Sicherlich beeinflußt diese zeitlich ziemlich plötzlich hervorgerufene Krise den eigentlichen Zeitplan für Hitlers Absichten im Westen. Sie verlangt die schnelle Klärung der norwegischen Frage, nicht nur, weil die Alliierten Landungsabsichten haben, sondern weil die Erzzufuhren lebenswichtig für die Ausführung der künftigen Pläne Hitlers sind. Der mit dem „Fall Gelb“ vorgesehene Angriff nach Westen dagegen beruht auf Prestige und politischem Handeln, unterliegt somit nicht unmittelbar einem Zeitdruck. —
Für das Amt Ausland/Abwehr in Berlin und seine Truppe in Brandenburg wird Alarmstufe I gegeben. Es gilt nicht nur, die eingeleiteten Maßnahmen in Richtung Westen zu verstärken, sondern zugleich auch für den Einsatz in Norwegen und Dänemark alle notwendigen Maßnahmen zu treffen.
Als dem Amt Ausland/Abwehr II, dem die Truppe in Brandenburg untersteht, im Herbst 1939 die ersten Einzelheiten für den „Fall Gelb“ bekannt werden, hat es neben der eingeleiteten Aufstellung einer Sondertruppe unter von Hippel eigene Vorbereitungen zum Einsatz nach Westen gegeben. Von der Abwehr II wurde Hptm. Rudloff mit etwa 10—15 Mann nach Münstereifel in den Streifen der 4. Armee verfügt, um mit Angriffsbeginn Objektschutz im grenznahen Raum durchzuführen. Hptm. Fleck war mit ähnlichen Aufgaben zur kampflosen Inbesitznahme der Maas-Brücken in den Bereich der 6. Armee in Marsch gesetzt worden. Von hier gingen also die ersten Initiativen der Abwehr aus. Je mehr jedoch die in Aufstellung befindlichen Einheiten BRANDENBURG Gestalt annahmen, — desto mehr gingen Anforderungen aus Berlin direkt an diese Truppe.
Ende Januar 1940 erhält Feldwebel O. A. Hermann Kürschner, der gerade von der 12./I.R. 115 nach Brandenburg versetzt worden war, Auftrag von Hptm. von Hippel, einen Stoßtrupp für den Einsatz im Westen zusammenzustellen. Kürschner, der in den zwanziger Jahren der Jugendbewegung „Jungpreußischer Bund“ angehörte und noch viele Freunde aus dieser Zeit hat, holt sich von diesen junge, begeisterungsfähige Männer heran, die ihm für die Aufstellung des Stoßtrupps besonders geeignet erscheinen. Bei den nach Brandenburg kommenden Jungmännern sind auch ca. 20 Bergleute aus dem Kohlegebiet Kerkrade-Herzogenrath (nahe der holländischen Grenze), die den Stamm seines Stoßtrupps bilden werden. Dieser Trupp des Feldw. Kürschner hat seine Planstelle bei der Stabs-Kp./ Baulehr-Btl. zbV 800. Sobald er seine Truppe in etwa zusammen hat, beginnt er mit der Ausbildung: Intensive Nahkampfausbildung, Schieß- und Sprengübungen, lautloses Annähern an dargestellte Objektmodelle, Über-

queren von Flußläufen, Ausbau von Sprengladungen, so die ganze Palette der pioniermäßigen Übungen, die für das geräuschlose Nehmen von Brücken, Übergängen und Anlagen eben notwendig sind.
Im Verlaufe des Februar 1940 meldet sich Kürschner bei der Abwehr II, Berlin, bei Obstlt. von Lahousen und Major Stolze, die ihm die bevorstehende Aufgabe bis ins einzelne erläutern. Von dort wird er noch weitergereicht zum Chef des „Dienstes Heß“, Kurt Jahnke, auch „Onkel Kurt“ genannt, der mit ihm evtl. Einsatz-Möglichkeiten auch für Irland erörtert. Zu dieser Zeit befassen sich nämlich außer dem Amt Ausland-Abwehr noch andere Dienstellen mit dem Gewinnen von Nachrichten, wobei jeweils der Schwerpunkt der Interessen in dem Bereich liegt, aus dem heraus solche Aktivitäten entwickelt werden. Der „Dienst Heß“ holt sich seine Informationen über die Parteiorganisationen im Ausland, das Auswärtige Amt nutzt seine Verbindungen innerhalb des diplomatischen Dienstes, Göring unterhält einen Dienst mit Hilfe der Polizei und der Luftwaffe, die SS sucht ihre Auslandsverbindungen über die ständig nach Deutschland einströmenden Auslandsdeutschen und geflüchteten bzw. umgesiedelten Volksdeutschen.
Wenn auch in der Frühzeit des Krieges dieses Nebeneinander der Dienste wohl Reibereien, aber nur wenig Nachteile erbringt, so zeichnet sich jedoch für die Zukunft ein handfester Konflikt ab, der erst durch klare Kompetenzabgrenzungen und schließlich ein Machtwort Hitlers zu einem erträglichen Vergleich führt. Viele Mißerfolge, die dem Amt Ausland/Abwehr später angelastet werden, gehen zu Lasten eben dieser oft laienhaft arbeitenden Dienste.
Ende März 1940 jedenfalls verlegt die Truppe des Feldw. Kürschner, jetzt unter der Tarnbezeichnung „Baulehr-Zug zbV“ (auch als „Westzug“ bezeichnet) nach Erkelenz, dort Zuteilung zur 7. Infanteriedivision. Kürschner wird hier anhand der Karten-Unterlagen genau eingewiesen und der Auftrag erteilt. Dieser lautet: Wenige Stunden vor Angriffsbeginn, noch vor der Vorausabteilung, lautlose Inbesitznahme von vier Straßenbrücken über den Juliana-Kanal, hart ostwärts der Maas, parallel verlaufend, und ihr unversehrtes Halten bis zum Eintreffen der vordersten Spitzen der 7. Infanteriedivision. Als Übergangsstellen sind vorzusehen: die Brücke bei Olbricht, bei dem Ort Berg, die Brücken bei Urmond und bei Stein. Rechtzeitige Bekanntgabe der X-Zeit für den Angriffsbeginn würde erfolgen.
Feldwebel Kürschner gibt seiner Mannschaft — aus Geheimhaltungsgründen — nur im groben Rahmen die Absichten bekannt, beginnt aber sofort mit der gezielten Ausbildung für diese Einsätze. Täglich, auch nachts, Gefechtsübungen im scharfen Schuß, Gebrauch der zugeteilten tschechischen Aufschlagzünder-Handgranaten, lautloses Anschleichen an Objekte, Orien-

tierungsmärsche bei Nacht usw. Wiederholt rückt der Zug auch auf Fahrrädern aus, die in norwegischer Ausführung geliefert werden. Grund hierfür ist die große Ähnlichkeit mit den handelsüblichen holländischen Fahrrädern. Von der „Wehrwirtschaftsstelle", einem Ableger der Abwehr als Beschaffungsstelle, werden zusätzlich holländische Uniformteile herangeschafft, die allerdings nicht Originalstücke, sondern im Schnitt nachgemacht sind. Sie werden in der Phase der Annäherung an die holländisch besetzten Brückenobjekte als Tarnung über den deutschen Uniformen zu tragen sein.
Während die Vorbereitungen beim Westzug noch laufen, trifft im April 1940 die Meldung eines V-Mannes ein, daß auf der Brücke bei dem Ort Berg ein Sack läge, der mittels eines Seiles am Geländer der Brücke festgebunden sei. Mit dieser Meldung taucht auch eine pioniertechnische Skizze über die Anbringung der Sprengladungen auf, die aber, wie sich bei den Pionieren des Zuges Kürschner bald zeigt, unrichtig ist.
Kürschner entschließt sich, persönliche Erkundung durchzuführen; zugleich will er dabei die Anmarschwege zu den eigentlichen Objekten überprüfen. Kürschner — seit April Leutnant — geht mit Unteroffizier Klein, beide in Zivil und ohne Papiere, gegen 22.00 Uhr eines Abends los, nur bewaffnet mit Pistole und Dolch. Beide ziehen zu Fuß durch die Felder, überall verlaufen schmale Pfade zwischen diesen, die günstig für die Objektannäherung mit Fahrrädern sind. In der Unterführung eines Eisenbahndammes (Bahnlinie Roermond—Maastricht) finden sie eine unbeleuchtete Straßensperre, die sie genau untersuchen. Während sie sich damit noch beschäftigen, taucht in der Dunkelheit eine holländische Streife auf. Kürschner und Klein verschwinden im Dunkel. Gegen 5.00 Uhr in der Frühe sind sie über den Grenzbach „Roodebeke" wieder auf deutscher Seite. Kürschner erstattet sofort Meldung beim Div.-Stab und unterrichtet auch den Kommandeur der Vorausabteilung über Einzelheiten seiner Erkundung. —
Während der Westzug seine Vorbereitungen intensiv weiter betreibt, sind an der holländischen Grenze weiter nördlich weitere BRANDENBURGER Kommandos am Werk.
Etwa Mitte Februar 1940 verlegen aus Brandenburg/Havel zwei Züge der 4./Baulehr-Btl. zbV 800 ebenfalls nach Westen; der I. Zug unter Führung von Lt. Witzel und Feldw. Hermann Stöhr in einer Stärke von ca. 60 in den „Reichswald" zwischen Goch und dem Dorf Asperden. Dort Unterbringung in einem versteckt liegenden Waldlager, abgeschirmt nach allen Seiten, ideal zur Vorbereitung für Kommandounternehmen. Der II. Zug unter Lt. Grabert verlegt getrennt von anderen Teilen der Kompanie nach Arsbeck, westlich von Rheydt. Seine Stärke liegt bei etwa 40 Mann. Die Unterstellung für den Zug Witzel liegt bei dem XXVI. A.K., für den

Zug Grabert bei dem XI. A.K. Die Verbindung untereinander und in speziellen Fragen der Abwehr ist über die ASt Köln, dort Anschluß zum OKW, gewährleistet. Der Auftrag für diese beiden Züge lautet:
Im Falle des Einmarsches deutscher Truppen nach Holland noch vor Eintreffen der Spitzen der deutschen Verbände die Brücken über die Maas und den Maas-Waal-Kanal im Handstreich nehmen und deren Sprengung verhindern. Zur Durchführung dieses Auftrages ist Tarneinsatz vorzusehen. Entsprechende holländische Uniformteile und zusätzliche Ausrüstung werden zeitgerecht bereitgestellt. Für den Einsatz jedes Zuges werden je eine Gruppe Holländer als Kampfdolmetscher und Ortskundige zugeteilt.
Da die Durchführung der Unternehmen zunächst noch sehr fraglich ist, werden schärfste Geheimhaltungsmaßnahmen getroffen. Völlige Isolierung der einzelnen Züge gegenüber anderen Truppenteilen und Zivilpersonen, scharfe Trennung auch zu den Holländern während der Ausbildung ist notwendig. Laufende Ermahnungen und totale Ausgangssperre ergänzen die Abschirmung nach außen.
Über die Planung und ihre Durchführungsabsichten werden in den Lagern nur die Offiziere und einzelne Unteroffiziere unterrichtet, bei den Armeekorps nur die Generalstabsoffiziere.
Als erstes werden entsprechend der Anzahl der Objekte die einzelnen Kommandos eingeteilt, die Führer jedes einzelnen Trupps sorgsam und entsprechend ihrer Eignung ausgewählt und die Mannschaft zusammengestellt. Es sind insgesamt 8 Brücken anzugehen, von denen 4 im Bereich des Zuges Grabert und die übrigen im Streifen des Zuges Witzel liegen. Entsprechend ist die Einteilung je Objekt mit etwa 7—11 Mann je Trupp einschließlich oder zusätzlich einiger holländischer Begleitpersonen. Die Vorbereitungen innerhalb der einzelnen Gruppen verlaufen je nach Plan des Einsatzführers, wie er sich diesen zurecht legt, mit welchen Tricks und Mitteln er sein Ziel am besten zu erreichen glaubt. Die Vorlage von Luftbildaufnahmen erleichtert ihm seine Überlegungen. Im Hinterland werden danach Objekt- und Bunker-Attrappen und Anlagen aufgebaut, an denen jeder einzelne bis zum letzten Handgriff eingeübt wird.
Für die Zugführer bleibt jedoch noch ein Problem. Es ist die Frage des Zeitabstandes vor den deutschen Spitzen bei Angriffsbeginn. Mindestens 3 Stunden vor dem Antreten der Verbände, das ist die Forderung der Kommandoführer für den Anmarschweg und das zeitgerechte Erreichen des Zieles. Die Kommandostellen der Armeekorps wollen die Zeitspanne verkürzen, da sie von der Erwägung ausgehen, daß noch in letzter Minute auf diplomatischem Weg ein Konflikt vermieden werden könnte. In diesem Fall aber könnten die einzelnen Stoßtrupps nicht mehr rechtzeitig zurück-

gerufen werden. Diese These bezieht sich auf den Einsatz des Lt. Herzner am Jablunka-Paß am 27. August 1939, wo eine ähnliche Lage eingetreten war.
Zu dieser Frage wird schließlich die Entscheidung von höchster Stelle eingeholt, die nun doch den 3-Stunden-Vorsprung akzeptiert, zumal der durchschnittliche Anmarschweg für die Trupps etwa 11 km von der Grenze bis zum Objekt ausmacht.
Die Ausbildung in den einzelnen Trupps hat den spezialisierten Einzelkämpfer zum Ziel, während den begleitenden Holländern lediglich eine Grundausbildung vermittelt wird, die sie in die Lage versetzt, sich den Unternehmen jeweils anzupassen.
Die Anwendung von Kriegslisten wie die Benutzung von Tarnmitteln, holländischen Uniformen und sonstigen getarnten Ausrüstungsstücken liegt im Auftrag begründet, wonach auch auf holländischem Boden der Kampf erst am Objekt selbst aufgenommen werden darf, jedoch nicht bereits auf dem Anmarschweg. Und da auf deutscher Seite für derartige Einsätze bisher keine Erfahrungen vorliegen, entstehen bei der Planung und den Vorbereitungen zwei unterschiedliche Meinungen unter den Akteuren: Die einen denken an den Einsatz verhältnismäßig starker Verbände in der Uniform des Gegners und gewaltsames Vorgehen gegen die Objekte; die anderen tendieren mehr zu kleinen, aber schlagkräftigen Trupps unter Führung risikobereiter Männer, die unter Tarnung und lautloser Annäherung bei handstreichartiger Inbesitznahme die größere Erfolgsaussicht zu erkennen glauben.
Um es vorwegzunehmen, die Einnahme der Brücken Gennep und die hierbei angewandten Methoden haben den Vertretern der letzteren Ansicht recht gegeben und damit auch den früheren Überlegungen des Hptm. von Hippel.
Zu den beteiligten BRANDENBURGER Soldaten muß noch gesagt werden, daß es sich landsmannschaftlich in großer Zahl um Sudetendeutsche und Oberschlesier handelte, ein Teil der Dienstgrade waren Berliner und einige wenige Rheinländer. Die Vorbereitungen gehen davon aus, daß die Deutschen in der Wehrmacht-Uniform in den Einsatz gehen, ohne Koppelzeug, darüber einen holländischen Mantel gezogen, der bei Erreichen des Objektes schnell abzuwerfen ist. Die Männer sollen, unter dem Mantel verdeckt, in der Achselhöhle eine MPi. tragen, in den Taschen Eier- und Stielhandgranaten, Pistolen in der Hosentasche, Drahtscheren in eine Schlaufe gehängt.
Als Anfang Mai 1940 Admiral Canaris in das Waldlager bei Asperden kommt, um die einzelnen Trupps bei ihren Einsatzübungen zu beobachten,

ist er von dem Ergebnis seines Besuches sehr angetan.
Der „Zug Grabert“ mit derzeitigem Aufenthalt im Lager bei Arsbek bereitet sich sehr eingehend auf seine Einsätze gegen die Maasbrücken und gegen die Brücken über den Juliana-Kanal vor, von denen die bei und in Roermond und vor Maaseik (Masseyk) Vorrang haben. Er teilt seine Einheit in vier Kommandos ein, von denen er das entscheidende selbst führen will, ein anderes gegen eine Brücke über den Juliana-Kanal der Uffz. Hegel führen wird.
Ähnliche Unternehmen werden vorbereitet, die jedoch nicht in die Federführung der BRANDENBURGER fallen; dazu gehören die Brücken bei Nymwegen und Arnheim, wo teilweise das „Btl. zbV 100“ unter Hptm. Fleck beteiligt wird. Ein anderes Ziel für Fleck sind die Maasbrücken bei und in der Stadt Maastricht.
Währenddessen stellen sich in Münstereifel Teile aus dem Baulehr-Bataillon zu Unternehmen bereit, die über die deutsch-belgische Grenze zielen werden: Die 3. Kompanie unter Führung des Hauptmann Rudloff, der bekanntlich mit den ersten Männern schon Anfang November 1939 nach dort kam.
Er ist wohl am längsten im westlichen Raum, wo sich seine Einheit bis zum Frühjahr 1940 auf mehr als 200 Mann ausgeweitet hat. Er untersteht mit seiner 3. Kompanie unmittelbar dem I c beim AOK 4 hinsichtlich Versorgung, Ausrüstung usw., nur das Personal kommt weiterhin direkt aus Brandenburg, wohin ansonsten kaum eine direkte Verbindung besteht. Dagegen ist der direkte Draht zur Abwehr II nach Berlin recht eng.
Einzelheiten werden nach Karte, Luftbildern und Agentenmeldungen gemeinsam festgelegt. Er sieht im groben vor, insgesamt 24 Objekte auf belgischem Boden vor Sprengung bzw. Vernichtung zu schützen, sowie einige vorher durch Agenten festgestellte Minenfelder zum Schutze der nachfolgenden Truppe zu trassieren. Bei den Objekten handelt es sich vornehmlich um Eisenbahn- und kleinere Brücken, Viadukte, eine Talsperre und sonstige Kunstbauten, deren vorzeitige Sprengung den Vormarsch der Truppen außerordentlich verzögern könnte.
Nachdem das alles geklärt ist, legt Rudloff in Münstereifel Stärke, Führung und Objektziel für jeden einzelnen fest. Es ergibt sich der voraussichtliche Einsatz von 3 Offizieren, 154 Unteroffizieren und Mannschaften. Dabei wird rein nach den Karten-Unterlagen der nördliche Abschnitt im Raum Eupen-Malmedy von Lt. Hütten und seinen Trupps übernommen, im mittleren Streifen wird Lt. Kutschera eingesetzt, während im Raum St. Vith Hptm. Rudloff selbst die Führung der Kommandos nehmen wird. Nach dieser groben Einteilung wird nun ganz gezielt mit den Vorbereitungen und

der speziellen Ausbildung begonnen. Dazu gehört weniger die eigentliche Grundausbildung als vielmehr das Schießen mit allen Arten von Handwaffen, Pioniersprengdienst und vor allem unauffälliges Bewegen im Gelände. Die Einteilung der einzelnen Kommandos mit Stärken zwischen 3 und 15 Mann wird ebenso vorgenommen, wie die Zuteilung von Belgiendeutschen, die als landeskundige Führer die Einweisung in den jeweiligen Geländeabschnitt vorzunehmen haben. Gerade die Geländeeinweisung in dieser Zeit war so fruchtbar, daß die Erfolge bei den späteren Unternehmen ganz wesentlich auf diese intensive Einweisung zurückzuführen sind. Die einzelnen Trupps, die an verschiedenen Stellen die Grenze zu überschreiten haben, werden in der Vorbereitungszeit mehrfach am Tage und auch zur Nachtzeit an die Übergangsstellen gebracht, um sich mit den Einzelheiten vor Ort vertraut zu machen. Die vermehrte Zuteilung von Kraftfahrzeugen erleichtert diese Möglichkeiten und wird sich auch vor Angriffsbeginn zur Überwindung der teilweise erheblichen Entfernungen von Münstereifel zu den Bereitstellungspunkten bestens auszahlen. Als taktisches Zeichen für die Einheit Rudloff wird ein hockender Laubfrosch gewählt, der in Angleichung seiner Farbe an das Gelände und bei seiner Absprungstellung die Tarnung und die Bereitschaft zum Einsatz symbolisieren soll. Bei dem Vorgehen in Richtung Belgien wird von den Trupps die deutsche Wehrmachtuniform getragen werden. Die Bewaffnung ist erheblich auf Nahkampf mit zusätzlichen Handgranaten, Maschinenpistolen u. a. ausgerichtet. Wiederholte Besichtigungen durch die Abwehr, das AOK 4 und auch den späteren Rgt.-Kommandeur der BRANDENBURGER, Major Kewisch, in Münstereifel bestätigen den hohen Leistungsstand der Truppe, aber auch die hohen Erwartungen, die man in die Trupps setzt.
Eine entscheidende Rolle im Plan „Fall Gelb“ sollte die junge deutsche Panzerwaffe unter General Guderian spielen, indem man am linken Angriffsflügel die Panzer- und Mot.-Divisionen zu einem Durchbruchskeil zusammenfaßte. Im Bereich der 12. Armee des Generaloberst List hatte man auf sehr schmalem Raum die Panzergruppe von Kleist mit den XXXXI. und XIX. Pz.-Korps und dem XIV. A.K. (Mot) mit allein 5 Panzerdivisionen im Eifelgebiet nördlich der Mosel gegenüber Luxemburg zusammengezogen. Dabei sollte das Panzerkorps Guderian die Angriffsspitze des deutschen Panzerkeils bilden, das Land Luxemburg durcheilen, die belgisch-französische Festungsfront vor und an der Maas durchbrechen und dann zur Umfassung des alliierten Angriffsheeres vorstoßen.
Das tragische Schicksal des Großherzogtums Luxemburg während des II. Weltkrieges war in besonderer Weise von der geopolitischen Lage zwischen den Militärblöcken Deutschland und Frankreich und dem nominell

neutralen Belgien bestimmt. Es war kein Geheimnis, und dies wird auch in der einschlägigen zeitgeschichtlichen luxemburgischen Geschichtsschreibung freimütig bestätigt, daß der Status der Neutralität in Luxemburg sehr einseitig gehandhabt wurde. Schon viele Jahre vor Ausbruch des II. Weltkrieges war Luxemburg ein Tummelplatz militärischer Geheimdienste, wobei der überwiegende Teil der Luxemburger Behörden das Tun und Treiben des französischen Geheimwesens auf seinem Boden wohlwollend duldete oder auch förderte, während die erst in den 30er Jahren einsetzenden gleichartigen Bemühungen der deutschen militärischen Abwehr mit allen zu Gebote stehenden Mitteln unterdrückt und abgewehrt wurden. Nach Ausbrucht des II. Weltkrieges wurden dann längs der luxemburgisch-deutschen Grenze Panzer-Straßensperren errichtet, Eisenbahn-Viadukte mit Sprengkammern ausgestattet und Funkstationen mit direktem Nachrichtenverkehr nach Frankreich eingerichtet. Die Aufgabenstellung für Kommando-Einsätze der BRANDENBURGER ergab sich hieraus fast von selbst. Es handelte sich darum, bereits Stunden vor den deutschen Angriffsspitzen die Grenzen nach Westen zu überschreiten, die Schließung der Panzersperren, die Sprengung eines Viaduktes über das Alzette-Tal zu verhindern und die Fernsprech- bzw. Funkverbindungen in das Landesinnere und nach Frankreich zu unterbrechen. Trotz der Wichtigkeit dieser Aufgaben zögerte die deutsche militärische Führung lange, ehe sie eine seit Anfang des Jahres 1940 in der Nähe von Trier bereitgestellte Einheit des Baulehr-Bataillons zbV 800 mit der Vorbereitung dieser Einsätze betraute. Der I c des AOK in Koblenz, Freiherr von Uckermann, befürchtete vor allem, daß eine vorzeitige Entdeckung der bereits Stunden vor Beginn der Offensive auf Luxemburger Gebiet befindlichen BRANDENBURGER eine Gegenoffensive der längs der französisch-luxemburgischen Grenze bereitgestellten französischen Streitkräfte auslösen und es daher bereits auf luxemburgischem Gebiet zu einem Zusammenprall deutscher und französischer Streitkräfte kommen könnte.

Diese Überlegungen waren für die Planungen der Einsätze in Luxemburg von ausschlaggebender Bedeutung. Im Schutze der Nacht und getarnt als luxemburgische „Bürgerwehr“ sollten sich die einzelnen Gruppen den verschiedenen, meist im Landesinneren liegenden Objekten nähern, jedoch erst kurz vor der Stunde X, dem Beginn der Westoffensive, in Aktion treten. Mit dem Oberleutnant Eckart Schoeler, einem ehemaligen Freikorpsoffizier, der viele Jahre in Luxemburg als Gutsverwalter gelebt hatte und der eigens für diese Aufgabe vom Reichsarbeitsdienst, wo er UK gestellt war, angefordert worden war, stand für das Unternehmen ein äußerst umsichtiger militärischer Führer zur Verfügung. Er hatte in den Wochen und Monaten vor der Westoffensive eine Reihe ehemals in Luxemburg wohnhafter Reichsdeutscher aus den verschiedensten Truppenteilen zusammengezogen. Diese beherrschten den moselfränkischen luxemburgischen Dialekt. Sie wurden auf die verschiedensten Einsatzgruppen verteilt und sollten bei einem Zusammentreffen mit Luxemburgern den Anschein erwecken, daß es sich um eine Streife der „Bürgerwehr" handele. Andererseits bestand eine Zusammenarbeit mit einer zahlenmäßig sehr kleinen Gruppe deutschfreundlicher junger Luxemburger. Einer von diesen, Ferdi C., hatte schon im März 1940 in der Abwehrschule in Quenz bei Brandenburg eine Sonderausbildung erhalten. Er bekam bereits am Vorabend des 10. Mai den Befehl, sich mit einigen seiner Freunde in einer nahe der deutschen Grenze gelegenen Mühle bereitzuhalten. Auch diese jungen Luxemburger, ebenso wie einige Reichsdeutsche aus Luxemburg, die mit ihren Kraftfahrzeugen ebenfalls zur Felsmühle beordert waren, sollten den Trupps der BRANDENBURGER als Führer dienen und im Falle eines Zusammentreffens mit Einheimischen das Wort führen.

Das schwierigste Problem im Zusammenhang mit diesem vorgesehenen Unternehmen war die Überquerung der Mosel, die dort die Grenze vom Dreiländereck Luxemburg—Frankreich—Deutschland bis Temmels bildet. Seit Kriegsbeginn wurde diese Grenzlinie sowohl von der deutschen als auch der Luxemburger Seite durch ständige Streifen und Beobachtungsposten an den Uferstraßen überwacht. Trotzdem war es eingehender Erkundung durch Mitarbeiter der Abwehrstelle Trier gelungen, gewisse Punkte am gegenseitigen Ufer auszumachen, die nicht eingesehen werden konnten.

Die Trupps der Einheit Schoeler nutzen diese Gelegenheit und bereiten ihren Übergang an diesen Stellen vor.

Ebenfalls aus der 2./Baulehr-Bataillon zbV 800 wird ein weiterer Zug unter Feldwebel Eggers zusammengestellt. Auch er verlegt im März mit seinen Männern zunächst nach St. Thomas, schiebt jedoch nach eingehender Vorbereitung dort sein Kommando Ende April 1940 in die Bunkerlinie des Westwalls bei dem Ort Ammeldingen, ostwärts des luxemburgischen Diekirch, vor. Für ihn und sein Kommando sind die Ziele wesentlich weitergesteckt. Er soll nach Durchführung kleinerer Aufträge jenseits der Luxemburger Grenze umgehend zur belgischen Grenze und von dort aus nach Frankreich hineinstoßen. Für ihn ist somit wesentlich, seine einzelnen Gruppen nach den ersten Unternehmen im grenznahen Gebiet umgehend zu sammeln und dann geschlossen nach Nordwesten vorzustoßen. Auch er beabsichtigt, in Zivilkleidung zu gehen.

Darüber berichtet ein Teilnehmer:

„Da keine Zivilkleidung auf der Kammer war, wurden wir nach Hause geschickt, um eigene Klamotten zu holen. Dafür wurden wir später finanziell entschädigt.

Ich war damals MG.-Schütze, der auf eine Sperre bei Vianden angesetzt war. Dazu hatte ich das zerlegte l. MG. in einem Reisekoffer verpackt, die Munitionsgurte hingen entlang der Beine unter der Hose, teilweise hatten wir sie auch um die Brust gewickelt." [4]

So stehen bereits mit dem Vorziehen deutscher Truppen in ihre Bereitstellungsräume von Nord nach Süd und im unmittelbaren Grenzgebiet zu Holland, Belgien und Luxemburg die BRANDENBURGER Kommandos bereit, in gewagten Unternehmen, die bisher ohne Vorbild sind, vor den Angriffsspitzen mehr als 100 Objekte anzugehen. Entscheidend für einen schnellen Erfolg der grenzüberschreitenden Truppen ist die Überraschung, das blitzartige Durchbrechen der feindlichen Befestigungen und schnelle Eindringen tief ins feindliche Hinterland. Das jedoch kann nur gelingen, wenn eben die BRANDENBURGER Kommandos ihnen den Weg bereiten, die Brücken unversehrt gewinnen und erhalten, Hindernisse beiseite räumen, Sprengungen von Kunstbauten verhindern und mit ihren Mitteln die Vormarschstraßen offen halten.

Die Gefahren für diese Kommandos sind groß. Oft in Tarnkleidung oder gar in Feinduniform im Einsatz und am Objekt, werden sie von den deutschen Vorausabteilungen nicht rechtzeitig als deutsche Soldaten erkannt. Kommt es zum kämpferischen Einsatz am Objekt, sind die Kommandos oft in erheblichem Nachteil durch ihre geringe zahlenmäßige Stärke. Oft nicht rechtzeitig orientiert und aus der Luft auch nicht immer erkennbar, sind sie dem Bombenwurf der eigenen Luftwaffe ausgesetzt. Diese immer gegebenen Risiken begleiten diese Männer. Das Ziel und ihr Wissen um die Wichtigkeit ihres Auftrages lassen sie dieses Risiko mittragen. —

Die ständig steigenden Anforderungen des Oberkommandos der Wehrmacht an das Amt Ausland/Abwehr zwingen zur Konzentration der Kräfte. Die bisher geübte Methode der Befehlsgebung für Kommandoeinsätze läßt jede Übersicht verlieren und Schwerpunkte vermissen. Abwehr II erteilt direkte Aufträge an ihr geeignet erscheinende Offiziere, zusätzlich veranlaßt sie den Kommandeur des Baulehr-Btl. zbV 800 zur Aufstellung von weiteren Kommandoeinheiten. Einzelne, meist sprachenkundige BRANDENBURGER werden von der Abwehr angefordert oder abkommandiert, einzelne Referenten aus dem OKW greifen direkt in die Befehlsgebung ein. Zwangsläufig ergibt sich nach der Vielzahl der im Frühjahr 1940 bereitgestellten Kommandotrupps eine Zusammenfassung unter einheitlichen Befehl und für die Abwehr dann nur eine Korrespondenzstelle.

Im März/April 1940 wird vorbereitend eine Kommandostelle in Berlin eingerichtet, die dem Führungsstab eines Regimentes entspricht. Zum ersten

Regimentsführer wird Major Kewisch bestimmt, der von der Aufklärungsabteilung 8 kommt. Für die Unterbringung dieses Stabes wird eine Anzahl von Zimmern in einem unscheinbaren Wohnhaus am Mathäikirch-Platz Nr. 5 angemietet. Als einer der ersten Gehilfen kommt von der Infanterie Lt. Reinhard, der die Funktionen eines Adjutanten übernimmt. Feldwebel Sommer richtet die Geschäftszimmer ein, einige Soldaten und Sekretärinnen vervollständigen die Besetzung.
Um sich zunächst einen Überblick zu verschaffen, geht Major Kewisch wiederholt auf Reisen und zu Besichtigungen bei allen erreichbaren Einheiten.

Erste Einsätze in Nord und West

Der von Hitler für den 9. April 1940 befohlene Angriffsbeginn gegen Norwegen und Dänemark wird vorverlegt. Das Stichwort für die Unternehmen „Weserübung Nord" und „Weserübung Süd" wird bereits in der Nacht zum 5. April ausgelöst. Die in verschiedenen Ostseehäfen versammelten Heerestruppen gehen an diesem Freitag an Bord der vor Anker liegenden Transportschiffe, während die Kriegsschiffe bereits auf hoher See in Wartestellung liegen, um den Begleitschutz zu übernehmen. Ein erster Verband geht am 5. 4. 1940 in Begleitung der Schlachtkreuzer „Gneisenau" und „Scharnhorst" in See, um entlang der norwegischen Westküste, nach Norden fahrend, den nördlichsten Zielpunkt zeitgerecht zu erreichen.
Als am 7. April 1940 vier britische Kreuzer des 1. Kreuzergeschwaders im Firth of Forth und die Transportschiffe in Clyde gerade die ersten Landungstruppen übernehmen, meldet die britische Luftaufklärung völlig überraschend einen deutschen Flottenverband mit nördlichem Kurs am Nordausgang des Skagerraks.
Am Montag, 8. April 1940 überstürzen sich die alarmierenden Nachrichten, die von dem norwegischen Wachboot „Syrian" stammen und von deutschen Funkstellen mitgehört werden:
„Britische Fahrzeuge haben am Ausgang des Fjords innerhalb (!) der norwegischen Hoheitsgewässer eine Minensperre geworfen. — Ich habe gegen diese Neutralitätsverletzung und den Aufenthalt britischer Zerstörer innerhalb (!) unserer Gewässer sofort Protest eingelegt ..." [5] —
Am gleichen Tage, gegen 7.00 Uhr früh, überreichen die britischen und französischen Gesandten in Oslo gleichlautende Noten, deren Inhalt das Auslegen von Minenfeldern rechtfertigen sollen.
Eben an diesem 8. April befindet sich der deutsche Obstlt. i. G. Pohlmann

I a der Gruppe XXI, als Vorkommando bereits in Oslo, und mit ihm einige andere Herren in Zivil, die alle genau zu wissen scheinen, was sie zu tun haben. Bei diesen handelt es sich um Mitglieder der Abwehr, die jetzt nur noch das Eintreffen der ersten deutschen Landungstruppen erwarten. Denn schon seit Wochen haben sie ihre Vorbereitungen getroffen. Auf dem deutschen Frachter „Widar" der Neptun-Linie[6], der im Hafen von Oslo vor Anker liegt, sind Abwehr-Funkgeräte (AFU) aufgebaut, die den Funkverkehr mit Deutschland aufrechterhalten sollen. Auf seltsame Weise sind Pläne über Minenfelder im Oslo-Fjord in deutschen Besitz gelangt. Am Flughafen Fornebu tauchen einige Gestalten in Zivil auf, die fast zu auffällig gewisse Einrichtungen unter ihrer Beobachtung halten. Und während die deutsche Schiffsgruppe V noch durch den Fjord von Oslo auf den Hafen zustampft, kreist am 9. April gegen 9.00 Uhr ein deutscher Aufklärer gerade über diesem Flugplatz. —

In der Frühe dieses 9. April 1940 sind auch die ersten BRANDENBURGER Kommandos im Einsatz. Bereits in der Nacht zuvor waren sie in Zivil unter Führung des Feldwebel Sorgenfrey von Nordschleswig aus über die dänische Grenze — Unternehmen Sanssouci — gesickert. Ihr Interesse liegt bei gewissen Eisenbahnübergängen, so bei Padborg und in der Nähe des Bahnhofs Tinglev. Zugleich unterbrechen sie die Nachrichtenverbindungen zwischen Gedser und Nykoebing. Das alles geht jedoch ziemlich friedlich zu, die dänischen Bewohner kümmern sich nicht darum, es kommt zu keinerlei Auseinandersetzungen, es besteht fast der Eindruck, daß diese sie gar nicht wahrnehmen. Der Einmarsch deutscher Truppen erst läßt sie merken, daß Krieg ist. Zu diesem Zeitpunkt jedoch sind die geheimnisvollen Personen längst untergetaucht.

Währenddessen landen am 9. April 1940 Teile der 3. Gebirgsdivision unter Führung des Generalmajors Dietl im Hafen von Drontheim an, ein anderer Teil der gleichen Division fast zur gleichen Zeit im Hafen von Narvik. Es sind im Verhältnis zu den norwegischen Streitkräften nur schwache deutsche Kontingente, die den Fuß auf norwegischen Boden setzen. Nachfolgende deutsche Verbände sind noch auf See, als die Nachricht eintrifft, daß die Alliierten in der Nacht vom 14./15. April gleich an mehreren Stellen Truppen an Land setzen. Ihre Ziele sind bei Narvik, bei Namsos und bei Andalsnes, südlich von Drontheim, wo sie Verbindung mit dort stationierten norwegischen Einheiten suchen. Sofort verstärken die Deutschen ihre Positionen, indem sie eiligst die 181. Infanteriedivision unter Generalleutnant Woytasch nach Drontheim überführen. Diese Situation am 15. April 1940 veranlaßt die Abwehr, in Brandenburg die blitzschnelle Aufstellung einer Kompanie zum Einsatz in Norwegen einzuleiten. Major

Kewisch selbst übernimmt zunächst den Befehl und verlegt mit einem kleinen Stab nach Oslo, um den Einsatz an verschiedenen Punkten des Landes vorzubereiten.

In Brandenburg wird der „Nord-Zug" in Stärke etwa einer Kompanie aufgestellt, in rasender Eile werden Offiziere und Führungspersonal herangezogen, dabei Lt. Zülch, Lt. Benesch, Lt. Weiß, Lt. Knaus, Feldw. O. A. Lange, Uffz. Kirchner, die Pioniere Storch, Tanzer, Tischer, Cölstin und Pohlmann.

Die Zusammensetzung dieses „Nord-Zuges" zeigt folgendes Bild:

Ein Zug, vorwiegend aus Oberschlesiern, zum Einsatz gegen die sog. „Polnische Brigade", die unter britischem Befehl bei Narvik an Land gegangen ist.

Ein Zug, überwiegend aus Palästina-Deutschen, sowie der „Berg-Zug", aufgestellt von Feldw. Lange und vorwiegend aus Südtirolern, dabei eine Gruppe Sudetendeutscher, die von Lt. Benesch zugeführt waren.

Deckname für dieses Unternehmen: „Carolus".

Zugführer sind u. a. die Leutnante Benesch und Zülch, die anderen Offiziere werden vornehmlich zur Führung der einzelnen Kommandotrupps eingesetzt, ebenso die Dienstgrade.

Durch den „Einsatzstab Kewisch" in Oslo wird der „Nord-Zug" um den 20. April aus Brandenburg abgerufen. Die Männer fahren per Bahn bis Hamburg und werden von dort mit einer Gruppe Ju 52-Flugzeugen nach Oslo geflogen. Bereits in der ersten Nacht werden dort durch alliierte Bombenangriffe gegen den Flugplatz bis auf vier Maschinen alle Flugzeuge zerstört.

Der Chef des Stabes der „Gruppe von Falkenhorst", General von Buschenhagen, gibt in Anwesenheit des Major Kewisch erste allgemeine Aufträge für die zbV-Truppe, u. a. das Zerstören bzw. Unbrauchbarmachen der norwegischen Funkstellen, Fernsprech-Vermittlungen, Kabelanlagen usw., die trotz des deutschen Einmarsches noch überall — vor allem von Nord nach Süd und umgekehrt — in Betrieb sind.

Weiterhin — im Gebiet der angelandeten britischen Truppen deren Nachschub stören, durch Unterbrechen der Nachschubwege, Sprengen von Bahnlinien usw.

Weiter das Führen von Kleinkrieg im feindbesetzten Hinterland usw. [7]

Ohne das Eintreffen der anderen Kommandos abzuwarten, jedoch in der Absicht, erste Erfahrungen auf einem unbekannten Kriegsschauplatz zu sammeln, unternimmt Major Kewisch mit Lt. Knauß, dazu 5 Unteroffizieren und 41 Mannschaften am 1. Mai 1940 seinen ersten Einsatz auf norwegischem Boden.

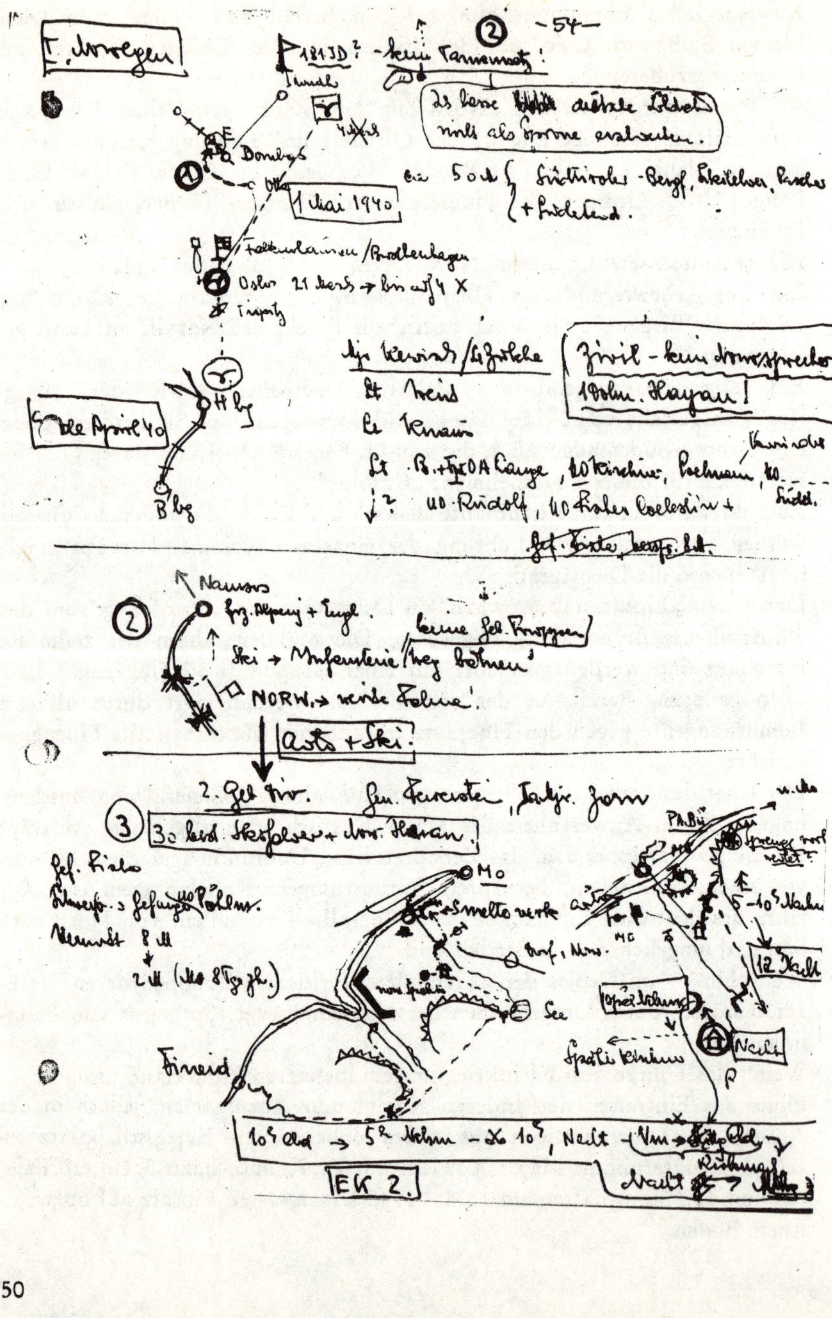
I. Norwegen
-54-
1 Mai 1940
Oslo
Ski + Infanterie
NORW.
Autos + Ski
2. Geb Div.
Mo
Smelteverk
See
Fineid
Nacht
EK 2.

2. Geb. Div.

(4) Brüssel – Spitze I e [illegible] + 30 [illegible] Spitze [illegible]

8 Tagesetappen – ohne Weg, Lager – [illegible]

Zahl zk. n. Trondheim → | Lange [illegible] → Namsos
Insel? → Motorboot
(Kerisch, [illegible] 1 → gleiche Insel!

rot

(5) ca 100 [illegible] → Fischerboote →
Inseln z. Lofoten o. Bodö/Fauske
Funkstelle & Kabel zerstört.
↓
2 [illegible] Boote + 1 Nachschubdampfer → Seegefecht Fauske

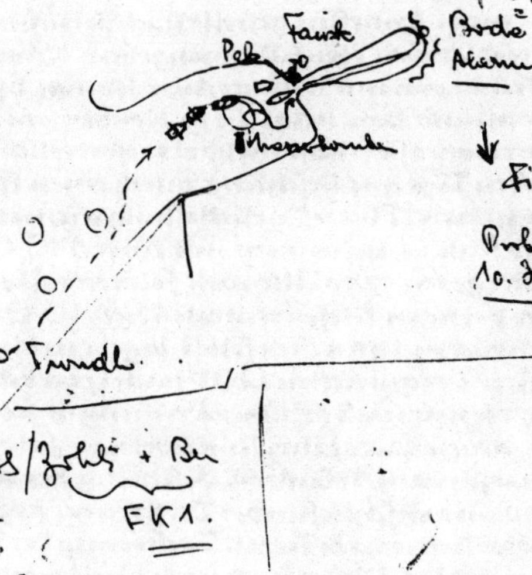

↓
Fischerboote – Motoren, [illegible]
dieser weg
Probefahrten, [illegible]
10. Juni
[illegible] frei
Ende

Kerisch/Zahl + Be
EK1
EK1.

In der Zeit vom 20. bis 27. April 1940 setzen deutsche Truppen ihren Vormarsch von Drontheim aus in Richtung Oslo fort, zugleich marschiert von Oslo aus die 2. Gebirgsdivision unter Generalleutnant Feuerstein mit der 196. Infanteriedivision als Spitze in Richtung Drontheim. Die Verbindung zwischen beiden Marschgruppen wird am 30. April hergestellt.

Anfang Mai ist die südliche Hälfte Norwegens von Deutschen besetzt. Als die 181. Infanteriedivision von Drontheim aus den Vormarsch nach Norden in Richtung Namsos antritt, werden auch die noch im Raum Oslo stationierten BRANDENBURGER mit den restlichen Ju 52-Flugzeugen nach Drontheim verlegt.

Von Drontheim aus gehen sofort erste Kommandos zum Einsatz nach Norden, dabei die Gruppe des Unteroffiziers Deininger, der nach der norwegischen Kapitulation berichtet: [8]

Ich hatte den Auftrag mit 5 Mann und 2 PKW die Nachrichtenstationen der ca. 400 km nördl. Trondheim gelegenen Ortschaften Kongsmoen, Foldereid und Årsandøy anzugehen und sie durch Zerstörung für die feindliche Nachrichten-Übermittlung nach Norden unbrauchbar zu machen. Es war in mein Ermessen gestellt nach örtlicher Prüfung weitere Stationen nördl. davon ebenfalls anzugehen. ¶ Am 28.5.40 gegen 5.00 Uhr verließ ich Trondheim mit üblicher Ausrüstung (Sprengmunition, Maschinenpistolen) und kam 14.30 Uhr in Kongsmoen an. Eine Zerstörung dieser Station erwies sich nicht mehr als erforderlich da in der Zwischenzeit am gleichen Tage eine Besetzung durch einen Halbzug des MG 14 stattgefunden hatte. ¶ Unter Zurücklassung meiner PKW unter Aufsicht eines Fahrers setzte ich zusammen mit einer MG Gruppe von MG 14 im Motorkutter gegen 17.00 Uhr nach Foldereid über. Unmittelbare Zerstörung der dortigen Telefonzentrale. Die MG Gruppe wird nach Kongsmoen zurück entlassen. Ich selbst begebe mich mit meinen Männern in einem requirierten LKW nach Gravvik. Dort Zerstörung dieser Station, die mir nach örtlicher Prüfung in Foldereid ebenfalls wichtig erschien, gegen 22.00 Uhr. Rückfahrt nach Foldereid. Von Foldereid im Landmarsch nach Årsandøy. Besetzung der dortigen Telefonzentrale am 29.5.40 mit anschließender Zerstörung gegen 12 Uhr. Weiterfahrt mit Motorkutter nach Terrak. Zerstörung der dortigen Telefonzentrale gegen 16.00 Uhr. Weiterfahrt nach Hjellmesbugten. Ankunft dort gegen 18.50 Uhr. Da in Hjellmesbugten kein Fahrzeug zu beschaffen war, im gesicherten Fußmarsch weiter in Richtung Vik. Um 19.00 Uhr erhielten wir auf der Straße zwischen Hjellmesbugten und Vik zunächst vereinzeltes dann immer stärker werdendes Gewehrfeuer. Ich selbst erhielt gleich anfangs einen Streifschuß gegen den Stahlhelm und wurde auf ca. 24 Stunden besinnungslos. Der Pionier Bergmann fiel. Meine Gruppe versuchte sich der Umklammerung

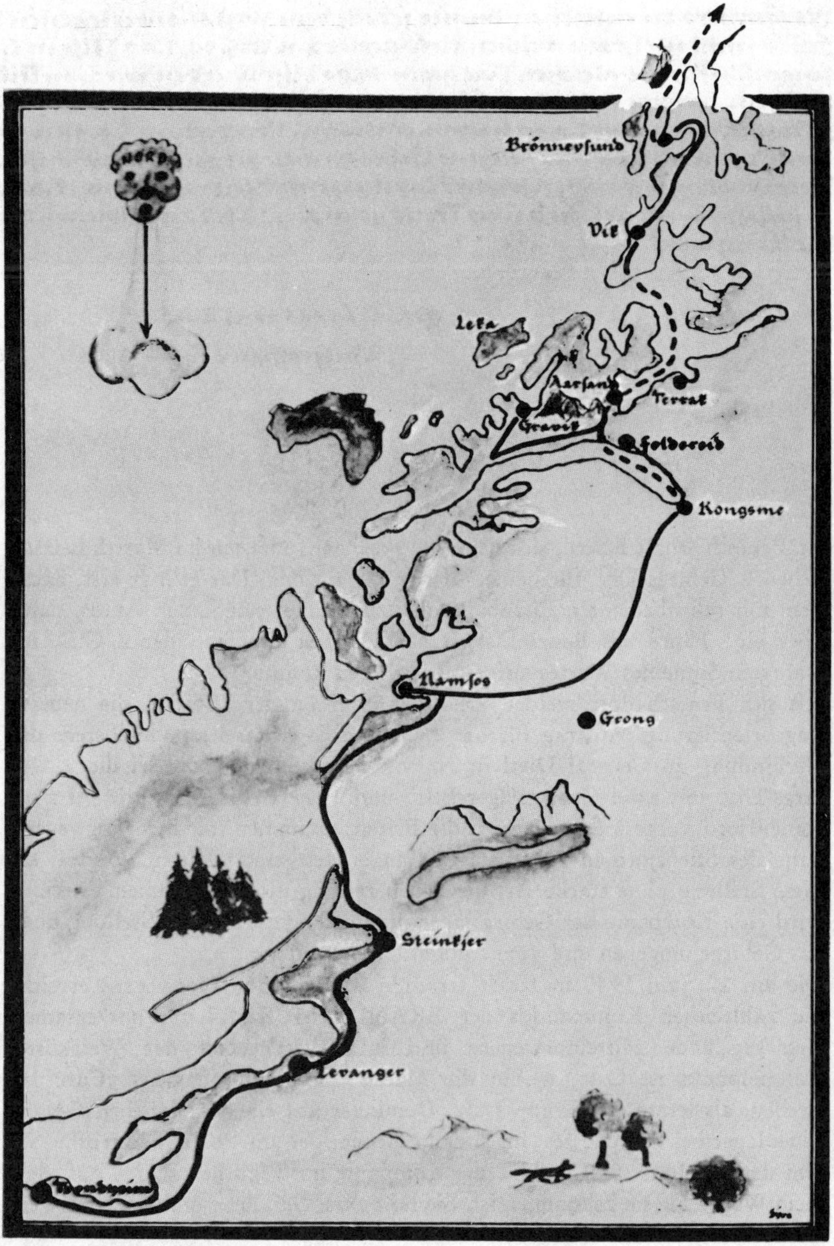
Brónneysund
Vik
Leka
Aarsand
Terrak
Gravik
Folderoid
Kongsme
Namsos
Grong
Steinkjer
Levanger

des Gegners zu entziehen, konnte jedoch dem weitaus überlegenen Feind nicht mehr ausweichen und geriet am 30.5.40, 1.00 Uhr in Gefangenschaft. Am gleichen Tage gegen 14.00 Uhr wurden wir zum Teil auf dem Seewege in das nördl. gelegene Gefangenenlager bei Rosta gebracht, wo wir am 3.6.40 nachm. eintrafen. Von dort am 5.6.40 weiter in das nördl. Tromsö gelegene Gefangenenlager auf Skorpa-Insel. Dort wurden wir nach erfolgter Kapitulation Norwegens am 12.6.40 freigelassen und erreichen über Trondheim am 19.6.40 in Oslo wieder die Kompanie.

gez. DEININGER
Unteroffizier

Lt. Benesch erhält Befehl, sich beim Kdo der nach Norden im Marsch befindlichen 2. Gebirgs-Div. für neue Aufträge zu melden. Das gelingt erst, nachdem mit selbstbedienten Eisenbahnloks, zusammengestückelten Autos, dann über eine Fähre aus Benzinfässern bei Mosjoen der Stab der 2. G.D. im wahrsten Sinne des Wortes aufgespürt werden konnte.
Als sich Benesch dort meldet, erhält er vom I a der Division die neueste Lageorientierung: Auftrag für die 2. Gebirgsdivision sei es, schnellstens die Verbindung zu General Dietl in Narvik herzustellen. Dazu sei die 2. Gebirgs-Div. mit zwei Gebirgsjäger-Btln. und einer Gebirgs-Batterie bis zum Ranenfjord vorgestoßen, wo sich die Briten zusammen mit den Norwegern nahe des Stienfjord in günstigen Stellungen festgesetzt hätten. Frontal sei diese Stellung ohne starke Artillerievorbereitung nicht zu nehmen. Deshalb wird eine Kompanie der Gebirgsjäger die Ostflanke der Stien-Stellung über das Gebirge umgehen und vom Rücken her angreifen.
Die am 12. Juni 1940 in Kraft tretende Kapitulation Norwegens erreicht die zahlreichen Kommandos der BRANDENBURGER im unwegsamen Gebirgsgelände Mittelnorwegens und im Schärengebiet der Westküste. Sammelpunkt ist Oslo, wohin die Männer des Unternehmens „Carolus" streben, als letzte der Trupp Uffz. Deininger aus einem polnischen Gefangenenlager bei Hammerfest im hohen Norden, der am 19. Juni eintrifft.
Um den 20. Juni 1940 verläßt die Kompanie norwegischen Boden auf gleichem Wege, wie sie gekommen ist. Sie läßt zwei Gefallene und einen Schwerverwundeten zurück.

Der Oberbefehlshaber der Gruppe XXI., General der Infanterie von Falkenhorst, würdigt die Leistungen der Truppe mit einem Abschiedsschreiben:

Gruppe XXI
Abt. Ia (Dr.)

Drontheim, den 12. Juni 1940

Lehr-Regt. „Brandenburg"
z. b. V. 800
Eing. 9- AUG. 1940 ab ......
Abt .... Br.B.Nr. ...... Anl. ......
gef. Abt. ...... Abl. ......

An das

Baulehr - Regiment 800 z.b.V.
(Carolus)
z.Hd. des Herrn Regimentsführers
Major Kewisch

Anlässlich des Ausscheidens der in Norwegen eingesetzten Teile des Baulehr - Regiments 800 z.b.V., ("Unternehmen Carolus") aus dem Bereich der Gruppe spreche ich allen Offizieren, Unteroffizieren und Mannschaften für ihr Einsatzfreudigkeit, ihren Schneid und ihre guten Leistungen meine besondere Anerkennung aus.

Jn elf Sonderunternehmen haben die mit der Durchführung betrauten Offiziere, Unteroffiziere und Mannschaften wertvolle Hilfe bei der Besetzung und Befriedung Norwegens geleistet. Damit haben sie gleichzeitig die Zweckmässigkeit eines solchen Einsatzes auch im Bewegungskrieg bewiesen.

v. Falkenhorst

Am 10. Mai 1940 gegen 5.35 Uhr überschreiten die Angriffsspitzen der deutschen Armeen in breiter Front die deutschen Westgrenzen. Der Schwerpunkt liegt bei den Panzerkeilen vor der Luxemburger Grenze, ganz im Gegensatz zu den Plänen des I. Weltkrieges. Der Westgegner hat sich bis zuletzt dem Glauben hingegeben, diese würden sich auch im Mai 1940 wiederholen.

Vor den Angriffsspitzen die Vorausabteilungen, verstärkt durch Pioniere, die die Hindernisse beseitigen sollen. Und vor ihnen die BRANDENBURGER Kommandos, die schon in der Nacht vom 9. zum 10. Mai in ihre Ausgangsstellungen eingerückt waren.

Der „Baulehrzug" (bisher: Westzug) hat sich in Erkelenz bereitgestellt. LKWs mit Planen zum Transport der Mannschaften, Uniformkisten und Fahrräder sind in den Nachmittagsstunden des 9. Mai auf der Fahrt in den Bereitstellungsraum bei Wehr unterwegs. Der Gefechtstroß unter Feldwebel Töpelmann sperrt das Waldgelände gegen unerwünschte Besucher ab. Die Kommandos machen sich fertig zum Einsatz, sie ziehen die holländischen Uniformen über.

Gegen 0.30 Uhr des 10. Mai Abfahrt nach Millen, dort Entladen der Fahrzeuge und Anmarsch zur Grenze. Der Gefechtstroß schirmt die Männer ab. Gegen 1.30 Uhr erfolgt der Grenzübertritt. Nichts passiert, es ist völlig ruhig. Ein Beseler-Steg wird über den morastigen, etwa 1,5 m tiefen und ca. 2 m breiten Geleen-Bach verlegt. Weiterhin keine Störung des Unternehmens. Nach Überschreiten des Baches bleibt das Begleitkommando des Gefechtstrosses zurück, es geht mit Fahrrad weiter; drei Mann als Spitze voraus.

Mit Fahrrädern durch die Wiesen und Felder, dann auf Straßen bis in einen großen Obstgarten. Die Dämmerung steigt am Himmel auf, das Brummen deutscher Kampfflugzeuge nimmt zu, dazwischen Transportflugzeuge.

Von diesem Obstgarten aus starten in 5 bis 10 Minuten Abstand die einzelnen Kommandos auf ihren Fahrrädern in Richtung der festgelegten Ziele.

Die Gruppe des Leutnants Kürschner zieht im Morgengrauen ihrem Ziel entgegen, bald taucht ein Brückenbogen über den „Juliana-Kanal" vor dem Ort Berg auf. In wenigen Minuten sind die Männer an der Brücke, auf deren Fahrbahn zwei auf Rollen lagernde zementgefüllte Betonrohre hochkant liegen. Und hier nun berichtet Lt. Kürschner selbst:

> „Wir gehen mit umgehängten Waffen durch den Spalt zwischen den Betonrohren hindurch auf die holländischen Soldaten zu, die auf der Brücke stehen. Plötzlich rennen die Holländer weg, ich rufe hinterher: „Halt — waar ist de kommandant von de wacht?? . . ." Die Holländer bleiben

stehen, und als wir bis auf Reichweite an sie heran sind, sage ich: „Jongens legt de wapens neer ..." und entwaffne den mir gegenüberstehenden Soldaten. Plötzlich springt ein anderer holländischer Unteroffizier zur Zündstelle am Geländer der Brücke. Uffz. Bergner verpaßt ihm einen Pistolenschuß ins Bein, er schreit und stürzt hin. Die anderen Holländer werden entwaffnet und auf die Brücke getrieben.

Unter Schreckensrufen der Holländer „... niet sneijen, niet sneijen ..." schneide ich die Knall-Zündschnur, die als Doppelleitung verlegt ist, durch. Ein herrliches Gefühl — es hat geklappt ...!!

Auf dem Ostufer des Kanals, in den dortigen Feldstellungen beiderseits der höhergelegenen Brückenauffahrt, rühren sich jetzt die übrigen Holländer; sie schießen mit MG und Gewehren gegen die Brücke. Ein Widerlager der Brücke ist zum MG-Nest ausgebaut, wir holen die Besatzung mit ihrem Lewis-MG heraus ...

„... macht geen domme Zaken of ick schiet u kapott ..." rufe ich ihnen zu. Nachdem das erledigt ist, baue ich mit meinen Pionieren die Ladungen aus, das TNT fliegt im hohen Bogen in den Kanal. — Von weiter entfernt versuchen andere Holländer nun mit gezieltem Feuer doch noch eine der Ladungen zur Explosion zu bringen. Das gelingt nicht, jedoch erhalte ich bei dieser Schießerei einen schweren Schuß durch beide Oberschenkel und in den rechten Fuß. Gefreiter Frey schleppt mich aus dem Feuer, dabei noch selbst verletzt, und bringt mich nach hinten. Ich komme später in das Lazarett nach Sittard" [10].

Gruppe Unteroffizier Landvogt, gegen die Brücke bei Obbicht angesetzt, wird bei ihrem Vorgehen durch ein holländisches MG, das die westliche

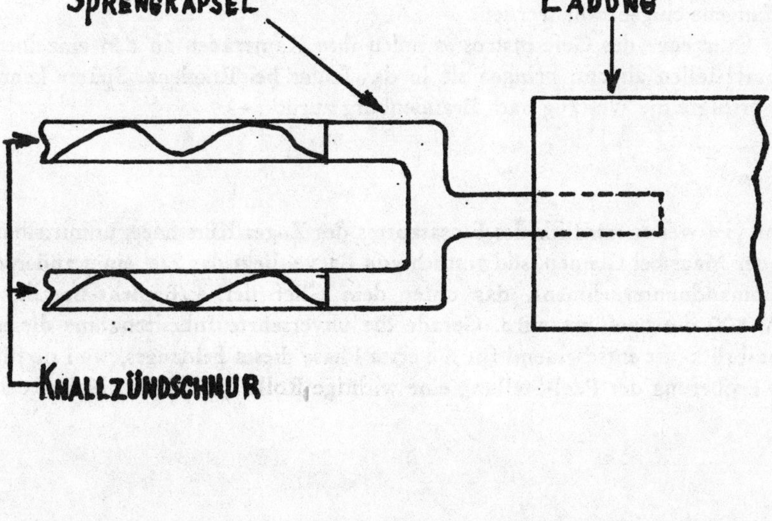

Brückenauffahrt beherrscht, zunächst niedergehalten. MG-Schütze Reiss jedoch läßt mit seinem MG keinen Holländer an die Zündstellen auf der Brücke heran. Bei dieser Schießerei wird Reiss schließlich schwer verwundet. Erste Teile der gegen 7.00 Uhr eintreffenden Vorausabteilung gehen mit Pak gegen den Bunker vor und halten die feindliche Besatzung nieder. Schließlich stürmt Uffz. Landvogt mit seinen Männern die Brücke und kann die Ladungen entschärfen.

Die Gruppen der Uffz. Klein und Klausmeier überrumpeln die Brückenbesatzungen von Stein und Urmond und können die Brücken sichern. Die Ladungen an allen Brücken sind in wetterfeste Metallbehälter eingegossen, diese mit Metallbügeln und Flügelmuttern in den Profilen von Ober- und Untergurt befestigt. Eigenartigerweise sind die Zündstellen auf der Brücke mit einem Abreißzünder angeordnet; von dort aus verläuft die Knallzündschnur in Doppelleitungen dann nur in eine Sprengkapsel der jeweiligen Ladung.

Zwischen 6.30 und 7.00 Uhr sind hier noch Schießereien mit zurückflutenden Teilen der holländischen Grenzsicherungen im Gange, bis langsam die Munition ausgeht. Aber da kommen bereits die ersten deutschen Truppen, die BRANDENBURGER winken mit kleinen Hakenkreuzfähnchen und setzen deutsche Feldmützen auf. Auch dieser Einsatz ist zu Ende.

Bis zum Abend des 10. Mai 1940 gewinnt die 7. Infanteriedivision unter Generalmajor von Gablenz unter Ausnutzung der vier unversehrten Brükken über den Kanal einen Geländeabschnitt von ca. 30 km im Umkreis. Die Brückeneinsätze der BRANDENBURGER schafften die Voraussetzung.

Bei diesen 4 Kommandos des Baulehrzuges zbV des Lt. Kürschner sind an Verlusten keine Toten, aber 2 Schwer- und etwa 12 Leichtverwundete zu verzeichnen. Es konnten auch 5 holländische Offiziere und 175 Mann als Gefangene eingebracht werden.

Die Fahrzeuge des Gefechtstrosses holen ihre Kameraden an den einzelnen Einsatzstellen ab und bringen sie in das Lager bei Erkelenz. Später kehrt der erfolgreiche Westzug nach Brandenburg zurück. —

Sehr viel weiter nördlich des Einsatzortes des Zuges Kürschner, unmittelbar an der Maas bei Gennep, südwestlich von Kleve, liegt das Ziel eines anderen Kommandounternehmens, das unter dem Chef der 4./Baulehr-Bataillon zbV 800 durchgeführt wird. Gerade die unversehrte Inbesitznahme dieser Maasbrücke ist entscheidend für die erste Phase dieses Feldzuges, weil sie für die Eroberung der Pael-Stellung eine wichtige Rolle spielen soll. Neben den

parallel laufenden übrigen drei Unternehmungen durch die Gruppen des I. Zuges hat Oberleutnant Walther für diese Aufgabe selbst die Führung eines Kommandos in Stärke von 9 Mann übernommen.
Dem Einsatz Walther sind vier Objekte zugewiesen worden:
Eisenbahnübergang über die Maas — Führer: Uffz. Ziesold
Eisenbahnbrücke bei der Stadt Gennep — Führer: Oblt. Walther
Hebewerk über die Maas — Führer: Lt. Witzel
Straßenbrücke Hattert über die Maas — Führer: Stabsfeldwebel Babuke
Die Bereitstellung im Reichswald bei Asperden ist am 9. Mai beendet, zur Durchführung dieses Brückenunternehmens berichtet als Teilnehmer der Feldwebel H. Stöhr aus eigenem Erleben:

„Am 9. 5. 1940 — Alarm! — ausgelöst durch ein Stichwort, worauf unsere Aktionen starteten. Der Krieg gegen den Westen trat in das Stadium des Bewegungskrieges.

Abends gegen 22.00 Uhr Abmarsch der einzelnen Trupps in Richtung fdl. Grenze.

Unser Einsatz-Kommando bestand aus 9 Mann; Führer: Oblt. Walther.
Ausrüstung: Wir Deutschen in unserer Wehrmachtsuniform, jedoch mit Mantel, der nicht zugeknöpft getragen wurde, ohne Koppel; unter dem Mantel — in die Achselhöhle eingeklemmt — die MPi. — Eier- und Stielhandgranaten irgendwo in den Taschen versteckt, Pistolen in der Hosentasche, auch Drahtscheren dabei.

Die 3 Holländer unseres Kommandos, verkleidet als Gendarmen ihres Landes, offen bewaffnet, und so den Eindruck erweckend, als seien wir ihre Gefangenen.

Im Morgengrauen des 10. 5. 40 waren wir etwa 700—800 Meter vom Objekt entfernt. Kurze Verschnaufpause. — Oblt. Walther erklärte nochmals jedem Mann dessen Aufgabe, zumal wir vorher noch an der Grenze die Panne erlebten, daß ein Holländer sich weigerte, mitzugehen. Nun mußte noch ein Mann zur Bewachung dieses Holländers zurückbleiben, da die Möglichkeit des Verrates gegeben war. —

Und nun Gott befohlen! — Marsch! — Die Wirklichkeit sah jedoch gewaltig anders aus, als wir es uns nur annähernd gedacht hatten.

Die Brücke selbst, eine imposante Eisenkonstruktion, ca. 150 m Länge; dazu ein holländisches Verteidigungssystem mit Bunkern und einer ständigen Bunkerwache von mindest Zugstärke, wenn nicht noch mehr. Ich glaube, es wurde jedem Teilnehmer des Kommandos etwas mulmig, als er das sah.

Aber Frechheit siegt, das hat sich auch später bewiesen.

Freiweg auf die Brücke zu, hatten uns doch die Holländer schon entdeckt. Am diesseitigen Brückenanfang nahmen uns 4 Holländer erstmal in Empfang. Jetzt hieß es handeln!

Dachten die immer noch, wir wären Gefangene, und wenn ja, von dieser Handvoll deutscher Soldaten drohte ja keine Gefahr, war doch weit und breit von deutschen Truppen noch nichts zu sehen? Wer weiß!

Oblt. Walther und ich (Stöhr) setzten dem Posten am Wachhäuschen plötzlich die Pistole vor die Brust, so jedoch, daß man diese Handlung keinesfalls am anderen Ende der Brücke erkennen konnte. Oblt. Walther hielt den Posten in Schach, während ich (Stöhr) die 2 Schritt gemächlich zum Postenhäuschen ging, mit fliegendem Atem mein Messer zog, und alle erreichbaren Drähte durchschnitt. Was sich währenddessen draußen abspielte, habe ich nicht gesehen, da ich nur Auge und Ohr für die Drähte hatte.

Anscheinend hat aber doch ein Holländer Verdacht geschöpft und geschossen, wodurch wir gleich den ersten Schwerverwundeten hatten. Es ist mir heute noch ein Rätsel, wie das doch unbemerkt blieb.

Oblt. Walther, Stöhr, Ullrich und ein holländischer Kampfdolmetscher gingen weiter über die Brücke feindwärts, während der Rest unseres Kommandos als Sicherung zurückblieb.

In der Hälfte der Brücke stand nochmals ein fdl. Posten, der uns aber mit vorgehaltenem Gewehr passieren ließ.

Am anderen Brückenende nahm man uns in Empfang — jedoch gaben wir für unser Leben keinen Pfifferling mehr, da fast alle Holländer ihr Schießeisen auf uns anlegten.

Man nahm uns in die Mitte und transportierte uns in Richtung Holland hinein, mit 9 holländ. Soldaten als Bedeckung.

Um Verwirrung zu schaffen, rief Oblt. Walther „Fliegerdeckung". In dem Durcheinander brechen wir aus und verschwinden beiderseits eines Bahndammes. — Wir setzen uns zur Wehr, vereinigen uns vier — die wir durch das Auseinanderflitzen getrennt waren — und greifen an. Es werden 3 Bunker durch List und Waffeneinsatz niedergekämpft, und ca. 40 holl. Soldaten gefangen genommen" [11].

Die Brücke bei Gennep bleibt unversehrt, die 7. Pz.Div. stürmt über sie hinweg und dringt weit in das feindliche Hinterland ein.

Oblt. Walther — als erster BRANDENBURGER für diese Tat mit dem Ritterkreuz ausgezeichnet — kehrt mit seinen Männern an den Ausgangspunkt zu diesem Unternehmen zurück.

Der Kommandierende General

des XXVI. A. K.

Antwerpen, den 18. 5. 40.

Herrn

Oberleutnant W a l t h e r !

Nachdem der Auftrag, Holland zu besetzen, ausgeführt ist, gedenke ich noch einmal der Kampfhandlungen, die Sie für die Aufgabe des Korps zur Durchführung gebracht haben. Erst jetzt läßt sich ganz übersehen, von welcher ausschlaggebenden Bedeutung Ihre Tapferkeit und Ihre Umsicht in den ersten Kampftagen des Feldzuges für die Gesamtoperation gewesen sind.

Wodrig

General der Artillerie

Nicht alle Unternehmen der BRANDENBURGER gelingen, nicht alle können erfolgreich sein. Der II. Zug der 4./Baulehr-Bataillon zbV 800 ist ebenfalls am 9. Mai 1940 abends zur Grenze unterwegs — mit 4 Gruppen, deren Aufträge lauten:

I. Auftrag: Offenhalten der Maasbrücken bei Maaseik. —

Von Osten her muß erst der Juliana-Kanal überwunden werden, um an die Maas heranzukommen. Durch schwere Kämpfe mit der holländischen Brückenbesatzung, die in Bunkern liegt, kommt der Trupp nicht an die Sprengsätze der Brücke heran. Diese geht in die Luft; jedoch dabei keine eigenen Verluste.

II. Auftrag: Offenhalten der Straßenbrücke in der Stadt Roermond. Mit 11 Mann, dabei ein V-Mann als holländischer Leutnant getarnt, sowie ein Grenzlanddeutscher — alle übrigen in holländischen Mänteln über den deutschen Uniformen, dabei deutsche Waffen. Gegen 3.00 Uhr früh geht Lt. Grabert zu Fuß in die Stadt hinein. Er wird von einer holländischen Streife erkannt, die Brücke fliegt in die Luft.

Später wird bekannt, daß der holländische Kommandant bereits wußte, daß ein Einsatz gegen die Brücke geplant war; daher ließ er die Brücke 20 Minuten vor der deutschen Angriffszeit sprengen.

Es gelingt der Gruppe Lt. Grabert,

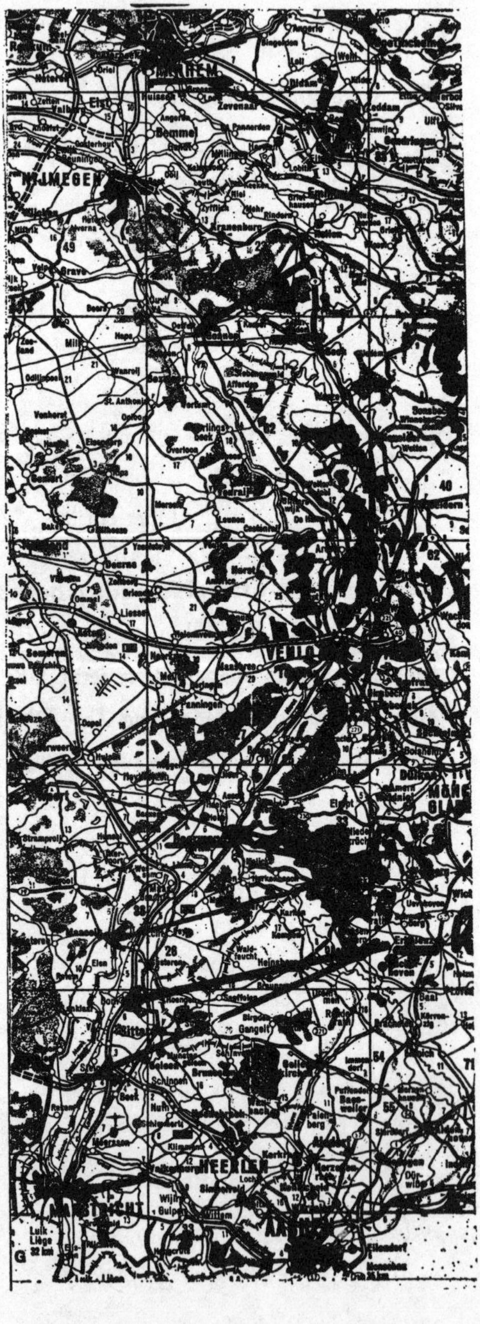

den Stadtkommandanten und 10 weitere holländische Soldaten zu überwältigen, obwohl zwei holländische Kompanien noch in der Stadt sind.
III. Auftrag: Offenhalten der Eisenbahnbrücke nördlich der Stadt Roermond bei Buggenum. 6 Mann unter Führung eines Unteroffiziers, diese getarnt in Schlosserkittel und Schlosserhosen, über den deutschen Wehrmacht-Uniformen, gehen gegen die Brücke vor, die jedoch ebenfalls vor ihren Augen in die Luft gesprengt wird. Dabei erleidet die Gruppe schwere Verluste — 3 Mann tot, die anderen drei Soldaten teils schwer verwundet.
IV. Auftrag: Offenhalten einer Kanalbrücke über den „Juliana-Kanal". 5 Mann unter Führung des Unteroffiziers Hegel, dabei auch Gefr. Berger gelingt es, rechtzeitig die Sprengleitungen zu zerschneiden und die Brücke solange freizuhalten, bis erste Panzerspitzen eintreffen. Hier lesen wir nun den Bericht eines Teilnehmers:

„Unser Zug Grabert mit seinen vier Gruppen hatte für den „Tag X", den Einsatztag, vier Brücken als Objekte zugewiesen erhalten. Nördlich von uns lag der I. Zug mit unserem Kompaniechef, Oblt. Walther, zum Sprung auf Gennep bereit. — Es war zwei Uhr nachts, im Osten bekam der Himmel einen hellen Schimmer. Ein neuer Tag kündigte sich an. Was würde er uns bringen? — Wir brachen auf. Vor uns lagen sieben Kilometer Anmarsch bis nach Roermond. Das Objekt unserer Gruppe war die dortige Straßenbrücke. Weiter rechts war unsere Nachbargruppe, die als Ziel die Eisenbahnbrücke bei Buggenum hatte. Diese Männer trugen blaue Arbeitsanzüge als Tarnung über ihren Uniformen und führten ihre Waffen versteckt mit sich, offen dagegen Spaten und Pickel, — sie traten als Streckenarbeiter auf.

Lautlos näherten wir uns dem Objekt. Wir waren elf Mann, dabei ein V-Mann in der Uniform eines holländischen Leutnants sowie ein Grenzlanddeutscher aus der „Selfkant". Wir trugen holländische Mäntel über unseren deutschen Uniformen, dazu holländische Stahlhelme, aber deutsche Waffen. Bald sahen wir die Stadt vor uns liegen. Sie war friedensmäßig hell erleuchtet. Auf Feldwegen näherten wir uns weiter. Die Stadt zeigte trotz der ungewohnten nächtlichen Stunde reges Leben und Treiben. Was hatte das zu bedeuten?

Unser kleines Häuflein marschierte mitten durch die Stadt. Die beiden holländisch sprechenden Kameraden riefen den Mädchen Scherzworte zu, die fröhlich beantwortet wurden. Uns war recht unheimlich zumute. Die Menschen mußten doch wegen unserer deutschen Waffen stutzig werden! Der Weg schien uns endlos lang.

Schließlich kamen wir an einen Bahnübergang mit geschlossener Schranke. Um keine Zeit zu verlieren, bogen wir links ab in eine Kastanienallee,

die nur spärlich erleuchtet war, um von dort irgendwo die Bahnlinie zu überqueren. Doch folgte uns, auf dem Bahndamm gehend, ein Zivilist, und plötzlich trat uns von vorne eine holländische Militärstreife, sechs Mann, entgegen. Sie hielten uns an und verlangten einen Passierschein. Unser holländischer Leutnant wies auch einen Schein vor, benahm sich aber nicht überzeugend sicher. Die Situation wurde oberfaul! Und richtig: die Streife gab sich mit dem Papier nicht zufrieden und begann, uns mißtrauisch zu betrachten. Unser Gruppenführer merkte, daß wir erkannt waren und rief „Handen hoch!" Die Streife spritzte auseinander, und da alles blitzschnell ging und im Halbdunkel nicht zu sehen war, wer nun ein echter oder ein falscher Holländer war, konnte an Schießen nicht gedacht werden. Wir rannten nun einfach los in Richtung auf unsere Brücke. Im Vorgarten einer Villa streiften wir schnell unsere holländischen Uniformen ab. Wir durften diese laut Befehl nur für die Annäherung an das Objekt tragen, nicht aber im offenen Kampf.
Plötzlich zerriß ein metallisch harter Detonationsknall die Luft — unsere Brücke war hin! Uns packte eine dumpfe Wut. Wie hatte die Brückenwache in den wenigen Minuten von unserer Existenz Wind bekommen können? Oder warum hatte man nicht unser Erscheinen abgewartet, um uns in eine Falle zu locken? Wir fanden bald des Rätsels Lösung.
Einigen von uns war es gelungen, den holländischen Stadtkommandanten auszuheben. Von ihm erfuhren wir, daß in Roermond seit zwei Jahren eine Kompanie der holländischen Armee lag. Von den Soldaten kannte einer den anderen, und es mußte unbedingt auffallen, wenn fremde Soldaten auftauchten. Außerdem waren die Holländer ja vor deutschen Kommandoeinsätzen gewarnt. Schließlich und leider, so hörte man später, war die deutsche X-Zeit verraten worden, und der holländische Generalstab hatte Befehl gegeben, X minus 20 Minuten die Brücken zu sprengen. Dies war nun geschehen.
Als wir am Maasufer die Trümmer unserer Brücke sahen, donnerten über uns bereits die Geschwader der deutschen Luftwaffe nach Rotterdam. Bald darauf erreichte die deutsche Panzerspitze das Maasufer. Nach kurzem Gefecht hißten die Bunker am jenseitigen Ufer die weiße Fahne. Anschließend konnte ein Pionierbataillon ungestört eine Pontonbrücke schlagen. Unser Auftrag war beendet — leider mißglückt. Wir kehrten nach Arsbeck, unserem Standort auf deutschem Gebiet, zurück.
Von den vier Unternehmen unseres Zuges war nur eines gelungen. Unsere Nachbargruppe war mit ihrer Eisenbahnbrücke zusammen in die Luft geflogen. Es gab drei Tote und drei Verletzte. Leutnant Grabert hat die Maasbrücke bei Maasyk, die auf der holländisch-belgischen Grenze liegt,

nicht nehmen können. Es kam dort zu schweren Kämpfen mit den Besatzungen der Brückenbunker, doch gelang es der Gruppe nicht, an die Sprengladungen heranzukommen. Die belgische Wache sprengte bereits die Brücke, als Lt. Grabert noch in schwerem Gefecht vor den Bunkern lag. Trotzdem glückte es dem äußerst tapferen Offizier, seine Gruppe ohne Verluste zurückzuführen. Auch hier schlugen Pioniere später eine Pontonbrücke.

Als einziger von unserem Zug konnte Uffz. H. sein Unternehmen erfolgreich durchführen. Die Gruppe kam planmäßig ans Objekt, eine Kanalbrücke, ging dort aber in die Falle und wurde von überlegenen holländischen Kräften entwaffnet. Dies spielte sich im Morgengrauen auf dem Brückendamm ab. Einer von den Männern, der Gefreite B., konnte aber eine Handgranate versteckt halten. Er zog diese ab und warf sie mit dem Ruf „Volle Deckung!" dem holländischen Kapitän vor die Füße. Die Deutschen spritzten sofort hinter den Damm zurück, wo die Holländer ihre Waffen und Handgranaten niedergelegt hatten. Es kam zum Gefecht, bei dem Uffz. H. schwer verwundet wurde. Nach einiger Zeit gelang es, im Schutze des Dammes an die Brücke und an die Sprengladung heranzukommen und die Zündleitungen zu durchschneiden. Die Gruppe hielt ihre Stellung, bis deutsche Panzer eintrafen, über die unversehrte Brücke rollten und drüben einen Brückenkopf bildeten."

Die Aktion gegen die Brücken von Maastricht wird nicht von den BRANDENBURGERN durchgeführt, sondern von einem Freiwilligenverband der ASt Breslau unter Hptm. Fleck, der die Bezeichnung „Bataillon zbV 100" hat. Trotz der tapferen Einsätze einzelner Gruppen, teilweise unter Leutnant Hokke, scheitern diese unter erheblichen Verlusten. Dieser Verband wird noch während des Feldzuges aufgelöst, ein Teil seiner Männer tritt in die Reihen der BRANDENBURGER ein.

Das Scheitern dieses Unternehmens zeigt schon frühzeitig, daß Objekt- und Brückeneinsätze dieser Art selten erfolgreich sind, wenn größere Einheiten eingesetzt werden. Die Vielzahl der gelungenen Einsätze bei zbV 800 dagegen beweist, daß der Einsatz kleiner Gruppen nach Grundsätzen des Tarneinsatzes überwiegend zum Erfolg führt. [12]

Ein Unternehmen gegen die große Rheinbrücke bei Arnheim unter Führung eines Unteroffiziers, der dabei den Tod findet, scheitert an wahrscheinlich absichtlich falscher Einweisung durch einen holländischen V-Mann.

Dagegen wird eine ganze Gruppe von Unternehmen gegen die belgischen Grenzbefestigungen in der Schneeifel, im Raum zwischen Elsenborn und St. Vith, von großem Erfolg begleitet. Die 3./Baulehr-Bataillon zbV 800 unter Führung des Hauptmann Rudloff startet ihre insgesamt 24 Unternehmen ebenfalls in der Nacht vom 9. zum 10. Mai 1940. Über den Gesamtablauf berichtet Dr. Gert Buchheit aufgrund eines persönlichen Berichtes des Hptm. Rudloff:

„Das Herüberschleusen der Trupps an der Grenze erfolgte ohne Zwischenfall. Es war durch mehrwöchige Beobachtung festgestellt worden, daß die feindlichen Spähtrupps, die die Grenze abgingen, einen regelmäßigen Turnus einhielten. Sicherheitshalber hatten aber einige Trupps an besonders heiklen Grenzübergängen über ihre Uniformen Zivilmäntel angezogen, die sie bald hinter der Grenze abwarfen, um bei einer evtl. Gefangennahme als deutsche Soldaten auftreten zu können. Es klappte alles wie vorgesehen, und die Trupps erreichten unbemerkt ihre von feindlichen Wachen bzw. Sprengtrupps besetzten Ziele. Der Angriff auf die Objekte selbst erfolgte durch die bestens eingespielten Trupps so überraschend, daß es gelang, von den in Aussicht genommenen 24 Objekten 19 unversehrt in unsere Hand zu bekommen. Während im nördlichen Abschnitt fast alles ohne Blutvergießen abging, kam es im mittleren zu einem Gefecht mit einer angreifenden belgischen Motorradfahrer-Abt., die aber bei der durch den Uffz. Ille mit seinen Männern bereits besetzten Eisenbahnbrücke bei Born unter schweren Verlusten unter Hinterlassung von einer Anzahl von Toten und Verwundeten in die Flucht geschlagen wurde. Zu recht schweren Kämpfen für die zahlenmäßig kleinen Trupps kam es in St. Vith, wo sich belgische Gebirgsjäger — eine Elitetruppe — gerade anschickten, einen nach Westen abgehenden Transportzug zu besteigen. Es kam zu einer wilden Schießerei mit dem Erfolg, daß der Lokomotivführer Dampf gab und mit dem Zug davonfuhr. Ein weiterer bei St. Vith eingesetzter Trupp hatte seine Aufgabe, eine Brücke zu halten, erfüllt und nahm ebenfalls den abfahrenden Zug unter heftiges MP-Feuer. Durch das Schießen am Bahnhof aufmerksam geworden, gelang es einem belgischen Sprengtrupp, eine Straßenbrücke zu sprengen, ehe es dem am Bahnhof in das programmwidrige Gefecht verwickelten Trupp gelang, an die Brücke zu kommen. Dagegen konnten drei andere Brücken und die anderen Objekte in und um St. Vith rechtzeitig besetzt und die Sprengtrupps gefangen genommen werden. Die Polizeistation in St. Vith hatte sich verschanzt und leistete verzweifelten Widerstand. Nach einem halbstündigen Gefecht, in dem sich besonders der sudetendeutsche Fw. Kretschmar durch Umsicht und Tapferkeit auszeichnete, ergab sich die Station. Den deutschen Freiwilligen hatten sich in der Zwischenzeit eine Anzahl volksdeutscher Belgier angeschlossen und waren insbesondere bei dem Gefecht um die Polizeistation eine willkommene Verstärkung. Da unsere Soldaten z. T. mit MPs und Pistole ausgerüstet

waren, konnten die Volksdeutschen schnell bewaffnet werden, sofern sie sich nicht selbst irgendwie Schießprügel, darunter auch belgische Armeegewehre, verschafft hatten. Nach der Eroberung der Objekte durch die Trupps wurden die Sprengladungen sofort entfernt, um nicht durch evtl. Fernzündungen oder Rückeroberungen bei Gegenangriffen des Feindes Überaschungen zu erleben. Leider gelang der Übergang im äußersten Süden, der aus dem Raum der Nachbararmee erfolgen mußte, nicht, so daß zwei Trupps nicht zum Einsatz kamen. Ein weiterer Trupp konnte wegen der allzu großen Entfernung das Objekt nicht erreichen und wurde von der eigenen Truppe eingeholt. Ein Gelingen dieses Unternehmens war von vornherein nur unter günstigsten Umständen zu erwarten. Ein anderer Trupp im mittleren Abschnitt wurde kurz vor Erreichen des Objektes von der belgischen Wache entdeckt, und der schöne Eisenbahnviadukt ging vor den Augen der enttäuschten Männer in die Luft. Eine besondere Episode ist noch erwähnenswert. Ein Truppführer hatte beim Heranschleichen an die feindlichen Posten seine Pistole verloren und stand plötzlich unbewaffnet einem belgischen Soldaten gegenüber. Er ergriff einen zufällig an einen Baum gelehnten Spaten und schlug damit den gerade anlegenden Gegner nieder. Die Talsperre war dadurch gerettet.
Die vorausberechneten Zeiten des Anmarschweges der Trupps an die Objekte, die alle gleichzeitig um 5.35 Uhr, dem Zeitpunkt der Überschreitung der Grenze durch die deutsche Truppe, angegriffen wurden, konnten eingehalten werden. Während die Kompanie etwa 120 Mann gefangennahm und dem Feind schwere Verluste an Toten und Verwundeten beigebracht hatte, waren bei der Kompanie selbst erfreulicherweise nur drei Leichtverwundete zu beklagen. Wie hoch die obere Führung den Erfolg der 3. Kompanie wertete, ergibt sich daraus, daß sie 8 E. K. I und 84 E. K. II zuerkannte.
Es sei hier vermerkt, daß es vornehmlich Pioniere waren, die als erste im Kriege ein großrahmiges „Kommando"-Unternehmen (Comando-Raid) mit zahlreichen Zielobjekten im Abschnitt einer Armee mit Erfolg durchführten, lange bevor die Alliierten eine ähnliche Truppe aufstellten" [13].

Aus belgischer Sicht liegt eine Kurzdarstellung über den Einsatz des Leutnants Hütten vor. Wir geben einen Auszug wieder.
Der Karten-Ausschnitt befaßt sich mit den Objekten der Gruppe des Hauptmanns Rudloff.

„Die Ereignisse am 10. Mai aus belgischer Sicht:

1. Leykoul:
   — Rund 2—3 Uhr, die 2 Soldaten, die zu Fuß sind, ziehen sich zurück.
   — Rund 4 Uhr hört man schießen (wahrscheinlich Leute von Lt. Hütten, irrtümlicherweise); Telephon ist geschnitten. Der 3. Soldat zieht sich zurück, und der Gendarm bleibt allein.
   — Rund 5 Uhr schießt man wieder. Der Gendarm zieht sich zurück, per Fahrrad. Ein Kugel zerreißt das vorderste Band. Er kommt zum Posten 25bis und sagt: sofort sprengen!
2. Post 25bis: Auf Antrag der Gendarm, der caporal schickt der Pionier nach vorn um:
   a) die 2 Wachposten zurückzurufen
   b) die Mine (also die Eisenbahn-Objekte Nr. 1/Lt. Hütten) sprengen.

   Am Augenblick der Pionier nach vorn geht, eröffnete der deutsche Stoßtrupp das Feuer, natürlich um die Sprengung der Eisenbahn zu verhindern.

   Trozdem gelingt die Sprengung.

   Der belg. Gendarm und die Belgier von 25 und 25bis ziehen sich nach Elsenborn zurück, wo sie alle, von Lt. Hütten und seine Männer, gefangengenommen wurden.

   Aber:
   — Der caporal von 25 blieb zur Stelle (Schüsse im Bauch); wurde später von Lt. Hütten nach Krankenhaus Butgenbach transportiert; 12. Mai nach Schleiden, wo er am 22. Juni 40 stirbt.
   — Der Pionier der die Sprengung gelingt (Name unbekannt), konnte sich nach 25 (und nicht 25bis) zurückziehen; wurde natürlich mit den Kameraden von 25 in Elsenborn auch gefangengenommen.
   — Es bleiben die 2 Soldaten die Wachen waren an der Mine, bis die Sprengung. Da ist der Geheimnis. Keine Spur!!

   Laut die andere Soldaten (und der Gendarm), nach dem Kriege befragt: — waren sie nicht mit den belg. Gefangenen in Elsenborn, die alle glaubten daß sie tot waren, entweder durch Schüsse der deutsche Stoßtrupp, oder durch die Sprengung weil sie vielleicht noch nicht fern genug waren.

   Tatsächlich, eine von diese 2 Soldaten wurde, warscheinlich von Männer von Lt. Hütten, nach dem Krankenhaus von Butgenbach transportiert. Warscheinlich wollte man schon irgendwo anders sorgen, weil in Butgenbach wurde er fast ganz nackt geliefert (nur eine Unterhose). Schüsse im Bauch und Rücken. Sprach nicht mehr. Starb am selben Tag. Wurde nie identifiziert! vor einige Wochen habe ich sein Grab im Friedhof Butgenbach gesehen: „Soldat belge inconnu.“ Ich habe folgende Namen:

— Lt Hütten
— Feldwebel Tanzer
— Unteroffizier Hardy (Belgier) (gestorben)
— Unteroffizier Zeipel
— Soldaten:

— Koch Johann, Josef (Belgier)
geboren in Sourbrodt am 28/3/15;
jetzt wohnhaft in Köln
— Heinen, Johann (Belgier)

Die Gruppe Hütten, in Kalterherberg, bestand aus 5 Stoßtruppen:

— Objekt Grüne Kloster (Eisenbahnsprengung zu verhindern)
(Anzahl und Namen unbekannt)
— Objekt Bahnhof Sourbrodt: Koch und Heinen
— 2 Objekte in Elsenborn { Kreuzpunkt Stefani / Tel. Centrale/ Lager Elsenborn
— Objekt Baugniez bei Malmédy". [14]

Von den 24 angesetzten Unternehmen gelingen 18 Objekte erfolgreich,
4 Objekte mißlingen
und 2 Objekte sind wegen zu weiter Entfernung bis zum Angriffstermin nicht mehr erreichbar.

Noch am Vormittag des 10. Mai 1940 kehren alle Gruppen zum Ausgangsort bei Münstereifel zurück. Einige Tage später verlegt die 3./Baulehr-Bataillon zbV 800 im Eisenbahntransport nach Düren zurück. Dort wird sie den Stamm des in Aufstellung begriffenen III. Bataillons im Lehrregiment „Brandenburg" zbV 800 bilden.

Wesentlich spektakulärer verläuft das Eindringen der Schoeler-Gruppe in den Nachtstunden des 9. Mai 1940 in das Luxemburger Grenzgebiet. Sie hat zumeist Zivilkleidung über ihre Wehrmachtsuniformen gezogen, Mäntel und Joppen, die Kommisstiefel sind erkennbar. Waffen wie Pistolen und Maschinenpistolen werden verdeckt getragen. Ihr Ziel sind Sperren an gewissen Straßenkreuzungen, Postämter in den kleineren Orten, Gendarmerie-Posten, Flußübergänge, Brücken.
Die Gruppe Schoeler strebt in diesen Nachtstunden der Ortschaft Manternach zu, umgeht diese bei Mertert und überschreitet das Flüßchen „Syr" (Suire). Ziel ist die sog. „Felsmühle", die etwa 150 Meter von der Hauptstraße entfernt an einer Höhe liegt. Die Felsmühle ist Treffpunkt zahlreicher deutschgesinnter, meist junger Luxemburger, die der Zusammenarbeit mit Deutschland zugeneigt sind. Sie unterstützen die BRANDENBURGER Aktivitäten und suchen Verbindung zu diesen.

Luxemburger Gendarmen und Soldaten jedoch sind auf die Umtriebe in der Felsmühle aufmerksam geworden und beginnen noch in der Nacht mit der Durchsuchung der Gebäude. Dabei treffen sie zuerst auf einige Luxemburger, und es kommt wiederholt zu Schießereien, wobei in der Dunkelheit Freund und Feind nicht zu unterscheiden sind. Eintreffende Kommandos der BRANDENBURGER werden in diesen wiederholt aufflammenden Schußwechsel einbezogen. Es gibt Verwundete und Verletzte auf beiden Seiten. Oblt. Schoeler und mit ihm die Unterführer, für die die Felsmühle der Ausgangspunkt für weitere Unternehmen in die umliegenden Orte sein sollte, beschließen, das Tageslicht abzuwarten. Aber da tauchen bereits die ersten deutschen Wehrmachtsverbände auf, der eigentliche Auftrag ist damit überholt.

Immerhin waren in dieser Nacht in mindestens dreizehn Ortschaften BRANDENBURGER Kommandos unterwegs und haben an zahlreichen Punkten für die Vorausabteilungen der 1. Pz.Div. die Straßen freigemacht. Noch weiter südlich des Ausgangspunktes der Gruppe Schoeler – in den Bunkern bei Ammeldingen – ist die Gruppe unter Feldw. Eggers in Bereitschaft. Die bisher unter der Tarnbezeichnung „Pi-Reserve AK." dort untergebrachten Kommandos starten ebenfalls in der Nacht zunächst in Richtung Vianden.

Erster Auftrag: Beseitigen von Panzersperren und Sicherung der Brücken über die „Our". Eines ihrer Ziele ist die Gendarmeriekaserne in Vianden und der dort stationierte Sender. Vier Zivilisten nähern sich gegen 5.35 Uhr diesem Gebäude, geben einige Pistolenschüsse ab und machen den Senderaum mit einigen Handgranatenwürfen unbrauchbar, die Sendegeräte werden zerstört. Ein anderer Stoßtrupp beseitigt an verschiedenen Stellen der Stadt die Panzersperren und Stahlpforten.

In Fouhren und Longsdorf werden die Sperren von einem anderen Ziviltrupp beseitigt und damit dem Fahrzeugverkehr zwischen dem Ourtal im Abschnitt Vianden und dem Sauertal bei Diekirch freie Bahn verschafft.

Eine stärkere Gruppe von 12 bis 15 Mann, ebenfalls in Zivil und als Kennzeichen mit einem gelben Tuch in der oberen linken Jackentasche oder auch als Halstuch, strebt auf schnellstem Wege der luxemburg-belgischen Grenze bei Trotten zu. Um schneller vorwärts zu kommen, haben sie sich Fahrräder besorgt. Ihr nächstes Ziel ist eine Brücke über den Ourthe-Fluß unmittelbar amwestlichen Stadtrand von Bomal. Diese wird solange offengehalten, bis die ersten deutschen Vorausabteilungen eintreffen. Das geht ohne eigene Verluste ab.

Im einsetzenden Flüchtlingsstrom im französischen Raum tauchen dieselben Männer, nun mit übergezogenen französischen Uniformen, an der Weygand-Linie wieder auf. Mit inzwischen gekaperten französischen Pz.-Spähwagen fahren sie vor den deutschen Angriffsspitzen im Wald von Compiègne vor und beteiligen sich an den letzten Kämpfen vor Paris.

Während des Westfeldzuges war die Panzergruppe von Kleist mit dem XXXXI. Panzerkorps und XIX. Pz.-Korps in schweren Kämpfen durch Luxemburg und Belgien nach Frankreich hinein bis an die Kanalküste vorgedrungen. Zur Fortsetzung des Angriffs entlang der Kanalküste nach Norden treten die Panzerdivisionen des Pz.-Korps Guderian am 22. Mai 1940 erneut an, mit den Zielen, die Kanalfestungen Boulogne durch die 2. Pz.Div. und Calais durch die 1. Pz.Div. einzunehmen. Gegen heftigen Widerstand des britischen Expeditionskorps und Teilen der französischen Armee erreichen am 24. Mai die vordersten Teile den Aa-Abschnitt und stehen noch ca. 16 km vor Dünkirchen. In der Nacht vom 24. zum 25. Mai trifft der Befehl ein: Hinter dieser Linie Halt! Die Masse des im Raum beiderseits Dünkirchen eingeschlossenen britischen Expeditionskorps wird damit Gelegenheit gegeben, über See aus dem Kessel herauszukommen.

Um jedoch für den Abzug Zeit zu gewinnen, wird von britischer Seite alles unternommen, den deutschen Angriff zu verzögern. Erste vorgesehene Maßnahmen sind dabei die Sprengung der Schleusen bei Nieuwport, südlich von Ostende, und die Überflutung weiter Teile Flanderns, wie bereits im Jahre 1915. Das zu verhindern wird Auftrag eines BRANDENBURGER Kommandos; ihm traut man zu, die prekäre Lage zu klären.

Über den Einsatz und den erfolgreichen Ablauf am 27. Mai 1940 folgt nachstehend der Bericht eines Teilnehmers:

Das Oberkommando der Wehrmacht gibt bekannt:

„Die Meeresschleusen und Straßenbrücke von Nieuwport in Belgien wurden im Handstreich am 27. Mai 1940 von einem Sonderkommando genommen. Dem Lt. Grabert und dem Uffz. Janowski, denen schon bei Einsätzen in Holland mit ihren zbV-Männern Erfolg beschieden war, gelang es, die von mehrfacher feindlicher Übermacht verteidigten Schleusen zu nehmen und zu halten, deren Sprengung sonst, wie bereits im Jahre 1915, die Überflutung Flanderns verursacht hätte."

„Zwei Wochen Sonderurlaub hatten wir nach unserem Hollandeinsatz. Das mir gerade verliehene EK hing noch am Band, und ich war im Begriff, die heimatliche Bequemlichkeit in meinem Elternhaus zu genießen, als mich ein Telegramm mit Marschbefehl Brandenburg aus diesem siebenten Himmel riß.

Groß war mein Erstaunen, als ein Fahrer unseres „Vereins" mich auf dem Bahnhof abholte, und sofort gings zum Kommandeur, in dessen Dienstzimmer ich meinen Zugführer Lt. Grabert und den Adjutanten Lt. Johannes antraf.

Groß war mein Erstaunen, als ein Fahrer unseres „Vereins" mich auf dem Bahnhof abholte, und sofort gings zum Kommandeur, in dessen Dienstzimmer

ich meinen Zugführer Lt. Grabert und den Adjutanten Lt. Johannes antraf. „Los, Beine in die Hand, Jano, stelle dir eine neue Gruppe aus den in der Kaserne vorhandenen Männern zusammen, – Kleiderkammer, Waffenkammer etc., und in zwei Stunden marschbereit, compris?“ „Klar, Herr Leutnant, in zwei Stunden marschbereit!“
„Männer“, sagte er uns, „es geht nach Belgien. Ich und euer Gruppenführer wurden namentlich angefordert. Keine Ahnung, was los ist. Jedenfalls ein Sonderauftrag, der's in sich hat. Wir kennen uns kaum. Dafür kenne ich euren Gruppenführer und er kennt mich, was vorläufig genügt. Kippen aus! Auf geht's!“ –
Der bereits wartende Lkw brachte uns zum D-Zug. Zum erstenmal hatten wir die neue MPi in Händen. Also in unserem reservierten Abteil hinter verschlossenen Vorhängen zuerst mal eine Stunde Waffenkunde. Und dann geschlafen. In Gent wurden wir bereits erwartet und in ein großes Hotel gefahren. Kaum hatten wir Gelegenheit, uns ein wenig zu reinigen, als wir auch schon von einem Oberleutnant abgeholt und zu einem Stab gefahren wurden, bei dem sich auch unser Kommandeur eingefunden hatte.
Die Lage wurde bekanntgegeben: Vormarsch unserer Truppen vor Schleuse Nieuwport aufgehalten. Feind beabsichtigt wahrscheinlich, wie schon 1915, die Schleusen zu sprengen und Flandern zu überfluten. –
Aufgabe: Sprengung der Schleusen verhindern, Straßen- und Kanalbrücke ostwärts Ostende–Nieuwport nehmen und halten.
Von Brügge in Richtung Nieuwport kamen wir bis vor das große Denkmal König Alberts. Plötzlich surrten ein paar Querschläger durch den Bus. Wagen links ran, alles raus, volle Deckung. Mit unseren Ferngläsern konnten wir auf dem Weg nach Nieuwport-Bad eine Infanterieeinheit ausmachen, ungefähr 900 Meter halbrechts hinter uns. Straßen- und Schleusenbrücke lagen ca. 150 Meter vor uns. Neben mir ein größerer Chausseestein, auf dem ich lesen konnte: „Ici on a arrêté l'armée allemande en 1915“. – Rechts der Brücke, 7–8 Meter vor dem Kanal eine Mulde. Also dorthin! Einzeln vorgearbeitet, bis alle dort waren. Granatwerfer schienen die Engländer nicht zu haben, zum Glück für uns. Dafür beharkten sie uns mit MG-Feuer. Es muß so gegen 19 Uhr gewesen sein. Wir beschlossen, bei Einbruch der Dunkelheit anzugreifen.
Endlich deckte die Dunkelheit ihr großes Tarnnetz über uns. Wir schnallten die Koppel fester, überprüften nochmals Waffen und Munition. In Zwischenräumen von 3—4 Minuten schossen die Engländer weiße Leuchtkugeln über die Brücke. Gleich nach einer solchen machte mir Lt. Grabert ein Zeichen: Los! Die kurze Drahtschere in der rechten, die MPi in der linken Hand, robbten wir auf die Brücke, Meter für Meter. Die Hände tasteten nach der Zündleitung, — nichts zu finden. Da, wieder eine

Leuchtkugel! Kopf runter. Ich blinzle nach rechts. Da liegt Lt. Grabert, auf gleicher Höhe. Zwischen uns ein gefallener deutscher Unteroffizier mit seinem Krad. Bevor diese Leuchtkugel erlosch, hatte ich so etwas wie eine Zündleitung entdeckt, ganz am Rande des Fußgängersteges der Brücke. Plötzlich wieder einsetzendes starkes englisches MG-Feuer auf die Brücke. Ob die uns wohl gesehen hatten oder nur „auf Verdacht" schossen? Ich stülpte meinen Helm auf die Drahtschere und hob ihn hoch, um zu sehen, wie weit ich mich erheben konnte, ohne in die Schußbahn der MG zu kommen. Kaum einen halben Meter hoch hob ich den Helm, da machte es ping-ping-ping und er drehte sich im Kreis. Also weitergerobbt und dann in der Dunkelheit rüber auf den erhöhten Fußgängersteg, — die Schere machte klick, und die Leitung war ab. Wenn nur Lt. Grabert seine Leitung auch gefunden hatte! Doch als ich dies kaum gedacht hatte, zischte er herüber „Hab sie!" und ich zurück „Hab sie!". Damit war die Gefahr der Himmelfahrt aber noch nicht gebannt, denn diese zwei Leitungen führten wohl nur zu dem Sockel, den wir bereits hinter uns hatten. Oh, diese verfluchte Angst! Die tollsten Gedanken schossen mir durch den Kopf, während ich immer wieder ruhig zu liegen hatte, um das Verlöschen der Leuchtkugeln abzuwarten, — dann wieder ein Stück vorwärts gerobbt. Zu gleicher Zeit erreichten Lt. Grabert und ich das Ende der Brücke, die nun etwas abzufallen begann. Nur jetzt keine Leuchtkugel! Ich ließ mich nach rechts auf das Kanalufer rollen und lag nun dicht neben dem Fundament bzw. Auflager. Ich hatte die Leitung in der Hand, meine Schere machte wieder klick, — im selben Augenblick schoß eine Stichflamme aus dem Draht, — man hatte zünden wollen! Auch Lt. Grabert hatte seine Leitung im letzten Moment abgezwickt. Keine Detonation, keine Himmelfahrt! —

Wir sammelten am jenseitigen Brückenende, schnitten noch alle zu findenden Kabel durch, denn möglicherweise war doch außer der Leitfeuerzündung noch eine elektrische Zündung angebracht. Dann richteten wir uns im nächsten Haus am Ufer ein. Von dort aus war es ein leichtes, auch die Zündleitungen an den Schleusentoren zu zerschneiden. Ich war eben dabei, als ein irrsinniger Krach im Haus ertönte, als ob ein Bierwagen aus dem fünften Stock auf die Straße gestürzt wäre. Mit entsicherter MPi stürzte ich in den Keller, wo es noch schepperte, — und da saß einer von unseren Männern inmitten einer Batterie Flaschen, er war durch eine offene Luke herabgefallen und mitten auf einem Lager von Cognac und anderen guten Sachen gelandet! Wir verhielten uns nun mäuschenstill. Sollte der Tommy raten, was mit uns los war. Nichts geht bekanntlich mehr auf die Nerven als Ungewißheit, den Feind in nächster Nähe wissend.

Meine Aufgabe war es dann, unsere Truppen, von deren Standort ich keine Ahnung hatte, herbeizuführen. Der Omnibus, der noch immer jenseits der Schleuse stand, war ein durchsiebtes Wrack, doch fand ich einen englischen Sankra, der mich sicher unseren Truppen entgegenbrachte. Kurz vor Ostende stieß ich auf einen sMG-Zug eines Kradschützenbataillons. Der Stab lag in der Stadt, ich fuhr hin und traf dort auch den Kommandierenden General, dem ich Meldung erstattete. Er fand unser Unternehmen noch großartiger als wir selbst, klopfte mir fortwährend auf die Schulter, erteilte die notwendigen Befehle, und ich führte nun die deutsche Angriffsspitze gen Nieuwport. Aber da wurden wir überfallartig von Minenwerferfeuer empfangen. Unsere Infanterie konnte sich entwickeln und zum Angriff antreten, und bald flohen die Tommies, in Richtung Dünkirchen.

Nun hatten wir ja wieder einen Sonderurlaub verdient, aber daraus wurde vorläufig nichts, denn der Zug Grabert mußte sich noch zu Rommel durchboxen, der mit seiner ‚Gespenster-Division' (7. Pz.Div.) in der Nähe war und uns möglicherweise noch brauchte. Inzwischen ging dann aber der Westfeldzug zu Ende. Grabert wurde zum Oblt. und ich zum Feldw. OA befördert, ich bekam das EK I und er einen Tritt ins Kreuz, weil die Sprengladung von uns nicht aus der Brücke ausgebaut war, als die hohen Stäbe diese überquerten."

Oblt. Siegfried Grabert kehrt mit seinem Zug bald darauf nach Brandenburg an der Havel zurück, und bildet im Zuge der Erweiterung zum Regiment den Stamm für die Aufstellung der 8. Kompanie des Lehrregiment „Brandenburg" zbV 800. —

Die Erfahrungen aus diesen zahlreichen Einsätzen im Westen geben diese Männer an die in ihren Standorten versammelten Neulinge weiter; sie werden die Grundlagen späterer Erfolge.

Lehrregiment „Brandenburg" zbV 800 — bis Ende 1940

Den letzten Anstoß zur Erweiterung des Baulehr-Bataillons zbV 800 in ein verstärktes Regiment haben die sehr beachtlichen Erfolge der Kommandounternehmen in Nord und West gegeben. Bei geringen eigenen Verlusten, was vor allem der umsichtigen Führung und der Geschicklichkeit der einzelnen Kommando-Führer zu danken war, sind in der „... ersten Phase des Westfeldzuges von 61 zu schützenden Objekten insgesamt 42 gesichert und den nachfolgenden Truppeneinheiten übergeben worden ..." [15] —
Das drückt sich auch in der Vielzahl der Auszeichnungen aus: Die Verleihung des Ritterkreuzes an Oblt. Walther und etwa 120 E.K. I. und E.K. II. Klasse.
Ein weiterer Grund für die Vergrößerung des Bataillons in Brandenburg liegt in dem Zwang der Zusammenfassung der vielen bisher selbständigen Sonderverbände unter einer einheitlichen Kdo.-Führung. Zwangsläufig ergibt sich daraus eine klarere Kompetenzverteilung zwischen der Abwehr II und der Kommandotruppe. Sie verhindert zugleich wiederholte Eingriffe verschiedener Dienststellen und sogar Parteiorganisationen in die Belange dieser zbV-Truppe.
Die ständige Ausweitung in der Zielsetzung und die weltweiten Ansatzpunkte für Kdo.-Unternehmen erzwingen eine vermehrte Spezialisierung auf Land und Leute in den Einsatzräumen. Die aus aller Herren Länder und Erdteilen nach Brandenburg geeilten Freiwilligen bilden dafür eine gute Voraussetzung. Aber sie müssen darauf abgestimmt und vorbereitet werden. Die Stationierung eben dieser Kontingente in Gebieten, aus denen sie sowohl kurzfristig an den Einsatzort gebracht als auch aus deren Bevölkerung heraus geeignete Freiwillige rekrutiert werden können, ist die Voraussetzung für diese Einsätze.
Auch die Überfüllung der Kasernenanlagen in Brandenburg/Havel und der sonstigen Unterkünfte in den umliegenden Ortschaften der Mark Brandenburg erzwingen eine Auflockerung. Die vermehrte Aufstellung von Sondereinheiten wie der Dolmetscherkompanie und einer V-Leute-Kompanie, besondere Lehrgänge für die Sprengausbildung, Waffenerprobungsstellen usw. verschärfen noch die Unterbringungssorgen in und außerhalb der Stadt. Nur eine Verlegung geschlossener Einheiten in andere Standorte würde eine Entlastung bringen.
Entsprechend den künftigen Einsatzräumen, die sich aus den Absichten und Vorbereitungen des OKW abzeichnen, werden die Standorte der künftigen Bataillone gewählt:

Berlin	—	Führungs- und Heimatstab sowie Verbindungsstelle zum Amt Ausland/Abwehr. Dort auch die Nachrichtenkompanie.
Brandenburg/Havel	—	für überregionale Einsätze und zur Schwerpunktbildung, sowie zur Verfügung der Abwehr. Dort auch die Fallschirmjägerkompanie.
Baden bei Wien/Österr.	—	für Einsätze nach Osten und Südosten.
Aachen, später Düren	—	für Einsätze nach Westen, Süden und Norden.

Die Richtlinien zur Umgliederung des Baulehr-Bataillons zbV 800 zum Lehrregiment „Brandenburg" zbV 800 gemäß Verfügung OKH Chef H Ruest und B.d.E. AHA I a (I) Nr. 1450/40 g.Kdos. vom 15. 5. 1940 kommen vom Führungsstab, Mathäikirch-Platz Nr. 5, nachdem Major Kewisch Mitte Juni aus Norwegen nach Berlin zurückgekehrt ist [16].
Als Rgt.-Adj. holte er sich aus seinem Einsatz im Norden den Oblt. Zülch, der ihm schon beim Verbindungsstab in Oslo mit gutem Organisationstalent aufgefallen war. Auch hatte sich dort ergeben, daß sie beide wohl auf gleicher Linie lagen, was ihre Vorstellungen über den künftigen Status und Einsatz der Truppe betraf. Das jedoch stand teilweise im gewissen Gegensatz zu den einst von Hptm. von Hippel entwickelten Ideen. Von einem „Räuberhaufen, der den Teufel aus der Hölle holt", ist bei ihnen nicht die Rede. Sie wollen auch nichts davon wissen, daß diese hochwertigen Soldaten oft planlos und mehr sporadisch in Abenteuer und Pfadfinderspiele geschickt werden, deren Ergebnisse mit hohem Risiko belastet sind.
Sie wollen ein klares, auf militärische Grundsätze ausgerichtetes Konzept.
Als diese Ideen allmählich bei der Truppe und deren Führungskader durchsickern, treten erste Spannungen auf. In den folgenden Monaten verstärken sie sich noch, als Kewisch neue, junge Offiziere heranholt, die in die Führungsstellen bis zu den Bataillonen eingesetzt werden. Manch' alter Offizier und Dienstgrad sieht sich übergangen und zurückgesetzt. Das gilt nicht zuletzt auch für Hptm. von Hippel.
Es ist die Tragik dieses Mannes, der in seiner Abwehrarbeit 1938/39 oft freimütig seine nicht in die nationalsozialistische Zeit passenden Ansichten dargestellt und an ihnen stets auch festgehalten hat, daß er durch den Trend der neuen Zeit und deren Vertreter zwangsläufig in das Abseits geschoben wird. Wohl hat er noch Freunde bei der Abwehr — und dazu zählt auch Canaris. Aber sie wollen sich nach außen hin nicht zu ihm bekennen.

Ein Vorgang, der sich Ende September 1940 im Bereitstellungsraum für das Unternehmen „Seelöwe“ abspielt, ist wohl der äußere Anlaß für ihn, Konsequenzen zu ziehen. Darüber berichtet von Hippel in seinem persönlichen Tagebuch:

„Als ich im Juli 1940 Brandenburg verließ, um an die Kanalküste zu verlegen, ließ ich wohlweislich meinen Adjutanten Lt. Johannes in Brandenburg zurück, um stets auf dem laufenden über bestimmte Vorgänge in Berlin zu sein. Bereits im August bekam ich die erste Meldung, daß vom OKW ein Befehl zu erwarten sei, daß alle Soldaten des Lehrregiments „Brandenburg“ zbV 800 zur Geheimhaltung mit dem Zusatz „alle Befehle des OKW/Amt Ausl./Abw. zu befolgen“, zu verpflichten und zu vereidigen seien. Ich hielt dies für unmöglich. Ende September war in St. Germain bei Rundstedt ein großes Kdr.-Treffen. Nach der offiziellen Lagebesprechung war unter Führung des I a, Oberst Blumentritt, eine I c-Besprechung. Zu ihr waren der Oberst Stolze und der Major Kewisch vom OKW/Abw. erschienen. Wohl ahnend, daß ich Schwierigkeiten machen würde, hatte das OKW in der bewußten Angelegenheit den Weg über die Heeresgruppe I gewählt, der ich unmittelbar unterstand. Die beiden Herren hatten den Befehl des Admiral Canaris überbracht, jeder Brandenburger sollte folgenden Revers unterschreiben: „Ich bin über die Aufgaben des Lehrregiments Brandenburg unterrichtet, habe größtes Stillschweigen zu bewahren und die mir von der Abwehr erteilten Aufträge als Soldat auszuführen“. Ich war so aufgeregt, als ich diese widerrechtliche Zumutung hörte, daß mich Oberst Blumentritt in seiner vornehmen Art beruhigen wollte und die Herren vom OKW fragte, von wem der Befehl käme. Ich rief den Herren zu: Diese Aufforderung kann ich als verantwortlicher Kommandeur des Lehrregiments nie entgegennehmen und sie erst recht nicht als Befehl werten! Als Stolze dann meinte, daß es der Führer wünsche, erwiderte ich, daß der Führer dann falsch beraten sei. Solange ich Kommandeur bin, wird dieser Befehl nicht an meine Leute weitergegeben. Ich trat dann an Oberst Blumentritt heran und beantragte ein Verfahren gegen mich und bat um meine Versetzung nach erfolgtem Einsatz „Seelöwe“. Auf alle weiteren Einwände ging ich nicht ein, bat den Hptm. Hollmann und Lt. Herzner, die mich begleitet hatten, sofort zusammenzupacken und abzufahren. An dem Offizieressen nahmen wir nicht mehr teil, sondern fuhren, nachdem ich das Verfahren gegen mich nochmals schriftlich beantragt hatte, sofort nach Nieuwport zurück. Was mir bevorstand, war mir einerlei. Die Angehörigen des Lehr-Rgt. waren Soldaten und als solche vereidigt, sie durften nicht

nochmals in dieser Form verpflichtet werden. Am nächsten Morgen holte ich mir einige Offiziere, die Juristen waren, aus dem Rgt. heran; 2 Stunden später gab ich in einer Offz.Besprechung des Rgt.'s den Vorgang bekannt. Bald darauf wurde das Unternehmen „Seelöwe" abgeblasen. Bis Ende Oktober war ich noch beim Rgt., dann kam das längst erwartete Fernschreiben, welches mich nach Berlin beorderte. —
Canaris erkundigte sich in der alten freundlichen Art nach meinem Befinden. Ich bat um schnellste Verhandlung. Oster meldete Canaris, daß um 15 Uhr mein „Fall" auf dem Terminkalender stehe. Zur festgesetzten Zeit waren anwesend: Canaris, Oster, Lahousen, Stolze, Kewisch und ich. Canaris begann in seiner väterlich-freundlichen Art: „Mein lieber Hippel, was Sie bisher in der Abwehr geleistet haben, wissen Sie selbst, doch eines scheinen Sie nicht zu wissen, daß Befehle dazu da sind, befolgt zu werden!" Da ich wußte, wie ernst die Sache stand, denn es ging um meine Soldatenehre, bat ich ihn, mich anzuhören. Unter anderem sagte ich: „Herr Admiral, ich möchte nur folgenden Vorgang, der leicht eintreten könnte, erwähnen. Angenommen, es würden bei einem Unternehmen wie „Seelöwe" sechs Mann in englischen Uniformen gefaßt werden, — diese Männer werden sicher nicht gleich erschossen oder gehängt werden, sondern in ihren englischen Uniformen vor Kamera und Aufnahmegeräte gestellt und so verhört werden. Nur einer der Männer sagt dazu aus, daß sie dazu befohlen worden sind. In der ganzen Welt würde man dann davon sprechen! Bedenken Sie, daß Amerika noch neutral ist. Alle laufenden und künftigen Einsätze wären in Frage gestellt. — Das Grundsätzliche beim Lehrregt. Brandenburg ist der freiwillige Einsatz jedes einzelnen. Solche Kriegslisten kann der einzelne oder der Führer einer Gruppe, eines Zuges, ja selbst der Rgt.Kdr. noch auf sich nehmen, aber es kann dazu keinen „Führerbefehl" geben!" Canaris ersuchte mich, ohne auf meine Rede ein Wort zu erwidern, das Zimmer zu verlassen. Ich habe höchstens 3 Minuten draußen gewartet, als mich Canaris hereinrief und mir erklärte: „Herr Major v. Hippel, Sie sollen nach Ihrem alten Wunsch nach Afrika versetzt werden. Ich möchte Ihnen auch im Namen Keitels danken. Herr Major Kewisch, veranlassen Sie zur Verabschiedung einen entsprechenden Tagesbefehl an das Lehr.-Rgt. Brandenburg!" — Auf meine Frage nach dem beantragten Verfahren wegen „Befehlsverweigerung" sagte Canaris nur: „Völliger Unsinn." — Das eine hatte ich aber erreicht, daß eine Sonderverpflichtung des Lehr-Rgt. unterblieben ist. Wenn ich nicht so stur ablehnend geblieben wäre, hätte Canaris mein Verbleiben bei Brandenburg begrüßt. Doch ich war zu der Auffassung gelangt, daß unserer obersten Führung der Sinn des Lehr-

Rgt. Brandenburg und die ursprüngliche Idee, die zu seiner Aufstellung führte, nie einsehen würde.

Hier konnte ich aus Überzeugung nicht mehr mitmachen. Als ich später Herrn Oberst Stolze fragte, was Canaris zu meiner Verteidigungsrede gesagt habe, meinte er: „Das können Sie sich ja bei dem Ergebnis selbst denken: Hippel hat recht." [17]

Während ab Juli 1940 vor allem Kompanien des I. und III. Bataillons an der Kanalküste gegenüber England liegen, verstärkt Major Kewisch von Berlin aus das künftige Offiziers-Korps des Lehrregiments „Brandenburg" zbV 800.

Für die Kommandeurstelle des vorhandenen III. Bataillons wie für die des in Aufstellung begriffenen II. Bataillons holt er die Gebrüder Jacobi aus Köln heran. Hauptmann Jacobi kommt am 1. Oktober 1940 in den Standort Düren, Rittmeister Dr. Jacobi übernimmt im November 1940 das Kommando in Baden bei Wien.

Major Kewisch allerdings hat durch die undurchsichtigen Vorgänge um die Person des Dr. von Hippel sehr erheblich an Vertrauen bei seiner vorgesetzten Dienststelle, der Abwehr, verloren. Er wird überraschend Anfang Oktober 1940 von seinem Posten abberufen. Major von Aulock, der als Nachfolger etwa Mitte Oktober nach Berlin kommt, führt das Regiment nur kurze Zeit.

Das Personalamt setzt nunmehr Anfang November 1940 den Oberstleutnant von Haehling als Kommandeur ein.

Noch nie ist einer in Erweiterung begriffenen Truppe ein ständiger Wechsel bei der Führungsspitze bekommen. Das zeigt sich gerade beim I. Btl. als dem Ursprung aller künftigen BRANDENBURG-Verbände. Da von Hippel seit Mitte Oktober 1940 die Geschäfte eines Btl.-Kdrs nicht mehr wahrnimmt, wird Oblt. Walther mit der Führung beauftragt. Aber auch das währt nur wenige Wochen. Als er nämlich Anfang Dezember 1940 anläßlich der Hochzeit seines Kameraden, Oblt. Dr. Herzner, in Potsdam mit einem größeren Kreis zusammentrifft, wird Major Heinz als neuer Kommandeur des I. Bataillons angekündigt. Hier haben die Abwehr und Obstlt. Oster im besonderen für die entsprechende Überraschung gesorgt.

So zeichnet sich zum Ende des Jahres 1940 folgende Führungsgliederung ab:

Rgt.-Kommandeur	— Obstlt. von Haehling
Rgt.-Adj.	— Oblt. Zülch
I a	— Oblt. Helmut Pinkert
in Brandenburg/Havel	— Major Heinz
in Baden b. Wien	— Rittm. Dr. Jacobi
in Düren/Rheinld.	— Hptm. Jacobi

Zur wichtigen Führungshilfe werden, besonders wegen der weiten Entfernungen, die Nachrichtenmänner mit ihren an die Forderungen der BRANDENBURGER angepaßten Geräten. Aus den vereinzelt bei den Kompanien bestehenden Funktrupps bilden sich etwa Mitte 1940 zunächst zwei Züge in Spandau bei Berlin. Einer dieser Züge wird kurz darauf in den Raum Ost-Dünkirchen verlegt, zur nachrichtenmäßigen Unterstützung der BRANDENBURG-Einsätze im Rahmen des geplanten Unternehmens Seelöwe.
Aus dieser ersten Nachrichten-Einheit, die im November 1940 nach Prützke bei Brandenburg und dann im Januar 1941 nach Berlin-Zehlendorf verlegt wird, entsteht nach und nach, der Erweiterung der Truppe folgend, die Nachrichten-Abteilung Brandenburg mit drei Kompanien: 1. Kompanie in Krumme Lanke, 2. Kompanie Birkenwerder, 3. Kompanie Paulsborn.
Zu ihren Aufgaben zählen:
Die schnelle Übermittlung der Befehle von Berlin (Heimatstab) an die an der Front eingesetzten Einheiten;
Die Verbindung mit und zwischen den Aufklärungs- und Kampfgruppen während des Einsatzes;
Das Ausbilden und Vorbereiten, vor allem der Funker, für den V-Einsatz der Abwehr.
Alle diese Aufgaben lassen sich mit den beim Heer üblichen Geräten sowie im reinen Funk- und Schlüsselverfahren allein nicht lösen. In Zusammenarbeit mit den Stellen des OKW und der Abwehr sucht man daher nach neuen Verfahren.
Zunächst werden die Funker in Arbeiten auf Kurzwelle geschult, einem Wellenbereich, den der Heeresfunk überhaupt nicht verwendet. Dann ist es notwendig, mit geringstem Aufwand ein Funknetz zu erstellen, auf dem täglich bei Entfernungen bis zu 2 200 km von der Leit-Funktstelle Berlin die Verbindung zu den eingesetzten Bataillonen und Kompanien gehalten wird. Die dazu verwendeten Geräte sind nicht viel größer als Tornistergeräte der Infanterie. Sie werden von Funkern bedient, die gleichzeitig auch die erforderlichen Verbindungen zu den benachbarten Einheiten halten müssen, während ihre Trupp-Kameraden bei Spähtrupps und Kommandounternehmen eingesetzt sind. Die vielseitige Ausbildung findet zumeist zentral bei der Kompanie und später bei der Nachrichtenabteilung Brandenburg statt. Ihr Einsatz bei zahlreichen Truppen-Nachrichteneinheiten in ganz Europa hat sich gut bewährt, wenn sich auch die Betreuung der zahlreich abgestellten Nachrichtenzüge und der Trupps manchmal recht schwierig gestaltet hat.

Noch ist die Generalfeldzeugmeister-Kaserne in der Stadt Brandenburg an der Havel die Heimat des Baulehr-Bataillons zbV 800. Noch fühlen sich alle jetzt aus dem Nord- und West-Einsatz zurückkehrenden Einheiten dorthin verbunden, auch wenn der vorbereitende Regimentsstab in Berlin unter Major Kewisch die ersten Richtlinien zur Umgliederung in ein Lehrregiment herausgegeben hat. Der Schwerpunkt der Befehle bezieht sich auf die Ausweitung auf drei Bataillone.

Nicht nur der künftige Regimentsstab in Berlin verstärkt sich laufend, indem entsprechend KStN neben dem Rgt.Adjutanten Oblt. Zülch nun auch Offiziere wie die Brüder Helmut und Gerhard Pinkert, später auch Leutnant John u. a. für die übrigen Stabsstellen eintreffen. Zahlreiche andere Führungskader, die aus der ganzen Wehrmacht herausgezogen und versetzt werden, melden sich zuerst in Brandenburg/Havel. Hier geraten sie in die Umgliederungen und Neuaufstellungen, hier treffen sie auf die zurückkehrenden, im Einsatz erfahrenen Trupps und hier stoßen sie auf zahlreiche Freiwillige aus aller Herren Länder, die die neuen Einheiten verstärken sollen.

In erster Linie sollen die bisherigen Kampfgemeinschaften zusammenbleiben und jeweils den Stamm für die nächstgrößere Einheit bilden. Aber es soll auch der landsmannschaftliche Zusammenhalt erhalten bleiben, und zudem verlangt man noch, daß diese Gemeinschaften entsprechend der künftigen Aufgabenstellung in die Standorte verlegt werden, von wo aus ihre Einsätze erfolgen sollen.

Hinzu kommen noch immer Anforderungen durch die Abwehr II für deren Sonderaufgaben und der Zeitdruck, der von der Forderung nach schneller Wiederherstellung der Einsatzbereitschaft ausgeht. Kein Wunder also, daß der Weg zur endgültigen Formation einer Einheit oft verschlungen und mehr verwirrend gefunden werden muß. Das zeigt sich in den nächsten Monaten und bis Ende des Jahres 1940 bei der Aufstellung der einzelnen Betaillone:

Der Stab des I. Bataillons befindet sich nach wie vor im alten Stabsgebäude der Kaserne an der Magdeburger Straße. Dort hält der Adjutant, Leutnant Johannes, die Fäden der Umgliederung in der Hand. Zugleich ist er Führer der Stabskompanie bis 14. 9. 1940. Sie fungiert weiter als Registrier-, Sammel- und Durchgangsstelle für die Neueintreffenden und die V-Leute der Abwehr. Viel später entwickelt sich daraus die V-Abteilung, d. h. die Vertrauensleute-Abteilung.

Noch Mitte Mai 1940, gleich nach Rückkehr des I. Zuges der 4. Baulehr-Kompanie aus dem Einsatz bei Gennep nach Brandenburg, wird unter Hinzuziehung weiterer Freiwilliger die 1. Kompanie gebildet. Es bleibt nur wenig Zeit für diese Aufgabe. Schon in den ersten Tagen des Juni 1940 verlegt sie unter Stbs.Feldw. Babuke über Freiburg-Breisach an den Rhein, gegenüber dem Elsaß. Dort beteiligt sich die Kompanie am zeitlich versetzten Angriff deutscher Truppen nach Westen, wobei ihr die Aufgabe der Inbesitznahme der Stadt Colmar zufällt. Das gelingt auch, die BRANDENBURGER sind als erste in dieser Stadt. Nur wenige Tage bleiben sie dort, dann wird die Kompanie herausgezogen und im Eiltransport nach Baden b. Wien — in den Bereich des II. Bataillons — verlegt. Nach kurzer Auffrischung erfolgt am 16. 8. 1940 die Umbenennung in 6. Kompanie.

Die 2./Lehr-Regiment „Brandenburg" zbV 800 entsteht zum 1. 6. 1940 aus der Umbenennung des vormaligen Stab/Lehr-Regiment „Brandenburg" zbV 800, der ursprünglich aus Teilen der Baulehr-Kompanie von Hippel hervorgegangen ist.

Eine 3. Kompanie wird aus den Restteilen der 1. Kompanie, die am 16. 8. 1940 zur 6./Lehr-Regiment „Brandenburg" zbV 800 umbenannt worden war, neu aufgestellt. Die gliederungsmäßig ebenfalls zum I. Bataillon gehörende 4. Kompanie entsteht im Verlaufe der Restzeit des Jahres 1940 nur in Ansätzen. Soweit Rahmenpersonal für die 4. Kompanie bereits verfügbar ist, wird dieses vorerst der 2. Kompanie zugeteilt.

Der für Einsätze nach Südosten und Osten ausgerichtete Stab des II. Bataillons bezieht Quartier in Baden b. Wien. Da sich der zur Führung des Bataillons vorgesehene Kommandeur noch im Lazarett befindet, wird Oblt. Walther zum 28. Mai 1940 mit der Aufstellung beauftragt.

Oblt. Kutschke verlegt mit je einem Zug Deutscher aus Afrika und aus Palästina am 22. Mai 1940 aus Brandenburg nach Fulpmes im Stubaital zur Gebirgsausbildung. Unter Aufstockung durch Südtiroler wird diese mit dem 1. Juni zur 5. Kompanie im II. Bataillon umbenannt. Die Gliederung dieser Kompanie erfolgt der großen Personalstärke wegen in drei Halbkompanien. Als dann am 28. Juni 1940 diese 5. Kompanie zunächst nach Brandenburg verlegt, verbleibt Oblt. Kutschke mit einem Stamm in Fulpmes und dann in Neustift im Stubaital, um die 7. Kompanie als Gebirgsjäger-Kompanie aufzustellen.

Währenddessen erhält die kurzzeitig in Brandenburg stationierte 5. Kompanie als Kp.Chef den Oblt. Helmut Pinkert, der diese am 13. August 1940 nach Bad Vöslau überführt.

Ab November 1940 werden aus der 5. Kompanie in Bad Vöslau Teile ausgegliedert und unter Führung des Oblt. Dr. Kniesche zum Schutz der Donau-Wasserwege nach Rumänien abgestellt.

Der Weg der 6. Kompanie im II. Bataillon ist bereits vorgezeichnet. Nach ihrer Auffrischung, vor allem durch herangeholte und angeworbene Frei-

willige aus den Pz.Aufkl.Abteilungen 3, 5 und 7, verstärkt durch Deutsche aus dem Sudetenland, dem Banat und aus Siebenbürgen, dazu auch Studenten aus Stuttgart und Wien, wird die 6. Kompanie im November 1940 ebenfalls nach Rumänien, zum Schutz der Ölvorkommen bei Ploesti verlegt. Noch in Bad Vöslau treten als Führer der Halb-Kompanien hinzu: Für die I. Halb-Kp. der Lt. Bansen, für die II. Halb-Kp. der Lt. Wolter.
Diese 6. Kompanie bezeichnet sich — entsprechend ihrem Personalbestand — als Aufklärungs-Kompanie. Sie trägt zeitweise die gelbe Waffenfarbe, im Gegensatz zu ihren Schwester-Kompanien im II. Bataillon, der 5., 7. und 8. Kompanie, die Gebirgsjäger sind und das Edelweiß an der Bergmütze tragen.
Aus dem vormaligen II. Zug der 4. Baulehr-Kompanie wird am 27. Mai 1940 der Stamm für die 8. Kompanie im II. Bataillon unter Führung von Oblt. Grabert gebildet. Die oft auch „Jäger-Kompanie Grabert" bezeichnete Kompanie verlegt nach Baden b. Wien und teilt sich in zwei Halb-Kompanien. Die I. Halb-Kp. führt Lt. E. Lange, der zugleich den oft wegen seines Studiums abwesenden Oblt. Grabert vertritt, die II. Halb-Kp. führt Lt. Hein.
Teile der 8. Kompanie sind ab Juli 1940 auch in Bad Vöslau untergebracht. Nach seiner Genesung trifft etwa Mitte Oktober 1940 der Kommandeur des II. Bataillons, Rittmeister Dr. Jacobi, in Baden b. Wien ein, während der Btl.-Führer während der Aufstellungszeit, Oblt. Walther, nach Brandenburg zurückkehrt.
Der Stab des III. Bataillons zieht unter Führung des Oblt. Baron im Juni 1940 in der Gallwitz-Kaserne, dann in der Theodor-Körner-, auch „Gelbe" Kaserne genannt, in Aachen unter. Nur allmählich kehren einzelne Einheiten aus dem Westeinsatz zurück und bilden künftig den Stamm des auf vier Kompanien ausgelegten Bataillons, von denen jedoch ab Juni 1940 zunächst nur die 9. bis 11. Kompanie entstehen. Die Stammannschaft stellt hierfür die vormalige 3. Baulehr-Kompanie des Hauptmanns Rudloff. Je ein Zug tritt zu diesen Kompanien. Für die 9. Kompanie sind es vor allem die Männer des bisherigen Westzuges Herzner. Erster Chef ist für kurze Zeit der Oblt. Dr. Kniesche, dann folgt Oblt. Wülbers nach.
Der Zug des Leutnant Kutschera aus Krummau von der alten 3. Baulehr-Kompanie ist nach Einsatzende an der belgischen Grenze direkt nach Aachen gezogen, wo er mit zwischenzeitlich eingetroffenen Freiwilligen aus Brandenburg die neue 10. Kompanie aufstellt.
Ende Juli 1940 kommt der neue Chef, Oblt. Aretz, der nur wenige Tage später die 10. Kompanie an die französische Kanalküste in den Raum St. Honorine b. Bayeux führt. Dort treffen die ersten jungen Offiziere für

die 10. Kompanie ein, die Leutnante Kriegsheim, Kohlmeyer und Sommer. Auch zur Aufstellung der 11. Kompanie tritt ein Zug der alten 3. Baulehr-Kompanie als Stammannschaft an, wird jedoch verstärkt aus hinzutretenden Teilen der vormaligen 2. Baulehr-Kompanie. Oblt. Schoeler ist der erste Kp.-Chef dieser Kompanie, die etwa Mitte Juli 1940 ebenfalls in den Raum Dieppe an die Kanalküste verlegt.

Für die Aufstellung der 12. Kompanie entsteht nur eine Rahmentruppe, die zunächst in Aachen, dann in Büsum und dann noch an der Kanalküste durch Verstärkungen des zwischenzeitlich aufgelösten sog. „Sonderverbandes Hollmann" und aus Teilen des Bataillons Fleck aufgefüllt wird.

Ab Mitte Oktober trifft in Düren der erste Kompaniechef für die 12. Kompanie, Oberleutnant Schader, ein. Anfang März 1941 wird die Kompanie Kürschner — „Kürschner-Revue" —, die für Sonderaufgaben im Rahmen des Unternehmens „Seelöwe" in Ost-Duinkerke-Bad bei Nieuwport liegt, nach Düren verlegt und als II. Halb-Kompanie in die 12. Kompanie eingegliedert.

Als die Kompanien des III. Bataillons im Herbst 1940 in ihren nun endgültigen Standort Düren einziehen, stellt sich dort zum 1. Oktober 1940 auch ihr neuer Bataillonskommandeur, Hauptmann Jacobi, vor. Der bisherige, nur interimistische Bataillonsführer, Oblt. Baron, geht nach Brandenburg a. d. Havel zurück.

Der Btl.-Stab III./Lehrregiment „Brandenburg" zbV 800 erhält bald eine komplette Besetzung mit dem Btl.-Adjutanten Leutnant Hütten.

Die nach und nach aus den Bereitstellungsräumen an der Kanalküste und Nordsee nach Düren zurückkehrenden Kompanien finden nun die Zeit, ihre Neuaufstellungen zu festigen sowie die Truppe schlagkräftig zu machen und für die kommenden Einsätze vorzubereiten.

Die Erschwernisse für die generelle Umgliederung des Baulehr-Bataillons zu einem verstärkten Lehrregiment liegen vor allem in der Zusammenführung von Einzelgruppen, die aus dem West- und Nord-Einsatz zurückkamen und die sehr kurzfristig einsetzende erneute Verlegung an die Kanalküste im Rahmen der Unternehmen „Seelöwe" (Anlandung England) und Unternehmen „Felix" (Besetzung Gibraltar), die beide im Sommer bzw. Herbst 1940 eingeleitet werden.

Hinzu kommt die wiederum einsetzende Anforderung von Spezialisten und Trupps für Sondereinsätze der Abwehr, die besonders nach Südfrankreich bis an die spanische Grenze führen. Für die Einheitsführer, die vor der Aufgabe der Aufstellung ihrer Einheiten stehen, eine zusätzliche Belastung. Das betrifft in verstärktem Maße das I. und III. Bataillon in Brandenburg

und Aachen/Düren, zu deren Aufgabenbereich diese Vorbereitungen und Abstellungen gehören.
Das in Baden b. Wien eingesetzte II. Bataillon wird davon kaum betroffen, leidet jedoch unter den sehr provisorischen Unterkünften seiner Einheiten, die weit verstreut in Schulen, Hotels und Industriehallen untergebracht sind.

Es gilt als ziemlich gesichert, daß Hitler die Kriegserklärung Englands am 3. 9. 1939 mit Betroffenheit und Unmut aufnahm. Von Jugend an hatte er etwas für die Engländer übrig.
Vielleicht waren sie nach Meinung Hitlers uns Deutschen wesensähnlich, vielleicht ordnete er sie einem großgermanischen Reich eher zu als romanische Völker. Auch mag ihm der Typ des Engländers in mancher Hinsicht als Vorbild gegolten haben. Alles in allem — zunächst lag ihm der Gedanke einer kriegerischen Auseinandersetzung fern. Andererseits war ihm klar, daß das britische Inselreich in zunehmendem Maße als Flugzeugträger für Luftangriffe gegen das Festland und Deutschland dienen würde, besonders, wenn sich die feindselige Haltung der britischen Regierung versteifen sollte.
Trotzdem neigte er weiter zur Verständigung, die er den Engländern in seinen Reden wiederholt in verdeckter Form anzubieten suchte.
Diese Einstellung ist auch daraus zu entnehmen, daß Hitler bereits im Juli 1940 erste Überlegungen um eine kriegerische Auseinandersetzung mit der Sowjetunion laut werden ließ, wenn auch nur im kleinsten Kreise. Im Osten lag für ihn die eigentliche Entscheidung, den Westen hoffte er auf seine Seite ziehen zu können. —
Nur die deutsche Kriegsmarine unter Admiral Raeder hatte vorausschauend, einfach weil sie bei Aktionen über See die längste Anlaufzeit benötigte, zunächst ohne Wissen Hitlers, auch Landeunternehmen an Englands Küsten in ihre Planungen einbezogen.
Daß Hitler in seinen Ansichten über die Fortsetzung der kriegerischen Auseinandersetzungen nach Osten oder Westen zwiespältig und wankelmütig war, läßt sich daraus erkennen, daß er einerseits sowohl die ersten Planvorbereitungen für einen Angriff gegen die Sowjetunion — Unternehmen „Barbarossa“ — durch den Generalstab des Heeres einleiten, als auch andererseits das Unternehmen „Seelöwe“ — Landung England — weiter von der Seekriegsleitung vorantreiben läßt. Dazu wird die gesamte deutsche Werftkapazität ausgenutzt, um Flußkähne und Prähme, Schlepper und Fischdampfer für das Landungsunternehmen bereitzustellen. Trotz der

mittlerweile auch bei Admiral Raeder eingetretenen Bedenken, mit einer Armada an Schlepp- und Transportfahrzeugen ganze Armeen auf die britische Insel übersetzen zu wollen, entschied Hitler — vielleicht gerade auch wegen des aufkeimenden Widerstandes bei seinen Admiralen — mit Weisung Nr. 17 am 1. August 1940, Landungsoperationen gegen England einzuleiten, indem als erstes die Luftwaffe mit allen ihr zur Verfügung stehenden Kräften die britische Luftwaffe niederzukämpfen habe. Ja, es zeigte sich, daß die absolute deutsche Luftherrschaft geradezu Voraussetzung für die maritimen Landungsoperationen sein mußte. Die operative Planung sah vor, daß die Heeresgruppen A und B im Raum Calais, Le Havre und Cherbourg drei Angriffsverbände bereitzustellen hatten, mit der 16. Armee rechts, 9. Armee in der Mitte und die 6. Armee links. Erstes Ziel war ein weiter Brückenkopf an der Ostküste Englands in der Linie Norwich—Brighton.

Hierzu werden Anfang Juli 1940 das Bataillon von Hippel und das Bataillon Rudloff alarmiert. Obwohl sich das Regiment mitten in der Umgliederungsphase befindet, gelingt es schnell, die Einheiten in die Bereitstellungsräume an der Kanalküste zu verlegen.

Das Bataillon von Hippel verlegt aus Brandenburg in den Streifen der 16. Armee mit Btl.Gef.Stand in Nieuwport, ostwärts Dünkirchen. Die Kompanien des Bataillons Rudloff versammeln sich im Streifen der 6. Armee mit Gefechtsstand nördlich Caen, nahe der Seine-Mündung.

Teile des I. Bataillons und die 10. Kompanie aus Düren sind zunächst nach Schleswig-Holstein in die Gegend von Büsum verladen worden, wo sie anfangs 1940 in wiederholten Landeübungen an den Steilküsten der Insel Helgoland speziell auf die Inbesitznahme der Kreidefelsen an der britischen Küste vorbereitet werden.

Für das I. Bataillon sind Zielpunkte teils im Luftlandeeinsatz gegen die Schleusen bei Folkstone, teils für Wasseranlandung gegen die Halbinsel Dugenes festgelegt. Schleusen, Kraftstationen und Eisenbahn-Batterien sind Einzelziele.

Die Züge und Kompanien des III. Bataillons sind von der Seine-Bucht bei Caen entlang der Kanalküste bis in den Raum St. Lo untergebracht. Für sie ist als erstes Ziel auf der britischen Insel die Inbesitznahme von Stadt und Hafen Weymouth von der 6. Armee festgelegt. Dieses Ziel war bewußt gewählt, um die Aufmerksamkeit des Gegners von Plymouth und Portsmouth abzulenken, zumal das Bataillon Rudloff schon einige Zeit vor dem Gros angreifen sollte. Die Entfernung zwischen diesen beiden Häfen beträgt etwa 200 km, und Weymouth liegt direkt in der Mitte.

Im Abschnitt der 9. Armee liegt im übrigen noch ein BRANDENBURGER Kommando von etwa 100 Mann, vorwiegend englisch-sprechende Auslandsdeutsche, mit Leichtmotorrädern ausgestattet, um in der ersten Welle auf britischem Boden dem schnellen Gewinnen der festgelegten Ziele zu dienen. Es wird viel geübt, immer wieder Anlandungen und Absetzen am Ufer, ständiges Einprägen von Geländemerkmalen anhand von Luftaufnahmen, lautloses Annähern an Objekte wie Stellungen von Küstenbatterien und an Schleusen. Daneben bleibt aber noch genügend Zeit, Land und Leute an der Kanalküste kennenzulernen. Es ist bei aller Härte der Ausbildung für den Einsatz nach England eine erlebnisreiche Zeit für die BRANDENBURGER. Mehrere Alarmmeldungen für den bevorstehenden Einsatz und ihr wiederholtes Absagen, aber auch Gerüchte aus dem Heimatkriegsgebiet lassen daran zweifeln, daß es überhaupt noch zu einem Einsatz kommen wird. Die deutsche Luftwaffe erringt nicht die Luftherrschaft, vielmehr verstärken sich die britischen Bombenangriffe gegen die Ablandungshäfen. Auch Agentenmeldungen sprechen immer mehr von einem ständig sich steigernden Widerstandswillen der britischen Bevölkerung, der sich besonders in der Errichtung zahlreicher Widerstandslinien, Bunker, Panzersperren usw. zeigt. Auch die Wetterbedingungen im Kanal, die zum Herbst stets jede Durchfahrt erheblich erschweren, lassen für die leichten Übersetzmittel der Truppen den Übergang unmöglich erscheinen.
Schließlich kommt am 12. Oktober 1940 — zunächst für die Marine — die erlösende Weisung des OKW, die Vorbereitungen für die Landung in England „lediglich“ als Druckmittel aufrecht zu erhalten.
Damit ist das Unternehmen „Seelöwe“ vorerst gestoppt. Der offizielle Abbruch erfolgt am 10. Januar 1941.
Die BRANDENBURGER Kompanien treten den Rückmarsch in ihre Standorte an, wobei das III. Bataillon nicht mehr nach Aachen, sondern nach Düren verlegt.
Für die Einheiten kann jetzt die unterbrochene Umgliederung fortgesetzt werden.
Bei den in Truppeneinheiten geschlossenen Marschbewegungen tauchen im Sommer 1940 auch die ersten taktischen Zeichen auf. Für die BRANDENBURGER äußerlich ein sie alle umschließendes Band der Gemeinschaft. Wo immer dieses Zeichen auftaucht, am Fahrzeug oder im Quartier, dort sind ihre Kameraden. Unter der Grundidee von Schwert und Fragezeichen entstehen im Laufe der Zeit noch weitere taktische Zeichen, die besonderer Ausdruck geschlossener Einheiten innerhalb der BRANDENBURGER Gemeinschaft sind.

Die unerwartet raschen Waffenerfolge der deutschen Armeen im Sommer 1940, bei denen innerhalb von 6 Wochen Frankreichs Streitkräfte zerschlagen und das britische Expeditionskorps vom Kontinent verdrängt wurde, hat auch auf den Staatschef Spaniens, Franco, nachhaltigen Eindruck gemacht. Zu dieser Zeit glaubte er an eine kurzfristige Beendigung des Krieges in den westlichen Breiten und sucht Folgerungen zum Vorteil Spaniens zu ziehen. Seine nach außen strikte Neutralität und gleichzeitige hintergründige Unterstützung verdeckter deutscher Aktivitäten in Spanien veranlaßten ihn, aus seiner Reserve hervorzutreten und in einer Rede am 10. Juni 1940 zu erklären, ... Spanien sei nicht mehr neutral, sondern nur noch nicht kriegführend ... [18].
Dieses günstige Klima ausnutzend, suchte der stets Spanien zugeneigte Admiral Canaris den Gedanken einer überraschenden Besetzung der britischen Festung Gibraltar wieder aufleben zu lassen. Die Auffassung, mit der Inbesitznahme Gibraltars zugleich das Mittelmeer zu sperren, wird seit Wochen auch Gedankengut der deutschen Seekriegsleitung. Allerdings davon ausgehend, daß die Besetzung nur vom Land, also von Spanien aus, durchführbar sei, weil die Seeüberlegenheit Englands eine Anlandung von See her verbiete. Für den Durchmarsch deutscher Sturmtruppen bis an den Zaun zu Gibraltar benötigte man das Einverständnis Francos.
Am 22. Juli 1940 erhält Hauptmann Rudloff den Befehl, zur Erkundung nach Spanien zu fliegen, um den Einsatz des III. Bataillons vorzubereiten. In Madrid trifft er mit Admiral Canaris, Oberst Piekenbrock und Oberstleutnant Mikosch, Kommandeur des bei der Einnahme von Eben Emael bekanntgewordenen Pionier-Bataillons 51, zusammen.
Hier entwickelt Canaris seinen Plan: Das III./Lehrregiment „Brandenburg" zbV 800 in LKW-Transporten an die Landseite der britischen Festung heranzuführen, während das Bataillon Mikosch auf dem Seeweg nach Tarifa und eine Abteilung schwerer Artillerie nach Ceuta (Afrika), gegenüber von Gibraltar, zu verlegen seien, um den geplanten Überraschungsangriff mit schwachen Kräften durchzuführen.
Diese zunächst ohne Wissen Hitlers eingeleiteten Erkundungen laufen bei der Abwehr unter dem Decknamen „Felsennest". Sie führen bei der Abwehr zu Bedenken, die nicht restlos ausgeräumt werden können, so daß das ganze Unternehmen noch in diesem Stadium des Vorhabens stecken bleibt. Während die Erkundungen, die einige Zeit in Anspruch nehmen, noch laufen, entsteht auf der Basis der ersten Ergebnisse daraus beim Wehrmachtführungsstab (WFSt) der Operationsplan, der am 24. August 1940 von Hitler genehmigt wird. Die gesamte Aktion läuft nun unter dem Decknamen „Felix" und schließt alle Einzelunternehmen ein.

Geheim Berlin, den 2.11.40

Tb Nr. 35051/40 geh. 1694/151

Mitwirken der Abw II bei einem Angriff auf Gibraltar.

A. S- Aktionen:

Sabotagemäßiges Angehen an folgende Objekte:

1. Brennstoffversorgungsanlagen,
   a) Kohlen, b) flüssiger Brennstoff.
2. Flugplatz, Seeflugstation.
   a) Reparaturwerkstatt, b) Flugzeuge.
3. Elektrizitätswerk.
4. Destellierahlagen für Seewasser.
5. Gasanstalt.

Ausführung durch V-Leute.

B. Einsatz des Lehrrgts. Brdbg.z.b.V. 800:

Vor Angriffsbeginn Durchführung folgender Aufgaben:

1. Durchschneiden bzw. Sprengen des Eisenzaunes, der das englische Gebiet von der neutralen Zone trennt.
2. Verhinderung der Sprengung der Strasse westlich des Flutbeckens am Nordwestrande des Felsens.
3. Verhinderung der Sprenung des Durchstiches von Ost nach West am Nordfuß des Felsens (Devil's Tower Rd).

Die Durchführung der Aufgaben 2 und 3 muß zum Teil mit Schnellbooten erfolgen und – falls nötig – in englischer Uniform oder Zivilkleidung.

Weiterer Einsatz zu entfernter liegenden Objekten erscheint wegen starker Bewachung bei Angriffsbeginn nicht erfolgversprechend und wird von den jeweiligen Kampfhandlungen abhängig sein. Für die gestellten Aufgaben sind 3 Offiziere u. 100 Mann nötig.

Lahousen

[illegible]

Geheim   Berlin, den 2.11.40   iB

Anlage 1   1694/152

S-Aktionen :

1. Treibstofflager Coaling Island,
2. Öltanks Sandy Bay,
3. Kohlenlager Admirality Mole,
4. Flugplatz Rennbahn,
5. Seeflugstation,
6. Elektrizitätswerk,
7. Destellieranlage für Seewasser.

Aufgaben des Lehrrgts. Brdbg. z.b.V. 800:

1. Eisenzaunsprengung,
2. Verhinderung der Straßensprengung,
3. Verhinderung der Sprengung am Nordfuß d.Felsens

Den weiteren Verlauf der Vorbereitungsphase zeigt der Einsatzbefehl, den auch die unterstellten BRANDENBURG-Einheiten erhalten.
Die Einzelergebnisse seiner Erkundungen hat Major Rudloff gerade in bezug auf den Einsatz der BRANDENBURGER Kommandos in einer Notiz niedergelegt, die der Chef der Abwehr II, Oberst von Lahousen, genehmigt hat.
Von den BRANDENBURG-Einheiten werden die Kommandos durch Teile der 5. Kompanie — Jägerzug Lt. Hettinger — und einer Truppe von etwa 100 Mann unter Oblt. Graf Thun gestellt.
Hitlers wiederholtes Drängen bei Franco, an der Seite Deutschlands den Krieg fortzuführen und Gibraltar gemeinsam zu besetzen, wird mit ständig sich steigernden Forderungen nach mehr Landbesitz im nördlichen Afrika beantwortet. Franco zögert und will sich nicht festlegen. Selbst ein persönliches Gespräch in Hendaye am 23. Oktober 1940 zwischen Hitler und Franco kann letzteren nicht von seiner hinhaltenden Taktik abbringen. Diese versteift sich noch, nachdem auch Franco feststellt, daß das Unternehmen „Seelöwe" nicht so läuft wie angenommen. Der Widerstand der Briten ist weit größer als erwartet. Und als am 28. Oktober 1940 italienische Kampfverbände von Albanien aus die griechische Grenze überschreiten, eröffnet sich ein neuer Kriegsschauplatz auf dem europäischen Kontinent. Dies

gibt den Briten den Anlaß, einzugreifen. Hitler erkennt schnell die Gefahren, die sich dort auftun und verliert sein unmittelbares Interesse an einer Besetzung der Festung Gibraltar.
Letztlich entscheidet Hitler am 10. Dezember 1940, ... daß das Unternehmen „Felix" nicht durchgeführt werden solle, da die politischen Voraussetzungen nicht mehr gegeben seien ... [19].
Die BRANDENBURGER Kommandos verbleiben noch bis zum Januar 1941 in ihren Bereitstellungsräumen, um dann in ihre Heimatstandorte zurückzukehren.

Auf dem Balkan, im Südosten, braute sich einiges zusammen, nachdem sich durch den bisherigen Kriegsverlauf auch dort die Machtverhältnisse verschoben hatten. Besonders die Sowjets mischten dort erheblich mit und trieben mit ihrem Ultimatum vom 26. Juni 1940 an Rumänien, die seit 1918 zum rumänischen Staatsgebilde gehörenden Landstriche der Bukowina und Bessarabien abzutreten, einer Konfrontation mit deutschen Interessen entgegen. Das rumänische Erdöl ist zu dieser Zeit unabdingbare Grundlage der deutschen Kriegführung, sowjetischer Einfluß auf diese Quellen geradezu lebensbedrohend.
Im Raum von Ploesti trafen sich von jeher die Interessen der westlichen Alliierten. Besonders die Briten und Franzosen nahmen schon in Friedenszeiten mit Agenten und Geld erheblichen Einfluß auf das Ölgeschehen. Daher liegt das ganze Augenmerk der deutschen Abwehr in diesem Raum. Admiral Canaris sucht in verstärktem Maße, in dieser im Zwielicht stattfindenden Auseinandersetzung die Oberhand zu behalten. Es gelingt ihm, mit dem rumänischen Geheimdienst der „Siguranza", ein Abkommen zu treffen. Die Zusammenarbeit kann dadurch verstärkt und mit der Entsendung von deutschen Kommandos zum Schutze des Ölgebietes im Raum Ploesti und der Transportwege auf der Donau und der Schiene kann die Versorgung gesichert werden. Dieses Abkommen erfolgt unter schweigender Duldung von König Carol II. von Rumänien, obwohl dieser zunächst wütend mit schärfsten Bestrafungen gedroht hatte, nachdem er erst spät davon erfahren hatte.
Es ist keine Zeit zu verlieren. Die Engländer setzen um diese Zeit in immer stärkerem Maße Offiziere und Dienstgrade ihrer Kommandoeinheiten ein. Feldwebel Süß bildet in einem Schnellkurs 60 aus der Deutschen Kompanie in Sliac ausgesuchte Männer in Wien zur Transportsicherung auf der Donau aus. Sie werden schon Ende Oktober 1939 von dem Kapitän Schwarz von der Abwehr Wien auf Schiffen und in den Donauhäfen eingesetzt.

Im Dezember 1939 werden aus den gleichen Gründen drei BRANDENBURGER (Süß, Kriegisch, Stöhr) in Zivil nach Rumänien eingeschleust, um die Vorbereitung für den Einsatz von deutschen Schutzmannschaften voranzutreiben. Ihnen folgen dann Anfang 1940 kleinere Gruppen aus dem Bereich des XVII. AK Wien nach, um das Netz zu verstärken.
Die drohende Haltung der Sowjets jedoch, die sich ab Juni 1940 noch versteift, zwingt die Abwehr zum Einsatz verstärkter Gruppen, wobei in erster Linie der Schutz der wertvollen Raffinerien und die Sicherung der Transportwege auf der Donau und auf der Schiene Vorrang haben müssen.
Die 5. Kompanie des II. Bataillons, die nach ihrer Aufstellung und Hochgebirgsausbildung im Stubaital vorübergehend unter Oblt. H. Pinkert nach Brandenburg verlegt worden war, kehrt am 13. August nach Bad Vöslau/Österreich zurück. Hier werden weitere sprachenkundige Soldaten ausgesucht und durch Oblt. Dr. Kniesche auf ihren Einsatz entlang der Transportwege für das rumänische Öl vorbereitet. Ab 10. September 1940 verstärken diese Soldaten dann in Zivil die bereits eingesetzten Sicherungskräfte in den Häfen der Donau vom Schwarzen Meer bis an die Reichsgrenze.
Ein Teil dieser Männer geht unter dem Deckmantel deutscher Montagetrupps nach Ploesti. Sie arbeiten als Monteure u. a. in der von der deutschen Regierung erworbenen Raffinerie „Standard“.
Darüber hinaus wird eine komplette BRANDENBURGER Kompanie in Zivil in die Nähe des Ölgebiets unter dem Decknamen „Sportverein Wiking“ verlegt.
Ganz unabhängig von dieser Aufgabenstellung wird die weitere Verstärkung des Schutzes der Ölraffinerien im Raum Ploesti notwendig.
Das Ölgebiet mit seinen ausgedehnten Verarbeitungs- und Abfüllanlagen und den unübersehbar langen Reihen riesiger Lagertanks ist für diese wenigen Kräfte, die bisher eingesetzt sind, einfach zu weiträumig. Bei Gewaltanwendung durch die Alliierten könnten sie eine Sicherheit der Ölanlagen nicht gewährleisten.
Um die wenigen deutschen Kräfte im Ernstfall verstärken zu können, bilden einige BRANDENBURGER unter strengster Geheimhaltung im Keller des deutschen Konsulates in Ploesti in Abendkursen Volksdeutsche aus Siebenbürgen, die zahlreich im Ölgebiet beschäftigt sind, im Waffengebrauch aus. Das geht nicht ganz ohne Panne ab: Der Konsul Mügge steht eines Abends im Türrahmen und will — für alle Fälle — auch etwas davon lernen. Als seine Frau draußen an die Tür klopft, um ihn ans Telefon zu rufen, wird auch der Ausbilder bei der Erklärung des Vorgangs in der Waffe beim Schuß gestört. Er sieht zur Tür, und schon löst sich ein Schuß,

der den Herrn Konsul ausgerechnet am Rückenfortsatz trifft. — Ein Arzt aus Siebenbürgen, auch er ein V-Mann, nimmt ihn in seiner Privatwohnung auf und „befreit“ ihn von dem steckengebliebenen Projektil.
Darüber hinaus wird Lt. Bansen aus der 6. Kompanie im Herbst 1940 nach Ploesti befohlen. Er hat den Auftrag, den Einsatz der gesamten 6. Kp. in einer Stärke von 380 Mann im Ölgebiet vorzubereiten. Mitte November 1940 trifft die 6. Kp. unter dem Decknamen einer „Lehr- u. Wachkompanie 608“ ein. Sie wird in einem leerstehenden Jugendsportlager bei Breaza untergebracht.
Zu ihr stößt Oblt. Meißner von der Luftwaffe, der sich schon seit Wochen im Lande befindet und sich auskennt, zumal er bereits vor dem Kriege im Auftrag der Reichssportführung unter dem Deckmantel der Inspektion von Sportvereinen das Ölgebiet erkundet hatte. Aus diesem Grunde überträgt Abwehr II ihm die Führung der 6. Kompanie.
Der Auftrag für die Kompanie liegt in der lautlosen Einreihung weiterer sprachenkundiger BRANDENBURGER in die Belegschaften verschiedener Raffinerien und die ständige Bereithaltung eines Teils der Kompanie zum geschlossenen Einsatz bei Unruhen und Zwischenfällen.
Der Einsatz der 6./Lehrregiment „Brandenburg“ zbV 800 bleibt jedoch zeitlich eingeschränkt, zumal sich im Frühjahr 1941 die politischen Verhältnisse im Lande und bei den Nachbarn grundlegend ändern.

Um das rumänische Erdöl

Eines der erregendsten Kapitel des II. Weltkrieges war der Kampf um das Erdöl in Rumänien.
Dieser Kampf vollzog sich im Untergrund, in Volltarnung und in Zivil. Er vollzog sich mit Täuschungsmanövern und war gespickt mit manchem Wagestück. Dieser Kampf war zugleich ein ständiges Ringen mit den dort eingesetzten alliierten Geheimdiensten.
Die Mitwirkung der BRANDENBURGER als Akteure in dieser rumänischen Erdölscene erfahren wir aus zwei Berichten von Kennern der damaligen Verhältnisse und zugleich Beteiligten in Schlüsselstellungen. Hier zunächst der Bericht des späteren Hauptmanns Gustl Süß:

„Die überragende Bedeutung des Erdöls für die Kriegsführung stand sowohl für die oberste politische Führung wie für den deutschen Generalstab schon vor Kriegsbeginn außerhalb jeden Zweifels. An großräumige

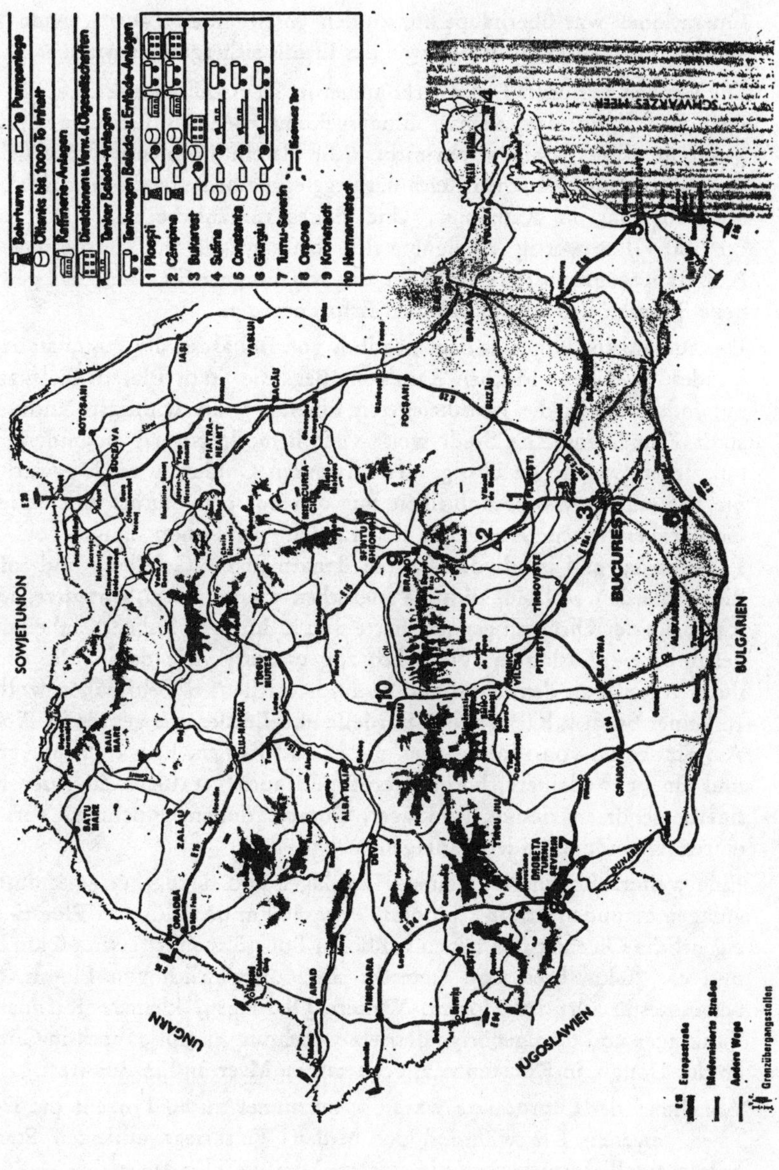

Bohrturm
Pumpanlage
Öltanks bis 1000 To Inhalt
Raffinerie-Anlagen
Direktionen u. Verw. d. Ölgesellschaften
Tanker Belade-Anlagen
Tankwagen Belade- u. Entlade-Anlagen
1 Ploesti
2 Câmpina
3 Bukarest
4 Sulina
5 Constanta
6 Giurgiu
7 Turnu-Severin
8 Orsova
9 Kronstadt
10 Hermannstadt
SCHWARZES MEER
SOWJETUNION
UNGARN
JUGOSLAWIEN
BULGARIEN
BOTOSANI
SUCEAVA
IASI
VASLUI
BACĂU
PIATRA-NEAMT
FOCSANI
BRAILA
GALATI
TULCEA
BUZĂU
PLOIESTI
BUCURESTI
TIRGOVISTE
PITESTI
SLATINA
CRAIOVA
BRASOV
SIBIU
TIRGU MURES
CLUJ-NAPOCA
BAIA MARE
SATU MARE
ZALĂU
ORADEA
ARAD
TIMISOARA
DEVA
ALBA IULIA
RESITA
TIRGU JIU
DROBETA TURNU SEVERIN
Europastraße
Modernisierte Straßen
Andere Wege
Grenzübergangsstellen

Operationen war überhaupt nur zu denken, wenn eine ausreichende Versorgung mit den Hauptprodukten des Erdöls sichergestellt war.

Die eigenen geringen Erdölvorkommen in Deutschland einschließlich der über Anfangserfolge niemals hinausgekommenen synthetischen Benzingewinnung aus Kohle waren nicht mehr als ein Tropfen auf den heißen Stein. Das dem Deutschen Reich nächstgelegene bedeutende Erdölvorkommen aber lag in Rumänien. Und dieses rumänische Erdöl war auch qualitativ hochwertig. Es eignete sich ebensogut für die Herstellung von Kraftfahrzeugtreibstoffen wie für die von Flugbenzin. Auch das gewonnene Schmieröl entsprach voll den Erfordernissen.

Das rumänische Ölgebiet liegt nördlich von Bukarest, der Hauptstadt des Landes. In seiner südlichen Randzone liegt die Stadt Ploesti. Sie war — zumindest bis in die Nachkriegszeit hinein — die wichtigste Industriestadt Rumäniens. Die Stadt weist viele bemerkenswerte Besonderheiten auf. Irgendwie ist sie infolge des schwarzen Goldes zu rasch gewachsen. Sie hat eine gewisse Ähnlichkeit mit den aus dem Nichts entstandenen Goldgräberstädten Amerikas. Es fanden sich schon lange vor dem I. Weltkrieg und in all den Jahren danach in ihr Geldleute und solche, die es werden wollten, tüchtige Menschen ebenso wie Abenteurer, Menschen, die der Ölrausch gepackt hatte und nicht mehr losließ, Einheimische genauso wie Ausländer. Natürlich zog es auch viele dahin, die ebenso ihren Anteil von dem rasch und reichlich verdienten Geld haben wollten. In keiner Stadt sah ich soviele Bordelle und Bettler wie gerade in Ploesti. Am Stadtrand von Ploesti lagen die 12 Raffinerien. Es waren sehr große und ein paar kleinere, hochmoderne und auch veraltete. Zu jeder Raffinerie gehörten riesige Tanklager, Pumpstationen, Pipelines, Verladeeinrichtungen und andere Anlagen.

Eine weitere Raffinerie, weitere Tanklager und dazugehörige Industrieanlagen befanden sich in Campina, etwa 30 km nördlich von Ploesti. Das eigentliche Ölgebiet mit seinen zahllosen Bohrtürmen ist etwa 60 km lang und ca. 20 km breit und erstreckt sich nordwestlich von Ploesti. Sein bekanntester Ort ist Moreni. Weitere Ölanlagen, kleinere Raffinerien, Tanklager und dazugehörige Betriebseinrichtungen gibt es noch in Giurgiu an der Donau, in Konstanza am Schwarzen Meer und in Bukarest.

Abnehmer der Ölprodukte waren schon immer zu 80 Prozent die Deutschen gewesen. Die während der beiden Weltkriege alliierten Staaten hatten aus Rumänien noch nie größere Mengen Öl bezogen.

Im Laufe der Jahre gelang es den Rumänen, in hartnäckig geführten Verhandlungen, in denen sie viele Demütigungen geduldig einstecken mußten, die allgewaltigen Ölfirmen zu Konzessionen gegenüber dem rumänischen Staat zu bewegen.

Um die guten Geschäftsbeziehungen mit dem Deutschen Reich zu schützen, erließ der rumänische Staat kurz vor dem II. Weltkrieg strenge Gesetze, die auch für die ausländischen Ölfirmen absolut bindend waren. So kam es zu dem wohl einmaligen Zustand, daß die Engländer und Franzosen den verhaßten Deutschen Benzin und Öl liefern mußten, obwohl sie sich mittlerweile mit ihnen im Kriegszustand befanden. Es blieb ihnen keine Wahl: Sie mußten liefern! Bei Nichterfüllung der Lieferverträge hätte der rumänische Staat ohne Zögern die entschädigungslose Enteignung der ausländischen Erdölgesellschaften angeordnet.

Auf eine solche Gelegenheit warteten die Rumänen schon lange. Ihre Parole lautete: Das rumänische Öl den Rumänen! —

Die Firmen lieferten also. Höchst widerwillig — aber sie konnten nicht anders. Sie lieferten sogar bis zum August 1944!

Aber die Gesellschaften taten etwas anderes: Sie drosselten schon vor dem Kriege die Förderung. Vor dem Inkrafttreten der verpflichtenden Gesetze lag die Jahresproduktion bei 9 Mill. Tonnen, sie drosselten diese auf nur 6 Mill. Tonnen. Diese heimtückische Maßnahme verbitterte die Rumänen ungemein. Sie versuchten alles, um die bisherigen Produktionsziffern wieder zu erreichen. Ihr Staat brauchte doch so dringend die Einnahmen aus dem Ölgeschäft.

Daraufhin wurde wieder etwas mehr gefördert. Aber 1939, vor allem nach dem Polenfeldzug, wandten die Alliierten andere Mittel an, um die Lieferungen nach Deutschland drosseln zu können. König Carol II. von Rumänien und seine Geliebte, die Madame Lupescu, waren beide sehr geschickte Geschäftemacher. Beide partizipierten tüchtig mit am Ölgeschäft. Und sie hatten einflußreiche Engländer als Freunde.

Diese überredeten also den König, daß er mit allem ihm zur Verfügung stehenden Nachdruck seine Regierung dazu brachte, den Preis für die nach Deutschland gehenden Ölprodukte drastisch zu erhöhen.

Diese enorme Preiserhöhung war bei den Mengen, um die es sich hier handelte, auch von einem so starken Industrieland, wie es Deutschland damals schon war, nicht so ohne weiteres zu verkraften. Es schalteten sich daraufhin verschiedene deutsche Stellen ein, um zu erreichen, daß die Preiserhöhung wieder rückgängig gemacht würde. Doch weder das Wirtschaftsministerium noch der deutsche Gesandte in Rumänien, Fabrizius, erreichten etwas.

Nun war das eine alte Erfahrung, daß die Deutschen, insbesondere wenn

sie preußischer Herkunft waren, mit den Rumänen nicht besonders erfolgreich verhandeln konnten.
Zu dieser Zeit gehörte Österreich jedoch zum Großdeutschen Reich. Man schickte den Wiener Oberbürgermeister Dr. Neubacher, einen profilierten Balkankenner, nach Bukarest. Er konnte es besser, er wußte mit Menschen vom Balkan umzugehen. Es gelang ihm, den Preis für die nach Deutschland zu liefernden Erdölprodukte um 50 Prozent herunterzuhandeln. Das war ein enormer Erfolg! —
Die Alliierten wollten diese Entwicklung natürlich nicht ohne weiteres hinnehmen. Sie wandten nunmehr andere Mittel an.
Es tauchten in Bukarest, vor allem aber im Ölgebiet, zahllose Ausländer auf. Es kamen Franzosen, Holländer und Belgier, vor allem aber Engländer ins Land.
Das Ölgebiet war zwar von der Regierung zum Sperrgebiet erklärt worden. Trotzdem gelang es den Ausländern irgendwie, eine Einreiseerlaubnis ins Sperrgebiet zu erhalten. Natürlich wurden die Behörden auf sie aufmerksam. Sie konnten aber nichts gegen diese Fremden unternehmen, solange sie nicht gegen die Gesetze verstießen.
Die Rumänen wurden den Verdacht nicht los, daß es sich um Offiziere in Zivil handelte. Für alle Deutschen im Lande bestand da keinerlei Zweifel. Wir wußten, wer diese Fremden waren. Nur gelang es dem deutschen Gesandten nicht, die rumänischen Behörden zum Durchgreifen zu bewegen. Seit sich Deutschland mit den Westmächten im Kriegszustand befand, sorgten sich die Rumänen zunehmend um ihren größten Schatz — um das Erdöl. Dieses schwarze Gold war ja die Quelle ihres Wohlstandes. Vom Benzin und Öl und all' den anderen Erdölprodukten, wie Dieselöl, Petroleum, Benzol, Paraffin, Asphalt zum Straßenbau, schwerem Heizöl für die Industrien, und anderen Ölerzeugnissen existierte doch der größte Teil ihres Staatshaushaltes.
Sie hatten noch nicht vergessen, wie die Engländer und Franzosen während des I. Weltkrieges das gesamte Ölgebiet mit allen seinen Anlagen zerstört, gesprengt und verbrannt hatten. Helfer hatten sie damals genügend, denn das Personal in den Gesellschaften bestand damals schon zu 80 Prozent aus Ausländern. Die Rumänen durften ihnen doch nicht zuviel abgucken. Und sie selbst, maßgebende Rumänen, waren seinerzeit damit einverstanden gewesen, hatten teilweise sogar noch mitgeholfen, damit die verwünschten Deutschen nichts mehr aus ihrem Lande bekommen sollten.
Das rumänische Erwachen kam erst dann, als sie nichteinmal mehr ihre Petroleumlampen füllen konnten, und weite Teile des Landes abends im

Dunkeln saßen. Doch sie erinnerten sich, daß es die Deutschen gewesen waren, die im Sommer 1917 einige Sonden und Destillieranlagen instandsetzten und der Bevölkerung wenigstens wieder Petroleum gaben.
Es war in ihnen aber auch die Erinnerung noch wach, wie schäbig sich Frankreich und England nach dem Krieg verhalten hatten. An Versprechungen für eine Wiedergutmachung hatten es beide Länder nicht fehlen lassen. Gold hatten sie für den Wiederaufbau versprochen. Alles sollte nach dem Krieg viel besser und viel moderner werden. Dann aber hatten sie Rumänien völlig im Stich gelassen. Sie zahlten an Rumänien nicht nur nichts, sie brachten mit den Friedensverträgen von Versailles und Saint Germain sogar noch den größten Anteil an den enteigneten deutschen Erdölanlagen in Rumänien in ihren Besitz. Rumänien hatte das Nachsehen, es erhielt nur den Rest.
Selbst nach langen Jahren zähester Verhandlungen waren England und Frankreich zu einer Wiedergutmachung der angerichteten Schäden nicht bereit. Erst nach einer Klage Rumäniens vor dem internationalen Gerichtshof in Den Haag bequemten sich die Siegermächte dazu, endlich einige kleine Zahlungen zu leisten.
Das alles wußte man noch recht genau und das sollte sich auf keinen Fall wiederholen. Kamen jetzt Leon Wenger und seine Mithelfer von damals wieder ins Land?
Es war nur allzu verständlich, daß viele staatsbewußte Rumänen um ihr Ölgebiet und ihre Zukunft bangten.
Diese große Sorge der Rumänen war der Ansatzhebel für die deutsche Abwehr. Denn mit Kampfdivisionen war das Ölgebiet nicht unversehrt zu gewinnen. Es kam aber entscheidend darauf an, die Ölsonden und die Raffinerien unversehrt in deutsche Hand zu bekommen. Selbst schnelle Truppen benötigen einfach eine gewisse Zeit für einen Einmarsch in ein fremdes Land. Auch der Einsatz von Fallschirm- und Luftlandeverbänden hätte sicherlich nicht das Legen von Bränden und Sprengsätzen in den Ölfeldern und Raffinerien verhindern können.
Die Alliierten waren jedoch entschlossen, diesmal das Ölgebiet so gründlich zu zerstören, daß es den Deutschen nicht gelingen würde, auch nur eine Tonne Benzin aus Rumänien zu holen.
Durch geschicktes Verhandeln mit Rumänen in einflußreichen Stellungen — insbesondere durch die Zahlung von 2 Mill. Franken auf ein geheimes Schweizer Bankkonto zugunsten eines sehr maßgeblichen Herrn — gelang es der deutschen Abwehr, im Dezember 1939 einige BRANDENBURGER ins rumänische Ölgebiet einzuschleusen.
Die Abwehrstelle beim XVII. A.K. in Wien schickte mich, mit vielen Lei,

Lewa und einigen Dollars in der Tasche, ins Ölgebiet. Meine Freunde, die Uffz. Walter Kriegisch und Leo Stöhr, gingen freiwillig mit mir. In Wien wurden wir tadellos in Zivil eingekleidet. Alles, was nur irgendwie nach Militär aussah, mußten wir bei der Abwehrstelle zurücklassen.

Bukarest erreichten wir am Weihnachtssonntag 1939. Mein Auftrag war, die Lage im Ölgebiet, vor allem die Sicherheit und die Bewachung der Raffinerien zu sondieren und einen Abwehrtrupp mit nachfolgenden Mannschaften aufzubauen.

Unsere Ausweise berechtigten zum jederzeitigen Betreten des Ölgebietes, das zum Sperrgebiet erklärt worden war. Um nicht aufzufallen, hatten wir uns in einem Bukarester Hotel, in dem viele ausländische Kaufleute wohnten, vorerst mal Zimmer genommen. Für unsere Fahrten für die 60 km von Bukarest nach Ploesti benutzten wir entweder den D-Zug oder ein Taxi. Geld hatten wir ja genügend. Man mietete nicht das ganze Taxi, sondern jeweils nur seinen Platz. So kam es, daß man mit allen möglichen Leuten im Auto saß. Mit mehreren dieser fremden Mitfahrgäste bekam ich es später noch zu tun, als es um ihre Ausweisung ging.

Die Raffinerien wurden vom rumänischen Militär bewacht. In einer der nächsten Nächte nach unserer Ankunft stieg ich mit Kriegischs Hilfe über den drei Meter hohen Bretterzaun der Raffinerie „Unirea“, um zu erkunden, wie stark sie innen und vor allem bei Nacht gesichert sei. Raffinerien destillieren auch bei Nacht. An allen Anlagen sind auch nachts Techniker und sonstige Fachleute tätig.

In einer Hand einen Schreibblock, in der anderen einen Zollstock, sah ich mir alles an und vermaß sogar noch die Deckenhöhe in der Wache. Der Wachhabende jagte zu allem Überfluß noch seine wachfreien Posten von der Pritsche, auf der sie schliefen. Der Torposten ließ mich ungehindert passieren; für ihn kam ich ja von innen und war daher unverdächtig. Die Legende für unsere Tarnung? Nun, wir drei hatten tschechische Pässe bekommen, die uns als tschechische Ingenieure auswiesen. Unsere Väter waren demnach Tschechen und als Ingenieure ständig auf Reisen, die Mütter Deutsche, daher unser perfektes Deutsch. Damit waren wir abgesichert. Und gemeinsam traten wir ja nicht auf.

Die Aufgabe des Abwehrtrupps, Schutz des Ölgebietes, war eine typische Abwehr III-Tätigkeit.

Feindliche Spionage und Sabotage aufzuspüren und abzuwehren und der Objektschutz fielen Abwehr III zu.

Natürlich waren die verschiedensten Abwehr-Aufgaben nicht immer klar voneinander zu trennen; es kamen immer wieder Kompetenzüberschreitungen vor. So war das auch beim Ölschutz. Ich komme nachher noch

darauf zu sprechen.
Anfang Januar 1940 wurde der Chemiker der Wiener Berufsfeuerwehr, Lt. Dr. Dr. Drögsler, mit 12 BRANDENBURGERN ins Ölgebiet geschickt. Im I. Weltkrieg hatte er als k. u. k.-Leutnant eine Bosniakenkompanie geführt. Er wurde zum Führer des Abwehrtrupps, ich zu seinem Stellvertreter und zum Einsatzleiter ernannt. Einige Zeit später wurde Drögsler zum Hauptmann, ich zum Leutnant befördert. Bald trafen weitere Mannschaften ein, die zwecks Tarnung sofort, wie wir alle, als Untermieter in Privathäusern einquartiert wurden.
Oberst Moruzow, Chef der „Siguranza", des rumänischen Geheimdienstes, stellte dem Abwehrtrupp wegen der besseren Tarnung jüngere rumänische Kriminalpolizisten, die etwas Deutsch beherrschten, zum ständigen Dienst zur Verfügung. Es war uns natürlich völlig klar, daß diese Männer auch uns zu überwachen hatten.
Unverzüglich begann der Sicherungsdienst innerhalb der Raffinerien. Jeweils ein BRANDENBURGER wurde mit einem rumänischen „Kripo" gekoppelt. Diese Zweiergruppen kontrollierten nach meinem genauen Plan bei Tag und Nacht alle Raffinerien und die dazugehörenden Werksanlagen, auch die englischen und französischen. Auf eine Raffinerie kamen eine oder zwei Gruppen, je nach deren Umfang, die immer nur ‚ihre' Raffinerie kontrollierten. Dadurch kannten unsere Männer sehr bald das gesamte Betriebspersonal. Jedes neue Gesicht im Werk fiel ihnen sofort auf und konnte genau und ständig beobachtet werden.
Außer dem jeweiligen Gruß hatten unsere BRANDENBURGER im Werksgelände nichts zu sprechen. Gespräche mit dem Personal und den militärischen Wachen — unsere Gruppen kontrollierten natürlich als Angehörige des „Marle State Major" Wache und Posten — führten ausschließlich die rumänischen Begleiter. ‚Marle State Major' ist vergleichbar mit dem Großen Generalstab.
Unsere Männer hatten nur die Ohren zu spitzen. Den gemeinsam spähenden Augen entging im Werk nichts — fast nichts. Diese Tarnung hat sich bestens bewährt.
In Lokalen und auf der Straße kannten wir vom Abwehrtrupp einander nicht. Es war schon der eigenen Sicherheit wegen nicht erlaubt, sich in der Öffentlichkeit zu unterhalten. Verständigung mit Kameraden gab es nur durch unauffällige, genau abgesprochene Zeichen: Das Einstecken der linken Hand in die Tasche bedeutete: „Ruf mich an!"
Jeder von uns hatte einen anderen Namen bekommen. So hieß einer ‚Wasseli', einer ‚Gregorowitsch', aus Dr. Dr. Drögsler war Dr. Luptar geworden. Er wohnte in einem niedrigen Privathaus bei einer Albanerin.

Ein rumänischer Hotelier hatte sie als seine Frau ins Land gebracht und dann in Ploesti sitzen lassen. Von der Vermietung eines Teils ihrer großen Wohnung lebte sie. So war Dr. Luptar gut abgeschirmt.
Er verwaltete die Kasse und bearbeitete die Kurierpost. Mit meinen Kontroll- und Untersuchungsberichten hatte er keine weitere Arbeit. Er zeichnete gegen und übergab sie dem Kurier. Außer mir und „Robert", dem Führer der Zugbegleiter, durfte ihn nur der Kurier noch besuchen. Sonst keiner vom Abwehrtrupp.
Er mochte keine Aufregungen, liebte beschauliche Gemütlichkeit. Wie oft sagte er zu mir: „Der Weltkrieg gehörte meiner Generation, der jetzige Krieg ist Sache von euch Jüngeren!"
Umso aktiver mußte ich sein. In der Anfangszeit ereigneten sich noch viele Sabotageakte. Bald brannte es irgendwo in einer Raffinerie, bald lief irgendwo Öl aus. Oft wurden Schrauben an Rohrleitungen gelockert. Behälter ließ man absichtlich überlaufen, Kesselwagen beim Rangieren zusammenstoßen, damit sie entgleisten usw. und so fort. Meine Aufgabe war es, die Sache jeweils rasch aufzuklären, möglichst den oder die Schuldigen zu finden und schriftlich zu berichten. Mit ‚meinem' rumänischen Kripo-Mann untersuchte ich sehr genau den Schadensfall. Häufig nahm ich den Betriebsleiter oder einen Ingenieur dazu.
War irgendein Ausländer in die Sache verwickelt und Sabotage festgestellt, so erfolgte seine unverzügliche Ausweisung aus dem Lande durch die Rumänen. Waren landeseigene Arbeitskräfte beteiligt, so ließen die Rumänen sie ins Gefängnis bringen.
Es dauerte nicht sehr lange, da nahm die Zahl der Sabotagefälle ab. Es wurde allgemein wieder sorgfältiger in den Werken gearbeitet. Die vielen Ausländer — Engländer und Franzosen — als Praktikanten und Techniker, als Ingenieure und Monteure in die Ölindustrien eingeschleust, es waren insgesamt viele Hundert, waren in Wirklichkeit Soldaten in Zivil, Angehörige der alliierten Kommandoeinheiten und bezahlte Agenten. Sie alle waren durch unsere Anwesenheit und unser Zupacken erheblich schockiert; genauso wie deutschfeindlich gesinnte rumänische und fremde Werksangehörige. Sie selbst trauten sich kaum noch, Sabotageakte durchzuführen. Sie bezahlten lieber einheimische Betriebsangehörige mit hohen Beträgen für jede kleine Sabotage. Aber meist verrieten diese bei den energischen, jedoch korrekt geführten Vernehmungen ihre Auftraggeber. Prompt wurden diese verhaftet und über die Grenze abgeschoben.
Mit der Zeit stieg — sehr zum Verdruß der Alliierten — die Produktion wieder an. Benzin und Öl flossen wieder reichlicher nach Deutschland.

Eine wichtige Aufgabe für den Abwehrtrupp war die Überwachung der Kesselwagentransporte mit Benzin usw. nach Österreich. Eine Garnitur bestand aus jeweils ca. 35 Kesselwagen. In den Bremserhäuschen fuhren mit jeder Garnitur vier, manchmal auch nur drei BRANDENBURGER als Zugbegleiter mit, um unterwegs Sabotageakte abzuwehren. Die Züge fuhren meist 3 Tage von Ploesti bis Wien. Dort übernahm deutsches Militär die weitere Bewachung.
Die Zugbegleiter saßen bei Tag und Nacht ohne Ablösung in ihrem Bremserhäuschen allein; sie waren ja auf die ganze Zuglänge verteilt und ratterten, mal lesend, mal dösend dahin. Im Sommer bei brütender Hitze, im Winter stocksteif gefroren. Stunden um Stunden. Und drei Tage werden da zur Ewigkeit. Es war kein Wunder, daß sie gelegentlich mal durchdrehten und einen ‚draufmachten'.
Sobald aber der Zug anhielt — und es gab viele Aufenthalte bis nach Wien —, mußten sie herunterspringen und den Zug bewachen. Zwei links, zwei rechts, und dabei noch die Achsen auf Heißläufer untersuchen. In Wien übergaben sie den vollen Zug. Anschließend übernahmen sie häufig eine leere Garnitur zur Rückfahrt nach Ploesti, ohne eine Nacht zum Schlafen zu kommen.
Unsere Abwehrtruppe benötigte, insgesamt gesehen, eine ganze Menge Geld. Jeder einzelne bekam weitaus mehr, als er normalerweise ausgeben konnte. Wir waren Großverdiener. Es waren dabei auch psychologische Überlegungen im Spiele. Da es nicht gestattet war, Geld zur Bank zu bringen oder nach Hause zu schicken, trugen wir eben nur Maßanzüge und handgearbeitete Schuhe. Alles Geld mußte im Lande ausgegeben werden. Und das taten wir denn auch. Jeder erfüllte sich seine Wünsche, wozu daheim meist das nötige Geld gefehlt hatte. In der Heimat gab es in den Geschäften ja schon lange keine Luxuswaren mehr — es war Krieg. In Rumänien dagegen war noch alles zu haben. So kaufte sich der eine die langersehnte Leica und ein anderer ein Fernglas von Zeiss, Jena. Es wußte zwar keiner, wie er je diese Schätze nach Hause bringen könnte. Urlaubsfahrten gab es ja keine. Aber BRANDENBURGER waren und sind immer Optimisten gewesen. Ich hatte von Rumänien aus einige Dienstreisen nach Wien bzw. Berlin und fuhr mehrmals mit dem Zug, weil ich im Flugzeug nicht mit 6 Koffern reisen durfte; wobei von den 6 Koffern nur jeweils einer mir gehörte.
Es konnte nicht ausbleiben, daß wir uns auch intensiv um die Beschaffung wichtiger Nachrichten bemühen mußten, obwohl das eigentlich eine Aufgabe der Abwehr I war. Möglichkeiten zur Nachrichtenbeschaffung gab es gerade in Rumänien sehr viele. Dort ansässige Reichsdeutsche,

meist seit vielen Jahren im Lande, und viele Volksdeutsche, insbesondere die in der Ölindustrie tätigen, waren unsere Informanten. Natürlich war nicht jeder Hinweis brauchbar. Erschien er uns jedoch als wichtig, so gingen wir der Sache nach. Und so mancher uns lästige und verdächtige Ausländer verdankte seine Ausweisung einem Tip irgendeines dieser V-Leute (V = Vertrauen).
Es war schließlich kein Wunder, daß bei unserer Aktivität und den ungewöhnlich häufigen Ausweisungen alliierter Agenten diese „Praktikanten", „Touristen", „Kaufleute" immer nervöser und auch vorsichtiger wurden. Bei den erst seit kurzem im Lande Anwesenden bereiteten die Ausweisungen durch die rumänischen Behörden kaum noch große Schwierigkeiten. Wenn es sich dagegen um Leute handelte, die schon jahre- oder gar jahrzehntelang ansässig waren, gestaltete sich die Sache oft außerordentlich schwierig. Diese Leute verfügten häufig über beste Beziehungen zu hochgestellten Persönlichkeiten. In solchen Fällen genügte die Aussage eines einfachen Arbeiters, der sich zu einem kleinen Sabotageakt hatte überreden und dafür bezahlen lassen, meist nicht, um die Ausweisung durchzusetzen. Aber der Betreffende befand sich dann in unserer Kartei. War diesem dann irgendwann noch etwas nachzuweisen, setzten wir alle Hebel in Bewegung, um ihn abschieben zu lassen. So haben uns die Deutschen im Lande außerordentlich geholfen.
Es waren aber auch Rumänen zu finden, die aus ihrem Staatsbewußtsein heraus bereit waren, mit uns zusammenzuarbeiten. Im März 1940 lernte ich einen Kaufmann kennen. Er war Wäschefabrikant. Irgendwie hatte er nach einigen Einkäufen bei ihm Vertrauen zu mir gefunden. Er lud mich manchmal abends zu sich ein, und ich erfuhr dabei recht Interessantes. Natürlich hatte ich auch zweckbestimmte Fragen an ihn und so erhielt ich von ihm in zunehmendem Maße erstaunliche Informationen. Der Mann hatte überallhin Beziehungen. Seine Querverbindungen reichten nicht nur zu den in Rumänien lebenden polnischen Emigranten und Juden, zu Behörden und zur Armee, sie reichten bis in andere Länder hinein.
Meine Meldungen nach Bukarest — eine Abschrift ging jeweils an die bei der ASt Wien sitzenden beiden Majore von Tarbuk (fünf Brüder von Tarbuk waren Berufsoffiziere bei der Abwehr) — fielen sehr bald auf. Sie waren mitunter so erstaunlich, daß Rückfragen gestellt und die Quellenangabe verlangt wurden. Die Quelle konnte ich aber auf keinen Fall preisgeben, zumal ich inzwischen wußte, daß der Kaufmann jüdischer Abstammung war. Ich meldete fleißig weiter. Häufig kamen Anfragen ‚von oben', die ich an den Kaufmann weitergab. Meist war schon bald

die Antwort da. Nun erhielt ich schriftlichen Befehl, den Informanten unverzüglich zu nennen. Das war aber einfach nicht möglich. Dr. Luptar und ich waren uns absolut darüber im klaren, in welch' riskante Sache ich mich da eingelassen hatte. In damaliger Zeit als deutscher Offizier mit einem Juden Verbindung zu unterhalten, bedeutete für mich ganz klar ein Kriegsgerichtsverfahren mit anschließender KZ-Verwahrung. Wir beide sannen bei jedem Beisammensein nach einem Ausweg. Es war uns unerklärlich, weshalb man ‚oben' unbedingt die Quelle erfahren wollte. Wir sagten uns, das kann doch ‚denen da oben' ganz egal sein, woher diese Meldungen stammen — die Hauptsache ist doch, daß sie stimmen. Und sie stimmten fast alle!

Nach einiger Zeit wurden meine ausweichenden Antworten nicht mehr hingenommen. Meine Informationen waren mitunter von solcher Tragweite, ja sie erschienen ‚oben' manchmal geradezu als unwahr, bis die gemeldeten kommenden Ereignisse tatsächlich eintrafen.

So hatte ich zum Beispiel gemeldet, daß an den Grenzen Bessarabiens und der Bukowina russische Truppen zusammengezogen würden. Die Meldung wurde als unmöglich abgetan, obwohl sie ziemlich genaue Angaben enthielt. Einige Wochen später, am 26. 6. 1940, traf bei der rumänischen Regierung das Ultimatum Rußlands ein, innerhalb von 3 Tagen diese Provinzen zu räumen.

Auf Grund dieser Meldung erhielt Dr. Luptar den ausdrücklichen Befehl, die Quelle zu nennen. Er antwortete in dem Sinne: ‚Nachrichten beschafft Lt. Süß, ich kenne seine Informanten nicht!'

Prompt erhielt ich über Funk den Befehl, sofort nach Berlin zu fliegen und mich im Amt Ausland/Abwehr im OKW am Tirpitzufer zu melden. Oberst Stolze fragte mich dort ‚dienstlich'. Ich bat ihn, mit ihm privat sprechen zu dürfen. Mit väterlichem Wohlwollen hörte er sich meinen wahrheitsgemäßen Bericht an. Ich sagte ihm, ich würde seinem Befehl nachkommen und den Informanten nennen, gleichzeitig mich aber auf den diesbezüglichen „Führerbefehl" berufen und um Versetzung zur kämpfenden Truppe nachsuchen. Und das, damit diese Quelle versiegen würde, fügte ich noch hinzu. Das half. (Nach diesem Führerbefehl durfte kein Vorgesetzter einen Soldaten zurückhalten, er mußte ihn auf seinen Wunsch zur kämpfenden Truppe versetzen.)

Oberst Stolze klopfte mir auf die Schulter und sagte mir, ich solle beruhigt wieder nach Ploesti gehen und so weiter machen. Unter diesen Umständen könne der Informant ungenannt bleiben. Er ließ mir noch eine Karte für die Oper besorgen, dann flog ich zurück.

Dr. Luptar atmete auf. Es ging also weiter!

Es war nur natürlich, daß der jüdische Kaufmann von mir auch Gegenleistungen erwartete. Geld interessierte ihn nicht. Offenbar hatte er selbst genug. Ihm kam es darauf an, bestimmte gefährdete Menschen, vor allem polnische und rumänische Juden, außer Landes und in Sicherheit zu bringen. Eine geeignete Möglichkeit dazu bot sich durch den Öltransport auf der Schiene von Rumänien nach Wien. Die Zugbegleitmannschaft fuhr in Zivil, ab Winter 1940/41 in deutscher Uniform.
Dr. Luptar beschaffte den betreffenden Personen einen Agentenausweis und ich übergab sie den Zugbegleitern. Sie rollten in einem Bremserhäuschen mit und wurden — um nicht aufzufallen — mit zur Zugbewachung eingeteilt. So kamen sie unbehelligt nach Wien. Nach ihrer Meldung bei einer Deckadresse wurden diese Leute über Genua ins neutrale Ausland weitergeleitet.
Die Sache war für uns höchst gefährlich. Schweigen bedeutete alles.
Auf diesem Wege brachten wir 1941 auch einige besonders exponierte Männer der 1931 von Zelea Codreanu gegründeten nationalistischen Bewegung „Eiserne Garde“ in Sicherheit, als sie nach der rumänischen Revolution verfolgt wurden. Diese meldeten sich in Wien bei der ASt und haben z. T. bis zum Kriegsende erfolgreich als Agenten gearbeitet.
Eine weitere ergiebige Nachrichtenquelle waren die exklusiven Bordelle, in denen vorwiegend Engländer verkehrten. Für gutes Geld und einige Flaschen Sekt erfuhr ich dort so manche Einzelheit über unsere Gegner, die englischen Kommandoangehörigen. Vom Alkohol stimuliert, haben sie den schönen Mädchen so manches erzählt — wohl zum Teil auch damit angegeben —, das ihnen Kopf und Kragen gekostet hätte, wäre es ihrer vorgesetzten Dienststelle bekannt geworden. Es war sogar möglich, gezielte Fragen zu stellen, nach Fotos bestimmte ‚Praktikanten‘ usw. zu identifizieren und deren Wohnungen zu erfahren.
Unsere Kartei wuchs also. Gegen Ende 1940 enthielt sie bereits die Personalien von einigen tausend Personen. Sie umfaßte drei Gruppen: absolut Zuverlässige, Feinde und mögliche Saboteure und unsichere Elemente, die im X-Fall zumindest zum Teil festzunehmen waren.
Wir hatten zeitweilig auch einen Straßenfotografen laufen. Er war ein geldhungriger Rumäne, hatte sich von einem Engländer anwerben und uns auf die Fersen setzen lassen. Uns ging er ins Garn, als ich eines Tages mit Leo Stöhr in Bukarest war. Er fotografierte uns. Im nächsten Augenblick packten wir ihn und schleppten ihn in eine Bodega, eine Art Gaststätte. Dort gestand er, daß er uns schon einige Tage auf der Spur sei. Seinen Film kaufte ich ihm ab und wir ließen ihn laufen. Dafür gab er mir gelegentlich interessante Nachrichten, insbesondere Adressen und

Fotos von Engländern. Natürlich gegen entsprechende Bezahlung. Sehr wahrscheinlich hat er auf beiden Schultern getragen — für die Engländer und für uns gearbeitet.
Die englische Abwehr schlief also nicht. —
In Bukarest lebte die Rumänin Madame Maria Lepanowski. Sie war nicht nur besonders schön, sie war auch besonders raffiniert. Ihrer Intelligenz mußte man es zuschreiben, daß sie gleich auf drei Schultern zu tragen verstand. Sie ließ sich gleichzeitig von einem englischen Offizier beschenken und verwöhnen und von einem russischen Diplomaten aushalten. Auf sie wurde von der Abwehr ein eleganter BRANDENBURGER angesetzt, der ausschließlich sie zu betreuen hatte. Das ließ Maria sich gern gefallen; sie genoß sichtlich vergnügt das „Dolce Vita", das süße Leben. Offenbar war sie ihr Geld wert, denn sie lieferte, wenn auch selten, dann aber wertvolle Informationen.
Der Einsatz der BRANDENBURGER war doch recht vielseitig: Die deutsche Regierung hatte im Frühsommer 1940 über Strohmänner in Ploesti die mittelgroße Raffinerie „Standard" aufgekauft. Der Betrieb war ziemlich heruntergewirtschaftet und veraltet. So rasch es ging, wurden Maschinen, Pumpstationen, Destillieranlagen usw. repariert bzw. erneuert. Ganze Konstruktionsteile wurden in Deutschland hergestellt und nach Rumänien transportiert.
Zum Montieren kamen deutsche Metallhandwerker, ausgesuchte BRANDENBURGER, in etwa doppelter Zugstärke mit. Sie waren Schlosser, Schmiede, Schweißer usw. und arbeiteten an allen Ecken des ausgedehnten Betriebsgeländes. Gleichzeitig hatten unsere ‚Monteure' die Aufgabe, die Belegschaft des Betriebes im Auge zu behalten. Schon bald wurde eine ganze Reihe unzuverlässiger rumänischer Arbeiter entlassen, weil hier und da Ventile falsch bedient, Schrauben an Rohrleitungen gelockert und kleinere Brände gelegt worden waren.
Kurz vor dem Betriebsankauf waren einige junge schlaksige Engländer als Techniker usw. angestellt worden. Diese jungen Herren waren überall anzutreffen. Sie zeichneten, skizzierten und führten Vermessungen durch. Ihnen paßte es gar nicht, daß die neuen Monteure auch ihnen auf die Finger schauten. Es war ihnen aber nichts Konkretes bisher nachzuweisen gewesen, deshalb waren sie eben noch da.
Nun, junge Leute in einem fremden Land, ganz gleich welcher Nationalität, sie wollen etwas erleben. In einem nicht gerade gut renommierten Tanzlokal in Ploesti trafen sie sich also wieder, unsere Monteure und diese Engländer, die ihre Kameraden aus anderen Betrieben mitgebracht hatten. Das konnte nicht gut gehen. Die Tommys fühlten sich

stark, sie waren in der Überzahl. Da wollten sie es den ‚damned Boys' aus Germany mal zeigen. Dreist rempelten sie beim Tanzen unsere Männer an, die darauf nur gewartet hatten. Ein Tommy hatte einem BRANDENBURGER ein Bein gestellt. Noch im Fallen erwischte er den Kerl, und ehe der es sich versah, lag er in einer großen Spiegelscheibe. Das war das Signal zu einer allumfassenden Saalschlacht. Unsere Monteure waren alle im Nahkampf ausgebildet. Sie haben die Tommys so gründlich verdroschen und einige parteinehmende Rumänen dazu, daß mehrere von diesen ärztliche Hilfe in Anspruch nehmen mußten. Das Mobiliar des Tanzlokals war dabei fast restlos zu Bruch gegangen.
Die rumänische Polizei erschien im Großaufgebot und transportierte ab, wen sie noch erwischen konnte. Nur wunderten sich die Engländer sehr darüber, daß man die deutschen Monteure laufen ließ, sie dagegen dabehielt und anschließend auch noch des Landes verwies.
Es gab ja in letzter Zeit öfter mal Schlägereien zwischen den Deutschen und den Engländern, wobei es oft hart auf hart ging und so mancher mehr als Beulen davon trug. Und stets erschien die Polizei, die jedesmal die anderen Ausländer, nie aber die Deutschen auswies.
Im Sommer 1940 erschütterte ein recht bedeutsames Ereignis das rumänische Volk, das rumänische Königshaus und seine Regierung auf das Schwerste. Die sowjetrussische Regierung unter Stalin ließ am 26. 6. 1940 ein kurzgehaltenes, aber drohendes Ultimatum in Bukarest überreichen, mit dem sie die Übergabe Bessarabiens und der Bukowina an die Sowjets innerhalb drei Tagen forderte.
Dieses rigorose Vorgehen der Russen löste auch bei den deutschen Führungsstellen Unruhe aus. Würden die sowjetischen Divisionen am Sereth stehen bleiben oder den Griff nach dem rumänischen Erdölgebiet wagen? Sie hatten ja starke Kräfte am Dnjestr zusammengezogen. Und das Ölgebiet war nicht allzu weit weg von ihnen.
Für unseren Abwehrtrupp bedeuteten diese Ereignisse erhöhte Alarmbereitschaft. Die Wachen und Kontrollen wurden verdoppelt. Alle verfügbaren Männer waren unterwegs und kontrollierten Tag und Nacht. Sämtliche für den Fall X vorgesehenen Anordnungen und Befehle wurden wieder und wieder überprüft, die Listen der im X-Fall Festzunehmenden wurden vervollständigt usw.
Um eine militärische Konfrontation mit der Sowjetunion zu dieser Zeit und einen offenen Kampf um das Ölgebiet zu vermeiden, erklärte die Reichsregierung in letzter Minute, nunmehr aber eindeutig, sie seit entschlossen, die Grenzen Rumäniens zu garantieren und diese notfalls zu schützen.

Die russischen Truppen blieben tatsächlich am Sereth stehen. Die Bevölkerung flüchtete in Massen aus den betroffenen Provinzen, bestrebt, wenigstens das Wertvollste ihrer Habe zu retten. Die Russen waren aber schlauer. Sie marschierten einen Tag früher, nämlich schon am 28. 6., mit Panzern und anderen schnellen Verbänden in der Bukowina und in Bessarabien ein. An den Brücken wurde den Flüchtenden dann das Flüchtlingsgut abgenommen.

Das Ziel der alliierten Abwehrdienste war von uns bald erkannt. Sie wollten nicht nur die Produktion von Benzin, Öl usw. stören und den Transport erschweren. Ihr Ziel war ganz klar, die gesamte Produktion für die Dauer des Krieges lahmzulegen. Diesmal wollten sie das noch viel gründlicher besorgen als 1916. Damals hatten die Deutschen es 1917 doch fertig gebracht, einige Bohrlöcher (Sonden) freizumachen, einige Pumpen und Leitungen in Gang zu bringen, so daß sie — wenn auch in bescheidenem Umfang — wieder etwas Benzin und Öl und Petroleum destillieren konnten.

Das sollte diesmal den Deutschen nicht wieder gelingen.

Es brauchte längere Zeit, bis auch über das „Wie" bei uns keinerlei Zweifel mehr bestanden.

Um ein so großes Industriezentrum wie das Ölgebiet schlagartig in kürzester Zeit völlig zu vernichten, brauchten sie viele Pioniere und Helfer. Nun, an Personal hatten die Alliierten es nicht fehlen lassen. Ihre Kommandotruppen schickten schon beizeiten starke Kontingente ihrer Soldaten getarnt ins Ölgebiet, damit jeder in seine spezielle Aufgabe eingewiesen werden konnte. Die durch die ständigen Ausweisungen eingetretenen Verluste konnten sie weitgehend durch neue Kräfte ersetzen.

Im Frühjahr 1940 häuften sich die Meldungen der deutschen Angestellten in den Ölgesellschaften und unserer V-Leute, daß in den Ölfeldern ungewöhnlich große Mengen Kies und Sand angeliefert wurden. Es handelte sich um hunderte von Waggons. Allein im Bereich der „Astra Romana" waren es 375 Waggon Kies und 750 Waggon Sand (!). Auch Zement wurde in entsprechend großen Mengen in Hallen gelagert. Ähnlich große Massen Kies und Sand waren auch bei den anderen Ölgesellschaften angefahren worden.

Wir alle fragten uns: Wozu wollen die Firmen derartige Mengen Betonmaterial verwenden? Es war selbstverständlich, daß wir diese Vorgänge mit größter Aufmerksamkeit verfolgten.

Als dann im Sommer noch große Lieferungen von Stahlkugeln festgestellt wurden, erkannten wir nach und nach ganz klar: Die alliierten Kom-

mandosoldaten sollten die Ölsonden, die Bohrlöcher, zubetonieren — mit gehärteten Stahlkugeln und eisenfestem Beton. Die Stahlkugeln paßten saugend genau in die Rohre der Sonden. Sie waren an der Oberfläche glashart und kein Werkzeug hätte sie aus den Rohren herausziehen können. Sie konnten auch nicht angebohrt werden.
Mit diesen Hilfsmitteln hätte die Förderung aller Ölsonden vollständig stillgelegt werden können. Es gab damals noch keinerlei Werkzeug, um den Beton und die Kugeln aus den Sondenrohren herauszubekommen. Es hätten neue Bohrungen durchgeführt werden müssen und dazu braucht man etwa drei Monate für jedes Bohrloch.
Um letzte Gewißheit zu erhalten, setzte ich eine besonders verläßliche und geschäftstüchtige „Mieze" in einem vornehmen Bordell auf einige Engländer an. Prompt erhielten wir die Bestätigung unserer Erkenntnisse: Zwei der ‚Liebhaber' hatten auf deutsche Kosten allzu sehr dem guten Whisky und Sekt zugesprochen und dann ‚gesungen'.
Für uns BRANDENBURGER war das ein Alarmsignal. Unaufhörlich, jedoch unauffällig, wurden die Sand-, Kies- und Zementvorräte kontrolliert. Gleichzeitig sannen wir in vielen Besprechungen darüber nach, wie wir den Plan unserer Gegner zunichte machen könnten.
Da gab es die sonderbarsten Vorschläge. Die beste Lösung war es, eine Möglichkeit zu finden, um sämtliche alliierten ‚Agenten' und ‚Praktikanten', ‚Kaufleute' und ‚Techniker' auf einen Schlag zu vertreiben, sie ausweisen zu lassen.
Aber wie sollte das gelingen? Wie konnte man die rumänischen Behörden zu einer solchen Entscheidung bewegen? Da mußte etwas ganz Besonderes geschehen!
Nun, vier clevere BRANDENBURGER fanden die Lösung dieses Problems: Ein vorgetäuschtes Attentat auf einen Offizier des „Marle State Major", auf den Hptm. Dr. Luptar, der den Journalisten gegenüber als ‚Major' deklariert wurde.
Der Plan war rasch gefaßt, er war perfekt, nur — Dr. Luptar bangte um sein Leben. Es bedurfte einiger Überredungskünste, bis er endlich zustimmte.
Im August 1940 fuhen eines Abends drei ‚Attentäter' in einem geborgten PKW mit geänderter Nummer pünktlich 21.30 Uhr vor dem Hause der Albanerin vor, bei der Dr. Luptar Wohnung genommen hatte. Die Uhren waren genau abgestimmt. Zwei der Männer schlichen den Gartenweg bis zum rückwärts liegenden Schlafzimmer Dr. Luptars, während der Fahrer des Wagens laut den Motor laufen ließ. Der vierte steuerte aus einiger Entfernung die gesamte Aktion. Dr. L's Räume lagen

im Hochparterre. Er hatte mit seiner Wirtin zu Abend gegessen, seinen Rum getrunken und sich unter dem Vorwand, müde zu sein, um 21.00 Uhr schlafen gelegt. 21.20 Uhr war er — nach Plan — wieder nach vorn in die Räume seiner Wirtin gegangen, hatte noch ein Gläschen getrunken und anschließend die Toilette aufgesucht. Dort befand er sich noch, als mehrere Schüsse aus einer großkalibrigen Pistole durch das rückwärtige Schlafzimmerfenster sein Bett trafen. Die Matratze und sein Kopfkissen waren durchlöchert. Zutiefst erschrocken sah die Wirtin auf dem Gartenweg zwei Männer zur Straße eilen. Da gerade Mondschein herrschte, konnte sie die beiden auch einigermaßen erkennen.
Die zwei BRANDENBURGER hatten sich etwas zurechtgemacht, sodaß sie wie zwei ganz bestimmte Engländer aussahen. Einer von ihnen, Lutz Sch., war am Abend vorher unbemerkt in die Wohnung eines dieser Engländer eingedrungen und hatte dort von einem Paar Sportschuhen den rechten entwendet. Den hatte er sich angezogen und war damit auf der Flucht nach dem ‚Attentat' mehrmals in das Gartenbeet getreten, um eindeutige Spuren zu hinterlassen.
Zwei höhere rumänische Kriminalbeamte vernahmen am nächsten Vormittag zum wiederholten Male die arme Wirtin und legten ihr etwa 150 Fotos in Postkartengröße vor. Und richtig: Die Zwei, die sie nach den Schüssen hatte fliehen sehen, erkannte sie wieder. Wie Dr. Luptar mir hinterher erzählte, hat einer der Beamten gesagt: „Das hab' ich mir doch gleich gedacht, daß dieser Kerl mit von der Partie ist!", dabei auf das Bild eines bestimmten Engländers zeigend.
Die ganze Sache ging dann ziemlich rasch vor sich. Die Hausdurchsuchungen förderten bei den Engländern verschiedene Waffen zutage, die Grund genug für die Ausweisung waren. Es fand sich aber auch der linke Schuh, dessen Sohlenprofil genau zu den Gipsabdrücken in dem Gartenbeet paßte. Die Beweiskette war geschlossen, alle Unschuldsbeteuerungen halfen nichts.
Wir konnten uns aber mit der Ausweisung der Gefaßten und einiger Helfershelfer nicht zufrieden geben. Wir wollten mehr erreichen. Endlos lange Listen mit Anschriften und teilweise den tatsächlichen Namen und Dienstgraden aller sabotageverdächtigen Ausländer legten wir der „Siguranza" vor. Sie enthielten eine Menge unserer Beobachtungen.
Unsere Hinweise auf die geplanten Zerstörungen des Ölgebietes, auf die Sand-, Kies- und Zementmengen in den Ölfeldern, auf die gefundenen Waffen, auf die Sprengstoffunde bei den Engländern am Snagov-See, in Ploesti und in Bukarest, die Beschlagnahme der englischen Schiffe auf der Donau bei Giurgiu mit ihren Waffen- und Sprengstoffladungen — alle

diese Vorkommnisse liefen etwa zur gleichen Zeit — und nun noch dieses Attentat auf eine so wichtige Persönlichkeit, auf den Bevollmächtigten der lebenswichtigen Riesenbetriebe ihrer Ölindustrie, lösten eine umfassende Pressekampagne aus, die endlich die rumänische Regierung dazu bewegte, zu ihrer eigenen Sicherheit und zum Schutze des Ölgebietes mit seinen so überaus wertvollen Industrieanlagen rücksichtslos durchzugreifen und alle bekannten und verdächtigen Ausländer auszuweisen.
Über 1300 Personen wurden innerhalb weniger Tage des Landes verwiesen. Darunter befanden sich Leute, die schon zehn und mehr Jahre mit ihren Familien im Lande lebten. Nur die Deutschen durften dableiben. Das war ein überwältigender Schlag, für Deutschland ein bedeutender Erfolg. Trotzdem war die Gefahr noch nicht vorüber. Die Alliierten hatten nämlich im Nahen Osten 100 000 Soldaten zusammengezogen. Wir BRANDENBURGER kamen tagelang nicht zur Ruhe, für uns bestand höchste Alarmbereitschaft. Doch es blieb ruhig. Wider Erwarten geschah in den folgenden Tagen und Wochen nichts.
Hatten die Alliierten den Kampf um das rumänische Öl aufgegeben?“ [20]
Ende Oktober 1940 kamen dann überraschend deutsche Truppen nach Rumänien. Die deutsche Militärmission begann ihre Tätigkeit zur Ausbildung der rumänischen Truppen.
Fliegerverbände übernahmen den Schutz des rumänischen Raumes und Einheiten der Marineartillerie den Schutz der rumänischen Küsten am Schwarzen Meer. Das rumänische Erdöl war dem Zugriff der Alliierten entzogen worden und für Deutschland sichergestellt.
England und seine Verbündeten hatten den Kampf um das rumänische Erdöl für die nächsten Jahre verloren.
Im Dezember 1940 durften auch die Männer der Meissner-Gruppe in Zivil, wie sie nach Rumänien gekommen waren, einen Zug in Ploesti besteigen und ihre bisher im Handköfferchen mitgeführten Uniformen anlegen. Ihr Einsatz, ein entscheidender Beitrag zur Sicherung des rumänischen Erdölgebietes, hatte ein gutes, unblutiges Ende gefunden.“ [31]

Zwischenspiel Marita

Der latente Untergrundkampf um die Kontrolle und Nutzung der Ölfelder in Rumänien hielt sich in Grenzen. Hier bot sich noch kein Ansatz zum militärischen Eingreifen, wenn sich auch seit Juni 1940 mit der Forderung der Sowjetunion nach Abtretung von Teilen Rumäniens eine Zuspitzung der Lage abzeichnete. Unter innenpolitischem Druck mußte König Carol II. am 4. September 1940 Ion Antonescu zum Staatsführer mit weitreichenden Vollmachten ernennen.

Dieser machte aus seiner antibolschewistischen Einstellung kein Hehl. Er bat bereits Anfang September die deutsche Reichsregierung um Hilfe bei der Reorganisation der rumänischen Armee. Für Hitler schien er zum idealen Partner beim kommenden Ostfeldzug zu werden. Die Zuführung einer deutschen Militärmission aus Teilen von Heer, Luftwaffe und Marine mit den entsprechenden Lehrtruppen erfolgte in der Zeit vom 10. Oktober bis 14. November 1940.

Der Chef der Heeresmission, General der Kavallerie Erik Hansen, wußte um die eigentliche Aufgabe: 1) Das Ölgebiet vor dem Zugriff einer dritten Macht und vor Zerstörung zu schützen. 2) Die rumänische Wehrmacht nach einem straffen, auf die deutschen Interessen ausgerichteten Plan zur Lösung bestimmter Aufgaben zu befähigen. 3) Für den Fall eines aufgezwungenen Krieges gegen Sowjetrußland den Einsatz deutscher und rumänischer Kräfte von Rumänien aus vorzubereiten.[21]

Am 23. November 1940 trat Rumänien dem Dreimächtepakt (Deutschland, Italien, Japan) bei und verstärkte die Anstrengungen zur Modernisierung und besseren Ausbildung seiner Armee.

Völlig überraschend für Hitler und die Abwehr erfolgte am 28. Oktober 1940 aus dem besetzten Albanien heraus der überfallartige Angriff italienischer Truppen nach Griechenland hinein. Es war wohl Mussolinis Stolz zuzuschreiben, nicht im Schatten der Erfolge des deutschen Achsenpartners stehen zu wollen. Er mußte ‚seinen' Krieg haben, und das ausgerechnet auf dem Balkan, der sich unter östlichem Druck zu einem Krisenherd ersten Ranges zu entwickeln schien.

Zu dieser Zeit herrschte in Griechenland in diktatorischer Form der General Iionnis Metaxas, der nach Erkenntnissen aus den erbeuteten Geheimakten des französischen Generalstabes heimlich mit den Engländern paktierte.

Bereits Mitte November 1940 gingen die Griechen zum Gegenangriff über und warfen die italienischen Invasoren weit nach Albanien zurück.

Zugleich setzten sich britische Luftstreitkräfte auf der griechischen Insel Kreta fest. Der Einbruch in das europäische Vorfeld war ihnen gelungen.

Die Gefahr erkennend, die sich aus der Anlandung britischer Kräfte ergeben könnte, läßt Hitler vorbereitend Operationspläne (Weisung Nr. 20 am 13. 12. 1940 genehmigt) zur schnellen Besetzung Griechenlands aufstellen, Stichwort „Marita". Zugleich versucht er auf verschiedenen Wegen, diplomatisch und über Abwehrkanäle, die griechische Regierung zu veranlassen, die Briten zum Verlassen griechischen Bodens zu zwingen.
Aber auch die Briten, auf der Woge der Erfolge in Afrika (ab 9. 12. 1940 britische Offensive), setzten die griechische Regierung massiv unter Druck, an Deutschland den Krieg zu erklären. Selbst der britenfreundliche Sonderberater des US-Präsidenten Roosevelt, Colonel William J. Donovan — der spätere Chef des US-Geheimdienstes — wird herangezogen und versucht, mit gabenreichen Versprechungen die Griechen gegen das Deutsche Reich aufzuwiegeln.
Der jugoslawische Ministerpräsident Cvetkovic, von den Ereignissen in Griechenland beeindruckt, lavierte sich bisher am Rande der Neutralität nach allen Seiten durch. Aber er wußte auch, daß „bei einem Anschluß an die Achse die Serben rebellieren, bei einem Krieg gegen Deutschland aber die Kroaten zum Aufstand antreten ..." [22]
Der Besuch des Colonels Donovan in Griechenland und dessen materielle Zusagen beeindrucken I. Metaxas jedoch so erheblich, daß er Mitte Januar 1941 den britischen Forderungen nachkommt. Im geheimen gesteht der Grieche den Briten die Einleitung von Vorbereitungen für die Anlandung ihrer Truppen im Raum Saloniki zu. Es sollte jedoch erst dann zur Ausschiffung kommen, wenn die deutsche Wehrmacht nach Bulgarien einrücken würde.
Anfang Februar 1941 stirbt Metaxas. Sein Nachfolger im Amt, der griechische Ministerpräsident Korysis, lehnt weitere Vermittlungsversuche ab und schlägt am 19. Februar 1941 auch ein deutsches Angebot der Beteiligung Griechenlands an einem neutral eingestellten Balkanbund aus.
Die Reichsregierung läßt daraufhin am 2. März 1941 deutsche Verbände über Rumänien nach Bulgarien einrücken. Im Gegenzug läuft eine britische Flotte aus Alexandria aus, um ein Expeditionskorps unter General Wilson im Piräus an Land zu setzen.
Der jugoslawische Ministerpräsident sieht sich zunehmend dem Druck Hitlers nach klarer Entscheidung für den Beitritt zum Dreimächtepakt ausgesetzt. Er erklärt sich schließlich zum Anschluß an die Achsenmächte bereit. Kaum bekannt, tritt der Colonel Donovan wieder auf den Plan und nimmt Verbindung zum Fliegergeneral Dusan Simovic und einer Gruppe serbisch-nationalistischer Offiziere auf. Diese sind eher bereit, die eigene Regierung zu stürzen als ein Bündnis mit den Deutschen einzugehen. Auch

hier gibt die „dargebotene volle moralische und materielle Hilfe Amerikas" den Ausschlag. Donovan hat später wiederholt damit renommiert, den Putsch des jugoslawischen Generals Simovic gekauft zu haben.
Kaum ist Jugoslawien am 25. 3. 1941 dem Dreimächtepakt beigetreten, da schlagen Donovans serbische Freunde los. Noch in der Nacht vom 26. zum 27. März 1941 reißt General Simovic die Macht in Jugoslawien an sich und macht gegen das Deutsche Reich mobil.[23]
Hitler reagiert unverzüglich. Noch am 27. März diktiert er die Weisung Nr. 25. Es sei sein Entschluß, Jugoslawien militärisch und als Staatsgebilde zu zerschlagen. Die Operation gegen Griechenland — Stichwort „Marita" — weitet sich zum Balkanfeldzug aus.
Generalfeldmarschall List hat als Oberbefehlshaber der 12. Armee am 10. Januar 1941 die Führung der sich in Rumänien versammelnden deutsche Kräfte für das Unternehmen „Marita" übernommen. Diese überschreiten am 2. März 1941 bei Giurgiu, bei Turnu Magurele und bei Bechet die Kriegsbrücken über die Donau nach Bulgarien.
Auftrag für diese Südgruppe der 12. Armee ist es, gegen die an der griechisch-bulgarischen Grenze eingerichtete Metaxas-Linie vorzugehen. Zugleich soll die Westgruppe in Richtung Skopje in Jugoslawien angreifen.

Die kritische Lage in Jugoslawien zwingt zur Bereitstellung der 2. Armee unter Generaloberst von Weichs an der deutsch-jugoslawischen Grenze — im Raum Kärnten, Steiermark und Westungarn. Desgleichen wird die Panzergruppe 1 unter Generaloberst von Kleist in den bulgarischen Raum nordwestlich von Sofia herangezogen.

Nur zwei Tage nach Überschreiten der bulgarischen Grenze durch deutsche Truppen läuft am 4. März 1941 das britische Unternehmen „Lustre" an: Transport britischer Heeresverbände nach Griechenland! In den griechischen Häfen am Piräus und in Volos landen am 7. März etwa 24 000 Briten, 17 000 Australier und 16 000 Neuseeländer an. Sie werden durch eine Panzerbrigade verstärkt und sind alles in allem etwa 60 000 Mann.

Die BRANDENBURGER sind aufgrund geheimer Absprache mit dem bulgarischen Generalstab über Abwehrstelle Sofia schon vor dem offiziellen Durchmarsch deutscher Truppen im Lande. Das gilt übrigens auch für Vorkommandos der Luftwaffe in Zivil, insbesondere ein Netz von Nachrichtenstellen zur Luftbeobachtung.

Eingesetzt ist die 8. Kompanie des Lehrregiments „Brandenburg" zbV 800. Diese war kurz vorher von Baden bei Wien in den Raum Ploesti/Breaza, Rumänien, verlegt worden, von wo u. a. Hochgebirgsausbildung in den Karpaten betrieben wurde. Von dort ging ein Vorkommando in Zivil mit dem

Kompaniechef Hauptmann Buchler und 4 Einsatzführern nach Sofia, quartierte sich in verschiedenen Hotels ein und hielt Verbindung mit der dortigen Abwehrstelle (Dr. Delius/Wagner). Diese gab folgende Einweisung: Die Engländer haben in Bulgarien ein Sabotagenetz aufgebaut und wollen bei evtl. Eintritt Bulgariens in den Krieg an der Seite der Axenmächte insbesondere wichtige Verkehrsknotenpunkte sowie Eisenbahnbrücken, Verschiebebahnhöfe und Straßenbrücken unbrauchbar machen. Wir haben Sprengstoff und Pläne in der britischen Botschaft gefunden. Der Einsatz der BRANDENBURGER noch vor dem offiziellen Einmarsch der deutschen Truppen geschieht mit dem Ziel, diese Sabotageakte der Engländer zu verhindern. Hierzu wird die 8. Kompanie in vielen kleinen Objektschutzgruppen über das ganze Land verteilt und hat dort in bulgarischer Uniform und in Zivil den Objektschutz durchzuführen. Dabei kommt es besonders darauf an, die Annäherung feindlicher Agenten zu verhindern, d. h. mit Hilfe bulgarischer Verbindungsleute auch den Personenverkehr an den Objekten zu kontrollieren. Die 8. Kompanie erhält neben der Tarnkleidung geeignete Dolmetscher (Abiturienten aus der deutschen Schule in Sofia u. a.) zugewiesen, kann sich mit zivilen Fahrzeugen ausrüsten und bleibt über ihren Kompaniechef in ständiger Verbindung mit der Abwehrstelle Sofia.

Kurz darauf überschreiten die 8. Kompanie sowie der Bataillonskommandeur Rittmeister Dr. Jacobi und Hauptmann Weiß die Donau auf einem Dampfer. Die Kompanie geht in deutscher Uniform auf rumänischer Seite an Bord und verläßt auf bulgarischer Seite das Schiff in bulgarischer Uniform, Teile in Zivil.

In Sofia herrscht vor dem Eintreffen der Männer eine gespannte Atmosphäre. Hauptmann Buchler und die Einsatzführer sitzen einmal in einem Hotel in der Halle, und an einem Nebentisch findet eine Round Table Conference von Botschaftspersonal und britischen Agenten statt.

Die 8. Kompanie erreicht in Zügen und Gruppen ihre Objekte, übernimmt die Dolmetscher und die V-Leute und beginnt ihren Objektschutz. Dabei wird der eigentliche Wachdienst von den Männern in bulgarischer Uniform ausgeführt, teilweise auch von bulgarischen Truppen und Polizei, während der Einsatzführer, ihre V-Leute und einzelne Männer in Zivil ein Beobachtungsnetz im weiteren Umkreis um das Objekt bilden. Es kommt nirgends zu Sabotage durch die Engländer.

Nach Abschluß des Einsatzes, nach Einmarsch der deutschen Truppen und Eintritt Bulgariens an unserer Seite in den Krieg werden die Kommandos abgelöst und sammeln zu ihren weiteren Einsätzen in Richtung Griechenland.

Der Leiter der Abwehrstelle Sofia erkennt den Erfolg der BRANDENBURGER als eine sehr wirkungsvolle Schutzmaßnahme gegen die geplante britische Sabotage an.[24]
Deutsche Vorausabteilungen treffen am 9. März an der bulgarisch-griechischen Grenze ein. Am 17. März sind 11½ deutsche Divisionen in Bulgarien versammelt.
Das II./Lehrregiment „Brandenburg“ zbV 800 mit Stab in Baden b. Wien wird frühzeitig alarmiert. Es ist allerdings nur beschränkt einsatzfähig, da Teile der 5. Kompanie unter Oblt. Dr. Kniesche zum Schutz des Donauwasserweges und die geschlossene 6. Kompanie unter Oblt. Meissner zur Sicherung der Ölfelder im Raum Ploesti eingesetzt sind. Da jedoch die verfügbaren Einheiten des II. Bataillons für Kommandounternehmen in kleinen Gruppen vorgesehen sind, ist die eigentliche Kampfkraft des Verbandes von untergeordneter Bedeutung.
Während in den vorangegangenen Feldzügen für Einzeleinsätze die Abwehr federführend war, liegt die Initiative im Südostraum beim II. Bataillon der BRANDENBURGER.
Vom Chef des Stabes der Armee und dem Ic sind sie über die einzelnen Operationen und Ziele der Angriffstruppen genauestens unterrichtet. Die Verbindungsoffiziere (V.O.) der BRANDENBURGER andererseits, in Kdo.-Unternehmen und ihrer Durchführung schon erfahren, bieten frühzeitig an, wo und wie ihre Kommandos vor den Angriffsspitzen den Weg freimachen können. Das gilt im Rahmen „Marita“ vor allem für frühzeitige Inbesitznahme von Brücken an den Vormarschstraßen, Ausschalten von Bunkern an den Grenzen, Aktionen zur Beunruhigung in feindbesetzten Grenzstreifen, Stiften von Verwirrung bei der Grenzbevölkerung und Ausschalten erkannter Nachrichtenverbindungen im feindlichen Hinterland.
Die für die Kommandounternehmen (zumeist im Tarn- und S-Einsatz) vorgesehenen BRANDENBURGER Einheiten, welche die Einzelgruppen stellen, haben selbst ebenfalls Verbindungsstellen bei den Angriffsspitzen, sodaß die Koordinierung zwischen Kommandos und Vorausabteilungen gegeben ist.
Der Schwerpunkt der Kommandoeinsätze liegt bei der Südgruppe im Bereich der 12. Armee (List), die im Dreiländereck Bulgarien—Griechenland—Jugoslawien den Durchbruch zur Küste erzwingen und das Eindringen der Briten nach Griechenland verhindern soll.
Mit Angriffsbeginn am 6. April um 5.15 Uhr stehen vom II. Bataillon bereit: Kommandos der 5. Kompanie — zwei Halbkompanien — unter Oblt. Kutschke im Streifen der 2. Armee (Kärnten, Steiermark), der 7. Kp. für Sondereinsatz am „Eisernen Tor“ und der 8. Kompanie unter Hptm. Buchler

im Bereich der 12. Armee, mit Masse im Dreiländereck. In Reserve dahinter und zur Auffüllung des leergefegten Unterbringsraumes des II. Btl. südlich Wien ist die 12. Kompanie des III. Bataillons, Kp.-Chef Oblt. Schader, aus Düren nach Baden verlegt worden. Das Lehrregiment verfügt zugleich die beschleunigte Aufstellung von Rgt.-Einheiten, so der 17. Kompanie durch Oblt. Babuke (April 1941) und der 14. (E.) Kompanie durch Oblt. G. Pinkert, die im Raum südlich Wien untergebracht werden.

Für die zur Bewachung des Donauschiffahrtsweges in Zivil eingesetzten Soldaten der 5. Kompanie ist die durch Felswände stark eingeengte Fahrrinne des Donau-Durchbruches bei Orshowa, genannt „Eisernes Tor", stets der wunde Punkt in ihrem Sicherungssystem. Die hier verlaufende Grenze zu Jugoslawien zwingt zu besonderer schwerpunktmäßiger Aufmerksamkeit, zumal die Schiffslotsen für die Durchfahrt auch von Serben gestellt werden. Diesen traut man gar nicht recht über den Weg. Es war den in dieser Gegend vermehrt postierten BRANDENBURGERN nicht entgangen, daß am jugoslawischen Ufer Bunker und Feldstellungen eingerichtet oder verstärkt worden waren. Auch Lastkähne mit Kies und Zement, getarnt und versteckt in Häfen bergauf zum Donaudurchbruch, waren erkannt; ihr Zweck zur Sperrung der Fahrrinne ist unverkennbar.

In der Operationsplanung für den Angriff gegen Jugoslawien ist die blitzartige Beseitigung dieses Gefahrenherdes für die weitere Nachschubsicherung von entscheidender Bedeutung.

Noch am 5. April werden auf dem Luftwege etwa 50 BRANDENBURGER der 5. Kompanie (Teile der II. Halb-Kp.) zum Flugplatz bei Mehadica (rumänische Seite) verlegt. Dort sollen sie, durch Pioniere verstärkt, in der Nacht zum 6. April mit LKWs bis an die Donau bei Swijima herangeführt werden. Gleichzeitig werden Teile der 7. Kompanie südlich Wien auf LKWs verlastet und über Land zur Verstärkung der Donau-Stoßgruppe verlegt.

Die aus verschiedenen Teilen zusammengesetzte Gefechtsgruppe steht unter Führung des Oberst Bazing, der den Einsatz leitet. Noch im Morgengrauen des 6. April 1941 preschen Sturmboote gegen das jugoslawische Donauufer vor und können das feindbesetzte Ufer nehmen. Dort werden die Bunker und Gefechtsstände in kurzem Feuergefecht gestürmt und besetzt, bis Verstärkungen dann die Lage voll bereinigen können.

Am 17. April heißt es dazu im Wehrmachtbericht:

> „... eine aus Pionieren, Teilen der Luftwaffe und Sonderformationen zusammengestellte Gefechtsgruppe unter Oberst Bazing hat im Morgengrauen des 6. April die Donau am Eisernen Tor bei Orsova (Orshova) unter schwierigsten Stromverhältnissen überschritten.

In kühnem Handstreich wurde das jugoslawische Ufer genommen, zäher Widerstand gebrochen und alle feindlichen Versuche, die Fahrrinne zu sperren, vereitelt.

Damit wurde durch entschlossenes Zufassen weniger deutscher Soldaten ein lebenswichtiger Schiffahrtsweg gesichert und dem beabsichtigten feindlichen Zugriff entzogen. ..."

Dieser spektakuläre, erfolgreiche und typische Einsatz von BRANDENBURGERN in einer zusammengesetzten Gefechtsgruppe ist der Auftakt weiterer spezieller Unternehmen an anderen Stellen.

Wiederum ist es ein wichtiger Verbindungsweg mit der Eisenbahnstrecke durch die Karawanken bei Assling zwischen Villach und Laibach, den es zu schützen gilt. Auch hier ist es ein Kommando der 5. Kompanie unter Lt. Gebbers, das den Einsatz wagt. Über seinen Ablauf berichtet ein Teilnehmer:

„Am 6. 4. 1941 wird eine kleine Gruppe aus der Halbkomp.-Hettinger für eine Sonderaufgabe schnell zusammengestellt und nach Rosenbach in Kärnten in Marsch gesetzt. Es sind die meisten mit Pi-Ausbildung und Sprachkundige dabei. Die Führung der Gruppe übernimmt Lt. Gebbers, weitere Teilnehmer sind: Fw. Schink, Gefr. Resch, Werdnik, Köberl, Bohland u. a., insgesamt 8 Mann. Die Kp. befindet sich auf dem Marsch über Graz zur Grenze. In Rosenbach befindet sich ein wichtiger Bahnübergang durch die Karawanken nach Jugoslawien durch einen 7976 m langen Tunnel zwischen Rosenbach—Assling. Der 7. 4. 41 vergeht mit Vorbereitungen für das Unternehmen in Rosenbach. Der Auftrag lautet: Erkundung des Tunnelausganges bei Jesenice, nach Möglichkeit Erhaltung der Anlage, Verhinderung und Beseitigung einer Sprengung.

Von Bahnbeamten war zu erfahren, daß etwa seit 6 Tagen kein Zug mehr den Tunnel passiert hat. Es wird im Tunnel bis zur Grenze, die etwa in der Mitte verläuft, erkundet. Es wird festgestellt, daß keine Sogwirkung im Tunnel ist. Dies läßt darauf schließen, daß an einer Stelle im Tunnel eine Sperre errichtet worden ist. Die Kampfhandlungen sind seit dem 6. 4. im Gange. Daraufhin wird beschlossen, die Annäherung an das Objekt durch Überwinden des Gebirgskammes vorzunehmen und eine gewaltsame Aufklärung durchzuführen. Dabei werden wir von Gebirgstruppen unterstützt, die die Sicherung des Anmarschweges vor allem im Feindgebiet durch Stützpunkte durchführen. Nach der Vorbereitung bricht die kleine Kampfgruppe auf und erreicht am Abend des 8. 4. eine Almhütte in der Nähe der Grenze. Nach Erkundung wird in der Nacht vom 8. auf 9. 4. die Grenze ohne Feindberührung überschritten. Das Gelände ist recht schwierig, die Höhen sind zwischen 1600 bis fast 1900 m hoch und noch tief verschneit. Durch ortskundige Begleiter wird die Grenze zwischen Rosenbachsattel und Frauenkogel überschritten. Beim Abstieg werden etwa drei Stützpunkte für Sicherungsaufgaben angelegt.

Die Spitze des Stoßtrupps erreicht in den frühen Morgenstunden den Tunneleingang. In einem der Häuser ist Licht! Bis jetzt waren wir unbemerkt herangekommen. Es stellt sich heraus, daß in diesem Haus eine Wache untergebracht ist. Im blitzschnellen Zugreifen wird die Wache überwältigt. Es geht nicht ohne eine Schießerei ab. Nach dem Feuerschlag stürmen wir auf den Tunneleingang zu, der Posten ist so überrascht, daß er keinen Alarm geben kann und türmt. Er war oberhalb vom Eingang aufgestellt. Wir leuchten den Innenraum ab und dringen etwa 40 m ein, dabei stellen wir fest, daß die Decke des Tunnels eingestürzt und die Durchfahrt blockiert ist. Hiermit war der Auftrag des Stoßtrupps erfüllt und wir treten gleich den Rückmarsch an, entlang der Straße in Richtung nach Mojstrana. Auf der Straße kommt uns ein Pkw entgegen, den wir anhalten, um die Insassen gefangenzunehmen. Ohne weitere Zwischenfälle erreichen wir unseren Ausgangspunkt unter großer körperlicher Anstrengung. Am Nachmittag des 9. 4. rücken wir ohne eigene Verluste in Rosenbach ein.

Bei Cilli in der Untersteiermark stoßen wir wieder auf unsere alte Einheit. Für dieses Stroßtruppunternehmen erhalten alle Teilnehmer das E.K. II. verliehen am 9. 4. 41. Die Auszeichnung wird in der Weilburg in Baden bei Wien nach den Einsätzen in Jugoslawien in feierlicher Form überreicht.“ [25]

Der Schwerpunkt der BRANDENBURGER Einsätze liegt im südlichen Teil Bulgariens, im Grenzbereich zu Griechenland und Jugoslawien. Aus der Meldung des Verbindungs-Stabes (V.St.) des II./Lehrregiment „Brandenburg“ zbV 800 vom 12. 4. 1941 über die Einsätze der 8. Kompanie ragt vor allem das Unternehmen „Vardar-Brücke“ (Axios-Brücke) unter Führung des Oblt. Grabert heraus.

Aber auch für die anderen Unternehmen der BRANDENBURGER zeigt er mehr Einzelheiten:

12. 4. 1941

Rittmeister Jacobi (V.St. des Lehrregiments bei AOK 12) meldete durch Fernschreiben über den Einsatz „Alex“, daß folgende Schutzaufträge durchgeführt wurden:

1. Grenzbrücke bei Kulma (Feldw. Kirchner).
2. Griechisches Wachpostenhaus Nr. 150 (Lt. Lange).

3. Straßen- und Eisenbahnbrücke über Chodsia ostwärts Akrolinmion (Doiran See) (Feldwebel Wagner)
4. Brücke über Strumica 2 km westl. Bulg. Jugoslw. Grenze (Uffz. Hass).
5. Vardarbrücke westl. Axioupolis (Lt. Grabert). Besonders großer Erfolg.
6. Gallikos Brücke südwestl. Kriston (Hauptm. Buchler).
7. Sehr erfolgreiches Spähtruppunternehmen in Tarnkleidung (Lt. Hein).
Eingehende Berichte mit Kurier unterwegs.
Verluste: 3 tot, 2 verwundet, 1 Vermißter.[26]

Der Fluß „Vardar" (anders: Axios), Trennungslinie Mazedoniens zum übrigen Griechenland, hat bis zur Bucht von Saloniki nur zwei Straßenübergänge von Ost nach West. Daher ist die nördliche Brücke für den deutschen Vormarsch nach Mittelgriechenland von so besonderer Bedeutung.
Teile der 8. Kompanie unter Oblt. Grabert werden in jugoslawischen Uniformen vor den Spitzen der Vorausabteilung angesetzt. Auftrag: Auf zwei LKW verlastet, durch einen Pz.Späh-Trupp der 2. Pz.Div., dieser zugleich als Entsatz, verstärkt, den Übergang über den „Vardar" bei Axioupolis im Handstreich nehmen und für die nachfolgenden Verbände offenhalten (eine 300 bis 400 Meter lange Holzbrücke).
Nach Überschreiten der bulgarisch-jugoslawischen Grenze gelingt es dem Kdo.-Trupp, sich in die jugoslawischen Fluchtkolonnen einzufädeln. Weit abgesetzt folgt der deutsche Pz.Sprähtrupp. Innerhalb dieser Fluchtbewegung überschreiten die beiden Lastkraftwagen mit Graberts Leuten die jugoslawisch-griechische Grenze und erreichen auf diese Weise, von Polykastron kommend, den Vardar-Übergang gegenüber Axioupolis. Einige jugoslawische Flüchtlinge springen unterwegs mit auf die LKW auf, um schneller zurückzugelangen. Sie werden bereitwillig aufgenommen. Bis zur Brücke keine wesentlichen Zwischenfälle, jedoch auf der Brücke kurzer Stopp, da ein anderer entgegenkommender Lastwagen erst „umgesetzt" werden muß. Panikstimmung bei den zurückflutenden Kolonnen, weil der nachfolgende deutsche Pz.-Spähtrupp von weitem das Feuer eröffnet.
Am Westufer des Flusses wird ein britischer Pz.Spähtrupp erkennbar, der die Sprengung der Brücke vorbereitet. Oblt. Grabert stößt mit einigen Männern über die Brücke vor, springt auf die Briten zu und zwingt sie zur Aufgabe. Dabei setzt sich ein zweiter britischer Wagen noch rechtzeitig ab, als er durch den am Ostufer verbliebenen deutschen Pz.Spähtrupp beschossen wird. Doch durch das schnelle Eingreifen der Männer Graberts bleibt

die Brücke unversehrt in deutscher Hand und wird für die nachfolgenden Verbände zur Hauptvormarschstraße.
Aufgrund der strategischen Bedeutung des Objektes und der persönlichen Tapferkeit und Entschlossenheit erhält Oblt. Grabert das Ritterkreuz.
Bereits am 9. 4. 1941 stehen Spitzen der 2. Pz.Div. vor Saloniki, der Widerstand der Griechen beginnt zu bröckeln. Hoch im Norden sind die Vorausabteilungen der 2. Armee (v. Weichs) im zügigen Vormarsch nach Kroatien hinein, erstes Ziel Agram. Hier sind es Teile der 5. Kompanie, die über Cilli—Samobor nach Agram vorstoßen. Ein stärkerer Kdo.-Trupp mit dem „Jägerzug Hettinger" bricht in überholendem Einsatz, vorbei an flüchtenden serbischen Truppeneinheiten, nach Südwesten vor und marschiert quer durch Kroatien in Richtung Karlovac (12. April 1941). Von hier wird zur Verbindungaufnahme mit aus Albanien nach Nordost vorstoßenden italienischen Truppen ein kampfstarker Fernspähtrupp über Stupika—Delmice bis zur Adria-Küste vorgetrieben; Fiume wird erreicht.
Am 14. April erste Gefechtsberührung mit den britischen Invasionstruppen. Bereits einen Tag später (15. 4.) treten diese den Rückzug zu den Einschiffungshäfen an. Nur in den Bergen beiderseits des Olymp, auf halbem Wege von Saloniki nach Athen, verteidigen sich neuseeländische Truppen erbittert, um den britischen Rückzug zu decken. Am 17. 4. 1941 Kapitulation der jugoslawischen Streitkräfte. Hier ein Teilnehmerbericht:

„Am Olymp haben die Briten eine starke Riegelstellung ausgebaut, mit Hindernissen, Erdbunkern und Feldbefestigungen aller Art. Die Stellungen sperren die Hauptstraße und ziehen sich beiderseits weit in das gebirgige Gelände hinein. Von der Spitzengruppe wird eine Pionierkompanie angesetzt, um die Stellung links zu umgehen und dem Gegner in die hohe Flanke zu stoßen. Dieser Kompanie wird ein kampfstarker Spähtrupp der 8. Kompanie als Vorausspitze in britischen Uniformen zugeteilt. Der Einsatz startet in den Abendstunden. Die ganze Nacht führt der getarnte Spähtrupp, übrigens mit Kletterschuhen, die Kompanie zügig voran, umgeht einzelne Hütten und verdächtige Feuer, jedoch erfolgt keinerlei Berührung mit Zivilbevölkerung oder Feind. Die Pionierkompanie ist aber offensichtlich den Strapazen eines nächtlichen Gebirgsmarsches in unwegsamem Gelände nicht recht gewachsen. Die Zeitplanung kann nicht eingehalten werden. Zu Angriffsbeginn befindet sich die Kompanie noch etwa 5 km von der geplanten Umgehungs- bzw. Einbruchstelle entfernt. Der Spähtruppführer der 8. Kompanie entschließt sich, allein weiter vorzugehen und Aufklärung zu betreiben. Der Kompanieführer der Pioniere mit etwa 10 Mann folgt. Die Gruppe erreicht eine vollständig ausgebaute Stellung der Briten mit Erdbunkern, ausgehauenem Schußfeld in einer Tiefe von 200 m und Stacheldrahtverhau davor. Der Spähtruppführer der 8. Kompanie entscheidet sich, durch den Stacheldraht zu gehen und in seiner Tarnung als britischer Spähtrupp die Möglichkeiten eines Einsatzes für die Kompanie zu erkunden. Der Spähtrupp dringt ein und läuft etwa 20 Minuten lang in dem Stellungssystem der Engländer herum. Dabei bemerken die BRANDENBURGER, daß ihnen aus 2 Erdbunkern die MG-Läufe folgen. Sie gehen unauffällig an den Stacheldraht zurück. Als sie ein Arbeitskommando im Vorfeld auf englisch anrufen, eröffnen die Briten das Feuer, und die MG-Garben zischen über die BRANDENBURGER hinweg und zwischen ihnen hindurch. Ein Hechtsprung über den Stacheldraht rettet die sieben Männer. Nach einem 10-minütigen Feuergefecht zusammen mit den Pionieren lösen sie sich vom Gegner, und der Pionier-Kompanieführer entschließt sich, zu seiner Kompanie und mit dieser an den Ausgangspunkt zurückzukehren. Inzwischen ist der Angriff der Hauptkräfte an der Hauptstraße seit über 2 Stunden im Gange.

Später werden Dokumente der Briten erbeutet, aus denen hervorgeht, daß man mit dem Einsatz von Fallschirmjägern in britischer Uniform gerechnet hat. Deshalb waren für Spähtrupps außerhalb der eigenen Linie bestimmte Erkennungszeichen befohlen: ein aus Konservenbüchsen geschnittenes Stück Weißblech an der linken Brusttasche zu tragen und eine Armbinde an dem rechten Oberarm zu tragen. Obwohl die Tarnung einschließlich englischem Stahlhelm komplett war, so hatten doch die BRANDENBURGER diese Erkennungszeichen nicht aufweisen können.“ [27]

Teile des II. Bataillons unter Rittm. Dr. Jacobi sind in der Spitzengruppe der an der Küste vorstoßenden Verbände und gewinnen am 20. 4. den Raum nördlich Lamia. Sie stehen damit bereits im Rücken der britischen Verbände, die verzweifelt versuchen, über den griechischen Hafen Volos und von der Insel Euboia über See davonzukommen.

Zugleich ist mit diesem geschickten Zug die Umgehung des Thermopylen-Passes gelungen, der von der folgenden Gebirgsdivision rechts liegen gelassen wird. In den Morgenstunden des 24. 4. 1941 gelingt es den BRANDENBURGERN, auf Booten und Fähren zur Insel Euboia überzusetzen und in die Inselstadt Chalkis einzudringen. Keine Feindberührung, nur fliehende Briten. Die Griechen haben sich versteckt.
Rittmeister Jacobi wartet nicht ab, sondern stößt sofort von Chalkis her

auf das Festland vor und erreicht als erster am 27. 4. Athen. Auf der Akropolis wird die Reichskriegsflagge gehißt.
Die Einsätze (= Züge) der 8. Kompanie werden von Athen aus 8—14 Tage lang zu verschiedenen Objektschutzaufgaben eingeteilt. So schützt z. B. ein Einsatz die Trinkwasserversorgung für Athen, den sogenannten Marathon-Stausee. Eine weitere Gruppe der BRANDENBURGER aus dem II. Bataillon stößt unmittelbar zum Golf von Korinth vor, um eine Sprengung des Kanals am Isthmus zu verhindern. Dort treffen sie mit gleichzeitig aus der Luft abgesetzten Fallschirmjägern zusammen, die ähnliche Aufgaben haben. In der Ferne beobachten sie das fluchtartige Verlassen Griechenlands durch die letzten Teile der britischen Invasionstruppen. In vier Häfen ostwärts Athen werden sie ebenso eingeschifft wie in Nauplia und weiter südlich auf dem Peloponnes. Britische Zerstörer fahren unter den Bomben deutscher Kampfflugzeuge gefährlich nahe an das Land heran, britische Soldaten suchen schwimmend die Planken der Schiffe zu erreichen. Andere versuchen ihr Glück mit eiligst beschafften griechischen Fischerbooten. Sunderland-Flugboote der Briten, von Kreta eingeflogen, wassern in den Buchten und können jeweils etwa 90 Mann aufnehmen.
Am 30. 4. 1941 wird die Besetzung des griechischen Festlandes einschließlich des Peloponnes durch deutsche, italienische und bulgarische Truppen abgeschlossen. Insgesamt werden 223 000 griechische und 21 900 britische Kriegsgefangene eingebracht. Die deutschen Verluste im Balkanfeldzug betragen 2559 Tote, 5820 Verwundete und 3169 Vermißte.
Der britische Heeresbericht vom 1. Mai 1941 aus Kairo meldet dazu:

> „Der Feind hatte durch den Einsatz weit überlegener Kräfte völlige Luftherrschaft erzielt und durch wiederholte Angriffe den Piräus, den einzig verfügbaren guten Hafen, unbrauchbar gemacht. Demzufolge mußte die Wiedereinschiffung am offenen Gestade unter dauerndem Druck des Feindes zu Land und schweren, wiederholten Luftangriffen vor sich gehen. ... Nachhuten, die diesen Rückzug decken, werden sich vielleicht opfern müssen, um die Wiedereinschiffung anderer Truppen zu sichern.“ [28]

Bereits am Abend des 30. April 1941 kommen die Teile der 5. Kompanie in ihren Standort Bad Vöslau zurück. Desgleichen folgt die 7. Kompanie in ihren Unterbringungsraum; die bis weit südlich Athen vorgedrungenen Teile der 8. Kompanie — jetzt unter Führung des Oblt. Grabert — sowie der Stab des II. Bataillons folgen einige Tage später. Nur die 6. Kompanie unter Oblt. Meissner verbleibt weiterhin im Raum Ploesti/Rumänien und wird auch nicht in ihren alten Unterbringungsraum südlich Wien zurückkehren.

Dieses Zwischenspiel „Marita“ hat für die BRANDENBURGER, und hier besonders das II. Bataillon, große Erfolge gebracht, das Selbstbewußtsein der Männer gefestigt und den Ruf der Truppe innerhalb der höheren Kommandostellen außerordentlich gestärkt.

Unternehmen BARBAROSSA — Ostfront 1941

Erstmals offenbart Hitler seine Gedanken über die Möglichkeit eines Krieges gegen die Sowjetunion um den 21./22. Juli 1940 [1], u. a. gegenüber dem Oberbefehlshaber des Heeres, Generalfeldmarschall von Brauchitsch und seinem Chef des Generalstabes, Generaloberst Halder. Im Generalstab des Heeres (GenStH) entstehen erste Operationspläne, die jedoch über Denkmodelle nicht hinausgehen.
Ziel der Überlegungen Hitlers ist die [2] „... indirekte Bekämpfung Englands, die Vernichtung des Bolschewismus — damit zugleich die Ausschaltung des ideologischen Gegners und erpresserischen Konkurrenten —, die Gewinnung von ‚Lebensraum' im Osten mit den notwendigen Rohstoffvorkommen und die Beendigung des Krieges (allgemein rechnete die deutsche Wehrmacht mit einem Feldzug von 3—5 Monaten), bevor die USA in den Konflikt auf dem europäischen Kontinent eingreifen können. ..." Dabei deutet Hitler an, daß ein [3] „... gewisser Raumgewinn im Osten allein nicht genüge, der russische Staat müsse vielmehr ‚schwer zerschlagen' und mehrere Teilreiche — wie Ukraine, Baltischer Staatenbund und Weißrußland — gebildet werden. Der Ostfeldzug würde seinen Abschluß mit dem Erreichen etwa an der Wolga finden. ... Es würden alsdann neue Pufferstaaten (Ukraine, Weißrußland, Litauen, Lettland) errichtet und Rumänien, das Generalgouvernement und Finnland vergrößert werden; etwa 60 Divisionen müßten im Osten verbleiben. ..."
Erste vage Anzeichen für die Sowjets über die Absichten Hitlers zeigen sich in der Registrierung des russischen NKGB Ende Juli 1940 [4], der deutsche Gen.Stab habe das Verkehrsministerium um Angaben über die Leistungsfähigkeit der Eisenbahn für Truppentransporte von West nach Ost gebeten ...
Am 18. November 1940 geht die erste Meldung des Ostspions Sorge von Japan nach Moskau ab. [5]
Am 29. Nov. 1940 findet ein Planspiel des OKH für den Ostfeldzug unter Leitung von Generalleutnant Paulus, Oberquartiermeister I im GenStH statt.
Am 18. Dezember 1940 unterzeichnet Hitler die Weisung Nr. 21 (Fall Barbarossa), die vorsieht, [6]
„... die im westlichen Rußland aufmarschierten Streitkräfte des Gegners unter Vortreiben starker Panzer-Keile einzukesseln und zu vernichten, um

schließlich eine Abwehrlinie zu erreichen, aus der die sowjetische Luftwaffe dem deutschen Reichsgebiet nicht mehr gefährlich werden kann."
Im Endergebnis sollte das asiatische vom europäischen Rußland etwa auf der allgemeinen Linie Wolga—Archangelsk abgeriegelt werden. Trotz der Verschiebung der Offensive um 5—6 Wochen durch den Balkanfeldzug hoffte Hitler, noch vor Ausbruch des Winters Moskau und das Donezbecken erobern zu können. Nach Schätzungen der Abteilung Fremde Heere Ost (OKH) umfaßte die Rote Armee damals 158 kampfstarke Verbände, denen 153 deutsche Divisionen sowie zusätzlich rund 40 Divisionen der Verbündeten gegenüberstanden. [7]
Bereits am 29. Dezember 1940 verfügt der sowjetische Geheimdienst über den Inhalt der wichtigsten Pläne für den Angriff gegen die Sowjetunion: Am 31. Januar 1941 ist die erste Aufmarsch-Anweisung des OKH für „Barbarossa" fertiggestellt. [8]
Am 5. Juni 1941 genehmigt Hitler eine „Zeittafel Barbarossa", die die letzten Vorbereitungen für den Angriff festlegt. [9]
Am 10. Juni 1941 beginnt der Aufmarsch der fliegenden Verbände der deutschen Luftwaffe für den Ostfeldzug. [10]
Am 17. Juni 1941 erteilt Hitler den endgültigen Befehl zum Beginn des Unternehmens „Barbarossa" für den 22. Juni — 03.00 Uhr. [11]
Überzeugt von der Überlegenheit der deutschen Wehrmacht geht auch das Heer im Juni 1941 voller Optimismus in den Kampf.
Vor Ausbruch der Feindseligkeiten am 22. 6. 1941 hatte das OKW noch eine als Arbeitsgrundlage dienende strategische Weisung herausgegeben, in der es die Aufgaben der Wehrmacht nach Niederwerfung der Sowjetunion umriß (Weisung Nr. 32). Darin heißt es u. a.:
„Hitler wollte nichts geringeres, als im Anschluß an den Sieg im Osten im Jahre 1942 die britische Weltmachtstellung im Mittelmeer durch eine weitausholende dreifache Zangenoperation zu Lande zum Einsturz zu bringen. 60 Divisionen hatten den „Ostwall" (Archangelsk—Wolga) zu halten; ein Stoßarm sollte von Lybien über Ägypten nach Syrien vorbrechen, ein zweiter über Bulgarien unter möglicher Einbeziehung der Türkei und ein dritter über den Kaukasus durch den Iran, um im konzentrischen Angriff die britischen Positionen auszuschalten."
Diese weltweite Konzeption findet ihren Niederschlag in den bevorstehenden Einsätzen von BRANDENBURGER Einheiten. Doch vor dem Erfolg steht die Vorbereitung der Bereitstellung des Lehrregiments „Brandenburg" für den Einsatz im Osten.
Während der Einmarsch der Armeen in die Bereitstellungsräume in verstärktem Maße erst nach Beendigung des Unternehmens „Marita" einsetzt,

liegt die Masse der BRANDENBURG-Verbände wieder in ihren Standorten in Brandenburg, Baden bei Wien und Düren.

HGr. Nord

OB: GFM v. Leeb
GFM v. Küchler (16. 2. 42)
Chef Genst.: Gen. Brennecke
I a: Oberstlt. i. G. Herrmann

- 18. Armee (v. Küchler)
  - XXVI. (Wodrig)
  - I. (v. Both)
  - XXXVIII. (v. Chappuis)
- Pz.Gr. 4 (Hoepner)
  - LVI. (v. Manstein)
  - XXXXI. (Reinhardt)
- 16. Armee (Busch)
  - II. (v. Brockdorff)
  - XXVIII. (Wiktorin)
  - X. (Hansen)

OKH Reserve

2. Armee (v. Weichs)

HGr. Mitte

OB: GFM v. Bock
GFM v. Kluge (18. 12. 41)
Chef Genst.: Gen. v. Greiffenberg
I a: Oberstlt. i. G. v. Tresckow

- 4. Armee (v. Kluge)
  - XIII. (Felber)
  - VII. (Fahrmbacher)
  - IX. (Geyer)
  - XXXXIII. (Heinrich)
- Pz.Gr. 2 (Guderian)
  - XXXXVI. (v. Vietinghoff)
  - XXXXVII. (Lemelsen)
  - XII. (Schroth)
  - XXIV. (v. Geyr)
- 9. Armee (Strauß)
  - VIII. (Heitz)
  - XX. (Materna)
  - XXXXII. (Kuntze)
- Pz.Gr. 3 (Hoth)
  - XXXIX. (Schmidt)
  - VI. (Förster)
  - V. (Ruoff)
  - LVII. (Kuntzen)

HGr. Süd

OB: GFM v. Rundstedt
GFM v. Reichenau (3. 12. 41)
Chef Genst.: Gen. v. Sodenstern
I a: Oberstlt. i. G. Winter

- 17. Armee (v. Stülpnagel)
  - IV. (v. Schwedler)
  - XXXXIX. (Kübler)
  - LII. (v. Briesen)
- 11. Armee (v. Schobert)
  - XI. (v. Kortzfleisch)
  - XXX. (v. Salmuth)
  - LIV. (Hansen)
- 6. Armee (v. Reichenau)
  - XVII. (Kienitz)
  - XXXXIV. (Koch)
  - LV. (Vierow)
- Pz.Gr. 1 (v. Kleist)
  - III. (v. Mackensen)
  - XXIX. (v. Obstfelder)
  - XXXXVIII. (Kempff) [12]

*)

*) vgl. — KTB/OKW, WFSt., Band I — S. 119/120 F

Die Verbindungsoffiziere (V.O.) der BRANDENBURGER zu den in Bildung begriffenen Kommandostellen der drei Heeresgruppen Nord, Mitte und Süd erwarten noch die Einsatzbefehle für die Kdo.-Einheiten.
Je nach Wichtigkeit der einzelnen Objekte und nach der Schwerpunktbildung der Angriffsverbände, die sich für den Norden und den Nordteil des Mittelabschnittes abzeichnet, werden die aus den vergangenen Einsätzen erfahrensten BRANDENBURGER Einheiten und Kommandoführer herangezogen. Die Frage der Zugehörigkeit zu einem der BRANDENBURGER Bataillone und dessen vorgesehene Einsatzrichtung spielen dabei eine zweitrangige Rolle. Die Vielfältigkeit der Einsatzmöglichkeiten der BRANDENBURGER und die ständigen Anforderungen der Abwehr für Sonderunternehmen lassen allerdings einen Teil der BRANDENBURGER nicht verfügbar stehen.

So ergibt sich Mitte Mai 1941 folgende Lage bei den Bataillonen des Lehrregiments „Brandenburg“ zbV 800:

Standort Brandenburg, I. Btl.:	1. Kp. — mit Stabs-Kp. — zusammengelegt zur V-Kp. (Sammelbecken) verbleibt in Brandenburg, neue 1. Kp. im Aufbau.
	2. Kp. / 3. Kp. } Bereitstellung geschlossen
	4. Kp. (ohne FS-Zug Lütke) } für Einsatz Ost
Standort Baden b. Wien, II. Btl.:	5. Kp. — davon Teile im Einsatz: Schutz Donauwasserwege, Restteile verbleiben im Raum Baden b. Wien.
	6. Kp. in Rumänien — Schutz der Ölfelder Ploesti; soll sich bereithalten, bei Unterstellung unter 22. Luftlande-Div. dem Angriff deutsch-rumän. Verbände nach Südosten zu folgen.
	7. und 8. Kp. verlegen mit Masse in das nördliche Ostpreußen.
Standort Düren, III. Btl.:	9. Kp. noch in Aufstellung begriffen, soll erst im Spätsommer für Ost-Einsatz verfügbar stehen;
	10. Kp. Bereitstellung für Kdo.-Unternehmen in Ostpreußen;

	11. Kp. wird ausgegliedert zum So.-Verband Felmy;
	12. Kp. von Baden b. Wien Rückverlegung nach Düren, Einsatz für den Osten vorgesehen.
Regiments-Einheiten:	13. Kp. — Umgliederung zur „Tropen-Kp.“ (Afrika);
	14. (Ergänz.)Kp. als Ausb.Kp. für II. Btl.;
	15. (lei)Kp. — Umgliederung in „Finnland“-Kp.;
	16. Kp. — Aufstellung in Düren — zum kombin. Luft-/Wasser-Einsatz gegen Insel Oesel;
	17. Kp. — in Aufstellung, anschl. Umbenennung in 1./Lehrregiment „Brandenburg“ zbV 800.

Die Eigenart der BRANDENBURG-Einsätze machen es notwendig, daß im festgefügten System der Wehrmachtstruktur die Kommandostellen frühzeitig über Termin, Ort und Einsatzart der BRANDENBURGER orientiert sind. Die wiederholt in Halb- und Volltarnung durchzuführenden Unternehmen verlangen von der nachfolgenden Truppe den Entsatz zum festgelegten Zeitpunkt am Objekt, das frühzeitige Erkennen der eigenen zbV-Soldaten und die eingehende Betreuung und Versorgung der Kommandos, sowie die schnelle Rückführung nach Abschluß des Einsatzes. Der Verbindungsoffizier (V.O.) der BRANDENBURGER ist dabei der Mittelsmann zwischen Kommandostelle und eingesetzter zbV-Einheit.

Die Erwartung des Oberkommandos der Wehrmacht auf einen schnellen Durchbruch und Vormarsch des linken Flügels der Heeresgruppe Nord aus Ostpreußen heraus führt zu ersten Verlegungen von BRANDENBURGERN in die grenznahen Räume. Diese sind dort dem Hptm. Walther, der zugleich V.O. ist, unterstellt. Aus Neuhaus im Wiener Wald kommend, wird die 8. Kompanie unter Führung von Oblt. Grabert im Eiltransport nach Tilsit gebracht, wo sie nahe der Grenze, gegenüber Tauroggen, unterzieht.

Weil Grabert in der Nacht zuvor durch Unfallverletzung ausfällt, trifft um den 20. Juni 1941 auf Weisung Abwehr II der Oblt. Knaak ein und übernimmt die Führung der 8. Kompanie. Für diese sind, nicht gleich mit Angriffsbeginn, sondern erst im Verlaufe des Vormarsches, vier Einsätze vorgesehen.

Die 7. Kompanie mit Halb-Kp. Lt. Pfannenstiel ist für Einsätze im Bereich des I. Korps bei der 18. Armee eingeteilt.
Die 10. Kompanie vom III. Bataillon unter Oblt. Aretz verlegt am 10. Juni 1941 per Eisenbahntransport von Düren nach Ostpreußen und bezieht Quartier in Schönwalde westlich Allenstein. Hier hält sie sich bereit und erwartet ihre Einsatzbefehle, die am 18. Juni eintreffen. Sie zielen darauf ab, aus dem Suwalki-Zipfel (anders: Sudauen) antretend, über Augustowo entlang der Straße nach Grodno Straßen- und Eisenbahn-Brücken unversehrt in Besitz zu nehmen. Die Führer der beiden Halb-Kompanien, Lt. Kriegsheim und Lt. Kohlmeyer, erhalten Einweisung ihres Chefs nach dessen Rückkehr von der Abw.Außenstelle am Stadtrand Suwalki. Die Vielzahl der Objekte im Angriffsstreifen der 12. Pz.Div. zwingt zur Zusammenstellung zahlreicher Kommando-Trupps bis zum Rückgriff auf die „Kommandierten", wie Spieß, Fourier, Waffenmeister und LKW-Fahrer.
Die 12. Kompanie unter Oblt. Schader, die seit Mitte April 1941 in Vöslau im Unterbringungsraum des II. Btl. liegt, wird um den 8. Juni abgerufen und an die Demarkationslinie in die Gegend Modlyn verlegt. Für sie ist ein Nachteinsatz gegen eine kombinierte Eisenbahn-/Straßenbrücke über den „Bug" vorgesehen, um einer Inf.-Division den Übergang freizumachen.
Vom I. Bataillon aus Brandenburg wird — und das völlig getrennt von der eigentlichen Einheit — der Fallschirmjägerzug Lt. Lütke mitten aus einem Sprunglehrgang heraus alarmiert. Nach Empfang der Einsatzausrüstung und Verladen der Waffenbehälter ist der Zug schon in wenigen Stunden auf dem Mot-Marsch in Richtung Ostpreußen. Erstes Ziel ist die Stadt Suwalki. Dort Verbindungsaufnahme mit der Division, der sie für den Sondereinsatz zugeteilt ist. Hier erfahren die BRANDENBURGER Fallschirmjäger, daß der Zug Lütke im Sprungeinsatz eine wichtige Brücke im grenznahen Bereich in Besitz nehmen soll. Es ist der erste BRANDENBURG-Einsatz aus der Luft gegen ein Objekt.
Im Angriffsstreifen der Heeresgruppe Süd wird das I. Bataillon mit 2. bis 4. Kompanie aus Brandenburg bereitgestellt. Major Heinz, der Kommandeur, hatte schon Tage zuvor mit der Abwehrstelle Krakau die Verlegung und die voraussichtlichen Einsatzziele besprochen; V.O. in Krakau ist Lt. Dlab. Während die 1. Kompanie unter Hptm. Vatter in Brandenburg verbleibt, verlegen die anderen Kompanien des I. Btl. am 28. 5. 1941 zunächst nach Zakopane/Hohe Tatra. Dort stößt bei gleichzeitiger Unterstellung das „Legionär-Btl. Nachtigall" mit 2 Kompanien unter Oblt. Herzner und Oblt. Oberländer dazu. Hier in und um Zakopane, wo sich das verstärkte I. Bataillon bis 15. Juni 1941 auf den bevorstehenden Einsatz vorbereitet, werden erste Einzelheiten über die Verwendung bekannt. Danach soll Major

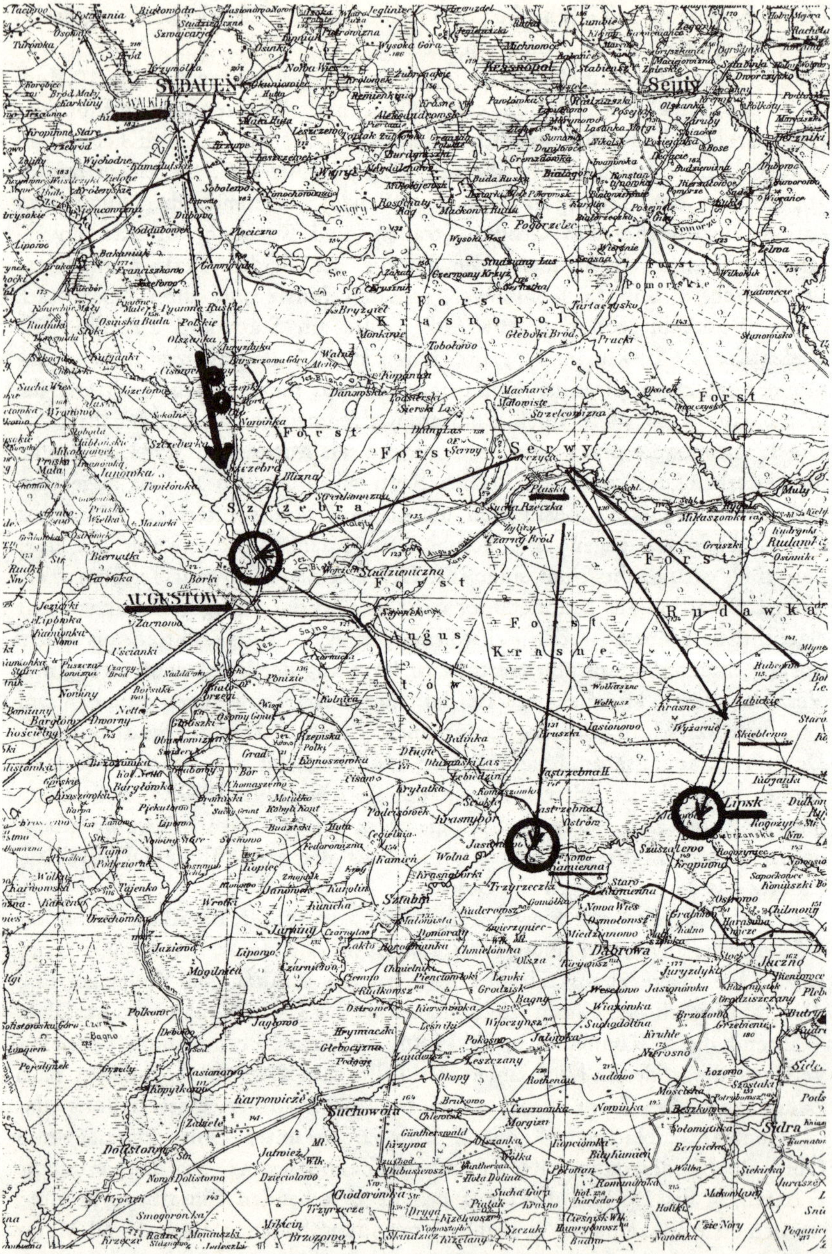
SUDAUEN
Sejny
Krasnopol
Forst
Serwy
Płaska
Szczebra
AUGUSTÓW
Rudawka
Lipsk
Dąbrowa
Suchowola
Sidra
Sztabin
Jastrzębna
Krasne

Heinz mit 2. und 4. Kp. und dem unterstellten „Leg.Btl. Nachtigall" bis 20. Juni 1941 nach Przemysl vorziehen und sich mit Angriffsbeginn für einen Einsatz bei Lemberg bereithalten. Die 3. Kompanie unter Oblt. John verlegt unter dem Tarnnamen „Sturm-Kompanie Schulze" in den Bereitstellungsraum des III. Pz.Korps von Mackensen und hält sich dort im Streifen der 6. Armee für einen Einsatz am Bug bereit.
Vom II. Bataillon, das die 7. und 8. Kompanie nach Ostpreußen abgegeben hat, sind Teile weiter in ihrem Standort verblieben.
Die 6. Kompanie unter Oblt. Meissner im Raum Ploesti/Rumänien hält sich für Sonderaufgaben zum Einsatz nach Südosten bereit.
48 Stunden vor Angriffsbeginn „Barbarossa" verlegt die Masse der 10. Kompanie unter Oblt. Aretz in den Wald nördl. Plaska. Nur wenige Kilometer weiter verläuft die Demarkationslinie, die hier wie vor Augustowo durch einen Bach, die „Augustowski", gegenüber dem sowjetisch besetzten Gebiet Polens gebildet wird. Auf der Gegenseite ist es totenstill, es rührt sich nichts. Der Wald beidseits des versumpften Wasserlaufs deckt jede Bewegung. Auf deutscher Seite gibt es nur schwache Sicherungen. Der Schwerpunkt der bereitgestellten motorisierten Angriffsspitzen steht an den Straßen und Übergängen nördl. der Stadt Augustowo. Das karten- und luftbildmäßig erkennbare Waldgelände beiderseits der Straße nach Grodno läßt keine andere Wahl.
Entscheidend bleibt die Aufgabe, die Straßen- und Eisenbahnbrücken gerade dieser festgelegten Vormarschstraße auf Grodno unversehrt in die Hand zu bekommen — mit jedem Mittel. Jeder zerstörte oder unbrauchbar gemachte Übergang stoppt zwangsläufig den Vormarsch, jede nur stundenweise Verzögerung gibt dem Gegner erneut Gelegenheit, Widerstandslinien aufzubauen. Das muß verhindert werden. Zahlreiche Trupps der 10. Kompanie rücken in der Abenddämmerung des 21. Juni 1941 in die zuvor erkundeten Ausgangsstellungen ein.
Einer der ersten, der sich fertigmacht, ist der „Trupp Lt. König" mit 12 Mann, dem eine Doppelaufgabe zufällt: Den versumpften Grenzbach so rechtzeitig zu überqueren, daß noch vor Morgengrauen des 22. Juni die Eisenbahn-Brücke nördlich Augustowo unversehrt in eigene Hand kommt. Nur sie kann den Übergang durch die Seenenge garantieren. Die parallel verlaufende Straße ist vermint, die Straßenbrücke von Feindseite einzusehen und zur Sprengung vorbereitet. Wir lesen hier den Einsatzbericht:

„Zur gleichen Zeit kroch Lt. König mit zwölf Mann der Kompanie durch den deutschen Drahtverhau. Er sollte die Eisenbahnbrücke nach Augustowo besetzen und halten. Die Grenze nach Rußland bildete dort ein Bach, an dem die Russen den Bohlenbelag der vielen kleinen Holzbrücken abgetragen hatten. Es ragten nur noch die Pfähle aus dem Wasser. Die BRANDENBURGER führten einige Bretter mit sich und legten sie auf die Stumpen. Gefreiter R.**), der ausgezeichnet russisch sprach, kroch zunächst allein hinüber, während die übrigen Männer noch warteten. Die Minuten verstrichen quälend. Die Dunkelheit hatte R. verschluckt, es war nichts zu sehen und zu hören. Ohne das verabredete Zeichen wollte Leutnant G.*) nicht folgen. Da drang ein gurgelnder und röchelnder Laut durch die Nebelschwaden. Danach herrschte Totenstille. Jetzt wurde es zur Gewißheit, daß R. den Russen in die Hände gefallen war. Leutnant G.*) entschloß sich daraufhin, den Feuerschlag der Artillerie um 3.05 Uhr abzuwarten.

3.06 Uhr rutschte die Gruppe auf den Brettern, die R. gelegt hatte, über den Bach. Nur wenige Schritte vom jenseitigen Ufer stießen sie auf R., der sich freiwillig für diesen Einsatz gemeldet hatte und nun seinen Wagemut mit dem Leben bezahlen mußte. Er trug noch die sowjetische Uniform und war einem russischen Posten vermutlich gerade in die Hände gelaufen, der im dichten Ufergestrüpp nicht zu erkennen war. An dem Platz zeigten sich keine Kampfspuren. Daraus war zu schließen, daß der Russe ihn vorbeiließ und ihn dann hinterrücks ansprang und erwürgte. —

Ungehindert kamen die BRANDENBURGER nun in die russische Rückzugsbewegung hinein und an ihre befohlene Brücke. In dem allgemeinen Durcheinander fielen den Russen weder die neuen Uniformen noch die deutschen Waffen auf. Die Eisenbahnbrücke selbst war unbewacht, aber zur Sprengung vorbereitet. Es war das Werk weniger Minuten, die Zündleitungen durchzuschneiden und die Sprengstoffkisten über das Geländer zu werfen. Jetzt erst setzte vom Ostufer heftiges Feuer ein. Lt. König fiel als erster, aber die Brücke konnte dennoch gehalten werden, bis die deutsche Infanteriespitze heran war.« [13]

Aus dem Waldgebiet bei Plaska starten von der 10. Kompanie weitere drei Trupps sternförmig nach Südosten. Ziel für alle ist der „Bobr", der sich in seiner versumpften Niederung geradezu als Abwehrbarriere für den sowjetischen Verteidiger anbietet. Zahlreiche Übergangsstellen sind in überraschendem Einsatz zu nehmen, ihre Unversehrtheit ist für den deutschen Vormarsch von großer Wichtigkeit.

Trupp Uffz. Zöller ist mit zwei Mann in der Dunkelheit unterwegs; die Straßenbrücke hart südlich Siolko in Richtung Grodno ist sein Ziel. Durch

---

*) Lt. G. ist Lt. König

**) Gefr. R. ist Gefr. Rau

übergeworfene sowjetische Uniformteile getarnt, schafft er den Übergang an dieser Stelle und die Sicherung der unversehrt gebliebenen Brücke. Eine Schießerei mit den überraschten Sowjets kurz vor Eintreffen der deutschen Infanteriespitzen kostet 2 Mann das Leben, nur Uffz. Zöller kommt mit dem Leben davon.

Trupp Feldw. Rennkamp mit 10 Mann ist auf dem Wege zu seinem Objekt, der Brücke bei dem Dorf Holynka. Auch hier gelingt das Überraschungsmoment durch Halbtarnung. Die Brücke ist in seiner Hand und wird gehalten. Kurz vor Eintreffen der deutschen Vorausabteilungen jedoch wird sie durch Fernzündung der Sprengladung noch zerstört.

Lt. Kriegsheim mit 2 Volksdeutschen und einem sprachenkundigen V-Mann, ebenfalls mit übergeworfenen Sowjetmänteln getarnt, jedoch mit deutschen Waffen versehen, hat als Ziel die Straßenbrücke über den „Bobr" hart südwestl. der Stadt Lipsk. Um dieses besonders gefährdete Ziel zu erreichen, muß er mit seinem Trupp zunächst in Richtung Dorf Skieblewo vorstoßen und von dort die stark befahrene Hauptstraße Augustowo—Grodno überschreiten. Nur von dort her läßt sich an die ca. 100 m lange Holzbrücke über den Flußlauf herankommen. Ein waghalsiges Unternehmen, das seinen Sinn nur in der besonderen Wichtigkeit dieses Übergangs für die nachfolgende Truppe finden kann.

Ein Kriegsberichterstatter verfaßte darüber folgenden Bericht:

„Im Osten zeichneten sich bereits die Baumgruppen gegen den ersten Schimmer des jungen Tages am Nachthimmel ab. Voraus ging der Pole als Wegführer. Leutnant Kriegsheim kontrollierte zwischendurch die Marschrichtung nach dem Kompaß. Sie stimmte. Die drei trauten dem Polen nicht recht, er hatte von Anfang an einen undurchsichtigen und verschlagenen Eindruck gemacht.

Plötzlich standen zwei Russen wie aus dem Erdboden gewachsen mit Gewehren im Hüftanschlag vor ihnen: „Stoj! Parol!" — „Astrachan! . . ." — „Njet! Nasatj! . . ." (Nein! Zurück.) — Die Deutschen wurden zusammengedrängt, ohne daß es eine Möglichkeit zur Flucht gab. Die Russen deuteten mit einer Handbewegung die Marschrichtung an, sagten schroff „Dawai" (Los!) und folgten in etwa drei Meter Abstand. Sie erließen es den Deutschen in den sowjetischen Uniformen, die Hände hochzunehmen, dennoch lief es den BRANDENBURGERN kalt über den Rücken, als sie auf der noch immer dunklen Straße dahinstolperten.

Was nun kommen mußte, war an den Fingern abzuzählen. Von ihren Waffen konnten sie keinen Gebrauch machen, denn vor 3.05 Uhr durfte kein Schuß fallen. Das war Armeebefehl! — Fieberhaft arbeiteten ihre Gedanken. Da tauchten die Umrisse eines Hauses auf. Bei Licht, das aus

den Fenstern fiel, mußte es den Russen auffallen, welche Bewandtnis es mit den Männern in der neuen Uniform hatte. Außerdem bestand der Verdacht, daß der Pole alles verraten würde. Noch konnten die Posten sie für russische Deserteure halten.
Der Leutnant zog vorsichtig und unbemerkt seine Pistole aus der Tasche, öffnete seine Uniform, damit seine feldgraue Bluse sichtbar wurde, drehte sich um und schoß auf den ersten Russen, während er mit der linken Hand seine russische Mütze vom Kopf riß. Der zweite Russe zog sofort aus der Hüfte den Abzugsbügel seines Gewehres durch, traf aber in den Boden. Leutnant Kriegsheim machte ihn kampfunfähig, noch bevor er einen zweiten Schuß lösen konnte.
Leuchtkugeln überall — —!
Schon beim ersten Knall gingen weiße Leuchtkugeln hoch, und Sekunden später war die Umgebung taghell erleuchtet. In langen Sätzen sprangen die BRANDENBURGER davon und verkrochen sich im Gestrüpp eines nahen Baches. Der Pole jammerte, daß nun die Russen mit Spürhunden kommen würden, um sie ausfindig zu machen. Es ereignete sich jedoch nichts. Trotzdem sahen die BRANDENBURGER jetzt keine Möglichkeit mehr, unbeobachtet nach Lipsk zu gelangen. Der gesamte Frontabschnitt war rebellisch geworden. Es schien das beste zu sein, den Artillerieschlag um 3.05 Uhr abzuwarten und dann zu handeln.
Genau 40 Minuten später wurde die deutsche Infanteriespitze sichtbar. Noch bevor sich die BRANDENBURGER zu erkennen geben konnten, wurde ihnen ihre erdbraune Uniform zum Verderben. Die ersten Feuerstöße der eigenen Truppe trafen den Polen. Kurz danach wurde auch der Gefreite Dietrichs verwundet. Leutnant Kriegsheim und der Gefreite Ebel schrien aus Leibeskräften: „Vöcklabruck! Vöcklabruck!" — Da erst näherte sich ein Leutnant der Infanterie, und Leutnant Kriegsheim fuhr ihn empört an: „Wir sind BRANDENBURGER! Wißt ihr denn nichts von unserem Sondereinsatz?" — Der Zugführer der Infanterie war völlig verdattert, die Aufregungen und Anspannungen der letzten Tage hatten ihn wohl etwas durcheinander gebracht. „Ja", wußte er nur zu erwidern, „wenn ihr mit diesen Uniformen kommt, müßt ihr mit allen Möglichkeiten rechnen!" —. — Sanitäts-Dienstgrade brachten die beiden Verwundeten sofort zurück, während vorn das Schützenfeuer aufflackerte. Als sie ihre Kameraden versorgt sahen, setzten sich Lt. Kriegsheim und der Gefreite Ebel in Richtung Lipsk ab. Es glückte ihnen, sich in die Kolonnen des russischen Rückzuges einzuschmuggeln und unerkannt mitzumarschieren. Von den deutschen Waffen, die sie trugen, nahm niemand Notiz. Unterwegs rief Ebel noch einen Doppelposten der

Rotarmisten an und ließ sich den Weg zur Brücke beschreiben. Dadurch konnten sie etwas von der kostbaren Zeit zurückgewinnen, die sie bis zum deutschen Feuerschlag in den Gebüschen hatten verbringen müssen. An der Brücke ging es wie in einem Tollhaus zu. Die Russen fluteten unaufhörlich darüber hin nach Osten. Da war wirklich nichts zu machen! Solange aber die Russen die Brücke zur Flucht benutzten, brauchten unsere Leute nichts zu befürchten. Zunächst klärten sie die Situation und stellten fest, inwieweit die Brücke für eine Sprengung vorbereitet war. Während die Russen in Zugstärke im Laufschritt über die Bohlen hasteten, suchten die beiden BRANDENBURGER nach Zündschnüren und geballten Ladungen. Selbst die Brückenpfeiler kontrollierten sie angesichts der feindlichen Soldaten, ja, sie trieben diese sogar noch zur Eile an. Da in der Nähe weder Benzinkanister noch Strohballen bereitlagen, um damit eventuell die Brücke abzubrennen, mußte damit gerechnet werden, daß das eigentliche Sprengkommando in den nächsten Minuten anrücken würde.

Nach bevor dieser Gedanke ausgetauscht werden konnte, erschien auf der anderen Seite ein starkes Kommando Russen. Ebel zählte. „Vierzig Mann!" flüsterte er seinem Leutnant zu. In Sekundenschnelle streiften beide ihre sowjetischen Uniformen ab und ließen die Russen auf 70 Meter herankommen. Jetzt erst eröffneten sie aus ihren Maschinenpistolen das Feuer. Doch die Russen gaben so schnell nicht auf. Hinter ihren verwundeten Kameraden, die sie als Deckung benutzten, gingen sie sofort in Stellung und erwiderten das Feuer. Gegen die überlegene Feuerkraft konnten die beiden BRANDENBURGER natürlich wenig ausrichten, und da rief auch schon Ebel aus seinem Loch heraus: „Ich habe nur noch ein Magazin!" — Als Kriegsheim zu ihm hinblickte, brauchte er nicht mehr zu antworten. Ebel lag über seiner Maschinenpistole, und aus seinem Hals sickerte Blut.

Die Russen verlegten jetzt ihr Feuer seitwärts und Leutnant Kriegsheim stellte mit einem glücklichen Gefühl fest, daß die deutsche Infanterie für sie den Feuerschutz übernommen hatte und das russische Kommando eindeckte.

Daraufhin wagte Leutnant Kriegsheim den Sprung zu seinem Kameraden Ebel, um ihn zu verbinden. Als er sich über Ebel beugte und ihm die Feldflasche öffnete, standen unvermutet drei Russen hinter ihm, die sich, wie er, im Ufergebüsch verborgen gehalten hatten. Er spürte nur noch den Stich eines Bajonetts im Genick, dann verlor er die Besinnung. Wenige Minuten später war die deutsche Infanterie heran. Über die unzerstörte Brücke wurde die Verfolgung des Feindes fortgesetzt.[14]

Als das Morgengrauen des 22. Juni 41 anbricht, lagert am Rande des Ostflugplatzes von Suwalki noch immer der „Fallschirmjägerzug Lt. Lütke". Für ihn kein Alarm, kein Aufbruch, kein Befehl. Aber auch keine Absetzflugzeuge, keine Fallschirme — vergessen? — Dafür erfolgt aus der Sonne heraus der Angriff eines Verbandes sowjetischer IL 2-Flugzeuge, der jedoch durch anfliegende deutsche ME 110-Jäger abgefangen wird.
Schließlich trudeln die drei Ju 52 ein, sie bringen auch die noch fabrikmäßig gepackten Fallschirme mit. Nun wird der Einsatzbefehl in Kürze erwartet; aber welche Enttäuschung, das dem „Fallsch.Zug Lütke" zugeordnete Objekt ist bereits von deutschen Panzerspitzen erreicht.
Stattdessen erfolgt am 23. Juni Befehl zur Verlegung zum Feldflugplatz Varene, etwa 70 km nordostw. Suwalki. Hier erneute Einsatz-Besprechung für das Unternehmen „Bohdanow"; der Auftrag lautet:

> Besetzen der beiden Brücken (Flußbrücke und Straßenviadukt) an der doppelgleisigen Eisenbahnlinie von Lida nach Molodeczno, Verhinderung von Feindsprengung."

Einsatz ist für den 25. Juni vorgesehen, Dauer des Auftrages ist mit etwa 30 bis 60 Minuten angesetzt.
Für den Start, das Absetzen und Erreichen des Objektes nachstehend ein Bericht des „Absetzers" der ersten Ju 52:

> „Der 25. Juni sollte unser Tag werden, für ihn war ab fünf Uhr Einsatzbereitschaft befohlen. Wieder begann das Reinigen der Waffen, das Aufmunitionieren usw. Am Rande des Flugplatzes lagen unsere Zelte aufgebaut, und wir spielten Karten oder schliefen in der Sonne, um die Zeit zu vertreiben. Und wir hatten viel Zeit, denn inzwischen war es bereits Nachmittag geworden, und niemand kümmerte sich um uns. Unlustig und verärgert über unser Mißgeschick haderten wir mit allem.
> Plötzlich wurden wir aus den Zeltlagern gerissen. In eine Staubwolke gehüllt, raste ein Kradmelder heran und rief uns schon von weitem „Erika" entgegen. Das hieß: Sofort starten! Zu oft hatten wir alle Einzelheiten der Durchführung besprochen, als daß wir etwas falsch gemacht haben würden, und nach zehn Minuten hing bereits die erste Ju in der Luft. Sie zog eine große Schleife über dem Platz, und wir sahen die beiden Staubfahnen der uns folgenden Maschinen.
> Kurs zum Objekt! Unter uns erkannten wir die vorgehenden deutschen Truppen. Die drei Jus drückten sich tief an den Boden und flogen in „Heckenspringart" auf das Ziel zu.
> Der vorgesehene Absetzplatz lag etwa 1200 Meter hinter der befohlenen Brücke auf einem kleinen Plateau. Von hier aus sollten wir uns durch eine schmale Waldzunge an die beiden Brücken heranarbeiten. Es kam

aber anders, als es vorgesehen war; es wäre auch zu schön gewesen!
Das Kommando „Fertigmachen!“ war bereits gegeben, als wir in 30 Meter Höhe in ein rasendes Abwehrfeuer der Russen kamen. Überall blitzte es auf. Der Flugzeugführer wurde sofort durch Mundschuß verwundet. Auch der Bordfunker und zwei Mann unserer Gruppe hatten Verletzungen erlitten. Da die Windschutzscheiben der Kanzel ebenfalls in Trümmer gegangen waren, behinderte uns der starke Luftzug in der Sicht. Vor uns sahen wir die erkundeten Bunker auftauchen. Ich ließ daher „Fertig zum Sprung!“ durchsagen, und in einer scharfen Linkskurve drehten wir auf den Absetzplatz zu. Jetzt befanden wir uns etwa 55 Meter hoch über dem Objekt. Ich wollte mich noch hastig davon überzeugen, wie in den nächsten Sekunden abgesetzt werden könnte, doch vor Schreck bekam ich kein Wort heraus. Ich sah gerade noch, da ich hinter der Kanzel stand, wie der letzte Mann in schnellem Sprung die Maschine verließ.

Wie war das möglich? Zu allem Unglück hatte der verwundete Bordfunker die Waffenbehälter nicht mit ausgelöst, so daß die Männer nur mit Maschinenpistolen bewaffnet unten ankamen. Es blieb aber keine Zeit zu Überlegungen. Ein Satz zum Flugzeugführer. Ich schrie ihn an, und trotz seiner schweren Wunde, trotz des getroffenen und langsam nachlassenden Motors flog er erneut an. Wieder stand die Maschine in starkem Abwehrfeuer, doch wir kamen diesmal besser davon.

Als Absetzleitender hatte ich die Anweisung, selbst nicht abzuspringen. Doch nicht lange nachgedacht! Waffenbehälter ausgelöst und schnell an die Tür! Jetzt wurde mir klar, wie gering die Höhe war. Aber die anderen waren ja auch abgesprungen, warum sollte ich es nicht versuchen? Der Mechaniker wollte mich festhalten, schrie etwas und zeigte nach unten. Ich riß mich jedoch los und mußte mir sofort gestehen, daß es kein guter Sprung war: Ich hatte mich nämlich einfach herausfallen lassen.

Den Grund des zu frühen Sprunges der gesamten Gruppe erfuhr ich bald. Der in der Tür stehende Offizier, der fertig zum Absprung war, wurde durch den angeschossenen Motor, der stark Brennstoff verlor, in der Sicht gehindert und völlig durchnäßt. Als in diesem Moment unsere brave Ju durchsackte und die beiden Brücken direkt unter ihm auftauchten, sprang er schnell entschlossen hinunter. Die beiden nachfolgenden Maschinen setzten automatisch an der gleichen Stelle ab.

Aber durch diesen unvorhergesehenen Zwischenfall war die Durchführung des Einsatzes überhaupt erst möglich geworden.

Wären wir bis an den befohlenen Platz geflogen, hätten 16 T 34, die bestens getarnt am Wegrand aufgefahren waren, eine Hasenjagd auf uns gemacht. So aber saßen wir im Objekt. Trotz der unmöglichen Höhe von nur 55 Metern war nicht ein einziger Mann des Einsatzes durch Sprungverletzungen ausgefallen, wenn auch Prellungen und „blaue" Augen unausbleiblich waren.

Inzwischen hatten sich die Sowjets erholt und versuchten, durch Panzerschützen die Ladungen an den Brücken im Direktbeschuß hochzujagen. Der hohe Bahndamm schützte uns einigermaßen vor den rasanten Waffen. Doch sollten wir die unangenehme Wirkung der Granatwerfer noch lange zu spüren bekommen. Wenn die Wirkung durch den weichen Wiesenboden auch wesentlich gemildert wurde, so brachte uns dennoch dieses ungemütliche Feuer die ersten vier Verwundeten.

Schließlich erkannten wir drei deutsche Panzerspähwagen, die sich auf der Straße heranschossen. Sie konnten die russische Infanterie aus der Flanke fassen und niederhalten.

Nun begann es schon zu dämmern, wir beobachteten, wie sich die T 34 zurückzogen. Es gab eine Gefechtspause, die wir dringend nötig hatten, um unsere Verwundeten zu versorgen und die Toten zu bergen. Wir igelten uns um die Brücken ein. Die Spähwagen blieben bei uns. Sie hatten Funkverbindung mit ihrer Abteilung, die aber noch weit zurück war und ebenfalls am Tage schwere Gefechte zu bestehen gehabt hatte.

Während der Nacht versuchten die Russen noch zweimal mit Stoßtrupps in den Besitz der Brücken zu gelangen — sie wurden abgewehrt.

In der Morgendämmerung erwarteten wir einen neuen massiven Angriff, aber er blieb merkwürdigerweise aus. Unsere Verluste waren nun schon auf vier Gefallene und sechzehn Verwundete angestiegen. Es fehlte an Verbandszeug und schmerzstillenden Mitteln. Auch ging die Munition zur Neige.

Die Funkverbindung mit der Division war abgerissen, aber es bestand eine solche mit einem Kradschützenbataillon, das südlich von uns vorstieß und anscheinend keinen so heftigen Widerstand hatte wie wir. Teile dieses Bataillons schwenkten auf eigenen Entschluß seines Kommandeurs nach Norden ab, um uns freizukämpfen. Etwa gleichzeitig waren auch unsere Panzer von Westen her durchgebrochen, und wir konnten der Division die Erfüllung unseres Auftrages melden.

Beide Brücken waren unversehrt in unserer Hand, der Vormarsch rollte darüber hinweg weiter nach Osten, und ein abgekämpfter Zug BRANDENBURGER Fallschirmjäger wartete auf Fahrzeuge, die ihn zurückbringen sollten — zu einer wohlverdienten Ruhe, aber auch schon zur Vorbereitung des nächsten Einsatzes." [16]

Aus den Worten eines Sprungteilnehmers an diesem Unternehmen spricht bei allem Glück des Überlebens auch erhebliche Verärgerung über den um 48 Stunden verspäteten Entsatz. Die einfach nicht kalkulierbaren Hinderungsgründe werden aus den Aufzeichnungen des Kommandeurs des zum Entsatz angetretenen Kradschützen-Bataillons erkennbar:

„Im Verlauf des Vormarsches stieß die Spitze des Bataillons gegen 18.00 Uhr hart westlich Traby auf eine starke Abwehrfront des Gegners. Mehrfache Versuche, diesen Feindverband zu durchbrechen, schlugen fehl, so daß diese gegen Mitternacht auf Befehl der Division eingestellt wurden. So war es dem Bataillon nicht möglich, die gemäß Einweisung der Division um 16.30 Uhr bei Bohdanow abgesprungenen Fallschirmjäger zu entsetzen.

Auch der spätere Entsatzversuch einer Panzerabteilung schlug fehl. Seit dem Abend jedoch befanden sich drei unserer Panzerspähwagen bei den eingeschlossenen und schwer kämpfenden Fallschirmjägern, die unter empfindlichen Verlusten gegen fortwährende Angriffe überlegener Feindkräfte den Viadukt fest in der Hand behielten.“ [17]

Nachdem am 27. Juni 1941 schließlich der Entsatz eingetroffen ist, tritt das ein, was in der Folge des Krieges noch wiederholt zu Auseinandersetzungen führt. Der FS.-Zug Lt. Lütke, der unter Aufbietung der letzten Kraft bei Verlust von 4 Gefallenen und 16 Verwundeten diesen bedeutenden Erfolg errungen hat, wird von der kämpfenden Truppe kurzerhand vereinnahmt, d. h. der Zugführer der BRANDENBURGER wird veranlaßt, im Rahmen des Bataillons am weiteren Vormarsch teilzunehmen. In diesem Fall kann es die Befolgung eines Befehls durch die Division sein, oder mangelnde Koordinierung mit dem V.O. bei der Armee. Andererseits besteht eindeutig Befehl, diese Sondertruppe nach Einsatzende unverzüglich zum Ausgangspunkt des Unternehmens in Marsch zu setzen, unabhängig von der örtlichen taktischen Lage. Dieses geschieht in diesem Falle nicht, vielmehr reiht man den Zug in die Angriffstruppe ein, läßt ihn den weiteren Vormarsch im gewöhnlichen Einsatz mitmachen. Er wird im wahrsten Sinne des Wortes verheizt und steht mit seinen Spezialisten für weitere Unternehmen nicht mehr zur Verfügung.

Dazu der Kommmandeur des Kradschützen-Bataillons lt. Tagebucheintrag vom 4. Juli 1941:

„Die Angehörigen des Lehrregiment ‚Brandenburg‘ zbV 800 sind nach dem Einsatz bei Bohdanow, am 26. 6. 1941, seitens der Panzerdivision dem Kradschützen-Bataillon zugeteilt worden und haben bis zum 4. 7. 41 im Bataillon an den Einsätzen in Traby, Postawy und Dziszna teilgenommen und sich stets tapfer und vorbildlich geschlagen. Sie wurden mit dem Eisernen Kreuz ausgezeichnet.

Am 4. 7. 41 wurden die letzten sieben Mann auf Befehl der Panzer-Division zur Sammelstelle nach Wilna in Marsch gesetzt. [18]

(Unterschrift)

Bei den letzten sieben Mann des Fallschirmjägerzuges der BRANDENBURGER ist Lt. Lütke nicht mehr dabei; er ist bei einem Waldgefecht im infanteristischen Einsatz gefallen.

Im ostpreußischen Raum ist die Heeresgruppe Nord (Generalfeldmarschall Ritter von Leeb) aufmarschiert. Sie umfaßt die 16. und 18. Armee sowie die Pz.-Gruppe 4 des Generaloberst Hoepner, alles in allem 23 Infanteriedivisionen, 3 Inf.Div. (mot.) und 3 Pz.Div. (die 1., 6. und 8. Pz.Div.). — Der Heeresgruppe fällt die Aufgabe zu, die im Baltikum stehenden sowjetischen Kräfte zu vernichten und durch Besetzung der baltischen Häfen, anschließend durch Ausschalten von Leningrad und Kronstadt der Sowjetflotte ihre Stützpunkte in der Ostsee zu entziehen.

Im Rahmen dieser operativen Weisung hat sie den Auftrag, die feindliche Front mit Schwerpunkt in Richtung Dünaburg zu durchbrechen und mit starkem rechten Flügel — schnelle Truppen über die Düna voraus — baldmöglichst in den Bereich nordostwärts Opotschka vorzustoßen. Sie sollte den Abmarsch kampfkräftiger feindlicher Verbände aus dem Baltikum nach Osten verhindern, um so die Voraussetzung für ein weiteres Vordringen in Richtung Leningrad zu schaffen.

In Ausführung dieser Weisung hat die Panzergruppe 4 schnell die „Düna" beiderseits Dünaburg zu gewinnen. Rechts von ihr soll die 16. Armee auf Kowno vorgehen und dann der Panzergruppe folgen; links ist die 18. Armee mit Schwerpunkt auf Riga angesetzt.

Zur Pz.Gruppe 4 gehören das LVI. Pz.Korps des Generals der Infanterie von Manstein, sowie das XXXXI. Pz.Korps unter General der Panzertruppen Reinhardt. [19]

Als die Panzergruppe des Generaloberst Hoepner am 22. Juni zum Angriff antritt, befinden sich BRANDENBURGER Einsatzkommandos bei der 1. Panzerdivision (XXXXI. Pz.Korps) und bei der 8. Panzerdivision (LVI. Pz.Korps). Es sind Einsatztrupps der 8. Kompanie, die jetzt Oberleutnant Knaak führt und für die Hauptmann Walther der verantwortliche Verbindungsoffizier (V.O.) ist.

In der Spitzengruppe der 1. Pz.Div. bei der Kampfgruppe Westhoven ist der Trupp des Oberfeldwebel Werner; rechts davon ist im Angriffsstreifen

des LVI. Pz.Korps ein anderer zbV-Trupp auf Kedaininai—Wilkomierz zu angesetzt. Oblt. Knaak fährt mit der Vorausabteilung der 8. Pz.Div. Sein Ziel sind die Dünabrücken vor der Stadt Dünaburg.
Der Kampfgruppe Westhoven ist der Durchbruch durch die sowjetischen Grenzbefestigungen nach schweren Kämpfen um Tauroggen gelungen, in der Nacht zum 23. Juni steht sie mit Anfängen etwa 10 km nordostwärts der Stadt an der Straße nach Schaulen (Siauliai).
An diesem Tage, dem 23. Juni 1941, werden an zwei Stellen je ein Trupp BRANDENBURGER eingesetzt. Ziel für den Trupp Feldwebel Werner ist die Eisenbahnbrücke bei Lydavenai, und für einen anderen Trupp im Rahmen der 8. Panzerdivision die Straßenbrücke bei Josvainiai (Josweinen), südwestlich von Kedainiai (Gedahnen).
Dazu der Ablauf des Geschehens bei Lydavenai:

> „Für das gesamte XXXXI. Panzerkorps ist die Eisenbahnbrücke bei Lydavenai von ausschlaggebender Bedeutung, denn über sie ist später der ganze Korps-Nachschub zu führen.
> Oberst Westhoven befiehlt die Bildung eines verst. Spähtrupps unter Oblt. Wichmann.
> Auftrag: Die Brücke bei Lydavenai überraschend zu besetzen und bis zum Eintreffen weiterer Teile zu halten. Stärke des Spähtrupps: 2 Pz.-Spähwagen und 4 SPW, dabei Teile des Einsatztrupps Feldw. Werner der „Wach-Kompanie zbV 800" („Brandenburg").
> Von diesem Eisenbahnübergang war nur ein schlechtes Luftbild vorhanden, das beiderseits befestigte Feldstellungen zeigte, die Brücke selbst sollte etwa 45 m hoch und ca. 270 m lang sein. Gegen 18.00 Uhr trifft der Spähtrupp Wichmann, der sich durch schwachen Feind hindurchgeschlängelt hat, unweit der Brücke ein. Während hier die Spähwagen und SPW den Feuerschutz für zwei Gruppen Schützen und Pioniere unter Feldw. Werner übernehmen, durchwatet Oblt. Wichmann nach Norden ausholend mit wenigen Männern die Dubysa oberhalb der Eisenbahnbrücke zu Fuß. Gegen 18.20 Uhr treffen sich beide Gruppen auf der Brücke, deren Besatzung kopflos geflohen ist, ohne die Brücke zu sprengen. Alle Zündkabel können rechtzeitig durchschnitten, die Brücke unbeschädigt bis zum Eintreffen der 3./S.R. 1 gehalten werden." [20]

Das Unternehmen bei Josvainiai, an der Vormarschstraße der 8. Pz.Div. in Richtung Dünaburg, gelingt ebenfalls, jedoch unter erheblichen Opfern. Der heftige Kampf um den Erhalt der Straßenbrücke kostet dem Gefr. Wieser, den Jägern A. Schmidt, Sonnhofer, Taaktmann und Kurt Weiss das Leben. Unmittelbar an der Auffahrt dieser Brücke sind ihre Gräber — als stumme Zeugen ihres Einsatzes.

Während die 1. Panzerdivision als Stoßheil des XXXXI. Pz.Korps am 24. Juni gegen Mittag aufgehalten wird und im Abdrehen nach Südwesten den in die rechte Flanke zielenden feindlichen Panzerangriff des III. sowjetischen Pz.Korps abwehren muß, kann die 8. Panzerdivision des Generals Brandenberger als Spitze des LVI. Pz.Korps entlang der Straße Wilkomierz—Utena schnell auf Dünaburg vorstoßen. Aus ihr heraus löst sich ein Kommando der BRANDENBURGER unter Führung von Oblt. Knaak, mit dem Ziel: Die Dünabrücken vor der Stadt!
Aus einem Bericht des Majors Gerhard von der 8. Pz.-Division geben wir wieder:

„Nach Überschreiten der ostpr.-litauischen Grenze ist es für den weiteren Vormarsch der 8. Panzer-Division von entscheidender Bedeutung, die große Straßenbrücke über die Düna bei Dünaburg unversehrt in die Hand zu bekommen.

Während des nächtlichen Vormarsches schiebt sich in die Vorhut — noch vor meinen Wagen — ein PKW ein. Wie ich feststellte, handelt es sich um das Zugführer-Fahrzeug eines uns zugeteilten Zuges des Regiments z. b. V. BRANDENBURG.

Über Auftrag und Zweck der Zuteilung schweigt sich der mir unbekannte Oberleutnant aus. Wir wissen von diesem Regiment nur, daß es dem OKW unmittelbar untersteht, für besondere Aufgaben eingeteilt und mit dem Nimbus des Geheimnisses umwittert ist.

Im Morgengrauen des 26. Juni 1942 fährt dann der Zug BRANDENBURG auf zwei sowjetischen Beute-LKW, noch der eigenen Vorhut voraus, nach Osten. Dem einen Lastwagen gelingt es, unbehelligt über die Dünabrücke zu kommen. Erst an der anderen Brückenausfahrt wird er erkannt und beschossen; jedoch kann sich seine Besatzung vom LKW lösen und Stellung beziehen.

Der andere Beute-LKW wird jedoch bereits auf der Brücke durch sowjetische s.MG. gefaßt, und die Besatzung zum vorzeitigen Absitzen gezwungen. Nur unter Verlusten kann sie den Anschluß nach drüben erreichen.

Es gelingt den BRANDENBURGERN dieses Zuges trotz schweren fdl. Feuers, die Stellungen jenseits der Brücke zu behaupten und den Übergang bis zum Eintreffen der Panzerspitze offen zu halten.

Mehrere Angehörige des Zuges sind gefallen; dabei auch der Oberleutnant und Führer des Unternehmens.

Viele der Überlebenden sind verwundet. Die Gefallenen finden ihre letzte Ruhestätte auf dem rechten Flußufer, am Brückenausgang.“ [21]

Dem gefallenen Kommandoführer Knaak wird im Frühjahr 1942 nachträg-

lich das Ritterkreuz verliehen.
Beteiligt war dabei auch Feldwebel Prohaska, der im Wehrmachtbericht genannt wird.

Bei diesem Unternehmen fielen: Oblt. Wolfram Knaak
Gefr. Heinz Rösler
Gefr. Anton Stauder
Gefr. Karl Innerhofer
Oschtz. Matthias Plattner

Der Kommandierende General des LVI. Panzerkorps, der spätere Generalfeldmarschall von Manstein, hat darüber in seinem Buch „Verlorene Siege“ niedergeschrieben:

„Das LVI. Panzerkorps gewann schon am 24. Juni in Gegend Wilkomierz die große Straße nach Dünaburg. 170 km tief in das Feindgebiet vorgestoßen, hatte das Korps nicht nur seine Nachbarn, sondern auch die Feindkräfte, die im Grenzgebiet gestanden hatten, weit hinter sich gelassen. Nur noch 130 km trennten es von dem ersehnten Ziel, den Dünabrücken! ...

Am 26. Juni früh stand die 8. Panzerdivision vor Dünaburg. Um 8.00 Uhr morgens hatte ich bei ihrem Stab die Meldung in der Hand, daß der Handstreich auf die beiden großen Dünabrücken geglückt sei. In der auf dem jenseitigen Ufer liegenden Stadt wurde gekämpft. Die große Straßenbrücke war völlig unversehrt in unsere Hand gefallen. Die Posten, die die Zündung der geladenen Sprengkammern auslösen sollten, waren am Zugang zur Brücke überrannt worden. Auch die Eisenbahnbrücke war nur durch eine kleinere Sprengung leicht beschädigt, aber noch benutzbar geblieben. Unser Ziel war erreicht! Ein Erfolg, der nur deswegen möglich war, weil der Gedanke „Dünaburg“ jeden Führer und Mann beherrschte, weil wir gewillt gewesen waren, ein hohes Risiko auf uns zu nehmen ...“ [15]

Unter Zurücklassen ihrer Toten an der Straßenbrücke beteiligt sich die 8. Kompanie, jetzt wieder unter Führung von Oblt. Grabert, an den weiteren Kämpfen.

Für den 27. Juni befiehlt das XXXXI. Pz.Korps als Tagesziel für die 1. Pz.Div. die „Düna“ bei Jakobstadt, nordwestlich von Dünaburg. Um die „Düna“ schneller erreichen zu können, bildet die Division Vorausabteilungen.

Noch am Abend des gleichen Tages erreicht die Kampfgruppe Krüger und bei ihr der zbV-Trupp Werner nach Überwinden kaum endender Wege- und Geländeschwierigkeiten die „Düna“. In der Frühe des 28. Juni soll der Übergang erzwungen werden.

Kampfgruppe Krüger beabsicht dazu, die Eisenbahnbrücke etwa 8 km nordwestlich von Jakobstadt im Handstreich zu nehmen, um dann den Übergang über die „Düna" in Jakobstadt selbst von hinten zu öffnen. Noch während der Angriffsvorbereitungen sprengen die Verteidiger jedoch diese Eisenbahnbrücke.

Für 4.00 Uhr am 28. Juni ist der Angriff auf die Düna-Straßenbrücke angesetzt. Gegen 4.15 Uhr fährt der zbV-Trupp Werner an, um die Straßenbrücke handstreichartig zu nehmen.

Trotz Hinweis des Brigadekommandeurs auf das fast Aussichtslose dieses Versuches führt das tapfere Kommando seinen Auftrag durch.

Der Handstreich mißlingt trotz wirksamer Unterstützung durch die 5. Batterie des Art.-Regiments 73, da sich das Nordufer und die Dünabrücke als stark feindbesetzt erweisen. 14 Mann, darunter der bewährte Ofeldw. Werner, fallen im sowjetischen Pak-Feuer. Der Rest des Trupps wird mehr oder minder schwer verwundet von den Männern eines Zuges der 2./S.R. 113 (Zugführer Lt. Gayen) geborgen. [22]

Dazu der Bericht eines Fahrers bei diesem Kommando der BRANDENBURGER, der als einer der wenigen überlebte:

> „Ein Teil der Kp. war weiter nördlich in Richtung Jakobstadt auf die dortige Dünabrücke angesetzt, gewissermaßen als Parallelunternehmen zu Dünaburg. Das Unternehmen mißlang aus mancherlei Gründen. Wir fuhren im Morgengrauen auf einem russ. LKW, unter Decken liegend, los. Im Führerhaus Fw. Drenger, neben ihm als Fahrer Strömer in dunklem Zivil, Uffz. Purwin als Sprachkundiger auf dem Trittbrett, durch Jakobstadt zur Brücke und mußten dort anhalten wegen ausgehobenen Pflastersteinen und einer eingebauten Mine. Hinter uns kam mit B-Krad ein Panzerfahrer in Uniform, unseren schweren Granatwerfer im Seitenwagen. Der wurde erkannt, und die russ. Brückenkopfbesatzung, die hellwach war, schoß aus allen Rohren, vereinzelt mit Pak. Wir sprangen sofort von der LKW-Pritsche nach links ab, die Böschung hinab. Der Kampf dauerte nur ganz kurze Zeit, dann waren alle BRANDENBURGER tot oder zu Tode verwundet. Mit Ausnahme von Strömer, der sich hatte aus dem Wagen fallen lassen und tot gestellt hatte, war ich allein übrig geblieben! Fast als letzter war ich vom LKW gesprungen, sah MPi-Feuerzungen gegen mich. Nachdem ich im Bewußtsein hatte, noch zu leben, ging alles blitzschnell. Im Selbsterhaltungstrieb schoß ich mit meiner MPi, sprang in ein Schützenloch, aus dem ich 2 Russen herausgeschossen hatte. Ein russ. Leutnant, der den zweien zu Hilfe kommen wollte, konnte weniger gut Pistole schießen als ich. Meine MPi hatte Ladehemmung. In dem Loch schaute ich zwar mit dem Oberkörper

heraus, aber im Moment wollte niemand etwas von mir, und ich reinigte mit dem Taschentuch die MPi und führte ein neues Magazin ein. Schußbereit lag sie auf meinen Knieen. Dann kamen 5 Russen parallel zur Böschung Richtung Fluß 5 Meter unter mir. Sie beachteten mich nicht, und ich regte mich nicht. Ich glaube, ich habe nicht mehr geschnauft. Auf der anderen Straßenseite hörte ich Russen sprechen, zum Glück kam keiner mehr auf meine Seite. Dann flog die Brücke in die Luft. Die Erde bebte, die Trümmer flogen mir um die Ohren. Ich war mit den Nerven fertig und bin in der folgenden Zeit viele Tode gestorben. Noch schrie ein Kamerad markerschütternd, bis er starb. Er hatte einen Halsschuß, wie ich später hörte. Ich machte Fluchtpläne, die ich aber wieder verwarf. Wo sollte ich hin? Nach ca. 1 Stunde hörte ich aus der Stadt Panzergeräusche. Waren es russische, waren es deutsche? Es waren zu meinem Glück deutsche und erst als ein SPW oben an mir vorbei war und ich einen deutschen Soldaten sah, der die Böschung herab kam, 15 m vor mir, und sich im Getreidefeld zu einem meiner gefallenen Kameraden beugte, hatte ich den Mut, mein Erdloch zu verlassen. Dies nur in Stichworten. Ich glaube 14 Mann waren gefallen. Jedenfalls war ich noch allein auf meinem LKW weiterhin.“ [23]

Wenn äußerlich von einem Mißlingen dieses Unternehmens gesprochen werden sollte, dann sicher nicht im Hinblick auf den Opfergang dieser Männer. Angriffe auf derartige Objekte sind immer und stets mit dem Risiko des Fehlschlags behaftet, das weiß jeder der beteiligten Männer. Das Gewinnen solcher Objekte wie der Brücken über die Düna zwingt in ihrer entscheidenden Wichtigkeit für den weiteren Vormarsch der Armeen zu diesem Risiko. Das Opfer der Angreifer wäre um ein Vielfaches größer, würde man den Flußübergang aus der Bereitstellung heraus in landläufiger Weise durchführen.

Darum achtet die Truppe auch diese Opfer weniger Kameraden für das Ganze, wie es sich in dem Dank des Oberbefehlshabers der Heeresgruppe ausdrückt:

Heeresgruppe Nord
Der Oberbefehlshaber

H.Qu., den 17. 7. 1941

An den
Chef der Abwehrabteilung II
Oberkommando der Wehrmacht
Amt Ausland/Abwehr

Der Einsatz der von der Abwehrabteilung II für Sonderaufgaben ausgebildeten und zur Verfügung gestellten Kräfte hat wesentlichen und an

einigen Stellen entscheidenden Anteil an der raschen und erfolgreichen Durchführung der Operationen der Heeresgruppe Nord gehabt.
Dies gilt sowohl für die abwehrmäßigen Aufgaben der Abwehrabteilung II, als auch besonders für den Einsatz von Teilen des Regiments Brandenburg zbV 800.
Was diese tapferen Männer auf russischem Boden geleistet haben, rechtfertigt und übertrifft den Ruf des Regiments, den es sich in den anderen Feldzügen dieses Krieges erworben hat. Durch ihren todesmutigen Einsatz haben sie der Panzerwaffe und der Truppe den Weg zum Siege gebahnt und Werte erhalten, deren sicherer Verlust für die Durchführung der Operationen unersetzlich gewesen wäre. In kühnem und opfermutigem Vorstoß haben die zahlenmäßig geringen Einsatzgruppen 7 wichtige Brükken gestürmt und gehalten, sowie erfolgreiche Spähtruppunternehmungen durchgeführt. Die hohen Verluste sind ein Zeichen heldenhafter Einsatzbereitschaft und deutschen Soldatenruhmes. Vor den Gefallenen senken wir die Fahnen in Ehrfurcht und Dankbarkeit.
Den Überlebenden und dem Regiment werden die Namen Dünaburg, Lydavenai und Jakobstadt für immer eine stolze Erinnerung sein. Sie bleiben lebendig in der Geschichte dieses Feldzuges.
Ich spreche allen Beteiligten meinen Dank und meine volle Anerkennung für ihre hervorragenden Leistungen aus.

(gez.) v. Leeb
Generalfeldmarschall.

Als dieses Schreiben in Berlin eintrifft, ist eine kleine Kampfgruppe vor der Spitze der 1. Pz.Div. bis an die „Luga“, ca. 80 km vor Leningrad vorgedrungen. Unter Leutnant Renner verteidigt sie sich dort gegen ein erstmals aufgetauchtes sowjetisches Frauenbataillon, bis Oblt. Grabert mit den übrigen Teilen der 8. Kompanie zusammen mit einer Vorausabteilung die Lage klären kann.
Leutnant Pfannenstiels Südtiroler der 7. Kompanie überschreiten am frühen Morgen des 22. Juni mit den Spitzen des Inf.Rgt. 11 die ehemalige litauische Grenze nordostwärts Heydekrug. Die russischen Grenzsoldaten kämpfen mit Verbissenheit, sie ergeben sich auch in aussichtsloser Lage nicht, müssen Mann für Mann in ihren Schützenlöchern niedergekämpft werden. Gegen 7.00 Uhr stoßen die BRANDENBURGER allein vor, um die Brücke über den Jura zu gewinnen. Da hier keine zurückgehenden Russen zu beobachten sind und ein Tarneinsatz daher unzweckmäßig ist, wird die Annäherung erkannt, die Brücke gesprengt.
Am Abend ist Schaulen brennend erobert.

Beim nachfolgenden Vormarsch in Richtung Düna gelingt der Kompanie die Überwindung eines in die Marschkolonne eingesickerten russischen Stabes in gepanzerten Fahrzeugen. In einem Fahrzeug werden zwei Aktentaschen mit Unterlagen als besonders wichtig erkannt und sofort zum Gefechtsstand des I. Korps gebracht. Die umgehende Auswertung ergibt die vollständigen Funk- und Schlüsselunterlagen der gegnerischen Armee. Unsere Funkaufklärung erhält damit entscheidende Hilfe. Die zweite Tasche ist gefüllt mit Kriegsgerichtsurteilen jüngster Ausfertigung. Diese sind so hart und konsequent, daß damit erstmalig der Beweis für die totale Änderung der Sowjets im Hinblick auf die Ahndung von Disziplinverstößen gegenüber dem Winterfeldzug gegen Finnland erbracht ist.
Bei dem Vorstoß der Kampfgruppe Oberst Lasch auf Riga ist die 7. Kp. dabei. Sie soll die große Dünabrücke nehmen und sichern. Der nächtliche Vorstoß führt am 29. 6. zur Einnahme der westlichen Vorstadt am linken Dünaufer. Bei der Befehlsausgabe setzt sich jedoch der Pionierführer durch und erreicht, daß seine Pioniere, verstärkt durch gepanzerte Fahrzeuge, die Brücke zu nehmen haben. In den frühen Morgenstunden gelingt im Handstreich die Überschreitung der Brücke, die Bildung eines Brückenkopfes und die Unterbrechung von Sprengleitungen. Nach Beschuß der Sprengladungen fliegt jedoch einer der Brückenbogen in die Luft und legt sich verdreht in den Strom. Sofort setzen heftige Angriffe auf den Brückenkopf ein. Die Nachführung von Unterstützung wird versucht, aber ohne Erfolg. Lediglich durch das Wirkungsfeuer unserer Artillerie wird der Gegner für Stunden niedergehalten. Oberst Lasch will nun die BRANDENBURGER zum infanteristischen Einsatz über die Brückenreste befehlen. Das käme einer Aufopferung gleich, da die glatten gestürzten Stahlteile des Brückenbogens nicht erklettert werden können. Der Auftrag wird daher vom V.O. nach Abstimmung mit Pfannenstiel abgelehnt. Oberst Lasch läßt sich überzeugen. Seine Kampfgruppe ist aber von den aus Kurland zurückgehenden russischen Truppen eingeschlossen. In der Nacht landen vom rechten Dünaufer aus russische Marineinfanteristen, es kommt zu erbitterten, blutigen Nahkämpfen mitten in der Weststadt. Hier zeichnen sich die BRANDENBURGER durch Furchtlosigkeit und Kaltblütigkeit aus, trotz ihrer Verluste. Der Überfall wird abgeschlagen, von Kurland einströmende Gegner gefangengenommen. Das litauische Krankenhaus, in das sowohl deutsche wie auch russische Verwundete eingeliefert werden, wird auf Bitten des Chefarztes von zwei Gruppen BRANDENBURGERN gesichert, als die Russen versuchen, deutsche Verwundete herauszuholen.
Nach drei Tagen ist der Kampf um Riga beendet. Deutsche Einheiten sind über die erhaltenen „Düna"-Brücken in die am rechten Ufer des Stromes

liegende Stadt eingedrungen, jedoch zu spät für die tapferen Soldaten des Brückenkopfes.
Bei der danach einsetzenden Verfolgung der sowjetischen Truppen durch Lettland und bei den Kämpfen in Estland sind die BRANDENBURGER der 7. Kompanie an der Spitze der Vorausabteilungen eingesetzt.
Mitte August 1941 werden sie herausgelöst und zur Auffrischung in ihren Heimatstandort verlegt.

Am 16. Juni 1941 ist für das I./Lehrregiment „Brandenburg" zbV 800 mit 2., 3. und 4. Kompanie und dem unterstellten „Leg.Bataillon Nachtigall" Aufbruch in und bei Zakopane/Hohe Tatra. Hier trennen sich die Wege von Teilen des Bataillons. Während Major Heinz mit der 2. Kompanie (Hptm. Dr. Hartmann) und der 4. Kompanie (Oblt. Kürschner) über Krakau—Tarnow—Reichshof—Jaroslaw nach Przemysl in den Abschnitt des XXXXI. Gebirgskorps in den Bereich der 17. Armee (von Stülpnagel) verlegt, zieht die Masse des „Leg.Btl. Nachtigall" unter Oblt. Dr. Herzner bis an die deutsch-sowjetische Grenze in den Raum Pantalowice am San vor. Die 3. Kompanie unter Oblt. John verlegt unter dem Decknamen „Sturmkompanie Schulze" in den Angriffsstreifen der 6. Armee (von Reichenau) in die Gegend hart westlich Hrubieszow, südostwärts von Lublin, und wird dort dem III. Panzerkorps zugeteilt.
Bereits in westlichen Vororten der Stadt Przemysl wird am 21. Juni abends auch die 2. Kompanie abgezogen und in unmittelbarer Nähe der Eisenbahnbrücke über den „San" nördlich der Stadt bereitgestellt. Sie soll noch in der Dunkelheit des 22. Juni 1941 den Fluß nach Osten überschreiten und die Sprengung der Brücke verhindern. Das gelingt ohne wesentliche Feindberührung, die Sprengstellen werden unbrauchbar gemacht. Ostwärts des „San" dringt sie in den Ort Naklo ein, wo sie bei geringer Gegenwehr die ersten sowjetischen Gefangenen einbringt.
In raschem Vormarsch gewinnt die 2. Kompanie über Poczdiacz die Ortschaft Bucow, wo sie durch einen Artillerie-Volltreffer 5 Gefallene als Verlust hinnehmen muß.
Noch am Abend nähert sie sich der sowjetischen Bunkerkette entlang eines Bahndammes, genannt „Medica-Linie". Nach Durchbrechen dieser Stellung am 24. Juni dringt sie bis Radymo (25. 6.) vor, wo sie zunächst angehalten wird. Dort verbleibt sie zur Sicherung und in Ruhe bis zum 27. Juni 1941.
Mit dem Vorbrechen deutscher Truppen aus der Stadt Przemysl heraus — am 22. Juni gegen 3.15 Uhr früh — folgen die Restteile des I. Bataillons mit

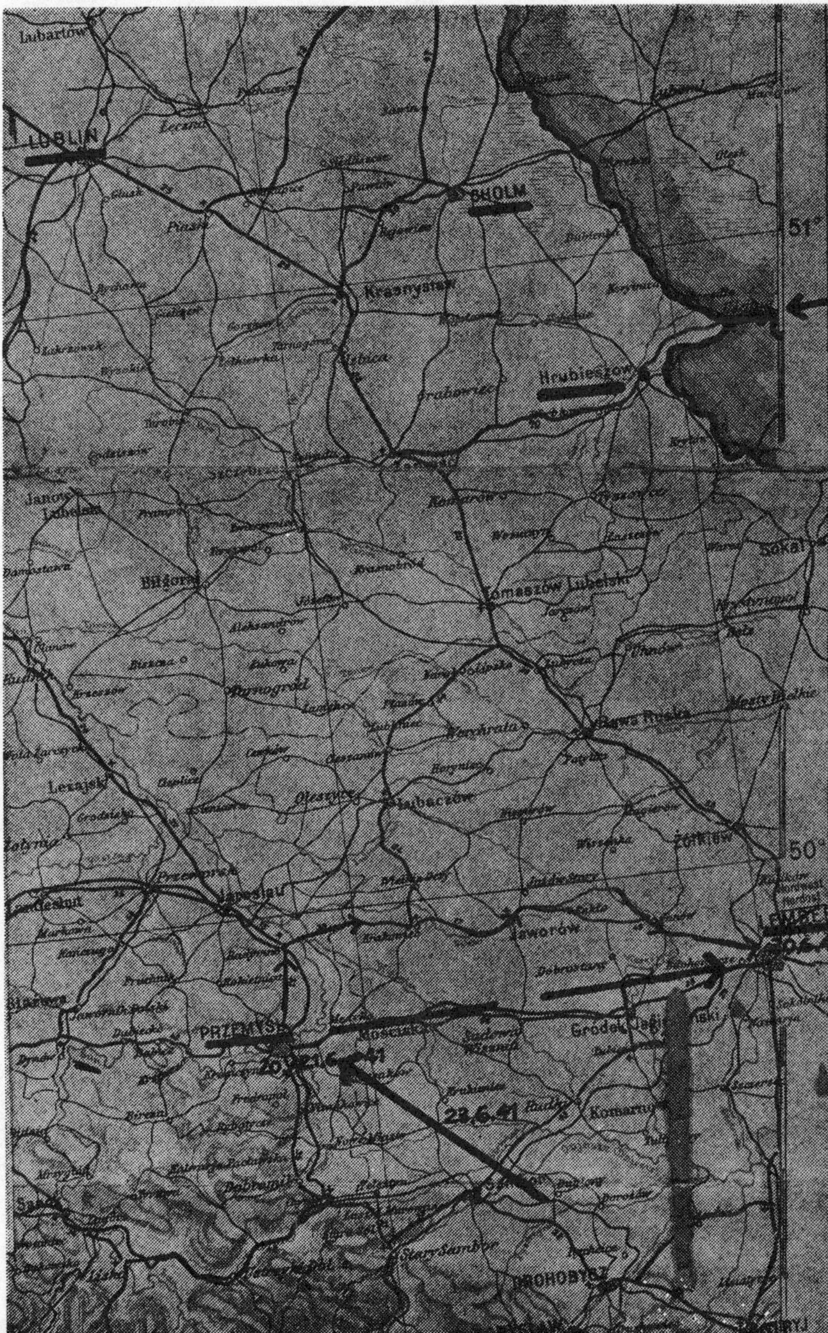

Lubartów
LUBLIN
CHOLM
51°
Krasnystaw
Hrubieszów
Tomaszów Lubelski
Sokal
Biłgoraj
Rawa Ruska
Leżajsk
Oleszyce
Lubaczów
Żółkiew
50°
Jarosłau
Jaworów
LEMBERG
PRZEMYSL
Mosciska
Gródek Jagiellonski
23.6.41
Komarno
Dobromil
Stary Sambor
DROHOBYCZ
STRYJ

4. Kompanie und dem „Leg.Btl. Nachtigall" zunächst im Streifen der 1. Gebirgsdivision entlang der Straße nach Lemberg ohne jede Feindberührung. Dadurch werden diese Teile des Bataillons Heinz auch nicht von dem Angriffsstoß der sowjetischen 99. Schützen-Division[24] aus Südosten gegen Przemysl getroffen. Dieser gelingt am 23. 6. 1941 der Einbruch in die Stadt, wo sie sich mehrere Tage halten kann, ehe sie von herangeführten Teilen der 17. Armee endgültig vernichtet wird.
Die „Sturmkompanie Schulze" (3. Kp. — Oblt. John) mit ihren Kompanieoffizieren Lt. Weithoener, Lt. Kuhlmann, Lt. Jork und Lt. Fritze schiebt sich in der Nacht vor Angriffsbeginn bis an den Ort Uscilug und stromabwärts an den „Bug" im Angriffsstreifen der 298. Infanteriedivision heran.
Der Auftrag für die Kompanie lautet:
Verhinderung von Sprengung der zwei Holzbrücken bei Piadytnie, etwa 4 Kilometer ostwärts Uscilug, über den „Bug" (eine Eisenbahn- und Straßenbrücke je ca. 200 m lang) und Bildung eines Brückenkopfes bis zum Eintreffen der Spitzen des III. Panzerkorps.
Voraussetzung jedoch: Antreten des Kommandos erst mit Angriffsbeginn und erstem Feuerschlag.
Die Kompanie setzt zwei Trupps in Stärke je 1 : 11 Mann im T-Einsatz an; Führung durch die Brüder Feldwebel Horsthemke.
Die Kompanie geht nach Übersetzen über den „Bug" unter Führung von Oblt. John beschleunigt in Richtung auf die Brücken vor und entsetzt dort die eigenen Trupps, die die beiden Brücken unzerstört in Besitz nehmen und halten können.
Die Gefallenen, der Obergefreite Fritz Heger und die Gefreiten Rudolf Basler und Karl Doubek, finden am Ortsrand von Piadytnie neben der Straße ihre letzte Ruhestätte.
Und hier der Bericht über den Verlauf dieses zbV-Unternehmens:

> „An der Spitze zwei getarnte Gruppen in Stärke von je 12 Mann, davon je 4 Mann russischsprechend (Ukrainer), alle in russischen Uniformen. Die nicht russisch Sprechenden, in jeder Gruppe die 8 Deutschen mit blutdurchtränkten Verbänden, so daß der Eindruck erweckt wurde, daß es sich um zurückgehende, verwundete Russen handelt, und gleichzeitig eine gewisse Gewähr gegeben ist, daß die durch die Verbände am Sprechen gehinderten Verwundeten nicht angesprochen werden können. Das Blut für die Verbände wurde in der Form beschafft, daß ein Trupp ein Kalb stahl, da es auf offiziellem Wege nicht zu beschaffen war und zu Fragen geführt hätte, die die Geheimhaltung gefährden konnten. Ein fremder Zahlmeister, der dem Diebstahl nachgehen wollte, wurde vom Kompaniechef mit einer Flasche Schnaps beruhigt. Der bestohlene Panje

erhielt entsprechende Zlotys; das Fleisch wanderte in die Feldküche.
Kurz vor der X-Zeit arbeiteten sich die beiden Spitzengruppen entlang den beiden Straßendämmen an den Bug heran und überquerten mit dem ersten Feuerschlag der dort zum erstenmal eingesetzten Do-Werfer in Schlauchbooten den Bug. Anschließend stießen sie in der eigenen Feuerwalze nach Uscilug durch, während die Masse der Kompanie als Entsatz folgte.
Beim Durchstoß durch das brennende Uscilug wurde sie von Heckenschützen aus der Kirche beschossen, kamen aber sonst ohne großen Widerstand vorwärts.
Die beiden Spitzengruppen dagegen wurden bei ihrem Vorgehen von russischen Kommissaren der sowjetischen Nachhuten aufgefordert, auf LKW aufzusteigen, was jedoch verhindert werden konnte.
Ein Baltendeutscher wurde bei dieser Gelegenheit jedoch mitgenommen und später gezwungen, in einer russischen Stellung mitzukämpfen.
Von deutschen Trupps ließ er sich dort gefangen nehmen. — Die beiden Spitzengruppen, die zur X-Zeit (3.15 Uhr) den Bug überquert hatten, erreichten gegen 4.30 Uhr die beiden 200 m langen Brücken ostwärts Uscilug und blieben am Ostbrückenkopf liegen, wie es im Auftrag festgelegt war. Als Russen in einem Ponton sich den Holzbrücken näherten, um sie in die Luft zu sprengen, eröffneten die T-Trupps das Feuer mit ihren MG.'s, die sie auf dem Anmarschweg unter den behelfsmäßigen Krankentragen mitgeführt hatten. Sie verhinderten die Zerstörung der Brücken. Gleichzeitig eröffneten sie damit aber auch den weiteren Kampf um die Brücken, denn sie hatten sich nun den Russen gegenüber demaskiert. Bis zum Eintreffen der entsetzenden Kompanie dauerte es ungefähr 1—1½ Stunden. Die Kommandotrupps konnten während dieser Zeit den Brückenkopf um etwa 200 Meter erweitern. Der Inhalt der Kartentasche eines an der Brücke gefallenen Kommissars bringt dem III. Pz.Korps erste wichtige Erkenntnisse über den Feind."

Die 3. Kompanie folgt als Sturmkompanie Schulze nunmehr im Streifen der 25. Inf.Div. (mot.) in Richtung Brody. Am 28. 6. erhält sie Befehl, einen Brückenkopf über den „Styr" bei Rozyszce unmittelbar bei den Eisenbahnbrücken über den Flußabschnitt zu bilden. Dazu wird sie gegen die beiden Orte Rudnia und Duza angesetzt. Der Angriff geht in der Anfangsphase trotz massiver Gegenwehr aus den Ortschaften zunächst zügig voran, wird aber durch heftige Gegenwehr aus den mannshohen Weizenfeldern sehr bald gebremst. Die Verluste steigen bei den Angreifern, als sowjetische Scharfschützen diese bis auf wenige Meter auflaufen lassen und dann aus der Deckung heraus einzeln abschießen. Als an der völlig offenen linken Flanke auch noch feindliche leichte Panzer in das Gefecht eingreifen, befiehlt Oblt. John den Abbruch des Angriffs. John wird bei Vernichtung eines Feindpanzers durch Splitter verwundet. Schließlich gelingt es, den Brückenkopf über den Styr zu bilden und zu festigen. Die über eine tiefe Schlucht führende Eisenbahnbrücke bleibt unzerstört in deutscher Hand. Aber unter welchen Opfern? — 16 Gefallene der 3. Kompanie sind zu nennen, die in Rudnia später mit militärischen Ehren der Erde übergeben werden:

Uffz. Hans Lohberger
Uffz. Bruno Weberus
Ogefr. Eduard Schuster
Gefr. Karl Krehan
Gefr. Ingo Gröger
Opion. Joh. Kainrath
Opion. Rud. Dworak
Opion. Alfr. Bozdech
Pion. Günther Baron
Pion. Hermann Stock
Pion. K.-Heinz Böhme
Pion. Heinz Hassenpflug
Pion. Friedr. Seegler
Pion. Josef Esser
Pion. Werner Bretzke
Gefr. Erwin ...

Leutnant Weithoener übernimmt die Führung der 3. Kompanie bis zu ihrer Rückkehr nach Brandenburg Ende August 1941. Von Anfang Juli an wird sie dem Armeeoberkommando der 6. Armee unmittelbar unterstellt und von dort eingesetzt. Die ständige Verbindung wird durch eine zur Kompanie abgestellte Armeefunkstelle sichergestellt.

Als die 6. Armee in ihrer Hauptangriffsrichtung über Rowno auf Shitomir vorstößt, machen ihr sowjetrussische Partisanengruppen erstmals ernstere Sorgen. Die Kompanie wird gegen sich bildende Partisanenschwerpunkte angesetzt. Das ist zu dieser Zeit auch für die BRANDENBURGER Neuland.

Getarnte Spähtrupps und eine mit Hilfe der Kampfdolmetscher erreichte Mitwirkung der Bevölkerung sowie eine sehr bewegliche und überraschend zuschlagende Kampfführung bringen der 3. Kompanie eine Serie von erfolgreichen Partisaneneinsätzen und der Armee eine spürbare Gefahrenminderung für ihre Fernmeldeweitverbindungen und ihre Versorgungsstränge.

In der engen Bindung der Kompanie an die Armee liegt auch die Absicht der Armeeführung, die unterstellten BRANDENBURGER an einem operativen Schwerpunkt einzusetzen.

Anfang August befiehlt der Armeeoberbefehlshaber, Generalfeldmarschall v. Reichenau, der Kompanie die Vorbereitung eines zbV-Einsatzes auf die Brücken über den Dnjepr in Kiew. Der Plan für diese frühzeitig eingeleitete und intensiv betriebene Vorbereitung erfährt die volle Unterstützung aller mitwirkenden Stellen der Armee und der vorgetragene Einsatzplan die

Zustimmung des Oberbefehlshabers. Jetzt steht ein schwieriger und bedeutsamer Einsatz bevor. Alle Kraft konzentriert sich auf ihn.
Als die Kompanie im Zuge verstärkter Angriffshandlungen der 6. Armee bis südwestlich vor Kiew vorgezogen ist und dort wichtige letzte Aufklärungsergebnisse gewinnt, erreicht sie in den letzten Augusttagen der Befehl zur Verlegung nach Brandenburg. Die Armee will die Kompanie noch halten. Es gelingt nicht. Das Herauslösen erfolgt im Zuge der Rückverlegung des I. Bataillons des Lehr-Rgt. „Brandenburg" zbV 800. Admiral Canaris hat sie nach einem Frontbesuch am 30. Juli bei Winniza für alle Teile des I. Bataillons veranlaßt.
Am 28. August beginnt der Eisenbahnmarsch der 3. Kompanie bei Kiew. Er endet am 30. August 1941 in Brandenburg/Havel.
Weiter südlich erreichen die Spitzen der 17. Armee am 28. Juni 1941 abends die Linie Grodek — Jagiellonski — Hszana — Kozize (9 km westlich Lemberg) und Rokitno (10 km nordwestl. Lemberg). Der konzentrische Angriff gegen die stark feindbesetzte Stadt ist für den 30. Juni früh festgesetzt.
Hierzu wird die Kampfgruppe I./Lehrregiment „Brandenburg" zbV 800 mit dem Leg.Btl. Nachtigall auf eigenen Vorschlag und Drängen beim XXXXI. Gebirgskorps für den Handstreich auf die Stadt in der Nacht vom 29./30. Juni angesetzt. Dabei soll das Leg.Btl. Nachtigall wegen seiner besonderen Voraussetzungen die entscheidende Rolle übernehmen.
Das „Leg.Btl. Nachtigall" ist im Winter 1940/41 aus Freiwilligen und Ukrainern der O.U.N. (Organisation Ukrainischer Nationalisten) unter Melnyk, unter der Schirmherrschaft der Abwehr II in Neuhammer bei Liegnitz aufgestellt worden. Es war zunächst eine Verlegenheitslösung, nachdem Hitler den Einsatz von Ukrainern im Polenfeldzug aus Rücksichtnahme auf den am 29. 9. 1939 abgeschlossenen Grenz- und Freundschaftsvertrag mit der Sowjetunion verboten hatte. Nun jedoch, unter den veränderten Verhältnissen und besonders bei der Tatsache, daß die ukrainischen Nationalisten vor allem aus dem Gebiet um Lemberg stammten, ist die Truppe geradezu prädestiniert für das vorgesehene Unternehmen. Und daher hat sich Major Heinz gerade für diese Truppe ausgesprochen.
Das „Leg.Btl. Nachtigall" steht unter Führung des bewährten Oblt. Dr. Herzner als deutschem militärischem Führer, der ukrainische militärische Führer ist ein Sconprynka (der noch lange nach Kriegsende in der Ukraine für die Freiheit seiner Heimat kämpfte, bis er 1951 getötet wurde), Hptm. Dr. Oberländer fungiert als politischer Berater in ukrainischen Angelegenheiten. Das Legionärsbataillon besteht aus drei Infanterie-Kompanien mit deutschem Rahmenpersonal, ist lediglich mit deutschen Inf.-Waffen wie Gewehr, MPi. und le. MG. bewaffnet, trägt deutsche Wehrmachtsuniformen und hat

keine eigenen Transportmittel. Es sind nationalbewußte Leute, die darauf brennen, in den Einsatz zu kommen und für ihre Heimat zu kämpfen. Der Name „Nachtigall" übrigens entstammt ihrer Sangesfreudigkeit, die sie stimmlich mit jedem der bekannten Kosaken-Chöre hätte vergleichen lassen können.

Major Heinz zieht in den Abendstunden des 29. Juni 1941 die Legionäre bis knapp hinter die Sicherungslinien der 1. Geb.Division vor und teilt sie wie die verbliebenen Teile des I. Btl. in mehrere Gruppen ein. Ziel ist die handstreichartige Besetzung der Stadt mit allen wichtigen Punkten wie Rathaus, Sendestation, Elektrizitätswerk, Gefängniskomplex, Bahnhof usw. Als jedoch durch Agentenmeldungen und rückkehrende Spähtrupps bekannt wird, daß in der Stadt Massenerschießungen im Gange seien, gibt Major Heinz dem Drängen der ukrainischen Führer nach, sie vor den deutschen Truppen und vor Beginn des eigentlichen Unternehmens in die Stadt zu lassen.

Ohne das deutsche Rahmenpersonal, ohne deutsche Führung, lediglich mit einigen Fahrzeugen des I. Btl. ausgestattet, starten die Ukrainer gegen 23.00 Uhr in wilder Jagd in Richtung Stadt. Sie treffen kaum auf Widerstand. Und sie sind die ersten, die bei Annäherung an den Gebäudekomplex des NKWD die Opfer jener Massenexekutionen im Mittelhof entdecken. Wutentbrannnt jagen sie durch die Stadt, um die Mörder zu suchen.

Jedoch nur wenige werden gefaßt — 6 Stunden zuvor haben die letzten Sowjets die Stadt fluchtartig verlassen.

Major Heinz läßt die für die Besetzung der verkehrswichtigen Anlagen der Stadt eingeteilten deutschen Trupps kurz nach Mitternacht folgen. Er selbst fährt mit ca. 30 Mann auf Beiwagenmaschinen mit Ziel Rathaus auf die Stadt zu. Die an mehreren Stellen in Brand gesetzte Kathedrale kann gerade noch erreicht, das Feuer in einer gemeinsamen Aktion gelöscht werden. Dabei gelingt es, die wertvollen Heiligtümer sicherzustellen und den im Kirchenraum befindlichen Bischof der uniierten katholischen Kirche der Ukraine — Graf Czepticki — zu retten.

Uffz. Filitz, der Major Heinz bis zum Rathaus begleitet hat, erhält Befehl, mit einem Trupp umgehend die NKWD-Zentrale zu besetzen. Er fährt mit einigen Kameraden auf Krädern an umgestürzten Straßenbahnen vorbei zum Gebäudekomplex. Dort entdecken die Männer im Innenhof mehrere Massengräber, teilweise noch offen, andere gerade zugeschüttet, wo mehrere tausend Menschen eingescharrt sind. Als der Trupp gegen 8.00 Uhr des 30. Juni 1941 zum Rathaus zurückfährt, erlebt er in den Straßen Lembergs eine begeisterte Menschenmenge, die die deutschen Soldaten mit Jubel empfängt. —

Der Sender und das Sendegebäude werden von den ukrainischen Nationalisten besetzt, die gegen 11.00 Uhr vormittags eine Proklamation über die Bildung eines freien, unabhängigen Staates West-Ukraine verlesen. Das wiederholt sich an diesem Tage noch mehrmals, bis am späten Mittag die vordersten Teile der 1. Geb.Div. in die Stadt einmarschieren. Die Bekanntgabe der ukrainischen Proklamation über den Sender Lemberg hat wenige Tage später zur Folge, daß einige ukrainische Führer, unter anderem Bandera, festgesetzt werden.
Teile des I. Bataillons, wozu am 30. Juni die 2. Kompanie unter Hptm. Dr. Hartmann von Norden her nach Lemberg stößt, und das „Leg.Btl. Nachtigall“ verbleiben bis zum 7. Juli in der Stadt. Einige Tage lang ist Major Heinz Stadtkommandant. Erst mit Eintreffen der Besatzungstruppen, dabei Gestapo- und SS-Einheiten, übergibt er dieses Amt an seinen Nachfolger.
Ende Juni 1941 sind die Pz.Gruppe 1 und die 6. Armee weit nordostwärts von Lemberg bis in den Raum ostwärts Dubno und Luzk vorgestoßen. Die 17. Armee dagegen hat den eigentlichen Durchbruch in Richtung Tarnopol noch nicht erzwingen können.
Anhand des Marschplanes der 2. Kompanie läßt sich der Weg des I. Bataillons zusammen mit den Legionären weiter verfolgen. Danach verlegt diese am 7. Juli im Mot.-Marsch nach Tarnopol, um von dort nach Südosten auf Grzymalow abzubiegen. Hier sichert sie bis zum 12. Juli. Am 13. Juli wird die 2. Kompanie über den Sbruc-Abschnitt (anders: Zbrucz) bei Satanow vorgezogen, um als Vorausabteilung der 4. Geb.Div. bei geringer Feindberührung über Perehonka in Richtung Michalpol (15./16. 7.) vorzustoßen. Mit Überschreiten der Bahnlinie Winniza — Proskurow — Tarnopol (westl. Winniza) versteift sich der feindliche Widerstand erheblich, Fliegerangriffe nehmen zu.
Am 17. Juli in der Frühe erfolgt der Einmarsch der 2. Kompanie als Spitzenkompanie des I. Bataillons in den Ort Ljudowka, einige Kilometer nördlich der Kleinstadt Brailow, an der Hauptstraße nach Winniza. Unruhe liegt in der Luft, leichtes Artilleriefeuer und Granatwerferbeschuß liegt den ganzen Tag über dem Ort. Hptm. Dr. Hartmann versammelt seine Kp.-Offiziere Lt. Schatz, Lt. Glüning, Lt. Wohlgefahrt, Lt. Dr. Benkelberg und Lt. Troebs. Er läßt Stellungen am ostwärtigen Ortsrand ausbauen und die Sicherungen verstärken. Der s. MG.-Zug der 4. Kp. unter Lt. Mendau wird unterstellt, um die Stellungen weiter zu verstärken. Gewaltsame Aufklärung gegen einen ca. 2—3 km ostwärts erkennbaren Waldstreifen stellt Feindbesetzung und Feldstellungen fest, dazu wiederholt Truppenbewegungen.

Für den 18. Juli früh wird der Angriff befohlen.

Die Kompanie verläßt noch bei Dunkelheit, unterstützt von 3 Sturmgeschützen, das Dorf in nördlicher Richtung, um den Feind in der Flanke anzugreifen. Die Rückkehr eines 2 Stunden vorher losgeschickten Spähtrupps wird wegen des anbrechenden Tages nicht abgewartet. Weit ausgeschwärmt beginnt der Angriff in südöstlicher Richtung und erstickt zunächst in einem mörderischen Infanteriefeuer, unterstützt durch Granatwerfer. Es erweist sich, daß sich der Feind auf dem abgeernteten Kleefeld unter den Kleehaufen eingegraben hat. In dieser Lage geht die 2. Kompanie zum Sturmangriff mit aufgepflanztem Seitengewehr und Spaten über. Der Feind wird geworfen und zieht sich unter Zurücklassung von über 100 Toten und Verwundeten auf das Waldgelände zurück. Der eigene Preis aber sind 28 Gefallene und über 50 Verwundete. Außer Lt. Schatz sind alle Kompanieoffiziere gefallen.

Bei Anbruch der Dunkelheit ziehen sich die Reste der Kompanie auf das

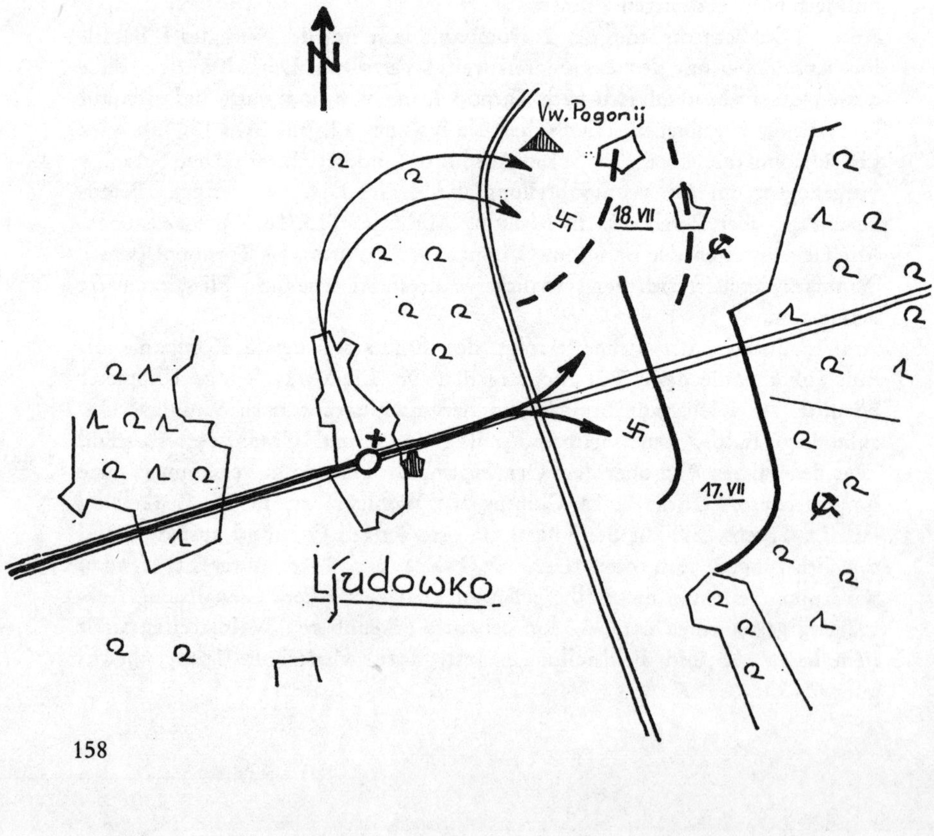

Dorf Ljudowka zurück. Es herrscht Alarmbereitschaft, aber der Feind greift nicht an.
Dieses Gefecht ist ein Beispiel dafür, wie die BRANDENBURGER nicht eingesetzt werden sollten. Anstelle eines Tarneinsatzes oder überraschenden Zugriffs wurde die Kompanie hier als Sturminfanterie verwendet.
Bis zum Abend sind die Reste der 2. Kompanie wieder in Ljudowka versammelt. Nachdem Dr. Hartmann noch während des Gefechtes infolge Verwundung nach hinten gebracht worden war, sammelt der einzig lebende, wenn auch ebenfalls verwundete Lt. Schatz die Kompanie. In der Frühe des 19. Juli nach Osten entsandte Spähtrupps melden den Abzug der sowjetischen Verteidiger.
Inzwischen treffen die am Vortage herangerufenen Verstärkungen der 4. Gebirgsdivision ein und übernehmen die weiteren Sicherungen. Am Abend dieses Tages erfolgt dann die Bestattung der Toten in Anwesenheit eines Feldgeistlichen und des Divisions-Kommandeurs, Generalmajor von Eglseer. Dieser gibt auch seinem Regimentskommandeur – Oberst Sorko, Kdr. des Gebirgsjäger-Regiments 13, der im Nachbarabschnitt durch eine verirrte Kugel tödlich getroffen wurde – die letzte Ehre.
Es ist schwer, die Gemeinschaft der Kompanie wiederherzustellen. Viele Kameraden sind nicht mehr, Zugführer und Gruppenführer fehlen, von einzelnen Gruppen sind nur noch wenige Männer da. Der Versuch, neues Personal zur Verstärkung der Kompanie heranzuziehen, scheitert. Während die 4. Geb.Division weiter nach Osten im Angriff ist, verlegt die 2. Kompanie am 22. Juli nach Juswin westlich Winniza, wo sie bis zum 4. August 1941 verbleibt. Eine Besichtigung auf freiem Felde bei Juswin am 30. Juli durch Admiral Canaris und den Rgt.-Kommandeur, Oberst von Haehling, verleiht den Männern der stark dezimierten 2. Kompanie wieder Selbstbewußtsein. Und am 4. August tritt dann die Kompanie, zu der am 6. August in Lemberg auch der Kp.Chef zurückkommt, den Rückmarsch nach Przemysl an. Sie verlegt dann noch nach Krakau, wo sie am 16. August bahnverladen wird. In Brandenburg/Havel trifft sie am 17. August in den Kasernen ein. –
An jenem 30. Juli, an dem die Feldbesichtigung für die übrigen Teile des I. Bataillons bei Juswin stattfindet, entscheidet sich auch das Schicksal des „Leg.Btl. Nachtigall“. Hier ordnet Admiral Canaris nach eingehender Aussprache mit seinen Kommandeuren an, das Bataillon in die Heimat zu entlassen und dort aufzulösen. Der Grund ist wohl darin zu suchen, daß durch die politische Entscheidung das Gebiet um Lemberg in das Generalgouvernement einzugliedern ist. Den Ukrainern ist damit die Grundlage für ihren Kampf in der deutschen Wehrmacht entzogen worden. Der Traum eines eigenständigen Staates West-Ukraine war ausgeträumt, die sich mehrende Unzuverlässigkeit der Legionäre in den folgenden Wochen läßt die

Zweckmäßigkeit der Teilnahme an weiteren Unternehmen zweifelhaft erscheinen.

Die 12. Kompanie von Oblt. Schader hat nach ihrem erfolgreichen Übergang über den Bug den Weg im Mittelabschnitt bis Krasny mitgemacht. Über die 12. Kompanie hier noch ein Bericht:

„Die 12. Kompanie hatte den Auftrag, mit einer Halbkompanie eine Brücke am Bug zu sichern und mit der anderen zwei Brücken zwischen Koden, Kamienka und Kobryn. Die Wichtigkeit dieser Einsätze wurde durch die persönliche Einweisung durch General Guderian im Bereitstellungsraum unterstrichen. Vor X-Zeit begaben wir uns mit unseren Zeltbahnen über den russischen Uniformen an die Spitze der Vorausabteilung. Die Uniformteile waren noch neu und unecht, so daß wir uns erst einmal durch den Dreck wälzen mußten. Nach dem großen Feuerschlag der Artillerie, die Lage auf Lage zu den Russen schickte, während die ersten Wellen deutscher Stukas die ganze Front erdröhnen ließen, setzten sich die Gruppenfahrzeuge in Bewegung. Nach einigen Kilometern hieß es „Absitzen zur Feindaufklärung mit Fahrrädern!" — Als Oblt. Schader erkannte, daß die Rollbahn vor ihm hoffnungslos von zurückflutenden Fahrzeugen und Gespannen verstopft war, entschloß er sich, mit seinen LKW's parallel querfeldein an seine Brücken heranzukommen.

Wir fuhren an russischen Gespannen, komischen Pkw-Typen, Geschützen und Panzern vorbei. Alles hastete landeinwärts, während wir westlich den deutschen Spitzen entgegenfuhren. Ein Russe mußte uns erkannt haben, er legte sein Gewehr an, schoß und verpaßte Vitus von der Lahr einen Bauchschuß. Ehe wir alles richtig registrierten, wurde der Russe vom nachfolgenden LKW der Gruppe Kraft regelrecht überfahren.

Unsere Fahrzeuge fuhren unbeirrt zwischen vielen uns entgegenkommenden Russen weiter, um endlich die erste Brücke zu sichten. Ein russischer Panzer flößte uns großen Schrecken ein, weil wir nicht sofort ausmachen konnten, ob die Besatzung uns erkannte oder ob er überhaupt besetzt war. Während wir kurz hielten, ging die Gruppe Kraft bei der noch unversehrten Brücke in Stellung. Der erste LKW mit der anderen Gruppe, wozu auch Oblt. Schader und Ass.Arzt Arp gehörten, sauste weiter, um die nächste Brücke zu erreichen. Noch bevor sich Gruppenführer Kraft über den Standort des LKW's im klaren war, wurde er heftig beschossen. Der Schütze 1 klemmte sich sein MG in die Hüfte, jagte einige Feuerstöße heraus und die Gruppe war unten. Trotz Verwundeter, in Nahkampf mit Handgranaten verwickelt, hielt sie die Stellung und die Brücke bis zum Entsatz durch Guderians Panzerspitze.

Die Gruppe Schader nahm schon von weitem Rauchfahnen wahr, ohne zu wissen, wohin sie gehörten. Etliche Meter weiter wurde zur Gewißheit, daß die Brücke bereits bis auf die tragenden Pfosten abgebrannt war. Nicht mehr daran denkend, daß wir uns alle in russischen Uniformen befanden, sprangen wir vom Wagen, um schnell auf die andere Flußseite zu gelangen. Die deutsche Vorausabteilung wußte aber nichts von deutschen Soldaten in russischen Uniformen. Ehe wir uns verständlich machten und die Waffen ablegten, hatten wir schon den Gefr. Wickede, einen Deutschen aus Rumänien, als zweiten Verwundeten. Unser Ass.Arzt Arp tat sein Bestes, aber Vitus von der Lahr war nicht mehr zu retten.

Während wir uns nach anfänglicher Seitensicherung in den Straßengraben hauten, rollten ununterbrochen die ganze Nacht hindurch Guderians Panzer weiter.

Am nächsten Morgen nahmen wir dann einen Gehöftekomplex unter die Lupe, den wir am Vortag, noch von vielen Russen besetzt, durchfahren hatten, ohne erkannt zu werden.

Eine große Bühne mit Stalinbild war aufgebaut und reichlich Gepäck zurückgeblieben. Tage später meldete unsere Abwehr, daß der Sender Moskau gemeldet habe, deutsche Soldaten in russischer Uniform hätten im Mittelabschnitt versucht, Stalin gefangenzunehmen. In der uns am Vortag entgegenkommenden Fahrzeug- und Panzerkolonne wäre demnach Stalin gewesen. Außerdem hätten wir also bei einem russischen Hauptquartier die erste Verschnaufpause gemacht. Ob das stimmt, ist ein wenig unwahrscheinlich.

Wir Landser der 12. Kp. hatten keine Muße, darüber Bertrachtungen anzustellen, denn am nächsten Tag ging es weiteren Aufträgen entgegen. Die Kompanie war mit „ihrer“ Infanterie-Division im Mittelabschnitt noch bis kurz vor Krasny in schwere Kämpfe verwickelt. In den Einsätzen am 22. 6., 14. 7., 16. 7. und 24. 7. fielen 39 Männer. Lehrke und Moser waren vermißt. Der Aderlaß war so erheblich, daß die 12. Kp. Ende August 1941 zur Auffrischung und erneuten Ausbildung nach Düren verlegt werden mußte.

Entscheidenden Anteil am Gelingen des ersten Tarneinsatzes ist dem Kampfdolmetscher, unserem Kameraden E. v. H., einem Baltendeutschen, zuzuschreiben. Er saß vorne rechts im Führerhaus, fungierte als russischer Offizier und hat es immer wieder verstanden, bei Kontrollen und Zurufen, den Argwohn und das Mißtrauen durch seine Sprachkenntnisse und seine Kaltblütigkeit zu verscheuchen. Als er später bei weiteren Unternehmungen so erfolgreich war, Offizier werden wollte und sollte, meinte man sich darauf besinnen zu müssen, daß er Halbjude war. Für uns war er ein Pfundskamerad und ein echter BRANDENBURGER! — Der uns von der Abwehr zugeteilte Dolmetscher dagegen hatte schon nach Einsatzbeginn Muffensausen.

Ich war als junger Soldat nur der Mann, der neben Schader auf dem LKW stand und die Befehle an E. v. H. im Fahrerhaus weitergab." [25]

Die 9. Kompanie unter Führung von Oblt. Dr. Kniesche wird nach beendeter Aufstellung etwa Mitte September 1941 von Düren aus in den Mittelabschnitt verlegt. Sie erreicht auf dem Bahnwege über Wjasma, Gschatsk, Mohaisk den Raum Wolokolamsk, wo sie mit einer Halbkompanie unter Führung von Leutnant Ramstetter der SS-Inf.Div. (mot.) „Das Reich" zugeteilt wird. Sie soll bei weiterem Vormarsch deutscher Truppen ein Kommando-Unternehmen gegen die „Isdra"-Staudämme vor Moskau durchführen. Dazu sind die Tage um den 15. Oktober 1941 vorgesehen.
Dazu stellt sich die Lage:
Schon am 14. Oktober standen die Spitzen des Pz.Gren.Rgt. 4 der SS-Division „Das Reich" und Teile der 10. Panzerdivision, nach Vollendung der Einschließung sowjetischer Armeen im Kessel von Brjansk und Wjasma, vor der „Moskauer Schutzstellung", die sich über eine Länge von annähernd 300 km von Kalinin bis Kaluga erstreckte.

Es war ein Abwehrsystem, das in monatelanger Arbeit von hunderttausenden von Arbeitern mit allen Mitteln neuzeitlicher Verteidigungskunst errichtet und ausgebaut worden war. Ihr Kernstück lag beiderseits der großen Autostraße Smolensk—Moskau, im Raum Jelnja—Borodino. Hier versuchte der Gegner noch einmal auf historischem Kampfgelände das Schicksal seiner Hauptstadt — wie bereits im Jahre 1812 — zu wenden.

Den beiden SS-Regimentern „Deutschland" und „Der Führer" gelang es, gemeinsam mit vordersten Teilen der 10. Pz.Div., die Moskauer Schutzstellung zu durchbrechen.

Die 9. Kompanie von Oblt. Dr. Kniesche war der Div. „Das Reich" unterstellt und hat alle Angriffe dieser Division bis vor Moskau mitgetragen. Der Fall der Stadt Moskau schien kurz bevorzustehen. — In diesem Augenblick — dem 16. Oktober 1941 — und die nächsten Tage setzte der russische Herbstregen ein und brachte die deutschen Soldaten um die letzte Auswertung der schon gewonnenen Schlacht. Tag und Nacht strömte es herab, es regnete und schneite in ununterbrochener Folge. In knietiefem Schlamm blieb der Angriff der deutschen Vorausabteilungen schließlich stecken. 80 km vor der Stadt kam der gefahrvolle deutsche Stoß bis zum 26. Oktober zum Erliegen. [26]

Heimatstab Lehr-Rgt. Brandenburg zbV 800 in Berlin.

Kasernen in Düren für III. Bataillon.

Hauptmann Wilhelm Walther.

Vormarsch in Litauen 7./LRB.

Die Dünabrücke bei Dünaburg.

Grab der beim Kommandoeinsatz auf die Dünabrücke gefallenen Brandenburger.

Ernst Prohaska-Brücke bei Maikop.

Ausbildungslager Pfeifermühle.

Die 9. Kompanie verbleibt auch in den kommenden Wochen im Rahmen der SS-Infanteriedivision (mot.) „Das Reich“, um am 1. Dezember 1941 für neue Aufgaben herausgezogen zu werden. Sie verlegt mit der I. Halbkompanie des Leutnant Ramstetter und der II. Halbkompanie des Leutnant Kirnich über Wolokolamsk in den Raum Borrojetsche, wo sie bis zum 22. Januar 1942 die Sicherung des Korpsgefechtsstandes des LI. A.K. übernimmt.
Vom III./Lehrregiment „Brandenburg“ zbV 800 ist die 10. Kompanie nach ihren Einsätzen im Raum Augustowo in Richtung Minsk weitergezogen. — Währenddessen bahnt sich eine Veränderung in der Führung des I. Bataillons im Lehrregiment „Brandenburg“ zbV 800 an. Die sicher schon über längere Zeit schwelenden, im persönlichen Bereich zu suchenden Differenzen zwischen dem Rgt.-Kommandeur und dem Kommandeur des I. Bataillons führen zum Entscheid, daß Major Heinz zum 30. 11. 1941 die Führung des Bataillons abzugeben habe. Hptm. Walther wird sein Nachfolger.

Von den Einzelheiten des geplanten Unternehmens „Barbarossa“ hat der Staatschef in Rumänien, General Antonescu, offiziell erst bei seinem Gespräch mit Hitler in München am 12. Juni 1941 erfahren. Zahlreiche Hinweise auf das Vorhaben jedoch, so die wesentliche Verstärkung der deutschen Truppen in der Moldau — von 55 000 im April 1941 auf 200 000 am 21. 6. 1941 — und die Anwesenheit des Generaloberst Ritter von Schobert seit 6. 5. 1941 als Oberbefehlshaber der 11. Armee sind ihm sicher schon vorher zugegangen. Hitler legt seine Angriffspläne gegen die Sowjetunion dar und begründet sie gegenüber Antonescu damit, daß er den Russen zuvorkommen wolle. Er verlangt dabei von den Rumänen keine Unterstützung; nur sollten sie Maßnahmen ergreifen, die das deutsche Vorrücken beschleunigten. Aufgrund dieser Information bietet Antonescu sofort die rumänische Armee an, um mit ihr an der Offensive teilzunehmen. Dazu schlägt Hitler vor, Antonescu solle selbst den Oberbefehl über die deutsch-rumänischen Truppen übernehmen, wobei ein deutscher Verbindungsstab unter Ritter von Schobert für die Einhaltung der allgemeinen operativen Richtlinien zu sorgen habe.
So werden in wenigen Tagen vor dem 22. Juni 1941 die letzten Vorkehrungen getroffen, die 3. und 4. rumänische Armee zusammen mit der deutschen 11. Armee zur „Heeresgruppe Antonescu“ zusammenzuführen.
In den Morgenstunden des 22. Juni verkündet der rumänische Staatsführer, daß mit Deutschlands Angriff im Osten auch für Rumänien der Krieg begonnen habe.

Nach dem Operationsplan sollen die deutsch-rumänischen Truppen vorerst nur kleine Brückenköpfe über den „Pruth" bilden, die dann zu gegebener Zeit die Ausgangsstellung für einen tief in das gegnerische Hinterland reichenden Großangriff werden sollen.
Man ist im Hauptquartier der Auffassung, daß sich die Kämpfe um die Brückenköpfe so lange hinziehen werden, daß die Truppen der Heeresgruppe Süd (von Rundstedt) bei Lemberg den sowjetischen Widerstand gebrochen haben und gegen das Schwarze Meer vorrücken können.
Nur unter schweren Verlusten gelingt es den Rumänen in den ersten Tagen nach Angriffsbeginnn, am Ostufer des „Pruth" — bei Stefanesti, Sculeni und Ungheni — kleinere Brückenköpfe zu bilden.
Als am 5. Juli 1941 dem Nordflügel der Heeresgruppe Süd mit 6. Armee und Pz.Gr. 1 der Durchbruch nördlich Lemberg gelingt und am 9. Juli die Stadt Shitomir genommen wird, ist die Basis für weitere Operationen geschaffen.[27]
Die deutsche 6. Armee erhält nun die Aufgabe, ihre Offensive in Richtung Kiew fortzusetzen und Brückenköpfe über den Dnjepr zu bilden. Der rumänische Angriff, dem bereits kleinere Operationen vorausgegangen waren, erfolgt planmäßig am 2. Juli 1941. Während die 4. rumänische Armee weiterhin defensiv bleibt, überschreitet die 3. rumänische Armee im Raum Jassy—Botosani den „Pruth", um ihren Angriff nach Nordosten fortzusetzen. Am 4. Juli werden die Vorstädte von Czernowitz (anders Tschernowitz) erreicht, die Nordbukowina besetzt und in den folgenden Tagen das von den Sowjets seit einem Jahr als Hoheitsgebiet betrachtete Bessarabien wieder in Besitz genommen. Mit der Einnahme des Ortes Getatea-Alba (anders: Akkermann) am 26. Juli ist das Hauptziel der Rumänen erreicht. Ganz Bessarabien und die Nordbukowina sind zurückgewonnen.
Die Siegesmeldungen der „Heeresgruppe Antonescu", die Tag und Nacht in Bukarest verbreitet werden, haben auch eine negative Seite. Bereits kurz nach Kriegsbeginn entstehen zivile und militärische Probleme. Antonescus Rolle als „selbständiger Heerführer" wird Ende Juni beschnitten, die Realität zwingt zu dieser Maßnahme. Vom Oberkommando der Heeresgruppe Süd müssen kurzfristig verbindliche Weisungen an das Armeeoberkommando der 11. Armee (v. Schobert) und später auch an die rumänischen Armeekorps erteilt werden. Antonescu begreift diese Situation, er bringt auch später den deutschen Wünschen sehr viel Verständnis entgegen.
Als am 17. Juli[29] die Spitzen der 11. Armee den „Dnjestr" erreichen und die ersten Brückenköpfe am Ostufer bilden können, wird der Oberbefehl des General Antonescu über diese Verbände aufgehoben. Die 4. rumänische

Armee wird dem rumänischen Generalstab direkt unterstellt, die deutsche 11. Armee wird gemeinsam mit der 3. rumänischen Armee der He.Gr. Süd zugeteilt und nimmt am weiteren Vormarsch teil. –[28]
Die Vorgeschichte macht es verständlich, daß die 6. Kompanie unter Oblt. Meissner aus ihrem bisherigen Unterkunftsraum bei Ploesti erst abgerufen wird, als der Angriff nach Osten bereits im Gange ist. Und dann geht alles sehr schnell. Zunächst Verlegung nach Piatra-Neamt zum Armeestab, dann weiter nach Mogilew-Ataki, im Rahmen einer Vorausabteilung. Am 7. Juli erfolgt Angriff im Kommando-Einsatz gegen die Dnjestr-Brücken, zwei Stoßtrupps unter Leutnant Bansen und Leutnant Wolter vorneweg. Ein Teil der Brücken geht jedoch in die Luft, nachdem die ersten BRANDENBURGER herüber sind.
Abends wird der Brückenkopf wieder geräumt – dabei erhebliche eigene Verluste. – Der Erfolg war jedoch, daß sehr starke russische Kräfte von nur einer Kompanie gebunden worden waren, so daß an anderer Stelle der Übergang über den Dnjestr gelingen konnte.
Währenddessen hat die 11. Armee die Stadt Kishinew genommen und stößt mit ihren Vorausabteilungen gegen den Unterlauf des Dnjestr vor. Ziel der Armee ist Balta, während die 4. rumänische Armee rechts rückwärts (südlich) nachgezogen wird, um ihr den Vorrang zur Besetzung von Odessa einzuräumen. Sie überschreitet am 31. Juli bei Karanti den Dnjestr nach Osten.[30]
Dieser Bewegung folgt die 6. Kompanie der BRANDENBURGER im Verbande der 22. Luftlande-Division (von Sponeck).
Während sich die 4. rumänische Armee zum Angriff gegen Odessa bereitstellt, ist die 11. Armee nördlich von Nikolajew bis zum Bug vorgestoßen. Zu diesem Zeitpunkt, am 14. August 1941, haben die Angriffsspitzen der 17. Armee über Lemberg – Winniza – Uman, nach Südosten abdrehend, die Stadt Kirowograd westlich des Dnjepr erreicht.
Versorgungsschwierigkeiten verzögern den Angriffsbeginn der 4. rumänischen Armee auf Odessa. Als sie am 18. August endlich antritt – in eigener Regie, denn sie will „ihre" Stadt erobern – sind nicht nur der hartnäckige Widerstand der sowjetischen Besatzung, sondern auch das entschlußlose Vorgehen und die unzureichende Ausbildung der Rumänen der Grund für nur geringen Raumgewinn. Zugegeben, eine Hafenstadt mit Festungsanlagen wie Odessa, mit Nachschub über See, ist schwer in die Hand zu bekommen. Noch für den 3. 9. 1941 vermerkt das Tagebuch der Heeresgruppe, daß es der „4. rumänischen Armee noch nicht gelingt, im Angriff auf Odessa wesentlich Raum zu gewinnen . . ." – Die 6. Kompanie unterstützt im Rahmen der 22. Luftlande-Division die Angriffshandlungen der Rumänen mit ihren Kräften, soweit verlangt. Kompanieführer ist nach Weggang von Oblt. Meissner Ende Juli 1941 für kurze Zeit Oblt. Grabert.

In der Folge ist die 6. Kompanie in deutschsprachigen Dörfern wie Straßburg, Kandel und Groß- und Klein-Liebenthal im Frontabschnitt vor Odessa und bereitet Stoßtruppunternehmen gegen Odessa vor. An der Eroberung dieser Stadt selbst jedoch nimmt sie nicht teil.
Nach dem Einmarsch der Rumänen in Odessa am 16. Oktober 1941 löst sich die 6. Kompanie als Vorausgruppe der 22. Luftlande-Division von den in Odessa verbleibenden Rumänen und verlegt über Nikolajew – Cherson nach Perekop. Dort erfolgt am 28. Oktober 1941 in der Landenge die Bereitstellung zum Durchbruch auf die Halbinsel Krim.
Zu diesem Zeitpunkt übernimmt Oblt. Bansen die Führung der 6. Kompanie. Sie ist an den Kämpfen und der beginnenden Belagerung der Festung Sewastopol beteiligt (7./8. 11. 1941). Am 17. Dezember beteiligt sie sich an einem Angriffsunternehmen gegen das Sperrfort „Maxim Gorki", das jedoch nicht durchschlägt. In der Zeit vom 23. bis 28. Dezember 1941 wird die 6. Kp. vorübergehend aus dem Vorfeld der Festung Sewastopol herausgezogen und als Vorausabteilung in Richtung Kertsch eingesetzt; ausgelöst vor allem durch wiederholte Anlandungen der Sowjets. Einsatz im Hafen und Sperrung der Hafeneinfahrt.
Die Kompanie Bansen, weiter bei der 22. Luftlande-Div. und dort der Aufkl. Abt. 22 des Obstlt. von Boddien unterstellt, wird am 5. Januar 1942 nach Eupatoria geworfen, wohin die Sowjets nach gelungener Anlandung bis in die Stadt vorgedrungen sind. Nach heftigen Straßenkämpfen in Eingreifgruppen und nach Bereinigung der Lage dort erfolgt Rückverlegung in das Vorfeld der Festung Sewastopol. In der Folgezeit bleibt die 6. Kompanie in Verbindung mit der Aufkl. Abt. 22, jetzt unter Führung des Major von Canstein, als Eingreifgruppe in Bereitschaft. Sie ist wiederholt im Einsatz gegen mehrmalige Versuche der Sowjets, sich an den Küsten und auch im Inland in Widerstandsnestern festzusetzen.
Als sich Ende Juni 1942 der Kampf um die Festungswerke von Sewastopol dem Ende nähert, der sowjetische Widerstand nachläßt und die Kapitulation der letzten Verteidiger kurzfristig zu erwarten ist, wird die 6. Kompanie in den Heimatstandort entlassen. Anfang Juli 1942 trifft sie wieder in ihren Unterkünften im Raum Baden b. Wien ein, um aufzufrischen und Ersatz zur Auffüllung der Kompanie aufzunehmen. In kurzer Zeit ist sie für neue Einsätze bereit.

Zwischenzeit 1941/42

Während im Osten zum Jahresende 1941 die deutschen Angriffsbewegungen im Oktober durch starke Regenfälle, Schlamm und Nässe, im November durch starke Schneefälle und große Kälte und im Dezember durch verstärkte sowjetische Gegenangriffe im allgemeinen zum Stehen gekommen sind, haben die BRANDENBURG-Verbände ihre Heimatstandorte mit wenigen Ausnahmen wieder bezogen.
Hier wird aus den seit 1939 gemachten Erfahrungen mit Kommandounternehmen ein Aufgabenkatalog mit Richtlinien für den Einsatz erarbeitet und in einem Bericht des Chefs Abwehr II (Nr. 1509/42 gKdos v. 26. 6. 1942) wie folgt niedergelegt:

Aufgaben im allgemeinen:
Aufgabe des Lehr-Rgt. „Brandenburg" zbV 800 ist der kampfmäßige, getarnte Einsatz gegen taktisch, operativ oder kriegswirtschaftlich wichtige Objekte. Er erfolgt dort, wo andere Einheiten der kämpfenden Truppe noch nicht oder nicht mehr kämpfen können.
Im Hinblick auf die Bedeutung rascher Bewegungen im modernen Krieg steht die Inbesitznahme von Verkehrsanlagen, insbesondere von Brücken, im Vordergrund.
Der Sondereinsatz von Einheiten des Lehr-Rgt. „Brandenburg" zbV 800 soll den Gegner durch Anwendung von Kriegslisten aller Art täuschen und ihm so kriegswichtige Objekte überraschend entreißen.
Den Erfolg des Sondereinsatzes taktisch und operativ voll auszunutzen, ist Sache der Führung der nachfolgenden Truppe.
Richtlinien für den Einsatz:
1.) Die Einheiten des Lehr-Rgt. „Brandenburg" zbV 800 sind ausschließlich Kampfinstrumente des Bewegungskrieges. Ihr Einsatz bei motorisierten und Panzer-Verbänden im Rahmen von Vorausabteilungen bildet daher die Regel.
Der Einsatz im Rahmen von Nachhuten kann in besonderen Fällen zweckmäßig sein.
2.) Mit dem Übergang zum Stellungskrieg sind die Einheiten des Lehr-Rgt. „Brandenburg" zbV 800 aus der Front herauszuziehen.
Zeiten längerer Defensive und des Stellungskrieges sind von den Einheiten des Lehr-Rgt. „Brandenburg" zbV 800 beschleunigt zur Erprobung und Umstellung auf neue Kampfverfahren auszunützen. Nur so werden einem geweckten Gegner gegenüber künftige Überraschungserfolge gewährleistet.
3.) Infanteristischer Einsatz von Einheiten des Lehr-Rgt. ist mit Rück-

sicht auf das für die Sonderaufgaben ausgesuchte, besonders ausgebildete und schwer zu ersetzende Menschenmaterial nur in ausgesprochenen Notlagen vorübergehend gerechtfertigt.

4.) Die Kampfeinheit für den Sondereinsatz des Lehr-Rgt. „Brandenburg" ist die Kompanie. Sie gliedert sich in 2 Halb-Kompanien zu je 2 Einsätzen und 1 schweren Zug. Gesamt-Stärke der Kompanie: 300 Mann.

5.) Die Kompanien des Lehr-Rgt. „Brandenburg" werden den Heeresgruppen, bzw. Armeen zur Verfügung gestellt. Ihr Einsatz wechselt und hängt ab vom Schwerpunkt der Kampfhandlungen.

6.) Eine Kompanie des Lehr-Rgt. ist möglichst nur einer Division zuzuteilen. Eine Verteilung der Kompanie auf mehr als zwei Divisionen gefährdet ihre Schlagkraft.

7.) Stärke und Zusammensetzung der Einsätze für die jeweiligen Kampfaufgaben richten sich nach Lage und Auftrag.

8.) Mit dem Zeitpunkt, in dem die zur Verfügung gestellten Kompanien des Lehr-Rgt. „Brandenburg" in den Bereich der Armeen treten, sind sie diesen taktisch und, soweit es sich um den Einsatz handelt, auch disziplinarisch unterstellt. Im übrigen verbleibt die personelle Fürsorge und Betreuung auch während des Einsatzes dem Regiment.

9.) Der Einsatz von Einheiten des Lehr-Rgt. „Brandenburg" erfolgt ausschließlich und verantwortlich nach den Weisungen der kämpfenden Truppe.

10.) Das Lehr-Rgt. „Brandenburg" stellt in der Regel bei jedem Einsatz von Kompaniestärke an einen Verbindungs-Offizier (V.O.) zu der den Einsatz steuernden Kommandodienststelle ab. Der Verbindungsoffizier unterrichtet die für den Einsatz verantwortliche Truppenführung über Stärke, Gliederung und Kampfverfahren der unterstellten Regimentseinheiten.[87]

Zu dieser Zeit sind nur die Tropenkompanie „Brandenburg" des Oblt. von Koenen in Nordafrika, die 9. Kompanie des Oblt. Dr. Kniesche im Raum nordwestlich Moskau und die 6. Kompanie von Oblt. Bansen auf der Krim.

Für die anderen in den Heimatstandorten liegenden Kompanien gibt der Kommandeur des Lehrregiments „Brandenburg" zbV 800, Oberst von Haehling, ein Mann für Recht und Ordnung, neue Richtlinien für die Stärkung der Kampfkraft. Er verlangt harte Ausbildung und hohe Einsatzbereitschaft seiner Einheiten. Und doch weicht er in der Zielsetzung von der bisherigen Linie der Ausbildung der zbV-Soldaten ab.

Vielleicht ist es die Einsicht, daß die eigentliche Zeit für Kommandounternehmen vorbei ist; vielleicht auch die Erkenntnis, daß künftige Einsätze an den Fronten in geschlossenen Verbänden auch bei den BRANDENBURGERN den Vorrang haben werden. Die Angleichung in Ausrüstung und Ausbildung mit der Waffe an die konventionellen Truppenteile ist eingeleitet. —

Es ist daher auch kaum verwunderlich, daß sowohl in der Umgliederung der Einheiten wie im personellen Bereich Entscheidungen getroffen werden, die manchem alten Hasen bei BRANDENBURG zuwiderlaufen. Alles, was bisher mit der Abwehr und deren Anforderungen für Sondereinsätze zu tun hatte, wird aus dem eigentlichen Regimentsbereich ausgegliedert. Die Ausbildungsstätte der Abwehr auf dem Quenz-Gut b. Brandenburg geht in einen anderen Befehlsbereich über. Die bisher in Brandenburg stationierte 1. Kompanie als Sammelstelle für V-Leute, Spezialisten usw. wird ab 1. Dezember 1941 als A-Kompanie in die in Aufstellung befindliche sogenannte „V-Abteilung“ übernommen. Unterbringung Ritterakademie. Die Dolmetscherkompanie unter Oblt. Johannes geht ebenfalls in den Aufsichtsbereich dieser V-Abteilung über.

Das wirkt sich personell und besonders in den Führungsstellen aus. Der Kommandeur des I. Bataillons, Major Heinz, ist versetzt mit dem Auftrag, eine Abwehrschule aufzubauen und ab 1. 12. 1941 die V-Abteilung zu übernehmen. Nachfolger ist Hptm. Walther. Die Verabschiedung und Einführung der Kommandeure erfolgt am 28. Oktober 1941. Aber auch in die Kompanieführer-Stellen drängen nun junge, idealistisch gesonnene, und kampferfahrene Offiziere und lösen so manchen alten Haudegen, ehemaligen Freikorpskämpfer und Offizier der ersten Stunde ab. Wie sich in der ersten Phase des Rußland-Feldzuges gezeigt hat, fehlte gerade diesen das neuartige Verhalten auf dem Gefechtsfeld und der Umgang mit modernen Waffen. Der Generationswechsel macht auch hier Veränderungen notwendig.

Major Heinz, mit Groll im Herzen aus der bisherigen Stellung ausgeschieden, baut in der Zeit vom 2. 11. 1941 bis 19. 11. 1942 die „V-Abteilung“ auf, die dann aus Platzgründen zunächst auf den Truppen-Übungsplatz Regenwurmlager bei Meseritz verlegt. Hier wird die seit April 1941 wirkende „Lehr- und Ausbildungs-Kompanie“ unter Führung des Rittmeister Dr. Harbich der V-Abteilung unterstellt.

Für das I. Bataillon in Brandenburg unter Führung von Hptm. Walther wirkt sich die Abgabe der 1. Kompanie an die „V-Abteilung“ insoweit aus, als die im Raum Baden b. Wien seit April 1941 in Bildung begriffene 17. Kompanie unter Oblt. Babuke im November 1941 nach Brandenburg verlegt wird.

Hier wird diese Kompanie mit 2 Halbkompanien zu je 3 Einsätzen (jeder

Einsatz mit 2 Schützen- und 1 Pioniergruppe) und mit ihrem schweren Zug (mit 2 s.MG.-Gruppen, 1 Panzerbüchsen- und 1 Flammenwerfertrupp) als neue 1. Kompanie in das Bataillon eingegliedert. Kp.-Offiziere sind die Leutnante Schulte, Andress, Süss und Decker.
Die 2. Kompanie (Hptm. Dr. Hartmann) und die 3. Kompanie (Oblt. John) bleiben unverändert, während die 4. (le) Pi-Kompanie (Oblt. Kürschner) seit Herbst 1941 die Nachfolge des früheren Fallschirmjägerzuges Lütke angetreten hat und komplett zur Fallschirmjägerkompanie umgegliedert wird. Ausbildung erfolgt ab September (16.—20. 9. 1941) in Wittstock a. d. Dosse.
Wie bereits erwähnt, ist der inzwischen zum Major beförderte Dr. Paul Jacobi Kommandeur des II. Bataillons. Seine 5. Kompanie, die durch frühzeitige Abgaben für den Schutzeinsatz auf der Donau und zur Aufstellung der 7. Kompanie nur noch ein Torso ist, erhält mit ihrem neuen Chef, dem Oblt. Zülch, und die Zuführung von Ersatz aus der 14. (Ergänz.) Kompanie des Oblt. Helmut Pinkert ihre alte Schlagkraft wieder. Pinkert, vormals beim Rgt.-Stab in Berlin, hatte nach Kriegsbeginn gegen Rußland ab Juli/August 1941 die 14. (Ergänz. u. Ausbild.) Kompanie aus Buchenlanddeutschen in Düren aufgestellt und war dann nach Baden b. Wien verlegt worden. Die 5. Kompanie mit ihren Kp.-Offizieren Lt. Hettinger, Lt. Machwirth und Lt. Steidl, mit dem Oberfeldwebel Martl und dem Spieß Hptfeldw. Röttges, ist ab Herbst 1941 im Lager Königswiese im Ortsteil Hinterbrühl bei Mödling, südlich Wien, untergebracht. Der dort freigehaltene Platz für die 6. Kompanie des Oblt. Bansen bleibt ungenutzt. Um die Jahreswende 1941/42 ist sie auf der Krim im Einsatz und wird kaum vor Frühjahr 1942 zurückerwartet. — Oblt. Kutschke, der nach seinem Einsatz am Eisernen Tor (April 1941) die 7. Kompanie wieder im Unterbringungsraum des II. Bataillons versammelt hat, findet dort später in Leutnant K. H. Oesterwitz seinen neuen Kp.-Offizier vor. Hier erfolgt Ausbildung auch im Hochgebirge. — Die 8. Kompanie, die nach dem Tode des Oblt. Knaak bei Dünaburg wieder von Oblt. Grabert geführt wird, ist mit ihren Kp.-Offizieren Leutnant Renner, Lt. Hüller, Lt. Lange, Lt. Prohaska und Lt. Haut in Neuhaus im Triestingthal (Wiener Wald) untergebracht.
In Düren ist Hptm. Jacobi als Kommandeur des III. Bataillons dabei, die Kompanien neu zu formieren. Allerdings ohne die 9. Kompanie des Oblt. Dr. Kniesche, die noch bei der Heeresgruppe Mitte an den schweren Kämpfen vor Moskau beteiligt ist. Vorhanden ist dagegen die aus dem Osten zurückgekehrte 10. Kompanie mit Lt. Kriegsheim (schwer verwundet) und Lt. Kohlmeyer als Kp.-Offizieren. Der Kp.-Chef, Oblt. Aretz, scheidet im November 1941 aus, dafür kommt der Hptm. Auch, der die Kompanie bis etwa Mai 1942 führen wird.

Nach dem Abgang der 11. Kompanie wird zur Jahreswende aus Teilen der 16. Kompanie, vom Einsatz Oesel zurückgekehrt, eine neue 11. Kompanie aufgestellt. Die 12. Kompanie unter Oblt. Schader ist seit ihrer Rückkehr aus dem Osten Ende August 1941 ebenfalls in Düren versammelt.
Im Frühjahr 1942 taucht dann auch die bisher nicht genannte 15. (le) Kompanie als Truppenbezeichnung auf. Sie ist für eine Verwendung im hohen Norden vorgesehen und heißt in der Aufstellungsphase „Kompanie Trommsdorf". Über Hintergründe ihrer Entstehung, ihre Aufstellungszeit und erste Verwendung hier einige Einzelheiten:

Finnland, seit dem I. Weltkrieg traditionell dem deutschen Volke freundschaftlich verbunden, ist am 26. Juni 1941 als Waffenbruder an der Seite Deutschlands in den Kampf gegen die Sowjetunion eingetreten, um den ungünstigen Ausgang des finnisch-sowjetischen Winterkrieges 1939/40 zu korrigieren. Für die Deutschen ist dieser Schritt der finnischen Staatsregierung von Vorteil, gewährt er doch eine gewisse Sicherung der finnischen Nickelvorkommen für die deutsche Kriegsproduktion. Aber auch die Fesselung sowjetischer Kräfte im hohen Norden sowie die Schaffung einer Basis der deutschen Luftwaffe (Luftflotte 5) zur Bekämpfung der sowjetischen Nachschubhäfen und Bahnlinien sind von eminenter Wichtigkeit.
Finnland tritt jedoch nicht als Verbündeter an die Seite Deutschlands, weil es seine langfristigen Kontakte zu den Westmächten, vornehmlich zu England und den USA, nicht gefährden will. Aber gerade diese Beziehungen unter stiller Duldung der Reichsregierung hindern die Engländer nicht daran, am 6. Dezember 1941 Finnland den Krieg zu erklären; und die Engländer sind es auch für die nächsten Jahre, die den vollen Erfolg in einer gemeinsamen Kriegführung gegen die Sowjetunion in Frage stellen.
Bei der zunächst gemeinsamen Kampfführung liegen die Angriffsschwerpunkte für das Gebirgskorps Norwegen im hohen Norden, bei der Gewinnung der Stadt Murmansk mit ihrem eisfreien Hafen und des nordwestlich anschließenden Landstreifens; dann ca. 400 km weiter südlich bei dem Vorstoß des deutschen XXXVI. Armeekorps in Anlehnung an das III. finnische Korps in Richtung Kandalakscha, zur Unterbrechung der Murmansk-Bahn, und schließlich bei der über die Karelische Landenge einzuleitenden Einschließung von Leningrad.
Die Angriffshandlungen im hohen Norden erreichen im Jahre 1941 ihre Ziele nicht. Nach anfänglichen Erfolgen bleiben die Bewegungen etwa am 18. 9. 1941 in dem unwegsamen Gelände — im wahrsten Sinne des Wortes — stecken. Die Front erstarrt. Auch an der „Salla-Front" wird die Murmansk-Bahnlinie nicht gewonnen, im Südstreifen bleiben die finnischen

Angriffsverbände an der alten finnisch-sowjetischen Grenze von 1939 stehen.
Mit der Bildung des Armeeoberkommandos Lappland unter Führung des Generals d. Geb.Tr. Dietl am 14. 1. 1942, zu dessen Befehlsbereich die Abschnitte der „Salla-Front“ in Mittel-Finnland bis hinauf nach Murmansk gehören, werden Überlegungen zur Einleitung neuer deutscher Angriffsvorhaben im Frühjahr 1942 angestellt. Dazu gehören vordringlich Planungen für einen Doppelangriff gegen die Murman-Bahn durch einen deutschen Vorstoß nach Kandalakscha einerseits wie ein finnischer Angriff gegen Belomorsk/Soroka, weiter südlich, andererseits.
Das Ziel bei diesen Vorbereitungen für das Frühjahr 1942 ist und bleibt die Unterbrechung der Nachschub-Bahn der Sowjets.
Der Befehl Hitlers vom 21. 11. 1941 zur Durchführung für März 1942 beruht auf drei Voraussetzungen, die besonders in Mittelfinnland gegeben sind: Eine befahrbare Straße im Angriffsstreifen für den notwendigen Nachschub, die kürzeste Entfernung zum Ziel und das überschaubare und deckungsgünstige Gelände.
In Anbetracht der Gefahr der Nähe deutscher Verbände zur Murman-Bahn — es sind knapp 35 km Luftlinie — hatten die Sowjets ständig Verstärkungen herangeschafft und ihre Stellungen in Mittelfinnland ausgebaut. Ein erneuter deutscher Angriff im Gebiet Alakurtti wäre somit nur unter Einsatz erheblich verstärkter Kräfte von Erfolg gewesen. Weiter nördlich jedoch und über den Polarkreis hinweg in Richtung Murmansk ist eine Frontlücke von mehr als 70 km, die von beiden Seiten nur stützpunktartig besetzt ist. In diesem tundraartigen Gebiet hielten zwei finnische Bataillone in verstärkter Spähtrupptätigkeit eine schwache Sicherungslinie.
Einem Vorschlag des Generals Schoerner folgend soll mit einer beweglichen Kampfgruppe aus dem Raum nördlich Rovaniemi heraus direkt nach Norden vorgestoßen, die sowjetischen Stützpunkte ausgehoben und der Weg nach Murmansk freigekämpft werden. Hierzu werden ein Gebirgsjägerbataillon (Btl. Stampfer), eine finnische Kampfgruppe und eine Kompanie BRANDENBURGER bereitgestellt.
Den Besonderheiten der Einheiten BRANDENBURG entsprechend ist es selbstverständlich, nicht nur in Afrika, auf der Krim und an zahlreichen Stellen der Ostfront ihren Sonderaufgaben nachzugehen, sondern auch im hohen Norden, in den Tundragebieten Finnlands das Schwerpunktziel — die Unterbrechung der Murman-Bahn — mit den ihnen eigenen Mitteln anzugehen.
Vorbereitend entsteht etwa Oktober 1941 bis Dezember die „Kompanie Trommsdorf“ (eine Einheit ohne Nummernbezeichnung, wohl aber versehen

mit einer Feldpostnummer). Trommsdorf ist Leutnant, stammt aus Berlin, ein intellektueller Typ mit starker Nickelbrille. Von ihm kommt die Idee der Aufstellung einer Sondertruppe für den Einsatz im Norden. Er sammelt etwa 80—90 deutsche Soldaten auf dem Tr.Üb.Platz Zossen bei Berlin, jeder ein Spezialist. Es gibt Pioniere mit Sprengausbildung ebenso wie Wasserpioniere, Hundeführer für Polarhunde von der Heereshundeschule Sperenberg, Träger von Handfeuerwaffen ebenso wie MG.-Schützen, Bedienungen für Leichtgeschütze und Funktrupps, sowie einen Arzt mit 6 Sanitätern. Voraussetzung für jeden ist, daß er ein ausgezeichneter Skiläufer ist. Die erforderliche Winterausrüstung wird entsprechend ausgewählt. Hinzu kommen für den Wintereinsatz ca. 30 finnische Akjas, 60 Schlittenhunde und 6 scharfe Wachhunde, für den Sommer mindestens 30 Faltboote mit etwa 20 Außenbordmotoren.

An Transportmitteln stehen 2 oder 3 Lastwagen zur Verfügung, dazu 3 oder 4 Kübelwagen, an Bewaffnung ein rückstoßfreies 7,5-cm-Leichtgeschütz, weiter mehrere schallgedämpfte und Zielfernrohr-Gewehre. Es ist eine rundum optimale Ausstattung für diese Spezialtruppe.

Daraus ergibt sich auch, daß die Soldaten zumeist aus den Bergen kommen. Zu nennen sind Lt. Sölder aus Bozen, Lt. Decker aus Wien, Feldwebel „Pepi“ Plauer, die Gefreiten Seibt, von Fersen, Fellner und Hilbig. Es sind Männer, die in den Bergen zuhause sind. Nur eines ist ihnen nicht gegeben bei aller vorzüglichen Ausrüstung, nämlich die Gewöhnung an die Gegebenheiten Lapplands im hohen Norden Finnlands. Die Witterung, die beißende Kälte im Winter, die feucht-schwüle, mückenverseuchte Zeit des kurzen Sommers, die unendliche Weite der Tundra, die endlosen Wälder ohne Weg und Steg, die zahlreichen Sümpfe, Flüsse und Bäche, die Vielzahl der Seen, der Mangel an Orientierungsmöglichkeiten. Dieses alles bleibt ein unkalkulierbarer Faktor bei den intensiven Vorbereitungen.

Und gerade das wird ihnen bei ihrem ersten Einsatz zum Verhängnis, diese Unkenntnis des Außergewöhnlichen in einem ihnen noch unbekannten Landstrich.

In den ersten Tagen des Jahres 1942 werden sie in den hohen Norden transportiert, relativ wenige Männer, aber vieles an Ausrüstung und Waffen. Meldung beim AOK Lappland — bei General Dietl. Und hier der erste Dämpfer für die Mannschaft der Kompanie Trommsdorf, ausgelöst durch eine von Dietl beobachtete Übung dieser Kompanie in ungewohntem Gelände. Er entscheidet: Ab ins Waldlager bei Kilometer 9, nördlich Rovaniemi! — „Gewöhnt Euch erst mal an die hiesigen Verhältnisse!“ —

30 Finnen werden zur Kompanie kommandiert. Ihnen obliegt es, die Män-

ner aus Deutschland an die besonderen örtlichen Verhältnisse zu gewöhnen. Und die nächsten Wochen vergehen mit Übungsmärschen, Biwakieren im freien Gelände bei Minus 50°, eben mit den Vorbereitungen zum Überleben in einem so undurchdringlichen Gelände, wie es unmittelbar am Polarkreis gegeben ist.

Ende März 1942 ist es soweit. Die Pläne Schoerners werden in die Tat umgesetzt, das Unternehmen „Lutto" — nach einem Fluß bei Alakwetti südwestlich Murmansk benannt — soll losgehen. Es ist die Phase zwischen Winter und Frühling, der Schnee jedoch bedeckt in großen Mengen die Landschaft und verdeckt jeden Orientierungspunkt, so daß nur die landgewohnten Finnen mit Pfadfindermitteln und den Sternen am Himmel den Weg ermitteln können.

Die für den Vorstoß nach Nordosten vorgesehenen Verbände treten von verschiedenen Punkten aus an; das Gebirgsbataillon Stampfer soll die sowjetischen Stützpunkte ausheben, die finnische Kampfgruppe bekämpft aufkommende sowjetische bewegliche Verbände in der Tiefe des Raumes, den BRANDENBURGERN fällt die Aufgabe zu, weit im Rücken des Gegners durch Überfälle und Störaktionen die Sowjets daran zu hindern, Nachschub aus dem großen Depot von Ristikent südwestlich Murmansk zu holen.

Am Ostersonntag, dem 6. April 1942, geht er los, der Marsch in die unendliche Tiefe. Ziel und allgemeiner Treffpunkt ist bei Alakwetti am Lutto-Fluß. Es geht alles schief, was nur schiefgehen kann: Die Operationsplanung hatte nicht berücksichtigt, daß gerade um diese Zeit ungewöhnlich viel Schnee fiel. Die Folge ist das verspätete Antreten des Gebirgsbataillons, die Ausgangsstellungen zum Angriff gegen den sowjetischen Stützpunkt bei Lutto-Dorf können nicht rechtzeitig eingenommen werden, die Kompanie Trommsdorf verfehlt den Treffpunkt, und als sie eintrifft, haben die Gebirgsjäger — am hellichten Tage — den sogenannten Russenberg über einen vereisten See hinweg und dahinter auch noch bergauf mit einem Verlust von 57 Mann bereits angegriffen und sind in den Wäldern verschwunden. Die Kompanie Trommsdorf kommt überhaupt nicht mehr zum Einsatz.

Die Verbindung reißt ab, die BRANDENBURGER finden sich allein irgendwo, sie irren bei jetzt urplötzlich einsetzendem Tauwetter durch die Gegend, keine Orientierung, nichts! — Schließlich eine schwache Funkverbindung mit den Gebirgsjägern — irgendwo; sie hilft auch nicht weiter. Tagelang irren die Männer durch den Urwald, dem Erfrieren nahe, bedrückt durch die Einsamkeit des Landes. Nach Tagen findet ein Spähtrupp der Gebirgsjäger endlich diesen Trupp der schon fast Verzweifelnden. Es gelingt, sie zum Ausgangslager zurückzubringen. Das war die Rettung in letzter Minute. Es war Mitte April 1942. Leutnant Trommsdorf verläßt die Kompanie, er übergibt die Führung an Lt. Sölder.

Eines ist geblieben — der Name Geisterkompanie, sicher nicht nur in freundlichem Sinne gemeint.

Es bleiben den Männern nur wenige Wochen, sich Gedanken über diesen Fehlschlag zu machen. Das Trotzdem gewinnt Oberhand, der Wille nach Rehabilitierung setzt sich durch; die Gelegenheit kommt.

Anfang Mai 1942 greifen die Sowjets mit örtlich überlegenen Kräften die schwachen Sicherungen hart nördlich der finnischen Stadt Kiestinki (Karelien), ostwärts Rovaniemi, an. Sie sickern durch Lücken zwischen den deutschen Stützpunkten durch; die BRANDENBURGER werden dagegen angesetzt, sie schaffen es, in schweren Kämpfen die Eindringlinge abzufangen, die alten Stellungen wiederzugewinnen, ja sogar einige Stellungsverbesserungen zu erkämpfen. Es ist in der Zeit vom 2. Mai bis 16./18. Mai. Sie verteidigen verbissen bis Anfang Juni 1942 die erreichten Linien bei zunehmenden Verlusten, jedoch erfolgreich.

Die Scharte vom Lutto-Fluß ist ausgewetzt.

An der Ostfront 1942

Oberstes strategisches Ziel Hitlers für das Jahr 1942 bleibt die Ausschaltung der Sowjetunion als militärischer Faktor. Dazu sollen im Mittelabschnitt der Ostfront keine größeren Operationen durchgeführt, jedoch der Angriff in Richtung auf den Kaukasus wieder aufgenommen werden. Neben der Gewinnung der dortigen Ölquellen hofft er, damit auch die Voraussetzungen für einen späteren Angriff auf Persien und den Irak sowie die Entfesselung einer arabischen Freiheitsbewegung schaffen zu können.

Entsprechend dieser Absicht gibt Hitler Anfang Januar 1942 neue Richtlinien. Aus dem erzwungenen Stillstand an der Ostfront heraus soll wieder eine Offensive vorbereitet werden.

Die von Hitler beabsichtigte Sommeroffensive wird am 28. März 1942 erstmalig im Führerhauptquartier besprochen. Anfang April erhalten die Heeresgruppen die „Weisung Nr. 41“ mit den Aufmarschabsichten.

Ziel der Hauptoperation — Deckname „Blau“ — ist die Gewinnung des Kaukasus unter Vernichtung der sowjetischen Kräfte im Raum Woronesh und westlich bzw. nördlich des Don. —

Wegen der Termine des Eintreffens der hierzu verfügbaren Verbände kann die Operation nur in einer Reihe nacheinander folgender Schläge durchgeführt werden, die in drei Phasen ablaufen sollen:

Erste Phase: Durchbruch aus dem Raum südlich von Orel in Richtung Woronesh, mit dem Ziel der Besetzung der Stadt;

Zweite Phase: Fortsetzung des Angriffs durch Panzer- und motorisierte Verbände von Woronesh aus, mit der linken Flanke an den Don angelehnt, nach Süden zur Unterstützung eines zweiten Durchbruchs, der aus dem Raum Charkow nach Osten geführt werden soll;

Dritte Phase: Vereinigung der den Don abwärts vorstoßenden schnellen Verbände mit den aus dem Raum Taganrog — Artemowsk über den Donez nach Osten angreifenden Verbänden im Raum von Stalingrad.

Die deutsche Sommeroffensive beginnt am 28. Juni 1942 mit dem Angriff der Armeegruppe von Weichs (2. Armee + 4. Pz.Armee) aus dem Raum ostwärts von Kursk in Richtung auf den Don. Zwei Tage später tritt die 6. Armee (Gen. d. Pz.Truppen Paulus — dabei XXXX. mot. AK.) aus dem Raum ostwärts von Charkow zu ihrem Angriff nach Nordosten an. [35]

In der 2. Junihälfte 1942 sind die BR-Einheiten in ihren Standorten alarmiert, aber nur das I. Bataillon unter Hptm. Walther auf dem Bahntransport in den Süd-Abschnitt der Ostfront. Erstes Ziel ist Poltawa, wo die 1., 2., 3. und 4. Kompanie nacheinander eintreffen.

Hier trennen sich entsprechend den Aufträgen die Wege der einzelnen Kompanien. Am 28. 6. bereits verlegt die 2. Kp. (Oblt. Gerh. Pinkert) über Ljubotin — Ljugow nach Kursk, wo sie am 30. 6. zur Verfügung der 4. Pz.Armee (Hoth) unterzieht. Die 1. Kp. (Hptm. Babuke) marschiert über Krasnograd, Losowaja nach Stalino in den Bereich der 1. Pz.Armee (v. Kleist), wo sie der 14. Pz.Division im III. Pz.Korps zugeteilt wird. Die 3. Kp. (Hptm. John) stößt um die gleiche Zeit in der Gegend Rossosch zur 3. Pz.Division im XXXX. Pz.Korps. Zum eigentlichen Einsatz kommt es zunächst nicht. Die BR-Einheiten suchen Verbindung zu den im rasanten Vormarsch und zur Verfolgung übergehenden Kdo.-Stellen zu erreichen.

Als am 6. Juli 1942 die Inf.Div. (mot.) Großdeutschland den Don-Abschnitt westlich Woronesh gewinnt, ist damit die 1. Operationsphase abgeschlossen. Das OKH legt als weitere Operationsziele fest: Die Masse der schnellen Verbände der 6. Armee sowie die unverzüglich herauszuziehenden Verbände der 4. Pz.Armee (Hoth) sind so rasch wie möglich über die „Kalitva“ auf Michailowka vorzutreiben; die 1. Pz.Armee (v. Kleist) hat sobald wie möglich beiderseits von Lissitschansk (Donez) auf Vjocinow anzugreifen, um ein Ausweichen des Gegners über die „Aidar“ zu verhindern.

Am 7. Juli 1942 tritt eine neue Befehlsregelung im Südabschnitt der Ostfront in Kraft. Das neu eingeschobene He.Gr.-Oberkommando A unter Gen.Feldm. List übernimmt den Befehl über die 11. Armee (v. Manstein), 17. Armee (Ruoff), 8. ital. Armee und 1. Pz.Armee (v. Kleist). Gleichzeitig erhält die bisherige He.Gr. Süd unter Gen.Feldm. v. Bock (ab 15. 7. Frhr. v. Weichs) die Bezeichnung He.Gr. B. —

Am 9. Juli 1942 beginnt die zweite Operationsphase, die schon bald im Zeichen einer allgemeinen Verfolgung zwischen Don und Donez steht. Die Masse des Gegners jedoch kann sich der Einschließung durch Flucht nach Ost und Südost entziehen.

Am 18. Juli 1942 faßt Hitler in einer neuen Weisung seine Entscheidungen für den weiteren Verlauf der Operationen zusammen: Als erstes und wichtigstes Ziel wird darin die Vernichtung der vor der He.Gr. A zusammengedrängten sowjetischen Armee im Zuge einer auf Rostow zulaufenden Zangenbewegung bezeichnet.

Zum Einbruch in den Kaukasus-Raum sollen möglichst viele Brückenköpfe über den Don gewonnen werden. Zur Abdeckung dieser Hauptoperation sei es erforderlich, den Raum zwischen Don und Wolga zu gewinnen und Stalingrad zu nehmen — zumindest die Wolga südlich Stalingrad zu sperren. Von der 11. Armee auf der Krim sollen nur noch eine deutsche Jägerdivision und zwei rumänische Gebirgs-Divisionen auf die Taman-Halbinsel übersetzen.

In der Weisung Nr. 45 vom 23. Juli 1942, die Hitler entgegen der Auffassung Halder's erläßt, wird als Operationsziel der He.Gr. A die Einnahme des Kaukasus, als Ziel der He.Gr. B die Einnahme Stalingrads sowie später der Stoß auf Astrachan bezeichnet. Die Weisung Nr. 45 stößt Hitler indessen noch einmal um, die He.Gr. A muß die 4. Pz.Armee (Hoth) an die He.Gr. B (v. Weichs) abgeben.

Damit strebt die deutsche Sommeroffensive in zwei Stoßrichtungen — Stalingrad und Kaukasus—, die sich immer mehr voneinander entfernen, und zwischen denen eine riesige Lücke entsteht, die nur von der 16. Inf.Div. (mot.) notdürftig überwacht wird. [36]

Die schnelle Veränderung der Lage, der wiederholte Wechsel der Unterstellungsverhältnisse und die erst ab 7. 7. 1942 deutlicher erkennbaren Zielrichtungen lassen auch für den Kommandeur des I. Bataillons BR jetzt die Einsatzziele seiner einzelnen Kompanien erkennen. Danach zeichnet sich der Schwerpunkt zum großen Don-Bogen und dem Unterlauf des „Don“ (ostwärts Rostow) ab.

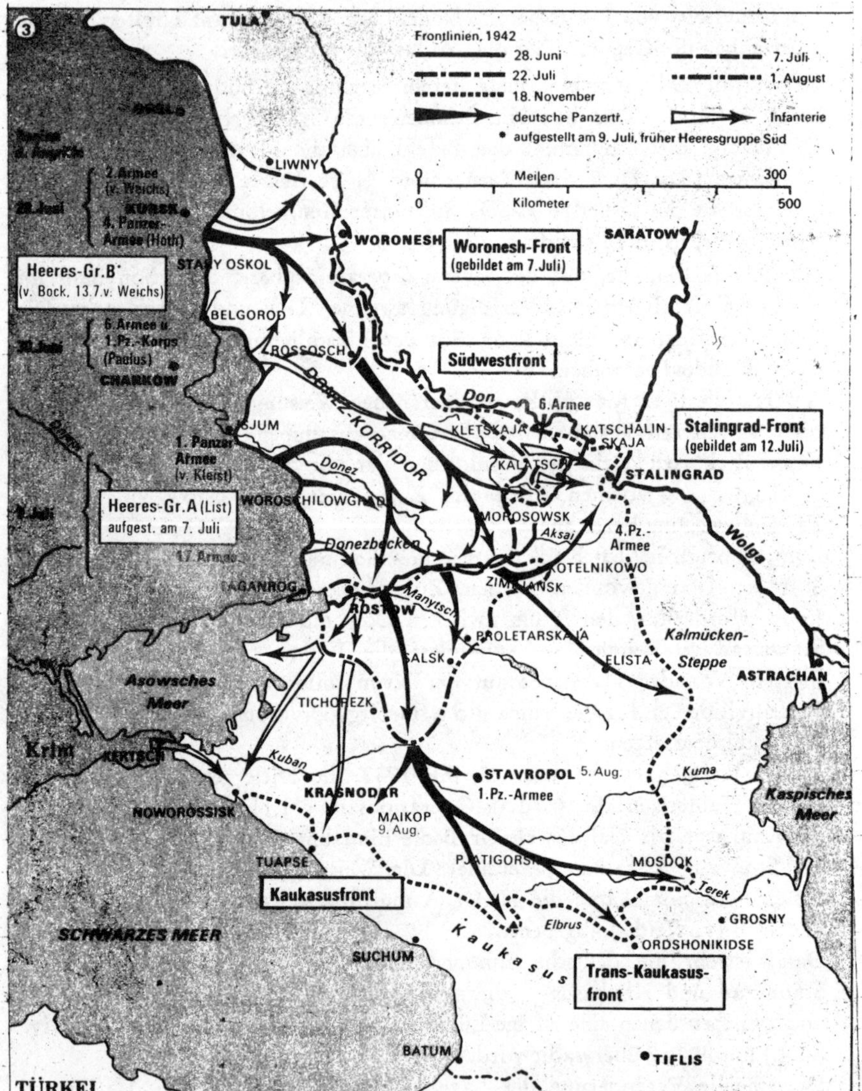

---

*) entnommen: „Der große Atlas zum Zweiten Weltkrieg", Südwest-Verlag, München 1975.

Unterdessen wird das II. Bataillon (ohne 6. Kp.) unter Major Dr. Jacobi am 1./2. Juli 1942 aus seinem Raum Baden b. Wien in Wien bahnverladen. In mehreren Transporten verlegt es über Budapest — Debrecen nach Kischinew/Moldau. Von dort marschieren — je nach Eintreffen — die 5. Kp. (Oblt. Zülch), die 7. Kp. des Oblt. Oesterwitz, und die 8. Kp. (Oblt. Grabert) im Mot.-Marsch über Odessa in den Raum Nikolajew/Bug. — Dort sammelt das II. Btl. (ohne 6. Kp.) um den 10./12. Juli 1942.
Die genaue gliederungsmäßige und personelle Struktur einer Einsatz-Kompanie, wie sie bei allen Bataillonen ab Juli 1942 üblich ist, wird am Beispiel der 5. Kompanie des Lehr-Regiment „Brandenburg" zbV 800 erkennbar.

Kp.Chef: Oblt. Zülch
Kp.Arzt: Ob.Arzt Dr. Schmid
Kp.Trupp: Feldw. Ladendorff

1. Halbkompanie

Führer: Lt. Lau

I. Einsatz: Lt. Seuberlich
1. Schützengruppe
2. Schützengruppe
Pioniergruppe
Panzerbüchsentrupp
Flammenwerfertrupp
le. Granatwerfertrupp

II. Einsatz: Obfw. Schmalbruch
Gliederung wie I. Einsatz

Halbkompanietroß:
Feldw. Wolfsberger

2. Halbkompanie

Führer: Lt. Steidl

I. Einsatz: Lt. Pils
1. Schützengruppe
2. Schützengruppe
Pioniergruppe
Panzerbüchsentrupp
Flammenwerfertrupp
le. Granatwerfertrupp

II. Einsatz: Lt. Lorencuk
Gliederung wie I. Einsatz

Halbkompanietroß:
Obfeldw. Goller

schwerer Zug:
Führer: Obfeldw. Martl
s.MG-Zug: Feldw. Ortner
s.GrW.-Zug: Objg. Majoni
Pz-Büchse 41: Feldw. Stemmberger

Kompanietroß: Hptfeldw. Röttges
Zahlmeister: Obzahlmstr. Stein

Legionärszüge

Etwa 8 Tage nach Eintreffen der Masse des II. Bataillons im Raum Nikolajew setzen sich am 18. Juli die Transporte des III. Bataillons (ohne 9. Kp.) des Majors Jacobi aus Düren in Richtung Südosten in Bewegung. Es sind dies die 10. Kompanie (Oblt. Ronte) und die 12. Kompanie (Oblt. Schader) sowie der Btl.-Stab, die in Stalino ausladen. Von dort geht es im Mot.-Marsch über Jassinowataja nach Rowenki (Roswenki), südlich Woronesh. Die (neue) 11. Kompanie unter Oblt. Hütten wird Anfang August ebenfalls nach Rowenki zugeführt.

Der Stab des Lehr-Regiments „Brandenburg" zbV 800 in Berlin schiebt nunmehr einen Gefechtsstab nach Rowenki, später nach Stalino vor; dabei der Rgt.-Kommandeur Oberst von Haehling, der Ia-Oblt. Wülbers, der Ic-Oblt. H. Pinkert.

Während die 4. (le) Pi.Kp. — die Fallschirmjägerkompanie Kürschner — in Rowenki zur Verfügung des eigenen Regiments verbleibt, sind die 1. Kp. (Babuke) der 14. Pz.-Div. und die 3. Kp. (John) der 3. Pz.-Div., beide in der 1. Pz.Armee, zugeteilt, die 2. Kp. (G. Pinkert) jedoch der 4. Pz.Armee. Die Aufgaben dieser Kompanien liegen in Spontaneinsätzen gegen Brükken und ähnliche Objekte vor den Spitzen der Panzerdivisionen, in Fernspähtrupps bis über 100 km hinter die Feindlinien, motorisiert wie auch zu Fuß. Teils in der Form, daß mot. Spähtrupps sich in sowjetische Fluchtkolonnen eingliedern und laufend deren Bewegungen melden. Dabei geraten sie wiederholt zusammen mit dem fliehenden Feind in den Wirkungsbereich eigener Waffen und unter Beschuß eigener Panzerrudel.

Durch die Weiträumigkeit der Operationen, bei denen sehr oft täglich 100 und mehr Kilometer zurückgelegt werden, ist in solchen Fällen den Trupps keine Möglichkeit gegeben, sich im rechten Augenblick zu erkennen zu geben. Eigener Beschuß — was für die Trupps besonders deprimierend wirkt — und manchmal auch damit verbundene Verluste durch eigene Waffen sind dabei nicht ganz auszuschließen.

Die 3. Kompanie (Hptm. John) ist um den 13. Juli 1942 im Rahmen des XXXX. Pz.Korps bei der Spitze der 3. Pz.Div. im Raum ostwärts Millerowo — südwestlich Kasanskaja. Hier wird sie zu einem Fernspähtrupp angesetzt; dazu der Bericht:

„Der Fernspähtrupp des Hptm. J. in den großen Donbogen, der von deutschen Truppen noch nicht besetzt war, geriet in einem Dorf 80 km hinter den Linien, das mit russischen Truppen voll belegt war, in ein langes Verhör durch einen russischen Kommissar. Am Dorfeingang wurde der Trupp, der auf zwei von den Russen erbeuteten LKW amerikanischer Herkunft (Dodge) verlastet war, zunächst von einem sehr wachsamen russischen Posten gestoppt, der anschließend seinen Lt. heranholte. Eine Viertelstunde

Verhör durch den russischen Lt. als Gegenpart zum Hauptkampfdolmetscher des Trupps, der russische Offz.Uniform trug. Während der Hptm. J. als nicht russisch sprechender Truppführer wie auch alle nicht russisch sprechenden Männer „kampfmüde“ auf dem Kfz herumhing, knüpfte die andere Hälfte der Truppe, die Dolmetscher waren, mit den herumstehenden Mädchen und Soldaten „Landsergespräche“ an. Trotz größter Gewandtheit des Hauptkampfdolm. v. F. traute der russische Lt. nicht ganz der ihm erzählten Legende, nach der der Trupp angeblich von einem Sonderunternehmen gegen die Deutschen zurückkam, für das er von der dort im Raume liegenden russischen Armee angesetzt worden war, stellte sich seitlich auf das Trittbrett und gab an, dem Trupp den Weg durch den Ort zeigen zu wollen. In Wirklichkeit aber führte er ihn seinem im Dorf stationierten Kommissar zu, der nun ebenfalls mit einem hochnotpeinlichen Verhör begann. Nach 3/4stündiger Unterhaltung war der Zweikampf mit geistigen Waffen zwischen dem Kommissar und dem Hptkdolm. noch nicht entschieden, bis schließlich v. F. alles auf eine Karte setzte und sagte: „Wenn Sie mir nicht glauben, so rufen Sie doch die Armee (die Russen) an!“ Worauf der Komm. antwortete: „Wenn ich eine Fernsprechverbindung dorthin hätte, hätte ich es schon lange getan!“
Damit war aber auch die Entscheidung zugunsten des deutschen Trupps gefallen. Bei einer nun folgenden Einweisung am Ortsausgang durch den russischen Lt. über die Verhältnisse und Belegung des nächsten zu passierenden Ortes erhielt gleichzeitig der Trupp beste Aufklärungsergebnisse. Der Trupp fuhr nach Verlassen des Dorfes, eine Panne vortäuschend und die nahe Dämmerung abwartend, nach Westen in die Steppe hinein und erreichte vor dem Morgengrauen wieder die eigenen Linien, wobei die Annäherung an die eigenen Linien immer besonders gefährlich war durch die Wahrscheinlichkeit eigenen Beschusses. Verhängnisvoll wurde bei diesem Unternehmen beinahe die Benutzung von LKWs amerikanischer Herkunft. 1942 waren diese Fahrzeuge bei der Roten Armee noch nicht allgemein bekannt, da damals die amerikanischen Lieferungen erst angelaufen waren, und das Auftauchen solcher Fahrzeuge führte häufig zu neugierigen Fragen russischer Posten. Die Fahrer solcher Wagen mußten daher möglichst perfekt russisch sprechen.“
An einem Beispiel sei hier die Sonderheit derartiger Einsätze der BRANDENBURGER aufgezeigt:
„Fernsprähtrupps zu Fuß, die wie der von Oblt. Schatz ebenfalls über ungefähr 100 km durchgeführt wurden, brachten meist nicht den gewünschten Erfolg, da die Gesamtoperation zu weitgreifend war und die Mitnahme von weit genug reichenden Funkgeräten die Trupps zu stark belastete. Die

Meldungen dieser Trupps kamen dadurch oft zu spät an, und die Trupps waren durch die ungeheuren Strapazen in der glühenden Hitze der Steppe und die Wassernot nach ihrer Rückkehr meist so erschöpft, daß sie tagelang nicht einsatzbereit waren."

Der Weg der 2. Kompanie (G. Pinkert), der von den Einheiten im Rahmen der 4. Pz.Armee (Hoth) am weitesten nach Osten — in den nach Süden verlaufenden Don-Bogen — führt, zeigen die Eintragungen eines Kradmelders:

1. 7.— 4. 7.	—	Kursk
5. 7.	—	Kursk — Repjewka
6. 7.	—	Repjewka — Desanky
7. 7.	—	Desanky — Siernidesadskoe
9. 7.—10. 7.	—	Siernidsadskoe — Staraja Humna
11. 7.	—	Staraja Humna — Soloka (103 km)
12. 7.	—	Soloka bei Olijowatka
13. 7.	—	Soloka — Rossosch — Sknarowka (111 km)
14. 7.	—	Sknarowka — Krawcowa (95 km)
15. 7.	—	Krawcowa — Nasaroff (38 km)
16. 7.	—	Nasaroff — Meschkow — Astachoff — Podmarjow (97 km)
17. 7.	—	Podmarjow — Nasaroff (156 km)
18. 7.	—	Nasaroff — Meschkow
19. 7.	—	Meschkow — bei d. Werkstatt-Kp.
20. 7.	—	Meschkow — Astachoff — Podmarjow
23. 7.—24. 7.	—	Parschikoff
25. 7.	—	Parschikoff — Kargalski (am Don) Beljanski (77 km)
26. 7.	—	Beljanski — Nikolajewskaja — Titoff
27. 7.	—	Titoff
28. 7.	—	Titoff — Obliwnoj (Kein Baum, nur Sand)
29. 7.	—	Obliwnoj — Kalinskij (19 km)
30. 7.	—	Kalinskij — Bolsch. Orlowka
31.7.	—	In . . . Bolsch.-Orlowka [38]

Die von Norden vorstoßenden Panzerspitzen gewinnen am 17. Juli bei Zymljanskaja und am 22. Juli bei Tazinskaja (ostwärts Nowotscherkask) das Nordufer des Don. Bereits am 20./21. Juli können die ersten Brückenköpfe bei Konstantinowskaja und bei Zymljanskaja gebildet werden. Am gleichen Tage machen Teile der 2. Kompanie (G.Pinkert) bei Parschikow ostwärts Nikolajewskaja einen Tarneinsatz über den „Don", der gerade dort in weitläufigen Nebenarmen, sumpfigen Gewässern und dichtem

Gestrüpp träge dahinfließt. Drückende Hitze — das Nordufer überhöht, das Südufer buschartig verfilzt, flach, jedoch undurchsichtig. Mücken, Tsetse-Fliegen erschweren den Einsatz.

Am 23. Juli hat die 3. Pz.Div. hart ostwärts Konstantinowskaja ebenfalls einen Brückenkopf über den Don gewonnen, aus dem heraus am 24. 7. die 3. Kompanie an Wisselij vorbei gegen den „Sal" (anders: Ssal) bei Orlowka (anders: Orlowskaja) vorstößt. Ihr folgt zwei Tage später über Nikolajewskaja die 2. Kompanie nach Süden, ebenfalls auf Orlowka zu, während die 1. Kompanie im Gefolge der 14. Pz.Div. erst am 2. 8. 1942 bei Zymljanskaja den Don nach Süden überschreitet.

Mit dem überraschenden Durchbruch deutscher Panzerspitzen von Norden her und dem Gewinnen des Ostufers des Don sowie eines Brückenkopfes ostwärts der Stadt Rostow beginnt am 22. 7. 1942 der sowjetische Widerstand nördlich und nordostwärts Taganrog zu zerbrechen. Der rechte Flügel der deutsch-rumänischen 17. Armee (Ruoff) kann gegen nachlassende Gegenwehr täglich etwa 15—20 km nach Osten vordringen.

Im Unterbringungsraum des II. Bataillons macht sich bereits am Montag, 20. Juli 1942, die 8. Kompanie des Hptm. Grabert für einen zbV-Einsatz fertig.

Am 24. Juli gelingt den nördlich und ostwärts vorstoßenden Panzer- und Inf.-Divisionen der Einbruch in die Stadt.

Auftrag für die 8. Kompanie: Durch die Stadt stoßen und die für den weiteren deutschen Vormarsch sehr wichtigen Straßen- und Eisenbahn-Brücken über das Don-Delta nördlich Bataisk besetzen und offen zu halten.

Während am Freitag, 24. 7., die Kämpfe in der Stadt Rostow mit sowjetischen Restgruppen bis in die frühen Nachmittagsstunden anhalten, setzt Hptm. Grabert gegen 15.00 Uhr bereits mit den Männern der 2. Halbkompanie auf Schlauchbooten über den nördlichsten Don-Arm über. Lt. Hüller folgt ihm mit einer weiteren Gruppe nach. Sammeln am jenseitigen Ufer beim Gefechtsstand des Kradschtz.-Btl. 43 unter Obstlt. Stolz.

Es sind 5—6 Brücken, die das Don-Delta überspannen — nördlich der Stadt Bataisk. Hptm. Grabert will unbedingt unter Ausnutzung der Dunkelheit bis über die letzte Brücke vor Bataisk vordringen.

Über die Einzelheiten berichtet ein an diesem Unternehmen beteiligter Unteroffizier:

„Tod des Hauptmann S. Grabert bei Bataisk.

Der Wehrmachtsbericht vom 27. Juli 1942 beginnt mit den Worten: ‚Südlich Rostow wurde die stark befestigte und zäh verteidigte Stadt Bataisk nach zweitägigem Kampf von deutschen Truppen im Sturm genommen.'

Kamenolomni
Ssewernyj
Ordshonikidse
Flugplatz
Rostow
Frunse
Don
Selenyj
Lewyj Bereg Dona
See Talowatoje
See Latatnoje
See Koissugskoje
Tschmutowaja
Koissug
Bataisk
Koissug
D.S.
Molk
Trud Kolonija
Molk

Zu den Männern, die diese Tat vollbrachten, gehört in erster Linie die Kompanie Grabert, deren Führer, wie immer der Vorderste, im Kampf um die Brücken vor Bataisk sein Leben ließ.
Ein riesiges Sumpfgelände liegt zwischen Rostow und Bataisk. Nur ein einziger Damm, darauf Straße und Eisenbahn, überbrückt es. Kein Wunder, daß der Russe seine Ari und Granatwerfer auf jeden Punkt dieses einzigen Verbindungsweges eingeschossen hatte. In der Abenddämmerung tritt die Marschgruppe Grabert, etwa in Stärke einer Kp., zum Vormarsch an. In langen, lichten Reihen geht es am Damm entlang vorwärts. Unausgesetzt steigen Leuchtkugeln auf, peitschen messerscharf Einzelschüsse und MG.-Garben über den Damm. Schwer keuchen im Vorwärtsstürmen die Schützen der schweren Waffen unter ihrer Last. Doch heute gibt es keine Schonung, die Brücke muß, noch ehe der Russe sie sprengen wird, in unserer Hand sein.
Endlich erreichen wir den diesseitigen Brückenkopf. Eine tiefe Mulde unmittelbar vor dem Fluß nimmt uns auf. Mit dankbaren Augen empfangen uns die paar Kradschützen, die hier vorne seit Stunden bemüht sind, den Feind durch ihr Feuer von der Sprengung abzuhalten.
Im Nu sind die Stellungen für unsere Waffen erkundet. Der Chef orientiert sich und weist seine Unterführer ein. Es sieht nicht gut hier aus. Die Eisenbahnbrücke 200 m links von uns brennt lichterloh. Ein s.MG. muß im Brückenpfeiler sitzen. Immer wieder harkt es in unsere Flanke. Beiderseits der Brücke geht alles in Sumpf über. Der Entschluß des Chefs steht fest. Noch vor Tagesanbruch muß die Brücke in unserer Hand und ein Brückenkopf gebildet sein. Führer: Er selbst. Gegen 1 Uhr setzt von drüben rasendes Granatwerferfeuer ein. Schon die ersten Einschläge kosten Tote. Der eigene schwere Granatwerfer erhält Feuerlaubnis. Wie ein Luchs äugt der Truppführer aus seiner B-Stelle in die Nacht hinaus. Da — Mündungsfeuer. ‚Abschuß!', ruft er laut, als drüben der dumpfe Knall ertönt.
Die Köpfe der Kameraden ducken sich, bis im Geprassel des Einschlages die Gefahr verrauscht. Zwei schwere Feindwerfer werden erkannt und, obwohl die eigenen Einschläge nur mit dem Ohr wahrzunehmen sind, schon mit dreizehn Schuß zum Schweigen gebracht. Noch ein Zwischenfall tritt ein. Auf der Brücke plötzlich eine Stichflamme! Das Feuer nimmt rasend zu. Uns stockt der Atem. Wird der Russe die Brücke anzünden — eine halbe Stunde vor unserem Sturm? Wütend preschen s.MG.-Garben hinüber. Doch der Brand scheint harmlos. Ein LKW muß wohl am Brückenende gestanden haben und durch Leuchtspurtreffer in Brand geschossen worden sein. Wir atmen erleichtert auf. Um halb drei

beginnnt der Angriff. Kurze Besprechung beim Chef. Die Spitzengruppe tritt an. Lautlos, Gespenstern gleich, huschen sie über die Brücke — mit Abstand folgen die beiden Züge. Noch hat der Feind nichts bemerkt. Mit weit aufgerissenen Augen hocken die s.MG.-Schützen an ihren Gewehren, Finger am Abzug. Da — der Russe schießt. Sämtliche eigenen Waffen feuern los. Kein Wort ist mehr zu verstehen. Nach langen, heißen Minuten steigen drüben die ersten Leuchtkugeln hoch. Gott sei Dank — sie haben's geschafft. Weitere folgen. Munition nach vorne — Feuer vorverlegen! — Hier sind wir! — — Der Feind ist geworfen, der Brückenkopf gebildet. Um das Halten braucht keinem bange zu sein, denn drüben führt unser Hauptmann Grabert.
Doch der Russe gibt nicht nach. Er weiß, was er verlor. In der Morgenfrühe überschüttet er die Flußufer stundenlang mit einem Hagel von Granaten. Ein MG. nach dem anderen fällt aus, zuletzt auch die Pak. Die Verwundungen häufen sich, sodaß Arzt und Sanitäter allein nicht mehr durchkommen. So springen andere beherzte Männer mit ein. Ein großartiges Bild der Kameradschaft und Hilfsbereitschaft, noch größer aber das Verhalten der Getroffenen selbst. Kein Schreien ist zu hören, kein Wehklagen, nur unterdrücktes Stöhnen. Einer von den Zehnen, die ich in kurzer Zeit verbinde, durchblutet mit seinem Kopfschuß zwei Verbandspäckchen. Ganz ruhig fragt er mit Augen wie ein Kind: ‚Ist es schlimm?'
In einer Gefechtspause dringt von drüben der Ruf: ‚Munition!!' Wo bleibt nur der Nachschub? Die schweren Waffen haben selbst nichts mehr. Trotzdem stellen wir, als der Russe wieder etwas Ruhe gibt, mit den Kisten der ausgefallenen MG. eine Munitionskolonne zusammen. Wo bleibt nur der Nachschub? — — Wir können es nicht fassen, daß uns die Kameraden hinten im Stich gelassen haben sollten. Erst viel später erhalten wir die Aufklärung: Der Feind hat 8 km hinter uns, gleich nach unserem Angriff, aus der Flanke einen Partisanenangriff in Bataillonsstärke vorgetragen mit dem Ziel, die Donfähre bei Rostow zu überrennen, um uns abzuschneiden. Dann hätten wir vorne langsam aber sicher unsere Stunden zählen können. Doch so weit kam es nicht. Der Angriff wurde zerschlagen, aber der Munitionsnachschub blieb liegen, und tagsüber war durch das Sperrfeuer der Russen nichts mehr nach vorn zu bringen.
Als schließlich die Verbindung zwischen beiden Ufern aus Mangel an Signalmunition immer mehr abriß und in all dem Lärm nur noch der Ruf herüberkam: ‚Eine Spritze Morphium zum Chef', entschlossen sich kurzerhand Stabsarzt Dr. Weber und Uffz. Fohrer, den Fluß zu

durchschwimmen. Trotz schwersten Scharfschützenfeuers glückte dies. Der Arzt versorgte die zahlreichen Verwundeten, während Hptm. Grabert, durch Kopfstreifschuß leicht verletzt, dem Uffz. den Ernst der Lage aufzeigte. Dieser schwamm nun, gehetzt von Schützen-, Pak- und MG.-Feuer wieder zurück, und es gelang ihm, nur leicht verwundet, bei dem inzwischen eingetroffenen Btl.Kdr. der Infanterie und dem vorgeschobenen Ari-Beobachter die dringendsten Maßnahmen zu veranlassen. Da lag plötzlich unser Hauptmann vor uns. Im tollsten Feuer war er mit einem schweren Bauchschuß über die Brücke gelangt. Ruhig und gefaßt verlangte er Morphium. Dem Arzt, der ihn beim Verbinden hatte trösten wollen, hatte er nur geantwortet: ‚Machen Sie mir nichts vor, Doktor, ich bin selbst Mediziner und weiß genau, daß ich sterben muß.' Seine wenigen Worte galten dem Verlauf des Kampfes und dem Schicksal seiner Männer. Stolz war er auf sie, und fast erschien es ihm als Gnade, daß er nicht einer der wenigen bleiben mußte, die diesen heldenhaften Opfergang überlebten.
Währenddessen ging erneut die Hölle los. Auf unserer rechten Flanke brachen in dichten Rudeln durch Wasser und Sumpf die Russen hervor. Die Gefahr, abgeschnitten zu werden, stand uns riesengroß vor Augen. Da gab es nur noch ein einziges Handeln — die letzte Patrone wurde aus dem Dreck gezogen, Beutewaffen zusammengetragen. Und als geschähe ein Wunder — erhoben sich aus allen Löchern Verwundete, hinkten oder krochen hinüber an den Straßendamm und bildeten mit ihren blutigen Leibern den Wall nach rechts. Einer, ein Oberschütze, dem vor Stunden beim Munitionstransport der rechte Arm zerschossen wurde, stand nun aufrecht in seinem Loch und feuerte ruhig Schuß auf Schuß aus einem Russengewehr. Ein Südtiroler saß rechts fast ungedeckt auf der B.-Stelle seines s.MG. und spie Tod und Verderben in den Feind. Da erschienen, als die ersten Russen schon auf 200 m heran waren, unsere Stukas. Durch Funkspruch genau eingewiesen, stürzten sie sich mitten in die Russenrudel. So gut saßen ihre Bomben, daß selbst wir noch mit Erde und Steinen überschüttet wurden. Der Angriff der Russen zerschellte.
Inzwischen hatte Hauptmann Grabert, nachdem er noch einiges Persönliche aufgetragen hatte, die Augen zum letzten langen Schlaf geschlossen. Und diese Ruhe breitete sich nach dem Zerschlagen des Angriffes über den ganzen Abschnitt aus. Vollkommen erschöpft lagen die Männer in ihren Löchern und versuchten vergeblich zu schlafen. Wer von den Jägern noch stehen konnte, wankte hin, Abschied zu nehmen von seinem Chef. Dann legten wir ihn behutsam in eine Mulde und bedeckten ihn

mit Blumen und Gras. In der Nacht, wenn wir abgelöst würden, wollten wir ihn mit uns nehmen, wie einst die Goten ihren toten König. Doch es sollte uns nicht gelingen. Nachdem drei Mann verwundet und eine Karette zerschossen waren, mußten wir den Versuch aufgeben. So ruht er nun inmitten seiner Männer unter dem Pfeiler seiner Brücke, unser Hauptmann und Ritterkreuzträger Siegfried Grabert. Und nun rollen Panzer um Panzer über diese Brücke, fort nach Süden. Ihr Donnern grüßt dankbar die toten Helden, die ihnen den Weg bahnten durch Sumpf und Tod. Erschreckend groß war zunächst die Zahl unserer Vermißten, doch bis in die Nacht hinein kamen immer wieder einzelne zurück — oft schwer verwundet. Ein Unteroffizier hatte getreu dem Befehl die ganze Nacht im Vorfeld der Brücke ausgehalten, rings umgeben vom Feind. Als am Morgen die Infanterie nach gründlicher Ari-Vorbereitung gegen Bataisk stürmte, ging er mit und führte einen Stoßtrupp vor, bis er im Feuer zusammenbrach. Ein Sanitätsunteroffizier kroch in der Nacht, als der Lt. Hüller schwer getroffen um Hilfe rief, bis zu den vordersten Sicherungen vor und starb mit ihm zusammen durch einen Kopfschuß. Meine Gedanken aber gleiten zurück in jene besonnte Tübinger Studentenzeit, wo uns beiden Freunden an so manchem Sonntagmorgen ein Verweilen am Grabe unseres großen Hölderlin schönster Gottesdienst war. Immer wieder entzündeten sich dort unsere Herzen an diesem unvergleichlichen Wort:

Im heiligsten der Stürme falle
zusammen meine Kerkerwand,
und herrlicher und freier walle,
mein Geist ins unbekannte Land."

Die Gesamt-Verluste der Kompanie Grabert bei dem Unternehmen gegen die Don-Brücken vor Bataisk betragen 87 Mann, die sich aufteilen in: 17 Mann gefallen (2 Offz., 2 Uffz., 13 Mann), 16 Mann vermißt (2 Uffz. und 14 Mann), 54 Mann verwundet (11 Uffz. und 43 Mann), davon 34 ins Lazarett aufgenommen. Die 8./Lehr-Rgt. BR zbV 800 wird daraufhin zurückgezogen und zur Neu-Gliederung nach hinten in Ruhe gelegt. Hauptmann S. Grabert wird nach seinem Tode für diese Tat mit dem Eichenlaub zum Ritterkreuz ausgezeichnet. [39]

Lehr-Regiment „Brandenburg“ z. b. V. 800
Kommandeur

Rgts.Gef.St., 09. 08. 42

Regiments-Befehl

Der Chef der 8./Lehr-Regiment „Brandenburg“ z. b. V. 800, unser Ritterkreuzträger Hauptmann Siegfried Grabert, ist am 25. 07. 42 im heldenhaften Kampf am Brückenkopf Bataisk an der Spitze seiner Kompanie gefallen.

Hauptmann Grabert hat seinen Soldaten, die mit ganzem Herzen an ihm hingen, im Alltag wie am Feind, das Leben des einsatzfreudigen und unerschrockenen tapferen deutschen Soldaten vorgelebt. Sein soldatisches Wirken und seine Kriegserfolge sind ein Ruhmesblatt des Lehr-Regiments „Brandenburg“ z. b. V. 800.

Voll Gleichmut ertrug er seine Todeswunde und gab bis zum letzten Augenblick in vorbildlicher Weise die Anordnungen für den weiteren Kampf seiner Kompanie.

Das Lehr-Regiment „Brandenburg“ z. b. V. 800 dankt seinem treuen und lieben Kameraden für seine erfolgreichen Taten und seinen vorbildlichen Opfermut. Er bleibt dem Regiment für immer ein leuchtendes und anspornendes Vorbild.

gez. v. Haehling
Oberst und Rgts.Kommandeur

Schon als die Transporte des II. Bataillons um den 11./12. Juli in Nikolajew eintreffen, stoßen die Neuankömmlinge bereits auf BRANDENBURGER. Es sind Marine-Soldaten, Feldgraue mit einem Anker am Oberärmel, ein etwas seltener Anblick, selbst für einen zbV-Soldaten.

Im Zuge der Umgliederung der „BR-Verbände“ und deren Vergrößerung wird auch den amphibischen Anforderungen entsprochen; d. h. eine Truppe auch „zur See“ aufzustellen. Man verspricht sich davon, entsprechend den Kommando-Unternehmen zu Lande, eine Ergänzung durch Anlandungen von See her, um besonders im Küstenbereich des feindlichen Hinterlandes Aktionen durchzuführen. —

So erfolgt Ende Februar 1942 die Aufstellung der „leichten Pionier-Kompanie“ (BR) an Bord des Segelschulschiffes „Gorch Fock“, das seinen Liegeplatz z. Zt. im Osternothafen Swinemünde hat. Aus dem Stammpersonal des Lehr-Regiments „Brandenburg“ zbV 800 und hier vornehmlich von ausgesuchten Männern der 4. Kp./I. Btl, zumeist Oberschlesiern, werden Trupps in Richtung Aufstellungsort entsandt. Die Mannschaft wird ergänzt

vor allem durch Auslandsdeutsche mit z. T. mehrfacher Fremdsprachenbeherrschung, dazu kaukasische und vereinzelt baltische Legionäre, diese als Spezial-Kommandotrupps der Abwehr II.
Vom Fachlichen her befinden sich unter ihnen Landungs- und Sturmpioniere sowie Kleinbootfahrer der Kriegsmarine — diese vor allem als Ergänzungsmannschaft. Die Ausrüstung sieht leichte Sturmboote, Segel-, Verkehrs- und Schlauchboote vor, die jedoch erst später zum Ausgangspunkt nachgeführt werden. Die Stärke dieser Kompanie verzeichnet 1 Kp.Chef, mehrere Offiziere, 26 Unteroffiziere und 163 Mannschaften. Namentlich sind es an Offizieren der ersten Stunde Lt. C. von Leipzig, Lt. Kuhlmann, Lt. Dr. Wagner, Lt. von Stümer, Lt. Kriegsheim, dazu als nautischer Ausbilder für die Anfangszeit Hptm. Friedr. Hummel, von der Handelsmarine kommend, und als Verbind.Offz. zur Marine Kpt.-Lt. von Martini. Der erste Kp.Chef wird Hptm. Horlbeck sein, dem es gelingt, aus diesem so verschiedenartigen Haufen eine Kampfgemeinschaft zu formen. Dazu werden vor allem noch Landeübungen (Anlande-Übungen) im Raum Bansin-Heringsdorf durchgeführt, unter Ausbildungsbeihilfe der 2. Landungs-Lehrflottille der Kriegsmarine und des Pionier-Ersatz-Bataillons 2 des Heeres in Stettin-Podejuch, mit seinem Lehrzug „L“ in Dievenow/Ostsee.
Gegen Ende 1942 sind die Gruppen und Einsätze der „lei. Pi. Kp. BR“ einsatzbereit, mit täglicher Verladung in Richtung Kaukasus muß gerechnet werden.
Vorausschauend wird die „lei. Pi.Kp. BR“ in den ersten Junitagen 1942 — jedoch ohne Boots-Ausrüstung, die nachgeführt wird — auf der Schiene von Swinemünde bis zunächst nach Nikolajew am „Bug“ überführt, wo sie zur Gewöhnung an Land und Leute und die Verhältnisse ihre Einsatz-Ausbildung fortsetzen soll.
Allerdings — die Kompanie ist nicht vollzählig von Swinemünde abgefahren. Der I. Zug ist im letzten Augenblick ausgegliedert und für eine Sonderaufgabe bereitgestellt worden. Dieser I. Zug soll unter Bezeichnung „lei. Pi.Zug“ unter Oblt. Kuhlmann für einen geplanten selbständigen Einsatz in Ägypten in ein Vorbereitungsquartier nach Brindisi in Süditalien verlegt werden. Dort geht dieser Zug zunächst an der Adria weiter seiner Ausbildung nach.
Die deutsche Offensive, nach Osten und dann nach Süden eindrehend, ist angelaufen; und nach der „Weisung Nr. 43“ vom 11. Juli 1942 hat die gegen Kertsch am „Asowschen Meer“ angesetzte 11. Armee Auftrag, die Halbinsel in Besitz zu nehmen und von dort aus dann unter dem Decknamen „Blücher“ die Straße von Kertsch zu überqueren, um nach der Taman-Halbinsel überzusetzen. In dieser Weisung an die 11. Armee liegt

bereits der Ursprung des Auftrages an die „lei. Pi.Kp. BR" — nämlich vor den Spitzen der übersetzenden Truppen an der Taman-Halbinsel anzulanden, Feindhindernisse zu beseitigen und den anfahrenden Marinefahrzeugen jede Gegenwehr weitmöglichst auszuschalten.

Darauf bereitet sich die „lei. Pi.Kp. BR" vor und verlegt etwa Mitte August 1942 von Nikolajew weiter nach Mama Tatarskaja bei Kertsch auf der Krim.

Während die deutschen Angriffsspitzen Anfang August 1942 — über Rostow am Don und Proletarskaja am Manytsh — nach Süden vorstoßen, am 30. August 1942 mit Anfängen die Stadt Anapa (südl. Taman-Halbinsel) erobern und vor Noworossijsk am Schwarzen Meer durch starke Gegenwehr zum Stehen gebracht werden, halten sich sowjetische Truppenkontingente hartnäckig auf der Taman-Halbinsel, wohl wissend, daß die Aufgabe der Halbinsel zugleich auch die Freigabe der Straße von Kertsch für den deutschen Nachschub bedeutet.

Somit startet von der Krim-Küste bei Kertsch in der Nacht vom 1. zum 2. September 1942 die „lei. Pi.Kp. BR" gleich drei Unternehmen gegen ausgemachte Feindziele auf der Taman-Halbinsel: Ziel dieser Einzelaktionen ist Ausschaltung russischer Stellungen auf Kap Pekly, die Besetzung der Insel Kossa Tschuschka, der nördlichsten nach Kertsch zu, und Inbesitznahme des vor der Taman-Bucht gestrandeten fdl. Flachdampfers „Gornjak", auf dem eine feindl. B-Stelle erkannt wurde. Alle drei Unternehmen laufen erfolgreich ab.

Als am 2. September 1942 gegen 2.00 Uhr früh trotz wolkenbruchartigem Regen und heftigsten Gewittern die Spitzen der 11. Armee über die Straße von Kertsch auf die Taman-Halbinsel übersetzen, sind die Trupps der „lei. Pi.Kp. BR" bereits im Marsch landeinwärts, stürmen eine Feindbatterie bei Saporoshskaja (südlich Kap Pekly) und stoßen weiter gegen die Stadt Taman vor. Dort treffen sie auf die Spitzen der 11. Armee — ihre Aufgabe ist bei Verlusten von 2 Gefallenen und einigen wenigen Verwundeten glänzend gelöst.

Wenige Tage später bereits verlegen sie in ihren Ausgangshafen bei Kertsch zurück, um ihre Sachen zu packen und der Truppe auf das Festland zu folgen.

Etwa um den 10. September 1942 verlegen die Bootseinheiten der „lei. Pi.Kp. BR" von Kertsch aus über Wasser nach Anapa am Schwarzen Meer, nordwestlich von Noworossijsk — und bereiten sich auf neue Aufgaben vor.

Nachdem sich die Spitzen des V.A.K. — von Rostow her — Ende August bis an die Stadt Noworossijsk herangeschoben haben, stockt der Vormarsch. Die Angriffstruppe ist ausgelaugt, die Kompanien haben nur noch Zugstärke, das Gelände ist für den Verteidiger zwischen Gebirge und Meer geradezu ideal — die Sowjets krallen sich an jeden Stein; sie wissen, daß es die Küstenstraße Tuapse — Noworossijsk als ihre Nachschubbasis auf Biegen und Brechen zu verteidigen gilt.

Für die in Anapa eingetroffene „lei. Pi.Kp. BR" liegen bereits neue Einsatzbefehle vor: Diese Nachschub-Straße nach Tuapse — im Rücken des Feindes — nachhaltig für jeden Nachschub unterbrechen. Nach wenigen Tagen der Vorbereitung gehen eines Nachts Sturm- und Schlauchboote von Anapa aus in See. Ziel ist die Küstenstraße zwischen Noworossijsk und dem sowjetischen Kriegshafen Gelendshik. Aus bis heute unerklärlichen Gründen muß das Unternehmen vorzeitig abgebrochen werden, die Boote kehren unverrichteter Dinge an ihren Ausgangspunkt zurück.

Im November 1942 gelingt nochmals einem Fernspähtrupp die Anlandung bei Kap Penaj, um die Möglichkeiten für ein Kommandounternehmen gegen den sowjetischen Kriegshafen Gelendshik zu erkunden. Zur Ausführung dieses Auftrages kommt es wegen Veränderung der Frontlage nicht mehr. Noch bis Anfang Dezember 1942 verbleibt die „lei. Pi.Kp. BR" in Anapa, verlegt jedoch dann am 12. Dezember 1942 nach Kertsch. Bei dieser Wasser-Verlegung verliert die Kompanie infolge Minentreffer ein vollbesetztes Pionierlandungsboot und hat 13 Tote.

Die „lei. Pi.Kp. BR" verlegt im Eisenbahn-Transport von Kertsch aus nach Langenargen am Bodensee.

Die in der Kürze der Einsatzzeit gemachten Erfahrungen mit einer so jungen Truppe und ihre Erfolge bei den zbV-Unternehmen veranlassen die Führung, für künftige amphibische Unternehmen größeren Stils in anderen Gewässern eine größere Einheit aufzustellen, für die die „lei. Pi.Kp. BR" als Stamm gelten wird. Auch der anfangs Juni in Swinemünde ausgegliederte I. Zug unter Oblt. Kuhlmann wird zu dieser Neu-Aufstellung aus Afrika zurückgerufen. Es entsteht um die Jahreswende 1942/43 die „Küstenjägerabteilung Brandenburg".

Zusammenfassend soll hier vermerkt werden, daß vom Lehr-Rgt. „Brandenburg" zbV 800 Anfang August 1942 das I. Btl. mit Masse bei der He.Gr. A, mit Teilen jedoch (1. Kp.) bei der He.Gr. B ist, das II. Btl. mit Masse bei He.Gr. A, mit Teilen (6. Kp.) jedoch bei OB West, vom III. Btl. die 9. und 12. Kp. bei He.Gr. Mitte, die 10. und 11. Kp. jedoch bei der He.Gr. A aufgeteilt sind.

Um diese Aufspaltung eines Verbandes zu ergänzen, sind Teile der 13. Kp. bei der „Panzerarmee Afrika", die 14. Kp. in der Heimat, die 15. (le.) Kp.

in Finnland, die 16. Kp. in Zuführung zur He.Gr. Nord in den Raum südlich Leningrad. Die amphibische BR-Einheit, die „lei. Pi.Kp.", steht — wie erwähnt — an der Küste des Schwarzen Meeres im Einsatz.
Während der Heimatstab des Lehr-Rgt. BR zbV 800 in Berlin nur lose Verbindung zu den Regiments-Einheiten zu halten vermag, kann der Gefechtsstab des Regiments in Rowenki und Stalino wenigstens einen gewissen Führungseinfluß auf die eingesetzten Bataillone geltend machen. Im übrigen aber sind die einzelnen Kompanien und Verbände hinsichtlich Einsatz und Versorgung fast ausschließlich von den Kommandostellen abhängig, denen sie zugeteilt sind. Und bei diesen ist wesentlich, inwieweit sie Verständnis für die Besonderheiten der BRANDENBURGER aufbringen. Dabei zeigt sich immer wieder, daß der Einsatzerfolg das Ansehen bei der kämpfenden Truppe sehr stärkt.
Sehr abhängig jedoch ist das gegenseitige Verstehen auch von dem von BR-Seite gestellten V.O. (Verbindungs-Offizier); und je mehr es diesem gelingt, der übergeordneten Kommandostelle die Möglichkeiten und Grenzen der Einsätze darzustellen, um so mehr gibt das Gewähr für eine gute Zusammenarbeit.
Die Entscheidung über das Schicksal der 1. Kompanie und Hptm. Babuke, aus dem Verband des I. Bataillons auszuscheiden und im Rahmen der He.Gr. B bei der 4. Pz.Armee — XXXXVIII. Pz.Korps — in Richtung Stalingrad mitzuziehen, fällt am 1. August.[40] Der Weg dieser völlig auf sich gestellten 1. Kompanie ist am besten anhand von Tagebuch-Aufzeichnungen nachzuvollziehen:

1. Kompanie/I. Bataillon/Lehrregiment „Brandenburg" zbV 800

Sa. 1. 8. Noch immer in Bogojawlenskaja. Liegen in unübersehbaren Tomaten- und Melonenfeldern. Besuch des Regimentskommandeurs. Herrlich erquickendes Baden im Fluß.

So. 2. 8. Nachmittags gehts weiter. Gegen Abend überqueren wir den Don bei dem völlig zerstörten Städtchen Simianskaja. Rumänen sind da. Soldatenfriedhof 182. Nicht weit davon verbringen wir die Nacht auf freiem Felde. Unruhige Wache.

Mo. 3. 8. Weiterfahrt bis Dorf — ? —, Arbusen, Melonen, Gänse, Enten. Impfung macht uns zu schaffen.

Di. 4. 8. Weiter durch endlose Steppe. Vormarschstraße. Feindliche Flugzeuge. Ein Apfelbaum mit Holzäpfeln. Haben uns verfahren. Bei einer Brücke Rata-Angriff. — Kamele, wilde Pferde. Aasgeier kreisen. — Nachtlager in der Steppe.

Mi. 5. 8. Steppe, Steppe, endlose Steppe ... Steppenbrand entlang einer Bahnlinie. Vormarsch bis Shuto 2. Dort Korpsstab.

Do. 6. 8. Bad in einem Tümpel. Am Spätnachmittag erreicht uns die Nachricht, daß wir eingekesselt seien.

Fr. 7. 8. Abfahrt 4.30 Uhr. Vor zur Panzerspitze. Großer Halt! Starke Tieffliegerangriffe mit Bordwaffen und Bomben. Beziehen Stellung auf Anhöhe 6 km von den Fahrzeugen entfernt, mit Waffen und Munition, so viel wir tragen können. Nähe Plodowidoje.

Der Rahmen, in den die 1. Kompanie nunmehr gestellt wird, zeichnet sich so ab: Anfang August 1942 hatte die 4. Pz.Armee mit der 29. I.D. (mot.) und der 14. Pz.Div. die Gegend von Remontnaja am Ssal erreicht. — Durch die Verschiebung der 4. Pz.Armee von der gegen den Kaukasus angesetzten He.Gr. A in Richtung auf Stalingrad wurde der ursprünglich nur als Flankenschutz gedachten Operation jetzt ein Schwerpunkt der deutschen Sommeroffensive zugewiesen.

In Ausführung dieser Abänderung macht die 4. Pz.Armee am Ssal nunmehr kehrt und wendet sich nach Norden.

Sie gelangt damit aus dem fruchtbaren Bereich des Nordkaukasus in die Kalmückensteppe. Die sommerliche Hitze erreicht ihren Höhepunkt. Ungeheure Staubwolken werden aufgewirbelt und steigern sich stellenweise zu Staubstürmen, durch die alles mit einer schwarzen Schicht feinen, aber mergelnden Staubes eingedeckt wird. Das Gelände, meist flach und fast unbesiedelt, hat einen von der Ukraine durchaus verschiedenen Charakter. Die ausgedörrte braune Erde ist nur spärlich mit Steppenkräutern bewachsen, die oft in Brand geraten, wodurch weit ausgedehnte Steppenbrände entstehen.[42]

Sa. 8. 8. Gluthitze. Rings um uns schwere Ari-Gefechte, Fliegerangriffe. Erstmals erbeutete amerikanische Gewehre und MG!

So. 9. 8. Immer noch in gleicher Stellung. Ari-Einschläge bei uns. Magen- und Darmbeschwerden, und dann Rizinusöl! — Nachts brennt ringsum die Steppe.

Mo. 10. 8. Einsatz Lt. Petersen weiter vorverlegt. Etwas Schlaf. Den ganzen Tag Ari- und Stalinorgelbeschuß, Fliegerangriffe.

Di. 11. 8. Verlegen die Stellung nach Südwesten. Gegen Mittag zur Kompanie. Nach kurzer Rast neue Stellung im Osten. Wir sind vorderste Truppe. Hinter uns Kradschützen. Graben uns ein.

Mi. 12. 8. Spähtrupps der Gruppen Koch und Fuchs in ein vor uns liegendes Dorf. Kommen mit Schwerverwundeten zurück: Toni Betzwieser Brustdurchschuß. Ich hatte schon den ganzen Morgen das Gefühl, daß Toni etwas zustößt. Um 11 Uhr stirbt er in Kordmanns Armen.

Do. 13. 8. Stellungswechsel auf Höhe 87. Sollen mit Hptm. Auch bis zum Zaza-See. Spähtrupp meldet starke Feindansammlung. Vorgehen ohne schweren Waffen unmöglich. Zurück in die alte Stellung. Nachmittags Ablösung zur Ruhe. Aber Sch . . ., fahren wieder vor in südliche Stellungen.

Fr. 14. 8. Immer noch in der Höhenstellung. Ari rückt ins Tal vor und geht hinter uns in Stellung.

Sa. 15. 8. Am frühen Morgen erscheinen russische Zivilisten bei uns in der Stellung. Aufklärer? Werden zum Stab gebracht. Primetshofer gefallen bei Spähtrupp rechts von uns.

So. 16. 8. Früh 3.00 Uhr Stalinorgeleinschlag, mitten in unsere Ansammlung! Legenstein mit zwei Russen auf Pferd, wird angeschossen. Ich reite Schimmel. Die Steppe brennt! Fahrzeuge in Gefahr. Steppenbrand löschen. Danach zurück ins ‚Melonental'.

Mo. 17. / Ruhe im ‚Melonental'. Waschen nach 8 Tagen! Rasieren! Oh!
Mi. 19. 8. Abends Befehlsausgabe bei Lt. Petersen. Einsatz Lt. Hebler am Zaza-See geplant. Wir sind der 24. Pz.Div. zugeteilt. Antreten 2.30 Uhr. Lt. Kohl führt den Einsatz. Lt. Petersen folgt mit Kompanie. Leuchtkugeln grün-weiß. Luftflotte Richthofen über uns. Wir stoßen auf Inf. mot. 219. Im Süden von Stalingrad tritt gleichzeitig die 6. Panzerarmee zum Angriff an. Reste der 14. Pz.Div. links an uns angelehnt.

Do. 20. 8. Einsatz Hebler fällt aus. Russe hatte sich dort schon bereitgestellt. Wir folgen 14 Uhr mit Kompanie auf Höhe 80. Luftflotte Richthofen haut rein! Zurück in rückwärtige Stellungen. — Abends Ruhe. Singen mit Fritze Munk.

Fr. 21. 8. Stukawelle nach Stukawelle über uns hinweg! Mörderisch! Die Front rollt wieder nach vorn! Alle russischen Stellungen werden überrannt. In Zaza Quartier. — R-Leute zum Einsatz!

Sa. 22. 8. Wache, Wache . . . Pappeln. Gurken. Und ein Bad!

So. 23. 8. Neun russische Tiefflieger greifen an. Tote und Verwundete bei Nachbareinheit. Wir organisieren Vieh für die Küche. Im Dorf Hauptverbandsplatz der Vorausabteilung Tröger. Russisches Flugzeug mit Handfeuerwaffen abgeschossen! [41]

Am 20. August 1942 beginnt der Angriff gegen die südliche Verteidigungsfront von Stalingrad. Dabei hat die 24. Pz.Div., der die 1. Kompanie hier zugeteilt ist, den Auftrag, entlang der Jergeni-Hügel nach Krasnoarmeisk am Wolga-Knie durchzustoßen. Die 14. Pz.Div. ist links der gepanzerten Gruppe der 24. Pz.Div. im Angriff und gewinnt am Abend des 23. August den Bahnhof der Stadt Tinguta. Die Pz.Gren.Regimenter der

24. Pz.Div. kämpfen sich am Zaza- und Ssarpa-See weiter nach Norden vor. Das XIV. Pz.Korps hat im schnellen Vorstoß aus dem großen Don-Bogen nach Osten die Wolga bei Orlowka, einer Vorstadt Stalingrads, erreicht. Nun gilt es für die weiter südlich vorgehende Pz.Gruppe aus 14. und 24. Pz.Div. — dabei 1. Kp. — im raschen Stoß nach Norden den Südrand Stalingrads zu gewinnen, um Verbindung mit dem XIV. Pz.Korps und damit der Masse der 6. Armee herbeizuführen.

Jedoch versteift sich der sowjetische Widerstand am 24. August 1942 merklich. Die gepanzerte Kampfgruppe wird daher auf Solianka an der Bahnlinie nach Krasnoarmeisk angesetzt.

Und das ist der Augenblick, in dem die 1. Kompanie wieder in die Kämpfe einbezogen wird.

Dazu ein Bericht über den Einsatz der 1. Kompanie bei dem Dorf Plodowidoje südlich Stalingrad:

> „Am 24. 8. 1942 um 15.45 Uhr führte die 1./Lehr-Regiment ‚Brandenburg' zbV 800 in der Gegend von Zaza südlich Stalingrad einen Angriff durch. Die Gruppe Baron, zu der ich gehörte, war am äußersten linken Flügel eingesetzt. Das Angriffsziel wurde trotz starken Widerstandes erreicht. Durch einen sofort einsetzenden Gegenstoß der Russen wurden wir aber wieder auf die Ausgangsstellung zurückgeworfen. (Uns gegenüber lagen eine NKWD-Einheit oder Einheiten einer Offz.Schule.) Von Gruppe Baron waren 2 Mann verwundet, 1 Mann vermißt. Baron entschloß sich sofort, nochmals vorzustoßen, um diesen Mann zu bergen. Auch Lt. Bachmann und Feldw. Stöhr griffen mit Teilen des Zuges wieder an. Wir kamen trotz starken Feuers voran. Plötzlich sah ich den Vermißten etwa 150 Meter links von mir laufen und zusammenbrechen. Uffz. Baron gab mir den Befehl, ihn zu bergen. Bachmann, Stöhr und Baron gaben mir Feuerschutz. Ich fand den Kameraden im Steppengelände mit Bauchschuß verwundet. Mit Einbruch der Dunkelheit konnte ich ihn zurückschleppen. Als ich in unsere alte Stellung kam, fehlten Bachmann und Baron. Stöhr kam dann später allein mit Bauchschuß zurück. Wir wurden in der Nacht herausgezogen. Am Morgen des 25. 8. ging es weiter in Richtung Stalingrad. Im Laufe des Tages erhielt unsere Gruppe den Befehl, nochmals zurückzufahren, um Bachmann und Baron zu suchen. Die Russen hatten die Stellungen geräumt. Wir fanden Lt. Bachmann tot, von Uffz. Baron nur Uniformteile. Anscheinend ist er verwundet in russische Gefangenschaft geraten." [43]

Mo. 24. 8. Kompanie in schweren Gefechten. Lt. Bachmann gefallen. Uffz. Baron vermißt. Toussaint ... Viele Verwundete. Dabei Feldw.

Stöhr, Gefr. Büttner, Herrmann, Bayer, Walter, Möhle, Bihler. — Munk Fritze wird unser Fahrer. Organisieren Kartoffeln. Abends Abberufung in Kompaniestellung: Nachtspähtrupp mit Uffz. Schmitt bis 1 Uhr. Schlaf mit Störungen durch russische Kampfflieger (auch ‚Nähmaschine', oder ‚UvD' genannt!)

Di. 25. 8. Unsere Fahrzeuge sind nicht mehr da! Feldw. Wacker nimmt uns und Gruppe Münzing mit Troßfahrzeug zur Kompanie mit. Vor uns liegt Krasnoarmeisk (südlich Stalingrad): Brennende Stadt im Trommelfeuer unserer Ari und im Einsatz unserer Stukas! Spähtrupp im T-Einsatz: Uffz. Schmitt und Gefr. Petersen mit lettischem Offz. — Erstmals Nebelwerfereinsatz. Unglaubliche Wirkung. Am Abend bringen Kameraden den toten Leutnant Bachmann zurück.

Mi. 26. 8. Zum Troß zurück. Müssen Küche unter schwierigsten Umständen abschleppen. Erste Post in Rußland! Nachts wirft der ‚UvD' wieder Bomben. Flak und Scheinwerfer über Krasnoarmeisk.

Do. 27. 8. 03.30 Lagerplatz ‚Disteln'. Ruhe. Waffenreinigen. Waffenappell. Werden der Gruppe Münzing zugeteilt.

Fr. 28. 8. 04.00 Uhr Wecken. EK-Verleihung! — Der Chef Hptm. Babuke übergibt die Kompanie an Lt. Schulte. Abfahrt 15 Uhr Richtung Aksay. Endlich wieder Wasser!

Sa. 29. 8. 0.00 Uhr Abmarsch in nördlicher Richtung. Vor bis zur Spitze. In der Dunkelheit Zelten. Rechts von uns Russen. Fliegerangriffe. Gewitter, Regen. Schaurig-schöne Steppe. — Einsatz Hebler ist vorn.

So. 30. 8. Fassen T-Kleidung. Um 02.00 Uhr zu Lt. Hebler und mit diesem weiter in kleine Ortschaft. Russen waren in der Nacht mit Panjewagen gekommen und gefangengenommen worden. Großer Nebelwerferangriff! — 07.00 Uhr mit Spitze zum Angriff antreten auf T-Fahrzeug und in T-Kleidung. Pakbeschuß. Treffer auf Fahrzeug der Gruppe Fuchs. Eigener Panzer fliegt in die Luft! Feldw. Garling bekommt großen Splitter auf große Zehe! Runter vom Fahrzeug und Igelstellung! Forstenhäusler gefallen. Reinecke und Kurz verwundet. Beginn der großen Schlacht! Zehn Flugzeugabschüsse durch Jäger und Flak! Zwei eigene Jäger dabei. Die Hölle ist los!

Mo. 31. 8. Fahren die ganze Nacht quer durch russische Linie. „Stoj!" Russischer Posten! Wird entwaffnet und mitgenommen. Gefangene, Gefangene, auch Frauen. — Im Morgengrauen kräftiges Frühstück in Kolchose mit Eiern, Milch, Sahne und frischem Brot. Schnell weiter! Rechts von uns greift russische Infanterie mit ‚Urräh!' an. Eingraben bei Ari- und Pakbeschuß. Regen in der Nacht. Zelte.

Während die Teile der 14. und 24. Pz.Division weiter in Richtung Stalingrad vorstoßen, verbleibt die 1. Kompanie BR nunmehr im Rahmen der 29. I.D. (mot.) und beteiligt sich an den vergeblichen Versuchen, die Wolga südlich der Stadt noch zu gewinnen. Den ganzen September bis Mitte Oktober 1942 ist die Kompanie an den Kämpfen dort beteiligt. Dann wird sie — ziemlich überraschend — am 20. Oktober 1942 herausgezogen.
Im Mot.-Marsch und weiter per Bahn verlegt die 1. Kompanie in den neuen Standort nach Freiburg i. Breisgau.

Für die seit Herbst 1941 ununterbrochen im Einsatz im Osten befindliche 9. Kompanie unter Oblt. Dr. Kniesche erfolgt Verlegung in den Raum Wjasma, wo sie ab 25. Januar 1942 in schwere Abwehrkämpfe im „Ugra"-Bogen südwestlich von Wjasma verwickelt wird.
Vor allem die Partisanentätigkeit im rückwärtigen Gebiet zwischen Wjasma und Rschew (südlich der Stadt) macht den Nachschubdiensten schwer zu schaffen, so daß die 9. Kompanie vermehrt dagegen eingesetzt wird. Dabei handelt es sich oft um Restteile zerschlagener sowjetischer Truppenteile, die sich verstecken oder versuchen, nach Osten auszubrechen.
Am 6. Juni 1942 wird bei einem solchen Angriff gegen eine nicht erkennbare Feind-Einheit südlich Rschew der Kp.-Chef, Oblt. Dr. Kniesche, verwundet. Er muß abtransportiert werden.
Schon wenige Tage später — am 14. Juli — wird die 9. Kompanie dort abgezogen und in das Waldgebiet bei Dorogobush (zwischen Wjasma und Smolensk) verlegt. Hier kommt es in den nächsten Wochen zu erbitterten Kämpfen mit Partisanen.
Doch Anfang August erfolgt Ablösung und Verladen der 9. Kompanie, um im Eisenbahntransport über Brest-Litowsk — Ostpreußen — Posen — Brünn — Breslau nach Mödling, südlich Wien zu fahren. Unterkunft erfolgt in dem bisherigen Raum des II. Bataillons. Hier übernimmt Rittm. Plitt die Führung der Kompanie und läßt sie auffüllen und auffrischen.
Im September 1942 wird erneut verladen und nach Düren — in die alten Kasernen — verlegt. Hier erfolgt Umrüstung und Umgliederung zu einer Tropenkompanie, da künftiger Einsatz der 9. Kompanie in Afrika vorgesehen wird. Ende Oktober 1942 steht diese Tropenkompanie.

Sie verlegt unter Ablegen ihrer bisherigen Feldpostnummer nach Tunesien/Afrika.

Eine neue 9. Kompanie im Verbande des Lehr-Regiments „Brandenburg" zbV 800 wird nicht mehr entstehen.

Bei einem Gespräch des I a des Lehr-Regiments „Brandenburg" zbV 800, Hptm. Wülbers, am 29. Juli 1942 mit dem I c der He.Gr. B in Poltava wird entschieden, daß die 12. Kp. unter Führung des Oblt. Schader nunmehr der He.Gr. Mitte zuzuführen ist. Die 11. Kompanie des Oblt. Hütten ist währenddessen auf dem Marsch über Rostow nach Armawir, wo sie um den 8. August eintrifft.

Die 10. Kompanie, Chef Oblt. Ronte, bisher noch im Unterbringungsraum Rowenki, folgt Anfang August 1942 über Rostow den Angriffsspitzen des V. AK. der Armeegruppe Ruoff (17. Armee) bei deren Vorgehen gegen Noworossijsk am Schwarzen Meer nach. Dabei ist Hptm. von Wulffen als Verbindungs-Offizier (V.O.) eingeteilt.

Der Weg zum Kaukasus 1942

Mit dem Erzwingen des Übergangs über das Don-Delta zwischen Rostow und Bataisk am 25./26. Juli 1942 ist das Tor zum Kaukasus geöffnet. Die wahrhaft heldenhafte Tat des Hauptmann Grabert mit seinen tapferen Männern der 8./Lehr-Rgt. „Brandenburg" zbV 800 haben die Voraussetzungen dafür geschaffen, daß die Armeegruppe Ruoff durch die schnelle Zuführung von zwei Panzerdivisionen (13. Pz.Div. und SS-Div. Wiking) über das Don-Delta die sowjetrussische Verteidigung zwischen dem Asowschen Meer und dem Manytsch aufreißen kann.

Bei dem nun folgenden Durchbruch der 13. Panzerdivision befinden sich die 5./Lehr-Rgt. „Brandenburg" zbV 800 (Oblt. Zülch) und die schon mehrfach genannte 8. Kompanie, jetzt unter Lt. Renner. Die 7. Kompanie der BRANDENBURGER (Oblt. Oesterwitz) hält Anschluß an die SS-Division Wiking.

Am 26. Juli, dem Tag der Einnahme der Stadt Bataisk, erhält die 16. I.D. (mot.), nun dem III. Pz.Korps unterstellt, den Auftrag, den Manytsch-Übergang im Raum Spornyi zu erzwingen.

Um die gleiche Zeit treten die Kampfgruppen der 3. Pz.Div. als Spitzen des XXXX. Pz.Korps aus dem Brückenkopf über den Ssal bei Orlowskaja erneut an und streben über Gantschukoff dem Manytsch bei Proletarskaja zu. Dieser Bewegung des XXXX. Pz.Korps folgt die 3. Kompanie von zbV 800 bei der 3. Pz.Div.

Die 2. Kompanie unter Oblt. Pinkert zieht als Flankenschutz nach Osten über die Ssal-Brücken nach.

Am Abend des 29. Juli 1942 zeichnet sich eine einheitliche deutsche Angriffsfront ab. 20 km südlich von Wesselyj erreicht die 13. Pz.Div. den Raum Adranow — Kusnezowka, und abermals 20 km südlich davon steht die SS-Div. Wiking (beide LVII. Pz.K.), nördlich der Bahnlinie Ssalsk — Zelina — Ataman — Kagalnizkaja — Rostow.

Teile des III. Pz.Korps und Teile des XXXX. Pz.Korps stoßen südlich des Manytsch bei Wesselyj vor, die 3. Pz.Div. — durch Treibstoffmangel gehindert — stößt mit einer Kampfgruppe nördlich des Manytsch gegen Proletarskaja vor, in der Spitze dabei die 3. Kompanie (John).

Gegen 15.00 Uhr des 29. Juli steht die Kampfgruppe vor Proletarskaja. Ein Stukaangriff erfolgt auf die Stadt. Hinter den detonierenden Bomben stürmt das Pz.Gren.Rgt. 3.

Südlich davon sind zwei Arme des Manytsch, die durch eine Straße und einen Bahnübergang überbrückt werden. Dazwischen Wiesengelände, über das ein Damm hinwegführt.

Mit dem stürmenden Pz.Gren.Rgt. 3 geht ein Kommando der BRANDENBURGER 3. Kompanie vor, mit dem Auftrag, den Dammübergang im Handstreich zu nehmen. —

Führer des Kommandos ist Leutnant Hein, Kampfdolmetscher ist Leutnant Adrian v. Foelkersam.

Stärke des Trupps: 1 Zug in sowjetischen Uniformen, davon etwa 50 Prozent russisch Sprechende; teils deutsche, teils sowjetische Bewaffnung. Der Einsatz ist im Morgengrauen des 30. Juli vorgesehen. Länge des Staudammes etwa 500 Meter. Erster Entsatz durch zwei weitere Züge der 3. Kompanie in deutscher Uniform und Bewaffnung.

Dazu Bericht eines Teilnehmers:

> „Durchführung: Der getarnte Spitzenzug marschiert in den letzten Stunden vor der Morgendämmerung auf der Straße von Proletarskaja zum Manytsch, angeblich von einem Sonderunternehmen zurückkehrend, sich russisch unterhaltend und auch sonst ganz der Legende entsprechend. Die beiden Verstärkungszüge folgen beiderseits der Straße geräuschlos mit ungefähr 500 m Abstand je nach Sichtverhältnissen und so, daß die Hörverbindung zum Spitzenzug erhalten bleibt. Kurz vor dem ersten Büch-

senlicht erreicht die Spitze die Verteidigungsstellung der Russen am Westufer des Manytsch unmittelbar vor der Schleuse auf dem Staudamm und wird von russischen Kommissaren und Offizieren angehalten und vernommen. Die nicht russisch sprechenden Männer setzen sich währenddessen „erschöpft von den Strapazen des Unternehmens" auf den Boden nieder und verdecken damit gleichzeitig in der aufkommenden ersten Dämmerung ihre deutsche Bewaffnung. Die anderen stehen untätig herum. Auch hier mißtraut hartnäckig der vernehmende Kommissar den Ausführungen des Kampfdolmetschers, und dehnt schließlich sein Verhör auf den gesamten Trupp aus. Dabei stößt er auch auf den am Boden hockenden Uffz. D., der kein Wort Russisch spricht. Nachdem dem Kommissar erklärt wird, daß der Angesprochene ein Armenier sei, der kein Russisch verstehe, spricht ihn der Kommissar auf Armenisch an. Nunmehr gibt es keinen Zweifel mehr, beide Parteien springen wenige Schritte zurück und eröffnen das Feuer. Auf russischer Seite fallen die russ. Offiziere und Kommissare, auf eigener Seite Leutnant Hein und 3 Mann. Die beiden in Deckung liegenden Verstärkungszüge greifen ein, und A. v. F. springt, die augenblickliche Verwirrung ausnutzend, mit einem MG-Trupp zur Schleuse, durchschwimmt sie, während einige fliehende Russen im Wasser der Schleuse versinken, und nistet sich mit seinem MG-Trupp im Schleusenhaus am diesseitigen Ende des Staudammes ein und hält von dort aus den ganzen Tag den Damm unter Feuer. Dadurch fällt dieser am folgenden Tag unversehrt in deutsche Hände. Unterstützt wird er durch die eigene Kp., die inzwischen die Stellung am Westufer aufgerollt und nach Osten besetzt hat, in ständiger Deckung gehalten von russischen Scharfschützen, die sich am anderen Ufer des Manytsch in einem Bahndamm bestens getarnt verschanzt haben. Am folgenden Tag rollen die Spitzenpanzer der 3. Pz.Div. über den unversehrten Staudamm." [47]

Adrian von Foelkersams Einsatz brachte in der Tat die Entscheidung. Er wird mit dem Ritterkreuz zum Eisernen Kreuz ausgezeichnet.

Der zwischenzeitlich weiter nördlich bei Burgustinskij geschaffene Brückenkopf, aus dem heraus am 31. 7. weitere Teile der 3. Pz.Div. nach Süden vorstoßen, zwingt die Verteidiger zur Aufgabe. Der Manytsch-Übergang südlich Proletarskaja ist frei.

Zur gleichen Zeit stehen die Spitzen der 13. Pz.Div. und der 16. I.D. (mot.) in der Linie Zelina — Gigant — Ssalsk (Bahnlinie).

Nun kann der gemeinsame Panzersturm nach Süden beginnen.

Das XXXX. Pz.Korps tritt mit Uferwechsel am Manytsch unter den Befehl des Pz.AOK. 1 (v. Kleist). Die zum 1. August 1942 wirksam werdende

Neueinteilung stellt die 3. und 23. Pz.Div. unter Gen.Kdo. XXXX. Pz.-Korps, die 13. Pz.Div. und die 16. I.D. (mot.) unter III. Pz.Korps (von Mackensen) und die 5. SS-Pz.Gren.Div. „Wiking" sowie eine herankommende schnelle slowakische Division unter LVII. Pz.Korps.[49]
So stellt sich am 1. 8. 1942 die große Lage der Südfront dar, daß nördlich und südlich des Uferlaufs des Don die He.Gr. B (v. Weichs) nach Osten in Richtung Stalingrad und dem Unterlauf der Wolga zustrebt. Die He.Gr. A (List) bildet ihren Schwerpunkt bei der 1. Pz.Armee (Kleist). Diese stößt südlich des Manytsch gegen die Linie Armawir — Woroschilowsk vor. Sie soll der langsam vorgehenden Armeegruppe Ruoff den Eintritt in den Waldkaukasus erleichtern, mit der Masse der Panzerkräfte das Terek-Gebiet um Grosnij gewinnen und die linke Flanke gegen das Kaspische Meer in der Nogaier Steppe decken.

Das Lehr-Regiment „Brandenburg" zbV 800 hat Anfang August 1942 seinen Gefechtsstand in Stalino, am Sitz der He.Gr. A. Von hier aus suchen der Regiments-Kommandeur, Oberst von Haehling, sein Ia, Hptm. Wülbers, und der Begleit-Offizier, Hptm. Pinkert, über den Chef des Stabes und den I c den Einsatz der bei den Schwerpunkt-Divisionen zugeteilten BR-Einheiten zu steuern. Wie bei „Angebot und Nachfrage" werden einerseits bei Festlegung der Angriffsziele für die zu erwartenden Hindernisse und Objekte Kommando-Einheiten der BRANDENBURGER bereitgestellt, andererseits erfolgen im gleichen Falle Anforderungen der Kampfverbände an die Kdo.-Stellen. Übergeordnet dazu stehen Forderungen des Hauptquartiers, die zum Erhalt und zur Sicherung von kriegswichtigen Anlagen dienen. Hier stehen die Öl-Raffinerien bei Krasnodar im Mittelpunkt der Überlegungen. Bereits seit Ende Juli werden hierzu zunächst in Rowenki bei der dort bereitstehenden 4. (le) Pi.Kp. unter Hptm. Kürschner Vorbereitungen für einen Einsatz aus der Luft getroffen. Dazu ist Hptm. Kürschner im Verlaufe des Vormarsches der 17. Armee (Armeegruppe Ruoff) wiederholt bei deren Chef des Stabes, um bei ihm im Karten- und Luftbildstudium das Absetzen seiner Fallschirmtruppe am Objekt festzulegen. Obwohl die 4. (le) Pi.Kp. dann noch um den 8. August bis Armawir vorgezogen wird, wird das Vorhaben letztlich aus Vernunftgründen abgebrochen. Gründe liegen in der Tatsache, daß das riesige Betriebsgelände der Raffinerie — laut Luftbild — mit den etwa 200 Fallschirmjägern nicht zu sichern ist, daß der Landeplatz, nur so groß wie ein Fußballfeld, von beiden Seiten durch den raschfließenden Kuban-Fluß eingeschlossen ist, was die Gefahr für die FS-Springer bringt, daß sie unter Feindbeschuß im Fluß landen und ertrinken. — Die Überlegung eines Nachteinsatzes scheitert am Mangel der geeigneten Flugzeuge. — Selbst in so entscheidenden Fragen stehen auch hier der Mensch und das Leben höher als der Gewinn eines Objektes. So verbleibt die 4. (le) Pi.Kp. zunächst weiter im Raum Armawir.

Die 10. Kompanie des Oblt. Ronte, die Anfang August aus ihrem Unterbringungsraum Rowenki in Richtung Rostow vorgezogen worden war, folgt zur Verfügung der 17. Armee (Armeegruppe Ruoff) dem Vorgehen in Richtung Noworossijsk.

Die Neueinteilung zum 1. 8. 1942 bei der 1. Pz.-Armee hat für die Kompanien des I. Bataillons — Major Walther — keine Änderungen in ihrem Zuteilungsverhältnis gebracht. Die 2. und 3. Kompanie ziehen weiter in der Bahn der 23. und 3. Pz.Division beim XXXX. Pz.Korps mit. Der Ostflügel der He.Gr. A gewinnt mit 3. Pz.Div. über Ssalsk — Sandata — Pegradnoje — Besopassnoje am 4. August die Bahnlinie südlich der Stadt Woroschilowsk. Die 23. Pz.Div., dabei die 2. Kompanie unter Oblt. Gerh. Pinkert, stößt gegen heftigen Widerstand ostwärts der Stadt Woroschilowsk vorbei. Sie strebt am Rande der Nogaier Steppe direkt dem „Kuma"-Abschnitt zu. Der ständige Betriebsstoffmangel wie die langen Versorgungswege lassen jedoch den Vormarsch nur in langsamem Tempo vorangehen.

Der Weg in diesen August-Tagen läßt sich für die 2. Kompanie im Rahmen der 23. Pz.Div. anhand der Tagebuch-Aufzeichnungen gut nachzeichnen:

3. 8.	Nowo Igorlyk
4. 8.	Nowo Igorlyk — Dimitrowskaja — Trunskoje — Tuguluk —
5.—6. 8.	Kasinskoje
7. 8.	Kasinskoje
8. 8.	Kasinskoje — Liebenthal . . .
9. 8.	Alexandrowskoje — Ssuchaja — Padina
10. 8.	Ssuchaja — Padina — vor Min-Wody
11. 8.	Kangly — Min-Wody — Karrass
12. 8.	Karrass
13. 8.	Karrass — Min-Wody — Karrass
14. 8.	Karrass — Lyssagorskaja
15. 8.	Lyssagorskaja
16. 8.	Lyssagorskaja — Solka — Kuva Kuba
17. 8.	Kuba — Kieschpek — Konstantinowskoje
18.—20. 8.	Konstantionwskoje — Altud — Nowo Pottawskoje
21. 8.	Nowo Pottawskoje — Nowo Ivanowskoje — Chutner Brorwainsky [50]

Gorkaja Balka
Belaja Glina
Shukowskoje
Letnizkoje
Bolschoj Gok
Nowoletschkowskaja
Jeja Bf.
Nowopawlowskaja
Priwolnoje
Nowo-Pokrowskaja
Tichorezkaja
Malyj Gok
Medweshje
Predgradnoje
TICHOREZK
Poroschinskaja Bf.
Ternowskaja
Balkowskaja
Nowo Alexejewkaja
Nowo-Archangelskoje
Kalali
Uspenskaja
Nawolopinskij
Dmitrijewskaja
Nowo-Michailowskij
Salzsee
Burssak Bf.
Alexandro-Newskaja
Borissowka
Dmitrijewskaja
Nowo-Malorossijskaja
Choperskaja
Ladowsko-Balkowskoje
Besopasnoje
Otradnoje
Rasschewatskaja
Rajewskaja
Nowo-Bekeschowka
Morskaja Bf.
LVII.
Nowoaleksandrowskaja
Lowlinskaja
Rasschewatka Bf.
Jegorlyk Bf.
Donskoje
Beissugskaja
KROPOTKIN
Tischtschenskoje
Milanowo Hp.
Kawkasskaja
Maikopskaja
Isobilnaja Bf.
Gretschischkino
Kasanskaja
Gulkewitschi
Nowotroizkaja
Tiflisskaja
Kuban
Priwolnyj
Moskowsk
Grigoripolisskaja
Bolschoj Jegorlyk
Bf.
Ssuchoj
Gejmanowskij
Otrada Kubanskaja Bf.
Koslowskij
Roshdestwenskaja
Bratskij
Alexejewskij
Tyssjatschnyj
Filimonowskaja
Labinskaja
Werjowkipskij
III
Kamennobrodskaja
Alexejewskij
Palagiada
Nekrassowskaja
Wosdwishenskaja
Nowo-Labinskaja
Temirgojewskaja
Tschaplygin
Krassnaja Poljana
Gorjkaja Balka
17.8.42
Molotschnaja
Petropawlowskaja
Protschnookopskaja
Hf. Sseredinskij
WOROSCHILOWSK
(Stawropol)
Ulskij
7.
Laba
ARMAWIR
Akurinchabl
Michailowskaja
Krassnaja Baschnja
Jegerukaj
Tatarskoje
Welikoje
Wolnoje
Ubeshinskoje
10.8.42
Bf.
Koschehabl
Giaginskaja
5. Kp.
KURGANNAJA
Nikolajewskaja
Uspenskaja
Dondukowskaja
Konokowo-Bf.
Golizino
Bf.
Ssergijewskaja
Ssinjucha
Bogoslowskaja
Kelermesskaja
Urupskaja
Owetschka Bf.
8. Kp.
5. Kp.
Belorjetschenskaja
Rodnikowskaja
Bf.
Uspenskij
Unarokowo
Bf.
Natyrbowo
Tschamlykskaja
Urup
Pschechskaja
5.
8.
Chanskaja
Kushorskaja
Bf.
Bf.
Beskorbnaja
9./12.8.42
Jaroslawskaja
Jereminskaja
Liwonskoje
NEWINNOMYSSKAJA
Kubanskaja
Labinskaja
389
Kosminskoje
MAIKOP
Wladimirskaja
Woshessenskaja
Iwanowskoje
Belaja
Machoschewskaja
Tulskaja
Kostromskaja
Poputnaja
442
Apscheronskaja
Kurdshipskaja
Sassowskaja
Abadsechskaja
Mostowoje
Otradnaja
Ersakonskoje
Schirwanskaja
Dagestanskaja
Chamkentinskaja
Upornaja
Mansurowskoje
383
Kamennomostskaja
Gubskaja
1930
Tschajkinskaja
Barakajewskaja
Besstraschnaja
Nishegorodskaja
Tschornyj
Spokojnaja
Dachowskaja
800
Besslenowskaja
Otwashnaja
Podgornaja
Nadeshnaja
Udobnaja
Tjomnolesskoje
Bagowskaja
Ssachraj
Achmetowskaja
CHABES
Passebajskaja
Peredowaja
Alexejewskoje
Ispravnaja
Loowsko-Kubanskoje
1287
Kagoj Koshka B.
2087
2287
Schelech B.
1886
Kassajewskoje
1704
Batsche B.
Perjjut
Pregradnaja
Dshissa B.
Alexandrowskoje
2875
Ahago B.
Bambak B.
2784
1611
Krassnogorka
2758
Storoschewaja
Selentschukskaja
Uruschten B.
3019
Pantelejmonowskoje
Kardonikskaja
Georgijewskaja
Laba
Urup
Bolschoj Selentschuk

Die inzwischen am 3. August gegen 15.00 Uhr in die Stadt Woroschilowsk eingebrochene 3. Pz.Division, begleitet von der 3. Kompanie, verharrt am 4./5. August wegen Treibstoffmangel in der Stadt. Dann bricht sie in der Frühe des 6. 8. 1942 nach Süden auf. Über Barkussowskaja geht es in Richtung Njewinnomyskaja und sie gewinnt über ansteigendes Gelände das überhöhte Westufer des Kuban-Flusses.

Njewinnomyskaja ist von besonderer Bedeutung. Hier verläuft neben der wichtigen West-Ost-Eisenbahnverbindung die Erdölleitung Grosnij—Rostow. — Und hier beginnt die Suchumsche Heerstraße, Ausgangspunkt einer Verbindung in den transkaukasischen Raum.

Mit Erreichen des Vorgebirges sind die sowjetischen Kräfte im West- und Ost-Kaukasus voneinander getrennt. [51]

Mit Njewinnomyskaja am „Kuban" ist der Panzersturm des XXXX. Pz.-Korps nach Süden zunächst beendet. Ein neuer Abschnitt, auch für die 2. und 3. Kompanie, beginnt: Der Kampf der 1. Pz.-Armee im Ostkaukasus.

Vorerst jedoch hat ihr OB., Gen.Oberst von Kleist, für diese Aufgabe nur das XXXX. Pz.Korps und das noch zurückhängende LII. Armee-Korps zur Verfügung. Das III. Pz.Korps (v. Mackensen) mit 13. Pz.Div., dabei 5. und 8. Kompanie, und die 16. I.D. (mot.) kämpft vor Maikop und boxt sich mit dem LVII. Pz.Korps mit SS-Wiking, dabei 7. Kompanie, und einer slowakischen schnellen Division weiter nach Süden vor.

Denn am 3. August konnte die 13. Pz.Div. nördlich von Armawir einen kleinen Brückenkopf über den Kuban-Fluß bilden. In der Nacht zum 5. 8. wird etwa 1500 m weiter südlich ein zweiter Brückenkopf gewonnen, der im Verlaufe des Vormittags zu einem starken zusammenwächst.

Damit sind die Grundlagen geschaffen, um

1. der nachfolgenden 16. I.D. (mot.) den Durchstoß auf die Stadt Armawir zu ermöglichen, und

2. die Ausgangsbasis für weitere größere Operationen zu schaffen.

Während die 13. Pz.Div. auf Maikop vorstößt, geht die 16. I.D. (mot.) über die Kriegsbrücke der 13. Pz.Div. und greift die Stadt Armawir an. Bereits am Abend des 5. August ist sie in deutscher Hand.

Nur wenige Tage später wird die 11. Kp. der BRANDENBURGER unter Oblt. Hütten nachgeführt und zieht zur Sicherung in Armawir unter. Das von Kropotkin rechts neben dem III. Pz.Korps vorstoßende LVII. Pz.Korps kann am 7./8. August den „Laba"-Abschnitt südlich Termigojewskaja erreichen. SS-Wiking nimmt von dort Verbindung zu dem am 6. 8. weiter südostwärts von der 13. Pz.Div. geschaffenen „Laba"-Brückenkopf bei Kurgennaja auf. Es geht um Abstimmung des gemeinsamen Vorgehens gegen den „Bjelaja"-Abschnitt, am Eingang des Waldkaukasus.

Hier gilt es, die Fluß-Übergänge an verschiedenen Punkten in die Hand zu bekommen, um schnelles Eindringen in das Gebiet um und beiderseits Maikop zu ermöglichen. Und — — es gilt, die Zerstörung der Öllager und Aufbereitungsanlagen zu verhindern. Wieder ist Öl das Zauberwort. — Vom II. Bataillon des Major Dr. Jacobi werden alle verfügbaren Kompanien und Kommandos bereitgestellt: Die 7. Kompanie (Oesterwitz) im Angriffsstreifen SS-Div. Wiking, der auf den „Bjelaja"-Abschnitt beiderseits von Beloretschenskaja (nordwestlich Maikop) zuführt, die 8. Kompanie (Renner) auf die hart südlich Maikop ablaufende Straßenbrücke über die „Bjelaja" an der Straße nach Tuapse und die 5. Kompanie (Zülch) etwas zurückversetzt entlang der Straße Kurgennaja — Dondukowskaja über Giaginskaja, nach Süden abbiegend, direkt auf Maikop zu.

In den Abendstunden des 8. August überschreiten erste Teile der 13. Pz.Div. den „Laba"-Fluß bei Kurgennaja.

Nach kleineren Gefechten streben am 9. August drei Angriffsgruppen der 13. Pz.Div. auf Maikop zu. —

Als erste Stoßgruppe stehen neun Schützenpanzerwagen (SPW) des I./Pz.-Gr.Rgt. 66 von der Kampfgruppe Crisolli auf der Höhe bei Hof Kalmy Koff, im Nordosten vor der Stadt. In der Ferne liegt Maikop in einem Tal. Ununterbrochen ziehen russische Kolonnen in eiliger Flucht nach Maikop hinein. Staubwolken füllen das ganze Tal.

Aber noch sind die SPW allein. Die Masse der Kampfgruppe Crisolli hängt infolge Brückeneinsturz noch weit ab.

Generalmajor Herr, Kdr. der 13. Pz.Div., der sich bei der Spitze befindet, drängt auf Tempo. — Neue Befehlsausgabe: „I. Btl./Pz.Gren.Rgt. 66 stößt durch Maikop durch und nimmt die Flußbrücke dort in Besitz." —

Am Samstag, 9. 8. — gegen 13.00 Uhr geht es los; an der Spitze fährt der Einsatz der BRANDENBURGER mit Lt. Prohaska und seinen Männern von der 8. Kompanie.

Über den Hergang der eingehende Bericht:

> „Schließlich Fertigmachen für Einsatz Prohaska. Ich fahre wieder vor zu Oberst Crisolli, Kdr. Schtz.Rgt. der 13. Pz.Div., und erhalte 6 km vor Maikop den präzisierten Einsatzbefehl. Ich hole Ernst Prohaska nach vorn. Unsere Männer ziehen sich in der sengenden Hitze wie Strudelteig, und es kostet mich viel Lunge, den Laden in Schwung zu bringen.

Oswald Sommer fällt sofort aus, da er sich beim Abspringen vom Fahrzeug mit unserer berühmten MPi. durch den Handteller schießt. Der Einsatz unter Lt. Prohaska startet um 17.00 Uhr. Ich führe, im Spitzenpanzer von Oblt. Morell mitfahrend, den Entsatz mit dem besonderen Auftrag, ein zu frühes Vorpreschen der Panzer abzubremsen, da uns dies so oft den Erfolg unserer Einsätze gekostet hat. Wir lassen die 4 Beutewagen absetzen. Es klappt prima, obwohl General Herr mehrfach wie ein eifernder Erzengel angebraust kommt und die Entsatzpanzer vorzeitig davonjagen will. Obwohl sich unsere Einsatzgruppe in Maikop auf dem Weg zur Brücke verfranzt, kann sie sich doch in den Rückzug der russischen Fahrzeuge einfädeln, ohne erkannt zu werden. In dieser Rückzugsschlange rollt sie langsam mit vielfachen Stops bis zur Bjelaja-Brücke vor. Beim letzten Halt vor der Brücke wird einer unserer Rußland-Deutschen von einem Sowjetgeneral angesprochen, der über dem zur Brücke abfallenden Hohlweg stehend, den Übergang seiner Truppen überwacht. Er hatte früher in der Truppe dieses russischen Kommandeurs gedient und wurde nun von diesem wiedererkannt. Rede und Gegenrede wurden glücklich abgewickelt, ohne daß unsere Männer als Deutsche erkannt worden wären. Welche nervliche Anspannung solche Zwischenfälle stets bedeuten, läßt sich nicht schildern. Gleich darauf kam noch einer: Unmittelbar vor der Brücke stand ein sowjetischer Verkehrsposten und stoppte mit seinen Fähnchen unser erstes Beutefahrzeug, um eine Verstopfung der Brücke zu verhindern. Als wieder angefahren werden sollte, streikte der Anlasser. Unser freiwilliger russischer Fahrer schrie nun den Verkehrsposten an, der sprang herbei, warf den Motor mit der Kurbel an und gab die Fahrt frei. Nun rollten unsere Fahrzeuge über die Brücke der tief eingeschnittenen Bjelaja. Drüben angekommen, wurde blitzartig abgesessen und ein am jenseitigen Brückenkopf stehender Tankwagen mit Mannschaften sofort mit Handgranaten und MPi. erledigt. Gleichzeitig wurde das Zündkabel für die Brückensprengung durchtrennt und der Brückenkopf igelartig besetzt. Für die Entsatzpanzer hatte ich strenges Schußverbot ausgegeben, um auch uns das unerkannte Herankommen möglichst bis an die Brücke quer durch die mit sowjetischen Truppen angefüllte Stadt zu ermöglichen. Oblt. Morell bewies einzigartiges Verständnis für alle diese für ihn so ungewohnten Erfordernisse. In dem ungeheuren Rückzugstrubel und den Staubwolken durchquerten auch wir mit unseren ganz verdreckten Panzern die Stadt Maikop unerkannt, vorbei an russischen Marschkolonnen, die in den Querstraßen zum Abmarsch bereitstanden. Als einem der Panjewagen hinter uns ein MG.-Schuß entfuhr, sagte Oblt. Morell zu meiner größten Erheiterung in maßvollstem Tone und bestens artikuliertem Funkdeutsch in sein Kehlkopfmikrophon: „Nicht — schie — ßen! Nicht — schie — ßen! Welches Arschloch schießt denn hier schon wieder!" Auch wir verfranzten uns noch kurz vor der Brücke, als wir schon die Leuchtkugeln von Ernst Prohaska sahen, weil der richtige Weg zur Brücke einen unerwarteten Knick machte. Ein altes Mütterchen zeigte uns an einer Straßenkreuzung die Richtung. Wir trafen 18 Minuten nach der Wegnahme der Brücke ein. Die Brücke, eine Eisenkonstruktion mit Bohlenbelag, war völlig mit Fahrzeugen verstopft, die hinter unseren Fahrzeugen noch daraufgerollt und fast alle verlassen waren. Unmittelbar vor unserem Panzer stand ein Panjewagen und davor eine schwere sowjetische Sis-Limousine. Oblt. Morell überrollte mit seinem Panzer den Panjewagen und will auch den PKW überrollen. Das gelingt jedoch nicht, weil die Kupplung des Panzerwagens schadhaft ist und die Beanspruchung nicht aushält. Aus demselben Grunde gelingt es lange Zeit nicht, den Panzer zurückzusetzen, so daß die schmale Brücke vollkommen verstopft ist. So vergehen unter heftigem Schußwechsel fast 50 Minuten. Ernst Prohaska, der unser Vorgehen offenbar beschleunigen will, kommt frei über die unter starkem Beschuß liegende Brücke gelaufen und fällt fast unmittelbar vor unserem Panzer. Unglücklicherweise gelingt es unserem Wagen erst jetzt, zurückzusetzen und die Brücke freizumachen. Ein nachfolgender Panzer IV überrollt nun den russischen PKW und schiebt die restlichen Fahrzeuge nach jenseits von der Brücke. Jetzt rollen die Panzer hinüber und besetzen mit nachziehenden Schützen und Pak den Brückenkopf. Die Masse der noch in der Stadt steckenden feindlichen Truppen entkommt flußabwärts über die Bjelaja auf das linke Ufer in die dort beginnenden Wälder längs der Straße nach Tuapse. Nach Einbruch der Dunkelheit sammle ich unsere Männer und lasse sie zum Gefechtsstand Crisolli zurückführen. Ich selbst mache gleichzeitig bei dem Obersten Meldung. Der sonst so abweisende Kommandeur fällt mir fast um den Hals, obwohl mir ja derlei nicht zukommt. Allerdings haben sie uns den geglückten Handstreich auf Stadt und Flußübergang Maikop zu verdanken. (Eine Erdölbrigade mit einem Bohrturm als taktischem Zeichen ist zugleich mit uns angelangt.) Das hätte sie sonst mindestens 4 Tage aufgehalten, meint Oberst Crisolli."

In der Frühe des 10. August 1942 werden die Gefallenen dieses Unternehmens Brückeneinsatz Maikop, unter ihnen der tapfere, nachträglich mit dem Ritterkreuz ausgezeichnete Lt. Prohaska, am linken Bjelaja-Ufer im Angesicht der noch immer brennenden Stadt Maikop zur letzten Ruhe gebettet. [52]

Während an diesem Montag, dem 10. August 1942 die Stadt Maikop noch von Feindteilen gesäubert wird, kämpft sich die 5. Kompanie von zbV 800 (Zülch) auf der Straße Kurgannaja—Dondukowskaja nach vorn.
Lt. Kurt Steidl, Führer einer Halbkompanie, berichtet aus eigenem Erleben:

„Ausgebrannte Fahrzeuge, deutsche und russische, frische Pferdeleichen und tote Rotarmisten säumen den Straßenrand. Ab und zu hören wir vor uns Schießen. Es wird „dicke Luft" geben. Wir fahren zur Vorsicht gefechtsmäßig und in größeren Abständen. Kurz vor der Stadt Dondukowskaja werden wir angeschossen. Aus allen Sträuchern und Gebüschen knallt es. Granaten schlagen auf der Rollbahn ein. Verwundete schreien auf, die ersten eigenen Fahrzeuge brennen. Zülch ist mit seinem „Kübel" an der Spitze der Kolonne. Ich lasse absitzen, brülle meine Halbkompanie in Deckung und rase mit meinem Krad vor zu Zülch. Aus den Häusern pfeift es heraus, feindliche Granatwerfer haben sich bereits eingeschossen. Mein Chef gibt mir den Einsatzbefehl: Sofort aus der Bewegung den Westrand von Dondukowskaja angreifen und die daran anschließende Ortschaft stürmen. Im Ort ist bereits eine „Ölkompanie" mit ihren Resten in härteste Kämpfe verwickelt. Sie hat sich festgefressen. Ich stürme mit meinen Soldaten links und rechts der Straße vor und räuchere im Nahkampf Haus um Haus und Bunker um Bunker aus. In einigen Stunden habe ich mit meinen Leuten die Vormarschstraße wieder reingemacht und stelle mich zum zweiten Angriff gegen die Ortschaft bereit. Martl liegt bereits mit einem sMG-Zug im Maisfeld. Er gräbt sich ein und ist ziemlich nervös, weil der Russe mit Maschinengewehrfeuer und Granaten unseren Bereitstellungsraum beschießt. Er sitzt uns auf 200 m am Rande eines Feldes gegenüber. Mein Angriff geht über eine freie Fläche. Es wird hart werden. Ich liege mit meinen Zugführern am Rande eines Grabens und bespreche mit ihnen den Angriff. Die schweren Granaten schlagen ganz in unserer Nähe ein. Ein plötzlicher Schrei gellt auf. Feindlicher Volltreffer auf der Straße in eine meiner Gruppen, Lt. Pils, Walter Perntner, Fw. Schink und 5 beste Männer sind auf der Stelle tot. Eine größere Zahl verwundet. Verbissen gebe ich das Signal zum „Angriff" und springe mit schießender Maschinenpistole und mit „Hurra" als erster aus dem Graben dem sich verbissen wehrenden Feinde entgegen. Hinter mir in breiter Front weit auseinandergezogen meine Soldaten. Gleichzeitig halten die schweren Waffen den Russen etwas nieder. Es knistert verdammt. Schon nach 20 m muß ich mich hinwerfen. Die Geschosse pfeifen vor meiner Nase in den trockenen Ackerboden. Gegenseitig schießen wir uns vorwärts und

stürmen mit Handgranaten die Russenstellungen. Der Schweiß rinnt in Strömen. Meine Leute sind ohne Atem, trotzdem hetze ich weiter los gegen das Dorf, in dem sich der Gegner erneut festgesetzt hat.
Mein Haufen ist ziemlich zerstreut — Schmied Sepp versorgt die Verwundeten. Mit wenigen Mann — darunter einer meiner größten Draufgänger Vladimir Mark — stürme ich im Handgranatenduell die russischen Hütten und mache 80 Gefangene.
Walter Ladendorff erreicht mich mit einem Befehl von Zülch, mich wieder zurückzuziehen und beiderseits der Vormarschstraße Sicherung zu beziehen. Starke russische Kräfte sind von allen Seiten gemeldet, wir müssen uns „einigeln". Es heißt, wir sind eingeschlossen.
Objg. Felix Graf Schaffgotsch, einer unserer besten, ist auch tot. Die Verluste sind groß nach dem halbtägigen Kampfe.
Ich lasse tiefe Stellungen ausbauen, wir erwarten im Morgengrauen einen russischen Angriff mit Artillerieunterstützung. Abends werde ich mit Sepp zu Zülch befohlen. Im Kerzenschein sitzen wir kurz beisammen und legen uns in die Löcher. Um Mitternacht hocke ich im vordersten Loche bei meinen Leuten und erwarte den von Zülch prophezeiten Angriff. In der einen Hand die Leuchtpistole, in der anderen die Pistole, so hocke ich frierend neben Fw. Ortners s.MG. Der erwartete Angriff bleibt aus. Am Morgen wird mir ein Panzerzug der 13. Pz.Div. unterstellt. Das ist für mich ein „Fressen". Sofort besteige ich einen Kasten mit einer 7.5 Kanone, nehme noch einige Mann mit und fahre Aufklärung. Nach kurzer Zeit knallt uns ein Scharfschütze an. Im Feuergefecht geht das Dorf in Flammen auf, in dem sich erneut eine Kp. Russen eingenistet hat. Mit 60 Gefangenen kehre ich zurück.
Am Nachmittag mache ich mit Zülch ein Husarenstückchen: Wir brausen mit zwei Panzern in ein russisches Infanteriebataillon hinein und schlagen es in die Flucht. Daraufhin wollen wir zu dritt eine Kolchose stürmen — wir rasen ohne Atem über ein freies Feld. Es sind noch 200 m bis zum Ziel. Zülchs elegante Stiefel sind bis oben mit Dreck beschmiert, an meinen Bergschuhen hängen schwere Lehmklumpen. Wir können kaum mehr, das Gesurre wird immer ärger, es pfeift und kracht um uns — es wäre Wahnsinn, ohne Deckung zu nehmen weiterzulaufen. So liegen wir einige Stunden vor der Kolchose, bis die Dunkelheit einbricht. Mit den Händen wühlen wir uns in den Lehmboden — ich lernte dabei so richtig Oblt. Zülchs eiserne Ruhe und Kaltblütigkeit kennen. Am folgenden Tag tritt die Kp. zur ersten gemeinsamen Gefallenenehrung in Dondukowskaja an. Zülch spricht. Es ist uns eigenartig zu Mute, vor uns liegen die frischen Gräber, davor die schlichten Holzkreuze mit den zer-

fetzten Stahlhelmen. Unser Lt. Pils Hans mit seinen Getreuen zieht nicht mehr mit uns weiter in die unendliche Steppe hinein dem fernen Kaukasus entgegen. — Doch wir rollen und lassen schweren Herzens unsere Toten zurück.“ [53]

Gefallen am 10. 8. 1942 in Dondukowskaja:

Lt. Pils, Hans	Gefr. Maier, Jaki
Fw. Schink, Hermann	Gefr. Binder, Hubert
Uffz. Graf Schaffgotsch, Felix	Gefr. Perntner, Walter
Ogefr. Faller	Gefr. Taschler, Sepp
	San.-Gefr. Wittmann, Rudi.

Die 5. Kompanie erreicht die Stadt Maikop schließlich am 12. August 1942. Nach Heranziehen von weiteren Kräften in den Brückenkopf Tenginskaja über den „Laba“-Abschnitt (westlich Ternigojewskaja) tritt SS-Wiking — dabei die 7. Kompanie von zbV 800 — mit der Gefechtsgruppe „Nordland“, die Pz.-Abt. voraus, am 10. August auf den Bjelaja-Abschnitt im Raum Beloretschenskaja an. Diese Stadt hat als Knotenpunkt einer Eisenbahn- und Straßen-Verbindung und wegen der Ölleitung nach Tuapse eine besondere Bedeutung. Hier liegen wichtige Brücken.

In der Nacht vom 10. auf 11. 8. 1942 gelingt es Panzergrenadieren der 3./SS-Nordland, zu Fuß südlich Welikoje den ca. 40 m breiten Fluß zu überqueren. In der Frühe des 11. August ziehen die Panzer der „Pz.Abt. Wiking“ durch eine Furt nach und biegen im Rücken des Feindes auf Beloretschenskaja ein.

In den Vormittagsstunden des 11. August greift die Masse der SS-Div. Wiking frontal gegen Beloretschenskaja an. Der Angriffsspitze voraus die mit übergeworfenen Armeemänteln getarnten Soldaten der 7. Kompanie von zbV 800, auf russischen Fahrzeugen und mit russischen Waffen.

Über diesen zbV-Einsatz zwei kurze Berichte, und zwar den eines Teilnehmers und den des bei der entsetzenden Panzerkompanie mitfahrenden BRANDENBURGER Verbindungsoffiziers (V.O.).

Hier der Teilnehmerbericht:

„Mit allen Anzeichen des Schreckens und der Flucht rast die 7./BRANDENBURG mit dem Ruf „Tanki ... Tanki!! an den letzten sowjetischen Verteidigungsstellungen vor Beloretschenskaja vorbei. Das versetzt die Sowjets in Panik. Bespannte Batterien protzen auf und jagen zurück. Motorisierte Batterien folgen in höchster Fahrt. Sowjetische Offiziere und Kommissare, die den Versuch machen, die Fliehenden in Abwehrstellungen zu dirigieren, werden niedergeschrien oder von der Panik erfaßt. Die BRANDENBURGER fahren in schneller Fahrt über die Straßenbrücke bei Beloretschenskaja und verhindern deren Sprengung. Ein Teil von ihnen jagt weiter. Eine sowjetische Artillerieabteilung, die hinter der Bjelaja in Stellung gehen will, wird von den Fahrzeugen aus beschossen und zersprengt. Dann sind die BRANDENBURGER auch an der Eisenbahnbrücke südlich Beloretschenskaja, werfen ihre Russenmäntel ab und halten die Brücke. Nach einer endlos lang erscheinenden Zeit werden sie von einer Panzerkompanie entsetzt.“ [54]

Und nun der zweite Bericht:

„Ich selbst bin den Entsatz als V.O. auf dem Panzer des Führers der Spitzenkompanie, aufgesessen hinter dem Turm, mitgefahren. Ablauf wie folgt:
Im Morgengrauen setzen sich 3 russische LKW, beladen mit BRANDENBURGERN, russische Uniformmäntel übergeworfen als Tarnung und mit Kopfverbänden als Verwundete, durch die bereitgestellte und bereits angerollte Spitzenabteilung der Panzer ab. Dabei heikle Situation: Zwei eigene Panzer richten ihre Geschütze auf die LKWs. Über Funk des Kompanieführers kann ich in letzter Sekunde verhindern, daß die LKWs beschossen werden. Kurz darauf greifen die Panzer an und überrollen ein feindliches Infanterie-Bataillon, das in Schützenlöchern und Gräben beidseits einer Straße auf einer Waldlichtung eingegraben liegt. 2 feindliche Pak werden ausgeschaltet. Bis zum Entsatz der Brücken dauert es etwa 2 Stunden. Dort steht Oblt. Ö. mit der Hakenkreuzflagge als Erkennungszeichen mitten auf der Brücke. Seine Erzählung ist abenteuerlich: Unterwegs wurden die LKWs — in der entscheidenden Phase — von einem Kommissar angehalten und verhört. Die Kampfdolmetscher konnten ihn aber überzeugen, kopfschüttelnd läßt er die Fahrzeuge mit den stöhnenden Verwundeten durchfahren, vorbei am flüchtenden Feind erreicht der Einsatz die Straßenbrücke und kann sie in klassischer BRANDENBURGER Weise nehmen, nachdem die Tarnung abgeworfen wurde. Er hat 3 Verwundete, aber keine Toten.“ [55]

Oblt. Oesterwitz erhält für dieses gelungene und für die Division Wiking bedeutsame Kommando-Unternehmen das Ritterkreuz. — Für die BRANDENBURGER Kompanien des II. Bataillons (Major Dr. Jacobi) ist mit der Einnahme von Maikop und Beloretschenskaja die Serie der Einsätze am Rande des Waldkaukasus zu Ende. Das Gelände ist für gepanzerte Truppen wenig geeignet. Daher müssen Infanterie und Gebirgsjäger heran. In Eilmärschen werden das XXXXIV. Geb.-Korps und das V. Armeekorps, teils in LKW der Nachschubkolonnen, herangeführt, um vor allem das III. Pz.Korps mit 13. Pz.Div. und 16. Inf.Div. (mot.) herauszulösen. Dieses soll dann über Woroschilowsk wieder in den Angriffsstreifen der 1. Pz.

Armee nachziehen, um links (ostwärts) neben das bereits in Richtung Terek abgezogene XXXX. Pz.Korps zu treten.
Mit dem Abzug des III. Pz.Korps aus dem Raum südlich Maikop ab 14. August setzten sich auch das II. Bataillon mit Stab sowie die 5. und 8. Kompanie in Marsch. Die noch in Armawir verbleibende 11. Kompanie des Oblt. Hütten wird nun ebenfalls abgerufen und folgt in das Terek-Gebiet nach; auch der vorgeschobene Rgt.-Gef.Stand verlegt nach Woroschilowsk. Ihm folgen die Fallschirmjäger der 4. (le) Pi.Kp. des Hptm. Kürschner, um für mögliche Einsätze im Terek-Gebiet verfügbar zu sein.
Die 7. Kompanie verbleibt weiterhin im Verband der SS-Div. Wiking, bis diese am 15. September 1942 abgelöst und ab 17. 9. im Mot.-Marsch in das Terek-Gebiet verlegt wird. — Die 7. Kompanie beteiligt sich weiterhin im Rahmen der 97. Jäg.Div. an den Angriffskämpfen in Richtung Tuapse, wo sie im Raum Indjuk mit den letzten sieben Mann beim Jäg.Rgt. 204 am 15. Dezember 1942 der Rückzugsbefehl erreicht. [56]
Während die 3. Pz.Div. am 14. August 1942 von Nordwesten kommend, entlang der Straße Pjatigorsk—Naltschik vorstößt, gelingt einer Kampfgruppe der links vorgehenden 23. Pz.Div. der Stoß zum „Baksan"-Abschnitt, südlich Prochladnyj.
Der „Baksan"-Abschnitt ist für die Sowjets von größter Bedeutung; er stellt die Verlängerung einer Abwehrbarriere dar, die sich um Ordschonikidse mit dem wichtigen Straßenübergang nach Tiflis und dem Ölgebiet von Grossnij in Verbindung mit dem „Terek" anbietet.
Die „Baksan-Terek"-Barriere endet im Westen in der wildzerklüfteten und schwerzugänglichen Baksanschlucht, die sich hier in die Gletscher des Zentralkaukasus fortsetzt. Nach Aufgabe der russischen Verteidigung am Don und Manytsch führte Marschall Budjenny beträchtliche Kräfte auf diesen Abschnitt zurück, um hier den deutschen Angriff zum Stehen zu bringen. Der Vorstoß nach Süden, dem sich wiederholt Fluß- und Bach-Abschnitte aus dem Elbrus-Gebiet in Richtung Terek entgegenstellen, gewinnt nur wenig Boden. Während am 16. 8. die Spitzen der 3. Pz.Div. in Baksan zu Kräften der 23. Pz.Div. aufschließen, kann die Kampfgruppe Burmeister der 23. Pz.Div. den Raum nördlich Altud gewinnen.
Am 19. 8. unternimmt Oberleutnant Oskar Schatz mit 80 Männern der 2. Kompanie einen kühnen Handstreich gegen das kilometerlange Straßendorf Maiskoje nordwestlich Arik. Nach Erfüllung seines Auftrages kehrt er zu seiner Einheit zurück und ist wieder in der Spitze der nach Süden vorstoßenden Kampfgruppen.
Hier ereilt ihn sein Schicksal am 21./22. August 1942 im Angesicht von Naltschik.

Darüber berichtet der Truppenarzt Dr. Helmut Gerlach:

„Unter seiner Führung, die seinen Zug weit voraus allen deutschen Truppen bis nach Chutner-Brorwainsky brachte, erreichten wir am Abend des 21. August 1942 ein ‚Vorwerk', eine Art Schäferei, etwa 1—2 km außerhalb des Ortes. Oskar beschloß, hier unterzuziehen. Das Vorwerk bestand aus einer Gebäudegruppe, an die sich rechts ein eigenartiger, weit-halbkreis-förmiger Bau mit Glasfenstern anschloß. Hier bezogen wir Quartier. Vor uns dehnte sich eine Wiesenlandschaft, die sich feindwärts senkte, so daß in 4—5 km Entfernung die Kirchturmspitze vom russenbesetzten Naltschik beim Tagesanbruch des 22. August klar zu sehen war. Die weite Weidelandschaft schien völlig verlassen. Wir zogen in das Dorf ein. Mein San.Feldw. Baier machte einen Verbandsplatz auf. Ich blieb bei Oskar, bis er zurückkehrte. Etwa 8 Uhr früh kam plötzlich eine Gruppe deutscher Panzer an, und es war wie eine Erlösung für uns, zu sehen, wie sie vor uns ins Vorfeld ausschwärmten. „So", sagte ich zu Oskar, „nun sind wir wohl erst mal sicher, — da kann ich mal in den Ort gehen und mich rasieren." Wir hatten nämlich alle gute Stoppelbärte. Oskar stand mit dem Artillerie-Beobachter, einem Funker und einem Melder zusammen, als ich mit dem Krad ins Dorf fuhr. Nur wenige Minuten später kam ein Melder, ebenfalls mit Krad, hinter mir her und meldete: „Oberleutnant Schatz soeben gefallen, ebenfalls der Funker und der Melder. Der Artillerie-Offizier schwer verwundet. Volltreffer in die Gruppe dieser vier." — Oskar war sofort tot. Seine linke Schulter und Brustseite war weggerissen. Die beiden Soldaten waren von derselben Granate zerrissen. Der Artillerieleutnant lebte noch bis zum Nachmittag. — Dieser 22. August war wohl einer der schwersten Tage der Kompanie. Wie sich später herausstellte, hatten die Einwohner von Chutner-Brorwainsky einen Hunde-Meldedienst nach Naltschik laufen. Ein abgefangener Hund trug am Hals eine Skizze des Ortes, in der die Standorte der deutschen Panzer, die in den Straßen unter Bäumen abgestellt waren, und auch die von Deutschen besetzten Häuser genau eingezeichnet waren. San.Feldw. Baier organisierte einen Krankenträgerdienst aus Meldern und Infanteristen. Aber das Feuer der Russen, das unaufhörlich den ganzen Tag auf den Ort niederprasselte, war so wohlgezielt, daß kaum einer, der auf die Straße ging, unverletzt zurückkehrte. So hatten wir auf meinem Tr.Verb.Platz, in einer kleinen Kate, in deren Nähe immer wieder Einschläge erfolgten, alle Hände voll zu tun, und ich fand keine Zeit, mich um die Toten zu kümmern. Oskar war inzwischen von Kameraden ins Dorf gebracht und am Straßenrand, vor einer Schule, in ein Grab gelegt worden. Wir hatten auch, als wir das

Dorf verließen, keine Möglichkeit, die Toten mitzunehmen. Was in den folgenden Tagen geschah, wie wir aus dieser Hölle herauskamen und wohin, das ist meinem Gedächtnis entfallen. Meine Nachfragen ergaben später, daß andere Einheiten, die das Dorf später wieder besetzten, das Grab aufsuchten, aber was sie gefunden haben, weiß ich nicht." — [57]

Die 2. Kompanie verbleibt noch bis zum Eintreffen der ablösenden 2. rumän. Gebirgs-Division und Teilen der 1. Geb.Div. in diesem Raum. Das aus der Gegend Maikop über Woroschilowsk zugeführte III. Pz.Korps mit 13. Pz.Div. und 16. I.D. (mot.) ist mit Anfängen am 17./18. 8. im Raum Woronzowo—Alexandrowskoje eingetroffen. Die 16. I.D. (mot.) scheidet hier aus dem Verband aus, um im selbständigen Kampfverband als Verbindung zwischen der He.Gr. A und He.Gr. B in der Kalmückensteppe zu operieren. Nachdem die 13. Pz.Div. am 24. 8. zwecks einheitlicher Kampfführung dem XXXX. Pz.Korps unterstellt wird, übernimmt das Gen.-Kdo. des III. Pz.Korps die Führung am „Baksan".

Während am 24. 8. 1942 die 3. Pz.Div. nordostwärts Prochladnyj versammelt und für den Angriff gegen Mosdok bereitgestellt wird, ziehen die Regimenter und Divisionen des LII. Armeekorps unter brennender Augustsonne in Eilmärschen heran und erreichen mit vordersten Teilen am 27. 8. den Raum nördlich des Terek-Flusses.

Hier gliedert sich das XXXX. Pz.Korps am 23./24. August zum Angriff auf die Stadt Mosdok, die unmittelbar am Nord-Ufer des „Terek" liegt. Der hier etwa 200 Meter breite Fluß wird auf dem überhöhten Südufer von erheblichen Feindkräften in Bunkern und Feldstellungen verteidigt.
Am Sonntag, 23. 8. — gegen 10.00 Uhr — setzt die 3. Pz.Div. mit zwei gepanzerten Kampfgruppen zum Angriff über den nördlich der Stadt liegenden Lenin-Kanal an, kann ihn überqueren und in die nördlichen Vororte von Mosdok eindringen. An diesen Kämpfen beteiligt sich auch die 3. Kompanie von zbV 800.

Durch Zuführung von Teilen der sowjetischen 6., 8. und 10. Luftlandebrigade in der Nacht zum 24. August versteift sich der Widerstand, es kommt zu schweren Ortskämpfen. Am 25. 8., einem schönen, aber schwülen Sommertag, gelingt es den deutschen gepanzerten Kampfgruppen, den Widerstand zu brechen; Mosdok ist genommen, die Soldaten stehen am Nordufer des hier reißenden Terek-Flusses.
Unter Zurücklassen des Pz.Gren.Rgt. 3 in der Stadt ziehen die anderen Teile der 3. Pz.Div. nach Osten weiter. Die 3. Kompanie verbleibt noch in der Stadt.

Gen.Oberst von Kleist, OB. der 1. Pz.Armee, beabsichtigt, mit 3., 13. und 23. Pz.Div. die Widerstandslinie im Flußverlauf nach Osten aufzureißen und Grosnyj von Norden her zu erobern.
In schweren Kämpfen gelingt es in den letzten Augusttagen 1942 diesen Panzerdivisionen Übergänge über den Terek zu erzwingen und kleinere Brückenköpfe zu bilden. Die BRANDENBURGER sind hier mit drei Kompanien beteiligt. Es sind die 3. Kp. des I. Bataillons sowie die 5. und 8. Kp. des II. Bataillons. Die 2. Kompanie bleibt unverändert im Baksan-Abschnitt südlich Prochladnyj eingesetzt.
Als die 3. Pz. Div. mit zugeteilter 3. Kompanie von zbV 800 am 30. August einen Brückenkopf bei Ischerskaja gebildet hat, stellt sich heraus, daß diese Stelle für einen Brückenschlag ungeeignet ist. Das hat zur Folge, daß die 13. Pz.Div., die ursprünglich einen Terek-Übergang weiter ostwärts bei Naurskaja erkämpfen sollte, diese Absicht nur noch vortäuschen soll, um feindliche Kräfte aus dem Raum Mosdoch abzuziehen. Die Division gibt der BRANDENBURGER 5. Kompanie einen wichtigen Anteil an dem Täuschungsmanöver und wird dann zur Ausweitung des Brückenkopfes bei Kisljar und zur Bereinigung des noch feindbesetzten Terek-Ufers zwischen Pawlodolskij und dem Terek-Knie südostwärts Prochladnyj herangezogen.
Am 2. September 1942 gegen 1.45 Uhr beginnt der Angriff einer Kompanie der 111. Inf.Div. aus der Stadt Mosdok heraus über den Terek-Fluß. Die Überraschung dieser kleinen Gruppe deutscher Soldaten gelingt vollkommen, bereits gegen 2.10 Uhr läuft beim Regiment eine Funkmeldung ein, die lautet: „Einheit Waask gelandet. Feindwiderstand gebrochen, kommen gut vorwärts." —
In der Nacht 2./3. 9. setzen die ersten Panzer der 23. Pz.Div. mittels Fähren auf das südliche Terek-Ufer über. In schweren, verlustreichen Kämpfen um Bunker und Feldstellungen des Gegners gelingt es, am 7. 9. die Brückenköpfe südlich Mosdok mit dem westlicher gelegenen bei Kisljar zu vereinigen und am 11. September 1942 die südwestlich gelegene Stadt Glücksburg zu besetzen.

Bei diesem Angriff der Kampfgruppe ist die 8. Kompanie von zbV 800 an hervorragender Stelle beteiligt.

Einem Tagebuch der 8. Kp. entnehmen wir:

10. 9. 1942	Mot.-Marsch der 8. Kp. in die Gegend Mosdok. Noch in gleicher Nacht Übersetzen über den Terek — über eine Behelfs-Brücke.
11. 9. 1942	Mot.-Marsch der Kompanie über Gnadenburg, südlich Pawlodolskaja nach Malgobek.

12.—17. 9. 1942	Ortsunterkunft bei Malgobek in einem sowjetischen Stellungssystem voller Läuse. — Von dort Absetzen einiger Spähtrupps.
18. 9. 1942	Einnahme der Höhe zwischen Nishnikurp und Werchnikurp durch die Kompanie; dabei einige Verwundete durch sowjetisches s.MG.-Feuer.
19.—24. 9. 1942	Die Kompanie verbleibt in Stellung auf Höhe Punkt 489 bei geringer feindlicher Feuertätigkeit, dafür viele Läuse.
25.—27. 9. 1942	Ruhe der 8. Kp. in Werch. Akbasch.
28. 9. 1942	Waldmarsch der 8. Kp. mit geringer Feindberührung, dann Sicherung auf Höhen südwestlich Illarinowka. Dort auch Flak in Stellung.
29.— 1. 10. 1942	Noch in gleicher Stellung.
2.— 7. 10. 1942	Waldsicherung auf dem Berg Seno, westlich Samankul. Sowjet-Gegner nur als Waldläufer mit MPi. und Handgranaten. Die schweren Kämpfe hier kosten 2 eigene Gefallene und mehrere Verwundete.[59]

Die 8. Kompanie ist wesentlich in die schweren Kämpfe zur Ausweitung des Brückenkopfes im Rahmen einer Kampfgruppe der Pz.Gren.Brigade der 13. Pz.Div. verwickelt.

Am Abend des 13. 9. 1942 steht diese Panzerdivision in einer Frontbreite von etwa 13 km um Werchn. Kurp.

Durch tagelange Angriffe werden die sowjetische 151. und 275. Schützen-Division und die im Verlaufe der Kämpfe neu zugeführten 57., 59. und 60. Schtz.-Brigaden stark angeschlagen.

Ziel der am 19. 9. 1942 antretenden 13. Pz.Div. ist das Aufbrechen der sowjetischen Bergverteidigung bei Elchotowo im Urstromtal des „Terek" und die Schaffung der Voraussetzungen für die Fortführung des Angriffs nach Osten in Richtung Grosnij.

Im Zuge dieser Bewegungen begleitet die 5. Kompanie eine Kampfgruppe der 13. Pz.Div., die entlang des „Terek" zum Angriff gegen die Stadt Arik ansetzt. Dabei fällt dem Einsatz Lt. Lau dieser Kompanie die Aufgabe zu, Straßen- und Eisenbahnbrücke westlich der Stadt in eigene Hand zu bekommen. Darüber ein Kurz-Bericht dieses Kommandos:

> „Unter Führung von Lt. Lau wird wiederum ein waghalsiges Unternehmen gegen die Doppel-Brücke (Bahn- und Straßenbrücke) über den Terek westlich Arik gestartet und zu einem vollen Erfolg geführt.
>
> Bei dem Flußübergang handelt es sich um eine etwa 120 Meter lange Eisenbahnbrücke der Öltransport-Linie Baku — Grosnyj — Rostow. Auf

Priblishnaja
Jekaterinogradskij
Ausw. Tschernojarskij
Primalkinskoje
Malka
Malkinskij
Ssarskij
Terek
Uroshainoje
Nowo-Osetinowskaja
Baksan
Tschernojarskaja
Terekskoje
M.T.St.
Chamidija
Oschchamach
Baraki
Kujan
Prischibskaja
Hoffnungsfeld
Versuchsstation
Kanal Malyj
Kabardinskij
Stamm-Swch.
Swch. (Schaf.)
27.10.42
Arik
Swch. Udarn.
Wladimirowskij
Nish. Akbasch
Tambowskij
Terek
Murtasowo
Dejsskoje
Werch. Akbasch
Werch. Kurp
Belogliński
25.10.42
28.9.42
Planowskoje
8.10.–24.10.42
Stawt-Dorf
Smeisskaja

dieses Objekt war das Unternehmen angesetzt worden, während die von den Sowjets erst kürzlich erbaute Straßenbrücke weiter südlich zu wenig bekannt war, um sie in den Vorstoß einzubeziehen. So ist die Planung des Unternehmens, für die bei dem stürmischen Vormarsch der 13. Pz.-Div. nur wenige Stunden Zeit bleibt, mannschafts- und waffenmäßig beschränkt auf die Eisenbahnbrücke. Mit 35 Mann gelingt es im Morgengrauen überraschend in die Brückenstellungen einzudringen, die Erdbunker und Gräben aufzurollen und alle Zündleitungen zu zerschneiden. Der Gegner ist so verblüfft und überrascht, daß im sofortigen weiteren Vorstoß aus der Igel-Stellung am Flußufer heraus auch die Zündleitungen der Straßenbrücke unbrauchbar gemacht werden können. Bei diesem Unternehmen wird der sowjetische Sprengplan für die Eisenbahnbrücke erbeutet, der anzeigt, daß drei Pfeiler der Brücke mit etwa 4½ Tonnen Sprengstoff geladen waren. Außerdem befand sich unter dem ersten Brückenbogen eine Zusatzladung von 32 Fliegerbomben.
Die an dem Handstreich beteiligten Männer werden für diese Tat mit dem E.K. I bzw. E.K. II ausgezeichnet, dem Einsatzführer, Lt. Lau, wird das Ritterkreuz verliehen.
Lau war zuerst in Osselinskaja als Sicherung eingesetzt, und kurze Zeit darauf ist ihm der große Schlag gelungen: Die Erstürmung der großen Terekbrücke bei Arik im Tarneinsatz. Der Kampfdolmetscher hat sich dabei besonders hervorgetan. Vor dem Einsatz lief er die ganze Nacht mitten im Feinde Spähtrupp und führte dann während des Unternehmens. Einige Bunker hatte er in seiner Tollkühnheit allein gestürmt. Lau erhält das Ritterkreuz. Wir sind unbändig stolz, das Glück hat unserer Kompanie gewunken."

Das Pz.A.O.K. 1 gibt unter dem 13. Dezember 1943 dazu folgendes Fernschreiben durch:

„... Zu dem Ihnen in Anerkennung Ihrer kampfentscheidenden Tapferkeitstat verliehenen Ritterkreuz des Eisernen Kreuzes meine herzlichen Glückwünsche."

gez. von Mackensen
Pz.A.O.K. 1[61]

Der Rest der 5. Kompanie ist über die Kriegsbrücke bei Gnadenburg in den nahegelegenen Ort Hoffnungsthal untergezogen, wo aufgefrischt wird. Am 21. September 1942 kommen die Angriffe der 13. Pz.Div. zum Stillstand, ein umfangreiches Minenfeld südlich Werch.Akbasch sowie tiefgestaffelte Feindstellung nördlich von Planowskoje zwingen zu intensiveren Vorbereitungen für einen erneuten Angriff. Dei Durchbruch durch die Enge von Elchotowo wird dem III. Pz.Korps übertragen, das mit dem 21. 9. 1942 die Führung über die 13. und 23. Pz.Div. sowie die 370. Inf.Div. übernommen hat. Am 25. 9. 1942 setzt die 13. Pz.Div. ihren Angriff fort.

Im Rahmen dieses Angriffs erhält die 5./Lehr-Regiment „Brandenburg“ zbV 800 den Auftrag, die stark feindbesetzte Ortschaft Planowskoje, südwestlich Werch. Akbasch, anzugreifen und zu nehmen.

Zur gleichen Zeit (25. 9.) erfolgt der Angriff der Kampfgruppe Crisolli auf Illarinowka. Bei diesem Angriff durch Bunkerlinie und Feldstellungen zeichnen sich wiederum BRANDENBURGER zusammen mit Pionieren bei der Niederkämpfung stärkster Betonbunker aus. Am Abend ist Illarinowka in eigener Hand.

Die Kämpfe dieser Tage zeigen deutlich die Grenzen einer Panzer-Division auf. Waldreiches Höhengelände, fast ohne Wege, dazu starker Gegner in gutgetarnten und ausgebauten Stellungen erlauben nur infanteristisches Vorgehen. Panzer und Fahrzeuge können nur in seltenen Fällen nachgezogen werden.

Trotzdem bringt der 25. 9. 1942 der 13. Pz.Div. die Erreichung ihrer Angriffsziele. Sie verliert an diesem Tage ihren hochbefähigten Div.-Kommandeur, Gen.Maj. Herr, durch Minen-Explosion.

Der 26. 9. 1942 steht im Zeichen umfangreicher Vorbereitungen zum Angriff auf die Enge von Elchotowo. Eigene Spähtrupps erkennen, daß ein Frontalangriff unmöglich ist. Der 13. Pz.Div. fehlen die Kräfte zur massierten Schwerpunktbildung. Der Gegner führt die 8., 16., 19. und 150. Schtz.-Brigade neu heran, um den Durchbruch durch die Kaukasische Pforte zu verhindern.

In der Nacht zum 3. Oktober 1942 gegen 2.30 Uhr beginnt der vorbereitete Angriff der Kampf-Gruppe von Raczek mit Pz.Gren.Rgt. 66. Es gelingt ihr, zum Teil im „Terek“ watend, die feindlichen Sicherungen zu umgehen und in den Nordwestteil von Elchotowo einzudringen.

Die 5. Kompanie des Oblt. Zülch ist an diesem Angriff beteiligt, dazu ein Situationsbericht:

> „Wir beziehen am Südrand von Olanowskoje am Kanal Sicherung. Es wird gewühlt und gegraben. Die Nächte sind schon empfindlich kalt im Erdloch. Es stinkt von Pferdekadavern. Aus der Stadt Elchotowo schießt der Russe unentwegt auf uns. Man kann nur nachts aus dem Loche und verpflegen. Vor uns liegt die Stadt Elchotowo, davor ein kleiner Erdhügel. Er ist von Russen besetzt. Wie ein Irrsinniger stürzt sich plötzlich aus Schmalbruchs Sicherungsabschnitt ein besoffener V-Mann auf die freie eingesehene Fläche dem Hügel entgegen. Er will ihn allein stürmen, hatte er erklärt. Er kommt nicht wieder. Nach Tagen treten Teile der

13. Panzerdivision zum Angriff gegen die Stadt Elchotowo am Terek an. Wir unterstützen. Es geht zügig vorwärts, der Russe versucht mehrmals mit Panzerunterstützung Gegenstöße, aber nach Stunden harten Ringens ist die Stadt in unserer Hand. Zülch, Lau, Sepp und ich erkunden den neuen Sicherungsabschnitt am Terekufer. Wir arbeiten uns im Artilleriefeuer vor. Lau wird verwundet und kommt zum zweitenmal in die Heimat." [63]

Die 8. Kompanie — seit dem 1. Oktober 1942 unter ihrem neuen Kp.-Chef Hptm. Helmut Pinkert — folgt aus ihren Stellungen bei Illarinowka nach und übernimmt die Waldstellungen auf dem Berg Seno, westlich Samankul.

Damit enden auch die Kämpfe um die Pforte von Elchotowo. [64]

Vom I. Bataillon ist die 3. Kompanie im Brückenkopf Mosdok in Abwehrstellungen nach Osten eingesetzt. In notdürftig befestigten Erdbunkern deckt sie am linken „Terek"-Ufer bei Galjugajewskaja die linke Flanke.

Die 2. Kompanie des Oblt. Gerh. Pinkert ist ebenfalls zur Abwehr westlich des Terekbogens, mit Blickrichtung Süden und Südwesten übergegangen. Sie ist in wiederholter Nachbarschaft mit der 11. Kompanie des Oblt. Hütten im Streifen des III. Pz.Korps, das die Westflanke der 1. Pz.Armee zum Kaukasus deckt.

Die 4. (le) Pi.Kp. des Hptm. Kürschner, inzwischen bei Woroschilowsk untergebracht, wird erneut zu einem Sprung-Einsatz alarmiert. Es ist vorgesehen, eine starke Gruppe aus der Luft gegen den Kreuzpaß auf dem Scheitelpunkt der Grusinischen Heer-Straße von Ordshonikidse (früher: Wladikawskas) nach Tiflis anzusetzen. Dazu kommt es jedoch nicht mehr, da sie zum Infanterie-Einsatz in den „Terek"-Bereich herangezogen wird. Jetzt — Anfang/Mitte Oktober 1942 — zeigt sich in zunehmendem Maße die Versteifung der sowjetischen Abwehr und der Übergang zu vermehrten Gegenangriffen, vor allem nordostwärts des Terek. — Hier klafft das Loch zur 4. Pz.Armee (vor Stalingrad), das nur notdürftig über Hunderte von Kilometern gedeckt wird. Hier braut sich einiges zusammen, dem die deutsche Seite nichts entgegenzusetzen hat.

Andererseits leiden die deutschen Verbände an ständiger Auszehrung, an Überforderung bei anhaltender Vermehrung der Schwerpunkte und mangelnder Versorgung durch lange Wege. Es fehlen die Kräfte zum durchschlagenden Erfolg, und nur die unerhörte Tapferkeit der Soldaten und ihrer Führer verhindern den Riß einer überspannten Lage an der „Terek"-Front.

Der Rückzug aus dem Kaukasus

Mit dem Übergang zur Verteidigung am Nordufer des „Terek"-Flusses bei Elchotowo wird zur Ausweitung des Brückenkopfes südlich Mosdok ein weiteres Angriffsunternehmen aus der Linie Werch. Kurp — N. Kurp — Malgobek II — Gnadenburg eingeleitet. Das LII. Armeekorps mit der in Zuführung begriffenen SS-Div. „Wiking" soll die Linie Malgobek I und Ssagopschin am Eingang des langgestreckten Alden-Tschurt-Tales angreifen und nehmen.

Die Kämpfe ziehen sich bis zum 10. Oktober unter schwersten Verlusten an Menschen und Material hin. Malgobek I wird genommen, Ssagopschin jedoch nicht. Dann erstickt jede eigene Bewegung in wütenden Gegenangriffen der sich ständig verstärkenden Sowjettruppen; und ab 11. Oktober 1942 stehen die nächsten Tage im Zeichen härtester Abwehrkämpfe. Die Sowjets gewinnen unter Zuführung neuer, ausgeruhter Einheiten immer mehr die Oberhand gegen die völlig ausgelaugten deutschen Verbände. Nur unter Aufbietung der letzten Kräfte halten die Verteidiger ihre erreichten Linien. Am 20. 10. entscheidet sich endgültig das Ende weiterer Angriffsbewegungen nach Osten — jedenfalls in diesem Raum. In den jetzt gewonnenen Stellungen erfolgt Übergang zur Verteidigung und zugleich Einrichten für den Winter.

Dagegen wird entschieden, daß das III. Pz.Korps noch einmal den Versuch unternehmen soll, die russische Front im Baksan-Terek-Dreieck zu durchbrechen und auf Ordshonikidse vorzustoßen. Die deutsche Führung erwartet, daß die Sowjets durch diese Angriffsoperationen gezwungen werden, ihre Front im großen Terek-Bogen zu schwächen, um der Front bei Ordshonikidse Reserven zuzuführen.

Die vom III. Pz.Korps zeitweise abgestellten Teile der 13. und 23. Pz.-Division werden durch Umgruppierungen wieder zugeführt, so daß das Korps über beide Panzerverbände kurzfristig verfügen kann: Die 23. Pz.-Div. sammelt im Raum Kotljarewskij, die 13. Pz.Div. im Raum um Arik.

Dazu treten die bisher westlich des Terek in Front liegenden Stellungs-Divisionen wie die 2. rumän. Geb.Div. und Teile der 1. Geb.Division, die nahe des Ortes Baksan zusammengezogen werden.

Im Bereitstellungsraum des III. Pz.Korps sind das II. Btl. mit Btl.Stab, 5. und 8. Kompanie nördlich Elchotowo, die 2. Kompanie des I. Btl. und die 11. Kp. des III. Bataillons BR im Gebiet hart westlich des „Terek". Diese Einheiten werden an diesem letzten größeren Angriffsunternehmen — mit erstem Ziel Naltschik — beteiligt.

Am Morgen des 25. Oktober 1942 beginnt die Angriffsoperation mit der

Angriffsgruppe „West“ (2. rumän. Geb.Div. und Teile 1. Geb.Div.) aus dem Raum Ort Baksan vorweg. Noch einmal sind deutsche Kampfflieger in größerer Zahl im Einsatz und bombardieren die feindlichen Stellungen.
24 Stunden später, am 26. 10. morgens, greift noch im Morgengrauen die 23. Pz.Div. bei Kotljarewskij an und nimmt die Stadt Argudan. Damit wird die Straße Naltschik — Ordshonikidse unterbrochen.[66]
Darüber Tagebuchaufzeichnungen des Lt. Steidl:

„Ein neuer Großangriff nach Süden soll durchgeführt werden: Vorstoß bis an den Fuß des großen Gebirges. Durch die Enge von Elchotowo ist dies unmöglich. Es soll westlich des Terek möglich sein.

Am Großangriff nehmen 2 Panzerdivisionen und starke Teile der Luftwaffe teil, die zum erstenmal an der kaukasischen Front in Erscheinung tritt. Es gibt uns wieder Auftrieb, daß endlich wieder eigene Flugzeuge am Himmel sind. Stukas haben bereits den Panzerzug von Darg-Koch in Trümmer geschlagen. Mit freudiger Genugtuung haben wir dieses Schauspiel von Planowskoje aus betrachtet. Wir liegen auf Sicherung der Bereitstellung. Uns gegenüber liegen 7 sowjetische Divisionen im Raume Naltschik, mit denen wir morgen ringen werden. Es ist 4.30 Uhr. Ich bin voll Spannung und Jagdfieber. Vor mir liegt die Steppe, dahinter auf 20 km der mächtige Kaukasus, der bereits im ersten Sonnenlicht erstrahlt. Tau liegt auf den Steppengräsern, eine unheimliche Stille liegt in der Luft. Die russischen Stellungen sind nur 2 km entfernt. Um 5 Uhr soll es losgehen. Die Spannung steigt; ich gebe den Befehl durch, daß kein Kopf über unsere Löcher sich erhebt, in Minuten werden uns 2 Panzerdivisionen überrollen. Plötzlich brummt es auf, die Luft dröhnt und zittert, der Großangriff beginnt. 600 deutsche Panzerwagen, Schützenpanzer, Sturmgeschütze aller Kaliber, Kräder und Geländewagen brausen in breiter Front gegen den Feind. Das russische Abwehrfeuer setzt kurze Zeit darauf ein. Zwischen den einschlagenden und berstenden Granaten ziehen unbeirrt die schweren Stahlkolosse ihre Bahn, tiefe Furchen hinterlassend. Die ersten Sowjets sind zermalmt und überrollt, unsere Aufgabe ist es, die Reste zu vernichten. Hunderte Stukas stürzen im rollenden Einsatz vom klaren Himmel und zerschlagen die feindlichen Artilleriestellungen. Die Schlacht dauert 6 Stunden, die Masse des Feindes ist zerschlagen oder versprengt. Jetzt gilt es nur noch, die Stadt Naltschik zu stürmen. Rumänische Gebirgstruppen sind dazu auch eingesetzt. Nach kurzem hartem Kampf ist auch die Stadt in unserer Hand. Unübersehbare Mengen an Kriegsmaterial fallen in unsere Hand. Tausende Gefangene ziehen mit verstörten Gesichtern nach Norden. In der Nähe des Uruchtales beziehen wir Sicherung, während die Panzereinheiten in den

Raum Alagir abdrehen und weiter im Angriff stehen. Der Russe ist vollkommen erschüttert, er hatte mit einem solchen Schlag vor Einbruch des Winters nicht mehr gerechnet. Die Landschaft ist herrlich schön. Immer höher werden die Berge um uns, wir fühlen uns fast wieder daheim."

In Anlehnung an die 23. Pz.Div. greift die 13. Pz.Div. gegen 4.40 Uhr aus dem Raum westlich von Kotljarewskaja an, um im zügigen Vormarsch bald Nish. Tscherek zu gewinnen. Nächstes Ziel ist Staryi Tscherek.

Ein Kommando des II./Lehr-Rgt. BR zbV 800 jagt voraus, um den Tscherek-Übergang im Handstreich zu nehmen, aber die Brücke wird von den Sowjets gesprengt.

Mit der Einnahme der Städte Naltschik und Argudan tritt die 23. Pz.Div. am 28. 10. in die 2. Operationsphase ein.

Nachdem die sowjetischen Kräfte in ihrem Hauptverteidigungsfeld geschlagen sind, beginnt die Verfolgung. Die neuen Ziele sind die Grusinische und die Ossetische Heerstraße!

Eine Kampfgruppe der 23. Pz.Div. kann gegen Abend den Ort Chasnidon nach Überschreiten eines 800 Meter hohen Passes nehmen und dann einen Brückenkopf über den „Uruch" bilden, der gegen alle Gegenangriffe gehalten wird. Dazu ein Bericht:

„Ich entdecke in einem Bachgrunde 8 große amerikanische Studebakerwagen, die der Russe auf seiner Flucht stehen ließ. Nach großer Mühe gelingt es uns, die herrlichen Wagen aus dem Schlamm zu ziehen. Menukian, ein Überläufer, fährt als planmäßiger Fahrer für mich. Er ist Kaukasier und auf der Grusinischen Heerstraße auf dem Kaukasus daheim. Am Morgen greife ich ein Dorf in der Nähe an, in dem noch Sowjets sitzen. Mit Hurra und Handgranaten holen wir einige hundert aus ihren Löchern. Frauen laben uns mit Rahm, den ich literweise trinke. In den folgenden Tagen gelingt es uns, einen russischen Batl.Troß, der sich über eine Höhe zu retten versucht, restlos zusammenzuschießen. Wie Blitze jagen die Leuchtspurgeschosse der 2-cm-Flak hinein.

Es geht weiter nach Süden, den vorstürmenden Panzern nach. Plötzlich gibt es einen Stopp in der großen Vormarschkolonne. Vor uns gibt es heftige Schießerei. Zülch setzt sich mit unserer Kompanie aufgesessen an die Spitze. Links und rechts stehen die Kolonnen fremder Einheiten in voller Deckung. Der Feind schießt wütend mit Artillerie. Die anderen bezeichnen uns als Wahnsinnige. Doch Zülch braust unentwegt mit seinem Kübel gegen das feindbesetzte Dorf. Ich mit der Kompanie immer hinterher in seiner Staubwolke. Es ist von uns eine tolle Frechheit, vielleicht haben wir Glück. Links und rechts schlagen die Granaten ein. Vor mir versperrt ein in Brand geschossener Wagen den Weg. Ich brülle dem

Fahrer zu, er soll über den Acker ausbiegen. Ladendorff schwitzt Blut und flucht fürchterlich über Zülchs Verrücktheiten. Er liegt im Wagen flach am Boden mit „Stahlhelm auf". Wieder ein Einschlag. Diesmal 5 m neben uns. Der gewaltige Druck hebt den Wagen leicht vom Boden. Ein großer Splitter durchschlägt das Blech der Motorhaube. Aber der Motor läuft.

Es ist gerade die Stelle, auf der das russische Arifeuer eingeschossen ist. Mit fieberhafter Eile gelingt es uns, aus der weichen Ackererde herauszukommen und in das Dorf hineinzukommen. Mitten unter Russen rasen wir von den Fahrzeugen und stürmen die Stellungen. Ein starkes Abwehrfeuer schlägt uns aus Bunkern entgegen. Es gibt Verluste. Ich laufe zur Panzerbüchse und schieße, auf der Dorfstraße hockend, die Feindbunker zusammen, dann geht es weiter von Loch zu Loch, von Keller zu Keller — bis der letzte Widerstand gebrochen ist. Die Nacht ist noch unruhig, neue Funksprüche mit Einsatzbefehl treffen von Jacobi ein. Am folgenden Tag wird Aufklärung betrieben.

Zülch ist mit seinem Kübelwagen auf eine Mine gefahren, der Wagen verbrannte, er selbst am Ohr leicht verletzt. Er ist aber unerschütterlich. Durch den Panzergraben arbeite ich mich mit dem vorsichtigen Peter Martl an das Dorf bei Sred Uruch ran. Es sollen noch Russen im Ort sein. Gegen Abend sind wir am Rande. Zu beobachten ist nichts. Wir ziehen unter. Dorn Waldemar macht noch über den Fluß einen Spähtrupp, auch das jenseitige Ufer hat der Russe geräumt. Todmüde fallen wir um." [67]

Nach Vorschieben des 10. rumän. Geb.Jg.Btl. zur Abschirmung der Gebirgsflanke wenden die 23. Pz.Div. bei Chasnidon am Uruch rechts, die 13. Pz.-Div. bei Sred Uruch am gleichnamigen, tiefeingeschnittenen Fluß links ihre Stoßrichtung nach Osten.

Die 23. Pz.Div. durchbricht zahlreiche feindliche Stellungen, überwindet den Dur-Dur-Abschnitt westlich Diagora und schiebt sich bis zum Abend an den Rand dieses Ortes heran.

Die links vorgehende 13. Pz.Div. — dabei das II. Bataillon — kommt flüssiger voran und schwenkt nördlich an Diagora vorbei auf Ardon ein; der Auftrag des III. Pz.Korps an seine beiden Panzerdivisionen am 30. 10. lautet:

„für 23. Pz.Div. — Angriff über Diagora auf Alagir und Sperrung der Ossetischen Heer-Straße;

„für 13. Pz.Div. — Angriff über Ardon — Archonskije auf Ordshonikidse."

Der 23. Pz.Div. gelingt es am 1. November 1942, das während der Nacht aufgegebene Diagora zu besetzen. Spitzen der 13. Pz.Div. stoßen in gleicher Nacht durch die geräumte Stadt Ardon durch und biegen von dort nach Südosten ein. Hier erreicht das II. Bataillon der Befehl, Bahn- und Straßenbrücken bei Darg Koch im Handstreich zu besetzen.

Am 2. November gegen 5.00 Uhr früh beginnt das Unternehmen „Darg Koch", mit einer Gruppe der Pz.Jg.Abt. 13 und der 5. Kompanie unter Führung des Kommandeurs II. Btl., Major Dr. Jacobi. Er will mit Einnahme der Stadt Ardon starten und in einem Zuge mindestens vier Brücken gleichzeitig angehen.

Dem Einsatzführer dieses Unternehmens, Lt. Steidl, gelingt es in der Nacht, mit 30 Mann das feindliche Vorgelände zu überwinden und die Brücke zu passieren. Am jenseitigen Ufer gerät er jedoch in ein dichtbesetztes sowjetisches Stellungssystem. Er berichtet über den weiteren Ablauf des Unternehmens:

> „Ein wüster Kampf entsteht um die Bunker. Im Handgemenge und Pistolenduell gelingt uns unter Verlusten die Inbesitznahme der Bunker. Die Masse des feindlichen Regiments flüchtet in maßloser Verwirrung in die Stadt Darg-Koch. Wir drehen die Kanonen und Panzerbüchsen um und jagen Schuß um Schuß in die verwirrten Haufen. Ich funke sofort zu Zülch: ‚Brücke 5 Uhr unzerstört in eigener Hand.' Weiße Erkennungszeichen steigen hoch. Einige Bunker sind in unserer Nähe noch von Russen besetzt. Ich kann keinen Angriff darauf ansetzen, meine Verluste sind zu hoch. Wahrscheinlich setzt der Gegenstoß des Russen in Minuten ein, größere Ansammlungen am Stadtrand sind zu beobachten. Die Artillerie von den Höhen gegenüber beschießt uns bereits im direkten Beschuß. Ich fordere durch Funk eigene Nebelwerferunterstützung an. Die Geschosse fliegen in unsere Stellungen, es klappt nicht, die Lagen liegen zu kurz. Ich habe erneut Verluste durch eigenes Feuer. Russische Panzer und LKW, mit Mannschaft beladen, rollen aus der Stadt auf uns zu. Wir schießen sie zusammen. Nach zweistündigem Kampf wird die Munition knapp. Der Russe hat sich auf breiter Front schon nahe an uns herangeschoben. Ein Entsatz ist noch nicht da, der Russe schießt Sperrfeuer auf die Straße, die von Ardon kommt, auf der Entsatz vorkommen muß. Vergebens spähen wir zurück. Wir sehen nur einige Infanteristen flach am anderen Ufer liegen, es muß Zülch mit seinen Leuten sein. Ich vertraue auf ihn, daß er uns hilft. Doch er kommt nicht ran. Der Russe kommt immer näher. Mit 10 Mann halte ich noch die Brücke. Wir haben nur mehr Handgranaten und einige Schuß Munition. Auf gefallenen und verwundeten Rotarmisten hocken wir im Graben und wehren uns verzweifelt. Feindliche Handgranaten fliegen schon in

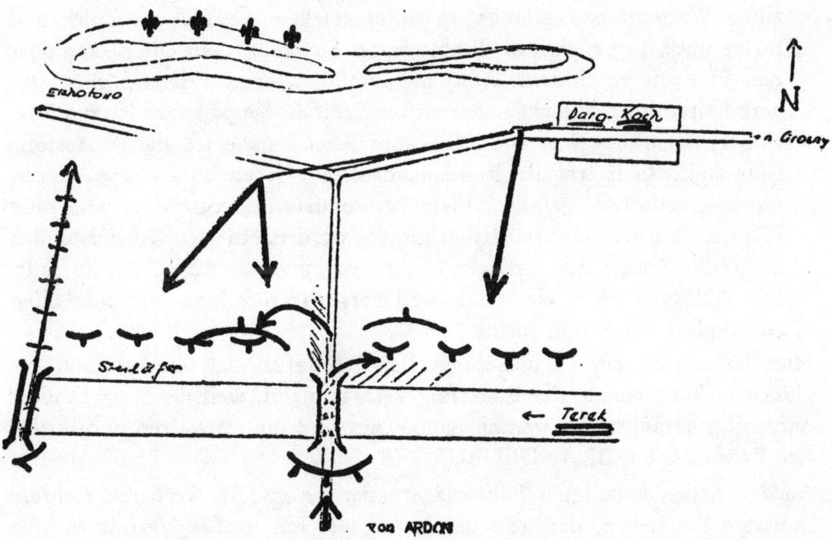

unsere Löcher. Obj. Niederkoster fällt durch Kopfschuß neben mir, Mark wird am Kopf schwer verwundet, Trinko ebenso. Ich verbinde beide notdürftig. Es knallt wie verrückt. Ein Zurück erscheint aussichtslos, die Brücke liegt unter schwerem Beschuß, der Russe will sie sprengen. Plötzlich tauchen ein Leutnant und ein Oberjäger im Graben auf. Sie überbringen den Befehl von Zülch, mich sofort an das eigene Ufer zurückzuziehen, ein Entsatz könne nicht rankommen. Also war alles umsonst; der Rückweg ist im schweren Feuer fast unpassierbar. Ich versuche meine paar Mann anzufeuern und aufzumuntern. Es gelingt. Die Verwundeten gehen zuerst. Nur Mark und Trinko kommen an das rettende Ufer. Ich muß zusehen, wie mir meine Verwundeten zusammengeschossen werden. Über die Eisenbahnbrücke ist es auch nicht möglich, Verstärkung zu bringen. Jetzt bin ich an der Reihe. Meine letzte Handgranate fliegt zum Russen, ich springe blitzschnell aus dem Graben und rolle mich die 20 Meter hohe Böschung zur Brücke hinunter, springe auf und rase über sie hinweg. Von allen Seiten knallt es. Ein Stiefelabsatz fliegt mir weg, vor mir spritzen Holzsplitter auf. Ich stolpere und fliege über einen toten Körper: Es ist mein treuer Magajef. Jetzt hilft nur eines; ich wälze mich über das Geländer und springe von der 15 Meter hohen Brücke in den Fluß. Mit wilder Verzweiflung, halb bewußtlos erreiche ich das Ufer, wo bereits die Reste der Kompanie in Stellung sind. Durch einen Wassergraben gelange ich unter starkem Beschuß zu Zülch und melde mich. Er befiehlt, bis Einbruch der Dunkelheit ein Übersetzen über den Fluß zu verhindern. Ablösung kommt abends. Frierend und hungernd sitze ich mit meinen Resten im Erdloch. Sepps letzte eiserne Portion reißt mich etwas hoch. Bis zum Abend habe ich meine Ausfälle festgestellt. Ganzert, der Rumäniendeutsche, ist ertrunken, Fw. Winter, Dorn, Liguda usw. gefallen. Viele Verwundete liegen im Ufersumpf und können erst bei Dunkelheit geborgen werden. In den Abendstunden fliegt die Brücke mit riesigem Getöse vor unseren Augen in die Luft. Die Ablösung trifft ein, müde und zerschlagen kehren wir zum alten Biwakplatz bei Ardon zurück.“ [69]

Hier haben wir ein erschütterndes Beispiel dafür, daß einem schon geglückten Unternehmen der Enderfolg versagt bleibt, weil der Entsatz nicht rechtzeitig herangeführt werden kann. Dies sind die schwersten und bittersten Erlebnisse der BRANDENBURGER.

Auch von den beteiligten Panzerjägern der 13. Pz.Div. verlieren mehrere Soldaten ihr Leben, darunter der Lt. Freye. Ein großer Verlust für die BRANDENBURGER des II. Bataillons ist der Tod ihres allseits geachteten Kommandeurs, Major Dr. Jacobi. Er war bei diesem Brückenunternehmen an der Eisenbahnbrücke leicht verwundet worden, dann aber durch eine latente, seinen Körper schwächende Gelbsucht im Lazarett gestorben. Vorläufiger Führer des Btl.'s wird Hptm. Gerh. Pinkert. Die 8. Kompanie folgt dem Angriff der 13. Pz.Div., während die 5. Kompanie zur Auffrischung vorübergehend nach Alagir zurückverlegt wird.

Am 3. November 1942 beginnt der dramatische Kampf um Ordshonikidse. — Diese Stadt ist das Tor zur Grusinischen Heerstraße, eine auch mit schweren Fahrzeugen befahrbare Paßstraße über das Hochgebirge.

Um die Bedeutung dieser Paßstraße zu ermessen, sei die mil.geo. Bearbeitung der Hochgebirgsschule Fulpmes wiedergegeben, die sich auf Gefangenenaussagen, Beschreibungen und Vernehmungen von Landeskennern, russische Literatur und Agentenaussagen stützt. Alle Gebirgsübergänge sind zur Tarnung mit Nummern versehen. Unter Nummer 17 lesen wir:

„Ordshonikidse über Kreuz-(Krestowyi-)Paß — Tiflis (Grusinische Heerstraße. 214 km): Mit Ausnahme Januar und Februar, wegen Schneesperre am Paß, ganzjährig für jede Art Verkehr geeignet.

Abschnitt Ordshonikidse — Kasbek: Straße verläuft in der Darjalsker-Schlucht. — Westlich der Straße entlang 3—5 km felsige Höhen. Keine Umfahrten innerhalb der ganzen Strecke. Keine natürliche Tarnung. Halbmesser der Kurven 10—100 m. Viele Spitzkehren. Stellenweise nur Einbahnverkehr. Winter Schneeverwehungen. Telegraphenlinie mit 12 Leitungen entlang der Strecke. Keine Landemöglichkeiten.“ — [70]

Mit Verzögerung durch Nachschubschwierigkeiten tritt die 13. Pz.Div., verstärkt durch I./Geb.Jäg.Rgt. 99 und 1 Bttr. Stu.Gesch.Abt. 203 sowie 1 Kp. des Pi.Btl. 627 an und kämpft sich über Höhengelände bis auf 2000 Meter an den Westrand der Stadt heran. Rollende Luftangriffe der sowjetischen 4. Luftflotte und schwerstes Artilleriefeuer bringen erhebliche Verluste.

Bis zum Abend des 3. November kämpfen sich Teile der Division bis zum Panzergraben am Flugplatz durch. Es beginnt ein schwerer Kampf im Verteidigungsfeld von Ordshonikidse.

Beim Dorf Fiagdon behauptet sich eine kleine, aber kampfstarke Gruppe seit den Morgenstunden unter Aufbietung aller Kräfte gegen ständig stärker werdende sowjetische Kräfte. Diese Stelle scheint der neuralgische Punkt zu werden. Dies erkennend, weil Gefahr für Nachschubstraßen der vorne kämpfenden 13. Pz.Div. droht, dreht das III. Pz.Korps (von Mackensen) die

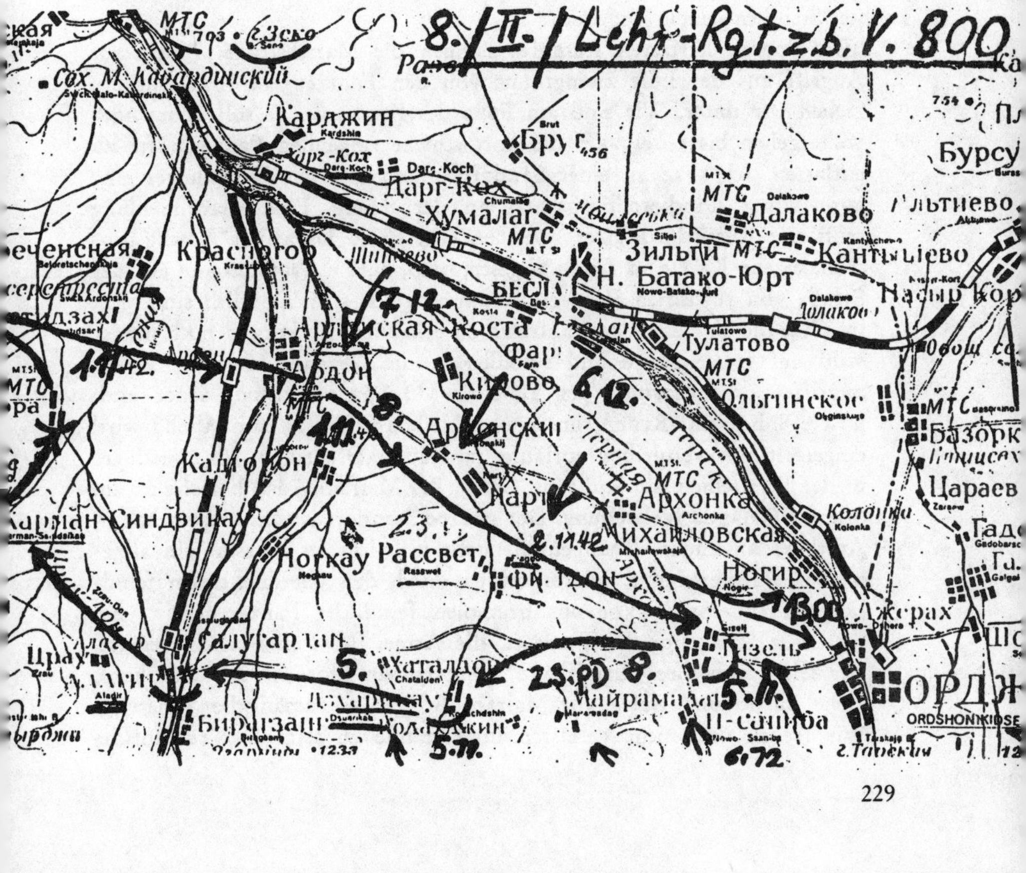

Spitze der 23. Pz.Div. ab, um die Flankensicherungen von Dsuarikau aus nach Norden hin zu verstärken. Gleichzeitig wird aber die lange Nachschubstraße nach Osten durch die Sowjets bei Ardonski unterbrochen, und wiederum müssen Teile, die an sich unterstützend für den Angriff vor Ordshonikidse benötigt werden, zum Gegenangriff eingesetzt werden. Die 23. Pz.Div. ist damit zersplittert und muß die Aufgabe übernehmen, der vorn kämpfenden 13. Pz.Div. den Rücken freizuhalten.
Die 13. Pz.Div. unter ihrem neuen Kommandeur, Generalmajor von Boineburg-Lengefeld kämpft sich währenddessen in mehreren Stoßgruppen durch die Bunker- und Verteidigungsstellungen an die Stadt heran. Sie kann eine beherrschende Höhenrippe am Nordwestrand der Stadt erreichen. Bei Nogir, im Norden der Stadt, steht das Magdeburger Pz.Pi.Btl. 4 im harten Kampf. Links neben den Pionieren kämpft das Kradschtz.Btl. 43 an der Straße Archanskaja — Giselj; dort auch die 8. Kompanie unter Oblt. Renner. Die 5. Kompanie, von Alagir kommend, verlegt nach Dsuarikau, um die rumän. Sicherungen nach Süden und Südosten zu verstärken. Darüber berichtet Steidl in seinem Tagebuch:

„Die Spuren härtesten Kampfes säumen die Marschstraße. Plötzlicher Angriff aus der Luft zwingt uns von den Fahrzeugen. In Dsuarikau ziehen wir unter. Wir sind am Fuße des Kaukasus. Es soll heute noch weitergehen bis Giselj, um die dort schwer ringenden Panzerkräfte zu entlasten. Ich sitze an einer Sandgrube und esse mit Heißhunger eine gute Wurst. Pinckert beobachtet an der Schere. Eine Alarmmeldung trifft ein: Russische Panzer zwischen Giselj und Dsuarikau durchgebrochen, eigene Kräfte in Giselj abgeschnitten, eigene Troßkolonne auf der Straße von russischen Panzern zusammengeschossen. Deutlich sind jetzt im Glas die sowjetischen Stahlrosse zu erkennen, sie kurven noch immer wild auf freier Pläne und schießen in die Gegend. Mehrere Gegenangriffe zur Entlastung der Teile der 13. Panzerdivision, denen auch unsere 8. Kp. mit Renner untersteht, bleiben erfolglos. Am Abend wird eingeigelt, wir verbleiben vorläufig im Raume Dsuarikau. Ich marschiere in der Dunkelheit ab, Richtung Giselj. Bei Mairam Adag beziehe ich im offenen Gelände Igelstellung. Der genaue Standort ist uns nicht bekannt, Anschluß an andere Truppenteile habe ich nicht, es herrscht ein allgemeines Durcheinander, hervorgerufen durch den überraschenden feindlichen Flankenstoß. Vor uns brummen feindliche Panzer herum, ein russischer Spähtrupp läuft uns in die Arme, der Führer meint zuerst, wir seien auch ihre „Landsleute". Am frühen Morgen, naß und kühl, ziehe ich ab und treffe vor Mairam Adag eine rumänische Sicherung. Wir freuen uns, nicht verlassen im Gelände zu sein. Der rumänische

Kommandeur spricht etwas deutsch, ich unterhalte mich mit ihm; er gibt mir zu verstehen, daß er den Ort Mairam Adag angreifen will. Einige Male hatte er schon den Versuch gemacht, er ist aber nicht gelungen. Wir verabschieden uns und ziehen in den Regentag hinein. Wir haben Hunger, es gab schon seit Tagen keine warme Verpflegung. — In der Abenddämmerung erreichen wir den Raum, der mir als Stellungsabschnitt befohlen ist. Verstümmelte Leichen von eigenen Soldaten liegen verstreut herum. Dem einen sind die Augen ausgestochen, die meisten haben Stich- und Hiebwunden. Fw. Bohoritz macht einen Spähtrupp. Er läuft mitten in die Sowjets hinein, die er im Abendnebel als Rumänen ansieht. Er fällt. Als wir todmüde in unseren Löchern hocken, kommt erneut der Befehl zum „Stellungswechsel". Müde schleppen wir uns durch die Nacht. Brände erhellen die Gegend. Über den eingeschlossenen Teilen in Giselj ergießt sich der Phosphorregen aus Sowjetflugzeugen. Eine schaurige Flamme steht am Horizont."

Die sowjetische Abwehr verstärkt sich ständig, immer mehr und vor allem neue Feindpanzer tauchen auf und gehen zu Gegenangriffen über; bereitgestellte Reserven aus den Räumen Malgobek I und Grosnyj werden nach Ordshonikidse geworfen.

Zwischen der vor Ordshonikidse kämpfenden 13. Pz.Div. und den bei Rasswet kämpfenden Teilen der 23. Pz.Div. bricht der Russe am 6. November 1942 von Norden und von Süden her durch. Gleichzeitig erfolgt ein weiterer Vorstoß aus dem Mairamadagtal nach Norden; die hier stehenden Kräfte der 23. Pz.Div. und Teile der 2. rumän. Geb.Div. können nicht halten und werden auf den Brückenkopf Dsuarikau zurückgedrückt. In dieser Lage muß die 13. Pz.Div. ihre vordersten Teile vor Ordshonikidse zurücknehmen und sie bei Giselj in eine neue Verteidigung einbauen. Schließlich wird die 13. Pz.Div. abgeschnitten. —

Die 8. Kompanie mit Oblt. Renner als Chef steht mit ihrer geschwächten Truppe bei Giselj in harten Abwehrkämpfen nach Süden.

Lt. Framing berichtet hierzu:

„Am 7. 11. 42 liegen Männer der 8. Kp. mit Oberleutnant Renner ca. 2 km vor Ordshonikidse. Sie sind an dieser Stelle die am weitesten vorgekommene deutsche Truppe. Sie können die Schornsteine auf den Dächern der Stadt zählen. Durch das Glas sehen sie die Rotarmisten angetreten, zur Feier irgendeines Roten Gedenktages.

In der Mühle dieser Kampftage verlieren sie 14 (vierzehn) der besten Kameraden, darunter den prächtigen Stabsarzt Dr. Weber, und müssen 9 Fahrzeuge mit unersetzlicher Ladung sprengen.

Der schneidige Angriff gegen den Ort Giselj, das tagelange Halten in vorderster Stellung und die Entwirrung eines panischen Fahrzeug-Knäuels bestätigt neu den Ruf der 8. Kp."

Zugleich verteidigt die 5. Kompanie an diesem 6. November 1942 in harten Gefechten den Südrand von Dsuarikau gegen immer wieder anrennenden Feind. — Unter dem Zwang der Verhältnisse und um irgendwie eine Verbindung mit den ostwärts kämpfenden Teilen der 13. Pz.Div. zu gewinnen, tritt dann die 5. Kompanie unter Lt. Steidl, zusammen mit der Kampfgruppe Illig und zwei rumän. Bataillonen, nach Osten an, um den Ausbruch der eingeschlossenen Kameraden zu erleichtern. Der Chef der 5. Kompanie, Oblt. Zülch, ist zu dieser Zeit beim Troß, in und bei Alagir, um sein schmerzhaftes Ohrenleiden und eine schwere Gelbsucht auszukurieren. Dort ist er während eines feindlichen Durchbruchs bis in den Troßraum bei einem von ihm eingeleiteten Gegenstoß durch Explosivgeschoß tödlich verwundet worden.

Die bedrohliche Lage für das III. Pz.Korps zwischen Ordshonikidse und Alagir zwingt zu einschneidenden Maßnahmen. Am 9. 11. 1942 erfolgt Befehl zum Durchbruch der 13. Pz.Div. nach Westen. Zugleich wird die SS-Div. „Wiking" aus dem Abschnitt beiderseits Malgobek I herausgelöst und durch die mit Flugzeugen von der Krim herangeführte 50. Inf.Div. ersetzt. „Wiking" wird ab 10. November je nach Ablösungstempo einheitsweise in dem Raum Alagir eingesetzt. In der Nacht vom 10. zum 11. November gelingt auch eine Verbindung der angreifenden SS mit der an der Furt durch die Mairamadag- und Ssolanaja-Niederung eintreffenden 13. Pz.Div. — Mit ihr gelangen Teile der 8. Kompanie in den Raum Alagir, wo auch die 5. Kompanie untergezogen ist. — Gefechtsstand für das II. Bataillon wird Karman — Ssindsikau (nordwestlich Alagir).

Kurt Steidl berichtet darüber:

„Der Russe wirft ungeheures Material in den Kampf, die Zeit unseres Vordringens ist vorbei. Ich werde mit meinem Häuflein an den äußersten rechten Flügel verschoben. Mein Anschluß ist die Lücke des Kessels. Der Russe hat uns erkannt. Er schießt ein wildes Granatwerferfeuer auf uns. Mit Panzern knallt er dazwischen. Meine Ausfälle sind wieder groß. Wie gehetztes Wild laufen wir über die freie Fläche. Pausenlos hämmern die Granaten in uns hinein; Dietrich fällt, sämtliche Leute der s.MG.-Gruppe fallen, Verwundete wälzen sich am Boden. Ich habe einen kleinen Hügel erspäht, dort niste ich mich mit dem MG.-Trupp Winkler und mit meinem Kompanietrupp ein. Sofort sind wir entdeckt, der Russe liegt uns 50 m im Gras gegenüber und greift an. Im erbitterten Nahkampf bleiben die braunen Körper vor uns liegen. Ein wildes Pak- und Panzerfeuer liegt auf dem kleinen Hügel. Hinter mir wird der unerschütterliche

Hermann Hirsch verwundet. Explosivgeschosse zerplatzen um uns. Martl wühlt sich verzweifelt mit den Fingern in die Erde. Mühsam graben wir uns langsam in den Boden. So liegen wir einige Tage und frieren fürchterlich in den Erdlöchern. Tag und Nacht rennen die Sowjets mit ihrem heiseren „Urräh" an und werden immer wieder abgewiesen. Verpflegung und Munition kann nur nachts vorgebracht werden. Sepp liegt mit seinem russischen „Wratsch" hinter mir im Loch. Abends krieche ich zu ihm. Am Morgen liegt Reif auf unseren Gliedern. Leichter Schneefall setzt ein, tiefer Schlamm liegt auf dem Schlachtfeld. Der feindliche Druck wird immer größer, in Nachbarabschnitten hatte der Russe tiefere Einbrüche erzielt, unsere Abschnürung wird immer bedrohlicher. Die Truppenführung entschließt sich für eine Rücknahme der Hauptkampflinie. Wir sollen die Nachhut bilden. Am Abend kündet uns ein Riesenfeuerwerk den Ausbruch der Truppen aus dem Kessel an. 800 Fahrzeuge fliegen mit Munition in die Luft. Es ist ein schauriges Bild der Vernichtung. Durch eine schmale Lücke gelingt es kleinen Teilen in der Dunkelheit durchzubrechen, unter Zurücklassung aller Verwundeten und Fahrzeuge. Am Morgen setzen wir uns ab; schon bei Helligkeit. Der Russe drängt scharf nach, wir müssen über deckungsloses Gelände zurück. Es gibt harte Ausfälle, der Feind schießt aus allen Rohren hinterher. Sepp und ich wetzen gemeinsam über die Steppe und wissen, daß keiner den anderen im Falle einer Verwundung liegen lassen wird. Es geht wieder einmal gut. Wir treffen die Restteile der sich durchschlagenden 13. Panzerdivision an."

Die ausbrechende 13. Pz.Div. geht in der Nacht zum 12. November hinter eine Auffanglinie zurück, die von der 23. Pz.Div. und SS-Div. „Wiking" gebildet wurde. Die neue HKL verläuft über den Brückenkopf Dsuarikau — Rasswet — Fiagdon-Fluß — ostwärts Ardon und findet bei Elchotowo Anschluß an das LII. Armee-Korps.

Ardon, Eckpfeiler des Frontvorsprungs Rasswet — Dsuarikau, zeichnet sich bald als Schwerpunkt kommender Kämpfe ab. In diesem Raum werden einheitsweise die neu geordneten Teile der 13. Pz.Div. eingeschoben.

Die Teile des II. Btl. mit 5. und 8. Kompanie verlegen aus gleichen Gründen in den linken Abwehr-Abschnitt nach Tschikola, nordwestlich Alagir.

Am 19. November 1942 wird die SS-Div. „Wiking" voll dem III. Pz.Korps unterstellt; sie übernimmt den rechten Flügel des Korpsabschnitts. Ab 24. 11. 42 beginnt gleichzeitig das Herauslösen der 23. Pz.Div., die nach Prochladnyj marschiert, um von dort im Bahn-Transport der bei Kotelnikowo stehenden 4. Pz.Armee für einen Entlastungsangriff auf Stalingrad zugeführt zu werden.

Ab 25. 11. 1942 folgen noch wiederholt sowjetische Angriffe, besonders gegen den Frontvorsprung am Fiagdon, um die deutsche Verteidigung im Abschnitt der 13. Pz.Div. bei Ardon aufzubrechen und im Nachstoß Alagir zu erreichen. Trotz wiederholter Stellungseinbrüche kann durch sofort einsetzende deutsche Gegenstöße die Abwehrlinie gehalten werden.

In diese teils erbitterten Kämpfe bei aufkommendem Schneefall und starkem Frost werden die 5. und 8. Kompanie bei und ostwärts Tschikola wiederholt einbezogen, können jedoch in Gegenstößen die Lage immer wieder bereinigen. Das allerdings kostet Verluste, die einfach nicht mehr zu ersetzen sind. — Aus der Truppe wird ein Häuflein Verschworener.

Doch die Sowjets lassen keine Ruhe, am 9. Dezember 1942 brechen sie aus dem (Kaukasus-)Gebirge von Süden her in die Flanke der bei Chasnidon (westlich Tschikola) sichernden rumän. Gebirgstruppen ein. Hptm. Horlbeck stellt aus Teilen der 5. und 11. Kompanie (Oblt. Mertens) eine Kampfgruppe zusammen und tritt zum Gegenangriff an. Dieser gelingt, der Feind flieht in die Wälder zurück.

Mitte Dezember 1942 verlegen Teile dieser Kampfgruppe (5. und 11. Kp.) nach Ardon, um dort die Abwehr zu verstärken, nachdem starke Feindansammlungen auch bei Elchotowo und Darg Koch erkannt worden waren.

Zugleich zieht Major Walther seine Kampfgruppe aus dem I. Bataillon — mit Teilen 2. und 4. (le) Pi.Kp. vor, die unmittelbar am südlichen Terek-Ufer in gleicher Gegend in schwere Kämpfe verwickelt wird. Dabei wird der Chef der 4. (le) Pi.Kp., Hptm. Kürschner, am 16. 12. 42 verwundet. Der bisherige Btl.-Adjutant I. Btl., Oblt. Gerlach, übernimmt die Führung.

Inzwischen hat sich die Lage bei Stalingrad zugespitzt. Der Entsatzstoß der 4. Pz.Armee bleibt etwa 60 Kilometer vor dem Kessel von Stalingrad liegen. Die Sowjets treten zu neuen Großangriffen an. Der Wettlauf nach Rostow beginnt sich abzuzeichnen. Die 4. Pz.Armee muß hinhaltend kämpfend zurückgehen.

In dem Gefechtsbericht vom 14. 3. 1943 heißt es über den Frontverlauf:

„Mitte Dezember 1942 verläuft die deutsche Front von der ‚Terek'-Enge vor Elchotowo senkrecht nach Süden, biegt dann bei Alagir nach Westen um und umklammert die Westhälfte des Kessels von Diagora in einer sackartigen Ausstülpung.

Am Tage der ‚Wintersonnenwende', dem 22. Dezember 1942, leitet die SS-Division ‚Wiking' befehlsgemäß eine Bewegung ein, in der dieser Front-

teil in fast 90prozentiger Schwenkung an den Höhenzug Berg Kabardinskij — Tschikola heranklappt und den Kessel von Diagora freigibt.
Am linken Flügel, an der Enge von Elchotowo, sitzt BRANDENBURG — als verläßliche, druckbeständige Achse dieser Bewegung ...“

„Beginn der Absetzbewegung — heute abend 18.00 Uhr — am 22. Dezember 1942“, so die einleitenden Worte der Kommandeure bei der Befehlsausgabe. In wenigen Stunden muß die Truppe abmarschbereit sein und die Lösung vom Feind erfolgen.

Nur 24 Stunden später — am Morgen des 23. 12. — stehen die Verbände entlang des Flusses Ardon — in verkürzter Linie.

Drehpunkt für das Zurückschwenken des rechten Flügels der deutschen Front von Alagir bis Tschikola ist das Festhalten auf dem Höhenzug nördlich Ardon über Kabardinskij bis Smeisskaja. Dieser neuralgische Punkt wird von den Kampfgruppen der BRANDENBURGER gehalten, im Zusammenwirken mit Teilen der 13. Pz.Div. (Hptm. Barth — Pz.Jg.Abt.). — Zugleich obliegt ihnen die Aufgabe, die Naht linker Flügel III. Pz.Korps zu rechtem Flügel LII. Armee-Korps bei Elchotowo zu decken. Nicht verwunderlich, daß die Sowjets ihren Angriffsschwerpunkt nach hier verlegen.

Noch am 24. Dezember 1942 liegt die Kampfgruppe Hptm. Horlbeck (5., 8. und 11. Kp.) auf den Höhen gegenüber Darg Koch, nordwestlich von Ardon. Schwere Abwehrkämpfe in unübersichtlichem Gelände, beißende Kälte, scharfe Winde — ein Kampf Mann gegen Mann.

Dazu meldet Lt. Framing in seinem Original-Bericht vom 14. 3. 1943:

> „An der südostwärtigsten Ecke unserer Stellung sitzt die 8./Lehr-Regiment „Brandenburg“ zbV 800 und klammert sich an den Punkt 535,9. — Lt. Vorholz stößt von dort zu gewaltsamer Aufklärung über den „Terek“ und zerschlägt eine feindliche s.MG.-Stellung.
>
> Lt. Girgenson und Uffz. Kibler fassen auf einem Spähgang mit 4 Mann eine ganze sowjetische Kompanie in der Bereitstellung und bringen 64 Gefangene, sowie deren ganze Bewaffnung (6 Pz.Bü., 4 l. Gr.W., 4 le. MG., 20 MPi., ca. 30 Gewehre).
>
> Am 28. Dezember 1942 besteht die Kompanie die schwersten Angriffe auf ihre Stellungen, dabei verliert sie 6 eigene Gefallene, 20 Mann müssen ins Lazarett, 7 bleiben verwundet bei der Truppe, sämtliche Offiziere sind teils leicht, teils schwer verwundet.
>
> In den Morgenstunden des 29. 12. 1942 verläßt ein Turk-Bataillon, bis dahin an die 11./Lehr-Regiment „Brandenburg“ zbV 800 angelehnt, an unserem li. Flügel liegend, seine gut ausgebauten Stellungen. Die Sowjets ergießen sich durch drei Quertäler in unsere li. Flanke und unseren Rücken.

Wir haben dem wegen Mangel an Mannschaft nichts entgegenzusetzen. Der Kampfgruppenkommandeur — Ritterkreuzträger Hptm. Barth — verspricht schnelle Hilfe. Mit schnell zusammengerafften Stabsleuten, Meldern, Turkmenen usw. wird mittels Stoßtrupp die Lage bereinigt.

Zur gleichen Zeit liegt der Troß der BRANDENBURGER als Verteidigung in Ssmeisskaja und verteidigt sich verbissen." [73]

Das sprungweise Absetzen von Geländepunkt zu Geländepunkt, genau nach Plan — eine der schwierigsten Gefechtsarten überhaupt — endet in verkürzter Linie zeitgerecht am 31. Dezember 1942 bei dem Ort Smeisskaja. — Hier erreicht die BRANDENBURGER-Truppe der eigentliche Rückzugs-Befehl aus dem Ostkaukasus, der sie bis zum Unterlauf des Don zurückführen wird.

An der Don-Front zeichnen sich bereits die Ziele der sowjetischen Stoßarmeen ab. Rostow am unteren Don bleibt nach Stalingrad Stalins Ziel! — Im Hauptquartier des Pz.A.O.K. 1 in Pjatigorsk, Oberbefehlshaber jetzt General von Mackensen, herrscht Hochbetrieb. Der deutsche Rückzug wird genau festgelegt, die Korpsstäbe stellen danach den Plan für die Divisionen auf, diese für die Regimenter und Kampfgruppen.

Danach beginnt der etappenweise Rückzug beim XXXX. Pz.Korps in der Neujahrsnacht. Einen Tag später (1./2. 1. 1943) sollen sich das LII. Armee-Korps und das III. Pz.Korps anschließen.

Dieser Zeitplan wird jedoch durchbrochen. Als im Abschnitt der 3. Pz.Div. nördlich des Terek bei einem eigenen Vorstoß mehrere Sowjetoffiziere mit wichtigen Unterlagen gefangen genommen werden, ergibt die Auswertung, daß für den 1. 1. 1943 ein sowjetischer Angriff mit 120 Panzern bevorsteht. Und genau das tritt in der Frühe des Neujahrsmorgens ein. Alles ist noch nebelverhangen, diesig, auf wenige Meter nichts zu erkennen — nur Motorengeheule: Sowjetische Panzer- und Schützen-Verbände reißen die im Aufbruch befindliche deutsche Abwehrfront am linken Flügel der 3. Pz.Div. auf.

Angesichts dieser Lage befiehlt der Divisionskommandeur den Rückzug seines Nordflügels einen Tag früher als vorgesehen.

Vom Dorf Terek am Terek-Fluß, gegenüber den Stellungen der 3. Pz.-Div. bis zum Ende der großen Terek-Schleife bei Elchotowo, wo der rechte Flügel des LII. Armee-Korps an die 13. Pz.Div. und somit an das III. Pz.-Korps anschließt, bleibt es jedoch ruhig.

Hier bringt am Abend des 30. Dezember 1942 ein Melder den Befehl der 13. Pz.Division an die BRANDENBURGER Kampfgruppe zur Rückverlegung der Hauptkampflinie. [74]

Dazu aus der Berichterstattung des Lt. Framing:

„Nach den durchkämpften und durch-marschierten Nächten der letzten Dezember-Tage, nach dem Angriff am Altjahr-Abend verbringen wir auch die Neujahrs-Nacht im Freien, seit zwei Tagen und Nächten schon ohne Verpflegung.

Mit warmem Schneewasser und einer Leuchtkugel wird das Neue Jahr begrüßt ...

Es wird noch den ganzen Neujahrs-Tag hindurch der „Mittelweg" südlich des Ortes Iran gesichert; dann in der Nacht 1./2. Jan. um Mitternach aufgesessen — der Weg zurück beginnt ..."

Zu diesen schweren Kämpfen zählt auch der Krisenherd beim III. Pz.Korps, auf der Naht zum LII. Armeekorps bei Elchotowo.

Hier — an der Kaukasischen „Porta" sind es die Bataillone der 13. Pz.Div. sowie die Kampfgruppe II. Btl. (Horlbeck), die den Russen den Ostweg über Smeisskaja — Alexandrowskaja (Terek) versperren. In wiederholten schweren Kämpfen können sie den Ort Smeisskaja wieder freimachen, um den Marschweg nach Norden offenzuhalten.

Die Rückzugsbewegung der 1. Pz.Armee (v. Mackensen) wird durch unterschiedliches Gelände sehr erschwert. Während das XXXX. Pz.Korps und die 111. Inf.Div. in der ebenen Steppe zurückgehen, haben sich die Masse des LII. Armee-Korps — mit 50. I.D. und 370. I.D. — und das III. Pz.-Korps mit dem Sumpfgelände des Terekbogens und den Vorbergen des Kaukasus abzuquälen.

Dazu der Situationsbericht aus der Feder des Lt. Steidl aus der „Kampfgruppe Horlbeck":

„So verlassen wir zum Jahreswechsel das herrliche Kaukasien, das Land der letzten Ritter und der vielen freiheitsliebenden Bergvölker mit ihren kühnen kriegerischen Trachten. Der Wintersturm braust über die Steppe mit unheimlicher Gewalt, wie ihn Europa nicht kennt. Die Temperatur ist stark gesunken. Die Naturgewalt Asiens ist entfesselt, gleichzeitig ist der Steppenmensch in seinem Element. Er nützt die für uns ungewohnte Witterung geschickt in seinem Nachdrängen aus und taucht bald hier, bald da im Schneesturm auf. So ziehen die endlosen Kolonnen auf den Rollbahnen anfangs noch geordnet mit verbissenen Gesichtern ihren traurigen Weg. Die gesamte kaukasische Bevölkerung ist aufgebrochen und rettet sich vor den nachdrückenden Bolschewisten. Es sind einmalig trostlose und ergreifende Bilder, die sich uns dartun. Frauen hocken mit ihrer letzten Habe auf kleinen Eselwagen, ein frierendes Kind im Arm; vollkommen ausgehungert und ausgefroren, nur mit Fetzen umhüllt ziehen sie zu Tausenden in einer Elendskolonne mit uns. Vor den Gespannen ziehen alte Männer ihre ausgemergelten Tiere. Zitternde Kamele ziehen die Wagen der „Reichen". Zu Tausenden sind die Fußwanderer unterwegs. Es gibt große Verstopfungen und Marschstockungen. Zu Hunderten säumen die erfrorenen Leichen von Frauen, Kindern, Männern und Pferden die Rückzugsstraße. Der Hunger nagt an Mensch und Tier, die Kälte frißt die Knochen. „Aber lieber bei den Deutschen erfrieren und verhungern als beim Bolschewik bleiben", ist die Parole der Menschen.

Seit Tagen sind wir unterwegs. Viele Erlebnisse und Zwischenfälle, Ärger, Versorgungsschwierigkeiten und feindliche Einwirkungen treten immer wieder auf. Rumänen machen Gewaltmärsche zu Fuß. Schnaubend stampfen ihre herrlichen Pferde durch die winterliche Landschaft. Meine Kompanie ist als motorisierte Einheit ständig als Nachhut eingesetzt. An einem Abend treffe ich bei meinem Kompaniestützpunkt ein; Röttges ist gerade mit der Vernichtung überzähligen Krams beschäftigt. Einige „Danziger Goldwässerlein" verlade ich auf meinem Wagen, dann geht es weiter bis nördlich von Malka. Walter und ich feiern in einer russischen Stube das Weihnachtsfest. Die alte Mutter kocht uns Tee, Walter macht zur Feier des Tages Schweineleber.

Wir schlafen am Boden und fühlen uns wie im Himmel. Endlich einmal ein Dach und warme Luft, während draußen die Steppe wütet. Horlbeck ist mit seinem Stabe auch im Ort, während das Bataillon in Malka in härtesten Kämpfen mit den nachstoßenden Bolschewisten steht. Nachdem der kommandieren General Horlbeck nicht bei seiner Truppe antrifft, wird Weithoener (bisher II./Lehr-Rgt. „Brandenburg" zb V800) als Führer des Verbandes 802 eingesetzt, und der dicke, unbekümmerte Horlbeck wandert ab. Tagelang fahren und marschieren wir um unser Leben. Starke russische Kräfte sind aus dem Raume Astrachan bereits bis in die Stadt Ellista in der Salzsteppe vorgedrungen. Außer kirgisischen Reiterschwadronen sind keine Kräfte zum Flankenschutz da. Die Verteidigung erfolgt nur stützpunktartig. Teile der Panzerdivisionen werden den von Osten vordringenden Sowjets entgegengeworfen, um die Armee zu retten, die nur mehr zwei Möglichkeiten in Aussicht hat: Rostow am Don vor den Russen noch zu erreichen oder über die Halbinsel Kertsch auf dem Seewege die Krim zu gewinnen. Wir nehmen an, daß beides nicht gelingen wird, wenigstens für uns, da wir als einziger „motorisierter Verband" nur als Nachtruppe eingesetzt werden. Man nennt uns „oben" motorisiert, obwohl nur mehr Wracks von Autos uns beweglich halten. Die Motoren müssen Tag und Nacht laufen, damit die Fahrzeuge jede

Stunde einsatzbereit sind. Die Fahrer sind seit Wochen ohne Schlaf. Vor dem Straßenknotenpunkt Newinnomiskaja stoße ich zum Bataillon. Ich übernehme die Führung der I. Abteilung des Verbandes, Mertens führt die II. und Renner die III. Wir vertragen uns bestens; Sepp, Keßler Heinrich und Seuberlich Hans sind bei mir. Weithoener hat eine eigene Kampfgruppe gebildet, zu der auch Oblt. Wichmann mit seiner Flakkompanie und eine 7,5-cm-Batterie gehören." [75]

Es sind die alten Vormarschstraßen, auf denen sich die Kolonnen der Fuß-Soldaten mit ihren Karren und Pferden nach Nordwesten bewegen. In eisiger Kälte, durch Schnee gehindert, vom Tempo gejagt, mit Flüchtlingen vermischt — so schleppen sich die Truppenteile, teils gelockert, teils aufgelöst, auf die jeweiligen Abschnitte zu, wo der Übergang zum nächsten Weitermarsch gezeichnet ist. Und immer wieder Kampf mit durchgebrochenen sowjetischen Panzern und Truppen — es geht einfach ums Überleben! ... um den letzten Einsatz auf dem Wege nach Hause ... Die deutschen motorisierten Verbände suchen die rechte Flanke zu decken, sie stoßen immer wieder nach Osten, legen sich mit Pak und Flak quer zur Rückzugsstraße, jagen nach durchgebrochenen Feindrudeln — solange die Fahrzeuge halten und der Kraftstoff reicht. Aber — es werden immer weniger; Ausfälle mehren sich, Fahrzeuge, Panzer werden gesprengt, zerstört oder stehen gelassen.

Und trotzdem — das Bild täuscht. In der Schwere des Rückzuges ist die Disziplin einzigartig; Mannschaft und Offiziere vorbildlich, die Kameradschaft unverbrüchlich, der Wille zum Überleben steht über der Gefahr.

An diesem 8. Januar 1943 ist — wie Lt. Framing berichtet — der Teufel los:

„Allein im Morgengrauen des 8. Januar 1943 durchbricht das sowjetische 1137. Gebirgs-Regiment die deutschen Linien — im Bereich der 5. Luftwaffenfelddivision und dringt in den Südrand von Malka ein.

Unsere Männer, die nach Wochen schwerer Kämpfe erstmalig für eine Nacht in Ruhe liegen, erwachen vom Feuer der fdl. Flak, Pak und s.MG., die der Russe unweit unserer Unterkünfte in Stellung gebracht hat.

Da fegt die III./802 (bisher die 8./Lehr-Rgt. BR zbV 800) unter Oblt. Renner, am linken Flügel gefolgt von der I./803 unter Oblt. Mertens, in einem wahrhaft blitzartigen Gegenstoß die Eindringlinge wieder heraus und wirft sie bis weit hinter deren Linien zurück.

Ein sowjetisches Bataillon einschl. eines Rgt.-Kommissars, ein Btl.-Kommissar und ein Btl.-Kommandeur sowie mehrere andere sowjetische Offiziere werden bis zum letzten Mann vernichtet, das Bataillon restlos zerschlagen und die eigene Verteidigungs-Linie wieder hergestellt. Feind-

Verluste gezählt: Etwa 200 Tote und 100 Gefangene, dann drei sowj. 4,5-cm-Pak, 7 schw. und 4 le. Gr.We., 10 Pz.-Büchsen, 12 Maxim-s.MG., 7 le.MG. und zahlreiche MPi und Gewehre.

Der Komm. General des III. Pz.Korps — Gen.Lt. d. Waffen-SS Steiner, erscheint selbst in Malka und spricht dort dem BRANDENBURG-Verband Lob und Anerkennung aus."

Aus dem Lehrregiment „Brandenburg" zbV 800 ist ein Großverband mit dem Namen „Sonderverband Brandenburg" geworden. Aus den bisherigen BRANDENBURGER Bataillonen sollen Regimenter werden, die die Bezeichnung Verband 801 bis 804 tragen.

Und die bisherigen Kompanien werden zu Bataillonen aufgestockt und heißen Abteilungen. Und jede Abteilung wiederum wird dann Einheiten haben. Aber diese neuen Truppenbezeichnungen stehen vorerst auf dem Papier. Die Anspannung der schweren Rückzugskämpfe lassen den Männern wenig Zeit und Neigung, sich an neue Truppenbezeichnungen zu gewöhnen. So bestehen für den Landser die alten Truppenbezeichnungen neben den neuen weiter. Sie haben in seinen Ohren noch den vollen Klang erfolgreicher Einsätze und werden es in den nächsten Wochen auch bleiben.

An diesem 8. Januar 1943 stehen alle Teile der 3. Pz.Div. — dabei die Kampfgruppe Walther (ehem. I. Btl.) — mit 2., 3. und 4. (le) Pi.Kp. in einer Auffanglinie im „Kuma"-Abschnitt, beiderseits von Aleksandrowskoje. Sie sollen für die Nachhuten der 111. Inf.Div. die Übergänge über den Fluß offenhalten.

Die Hauptlast der hinhaltenden deutschen Kampfführung liegt bei den beweglichen Einheiten der 3. Pz.Div. im XXXX. Pz.Korps und der 13. Pz.-Div. beim III. Pz.Korps.

Für die 8. Kompanie des Oblt. Renner wird das Rückzugsgefecht am 11. 1. 1943 bei Woronzowskaja zum Nahkampftag, zur gleichen Zeit für die 3. Kompanie des Hptm. John bei Fastowetzkoje ein Nachhutgefecht, das fast 48 Stunden auch nach Abzug eigener Verbände noch im Gange ist. Der Kdr. General des XXXX. Pz.Korps spricht danach persönlich der 3. Kompanie seine Anerkennung aus.

Bis zum 18. Januar 1943 hält der eisige Schneesturm mit unverminderter Stärke an, und weiter und weiter ziehen die deutschen Divisionen nach Nordwesten.

Inzwischen überstürzen sich die Ereignisse an der Front vor Stalingrad. Hoth's 4. Pz.-Armee kann sich nur mit Mühe an „Ssal" und „Manytsch" halten und der auf Rostow vorstoßenden sowjetischen 51. Armee und der 2. Garde-Pz.-Armee hinhaltend kämpfend die Stirn bieten.

Das zwingt zu neuer Befehlsführung. Sie lautet:

Die 111. Inf.Div., die 3. Pz.Div. und das Kosaken-Regiment v. Jungschulz gehen unter Führung des XXXX. Pz.Korps beschleunigt über Rostow zur He.Gr. „Don" des Gen.Feldm. von Manstein. Ihnen voraus schon das Gen.-Kdo. III. Pz.Korps (Stab). Das LII. Armee-Korps schwenkt über dem großen Kuban-Knie nach Südwesten ein und bildet im großen Kuban-Brückenkopf den Nordflügel mit Anschluß an das Asow'sche Meer.
Während die beweglichen Verbände der 3. Pz.Div. decken, marschieren die Regimenter der 111. Inf.Div. ohne Pause weiter. Die Grenadiere leisten Unvorstellbares. Gesprengte Fahrzeuge und zerstörtes Gut, ausgebrannte Vorratslager und verendete Pferde kennzeichnen den Leidensweg. — Bis Rostow hat die 3. Pz.Div. über die Hälfte ihres Fahrzeug- und Panzer-Bestandes verloren.
Über den weiteren Rückmarsch 26./27. Januar 1943 berichtet Lt. Kt. Steidl, 5. Kp.:

„Von Armawir kommend, erreichen die Teile der „Kampfgruppe Weithoener" mit 5. + 8. Kp. + Kp. Mertens + Flak-Kp. Oblt. Wichmann auf der Rollbahn die Stadt Kropotkin am Kuban.
Dort die große Brücke über den Kuban.
Auch hier brennende Sprit- und Verpflegungslager, alles staut sich an der Brücke, um herüberzukommen.
Wir verlassen die Stadt und rollen nach Nordosten — in die Salzsteppe hinein.
Teile der Panzerdivisionen stehen am großen Salzsee in der Manytschsenke in schweren Abwehrkämpfen. Einsetzendes Tauwetter verwandelt die Rollbahn in ein fast unpassierbares Schlammfeld. Mühsam kämpfen wir um jeden Meter. Immer wieder rutschen die überlasteten Fahrzeuge beim Ausweichen in die Straßengräben und müssen in mühsamer Arbeit herausgeschleppt werden. In einem Ort beziehen wir Sicherung. Es gießt in Strömen. Die Stadt Ssalsk ist verlassen und öde. Einige fremde Troßeinheiten ziehen abgerackert ihren Rückzugsweg. Auf dem gesprengten Bahnhof steht ein Luftwaffenverpflegungszug. Die Maschine fehlt, um ihn noch in letzter Minute abzuschleppen. Der Russe steht vor der Stadt, Kräfte sind zur Verteidigung kaum da. Wir räumen den Zug aus. Sekt, Kisten von bester Schokolade, Weine, Schnäpse sind unsere willkommene Beute. Jeder Soldat führt eine kleine Marketenderei mit. Wir essen und trinken uns satt wie selten in unserem Leben. Es geht nach Stunden wieder ruhelos weiter. Ein Befehl jagt den anderen, Alarmnachrichten treffen ein: der Russe hat bereits den Weg nach Rostow abgeschnitten, wir kommen nicht mehr durch, die Rollbahn ist von russischen Panzerkeilen gesperrt. Also doch, wie wir vorausahnten. Trotzdem bleibt der

Humor ungebrochen, die Haltung und der Kampfgeist unerschütterlich. Am späten Nachmittag ziehen wir in Kalnibolotskaja ein. Ringsherum ist freie Steppe. Der Ort soll als Stützpunkt einige Tage gehalten werden. Keßler Heinrich ist bei Weithoener Adjutant. Wir richten uns im Ort ein. Ich liege mit meinen Leuten am Süd- und Ostrand der Verteidigung. Bis jetzt sind nur in einiger Entfernung feindliche Spähtrupps gemeldet. Renner soll in den Abendstunden von Osten kommen. Die zur Sprengung vorbereitete Brücke darf noch nicht in die Luft gejagt werden. Vor der großen Kolchose lasse ich die Flak aufbauen. Die Selbstfahrlafetten sind herrliche Waffen. Eine Batterie steht in der Ortsmitte in Feuerstellung. Der Feind kann kommen. Wir sind ein Stützpunkt mitten in der Steppe. Weit und breit keine deutschen Truppen, vollkommen auf uns selbst gestellt. Wir haben nur Befehl zu halten, warum, danach wird nicht gefragt. Wir vertrauen auf unsere Führung, mit der wir nur durch Funk verbunden sind. In einer kleinen Bauernhütte haben wir uns einquartier." [76]

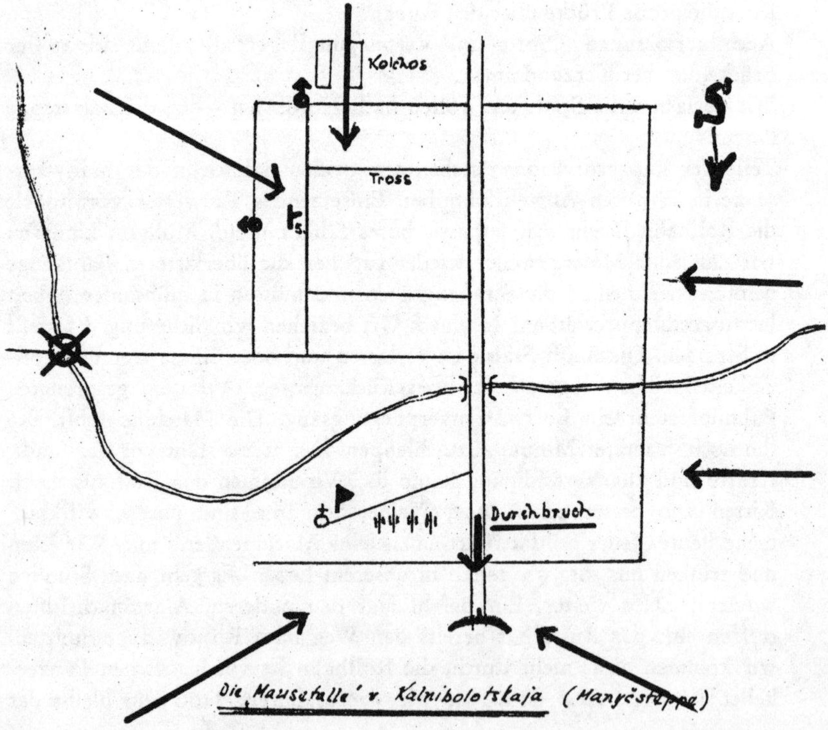

Über das Gefecht bei Kalnibolotskaja am 27. Jan. 1943 berichtet Lt. Steidl: „Plötzlich stürzt Hans bei der Türe herein und sagt mir in aller Ruhe: „Kurt, der Russe sitzt zum Teil in meinen Quartieren." Ich ziehe mit meinem Kompanietrupp als Verstärkung los. Im Nachtkampf stürmen wir die besetzten Häusergruppen und räumen die Kolchose aus. Der Feind greift nun verstärkt an. Das halbe Dorf steht in Flammen, das Vieh verbrennt in den Ställen. Leuchtspurgeschosse ziehen wie Blitze durch die Dunkelheit. Um Mitternacht bricht der Feind von allen Seiten im Südteil des Ortes ein. Ich brause zu Weithoener, um ein genaues Bild der Lage zu geben. Er befiehlt, den Südteil des Ortes zu räumen und in der Ortsmitte eine neue Verteidigungslinie aufzubauen. Bei der Rückfahrt fahre ich mit meinem Wagen in der Dunkelheit über eine Böschung und überschlage mich. Ich lasse den Wagen liegen und arbeite mich im Feuer zu meinem Gefechtsstand und gebe die nötigen Befehle. Nach mühsamer Arbeit bringe ich die Kompanie ohne wesentliche Verluste in die neue Stellung. Bei vollkommener Dunkelheit und mitten im Feinde wird das Absetzen zur größten Schwierigkeit. Freund und Feind sind nicht zu unterscheiden. Erschwerend fällt hinzu, daß im Orte noch Kosaken in russischer Uniform kämpfen. Wir schießen uns gegenseitig an und erkennen erst an den abgegebenen Leuchtzeichen die eigene Truppe. Die neue Linie ist zu halten. Es wird kalt. Renner macht am linken Flügel einen Gegenstoß, Hochfellner tritt vor mir als Aufklärung an. Wir erkennen, daß sich der Feind aus dem Ort zurückzieht und im Begriffe ist, Kalnibolotskaja einzuschließen. Planmäßig baut er rings um den Ort seine Stellungen und verstärkt sich laufend, während er links und rechts in starken Kolonnen vorbeimarschiert und uns überflügelt. Am Nachmittag tritt er zum Angriff gegen uns an und will uns auslöschen. Es entbrennt ein stundenlanger verbissener Kampf. Unsere Batterie kann kaum ½ des Raumes mit Feuer belegen, aber sie leistet unmenschlich viel. Bald ist die letzte Granate verschossen. Die 2-cm-Geschütze haben auch nur ihren eisernen Bestand an Munition. Bis zum Abend wird die Lage für uns kritisch. Endlich trifft der Befehl zum Durchbruch ein. Wir gliedern unsere Fahrzeugkolonne in der Ortsmitte und warten vollkommene Dunkelheit ab. Ich führe die Durchbruchsgruppe. Um Mitternacht wird angetreten. Ich fahre als erster mit einigen Flak-Selbstfahrlafetten los. Die Geschütze sind feuerbereit. Hinter mir geht in breiter Front meine Kompanie vor, dann folgt das Gros: Die Abteilungen mit der Batterie. Kaum habe ich den Ortsrand erreicht, knallt ein starkes Abwehrfeuer entgegen. Ich gebe den Befehl zum Angriff. Wir schießen aus allen Rohren und stürmen hinein in die

Dunkelheit. Mit lautem Gebrüll fliegen Handgranaten hin und her, Leuchtkugeln erhellen für kurze Zeit das Gelände und nach einigen Stunden Ringens ist es geschafft, der Einschließungsring ist gesprengt, die Kolonne rollt nach Norden. Der Gegner drängt stark nach. Im Morgengrauen beziehe ich Sicherung an einer einsamen Kolchose."

Im Zuge dieser Bewegungen gehen auch die vorgeschobenen Kräfte der 3. Pz.Div. in beweglicher Kampfführung auf den Jeja-Abschnitt bei und nordwestlich Tischorez zurück und bilden in der Linie Nesamajewskaja — nach Norden — eine neue Auffanglinie nach Osten. Es gilt, mit dem von Ssalsk zurückgehenden LVII. Pz.Korps eine feste Verbindung herzustellen.

Ostwärts Irinowka liegt die nächste Abwehrlinie der 3. Pz.Div. — Bald stürmen auch hier die nachdrängenden sowjetischen Kavalleriekräfte an. Die wenigen einsatzfähigen Panzer der 3. Pz.Div. machen einen Befreiungsstoß und stellen in Rossoschinskij die Verbindung mit der 11. Pz.Div. her. Diese hatte bereits am 22. Jan. einen gefährlichen Stoßkeil der sowjetischen 2. Garde-Pz.Armee aus dem Brückenkopf Manytschkaja zerschlagen können; dieses geschah nur 3 Kilometer vor den Brücken von Bataisk, zu einem Zeitpunkt, als das LVII. Pz.Korps noch weit im Osten, im Brückenkopf von Proletarskaja stand.

Am 31. Januar 1943 hat das LVII. Pz.Korps des Gen.Lt. Kirchner eine stabile Abwehrfront um die Don-Übergänge Bataisk und Axaiskaja (anders: Aksaiskaja) bezogen.

Inzwischen kommt die 111. Inf.Div. heran. Langsam schwenkt der Südflügel des LVII. Pz.Korps auf Bataisk zurück; bis zum 2. Februar 1943 wird schrittweise der „Kagalnik"-Abschnitt erreicht. In der Nacht zum 3. Februar 1943 fließen die letzten Teile der 111. Inf.Div. in den Brückenkopf des LVII. Pz.Korps ein.

Über die Kämpfe südlich des Don-Flusses berichtet das Tagebuch des Lt. Steidl der „Kampfgruppe Weithoener" (früher: II. Btl./Lehr-Rgt. „Brandenburg" zbV 800):

„Nach mehreren „Stützpunktverteidigungen" und ereignisreichen Märschen landen wir in Nowo Bataisk, südlich Rostow. Nördlich von uns sitzt der Russe an der Rollbahn, in der Stadt Rostow wird schon gekämpft. Das Loch ist zu, uns bleibt nur noch der Ausweg über das Eis des Asow-Meeres. Nach mehreren Sicherungsabenteuern im Raume Bataisk treten wir am Abend nach Westen an. In wilder Irrfahrt auf der Eisfläche bei völliger Dunkelheit und großer Kälte geht es durch die Nacht. Nebel liegt auf dem Eise. Wir geraten in eine russische Sicherung.

Die Kolonne kommt durcheinander, die Fahrzeuge reißen ab, feindliche Nachtbomber laden ab. Mein Wagen bricht mit dem Hinterteil ins Eis. Nach langer Arbeit ist er wieder flott. Halb erfroren finde ich in einem Fischerdorfe meine Kompanie. Fremde Trosse liegen im Ort. Die Quartiere sind gut. Seuberlich gibt sich einem fremden Zahlmeister als Major aus, ich trete als Bursche auf. Wir fordern von ihm Pelzmäntel für meine Kompanie, die in den letzten Kämpfen verloren gingen. Wir sind übermütig, unsere Hoffnung auf eine Rettung steigt, wenn wir auch wissen, daß uns noch Schweres bevorstehen wird.
Renner kommt zu einem Gegenstoß nach Asow. Er gelingt und bringt große Beute ein. Am nächsten Tage sind wir in der Stadt Asow. Einen Tag muß die Stadt gehalten werden, Fußeinheiten müssen noch durch. In einem kleinen Ort vor der Stadt ziehen wir auf Sicherung. Es stürmt und ist wieder verdammt kalt. Sepp und ich haben ein nettes Quartier. Wir fühlen uns für Stunden wie daheim. Die zwei Töchter des Hauswirtes singen uns zur Laute schwermütige russische Lieder. Seuberlich ist bei Nacht und Sturm unterwegs. Am Morgen greift der Russe stark an. Wir können uns nur für Stunden halten. Wieder werden in aller Eile, wie schon so oft, die Klamotten in den Wagen geworfen und ab geht es. Vor der Stadt bleiben wir als Sicherung. Die Nacht ist unruhig, der Russe marschiert mit Panzern auf. Im Morgengrauen verlege ich an den Bahnhof. Auf 50 m Entfernung liegen uns die Bolschewisten in Schnee und Eis gegenüber. Wir verkrallen uns in die Trümmer des Bahnhofsgeländes. Der Großangriff beginnt. Von allen Seiten stürmt der Feind an. Mit Artillerie und Panzern unterstützt er seine vorgehenden Infanteriemassen. In meiner rechten Flanke ist er bereits eingebrochen. Häuser- und Straßenkämpfe toben im wüsten Schneesturm. Über Trümmer, brennende Balken und Häuser, Leichen und gesprengte Panzer kämpfe ich mich bis zur Ortsmitte zurück.
Seuberlich und ich geraten in das Abwehrfeuer der eigenen Vierlingsflak. Über unseren Köpfen detonieren die Abwehrgranaten. Die neue Stellung ist nicht zu halten. Von allen Seiten rennt der Gegner an. Die Masse der eigenen Fußinfanterie ist durch. In wilder Flucht laufen die Soldaten auf die rettende Eisstraße zu. Ich setze mich bis zum Stadtrand ab und beziehe am Schlüsselpunkt vor der Eisstraße neue Abwehrstellung. Feindliche Panzer sind kurz vor uns in einer Häusergruppe, sie schießen pausenlos die Häuser über uns zusammen. Seuberlich schießt mit seiner Pistole die aufgesessene feindliche Infanterie ab.
Der Feind ist in seinen weißen Tarnmänteln schwer zu erkennen. In wilder Hast fahre ich mit einem Volkswagen zu meinem Troß und hole

einige Hafthohlladungen zur Panzerbekämpfung. Es gelingt uns, kämpfend auf die Eis-Straße auszuweichen und in dem Fischerdorf Rogoshkino erneut den nachdrängenden Feind aufzufangen. Am Morgen bricht der Abwehrkampf erneut los.

Andere Truppenteile des Korps Felmy, dem unsere Kampfgruppe seit Kalnibolotskaja (27. 1. 1943) unterstellt ist, unterstützen uns. In wiederholten Gegenstößen wird der Ort unter beiderseitigen Verlusten gehalten. Am Nachmittag werden wir auch noch von eigenen Flugzeugen bombardiert. Geschwader um Geschwader von Stukas und Schlachtfliegern zieht nach Rostow, in das die Sowjets inzwischen eingedrungen sind."

Für diese Tage meldet Lt. Framing aus der Kampfgruppe Weithoener:

„Am 5. Februar 1943 zerschlägt das III./802 mit unterstellter Fla und zwei le Pz.Späh-Wagen vor Asow — im Schneesturm — eine sowjetische Kompanie und treibt ein fdl. Bataillon nach Peschkowo zurück.

Feldw. Kibler verjagt am gleichen Tage bei einer Spähfahrt mit einem l.MG. eine ganze russische Kompanie.

Am 6. 2. 43 vertreibt die I./802 unter Lt. Seuberlich mit le. MG. gleich zwei Fd.-Panzer (T 34) vor dem Brückenkopf in Asow.

Dann überschreitet der BRANDENBURG-Verband — als letzte deutsche Truppe — auf der Eis-Straße das Don-Delta, hält in Rogoshkino die Sowjets noch für einen Tag auf und trifft schließlich am 8. Febr. 1943 in Ssinjawka ein, auf dem rechten Ufer des Flusses.

Hier eine Woche Ruhe, da die Sowjets nicht nachstoßen.

Das eigene spätere Ziel soll die alte Winterstellung bei Ssambek sein." [78]

Für den 10. Februar 1943 ist ein Nahkampftag für die Kampfgruppe Weithoener (vormals: II./Lehr-Rgt. „Brandenburg" zbV 800) in und bei Ssinjawka notiert.

Lt. Framing berichtet:

„Noch einmal bringt der letzte Tag in Ssinjawka und das Lösen am folgenden Tage bewegte Augenblicke — wir liegen je 45 Mann auf 2 km Breite — an der Bahnlinie Taganrog — Rostow und sichern den Ort nach Süden ...

Auf 50 Meter vor uns wimmelt es im Schilfdickicht des Don von Sowjets. Da erscheinen in der Morgendämmerung des 16. Feb. 43 — auf dem Berg-Ufer vorstoßend, von Rostow her — sowj. Panzer vor dem Ortseingang; erst zwei, dann acht, schließlich zwölf und sechzehn Feindpanzer!! — — —

Unsere li. Flanke klafft auf; alles links von uns Liegende hat ohne Befehl abgebaut und ist verschwunden ...

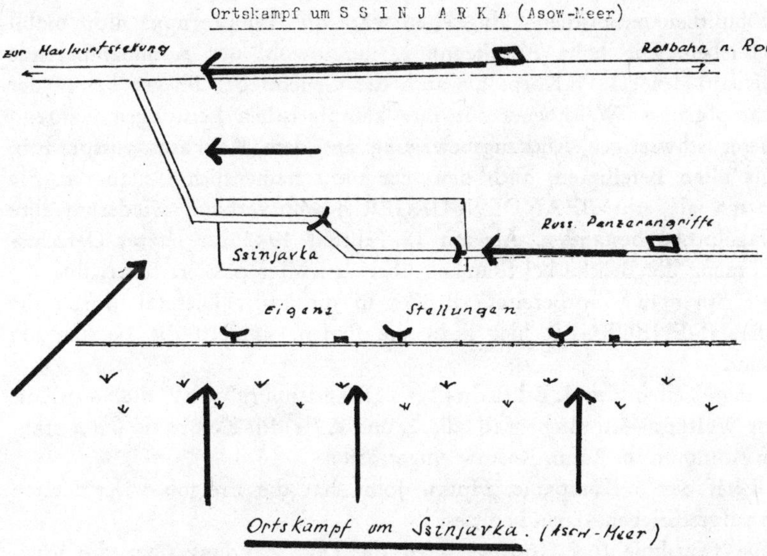

Auch keine Pak und keine Nachhut sind zu sehen ...
Wir sehen vom Ufer (unten) her nach oben zum Berghang und im Dorf, wie eigene Batterien und Vierlings-Flak fluchtartig davonziehen, teils auch gesprengt werden.
Es beginnt ein Wettlauf mit den Fd.-Panzern, und als der erste in der Hauptstraße des Ortes um die Ecke biegt, sind wir schon aufgesessen — und unsere Fahrzeuge brausen davon ...
Am Nachmittag (17. 2. 43) können wir die nachstoßenden Fd.-Panzer u. T-34 in der neuen Auffangstellung mit 8,8-cm-Flak empfangen.
Am späten Abend des 18. Febr. 1943 ziehen wir dann in Troitzkoje im „Mius"-Tal unter und verbleiben dort für einige Wochen in Reserve-Stellung.
Allein die bisherige 8. Kp. (jetzt III./Verband 802) hat auf den Kreuz- und Querfahrten der sieben Wochen des Rückzugs ca. 1500 km zurückgelegt, 23 Städte und Dörfer als Nachhut verlassen und mehr als 650 Gefangene eingebracht. 15 Nahkampftage und 31 Einsatztage für das Kraftfahrer-Bewährungsabzeichen verzeichnet der abschließende Tagesbefehl. Der Führer der Kampfgruppe, Oblt. Weithoener, nennt die herausragenden Leistungen des Oberschirrmeisters Korsus besonders beim Namen. Ohne seine nie erlahmende Einsatzbereitschaft und seine unge-

wöhnlichen technischen Fähigkeiten wäre die Kampfgruppe nicht mobil geblieben. Die hohe Anerkennung, die sowohl der Kommandierende General des III. Pz.Korps als auch der General der Flieger Felmy der Kampfgruppe Weithoener für ihre kämpferischen Leistungen während dieser schwierigen Rückzugsbewegung aus dem Kaukasus aussprechen, gilt allen Beteiligten, auch den hier nicht namentlich Genannten. Sie hatten als echt BRANDENBURGER Kampfverband wiederum ihre Nagelprobe bestanden. Als am 18. Februar 1943 ihr letztes Gefechtsfahrzeug die Brücke bei Ssambek über den Mius passiert hatte, flog die zur Sprengung vorbereitete Brücke in die Luft. Diesmal waren die BRANDENBURGER hier nicht die Ersten, sondern die Letzten am Feind."

Von den Teilen des I. Btl./Lehr-Rgt. „Brandenburg" zbV 800 — Kdr. Major Walther — sind ebenfalls die 2. und 4. (le) Pi.-Kompanie unter ständigen Kämpfen im Raum Rostow eingetroffen.

Der Chef der 3. Kompanie, Hptm. John, hat die Ereignisse der letzten Tage aufgeschrieben, darin heißt es:

„Bei Donskoje (bei Rostow) wird die Don-Mündung über die schon brüchige Eis-Straße überschritten und Stellung bei Morskoj — Tschulek bezogen. Ein überraschender Angriff der Sowjets verursacht eine Fluchtpanik unter den Truppen der dort befindlichen Sicherungs-Division. Das veranlaßt den Kdr. dieser Division, dem Chef der 3. Kp./Lehr-Rgt. das Kommando über die Nachhut zu übergeben.

Dieser Auftrag konnte von Hptm. John nur eine halbe Stunde ausgeführt werden, da er dann beim Versuch, einen durchgebrochenen Feind-Panzer mit Hafthohlladung zu erledigen, vom Masch.-Gewehr eines anderen Fd.-Panzers verwundet wird (Steckschuß Fuß).

Von der in bester Ordnung zurückgehenden 3. Kp. (keine Waffen und keine Munition blieben liegen) — wird der Kp.-Chef aufgenommen, die Kp.-Führung übernimmt Lt. Geisenberger. Reststärke der 3. Kompanie im März 1943 beträgt 43 Mann." [79]

Mit dem Übergang über den Don südlich Rostow am 6. 2. 1943 und am 8. 2. 1943 des letzten Panzers der 16. I.D. (mot.) über die Schiffsbrücke vor Aksaiskaja — ebenso über die Eis-Straße im Don-Delta — sind für die BRANDENBURGER die Rückzugsbewegungen im wesentlichen abgeschlossen. Das Nachdrängen der Sowjets nach Westen auf Taganrog zu endet an der sog. „Maulwurf-Stellung" im Mius-Abschnitt. Der Versuch der Sowjetrussen, im Zuge der rückflutenden deutschen Verbände gleich über den Mius zu stoßen, scheitert ebenso wie der Versuch, Anfang März, nach Aufschließen ihrer Verbände, ostwärts Taganrog doch noch den

Durchbruch zu erzwingen. Er bricht im konzentrierten Feuer alle Abwehrwaffen und der eingesetzten deutschen Reserven zusammen.
Mit Eintreffen frischer Kontingente im Raum nördlich Taganrog und mit der Stabilisierung des Frontverlaufes Ende März 1943 werden auch die BRANDENBURGER Restverbände aus dem Raum in und bei Troitskoje nach Hause entlassen. Die schwachen Kompanien des vormaligen I. Bataillons verlegen ab 4. April 1943 zunächst nach Brandenburg/Havel, von wo sie durch Major Walther, der mit der Aufstellung des „Verbandes 801" (1. Rgt.) beauftragt ist, nach Freiburg/Breisgau herangezogen werden.
Die Kampfgruppe Weithoener, vormals II. Bataillon, kehrt mit 5. Kompanie des Oblt. Steidl nach Oberwallersdorf b. Baden und mit 8. Kompanie von Oblt. Renner nach Neuhaus im Triestingtal zurück. Die 7. Kompanie des Oblt. Oesterwitz ist aus ihrem gesonderten Einsatz im Waldkaukasus bereits zu Hause, südlich Wien. Auch für sie gilt der neue Befehl zur sofortigen Aufstellung des „Verband 802" (2. Rgt.), die im alten Unterbringungsraum Baden b. Wien stattfindet.
Die 10. Kompanie von zbV 800 ist von ihrem letzten Einsatzort Dshankoi/Krim auf dem Wege nach Düren, die 11. Kompanie unter Oblt. Mertens aus der Kampfgruppe Weithoener entlassen, folgt nach, um als Stammeinheiten zur Aufstellung des 3. Regiments herangezogen zu werden. Von dem III. Btl./Lehr-Rgt. unter Major Jacobi war die 9. Kp. seit November 1942 der „Abt. von Koenen" in Afrika angegliedert worden, während die 12. Kompanie noch im Mittelabschnitt der Ostfront eingesetzt ist.
In der leergefegten Stadt Brandenburg/Havel, wo sich nur noch Restkommandos verschiedener Truppenteile und Institutionen der Abwehr aufhalten, ist Major Heinz dabei, den „Verband 804" (4. Rgt.) aus Neuzugängen, ausgeheilten Verwundeten, zurückgehaltenen Soldaten und aufgelösten Institutionen aufzustellen.
Zu dieser Umgliederung und Aufstockung muß vermerkt werden, daß die Anfänge bereits bis November 1942 zurückreichen, und die heimkehrenden alten zbV-ler des Lehr-Regiments „Brandenburg" den Stamm und Grundstock bilden. Sie verstärken die in Umrissen und als Rahmen schon vorhandenen Einheiten des künftigen „Sonderverbandes Brandenburg".
Keinen Anteil mehr, wenn auch in den Anfängen noch erlebt und mit ersten Anordnungen für die Aufstellung bedacht, hat Oberst von Haehling. Er liegt seit Ende Januar 1943 todkrank an einem Lungenleiden im Lazarett, in dem er am 8. Februar 1943 verstirbt.
Er hat wohl die Konzeption für das Lehr-Regiment „Brandenburg" zbV 800, die stärker in den militärischen Bereich ragte, abgefaßt und sie im wesentlichen auch durchgesetzt. —

BRANDENBURGER in Afrika — 1942 und 1943

Als der zu diesem Zeitpunkt nicht gewünschte und nicht erwartete Kriegsschauplatz in Nord-Afrika den Einsatz der Wehrmacht erfordert, wurde auch die Frage für die Abwehr II akut, BRANDENBURGER nach dort zu entsenden. Darauf vorbereitet war man nicht, eine Sondereinheit existierte nicht. Aber durch den Zulauf an Freiwilligen, auch aus Ost- und Südwest-Afrika, konnte man schnell und ohne Aufhebens ein Kontingent tropenerfahrener Soldaten zusammenstellen. In der Person des Oberleutnants von Koenen, Sohn einer Farmersfamilie aus Südwest-Afrika, fand man eine Persönlichkeit, die nicht nur von ihrer Liebe zur Heimat durchdrungen war, sondern vor allem als Führernatur und in ihrer Einsatzfreudigkeit das Vorbild einer solchen Truppe darstellte.

Aus dieser Erkenntnis heraus erklärlich, daß sich Männer und junge Leute wie Conrad von Leipzig und Leutnant Frey, ebenfalls Söhne von seit dem I. Weltkrieg ansässigen angesehenen Farmersfamilien, frühzeitig der Truppe von Koenen anschließen. Dann der spätere Feldwebel Behrens und Unteroffizier Neumann, um nur einige zu nennen. Dazu treten freiwillige und wohl auch abenteuerlustige Soldaten aus anderen Kompanien — wie aus der 2. und 3. Kp. —, Deutsche aus Palästina, so der Oblt. Bisping, insgesamt etwa 60 Mann. Verstärkt wird diese Truppe durch einzelne Spezialisten, wie Nachrichtenleute, Funker usw., die im Zuge der anfänglichen Abwehr-Aktivitäten bereits seit Februar/März 1941 in den italienischen Kolonien sind.

Als Sammelbecken für diese Truppe dient seit Mitte Jahr 1941 die 13. Lehr-Regiment „Brandenburg" zbV 800, die ausschließlich für die Aufstellung und den Nachschub als sog. „Afrika-Kompanie" den Rahmen gibt. Aus ihr ist am 28. Oktober 1941 eine Halb-Kompanie unter Führung von Oblt. von Koenen aus Brandenburg/Havel über Neapel nach Tripolis/Lybien herausgegangen. Eine weitere Halb-Kompanie, die zugleich als Ergänzung für Afrika anzusehen ist, verlegt nach Lugrino Bagnioli bei Neapel. Sie dient als Auffangbecken für Kranke und Verwundete der BRANDENBURGER, als Schaltstelle für den Nachschub.

Diese jedoch wird erst mit dem Frühjahr 1942 voll wirksam, als nach langer Vorbereitungszeit die Kommando-Unternehmen der BRANDENBURGER auch in Afrika ihren Anfang nehmen.

Als am 24. Juni 1942 die „Panzerarmee Afrika" (vormals: Deutsches Afrika-Korps) in breiter Front die ägyptische Grenze nach Osten überschreitet, ist auch ein Einsatz der BRANDENBURGER unter Oblt. Bisping in der verfolgenden Truppe.

Aus: Der Große Atlas zum Zweiten Weltkrieg, Südwest-Verlag München, 1975

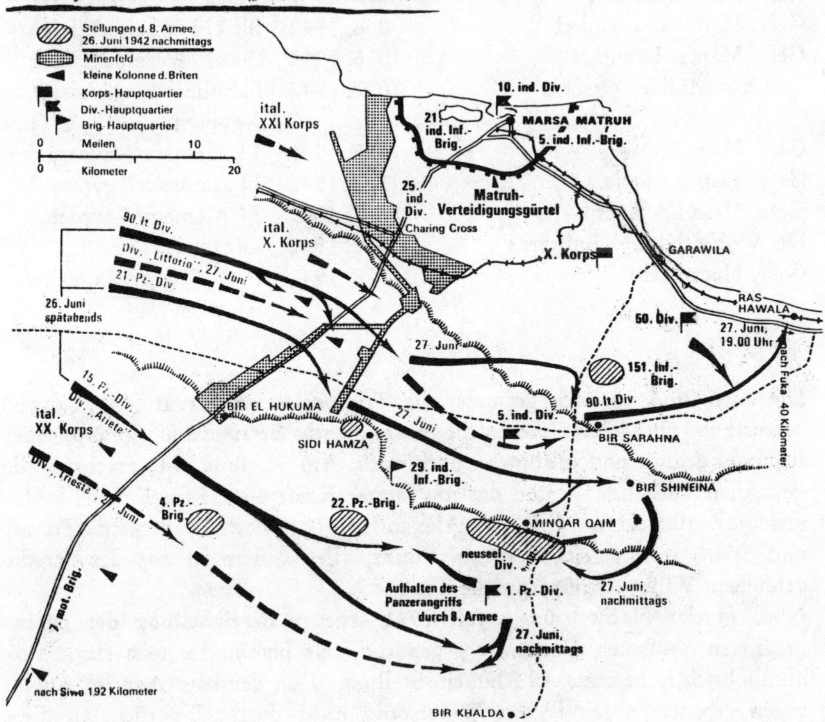

Es liegt schon in der Aufgabenstellung der BRANDENBURGER und ihrem Drang nach vorn, daß sie in der Spitze oder zumeist vor der Spitze den Vormarsch mitmachen. Denn zum Erreichen der Ziele, die hier durch das „Commando Supremo" am 27. 6. 1942 genannt werden — Suez und Ismailia, sobald als möglich dann Port Said, und die Voraussetzung schaffen für gesicherte Besetzung von Kairo — werden die BRANDENBURGER oft in Halb-Tarnung mit weitreichenden Zielen „gestartet". Es gilt Brücken zu sichern, Übergänge zu schaffen (Suez-Kanal), Verbindung mit Agenten herzustellen.

Daß andererseits diese Aktionen — an der Spitze der kämpfenden Truppe — immer wieder schmerzliche Verluste verursachen, zeigt die Verlust-Liste dieser Wochen:

Gefallenen-Tafel — „Abt. von Koenen" (Afrika)

Gefr. Reinhold Eichhorn	6. 6. 1942	Trig el Abd/Libyen

Gefr. Ernst Schweim	8. 6. 1942	Bir el Hacheim/Libyen
Gefr. Herb. Vosswinkel	8. 6. 1942	Bir el Hacheim/Libyen
Gefr. Manfr. Lawicki	10. 6. 1942	Bir el Hacheim/Lybien
Lt. Otto Müller	10. 7. 1942	Bahnlinie El Alamein/ Ägypten
Gefr. Hans Lohse	15. 7. 1942	El Alamein/Ägypten
Gefr. Jaspar Lüttje	15. 7. 1942	El Alamein/Ägypten
Gefr. Hein Kleckers	16. 7. 1942	El Alamein/Ägypten
Dr. Wolfg. König, Stabsarzt	1. 8. 1942	Lazarett Athen
Gefr. Hein Maili	6. 8. 1942	Piste Quatarra Quelle/ Ägypten

Die Ziele sind zu hoch gesteckt; die Truppe ist ausgelaugt, der deutsche Nachschub überdehnt und nicht ausreichend, Betriebsstoff knapp, aber Rommel drängt und drängt — nach vorn. Am 30. Juni 1942 erreichen die deutschen Verbände — und das mit letzter Kraft — die Enge von El Alamein, ca. 100 km westlich von Alexandria. Nur noch 70 deutsche Panzer und Spähwagen erreichen diesen Punkt, alles andere ist auf der Strecke geblieben. Völlig erschöpft ist die Truppe.
Noch in der Nacht zum 1. Juli 1941 erneute Bereitstellung der herangeführten deutschen Verbände gegen die teils betonierte, teils stark verminte britisch besetzte El Alamein-Stellung. Der deutsche Angriff schlägt gegen erbitterten feindlichen Widerstand nicht durch, Einbrüche in diese Stellung an einzelnen Punkten jedoch bringen schwerste Verluste bei den Angreifern.
Beide Seiten schaffen Verstärkungen heran, auf deutscher Seite wird auf dem Luftwege die 164. le. Div. herangeführt, die Briten holen eilends Verstärkungen aus dem Nahen Osten heran. Den ganzen Juli und August 1942 über versuchen deutsche Verbände an verschiedenen Stellen, die El Alamein-Stellung aufzubrechen; geringe Erfolge bei Einbrüchen werden durch schnell einsetzende britische Gegenangriffe zunichte gemacht. Es ist nicht zu schaffen. Der 1. September 1942 bringt das Ende aller Hoffnung, nochmals Bewegung in den deutschen Angriff zu bringen.
Stagnation an der Front bedeutet aber — auf die Dauer der Zeit — größte Gefahr für die deutschen Verbände; die neue Führung bei den Briten unter Montgomery verfügt über verstärkten Nachschub auf kurzem Wege und über erhebliche Zuführung an neuen Divisionen. Die völlig ausgelaugten deutschen Verbände erhalten nur tropfenweise Ersatz und Verstärkung auf dem langen Weg zur Front, weil vor allem der von den Italienern

zu sichernde Übersee-Nachschub enorme Verluste durch die feindliche Luftwaffe erleidet.

Der Einsatz Bisping liegt an der Küste — vor El Alamein; ein persönlicher Bericht veranschaulicht — zwischen den Zeilen — die Lage:

„Herbst 1942, vor El Alamein. Die Fronten haben sich versteift, und wir warten auf den dringend benötigten Nachschub oder auf irgendeinen Einsatzbefehl. Das Sonderkommando „Kleeblatt" hat sich an der Küste eingegraben, die Stimmung ist zum Zerreißen. Einzige Abwechslung bringen die täglichen Tieffliegerangriffe auf unsere Zelte und die klägliche Abwehr darauf. Ein einziges MG auf von mir aus alten Autobestandteilen gebasteltem Flieger-„Einbein"! Doch gestern hatte unser Chef, Oblt. Bisping, einen herrlichen Einfall. Wir lassen erbeutete englische Handgranaten zwischen den Klippen versinken, worauf kurze Zeit nach der Detonation die schönsten und größten Fische nach oben kommen. Jetzt heißt es schnell sein, denn wenn man sie nicht rasch im Catcher oder an Land geworfen hat, kommen sie wieder zu sich und tauchen auf Nimmerwiedersehen unter. Oblt. B. ist ein besonders ehrgeiziger Jäger und er würde eher ertrinken, als einen einmal gegriffenen Fisch loslassen. —

Heute ist B. beim AOK, und ich dirigiere die Schwimmer von einem erhöhten Standort zu den größten Exemplaren.

Ein gutgebauter, gleich uns allen „nackter Neger" schaut schon einige Zeit zu und fragt mich dann, ob er mitmachen dürfe. Natürlich, frag' nicht so blöd, du Armloch, spring rein und mach mit. Der Neue entpuppt sich als hervorragender Schwimmer und prima Kamerad, bekommt dann auch den größten Fisch und empfiehlt sich mit bestem Dank und der Hoffnung auf ein Wiedersehen.

Am Abend kommt ein Anruf von der Küche des Armeestabes. Sie hätten gehört ... und ob sie nicht morgen ein paar Fische kriegen könnten. Wir fischten am nächsten Tage zeitig früh, und ich bringe die schönsten Stücke mit dem Wagen schnellstens zu den Bestellern, da sie in der Hitze schnell verderben. — Im Schreibstubenzelt ist niemand, da kommt ein Kübel angebraust, und herein tritt ein höherer Offizier mit Ritterkreuz und noch so allerhand. Ich erstarre in Ehrfurcht und Verlegenheit und fange an zu stottern, denn erstens habe ich als einfacher Uffz. nicht so oft mit Stabsoffizieren zu tun, und dann ist der Angekommene mein Fischergehilfe von gestern, das „Armloch". Er hilft mir aber rasch aus der Verlegenheit, sagt, daß wir prima Kerle sind, daß ich „unter uns" ruhig „Du" zu ihm sagen könne, und daß er bald wieder und selbstverständlich im Adamskostüm, ganz ohne Lametta, zu uns kommen würde.

Am nächsten Tage, den 23. 10., begann die Artillerievorbereitung der englischen Offensive, am 2. 11. erfolgte der Durchbruch durch unsere Front.

Wie ich nach einiger Zeit von einem versprengten Mitglied des Armeestabes, einem Geologen, erfuhr, ist unser Freund, dieser wunderbare Mensch und hervorragende Offizier, kurz nach Beginn des englischen Durchbruchs im Abwehrkampf gefallen." [80]

Die „BBC" — gleich: Bisping Bycicle Company" (deutsch: Bisping's Fahrrad-Kompanie) gerät mit in den Strudel des Rückzugs, der durch den britischen Großangriff am 23. Oktober 1942 um 21.40 Uhr ausgelöst wird. Es ist mehr Flucht als geordneter Rückzug, was seit dem 4. November 1942 von den deutschen Verbänden vollzogen wird, sie endet in den Ausgangsstellungen von 1941.

Mitte Juni 1942 versammelt sich eine Truppe der BRANDENBURGER unter Führung des Oblt. von Leipzig, der bereits am ersten Tage des Krieges gegen Rußland schwer verwundet, nun doch wieder im Einsatz ist. Sein Auftrag lautet: Von seinem Standort Tripolis aus tief nach Süden in Richtung Tschad (Äquatorial-Afrika) vorstoßen und feststellen, wie Feindbesetzung im französischen Einflußbereich südlich der lybischen Grenze und von dort aus gewaltsame Vorstöße an die große Nachschubstraße der Alliierten, die vom Golf von Guinea über den Tschad nach Port Sudan am Roten Meer verläuft.

Die Vorbereitungen nehmen mehr als 14 Tage in Anspruch, der Marsch in die Tiefe des Raumes wird ca. 4000 km bedeuten.

Den Ablauf des Geschehens schildert ein Teilnehmer aus seiner Sicht:

Material: ca. 100 Mann stark, dabei: Oblt. C. von Leipzig
Lt. Becker
Feldw. Stegmann
24 britische Beute-Fahrzeuge, davon 12 Selbstfahr-Lafetten mit 4-cm-Geschützen
4 Jeeps mit Fla-MG.
1 Station-Car (Chef-Wagen)
1 Funkwagen
diverse LKW
je ein Tankwagen für Wasser und Benzin
+ ein I-Trupp mit erfahrenem Schirrmeister.
Begleitung: ein erbeutetes Spitfire-Flugzeug, geflogen von einem BRANDENBURGER Hauptmann

Planung: gemeinsamer Marsch bis Murzuk, dort letzte Außenposten der Italiener.

Von dort in 3 (drei) Gruppen Vorstoß nach drei Richtungen.

Trupp I. – Oblt. C. von Leipzig (zugleich Haupt-Stoß)
Ziel: Stoß nach Süden gegen das Tümmo-Gebirge. Von dort weiter in Richtung Tassili-Plateau, an dem die britische Nachschub-Straße vorbeiführen sollte.

Trupp II. – Feldwebel Stegmann, startet zum Tibesti-Gebirge.

Trupp III. – Leutnant Becker marschiert nach Westen in Richtung Ghat an der algerischen Grenze.

Die Fahrzeugkolonnen schlängelten sich durch das Gewühl der südlichen Vorstädte von Tripolis. Wir kamen nur mühsam vorwärts. Lastkamele, verschleierte „Fatimahs", träge dahinschleichende Bettler, Kinder, Schafe und Esel bevölkerten die Fahrstraße. Wir atmeten auf, als sich endlich zu beiden Seiten der Straße weitläufige Palmenhaine und Gärten ausbreiteten und der Verkehr verebbte.

Hinter uns lagen zwei Wochen, angefüllt mit anstrengenden Vorbereitungen. Wir hatten in Tripolis zu einem Unternehmen über eine Strecke von 4000 km gerüstet, mitten in das Herz Afrikas hinein: Dem Materialnachschub der britischen 8. Armee sollte die Wurzel abgegraben werden. Quer durch Zentralafrika führte die Versorgungsstraße, auf der amerikanische Fahrzeuge und Waffen, Munition und andere wichtige Güter vom Golf von Guinea nach Port Sudan rollten. Von dort gelangten sie dann auf dem Wasserwege nach Ägypten.

Dieser Nervenstrang mußte abgezwickt werden. Ein BRANDENBURGER Kommando erhielt den Auftrag, über die alte Karawanenstraße von Tripolis über Murzuk zum Tschadsee und weiter durch Kamerun zu jener Nachschubstraße vorzustoßen. Gleichzeitig führte Rommel seine Schläge gegen die 8. britische Armee in Ägypten. In Rußland begann in diesen Augusttagen 1942 der Vormarsch zum Kaukasus. Mit dieser riesenhaften Zangenoperation, so hoffte man, sollte der feindliche Kräfteblock des Mittleren Ostens, der gleichzeitig die deutsche Ostfront und die Mittelmeerfront bedrohte, zerschlagen werden. Wir befanden uns hier gleichsam am südlichsten Zipfel des gigantischen Mechanismus, der jetzt zu arbeiten begann.

Wir fuhren durch die Gefára, den breiten, bebauten Steppengürtel südlich von Tripolis. Vor mir im Wagen saß Oberleutnant Conrad von Leipzig, der Führer unseres Unternehmens. Der Auftrag lautete zunächst: Aufklärung und Erkundung zur Durchführung des Unternehmens

„Dora“, weitmöglichster Vorstoß nach Süden, um Pisten zu erkunden, Wasserstellen zu suchen, Feldflugplätze abzustecken, also eine Aufgabe, die gleichzeitig ein Höchstmaß körperlicher Anstrengungen und generalstäblerischer Arbeit forderte, so recht eben eine Aufgabe für einen BRANDENBURGER Offizier. Conrad von Leipzig stammte aus Südwestafrika. Am ersten Tage des Rußlandfeldzuges wurde er schwer verwundet und beinamputiert. Nach der Lazarettzeit meldete er sich sofort wieder zur Front und übernahm freiwillig den Aufklärungsauftrag, der ihn seinem Heimatlande Südwestafrika näherbringen sollte. Er schonte sich nie und mußte ständig Spritzen nehmen, um seine Schmerzen zu überwinden, denn sein Beinstumpf war noch nicht richtig verheilt. —

Auf einer tadellosen italienischen Straße ging es durch bebautes Land, das der Fleiß italienischer Kolonisten der Steppe abgerungen hatte. Vor uns lag Gàrian mit seinen weißen Häusern und Kasernen. Es war das Tor zum Djebel, dem Gebirge. Aber allmählich wurde die Straße schlechter und schmaler. Sie schlängelte sich durch vegetationsloses Gebirge nach Mizda, einer kleinen Ortschaft mit verfallenen Berberhütten und einer italienischen Garnison.

Unser Kommando war hundert Mann stark und verfügte über 24 britische Beutefahrzeuge, davon 12 Selbstfahrlafetten (mit 4-cm-Geschützen), 4 Jeeps mit Fla-MG, einen „Station-Car“ als Chefwagen, einen Funkwagen, diverse LKW, je einen Tankwagen für Wasser und Benzin und schließlich ein gut ausgerüstetes I-Trupp-Fahrzeug mit einem tropenerfahrenen Schirrmeister. Viele von uns beherrschten die englische und französische Sprache, einige auch arabisch in mehreren Dialekten.

Nach fast 1000 km stießen wir auf die Piste, die über Hun und Socna aus Misurata kommt. Am Nachmittag erreichten wir unsere erste Basis in Murzuk, einem armseligen Arabernest mit verfallenen Hütten und einer italienischen Kaserne. Wer aber, wie wir, nach langer Fahrt durch die Wüste dort ankommt, findet den Ort geradezu komfortabel.

Der Chef machte dem italienischen Kommandanten seinen Besuch. Dieser Major, ein alter Haudegen, der bereits 1931 mit Marschall Graziani am Feldzug gegen die Senussi teilgenommen hatte, war froh, ein wenig Abwechslung in sein Wüstenleben zu bekommen. Seine Garnison bestand aus 4 Landsleuten und 150 Meharis (Kamelreitern). Soweit als möglich wurde er über unser Vorhaben informiert, aber er zeigte sich sehr skeptisch. Zwar schien die „Long Range Desert Group“ des Obersten Stirling — eine hervorragende, auf Nordafrika spezialisierte britische

Kommandotruppe und sozusagen unsere „Konkurrenz“ — noch nicht in diesem Gebiet aufgetaucht zu sein, aber die Franzosen hatten weiter im Süden und Südwesten eine rege militärische Tätigkeit entfaltet. Bis in die tiefe Nacht saßen wir über den Karten und berieten die weitere Durchführung des Unternehmens. Dann stand unser Plan fest.

Schon am nächsten Morgen ging es nach Gatrun, wo wir einen Feldflugplatz bauten, um hier Lande- und Startmöglichkeiten für unsere Spitfire-Maschine zu schaffen, die Admiral Canaris von einer Luftwaffenversuchsanstalt „ausgeliehen“ hatte. Sie sollte unser „verlängertes Auge“ sein. — Bei unseren Funkern herrschte immer emsiger Betrieb, dem Chef konnte es nicht rasch genug gehen. Nach mehrtägigem vergeblichem Warten auf unser Flugzeug entschloß sich Oberleutnant von Leipzig, ohne vorherige Luftaufklärung aufzubrechen.

In einem riesenhaften Halbkreis umschließen Gebirge den Südwestteil Libyens: Im Süden das Tibesti-, westlich davon das Tümmo-Gebirge und anschließend daran das Tassili-Plateau. Nach unserem Plan fuhr Oberleutnant Leipzig mit dem Gros unserer Kampfwagen in direktem Kurs auf das Tümmogebirge zu. Feldwebel Stegmann nahm Kurs zum Tibesti, und Leutnant Becker wandte sich nach

Westen, um bis Ghat an der algerischen Grenze vorzustoßen. Unsere Basis wurde von Murzuk zum Feldflugplatz nach Gartun verlegt. Dort blieb auch die Funkstelle, der I-Trupp und 2 SFL zum Schutz des Camps.

Unsere Gruppe fuhr in Richtung Ghat los. Die schauderhafte Piste machte uns allerhand zu schaffen. Kurz hinter Serdèles krebsten wir mit unseren drei Wagen mühselig einen Paß hinauf und hatten damit die letzte Klippe überwunden, denn von da an folgte die Piste dem Wadi Tenezzuft, an dem Ghat liegt. Dort trafen wir am späten Nachmittag ein. Hier lebten nur Eingeborene, die uns reichlich mißtrauisch musterten, und unser Dolmetscher mußte seine ganze Redekunst aufbieten, um etwas aus ihnen herauszubekommen. Plötzlich kam ein langer dürrer Kerl in einem unsäglich schmutzigen Burnus auf uns zu und sprach: — „Hummel — Hummel!" —

Wir waren starr vor Erstaunen. Wer war dieser Wüstensohn, und wie kam er zu dem typischen Gruß aus der Hansestadt? Bald hatten wir es erfahren: Ernst Niebuhr, so hieß unsere „Entdeckung", war ein waschechter Hamburger aus Barmbeck, der 1920 aus Abenteuerlust in die Fremdenlegion gegangen war. Eines Tages ging er dort auf und davon. Bei den Berbern fand er Unterschlupf und zog später mit Karawanen ins Innere der Wüste, freite eine glutäugige Schönheit der Wüste, hatte ein Dutzend Kinder und betrieb hier seit Jahren mit Gott weiß was für Sachen einen schwungvollen Handel, indem er mit Lastenkamelen von Oase zu Oase zog. Er hatte nicht das geringste Verlangen, an die Alster zurückzukehren.

Für uns war dieser seltsame „Wüstenfuchs" ein Geschenk des Himmels. So ein Kenner der Sahara hatte uns gerade gefehlt. Abends saßen wir am Lagerfeuer und versuchten, ihn für unsere Sache zu gewinnen. Wir merkten aber bald, daß die Wüstenzeit nicht spurlos an unserem Freund vorübergegangen war. Er betrachtete den Krieg und die damit für Deutschland zusammenhängenden Probleme völlig leidenschaftslos und ließ sich nicht von uns entzünden. Trotzdem war er bereit, uns zu helfen.

Als wir nach Gatrun zurückkehrten, war dort inzwischen eine regelrechte Nachschub-Basis entstanden. Sogar Feldpost war eingetroffen. Trotzdem war die Stimmung gedrückt. Unser Unternehmen hatte sich nämlich, wie sich immer deutlicher herausstellte, festgelaufen. Im Süden wimmelte es von gaullistischen Truppen. Oberleutnant von Leipzig, von dem bei unserer Rückkehr noch keine Nachricht vorlag, war bis zum Tümmogebirge vorgestoßen, und es hatte heiße Tage und Stunden für seine Gruppe gegeben. Schon auf der Paßhöhe war er auf französische Spähwagen gestoßen, die ihn aber in englischer Volltarnung passieren ließen. Fünfzig Kilometer weiter wurde die kleine Kolonne bei Ghezehida angehalten und in eine wilde Schießerei verwickelt: Sie waren mitten in ein feindliches Truppenlager hineingeraten. Zwei Geschütze fielen aus, doch konnte sich die Gruppe in dem allgemeinen Durcheinander absetzen, und auch hier stießen die Franzosen nicht nach. Diese gewaltsame Aufklärung hatte aber wie ein Stich ins Wespennest gewirkt. Die Franzosen hielten von nun an alle Höhenzüge besetzt und legten stärkere Kräfte auf den Tümmo-Paß.

Die dritte Gruppe unter Feldwebel Stegmann war über Aui zum Wadi Arahie am Fuß des Tibesti vorgestoßen und hatte dort mit den Tibbu, den schwarzhäutigen Söhnen des Gebirges, Verbindung aufgenommen. Diese Wüstenkrieger wußten allerlei über die Lage im Süden. Ein Tibbu erzählte unserem Dolmetscher: „Zu der Zeit, als mein Weib unseren jüngsten Sohn gebar, flog weit im Süden ein großer lauter Vogel, den man noch nie gesehen hatte, über das große Wasser und warf den Tod auf die fremden Krieger und ihre Hütten. Später kamen immer mehr Krieger ins Land und zogen in unsere Berge. Seitdem ist die Freiheit tot. Die Fremden haben an allen Wadis ihre Lager aufgeschlagen. Es sind ihrer sehr viele.“

Da Feldwebel Stegmann nicht weiter vordringen konnte, fuhr er zurück und meldete dem Oberleutnant, was ihm der Tibbu erzählt hatte. Dieser konnte die Schilderung des Eingeborenen erklären: Vor etwa sieben Monaten hatte ein deutscher Fernbomber das Fort Lamy am Tschadsee bombardiert, wobei die Franzosen beträchtliche Verluste hatten. Danach hatten sie ihre Truppen dort verstärkt und waren bis zum Tibesti vorgedrungen, dessen Höhen sie besetzt hielten.

Inzwischen war nun auch unsere „Spitfire“ eingetroffen. Der Pilot, ein Hauptmann der Brandenburger, schilderte seinen Flug von Deutschland nach Afrika. In Tobruk war er zwischengelandet, wobei ihn die deutsche Flak beinahe abgeschossen hätte. Danach flog er weiter nach Gatrun, wo er aber leider erst eine Woche nach dem Aufbruch der drei Spähtrupps eintraf. Er begann sofort mit seinen Aufklärungsflügen und stellte fest, daß alle im Süden liegenden Gebirge von gaullistischen Truppen besetzt waren. In Bardai und Vur mußten Stäbe liegen. Die Spitfire kreiste friedlich über den Franzosen und blieb von ihrer Flak völlig unbelästigt. Ein weiterer Flug bis zum Tschadsee ergab auch dort regen Truppenverkehr auf den Straßen.

Die Schlußfolgerung, welche aus der nun zu Lande und in der Luft vorgenommenen Aufklärung gezogen werden mußte, war: Um einen erfolgreichen Vorstoß nach Zentralafrika unternehmen zu können, waren Verbände in Stärke mehrerer Divisionen mit ausreichender Luftwaffenunterstützung nötig. Eine einzelne Division würde sich schon am Tümmo-Paß hoffnungslos festlaufen und möglicherweise von der linken Flanke her aufgerollt werden. Funksprüche gingen nach Tripolis zum Rommel-Stab und nach Berlin, aber es kamen keine präzisen Antworten. Berlin vertröstete uns, und Rommel hatte nichts zu verschenken. Schließlich flog Oberleutnant von Leipzig zum Feldmarschall, um Verstärkung zu erbitten, mit der er das Tibesti-Gebirge freikämpfen wollte. Das Afrikakorps befand sich jedoch in harten Kämpfen bei El Alamein und konnte keine Truppen entbehren.

Rommel versuchte im September nochmals sein Glück. Er durchbrach den Südflügel der britischen El Alamein-Stellung, doch konnten sich die deutschen Truppen gegen die zahlen- und materialmäßige Überlegenheit der Engländer nicht durchsetzen. Der Vorstoß zum Nil mußte endgültig aufgegeben werden, die große Zange konnte sich nicht schließen. Als Montgomery im Spätherbst seine Stellungen bei El Alamein zurückeroberte, traf der Rückmarschbefehl auch für uns ein. Es war alles umsonst gewesen. Ein kühner Traum war ausgeträumt.“ [81]

Der am 23. Oktober 1942 einsetzende Rückzug der deutschen Afrika-Armee erzwingt auch die Abberufung von Teilen der Tropen-Kompanie BR des Oblt. von Leipzig aus dem Gebiet südlich Murzuk. Die Einheit verlegt nach Tunesien — in den Raum Hammamet und vereinigt sich dort mit der „Tropen-Abt. von Koenen“.

Oblt. von Leipzig jedoch wird aus Afrika abberufen, um als künftiger Kommandeur der in Langenargen/Bodensee in Aufstellung befindlichen „Küstenjäger-Abteilung Brandenburg“ eingesetzt zu werden.

In der Nacht vom 30. September zum 1. Oktober 1942 fand im Raum Woroshilowsk beim Stab des Lehr-Regiments „Brandenburg“ zbV 800 eine Besprechung statt, deren Folge die Erwirkung eines Befehls zur Herauslösung der 13. Kompanie und des I. Zuges der le. Pi.Kp. des Oblt. Kuhlmann war. Oblt. von Koenen wurde mit der Führung des daraus zu erstellenden Verbandes beauftragt.

Einen ähnlichen Befehl erhielt das III./Lehr-Regiment „Brandenburg“ zbV 800, das seit Anfang August mit 9. und 12. Kp. im Raum Dorogobush — Smolensk — Wjasma im Nord- und Mittel-Abschnitt der Ostfront in der Bandenbekämpfung eingesetzt war. Es sollte mit Abschluß der Kämpfe die 9. Kompanie herauslösen und zur Auffrischung ins Heimatgebiet abgeben.

Von dort verlegte sie unter Aufgabe ihrer Feldpost-Nummer im November 1942 nach Afrika, um bei der „Tropen-Abteilung“ unter Oblt. von Koenen eingegliedert zu werden.

Der „Zug Kuhlmann“ — d. i. der I. Zug/le. Pi.Kp. —, als Küstenjäger zur See ausgebildet und gegliedert, wurde Ende Oktober 1942 in Trapani auf Sizilien personell so aufgestockt, daß er als 5. Kompanie in die „Tropen-Abteilung“ eingegliedert werden konnte.

In der Zeit vom 4. bis 8. November 1942 verlegte diese „Kompanie Kuhlmann“ mit Ju 52 nach Goulette bei Tunis, um sich in Hammamet/Tunesien mit den anderen Teilen zur ab 12. November 1942 offiziell geführten „Abteilung von Koenen“ zu vereinigen.

Die Zeit bis Weihnachten 1942 verging mit Sicherungsaufgaben an der Küste und Ausbildung bzw. Zusammenschweißen der Abteilungs-Gemeinschaft.

In der gleichen Zeit — nämlich am 8. November 1942 — landen US-Verbände in Marokko und Algerien an und errichten eine zweite Front, die mit dem raschen Fortschreiten des sich ständig verstärkenden britischen Angriffs die Einschließung der deutsch-italienischen Armee im Raum Tunesien zum Ziel hat.

Nunmehr hat für die „Abt. von Koenen“ nicht mehr der Einsatz von Kommandos Vorrang, sondern überfallartige Aktionen von Trupps zur Störung des feindlichen Nachschubs und Verzögerung des alliierten Aufmarsches.

Und die BRANDENBURGER Afrikaner werden jetzt gefordert; bereits am 26. Dezember 1942 startet ein Unternehmen mit Lastenseglern gegen eine im feindlich besetzten Hinterland befindliche Eisenbahn-Brücke der Linie Oran — Algier (Brücke nördlich Kesserine), einem Lebensstrang des feindlichen Nachschubs. Das Unternehmen mißlingt, das deutsche Kommando wird durch eine dort stationierte französische Aufklärungs-Abteilung teils aufgerieben, teils gefangen genommen.

An diesem 26. Dezember 1942 starten in Minuten-Abstand zwei Parallel-Unternehmen mit Lastenseglern vom Flugplatz Bizerta. Das eine führt Hptm. von Koenen und richtet sich gegen die Eisenbahnbrücke bei Sidi bou Bakr, das andere führt Willi Clormann nach Ausfall des Leutnants und richtet sich gegen die Eisenbahnbrücke nordöstlich von Kesserine an der gleichen Bahnstrecke.

Von diesem Unternehmen berichtet Willi Clormann:

„Zu meinem Einsatz: Wir flogen also mit 10 Mann in einem Lastensegler. Führer des Flugzeuges ein Oberlt. der Luftwaffe beim Stabe des Fliegerführers in Tunis (Name unbekannt). Führer des Unternehmens ein Lt., der vor dem Unternehmen zu uns kam, Lt. Hagenauer, Führer der Pioniergruppe mit Spitznamen Poldi.

Wir sollten mit 3 Lastenseglern fliegen, bekamen aber nur 2, weil einer umkehren mußte. In den beiden gebliebenen Seglern wurden vor allen Dingen Pioniere mitgenommen, und so mußte ich, der ich Gruppenführer einer Sicherungsgruppe war, meine Leute zurückstellen und konnte nur mit meinem Schützen 1 als Sicherer der Pioniere mit einem MG 42 den Einsatz mitmachen. Wir hatten den Auftrag, nordöstlich von Kesserine, das ist von Sidi Bou Bakr nordnordöstlich, an der gleichen Bahnstrecke gelegen, an der Koenen seinen Einsatz durchführte, zu landen. Wieder nordöstlich von Kasserine führte eine Brücke (Eisenbahn und Straße) über ein Flußbett, das zu der Zeit sehr wenig Wasser führte, und in dessen tiefeingegrabenem Grund wir mit den Seglern landen sollten. Auftrag war, die Brücke so zu sprengen, daß sie für lange Zeit außer Betrieb war, weil dies ein Hauptnachschubweg der Engländer gewesen war. Die Luftwaffe hatte in Stukaangriffen mehrmals vergeblich versucht, die Brücke zu sprengen. Wir landeten, nachdem wir also am 26. Dezember 1942 in ca. 2000 m Höhe fliegend geschleppt von Ju 52 nach heftigem Flakfeuer aus der Richtung kamen, in einem anderen Tal wie vorgesehen und gingen durch schlechtes Flugmanöver des fluguntüchtigen Oberleutnants zu Bruch. Der Flugzeugführer hatte sich beide Knöchel gebrochen und mußte an der Kiste zurückgelassen werden. (Er wurde einen Tag später von Arabern entdeckt und von alliierten Truppen gefangengenommen.) Wir 9 hatten große Mühe, den schwerverwundeten Führer und den Pionieruffz., der ebenfalls verwundet war, auf unserem weiteren Marsch mitzunehmen. Ich hatte die Leitung des Unternehmens an mich genommen, weil ich der Karte kundig und über den weiteren Verlauf der Aktion orientiert war. Wir haben in der gleichen Nacht, in der wir landeten, uns orientieren können, und zwar waren wir ca. 20 km vom Einsatzort südwestlich entfernt. Am Tage ruhten wir etwas, versorgten unsere Verwundeten und brachen am frühen Nachmittag auf den weiten Weg auf, wobei wir alle Kisten, Sprengstoffkabel und Zündschnüre mitschleppen mußten. In der Dämmerung konnte ich einen Dromedarreiter mit seinem Tier ausfindig machen, der natürlich unsere Last übernehmen mußte. Dieser kundige Führer brachte uns auch in die richtige Marschrichtung und hat es leider auch nicht versäumt, nachdem er von uns schon dankbar viele Francs eingeheimst hatte, uns beim Franzosen in Kesserine zu verraten und sich wahrscheinlich dort das Kopfgeld zu holen. Wir verbliebenen Neun zogen im Flußbett, in Sträucher versteckt, weil der Tag graute, unter, und ich bekam von dem wiedergenesenen

Lt. den Auftrag, mit meinem Schützen 1 in Richtung der Brücke flußaufwärts soweit zu gehen, daß ich die Brücke gut ausmachen, zeichnen und beobachten konnte. Wir nahmen uns zu diesem Marsch natürlich nur das Notwendigste mit und machten uns sofort in Richtung Brücke auf den Weg. Nach ca. 2 Stunden hörten wir von unserem Platz aus in Richtung der verbliebenen Kameraden Schüsse und wurden Zeuge, wie eine Kompanie Franzosen weit auseinandergeschwärmt auf die Stelle zuging, wo unsere Kameraden verborgen waren. Nach reiflicher Überlegung blieb uns beiden nun nichts anderes übrig, als so schnell wie möglich die deutsche Front zu erreichen, denn nachdem der Feuerlärm verstummt war, war uns klar, daß man unsere Gruppe aufgegriffen hatte. Mit meinem Schützen 1, dem damaligen Obergefr. Franz Wodjerek, bin ich nun 11 Tage 180 km durch feindliches Gebiet in Richtung Kairouan nordöstlich von der Brücke, marschiert. Wir hatten mit 67 Zigaretten, 2 Schachteln Streichhölzer, 1 Dose Cola Dalman und 1 Dose Chocacola, 2 Pistolen mit je 7 Schuß. Nach 6 Tagen, als der Hunger unerträglich wurde, wagten wir uns einmal auf ein Gehöft zu, das von Beduinen bewohnt war. Dort versuchten wir, uns als Engländer auszugeben, wurden aber nicht so froh aufgenommen, als dann, als wir die Maske fallen lassen konnten, weil wir merkten, daß einer der Araber gebrochen Deutsch konnte und uns an unseren Waffenröcken längst erkannt hatte. Hier haben wir zum ersten und letzten Mal auf diesem Marsch 2 Hände voll Kuskus und je einen Schenkel Hühnerfleisch gegessen und dazu 3 Tassen heißen Kaffee. In dieser Behausung haben wir unsere Röcke und Hosen getauscht mit den Arabern und sind nun gut verkleidet, schmutzig und dünn nicht nur in der Nacht, sondern auch tagsüber weitergewandert. Bei Pichon sind wir unvermutet auf einen deutschen Posten gestoßen, der uns mit großem Abstand zu seinem Zug- und Kompanieführer brachte. Erst dort glaubte man uns, daß wir deutsche Soldaten sind und so konnten wir nun mit dem Nötigsten versehen über Btl. und Regiment zum Fliegerführer nach Tunis zurück.
Über den Verbleib der anderen Kameraden konnten wir erst, nachdem dieses Gebiet von Deutschen besetzt wurde, erfahren, daß sie alle gefangengenommen und sofort über England nach Kanada geschafft wurden." [82]

Es sind nur Nadelstiche, die die Kommando-Trupps der BRANDENBURGER durch ihre Überfälle auf die Versorgungslinien den Alliierten beibringen, aber sie bewirken Verwirrung im Hinterland und verstärkten Schutz der Objekte. Ein weiteres Unternehmen in der Zeit vom 10. bis 18. Januar 1943 gegen eine dreiteilige Eisenbahnbrücke über den Wadi

el-Melah unter Führung von Lt. Luchs gelingt nur teilweise, wird aber etwas später durch Nachsprengung der verbliebenen Brückenpfeiler von einem arabischen V-Mann noch zum Erfolg gebracht. –
Dafür gelingt Teilen der zur Küstensicherung eingesetzten 5./Trop.Abt. BR etwa Mitte Januar 1943 ein Coup besonderer Art: Mit Hilfe eines durch die Abwehr III in Tunis unter Leitung des Major Rudloff gefaßten und umgedrehten britischen Agenten wird ein Funkspiel mit der Gegenstelle eingeleitet. Diese verlangt die Bekanntgabe einer geeigneten Landestelle für einen französischen Kommandotrupp, die ihr prompt mitgeteilt wird. Es wird die 5./Trop.Abt. BR an den Küstenstreifen gelegt, die den 12 Mann starken Trupp in französischen Uniformen lautlos gefangennimmt; wobei allerdings der Führer des Feind-Trupps entgegen dem ausdrücklichen Befehl, nicht zu schießen, von einem aufgeregten Kp.-Angehörigen, erschossen wird.
Die gewaltige Übermacht der Alliierten und die zangenartigen Angriffe der Amerikaner gegen den Brückenkopf Tunis verlangen zunehmend auch den kämpferischen Einsatz der „Abteilung von Koenen“. Um sich noch einmal „Luft zu schaffen“ – startet Mitte Februar 1943 die 5. Pz.Armee einen auf dem afrikanischen Kriegsschauplatz letzten deutschen Gegenangriff, an dem die BRANDENBURGER teilnehmen: Das Unternehmen „Frühlingswind“, das am Morgen des 14. Februar 1943 seinen Anfang nimmt. Aus der Sicht eines Teilnehmers hierzu ein Bericht:

> „Als Angehörige der Abwehrstelle Tunis, der wir zukommandiert waren, unterstanden wir zwar dem Panzerkorps des Generalobersten von Arnim, erhielten aber doch den Befehl, südwestlich Kairouan in den Bereich der Panzerarmee des Generalfeldmarschalls Rommel zu fahren, um als Abwehrtrupp bei einem Unternehmen mitzumachen, von dem sich unser Stab Erkundungsergebnisse versprach, die auch für ihn von Interesse sein konnten.
> Unsere Lage im Brückenkopf Tunis war schon von Anbeginn an nicht sehr beneidenswert gewesen. Die im tunesischen Raum gelandeten deutschen Kräfte waren dem von Algerien her aufmarschierenden angloamerikanischen Gegner zahlen- und materialmäßig derart unterlegen, daß selbst wir in der Nähe des Stabsquartiers uns abends beim Schlafengehen regelmäßig fragten, ob wir nicht vielleicht doch am nächsten Morgen durch die englische Militärpolizei geweckt werden würden. Die Lage ist wahrscheinlich am besten dadurch gekennzeichnet, daß der Tommy in Medjez-el-Bab, etwa 60 km von uns entfernt, eine Ansammlung von rund ebensovielen Panzern hatte und die einzige Sperre, die eine ganze Zeit zwischen uns und diesen Panzern an der Straße lag, aus einer 2,2-cm-Pak bestand. Nicht Abteilung, nicht Batterie, nein — ein einziges Kanönchen! — Gewiß hatte sich inzwischen einiges gebessert, aber die

vielen Einheiten, deren Hinweisschilder wir überall schön sichtbar an die Straßenkreuzungen genagelt hatten, standen meist auf dem Papier oder noch in Italien und sollten afrikanischen Boden überhaupt nicht betreten. Wir hatten einen Brückenkopf zur Verfügung, der für taktische Aktionen knapp ausreichte und der durch den Druck Montgomerys aus dem tripolitanischen Raum heraus fast täglich enger wurde. Es handelte sich darum, durch einen überraschenden Vorstoß an einer für den Gegner unerwarteten Stelle den Sack, in dem wir steckten, aufzureißen und dadurch Platz für operative Möglichkeiten zu schaffen.

Am Morgen des 14. Februar 1943 war es dann soweit. In den frühen Morgenstunden erfolgte bei Sidi-bou-Zid der geplante Angriff ohne Feuervorbereitung. Die völlig verdutzten Amerikaner wehrten sich nur ganz vereinzelt und schwach, da, wo ein paar entschlossene Offiziere ihre Männer zum Widerstand zusammenrissen; im allgemeinen aber war es eine Flucht Hals über Kopf. Dem Schreiber dieser Zeilen ist es nach dem Kriege im Gespräch mit amerikanischen Offizieren, die ihm damals gegenüberstanden, bestätigt worden, daß die gänzlich kampfunerfahrenen amerikanischen Soldaten auf den Ruf hin: „Rommels boys are attacking!“ — (Rommels Jungens greifen an) Waffen und Ausrüstung wegwarfen und einfach liefen, was das Zeug hielt. Die sogenannte Rückzugsstraße nach Sbeitla war vollbesät mit Waffen aller Art, Ausrüstung und Bekleidung, aber auch bessere Beute war vorhanden, unter anderem 27 Panzer und Schützenpanzer, bis zur Halskrause voll mit Munition und Treibstoff, 23 Geschütze und 700 Gefangene. Da wir den Eindruck gewannen, daß Straße und Bahnlinie Sbeitla — Feriana vom Feinde geräumt worden waren, klärten wir in diese Richtung auf eigene Faust auf und fanden unsere Ansicht bestätigt. Das „Loch im Sack“ war tatsächlich geschaffen worden. In Gafsa stießen wir wieder auf eigene schwache Kräfte, die aber bereits bei unserer Ankunft stündlich einem Entlastungsangriff von Montgomerys 8. Armee aus Richtung Nefta und Salzseen entgegensahen. Da wir keinen Funk dabei hatten, fuhren wir nachts und bei strömendem Regen auf grundlosen und verschlammten Pisten, oft bis an die Achsen im Dreck, zum Gefechtsstand des Feldmarschalls, um dort unsere Meldung abzugeben. Hier erfuhren wir dann, daß unser Angriff bei Tebessa zum Stehen gekommen und der eigentlich geplante Erfolg unseren Verbänden sozusagen in letzter Minute genommen worden war.

Damit war das Schicksal des Brückenkopfes Tunis endgültig besiegelt. Das Ende konnte theoretisch eigentlich nur noch ein paar Wochen auf sich warten lassen; praktisch aber hat es noch fast drei Monate gedauert, bis es dazu kam.

Der tiefere Grund hierfür war, daß das Unternehmen „Frühlingswind“ eine Reorganisation der amerikanischen Truppen notwendig gemacht hatte: Hatte doch unser kleiner Haufen, der nur aus Resten einiger völlig zusammengeschossener Divisionen zusammengestellt worden war, nicht weniger als 80 000 völlig frische und bestausgerüstete Amerikaner in einem Verhältnis von vielleicht 1 : 20 ins Laufen gebracht! Und auch hier waren BRANDENBURGER wieder mit dabei gewesen! —

Von Sheitla aus wurde der Angriff unserer Kampfgruppe auf Tebessa vorgetragen. Der Zweck dieses Vorgehens war, die 1. britische Armee unter Alexander von den Amerikanern zu isolieren und ins Mittelmeer zu drücken. General Alexander aber hatte die Absicht rechtzeitig erkannt und warf einen Teil seiner Truppen in Eilmärschen nach Tebessa, wo die Engländer dann die flüchtenden Amerikaner auffingen. Unsere wiederholten Angriffe gegen die Höhen um Tebessa und den Kasserine-Paß blieben mangels ungenügender eigener Artillerie im Abwehrfeuer der Anglo-Amerikaner liegen.

Wir selbst waren nicht in Richtung Tebessa gezogen, da unser Auftrag uns vorschrieb, weniger an den eigentlichen Kämpfen teilzunehmen als wichtige Unterlagen sicherzustellen. Taktische Zeichen an ausgebrannten Feindpanzern zeigten uns an, daß in dem Abschnitt Divisionen eingesetzt waren, die unser Aufklärungsdienst noch viel weiter rückwärts vermutet hatte, und außerdem konnten wir bei einem überraschenden Vorstoß gegen den Flugplatz Thelepte wertvolles Kartenmaterial und wichtige Kommandounterlagen vereinnahmen.“ [84]

Während der gleichen Zeit — etwa Februar 1943 — werden weiteres Personal und auch Boote von der „Küstenjäg.Abt. BR“ an 5./Abt. von Koenen abgestellt. Sie gehen im Eisenbahntransport nach Süd-Italien und von dort im Wassermarsch über Palermo — Trapani nach Tunesien. Die unter dem Kommando des Oblt. Dr. Wagner stehenden 2 s.Sturmboote und 2 Kleinst-Torpedojäger („Schneider-Boote“) samt Besatzungen werden am Liegeplatz Genglar, nahe Ferryville, taktisch der 3. S.-Flottille der Kriegsmarine unter Korv.-Kpt. Kemnade unterstellt. Sie sollen für Sicherungseinsätze an der Küste beiderseits Bizerta zur Verfügung stehen. Die „Schneider-Boote“ werden dann im Mai bei der Kapitulation der Heeresgruppe Afrika, ohne jemals zum Einsatz gekommen zu sein, gesprengt.

Die Lage im Brückenkopf Tunesien verschärft sich in den kommenden Wochen zusehends, die 5. Pz.Armee kämpft mit dem Rücken zur See ostwärts Bizerta, die 1. Armee hält sich noch auf der Halbinsel Bon. Nach einem Besuch des

Kommandeurs der Division „Brandenburg", Gen.Maj. von Pfuhlstein, bei der Tropen-Abteilung wird der bisherige Kommandeur, Hptm. von Koenen, abberufen, Oblt. Hoffmann übernimmt die Führung der Rest-Abteilung, die 5. Kp. wird von Dr. Wagner geführt. Diese ist vor allem zur Küstensicherung bis Cap Bone dem Marine-Kommando Tunesien (Kpt. z. S. Meixner) unterstellt, während andere Teile der Abteilung im April 1943 zumeist im infanteristischen Einsatz bei der Division von Manteuffel eingesetzt sind. U. a. erfolgt dort unter Führung von Oblt. Dr. Wagner die Verminung der Küstenstraße bei Tbarka sowie eine gewaltsame Erkundung in den Raum westlich Mateur, die 3 Gefallene, 5 Schwerverwundete und mehrere Vermißte an Verlusten fordert.

Gegen Ende April 1943 zeichnet sich endgültig der Untergang der Afrika-Armee ab, erste Vorbereitungen zum Abtransport von Schlüsselpersonal, Spezialgerät und wichtigen Unterlagen werden eingeleitet. Dazu wird vor allem die 5./Tropen-Abteilung Brandenburg, die ja von Haus aus Küstenjäger sind, herangezogen. Sie lagert in allen Araberhäfen bis Kap Daoud Betriebsstoff aus, erkundet die Hafenanlagen und hält engste Verbindungen zu den einzelnen Küsten-Stützpunkten.

Über die ab 6. Mai 1943 krisenhafte Zuspitzung auf diesem Kriegsschauplatz berichtet Oblt. Kuhlmann, der mit der See-Überführung des Schlüsselpersonals beauftragt ist:

> „Sorgfältig wurden in den zu erwartenden Kapitulationsräumen (5. Armee um und ostwärts Bizerta, 1. Armee Halbinsel Cap Bone) Araberhäfen und andere Schlupfwinkel erkundet und mit Brennstoff versorgt, in denen eine Aufnahme der nach Europa zu Überführenden in Aussicht genommen werden konnte. Alles weitere würde jedoch der Verlauf der Schlußkämpfe entscheiden. Infolge des alliierten Durchbruchs am 6. Mai bei Medjez el Bab geriet tatsächlich die Stadt Tunis am 7. Mai in alliierte Hand, und die verbündeten Armeen wurden in die beiden oben bezeichneten Räume geteilt. In der verzweifelten Hoffnung, nach der befohlenen Überführung der Generalstabsoffiziere noch eine zweite Fahrt von Sizilien nach Afrika durchführen zu können, erbat ich bei der Armee die Verlegung der vor Tunis in La Marsa (das frühere Karthago) liegenden Abteilung v. Koenen in den Raum der 5. Armee. Auch bei geringsten Chancen befanden sich dort genug entschlossene Kameraden und Landsleute, die auch das hoffnungsloseste Wagnis, die Freiheit zu gewinnen, dem unverdienten Schicksal einer Gefangenschaft vorziehen wollten. Die Benutzung der in der Nacht vom 6. zum 7. Mai von La Goulette auslaufenden Siebelfähren konnte nur für Verwundete und Kranke erwirkt werden. In Tunis selbst trugen jedoch der Aufbruch der

Stäbe in der unterirdischen Bunkerstadt im Park von Belvedère, die Bestandsvernichtungen der rückwärtigen Dienste und das planlose Umherirren vieler einzelner alle Anzeichen des nahenden Unterganges der Armee.

Nur noch wenige Nachtstunden standen bis zur Preisgabe von Stadt und Hafen zur Verfügung. Weder Befehle, noch irgendwelche Zuständigkeiten, geschweige denn Fahrzeuge waren als Hilfe von irgendjemandem zu erwarten. Dennoch gelang es dem derzeitigen Führer der Abteilung v. Koenen, Obtl. Hoffmann, und dem Abteilungsadjutanten, Oberleutnant Blödorn, ihre Verwundeten und Kranken auf die Siebelfähre nach La Goulette, andere auf die Nachtflughäfen E 14 und E 17 zu den letzten abfliegenden Ju 52 zu bringen und die Kompanien aus den verschiedenen Abschnitten noch in die Kapitulationsräume um das Kap Ras Zebib zu führen. Die sich spaltende Heeresgruppe bot auf hoffnungslos verstopften Straßen und Wegen ein riesiges Durcheinander, in dem Nachtjäger und Bomber reiche Ernte hielten.

Die letzten Marine-Einheiten, die Schnellboote der 3. S-Flotille unter dem bewährten Korvettenkapitän Kemnade verließen am 6. Mai den Kriegshafen Ferryville, um nicht dem letzten Massaker geopfert zu werden. Nur unsere großen Sturmboote, die einstmals für den Übergang über die Wolga und den Einsatz auf dem Kaspischen Meer gebaut worden waren, blieben zurück. Es war ein beklemmender Abschied von den Kameraden der Schnellboote, die uns auf hoher See recht unerfahrenen amphibischen Landungspionieren so oft mit Rat, Hilfe und Schutz beigestanden hatten, wenn die von der Armee gestellten Aufgaben unser Können, Wissen und Vermögen überforderten. Diese letzte Aufgabe an der tunesischen Küste und in der Straße von Sizilien hatten wir allein zu lösen. Wir konnten auf nichts anderes rechnen, als auf den Schutz der Dunkelheit. Als die letzten Schnellboote bereits unter der Einwirkungsmöglichkeit der feindlichen Artillerie aus der Bucht von Bizerta glitten und sich der Gefechtslärm von Mateur her näherte, legte sich die ganze Last unserer Aufgabe auf uns. Es war das Bewußtsein, die letzte Verbindung nach Sizilien, der letzte Arm der Armee nach Europa und zur Heimat zu sein. Das Finale im engsten Lebensbereich der 5. Armee hatte begonnen.

Am 7. Mai mittags bezogen Teile einer Aufklärungsabteilung neben dem Liegeplatz unserer Boote bei Ferryville ihre neuen Auffangstellungen. Spätestens gegen Abend mußten sie Feindberührung haben. Große Teile des Feindes würden bis zu dieser Zeit gleichfalls die Bucht auf der Westseite erreicht haben. Die westlich der Bucht stehenden Bersaglieri und die 99.(le) Division hatten

längst aufgehört zu bestehen. Eine Strafdivision in die Schlußkämpfe der Heeresgruppe Afrika in diesen Tagen noch aus Europa nach Tunesien geworfen zu haben, entsprach im Großen den gleichen Mißverständnissen und Mißgriffen in den Angelegenheiten der afrikanischen Eliteverbände wie im Kleinen das Abwerfen von Grabkreuzen und literarischem Wehrbetreuungsmaterial samt illustrierten Zeitschriften von den Flugzeugen, die in den letzten Nächten Tunesien noch anzufliegen wagten. Der Galgenhumor des nahen Endes und die in 28 Monaten Wüstenkrieg errungene Gelassenheit ertrugen dieses wie jenes mit dem Rest einer fast verbrauchten Fassung. Was dennoch an Mut und Blut von Teilen dieser 99. (le) Division in den wenigen nordafrikanischen Tagen eingesetzt wurde, überstieg alle Erwartungen. Wenn das Wort: „Wer sich nicht selbst zum besten halten kann, ist gewiß nicht einer von den Besten", jemals zutraf, dann in diesen Stunden, als das alte Deutsche Afrika-Korps noch einmal in den letzten Auffangstellungen den Refrain des Rückzugliedes sang: „... im Osten kämpft das Heer, in Afrika die Feuerwehr." Bei den Sanitäts- und Verbandsstellen meldeten sich die Angehörigen der Division „Hermann Göring" mit „Hermann-Meier-" und die Strafsoldaten mit „Schwarzschlächter- und Zuhälter"-Division.
Im Morgengrauen des 8. Mai verließen unter Führung von Oberleutnant Dr. Wagner die restlichen zwei großen Sturmboote nach Beschädigung und Selbstvernichtung zweier kleinerer Boote den Hafen Ferryville und die Bucht von Bizerta mit Kurs auf Kap Ras Zebib. Was sie in diesem letzten Küstenstützpunkt erwarten würde, war schnell abzusehen. Obwohl die Boote dort ständig ihre Liegeplätze im Schutz von emporragenden Riffen wechselten, erschienen alle zwei Stunden 28 amerikanische Doppelrumpf-Jäger in geschlossener Formation und überschütteten sie mit Sprengbomben. Es entstanden jedoch nur leichtere Schäden, die laufend behoben werden konnten. In der Nacht vom 8. zum 9. Mai blieben sie fast unbehelligt, jedenfalls vom Feinde.
Dafür erschienen nun an der Küste in dem immer mehr schrumpfenden Kessel die ersten deutschen Stäbe, Einheiten und Fahrzeuge, die sich im Laufe von wenigen Stunden zu einer Massierung zusammenballten, die für den kommenden Tag das Schlimmste befürchten ließ. Irgend jemand hatte bei der Armee oder bei der Heeresgruppe nicht dicht gehalten. Denn jetzt sprach alles auf einmal von „Abholung" und „Übersetzen nach Sizilien". Gerüchte und Hoffnungen überschlugen sich. Versprengte Panzerspähwagen tauchten auf, und kopflose Panzerkommandanten richteten ihre Rohre auf die Boote unter der Parole: „Alle — oder keiner!"
Den Untergang und die Auflösung einer geschlagenen und aller Hoffnungen beraubten Armee an ihrem letzten vermeintlichen Rettungspunkt

mit ansehen zu müssen, gehört zu dem Sinnlosesten und Erschütterndsten, was man erleben kann. Besonders schwer aber ist es, selbst Mittelpunkt der sinnlosen Hoffnung von Tausenden zu sein, wenn die Vernunft nicht mehr in Rechnung gestellt werden kann. Die Auflösung der Ordnung wird nirgendwo qualvoller als in Stunden, in denen gerade die Ordnung das tragende und bestimmende Moment aller Beziehungen der Menschen untereinander ist. Wir wußten, daß in dieser Panikstimmung nicht mehr kämpfender Verbände, Trosse und Dienststellen für unsere Boote im Augenblick des Ablegens mit allem zu rechnen war.
Doch zunächst erlebten wir noch anderes. An unserem Stützpunkt erschien ein Marinestab, benannte sich nach unserem lächerlichen Schlupfwinkel „Hafen-Kommandantur Ras Zebib“, unterwarf unsere Pionierboote seiner Befehlsgewalt und verlangte sofortiges Auslaufen und die Mitnahme wichtigen Marinepersonals und Materials. Ein Funkspruch der Armee erlöste uns aus dieser unangenehmen Lage. Dann erschien ein Oberstleutnant mit dem gesamten Fachpersonal und den Spezialisten des Erprobungskommandos der ersten in Tunesien eingesetzten „Königstiger“-Panzer-Abteilung 501. Nicht Wiedergutzumachendes war auch hier versäumt worden. Wiederum half nur ein Funkspruch zur Armee. Auf gleiche Art und Weise bestürmten uns von nun an pausenlos mit wichtigsten und persönlichen Motiven vom Blutordensträger bis zum Weingroßhändler die immer neu eintreffenden Stäbe, Gruppen und auch einzelne.
Noch aber hielt der Ring der zu Tode erschöpften Grenadiere und Panzersoldaten am äußeren Kesselrand, obwohl ihnen weder eine Hoffnung noch eine Chance blieb. Bei ihnen blutjunge Leutnants als Kompanieführer und blaß, grau und schattenhaft gewordene Bataillonskommandeure. Zusammenhänge unter größeren Einheiten bestanden nicht mehr. Doch waren es diese Kameraden, die immer noch und immer wieder versuchten, den breiten feuerspeienden Lava-Strom zu stoppen, der sich auf rasselnden Panzerketten das Sedjenane-Tal herab der Küste zu wälzte. Über ihm brausten in tieffliegenden Wellen Bomber-, Jagd- und Zerstörerverbände. Kein Ziel wurde mehr übersehen.
Im Morgengrauen des 9. Mai kamen Transporte mit Schwerverwundeten und Malariakranken, deren sofortige Einschiffung von ihren Sanitätsoffizieren verlangt wurde. Auch hier blieb die Funkanweisung der Armee bestehen: „Überführung der für die Ostfront vom OKW befohlenen und benötigten Generalstabsoffiziere“. Die häufigen Funksprüche aus dieser bedrängten Lage und die sich um die Ablegestelle sammelnden Trümmer der Armee boten den fliegenden Feindverbänden Anlaß genug, uns den

Tag heiß werden zu lassen. In rollendem Einsatz flogen die Staffeln Angriff auf Angriff gegen Boote, Küste und Olivenhaine. Ja, selbst der alte gestrandete Transporter wurde statt unser immer wieder geduldiger Abnehmer ihrer Bombenfrachten. Die pausenlosen Angriffe befreiten uns jedoch nun von unnützen Bittstellern. Vielen wurde klar, daß wir hier wohl alle den Bomben zum Opfer fallen würden. Mit der Kapitulation aber, die nur noch eine Frage von Stunden sein konnte, erwartete die einen zwar die bittere Gefangenschaft, die anderen auf See aber eine wilde Jagd um ein teuflisches Spiel.

Auf den Booten blieb bis zum Ablegen, das von der Armee für den Abend dieses Tages befohlen wurde, nur eine Offizierswache mit einem Funker, dem Steuermann und einem Bootsmannsmaat.

Beim Armeestab in den letzten nordostwärtigen Bizerta-Bunkern war aber zur selben Zeit der zur Überfahrt befohlene Transport versammelt. Dr. Wagner bat mich dringend, die Abholung zu übernehmen. Er war Neuling in Afrika und fühlte sich für die dort zu erwartenden erheblichen Schwierigkeiten mit Personen und Verhältnissen nicht genügend vertraut. Als ich nach zwei Stunden wieder bei den Booten eintraf, waren er und Ludewig gefallen. In Ludewigs oberer linker Rocktasche waren beide neuen Kurse.

General von Vaerst, in den Kämpfen in Nordafrika selbst mehrfach im Panzer abgeschossen, hatte beim Eintreffen im Armee-Bunker dieselbe freundlich-ruhige, fast väterliche Art gezeigt, die wir von ihm aus allen Situationen kannten. Auch er hatte Auftrag, nach Sizilien überzusetzen. Ich erbat sein Eintreffen bis 20.15 Uhr am Ras Zebib. Wie immer, griff er auch diesmal zunächst in seine Manteltasche und reichte mir eine vortreffliche Zigarre. Gewiß eine der letzten seines Bestandes. So hatte er es bei seinen täglichen Frontfahrten auch immer gehalten. Seine Antwort kam jedoch aus einem bitteren Gesicht, das mir fremd war: „Melden Sie in Berlin: Ein General wird seinen Gefechtsstand nicht dann verlassen, wenn Zehntausende bester deutscher Soldaten unnütz den bitteren Weg in die Gefangenschaft gehen müssen und einem unverdienten und unverschuldeten Schicksal entgegensehen. Meine Anwesenheit bei ihnen ist jetzt wichtiger als die Rückkehr in eine Heimat, in der man deutschen Generalen doch nicht mehr glaubt!" —

Dann erfolgte die letzte Durchsicht der Geheimsachen, die Übergabe des Kriegstagebuches an den mitfahrenden Adjutanten und die Verpflichtung, zu dessen Inhalt mit seinen harten und bitteren Tatsachen auch mündlich zu stehen, falls es verlorengehen sollte. Alle in den nordafrikanischen Stäben kannten ja das Wort: „Über den Brenner kommt keine Wahrheit!"

Als einziges bat er mich dann, zwei Briefe mitzunehmen, an seine Gattin in Potsdam und an seine Mutter bei Münster.

An der Ablegestelle fanden wir ein unvergeßliches Bild vor. Tausende drängten sich an die bereits seeklaren Boote. An unserem letzten Gefechts-Volkswagen arbeitete zu dieser späten und letzten Stunde in Afrika immer noch wie an allen anderen Tagen der unermüdliche Kfz.-Unteroffizier Grosse-Weischede mit seinem Gehilfen „Moses" Ramin. Auf Befragen nach seinem unverständlichen Tun antwortete er uns: „Man kann nicht wissen, was kommt. Vielleicht ist alles halb so schlimm, und statt zu kapitulieren, greift die Armee morgen wieder an, wie das Rommel oft tat!" Aus der Offiziersgruppe trat mit durchgeblutetem Kopfverband Major Witzig, der Erstürmer des Forts Eben-Emael, vom Fallschirm-Pionier-Bataillon heran und meinte: „Junge, du hättest mir noch bei unserem Haufen gefehlt!" Eine schönere Anerkennung für diesen unerschütterlichen Optimismus konnte es in diesem Augenblick nicht geben. Major Witzig, mit Spaten und Pistole grundsätzlich immer in der vordersten Front, hieß bei seinen Leuten nur: „Flagge vordere Linie".

Um 20.15 Uhr mußte an Bord gegangen werden. Eine starke Wache aus fremden Gefreiten und Unteroffizieren schützte Anlegestelle und Boote gegen eine der Panik nahe, ungeheure Masse. Eben noch hatten sie selbst zu dieser gehört, als sie ein Befehl aus dieser Mitte herausrief. Es war der letzte schöne Beweis von Disziplin und Gehorsam alter Afrikasoldaten, die augenblicklich ihre letzte eigene Chance bedingungslos aufgaben und dem Befehl zu der undankbaren Aufgabe folgten.

Ein zweiter Eindruck blieb unvergeßlich, wenn er auch nur mit dem Gehör wahrgenommen werden konnte: Abseits von den sinnlos zu den Booten drängenden und am Strande auf und ab laufenden und fahrenden Soldaten, abseits von der Selbstvernichtung der Troßbestände und inmitten der sich auflösenden Armee, hart neben der zum Sturm auf den Anlegesteg bereiten Menge, saß in einem Olivenhain der Rest der einstmals stolzen „Abteilung von Koenen" und sang — sang alle Lieder, die die Kameraden auf dem langen, harten Weg durch die Wüste begleitet hatten. Unter ihnen ihre Offiziere und ihr Führer, Oberleutnant Hoffmann.

Längst hatte uns die Nacht, eine mit weißen Schaumköpfen bekränzte See und ein zur Sturmstärke auffrischender Wind aufgenommen, als unsere Augen und Herzen immer noch an dem im letzten Schlachtenbrand glühenden Küstenstrich hingen. Kein Laut, keine Detonation erreichte uns mehr. Die Dieselmotoren arbeiteten ruhig, und die Boote stampften schwer in der gegen Land stehenden, immer rauher werdenden

See. Längst war jeder überflüssige Ballast über Bord gegangen. Fern vom Land her stiegen nun Ketten von Leuchtspurmunition aller automatischen Waffen in die Luft, Explosionen flammten auf. In einem wilden, grandios-grausigen Feuerwerk jagte man die letzten Munitionsbestände vor der Kapitulation in die Luft. Mancher von uns dachte an die letzten Silvesternächte in der Wüste und in Tunesien, wo auf beiden Seiten in gleicher Weise für ein paar Minuten das Dunkel der Nacht über der Front erhellt wurde, wie in stillem Einverständnis. Damals war es so etwas wie das helle, flackernde Lachen des Lebens aus Nacht und Tod. Diesmal war es der grelle, häßliche Schrei des Endes." [85]

Der letzte Funkspruch aus deutscher Quelle wird am 12. Mai — 0.40 Uhr — in die Heimat abgesetzt —, dann Schweigen aus dem schwarzen Erdteil:

H.Gr. Afrika:

Der Endkampf des Heeres-Gruppen-Stabes und des D.A.K. muß etwa seit den Mittagsstunden als abgeschlossen gelten. Der letzte Funkspruch des D.A.K. vom 12. 5., 0.40 Uhr, lautet:

12. Mai 1943

„Munition verschossen. Waffen und Kriegsgerät zerstört. Das D.A.K. hat sich befehlsgemäß bis zur Kampfunfähigkeit geschlagen. Das D.A.K. muß wieder erstehen.

Heia Safari! gez.: Kdr. Gen. D.A.K. Cramer" [86]

Neue Aufgaben — neue Gliederung 1943

Verschiedene Gründe führen um die Jahreswende 1942/43 zu einer gewissen Krise in den Auffassungen über die künftige Verwendung der BRANDENBURGER Verbände. Es ist nicht gelungen, eine konsequente Fortführung der Ideen v. Hippels und deren Anpassung an die geänderte und sich ständig ändernde Kriegslage zu verwirklichen.
Die dem Amt OKW Ausland/Abwehr unterstellte Truppe für Kommandoeinsätze wird von diesem vernachlässigt. Dazu trägt die ständig wechselnde Unterstellung unter Kdo.-Stellen des Heeres auf allen Kriegsschauplätzen vermehrt bei. In Verkennung der Eigenart dieser Spezialtruppe des OKW verwenden die Heeresgruppen, Armeen und Korps diese zunehmend als „Feuerwehr" an Brennpunkten des Kampfgeschehens. In gleichem Maße jedoch lassen sie es bei diesen BR-Einheiten an Fürsorge und Versorgung von Mensch und Material fehlen. Das Allgem. Heeres-Amt (AHA) hält sich bei dieser OKW-Truppe für nicht zuständig. Ersatz an Waffen und Gerät sowie Ergänzung der Kraftfahrzeuge, für die sich keiner zuständig hält —, liegen zwangsläufig in der eigenmächtigen trickreichen Beschaffungs-Möglichkeit, die sich der jeweilige Kommandeur oder Kdo.-Führer der BRANDENBURGER eröffnet. Oder — sein Verhältnis zur vorgesetzten aufgabenstellenden Dienststelle ist so günstig, daß er sich durch und über diese eine Verbesserung seiner Lage erwirkt ... — Dieser Zwiespalt für die oft zwischen allen Stühlen hängenden BR-Einheiten spiegelt sich in der Personalbesetzung des jeweiligen Kommandeurs wider. Es ändert sich in der Person des Oberst von Pfuhlstein (ab 9. 2. 1943). Erst von der Abwehr geförderte Kommandeure, dann unter Einfluß des Heerespersonalamtes ernannte Rgt.-Führer und schließlich vom OKW/WFSt eingesetzte Verbands- und Div.-Kommandeure. Das alles zeigt nur den über die Jahre abnehmenden Einfluß der Abwehr auf ihre einst im Oktober 1939 aus der Taufe gehobene Kommandotruppe.
Das wieder ist Folge der Überforderung der Abwehr und der sich verstärkenden internen Auseinandersetzung mit dem SS-Sicherheitsdienst. Dazu tritt eine aufkommende Resignation bei der Abwehr durch das Desinteresse des Obersten Befehlshabers an den Aufklärungsergebnissen. Es weiten sich die Eigenmächtigkeiten des SD mit Billigung Hitlers im Bereich der Nach-

richtenbeschaffung aus. Erweiterung und Verselbständigung der Aufklärung beim Heer (Abt. Fremde Heere-Ost bzw. West, usw.) setzen die abwertende Tendenz zum Nachteil des Amtes Ausland/Abwehr fort.

OKW/WFSt hat sich zunächst um die deutlich werdende Entwicklung wenig gekümmert, dann die Lage mit Sorge betrachtet, ohne Einfluß nehmen zu können, und setzt schließlich zum 1. April 1943 die direkte Unterstellung unter OKW/WFSt durch.

Damit geht der letzte Einfluß der Abwehr auf die Truppe verloren; sie erhält als Trostpflaster noch das „Lehr-Regiment Kurfürst", in dem alle seit 1940 aufgebauten und unterstellten, für die besonderen Belange des Amtes Ausland/Abwehr notwendigen Institutionen wie Abwehrschule, V-Abteilung, Dolmetscher-Kompanie, Quenzgut zusammengefaßt werden. Die Spionage-Abwehr ist zu diesem Zeitpunkt bereits bei der Geheimen Feldpolizei (GFP) vereinigt und damit in die Regie des SD getreten.

Die Schritt für Schritt erfolgende Demontage des Amtes Ausland/Abwehr führt die BRANDENBURGER ab 1. Januar 1943 zu einem neuen Zeitabschnitt — und in die Umgliederung zum „Sonderverband Brandenburg".

Diese in der Truppenstruktur zunächst eigenartig anmutende Bezeichnung soll den Abstand zu regulären Truppen-Verbänden herbeiführen und deutlich machen, daß von der Aufgabe her eine Sonderstellung eingenommen wird. Es soll künftig „Mißbrauch" durch Kdo.-Stellen auf dem Gefechtsfeld ausgeschlossen werden. Aufkommende Zweifel bei einzelnen, daß sich dieser Status im Zuge der sich ändernden Kriegslage aufrecht erhalten läßt, werden abgetan.

Als nach dem Tode des Oberst von Haehling am 9. Februar 1943 [1] Admiral Canaris im FHQu ein Gespräch beim Chef des OKW, Gen.Feldm. Keitel, erwirkt, erfolgt auch die Antrittsmeldung des Oberst von Pfuhlstein in der Eigenschaft als Kommandeur des Sonderverbandes Brandenburg.[2] Hierbei erklärt General Jodl als Chef des WFSt wörtlich: „Der Wehrmachtführungsstab hat für die OKW-Kriegsschauplätze keine eigene Truppe. Jede Division muß mühsam und oft mit erheblichem Ärger vom OKH erbettelt werden. Ein unwürdiger und unerträglicher Zustand! — Die neu aufzustellende Division ‚Brandenburg' wird deshalb als einzige Haustruppe unmittelbar dem Wehrmachtsführungsstab unterstellt und von mir eingesetzt werden." [3]

Dem Befehl, eine schriftliche Ausarbeitung mit Vorschlägen für den künftigen Einsatz des Sonderverbandes Brandenburg vorzulegen, folgt Oberst v. Pfuhlstein am 27. März 1943. Der WFSt befürwortet den Vorschlag, und nach Genehmigung durch Chef OKW wird den in Betracht kommenden Dienststellen ein entsprechender Befehl zugestellt.

Das OKW weist den GenStdH nach Rückfrage bei diesem an, die z. Zt. bei den He.Gr. A und Süd eingesetzten Teile des Sonderverbandes Brandenburg herauszulösen und in das Heimatkriegsgebiet in Marsch zu setzen.

So entsteht ab 1. 4. 1943 aus dem alten Lehrregiment „Brandenburg" zbV 800 mit seinen 17 Kompanien die »Division Brandenburg«. Die Truppenbezeichnung »Sonderverband Brandenburg« wurde kaum fünf Monate alt (November 1942 — März 1943) und hat sich in der Truppe der BRANDENBURGER auch in dieser Übergangszeit nie recht durchsetzen können.

Der Vollständigkeit halber sei jedoch erwähnt, daß aus dem Stab des Lehrregiments „Brandenburg" zbV 800 im Herbst 1942 der Stab des Sonderverbandes Brandenburg wurde.

Das zum bedeutsamen Beinamen gewordene „zbV 800" gehört nun nicht mehr zur Truppenbezeichnung und überlebt trotzdem mühelos.

Aus den Bataillonen des Lehrregiments gingen nun die Verbände 801—804 hervor. Und aus den alten Kompanien wurden Abteilungen gebildet, die wiederum aus Einheiten bestanden.

Nach dem 1. 4. 1943 zeigt die Division Brandenburg dann den folgenden organisatorischen und personellen Aufbau:

Stab der Division Brandenburg

Divisionskommandeur:	Generalmajor von Pfuhlstein
1. Generalstabsoffizier:	Major Frankfurth
Ia:	Hauptmann Wülbers (bis 31. 5. 1943)
IIa und Div.Adjutant:	Hauptmann H. Pinkert
Heimatstab:	Berlin

Divisionstruppen

Nachrichtenabteilung Brandenburg (Abk. Nachr.Abt.)
mit 1.—3. Kompanie

Kommandeur:	Hauptmann Eltester
Heimatstab:	Berlin

Tropenabteilung Brandenburg (auch Abteilung von Koenen)
mit 1.—4. Kp. und 1 Küstenjäger-Kp. (Kp. Kuhlmann)
Kommandeur: Hauptmann von Koenen
Einsatzbasis: Neapel (bis Mai 1943)

Küstenjägerabteilung Brandenburg (Abk. KJA)
mit 1.—4. Kompanie
Aufstellungsstandort: Rittmeister C. von Leipzig
Kommandeur: Langenargen/Bodensee

Fallschirmjägerbataillon Brandenburg (Abk. FS-Btl.)
mit 1.—4. Kompanie
Kommandeur: Hauptmann Weithoener
Aufstellungsstandort: Stendal (Februar 1944)

Regimenter:

1. Regiment Brandenburg
(hervorgegangen aus dem I. Btl. des Lehr-Rgt. „Brandenburg“ zbV 800)
Heimatstab: Freiburg im Breisgau
Regimentskommandeur: Major Walther
Regimentseinheiten: 1 Kompanie der Nachr.Abt. Brandenburg (zugeteilt)
1 Batterie (1944)

I. Bataillon (Abk. I./1. Rgt. Brandenburg)
(mit 1.—3. Kompanie u. 4. (Leg)Kp. — später aufgelöst)
Kommandeure: Rittmeister Plitt
Hauptmann John

II. Bataillon (Abk. II./1. Rgt. Brandenburg)
(mit 5.—7. Kompanie, 8. Kompanie nicht aufgestellt)

Kommandeure:	Hauptmann G. Pinkert
	Oberleutnant Rosenow

III. Bataillon (Abk. III./1. Rgt. Brandenburg)
(mit 9.—12. Kompanie)

Kommandeure:	Hauptmann Froboese
	Oberleutnant Wandrey

2. Regiment Brandenburg
(hervorgegangen aus dem II. Btl. des Lehr-Rgt. „Brandenburg“ zbV 800)

Heimatstab:	Baden bei Wien, später Admont
Regimentskommandeure:	Oberstleutnant von Kobelinsky
	Oberstleutnant Pfeiffer
Regimentseinheiten:	1 Kompanie der Nachr.Abt. Brandenburg (zugeteilt)
	1 Batterie (1944)

I. Bataillon (Abk. I./2. Rgt. Brandenburg)
(mit 1.—3. Kompanie u. 4. (Leg)Kp. — später abgegeben)

Kommandeur:	Hauptmann Weithoener

II. Bataillon (Abk. II./2. Rgt. Brandenburg)
(mit 5.—7. Kompanie u. 8. (Leg)Kp. — später abgegeben)

Kommandeur:	Hauptmann Oesterwitz

III. Bataillon (Abk. III./2. Rgt. Brandenburg)
(mit 9.—11. Kompanie, 12. Kp. nicht aufgestellt)

Kommandeur:	Hauptmann Renner

3. Regiment Brandenburg
(hervorgegangen aus dem III. Btl. des Lehr-Rgt. „Brandenburg“ zbV 800)

Heimatstab:	Düren/Rhld.
Regimentskommandeur:	Oberstleutnant F. Jacobi
Regimentseinheit:	1 Kompanie der Nachr.Abt. Brandenburg (zugeteilt)

I. Bataillon (Abk. I./3. Rgt. Brandenburg)
(mit 1.—3. Kompanie u. 4. (Leg)Kp. — aufgelöst Juli 1943)

Btl.-Führer:	Oberleutnant Kriegsheim

II. Bataillon (Abk. II./3. Rgt. Brandenburg)
(mit 5.—8. Kompanie und Ital.Kp. „M“)

Kommandeur:	Hauptmann Bansen

III. Bataillon (Abk. III./3. Rgt. Brandenburg)
(mit 9.—12. Kompanie)

Kommandeur:	Hauptmann Grawert

4. Regiment Brandenburg
(hervorgegangen aus Teilen V-Abt., Restteilen Abt. von Koenen und Restteilen der sogenannten Donaufahrer)

Heimatstab:	Brandenburg/Havel
Regimentskommandeur:	Oberstleutnant Heinz

I. Bataillon (Abk. I./4. Rgt. Brandenburg)
(mit 1—4. Kompanie, 5. Kp. nicht aufgestellt)

Kommandeure:	Hauptmann Hollmann
	Hauptmann Gerlach

II. Bataillon (Abk. II./4. Rgt. Brandenburg)
(mit 6.—8. Kp. u. 9. (Leg)Kp., 10. Kp. nicht aufgestellt)

Kommandeure:	Hauptmann Dr. Hartmann
	Oberleutnant Lau

III. Bataillon (Abk. III./4. Rgt. Brandenburg)
(mit 11.—13. Kompanie)

Kommandeur:	Hauptmann von Koenen

Selbständige Kompanien:
14. Kompanie (Oblt. Hettinger), Juli 1943 umbenannt in 16. (le.) Kompanie
15. (le.) Kompanie (Oblt. Oschatz) — die Fallschirmjägerkompanie

Ergänzungstruppenteil der Division

Lehrregiment Brandenburg (ab Mai 1943)
(hervorgegangen aus der Ergänzungsabteilung)

Regimentsführer:	Major Martin

I. Bataillon in Brandenburg/Havel
II. Gebirgsjäger-Bataillon in Baden bei Wien, später Veldes/Oberkrain

Legionärsbataillon „Alexander“ (Deckname)
(mit 1. (weiße) Kp. u. 2. (schwarze) Kp.

Kommandeur:	Hauptmann Auch

Anmerkung:

Das Lehrregiment „Kurfürst“ scheidet mit dem 1. 4. 1943 aus dem Verband der Division Brandenburg aus und verbleibt in der Verfügungsgewalt des Amtes Ausland/Abwehr.

Partisanen-Kampf in Ost und Süd-Ost

Anfang 1943 hat sich die Lage auf allen Kriegsschauplätzen verschärft. Der Frontbogen ist überdehnt und zum Teil gerissen, bzw. an zahlreichen Stellen in Bewegung geraten. In Schnee und Schlamm, bei bitterer Kälte ist der Rückzug im Gange; das Gesetz des Handelns liegt beim Gegner.

Aus dem Wald- und Ostkaukasus sind die deutschen Verbände im eiligen Rückmarsch zum Unterlauf des „Don", die 6. Armee in/bei Stalingrad ist auf engstem Raum zusammengedrängt und geht ihrer Vernichtung entgegen. Die westlich davon stehenden Armeegruppen kämpfen sich nach Westen durch, die Front ist aufgebrochen, der „Dnjepr" soll Auffanglinie werden. Vor der He.Gr. Mitte, die in schweren Abwehrkämpfen beiderseits Brjansk steht, sind erhebliche Feind-Bereitstellungen erkannt; im Norden wird um Welikije Luki gerungen, die Front am Ilmensee bis Schlüsselburg steht noch. Südostwärts Leningrad gelingt den Sowjets erstmals der Einbruch in den deutschen Einschließungsring, die Gefahr des Durchbruchs wächst. — Verzweifelt die Lage in Afrika nach der alliierten Landung im November 1942; beide Teile der deutsch-italienischen Pz.Armee kämpfen Rücken an Rücken in Tunesien, die Feind-Übermacht ist erdrückend.

Die besetzten Länder und rückwärtigen Kriegsgebiete sind in Aufruhr; Partisanen, von Alliierten immer stärker unterstützt, führen Krieg im Hinterland. Deutsche rückwärtige Verbindungen, der Nachschub für die Fronten, die teils schwachen, teils kampfungewohnten Besatzungen sind bedroht. Die Lageentwicklung wächst sich zu einer Gefahr ersten Ranges aus. Immer mehr Kampftruppen müssen trotz schwieriger Frontlage herausgelöst und in die Partisanengebiete verlegt werden.

Die nunmehr dem WFSt direkt unterstellten und noch in Auffrischung befindlichen BRANDENBURG-Einheiten, soweit bereits einsatzbereit, werden in kleinen Verbänden für den Kampf gegen Partisanen herangezogen. Es ist eine Notmaßnahme, sie noch während der Aufstellung und Ausrüstung einzeln in Marsch zu setzen; der Divisions-Kommandeur ist verzweifelt, keinen geschlossenen Verband in der Hand zu haben.

Als erste wird die I./Verband 801 unter Rittm. Plitt am 30. Januar 1943 aufgerufen und nach Osten in Marsch gesetzt. Im Bahntransport verlegen Stab mit 1.—4. Einheit über Frankfurt — Kassel — Berlin — Stettin — Königsberg — Insterburg — Tilsit nach Idrizza. In der Kaserne am Schießplatz wird gesammelt. Am 15. Februar 1943 erfolgt Einsatzbefehl zur Partisanen-Bekämpfung, die sich bis Mitte März hinzieht. Am 16. März wird die Abteilung erneut bahnverladen und über Rositten — Dünaburg durch Estland hindurch nach Kliastici verbracht, von wo die I./Verband 801 im

Landmarsch in das berüchtigte Partisanen-Gebiet um Krestcy (ostwärts Novgorod) verlegt. Von dort angesetzte Spähtrupps stoßen wiederholt auf Partisanen-Gruppen, Bunker und Feldbefestigungen. Erste Verluste verzeichnet die 3. Einheit. Der Pz.Spähtrupp unter Feldwebel Landthaler fährt auf eine Mine. Die Besatzung fällt aus oder wird lebensgefährlich verwundet.

Die bis Anfang April immer wieder einsetzenden Gefechte in Sumpf, Busch und Dickicht sind übel, verlustreich und kaum erfolgbringend.

Am 9. April wiederum bahnverladen und Fahrt über Dünaburg — Pleskau nach Masva, an der Straße Pleskau — Witebsk. Von dort Freikämpfen der Nachschubstraße Liliupowa bis zur Deminez-Stellung. Am 21. April starke Feindberührung mit Partisanen. Heftige Gefechte. Erneuter Einsatz am 1. Mai 1943 bei Alolia/Estland. Im dortigen Raum bricht am 13. Mai Lt. Heinemann der 4. (Leg.)Kompanie mit 40 Freiwilligen zum Tarn-Einsatz auf. Tief im Partisanengebiet kommt es am 15. 5. zu einer Meuterei unter den Legionären; 9 der Aufrührer werden standrechtlich erschossen, weitere 24 Mann in die Gefangenenlager abgegeben.

Hptm. Babuke, Chef der 3. Kp., wird an anderer Stelle am gleichen Tage verwundet, Oblt. Schulte übernimmt die Führung der Kompanie.

Der Schwerpunkt der Gefechte mit Partisanen-Einheiten verlagert sich in den Raum nördlich Pustoshka, direkt an der Straße nach Witebsk. Die Kompanien stoßen immer wieder in das undurchdringliche Sumpfgebiet vor, um die Verstecke der Partisanen auszuheben. Diese lassen die Kampftrupps auflaufen, stellen Hinterhalte und überfallen von rückwärts. Allein am 12. Mai verlieren die 1. Kompanie ca. 12 km südlich von Alolia zwei Gefallene und 5 Verwundete durch einen Hinterhalt, die 3. Kompanie — ähnlich — erneut 5 Gefallene und vier Verwundete. Wiederum Führungswechsel bei der 3. Kompanie, Lt. Hebler führt jetzt.

Im Raum Pustoshka mit Standort Alolia laufen ständige Gefechte gegen Partisanengruppen — zum Schutze der Nachschubstraße — mit wechselndem Erfolg den ganzen Juni 1943 hindurch. In dieser Zeit steht auch der Rgt.-Stab mit Teilen des 1. Regiments Brandenburg in den Orlino-Sümpfen im Einsatz.

Am 6. Juli 1943 treffen erste Teile des ablösenden I./3. Rgt. Brandenburg unter Oblt. Kriegsheim in Pustoshka ein. Dieses zwischenzeitlich aufgestockte 3. Regiment Brandenburg in Düren unter Führung des Obstlt. Franz Jacobi hatte die eigentliche Stammtruppe, nämlich das III./Lehr-Rgt. mit 9. + 12. Kp. seit Juli/August 1942 bei der He.Gr. Mitte im Einsatz. Der

Versuch, diesen Verband zur Auffrischung und Eingliederung in die Heimat zu verlegen, scheitert:

„OKW/WFSt lehnt den Antrag des Amt Ausl.Abw. vom 25. 1., die bei der H.Gr. Mitte herausgelöste III.Abt./So.Verb. 803 (Sonderverband Brandenburg) zur Auffrischung in die Heimat zu verlegen, ab und befiehlt ihre Verlegung in den dem Sonderverband Brandenburg zugewiesenen Raum im Bereich der H.Gr. Nord, da die Lage es nicht erlaubt, Truppen aus dem Operationsgebiet in die Heimat zu verlegen." *

Insofern war unabhängig von dieser Kampfgruppe ein neues III. Btl. im 3. Rgt. in Düren unter Führung des Hptm. Grawert entstanden. Dieses verlegt zusammen mit dem Stab 3. Regiment Anfang April auf dem Bahnwege ebenfalls nach Rußland, in den Raum südlich von Karatshew. Dort wird auch die verbliebene Kampfgruppe aufgenommen.
Somit ist also das 3. Regiment Brandenburg — jedoch ohne II. Bataillon — an der Ostfront eingesetzt.
Am 9. Juli 1943 wird wiederum verladen, und die Transporte mit den Teilen des I./1 laufen über Idrizza — Rositten — Pleskau — Luga zum Ausladebahnhof Orodesh.
Hier im rückwärtigen Gebiet der He.Gr Nord wird aus Geheimhaltungsgründen — und zum Schutz bei Gefangennahme — vorübergehend die Bezeichnung „Jäger-Regiment 200" angenommen. Es geht wieder zum Kampf gegen Partisanen. Die inzwischen durch Oblt. Berndt übernommene 3. Kp. wird am 1. August alarmiert, weil — angeblich — etwa 200 sowjetische Fallschirmspringer entlang einer Nachschub-Bahnlinie abgesprungen waren und diese an zahlreichen Stellen gesprengt worden sei. Fast zwei Tage geht die Jagd nach ihnen, dabei wiederholt Feindberührung, jedoch findet sich nichts.
Es ist den ständigen Bemühungen des Kommandeurs der Division Brandenburg, GenMj. von Pfuhlstein, nach Zusammenführung seiner Division zu danken, daß das I./1 Rgt. Brandenburg unter Rittm. Plitt schließlich am 5. 8. 1943 aus seinem Einsatzraum Orodesh herausgezogen werden kann. Per Bahn geht es über Wirballen — Allenstein — Posen — Breslau — Mähr.-Ostrau in den bisherigen Unterbringungsraum des 2. Regiment BR — nach Baden bei Wien, Unterkunft in Neuhaus (ab 10. 8. 43). Hier Auffrischung,

---

*) vgl. Kriegstagebuch OKW/WFSt, Band III, Seite 86

Neugliederung — dabei Auflösung der 4. (Leg.)Kp. — neue Waffen und Kraftfahrzeuge, Tropen-Uniform. Es bleibt Zeit bis 11. September 1943, eine schlagkräftige Truppe zusammenzustellen. Marschbereitschaft wird für Ende August 1943 befohlen — voraussichtlicher Einsatz in Nord-Griechenland.

Stichwort Griechenland — April 1943 —, als vermehrt Nachrichten aus Geheimdienstquellen über alliierte Absichten zum FHQu gelangen, daß die Briten aus dem Raum Ägypten-Nahost auf das europäische Festland/Griechenland-Peloponnes anlanden, die US-Verbände von Tunesien aus nach Italien/Sizilien übersetzen wollen, werden die Anstrengungen zur Verstärkung deutscher Kampftruppen besonders im Südostraum fortgesetzt. In der großen Strategie der Alliierten bleibt jedoch die Absicht des direkten Angriffs gegen die französische Kanalküste vorrangig; die vorgesehenen Aktivitäten im Mittelmeer waren nur Ablenkung. Die im Frühjahr 1943 in Griechenland und Jugoslawien sehr verstärkte Partisanentätigkeit, die zu regelrechten Kampfhandlungen ausartet, weist auf direkte Verbindung zu den alliierten Landeabsichten hin. —
Bei den vermehrt in den Südostraum herangeführten deutschen Verstärkungen sind es vor allem BRANDENBURG Verbände, die für diesen Einsatz zur Verfügung stehen. Sie sind durch ihre Ausbildung — zahlreiche Einheiten sind im Hochgebirge geübt worden — wie von ihrer Spezialtechnik des listenreichen Kampfes her besonders geeignet, den Kampf mit den Partisanen-Verbänden aufzunehmen.
Die Masse der Division Brandenburg verlegt daher in den Südostraum, wobei wegen der vermuteten britischen Absichten der Schwerpunkt auf Griechenland liegt. Unter Zeitdruck durch die Zuspitzung der Lage im dortigen Raum werden die BRANDENBURGER aus dem Auffrischungsraum in einzelnen Einheiten abgerufen und eilig in die Spannungsgebiete geworfen.
Der erste Verband, der aus Brandenburg/Havel nach Jugoslawien verlegt, ist das 4. Regiment unter Führung von Obstlt. Heinz.[7] Dieser fährt am 17. 4. vorab nach Belgrad, um die Einsatzvorbereitungen für das II./4 und das nachzuziehende I./4 durchzuführen. Am 28. 4. wird das II./4 unter Hptm. Dr. Hartmann in Raska, nordwestlich Nish, ausgeladen und verlegt nach Sjenica, wo es der 1. Geb.Div. unterstellt wird. Schließlich trifft um den 16. Mai auch der Rgt.Stab 4 ein, so daß Obstlt. Heinz verfügbar melden kann: Rgt.Stab und II./4. — Das nachzuziehende I./4 unter Hptm. Hollmann jedoch wird Anfang Juni 1943 auf seinem Eiltransport, der der 104. Jäg.Div. angehängt ist, nach Südgriechenland umgeleitet.

Eintreffen Athen 15. 6. 1943. Dort verlegt es auf den Peloponnes, um Sonderaufgaben durchzuführen. [8]
In Bewaffnung und Gliederung stellt das Bataillon im wesentlichen ein Mot.-Schützen-Bataillon dar, mit moderner Bewaffnung in den Schtz.-Kp'n. Die Gruppe hat 12 Mann — als LKW-Gemeinschaft, bewaffnet mit schalllosen MPi. und Gewehren, Schnellfeuergewehren, Gewehr-Granaten und MG.42. — Bei jeder Kompanie sind Sturmpioniere vertreten.
Die schwere Kompanie hat neben einem s.MG.-, einem s.Gr.We.-Zug auch 10,5-cm-Leichtgeschütze, auch 7,5-cm-Pak und 2-cm-Fla.
Die Tatsache des Abdrehens des I./4 nach Süd-Griechenland und der damit gegebenen Schwächung des 4. Rgt.'s auf ein verstärktes Bataillon führt zu erheblichen Differenzen zwischen Obstlt. Heinz und dem Div.-Kommandeur, Oberst von Pfuhlstein.
Nunmehr und zum Ausgleich wird das II./1. Regiment Brandenburg unter Hptm. Gerh. Pinkert am 12. Mai 1943 per Bahn in den Unterbringungsraum des 4. Rgt. nach Jugoslawien verlegt.
Das bestätigt auch die Eintragung im Tagebuch des Oberarztes Dr. med. Fischer:

> Von Raska aus im Mot.-Marsch nach Berane, nordwestl. Ipek, dann weiter über Andrijevica nach Ckovinnice. Dort im Raum bei strömendem Regen unter Führung von Muselmanen in die Berge — zur Partisanenbekämpfung.

Den weiteren Marschweg des II./1. Regiment Brandenburg zeigt auch der Tagebuch-Auszug für diese Zeit:

1. 6.— 3. 6.	Gorazde
4. 6.— 5. 6.	Gorazde — Gacko
5. 6.— 7. 6.	Gacko
7. 6.—10. 6.	Gacko — Krivi Do
11. 6.—17. 6.	Krivi Do — Gacko — Krivi Do — Stabna — Maglic — Gacko
17. 6.	Gacko — Sarajewo — Pahle
18. 6.—19. 6.	Pahle
20. 6.	Pahle — Mokro
20. 6.—26. 6.	Mokro
27. 6.—29. 6.	Mokro — Sokolok — Kram — Mok. Sarajevo
30. 6.	Sarajevo — Vaves [9]

Major Walther sieht sich beim Abmarsch von Teilen des 1. Regimentes Brandenburg in ähnlicher Situation wie der Kommandeur des 4. Rgt.'s. Da sein I. Btl. des Rittm. Plitt im Partisanenkampf bei der He.Gr. Nord (Raum Pustoshka) steht, geht neben dem Rgt.-Stab nur das III./1 am 11. Juli ab Freiburg/Brsg. auf den Eisenbahntransport.

Ziel ist der Raum Theben — Amphissa, nordwestlich von Athen, zur Bekämpfung nationaler und kommunistischer Partisanen. —

Das im Auffrischungsraum südlich Wien untergebrachte 2. Regiment Brandenburg unter Obstlt. von Kobelinsky, dessen letzte Teile erst Anfang/Mitte April 1943 aus dem Kaukasus zurückkehren, wird als letztes alarmiert.

Neue Gliederung des 2. Regiments Brandenburg — Juli 1943:

I. Btl. — Stab + 1.— 3. Kp. — Hptm. Weithoener
II. Btl. — Stab + 5.— 8. Kp. — Hptm. Oesterwitz
III. Btl. — Stab + 9.—12. Kp. — Oblt. Renner

Die 4. und 8. Kp. waren Legion.-Kompanien, die 12. (Leg.)Kp. war nach der Aufstellung ausgegliedert worden.

Ende Juni 1943 war sein Rgt.Kdr. Obstlt. von Kobelinsky nach kurzer Krankheit verstorben. Anfang Juli werden das II. und III. Btl. aus dem Raum Füssen/Allgäu, das I. Btl. aus dem Raum Judenburg/Österr. zu den Einladebahnhöfen in Marsch gesetzt und am 9. Juli 1943 verladen. Der neue Kommandeur, Obstlt. Pfeiffer, übernimmt das 2. Regiment kurz nach dessen Eintreffen in Griechenland.

Den Ablauf der Transportbewegung beschreibt ein Bericht aus dem Tagebuch von Oblt. Steidl der 1./2. Regiment Brandenburg:

„Das nette Städtchen Judenburg liegt hinter uns, wieder geht es einem unbekannten Schicksal entgegen. In Bruck biegen wir nach Süden ab. Die Fahrt geht über Graz, wo der inzwischen wieder eingetroffene Hirsch seine Eltern verabschiedet. Von meinem altbekannten Marburger Städtchen, aus dem mir im Abendhimmel die Kadettenschule zuwinkt, fahren wir in die dunkle Nacht hinein, nach Cilli. Walter Ladendorff ist wieder bei mir. Er will unbedingt seinen Kameraden Fritz Martini in Cilli treffen, er legt sich nicht zur Ruhe. Seine alte Sitte aus Rußland, die weingefüllte Feldflasche immer bei sich zu tragen, hat er noch an sich. Zugwachen werden ausgestellt, die Gegend ab jetzt ist partisanenverseucht. In bewaldeten Strecken brennen beiderseits der Bahngleise Lichter, der Wald ist etwas ausgelichtet. Täglich kommen Überfälle und Unfälle durch Minen vor. Besondere Wachsamkeit ist geboten. Ein neuer Feind tritt nun gegen uns, er ist viel gefährlicher als der Feind in offener Feldschlacht. Der Partisan kämpft heimtückisch, nützt die Dunkelheit aus, taucht bald hie, bald da auf. Kämpfe mit überlegenem Gegner

scheut er. Dies ist alles, was wir aus Vorschriften von Partisanen wissen; nun tritt die Wirklichkeit heran, die meisten Landser stellen sich unter Partisanen mit Schrotflinten bewaffnete Bauern oder Landstreicher vor, die ein romantisches Räuberdasein in den Bergen führen. Meine Leute schätzen die Gefahr gering, besonders die alten Rußlandkrieger.
In Agram, Kroatiens Hauptstadt, gibt es kurzen Aufenthalt. Ustaschaverbände liegen am Bahnhof. Die Fahrt führt uns entlang der ruhig dahinfließenden Save weiter nach Osten, nach Semlin und Belgrad. Von da geht es nach Süden, dem herrlichen, tiefeingeschnittenen, fruchtbaren Tal der Morava entlang. Uralte Fischerhütten liegen an den lehmigen Ufern. Die Strecke ist eingeleisig, nur langsam rollt der lange Transportzug. Die ersten Eindrücke des romantischen, urwüchsigen Balkans begeistern uns. In der Stadt Nis laden wir aus. Bulgaren, die „Preußen des Balkans", halten die Stadt besetzt. Sie fallen durch ihre Strammheit auf. Am Marktplatz halten wir Rast. In den Restaurants gibt es herrliche Speisen und Weine. Besonders gut sind die Zigaretten. Die Stadt ist von kahlen Höhen umgeben, Schafe und Ziegen weiden darauf das spärliche ausgedorrte Gras. Durch die Straßen ziehen schreiende Händler in ihren bunten Trachten. Alte Muselmanen reiten auf ihren kleinen Eselchen durch das bunte Gewirr von temperamentvollen südländischen Menschen. Von Nis zweigt die Bahn nach Sofia ab. Wir fahren im motorisierten Marsch nach Süden weiter. Unser Ziel ist Nordgriechenland, der Weg nach dorthin ist noch weit, er führt durch eines der herrlichsten Gebiete Serbiens und Makedoniens, über steile wilde Gebirgspässe, die Bahnstrecke ist mehrmals gesprengt. Wir haben gleichzeitig Gelegenheit, unsere neuen Fahrzeuge einzufahren. Durch das Moravatal geht es weiter nach Süden über Leskovac, Vranje, über einen hohen Gebirgspaß in steilen Serpentinen fahren wir dahin in das Vardartal. Der Fluß mündet schon in das Ägäische Meer und heißt in Griechenland Axios.
Das Wetter ist herrlich, ein tiefblauer Himmel spannt sich über die zerklüfteten Gebirge. Wir sehen die ersten Schildkröten.
Fahrzeugausfälle treten ein, wir halten wegen der Kettenfahrzeuge ein langsames Marschtempo ein. Die Städte Skopje oder Üsküb und Veles ziehen an uns vorüber. In Prilep gibt es wieder Halt. Die albanische Grenze ist nicht mehr ferne. Kurz nach Bitolj überschreiten wir die Grenze Griechenlands. In einem kleinen Dorfe halten wir Mittagsrast. Die ersten griechischen Laute dringen an unser Ohr. Ein Bauer bewirtet uns mit Honig, Ziegenkäse und Obst. Der landesübliche Schnaps „Uso" ist uns bald ein gewohntes Getränk. In Ptolemais verbleiben wir vor-

läufig. Ich ziehe mit der Kompanie in die Schule ein. Die Sonne drückt fürchterlich, dicker Staub liegt auf den Gassen. Vor den offenen Gasthäusern hocken faule Zivilisten und schlürfen ihr Sodawasser. Nach einigen Tagen ist das Regiment vollzählig versammelt. Der neue Regimentskommandeur, Oberstleutnant Franz Pfeiffer, ehem. Angehöriger der 1. Gebirgs-Division und waschechter Bayer, trifft ein. Er ist Ritterkreuzträger und verhältnismäßig jung. Am Abend begrüßt er uns und gibt uns die Einsatzräume bekannt. Es sind große Landstriche, die wir von Banden zu säubern und zu befrieden haben. Noch am selben Tage ziehe ich mit der Kompanie von Ptolemais ab und erreiche meinen befohlenen Raum, drei kleine Ortschaften, die ich zu kontrollieren habe. Walter Unger braust los und macht am kleinen See am Klisoura-Paß reiche Beute. Er zwingt mehrere Fischerboote zur Landung, die im Begriffe waren, Lebensmittel zu den Banden an das jenseitige Ufer zu schaffen. Eine große Summe Geldes, mehrere hunderttausend Drachmen, fallen in unsere Hände." [10]

Somit zeigt sich Anfang/Mitte Juli 1943 der Schwerpunkt der Einsatzräume für die Division Brandenburg im Südostraum wie folgt:

4. Rgt. — Obstlt. Heinz	—	mit II./4 und unterstellten II./1 im Raum Sarajewo/Jugosl.,
		mit I./4 auf dem Peloponnes/Südgriechenland
		mit III./4 in Neuaufstellung in der Heimat,
		die 15. (le) Kp. von Wittstock nach Kraljewo verlegt.
3. Rgt. — Obstlt. Fr. Jacobi	—	mit I./3 im Raum Pustoshka/Rußland,
		mit III./3 im Raum Karatshew/Rußland,
		mit II./3 in den Pyrenäen/Südfrankreich
2. Rgt. — Obstlt. Pfeiffer	—	mit I./2 und II./2 und III./2 im Raum Ptolemais/Nordgriechenland
1. Rgt. — Major W. Walther	—	mit I./1 im Raum Pustoshka/Rußland
	—	mit II./1 im Raum Sarajewo/Jugoslawien
	—	mit III./1 im Raum Theben/Mittelgriechenland

Die an verschiedenen Plätzen eingesetzten Verbände sind im Einsatz gegen nationalgesinnte und kommunistische Partisanen-Einheiten, mit der Maßgabe, die Ruhe im Lande zu erhalten, die Nachschubstraßen freizukämpfen und jegliche Verbindung zu alliierten Anlandungsversuchen zu verhindern. Nachstehend zwei Berichte über derartige Kampfeinsätze gegen

Partisanen, wie sie zu dieser Zeit an zahlreichen Orten auf dem Balkan vergleichsweise ablaufen, aus dem Tagebuch des Oblt. Steidl:

„Nach tagelanger Aufklärungsarbeit habe ich festgestellt, daß in der Klisoura-Gegend stärkere Bandengruppen hausen. Ich melde dies meinem Kommandeur und erhalte Befehl, in die südlichen Klisoura-Schluchten einen Mot.-Vorstoß zu unternehmen. Die große Zugmaschine der Vierlingsflak wird mir unterstellt. Ich fahre mit einem B-Krad und einem MG-Trupp Spitze. Wir sind vorsichtig, die Straßen sind von den Banden vermint. An einem Ortseingang werde ich auf einige Meter aus einem Gebüsch angeschossen. Die Geschosse pfeifen scharf an meiner Stirne vorbei. Ich springe vom Krad und feuere mit meiner Maschinenpistole den zwei fliehenden Banditen nach und schalte sie aus. Der Ort ist vollgepfropft mit Banden, die gleichzeitig von den Höhen ihr Feuer auf meine Kolonne eröffnen. Ich lasse absitzen und aus der Bewegung den Ort angreifen. In kurzer Zeit brennt das Bandennest lichterloh und ist von den letzten Gegnern gesäubert. Die 4 Geschütze schießen mit unerhörter Wucht auf kurze Entfernung in den Feind. Nur wenige können sich auf die Bergkämme retten, von denen ich noch starkes Feuer bekomme. Ein Rankommen ist nur mit größten Verlusten möglich, der damit erreichte Erfolg würde die Opfer nicht lohnen. Gröber wird von einem tiefliegenden Geschoß der Flak der Kopf abgeschossen. Es geht wieder zum Stützpunkt zurück, die Kehlen sind restlos ausgetrocknet, die Hitze ist unerträglich.

Wir rüsten zu einem neuen Großeinsatz gegen starke Bandengruppen im Raume Vlasti. In tagelanger Arbeit treiben wir alle Esel mit ortsansässigen Zivilisten als Treiber zusammen; die Esel sollen uns als Tragtiere dienen, es geht auf einen wochenlangen Einsatz ins Gebirge. Verpflegung müssen wir aus dem Lande besorgen. Im Nachtmarsch erreiche ich über Ptolemais den Ausgangspunkt. Meine Kompanie ist Spitzenkompanie. Am Abend, mit einbrechender Dunkelheit, ziehen wir in Gebirgsordnung in einer langen Kolonne den steilen, felsigen Hang hoch, ins Gebirge hinein. Der Vollmond leuchtet am klaren Himmel und wirft gespenstische Schatten. Die Nacht ist warm, ab und zu schreit ein Esel auf, klappert ein Munitionskasten, sonst ist es totenstill. Vor mir marschieren einige Mann als Sicherungsgruppe. „Hannes“, ein Bulgare aus Ptolemais, weiß den Pfad durch das Gebirge. Er ist bei mir als Dolmetscher und schleicht wie ein Indianer auf Socken über die scharfen Steine bergan. Um Mitternacht rasten wir in einem von Büschen eingefaßten Hohlweg. Abgebrannte Lagerfeuer von Banden sind zu erkennen. Bis zum Morgengrauen wollen wir Vlasti stürmen und dann nach Süden

weiterziehen. Steinbarrikaden versperren uns den Weg. Vorsichtig schleichen wir an, ob sich nicht ein Hinterhalt verbirgt. Sie sind unbesetzt. Langsam schieben wir uns an den Ort heran. Die Kirche steht erhöht, die Häusergruppen liegen in einem Talkessel. Zügig greifen wir an, und bis zum „Frühstück" ist der Ort in unserer Hand. Auf einer vorgelagerten Höhe beziehe ich Sicherung.
Das Nachziehen der Tragtiere dauert lange. Viele müssen abgesattelt werden. Ich muß weiter nach Süden bis zum nächsten Dorf angreifen. Meine Granatwerfer und s.MG.s geben wir Feuerschutz, und so prasseln wir hinein in das Dorf. Die Bevölkerung bringt uns Ziegenkäse, Eier und Uso. Weintrauben und Hammelfleisch gibt es als Nachtisch. Ich wohne beim Dorfpfarrer, beim Popen. Seine langen Zöpfe hängen über seine Schultern, während sein gewelltes Haupt ehrwürdig von einem hohen Birett gekrönt ist. Am Nachmittag reite ich zum Btl.Gef.Stand. Weithoener und Sepp wohnen „vornehm" auf herrlichen Teppichen im Bürgermeisterhaus. Papagajew, der Bandenhäuptling, ist in unserer Hand. Er wird gerade vernommen. General v. Pfuhlstein trifft auf einen kurzen Besuch ein.
Noch in der Nacht geht es weiter. Renner hat inzwischen den Klisourapaß gestürmt, wir sind im Anmarsch auf Eratira, einem größeren Orte. In breiter Front rücken wir an. Breitkreitz war bereits allein in der Dunkelheit hineingeritten und hat im kühnen Zupacken einige Gefangene mitgebracht. In kurzer Zeit sind wir Herren des Ortes: Am 23. 7. 43. Die Masse des Feindes hat sich nach Süden zurückgezogen und den Fluß Aliakmon überschritten. Für uns kommt nur mehr Säuberungsarbeit in Frage. Einige Tage verbleiben wir in Eratira. Mein Quartier ist fürchterlich verwanzt. Ich ziehe des Nachts mehrmals, am ganzen Körper verschwollen, in meinen Kübel um oder lege mich in den Schulgarten, wo meine Kompanie wohnt. Tabak gibt es sehr viel im Ort. Fischer Willi fotografiert eifrig. In meinem Quartier wohnt eine hübsche schwarze Französin, die etwas deutsch spricht. Sie ist nach Pariser Mode gekleidet; eine Seltenheit hier am tiefen Balkan.
Ich habe mehrere Orte in der Nähe zu befrieden und mache täglich mit einem Zuge meine Einsätze. Als Unterstützung wird auf einige Tage eine griechische Freiwilligenkompanie unterstellt, die sich nur auf Sadismus und Plünderei versteht, aber keinen soldatischen Wert aufweist.
Ich trete zu einem Nachteinsatz gegen einige Bandendörfer südlich des Aliakmon an. In mühsamer Arbeit wate ich mit der Kp. durch den lehmigen Fluß. Regenschauer setzt ein. Keuchend arbeiten wir uns an das andere Steilufer empor und beziehen am Morgen durch und durch naß

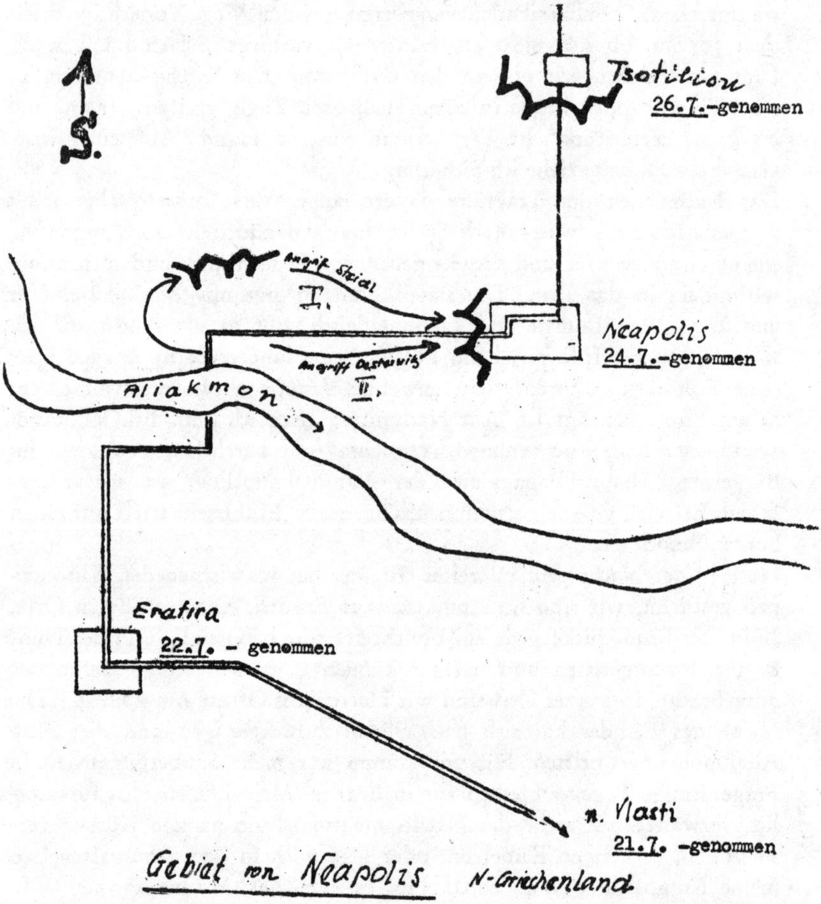

auf freiem Felde Sicherung, um in den folgenden Stunden mehrere Ortschaften zu durchstreifen. Oesterwitz kommt mit seinem Bataillon von Westen. Wir treffen uns. Es gibt ein Hallo. Alte Bekannte tauchen auf. Seit Baden hatten wir uns nicht mehr gesehen. Lt. Wurst Fred, ein Palästinamann, Lenz Angeringer und alte „Kumpels" feiern mit uns ein Wiedersehen. Das II. Bataillon hat starke Verluste durch Minen gehabt. Ein toller Gewitterregen setzt ein, Hagelschauer prasseln hernieder. Heinz transportiert mit seinen Fahrzeugen meine Kompanie zurück. Ein neuer Einsatz steht bevor: Angriff gegen die Bandenstadt Neapolis und Vorstoß in das Gebiet südlich von Neapolis! Wir erreichen mit unseren

Fahrzeugen das Aliakmonufer und fahren in einer Furt über den Fluß. Kaum ist die Masse des Bataillons überführt, schlägt uns aus den mit Buschgruppen bedeckten Höhen wütendes Abwehrfeuer entgegen. Ich krieche zu Weithoener vor, um mir den Einsatzbefehl zu holen. Ich greife mit der Kompanie links der Straßen nach Neapolis an. Bei 40° C Hitze stürmen wir eine Höhe nach der anderen, die Lunge ist ohne Luft, die Kehle durstet, ohne Pause jagen wir weit auseinandergezogen dem Stadtrand entgegen, Leichtgeschütze, Pak 7,5 cm und Flak unterstützen meinen Angriff. — Oesterwitz greift entlang der Straße an. Ein Wettrennen beginnt nach dem Ort. Ehrgeiz packt uns, welches Bataillon stürmt die Stadt? Am Ortsrand hocken die Banditen in guten Stellungen. Ich brülle meine Leute vor und stürme selbst weit vorne weg. Mit einem Zuge breche ich ein und bringe die Ortsverteidigung der Banditen ins Wanken. In harten Häuserkämpfen schlagen wir den Feind in der Stadt. Durch die brennenden Straßen jagen wir den fliehenden Griechen nach. Ich bin als erster im Ort. Dort treffe ich auf Oblt. Kieffer Karl mit seiner Kompanie. Er ist im II. Bataillon. Karl und ich lernen uns hier erst richtig kennen. Oberstlt. Pfeiffer trifft auch ein. In der Ortsmitte sprenge ich ein Munitionslager mit einer Handgranate in die Luft. Trümmer fliegen mir auf den Rücken, daß mir die Luft wegbleibt, die Zeit zum Deckungnehmen war zu kurz. In den Nachtstunden ziehen wir zurück nach Eratira, das II. Bataillon übernimmt mit der Kompanie Kieffer die Ortssicherung in Neapolis." [11]

Zwei Ereignisse des Juli 1943 bringen Bewegung in die seit Frühjahr etwas stabilisierten Fronten im Osten und im Mittelmeerraum; nämlich der Operationsbefehl Nr. 6 vom 15. 4. 1943, in dem es hieß:

... daß der Feind nach Beendigung der Winter- und Schlammperiode und nach einer gewissen Auffrischung seine Angriffe fortsetzen werde. Es komme deshalb darauf an, an einzelnen Frontteilen möglichst noch vorher anzugreifen und ihm dadurch wenigstens an einem Frontabschnitt das Gesetz des Handelns vorzuschreiben. An den anderen Frontteilen muß vorausschauend die Verteidigung besonders stark gemacht werden ..."

und dazu die Anordnung Hitlers:

„... Ich habe mich daher entschlossen, sobald die Wetterlage es zuläßt, als ersten der diesjährigen Angriffsschläge den Angriff „Zitadelle" zu führen ...

... Ziel des Angriffs ist, durch scharf zusammengefaßten, rücksichtslos und schnell durchgeführten Vorstoß je einer Angriffsarmee aus dem Gebiet Bjelgorod und südlich Orel die im Gebiet Kursk befindlichen Feindkräfte einzukesseln und durch konzentrischen Angriff zu vernichten ...“ [12]

Am 5. Juli 1943 früh hat bei der Armee-Abt. Kempf, der 4. Pz.- und der 9. Armee das Unternehmen „Zitadelle“ planmäßig begonnen.

An ihm sind Teile des 3. Regiments Brandenburg beteiligt, aber auch das „Leg.Bataillon Alexander“.

In den ersten Tagen des Juli 1943 wird das III./3. Rgt. (Hptm. Grawert) im Rahmen Unternehmen „Zitadelle“ bereitgestellt, um nach Angriffsbeginn aus dem Raum südlich Kromy bei Orel als Vorausabteilung die Eisenbahn- und Straßenbrücken in und bei Kursk vor einer evtl. Sprengung durch die Sowjets in Besitz zu nehmen. Zur Ausführung dieses Auftrages kommt es nicht mehr, da der deutsche Angriff von Norden und Süden gegen den Frontbogen in den tief gestaffelten Verteidigungsanlagen zum Erliegen kommt.

Vielmehr setzt der Gegner bereits am 13. Juli starke, von Panzern unterstützte Gegenangriffe an, deren Schwerpunkt nach Nordwesten Richtung Orel und nach Westen auf Brjansk zielen. Die hier jetzt verteidigende 2. Pz.Armee muß tiefe Einbrüche hinnehmen. Bereits am 21. Juli ist es dem Gegner gelungen, mit drei Panzerkorps bis zu 10 km tief in Richtung Orel einzubrechen. Das III./3 und mit ihm der Rgt.-Stab 3 — Obstlt. Jacobi — werden in die schweren Abwehr- und Rückzugskämpfe hineingerissen.

Das I./3 unter Oblt. Kriegsheim, am 6. Juli in Pustoshka, westlich Welikije Luki eingetroffen, löst am 7. 7. 1943 das dort stehende I./1 ab und übernimmt die Sicherung der Strecke Idrizza—Sokolniki. In der Nacht vom 18. auf den 19. Juli löst in der Ortsunterkunft Saretshe eine von einem sowjetischen Offizier angezettelte Meuterei ein Blutbad aus. 14 tote Deutsche des Rahmenpersonals, darunter Oblt. Kohlmeyer, bleiben zurück, 46 russische Legionäre entkommen und laufen zu den Partisanen über.

Oblt. Kriegsheim schreibt darüber:

> „Alles verrät einen gründlichen Plan. Von den Deutschen der Kompanie lebt keiner mehr. Etwa 50 Legionäre sind verschwunden ... Zwei Lastwagen fehlen ... Ein verstärkter Zug setzt den Spuren der beiden Lastwagen nach. Auf einem Seitenweg im Wald werden sie gefunden — sie wurden eine Böschung hinabgestürzt. Gegen Mittag schlägt den Verfolgern ein rasendes Schnellfeuer entgegen; zum erstenmal erleben die Brandenburger, daß ihre eigenen Waffen auf sie selber gerichtet werden ...“

Daraufhin wird die 4. (Leg.)/3. Regiment aufgelöst.
Schließlich wird am 26./27. 7. das I./3 aus dem Raum Pustoshka herausgenommen, geht im Mot.-Marsch nach Nevel, dort bahn-verladen — nach Witebsk. Dort erfolgt Unterstellung bei Standortkommandantur, Btl.Gef.-Stand in Lutschessa.

Von hier aus erfolgen in verstärktem Maße Einzelunternehmen und Kampfgruppen-Einsätze in die Sumpf- und Wald-Niederungen, besonders in den Flußbereichen der Düna und ihrer zahlreichen Zuflüsse.
So verzeichnen das I./3 für den 15. 8. einen Vorstoß in Richtung Rybaki, das III./3 am 16. 8. auf Kulino zu, wiederum das I./3 in der Zeit 19. bis 21. 8. einen Einsatz am „Ssarre"-See. —
Die 2. Kompanie unter Lt. Straub wird in den Raum Plissy — Sastarinje — Bikowo eingesetzt und hat hier auch gleich Feindberührung.

Eine bereits am 20. August erkannte größere Partisanengruppe im „Düna"-Bogen westlich Witebsk wird in der Zeit 24.—28. August angegriffen. Dieses Unternehmen läuft unter dem Decknamen „Erntehilfe II" ab und wird von der Rgt.-Gruppe Holtzendorf mit unterstelltem I./3 (mit 1.—3. Kp.) durchgeführt. Danach verlegt das I./3 am 29. 8. in das Waldlager am „Urjenne"-See und sichert im Raum Chodorowo mit 1. Kp., in Pleshki mit 2. Kp., in Schtschutschkino mit 3. Kp.; Stab I./3 in Ssoboli — hier auch scheidet der bisherige Btl.-Führer, Oblt. Kriegsheim, aus, der bisherige Rgt.-Adjutant Hptm. Wasserfall übernimmt die Führung des I. Bataillons.

Der am 13. Juli durch den deutschen Angriff „Zitadelle" ausgelöste sowjetische Gegenangriff nordwestlich Orel hat in den folgenden Wochen wie ein Gießbach die gesamte He.Gr. Mitte in Bewegung gebracht.

Besonders das im Streifen der 2. Pz.Armee eingesetzte III./3 wird in die schweren Durchbruchs- und Rückzugskämpfe hineingezogen und erleidet erhebliche Verluste. Allein im Raum Brjansk — Rosslawl (11. 9. 1943) verliert es westlich der „Desna" zwei Offiziere durch Tod, andere Offiziere werden teilweise schwer verwundet. [14]

Das Tagebuch des III./3 verzeichnet für die folgenden Tage diese Nachrichten:

11. 9. 43 — gegen laut Wehrmachtbericht vom gleichen Tage durchgebrochene Kavallerie und Panzer eingesetzt. Aufgabe: Shuwkowa, 70 km südostw. Rosslawl, wieder in Besitz nehmen.
Unterstellt: 1 Gren.Btl., selbst unterstellt — zurückflutende Truppen.
Shuwkowa wird nach schwerem Kampf gegen 4

Panzer und etwa 500 Rotarmisten genommen. 80 Feindtote, eine Anzahl Gefangener.

12. 9. 43 — persönlicher Auftrag von Generaloberst Model: Versorgungsstraße für 296. I.D. nach Foschnja (15 km nordostw. Shuwkowa) freikämpfen.
Unterstellt: 1 Abt. Sturmgeschütze.
Mit Dunkelwerden Sturm auf Grischina Ssloboda, Straße freigekämpft.

14. + 15. 9. 43 — Aus Wetma-Brückenkopf gegen durchgebrochene Feinddivision gegen Desna-Brücke vorgehen und eine Sehnenstellung aufbauen.
Unterstellt: 1 Inf.-Btl., 1 Pi.-Ers.Abt., 1 Pi.-Bau-Btl., 2 Pi.-Kp.'n, 1 Stellungsbau-Abt., 1 Sturmgeschützbatterie.
Erfolg: 80 gezählte Feindtote, eine Anzahl Gefangene, 1 Fd.-Panzer im Nahkampf vernichtet, 2 deutsche Flak-Geschütze rückerbeutet, 6 überschw. MG., viele Infanteriewaffen, 90 Pferde erbeutet.

16. 9. 43 — Auf Grund eines neuen Durchbruchs an anderer Stelle erneut eine Sehnenstellung aufbauen, gegen welche Feind mit erheblichen Kräften anrannte.
Trotz starkem Druckes befehlsgemäß geordnete Räumung der Desna-Wetma-Stellung, Sprengung der Brücken nach Übergang aller Teile.

17. 9. 43 — Erfolgreicher Einsatz gegen Einbruchsstelle bei 110. Inf.Div. (2. Pz.Armee) — durch Flakzug zwei wahrscheinliche Abschüsse.

20.—22. 9. 43 — Infanteristischer Einsatz im Verband der 20. Pz.-Div. der 9. Armee. — Hierbei erfolgreiche Verteidigung von Semeretschi.

23. 9. 43 — Vorübergehend wieder der 110. I.D. zur teilweisen Bereinigung und Abriegelung einer Einbruchsstelle am Iput unterstellt.

24. 9.—2. 10. 43 — Der 20. Pz.Div. unterstellt. — Kämpfe im Raum Kosstjukowitshi. [15]

Am 2. Okt. 1943 wird das Bataillon mit Erleichterung der Lage herausgezogen. — Bei einer Gefechtsstärke von 9 Offizieren, 32 Unteroffizieren, 319 Mannschaften, 14 l.MG., 4 s.MG., 4 m.Gr.We., zugeteilt der Fla-Vierlingszug des Rgt.'s, hatte das Bataillon folgende Verluste:

Gefallen: 2 Offiziere, 3 Unteroffz., 12 Mannschaften
Verwundet: 6 Offiziere, 11 Unteroffz., 57 Mannschaften
davon 1 Offz., 18 Mannschaften bei der Truppe verblieben.

Der Kommandeur der 707. Inf.Div. (2. Pz.Armee) teilt dem Kommandeur 3. Rgt. Brandenburg mit, daß sich das III. Btl. und sein Kommandeur hervorragend vor dem Feind bewährt hätten. Der Kommandeur der 20. Pz.-Div. sagte dem Rgt.-Kommandeur: „Es ist wirklich eine Freude, mit diesem ausgezeichneten Bataillon zu arbeiten!" — Der I a des AOK 9 empfing den Kdr. 3. Rgt. Brandenburg mit den Worten: „Ihr Bataillon hat sich ausgezeichnet geschlagen."

Es folgt Verlegung in den Raum südostw. von Minsk, nachdem sich die Frontlage zwischen Desna und dem Dnjepr etwas stabilisiert hat. Die nächsten Wochen bis in den November hinein dienen zur Auffrischung, Neugliederung und Bereitschaft, jedoch immer wieder unterbrochen durch Sicherungsaufgaben, besonders an den Bahnlinien und Nachschubstraßen. Die Partisanentätigkeit hat einen Höhepunkt erreicht, von Osten versorgt und verstärkt, führt sie zu regelrechten Kampfeinsätzen und zu erheblichen Ausfällen. —

Die Stoßkeile der sowjetischen Angriffsarmeen zielen am linken Flügel über den Dnjepr beiderseits Kiew, auf Shitomir — damit südlich der Pripjet-Sümpfe — zu, nördlich an Witebsk vorbei in Richtung Südwest — also nördlich der Pripjet-Sümpfe.

In dem Tagesbericht vom 5. November 1943 heißt es:

„Auf der Krim führt der Gegner weitere Angriffe aus den Landeköpfen Eltigen und nordwestlich Kertsch. Mit neuzugeführten Verstärkungen griff er gegen die Perekop-Front an.

Bei der 1. Pz.Armee setzte der Feind seine Angriffe gegen die Front im Raum Kriwoi Rog fort. Bei der 4. Pz.Armee durchbrach der Gegner die Stellungen nordwestlich Kiew, stieß mit Panzerkräften über die Straße Kiew—Shitomir nach Süden vor und drang in das Stadtgebiet von Kiew ein. Im Durchbruchsraum Newel setzte der Feind seine Angriffe gegen die tiefe Flanke der 3. Pz.Armee und den Südflügel der 16. Armee (He.Gr. Nord) fort ..." [16]

Für das I./3. Rgt. (Hptm. Wasserfall) werden die Kämpfe der nächsten Wochen zu den schwersten seit Bestehen. Vom OKH eiligst herangeführte Alarmeinheiten, Kampfgruppen, gerade aufgestellte Luftwaffenfeld-Divisionen sollen sich den von Nordosten durchbrechenden Massen an Sowjetverbänden entgegenwerfen, sie zum Stehen bringen. Diese kaum in sich gefügten deutschen Truppen, schnell zusammengerafft und knapp ausgerüstet, kämpfen verzweifelt. Mitten unter ihnen das I./3 als eine der wenigen kampferfahrenen Einheiten; es wird ständig als sog. „Korsettstange" da und dort an die Schwerpunkte geworfen, muß als „Feuerwehr" Feindeinbrüche ausbügeln, wird als Angriffsspitze für Gegenangriffe herangerufen!

So am 6. Oktober ostwärts Witebsk zunächst der 246. I.D. unterstellt, gegen 17.00 Uhr Abruf von dort zur 2. Luftwaffen-Felddivision (3. Pz.Armee), dort der Gruppe Schäfer unterstellt und in der HKL bei Shukowo in schwere Infanterie-Abwehrkämpfe verwickelt. Hptm. Wasserfall wird am 9. Oktober abberufen, Hptm. Gerh. Pinkert (kommt vom II./1. Rgt.) übernimmt die Führung des I./3. — Bis Ende Oktober verbleibt das Bataillon bei Shukowo und wird dann durch Fürsprache Rgt.Kdr. bei der 3. Pz.-Armee am 1. November herausgelöst und nach Lutschessa zurückverlegt.

Bereits am 6. November stehen Feindspitzen südwestlich Newel an der Bahnstrecke in Richtung Polozk; Teile I/3 werden alarmiert und in eine Auffangstellung südostwärts Dretin (südostwärts Polozk) geworfen. Hier geht es hinhaltend kämpfend zurück; schließlich, am 13. November, neue HKL bei Schily, am 16. November Gegenangriff gegen Ostroff und Kulki, am 17. November Einsatz bei der 211. Inf.Div., LV.AK., und Gegenangriff bei Ssirotino an der Rollbahn Polozk—Witebsk.

Am 19. November bildet I./3 mit anderen Einheiten die „Kampfgruppe Nord" unter Hptm. Gerh. Pinkert, die der Kampfgruppe Wagner der 211. Inf.Div. unterstellt wird. Wieder schwerste Abwehrkämpfe, Gegenstöße, Rückzug und Festkrallen am nächsten Abschnitt.

Am 9. Dezember Herauslösen des I./3 aus der Hauptkampflinie und Abmarsch nach Koslowo. Von dort wiederum Einsätze — den ganzen Dezember hindurch; doch stabilisiert sich zum Jahresende die Front im Raum Witebsk. Dagegen setzen sich am rechten Flügel der He.Gr. Nord — bei der 16. Armee — die Absetzbewegungen unter Feinddruck weiter fort.

Der Versuch der He.Gr. Süd, den Dnjepr von Cherson über Krementschug — Kiew nach Mogilew als neue Widerstandslinie aufzubauen, mißlingt. Der Große Dnjepr-Bogen mit der sowjetischen Schwerindustrie um Kirowograd und Kriwoi Rog gehen verloren.

Andererseits führt der am 3. November begonnene Feindangriff aus dem Dnjepr-Brückenkopf bei Kiew am linken Flügel der 4. Pz.Armee He.Gr. Süd Mitte Dezember zur Einnahme von Korosten, am Südost-Ausläufer der Pripjet-Sümpfe. Die Linie am Dnjepr am rechten Flügel der He.Gr. Mitte ostwärts Bobruisk — Mogilew kann jedoch gehalten werden.

Das aus dem Raum südostwärts Minsk nach Osten gegen durchgebrochene Feindgruppen am „Beresina"-Fluß und gegen Partisanen-Einheiten kämpfende III./3. Rgt. (Hptm. Grawert) erhält Anfang Dezember 1943, im Abschnitt einer Infanterie-Division, den Auftrag, ein Stoßtruppunternehmen über den Fluß-Abschnitt durchzuführen, um Gefangene einzubringen.
Darüber berichtet Oblt. Ramstetter, 10./3. Rgt., in einem persönlichen Brief vom 28. 7. 1977:

„Zeitpunkt: Dezember 1943
Ort: West-Ufer des Dnjepr, ostwärts Bobruisk/Rußland
Verlegung der 10./3 unter Leutnant Ramstetter in den Abschnitt einer Inf.-Division, die am West-Ufer des „Dnjepr" in Stellung lag.
Grund der Verlegung: Unbedingt Gefangene machen ...
Den örtlichen Verbänden war es nicht gelungen, Gefangene einzubringen.
Nach örtlicher Einweisung, Nahaufklärung, Gefechtsbesprechung, in der die Einheitsführer des Div.-Abschnittes über das Vorhaben unterrichtet wurden. Dann sind wir gestartet.
Stärke des Unternehmens: 3 Gruppen der 10./3. Regiment Brandenburg.
Aufgabenstellung: 2 Gruppen Aufklärung mit getrennten, genau festgelegten Zielen;
mit 1 Gruppe blieb ich vor der russischen HKL am Ostufer des Dnjepr, auf dem Eis, als Ablauf- und Auffanggruppe liegen.

Nach dem Marsch durch die eigene Stellung über das Eis erreichten wir den vorgesehenen Ablaufpunkt. Von hier aus marschierten die beiden Aufklärungsgruppen in die jeweils vorgesehenen Richtungen.

Beiden Gruppen gelang es ohne Schwierigkeiten, durch die russische HKL in das russische Hinterland zu marschieren. Im Zuge des Unternehmens machten beide Gruppen in von Russen besetzten Orten Gefangene und erbeuteten Pferde und Schlitten.

Im frühen Morgengrauen erreichten beide Gruppen, ohne voneinander zu wissen, zur fast gleichen Zeit den Raum vor dem Ablaufpunkt, standen voreinander und hielten sich beide für russische Spähtrupps. Leider gab es dann einen Verwundeten, da man sich um Sekunden zu spät erkannte. Beide Gruppen erreichten ungehindert die Auffanggruppe. Gemeinsam erreichte dann das Kommando die eigenen Linien.

Gefangene, Pferde und Schlitten wurden übergeben, die Gefangenen sofort zur Division transportiert. —

Wir wurden dann aus diesem Abschnitt herausgenommen." [17]

In den ersten Tagen des Januar 1944 werden der Stab des 3. Regiments unter Obstlt. Fr. Jacobi sowie das III./3 unter Hptm. Grawert aus dem

Raum südostwärts Minsk herausgezogen und im Eisenbahntransport nach Stolyn, ostwärts Pinsk, verlegt. Dort werden Stützpunkte im Zuge der HKL südlich des Horyn-Flusses bezogen. Auftrag: Auf der Naht He.Gr. Mitte zu He.Gr. Süd entlang des Pripjet-Flusses gegen feindliche Einwirkung zu sichern.

Vor Beginn des Unternehmens „Zitadelle" am 5. Juli 1943 ist noch eine BR-Truppe im Raum Kiew, mit Standort Teterew, im Einsatz — das „Legionär-Btl. Alexander". Es ist eine Divisions-Einheit, die Anfang 1943 im Unterbringungsraum Freiburg/Brsg. zur Aufstellung gelangte:

Das Rahmenpersonal (Offz., Feldw. u. Uffz.) kam von den verschiedensten Kompanien, viele auch von der alten 2. Kompanie von zbV 800.

Den Kern der Mannschaften bildeten die bewährten Legionäre, die ebenfalls aus mehreren Kompanien zusammengezogen wurden.

Zur kompletten Aufstellung und Ausbildung wurden sie nach Kranepuhl b. Brandenburg in das Barackenlager der Flak verlegt. Hier trafen dann die Mannschaften ein, die zum größten Teil in den Gefangenen- oder Arbeits-Lagern angeworben wurden, und sich freiwillig zum Kampf gegen den „Bolschewismus" meldeten.

Es entstanden: Btl.-Stab — Hptm. Alexander Auch
1. Kompanie (sog. „Weiße Kompanie")
zumeist Weißrussen, Ukrainer
2. Kompanie (sog. „Schwarze Kompanie")
zumeist: Kaukasier

Der Deckname „Alexander" rührt von dem Vornamen des Btl.-Kommandeurs her, der als gebürtiger Petersburger nicht nur perfekt russisch spricht, sondern sich auch in der Mentalität der russischen Seele besonders auskennt.

Die Aufgabenstellung der Partisanenbekämpfung im Raum um Kiew erledigt sich mit den einsetzenden Durchbruchskämpfen der Sowjets gegen die 4. Pz.Armee der He.Gr. Süd. — Hierbei ist das „Leg.Btl. Alexander" im besonderen Maße an den schweren Abwehrkämpfen um Shitomir beteiligt. Es hat als letzte Truppe am 13. November die Stadt verlassen.

Angesichts dieser Lageentwicklung versammelte die He.Gr. Süd südlich der Linie Fastoff — Shitomir eine starke Angriffsgruppe gepanzerter Verbände. Sie sollte unter der Führung des Pz.AOK 4 (Gen.Oberst Hoth) den russischen Panzervorstoß zerschlagen und die Initiative an diesem Frontabschnitt wieder in deutsche Hände reißen.

Die Rote „1. ukrain. Front" hatte indes auf der Hauptrollbahn von Kiew laufend Panzerkräfte nachgezogen und zur Abschirmung ihrer Südflanke starke Kräfte gegen Fastoff eingedreht. Der Feind stand hier, etwa 80 km

südostwärts Shitomir, bei Pawolotsch und Paripzy. Fastoff, nur von 2 Landesschützen- und 1 Alarm-Btl. verteidigt, war am 7. November gefallen.
Für den Gegenangriff zur Schließung der Frontlücke beiderseits Shitomir hatte das Pz.AOK 4 unter dem Gen.Kdo. XXXXVIII. Pz.Korps sieben Divisionen bereitgestellt.

Auftrag der Divisionen beim Gegenangriff des XXXXVIII. Pz.Korps war es, die Eisenbahnlinie Kiew — Shitomir zu gewinnen und so bald als möglich zur großen Straße Kiew — Shitomir vorzustoßen, um diese wichtigste Nachschublinie des Gegners zu sperren.

19. November! In einem sorgfältig aufeinander abgestimmten Nachtangriff wurden die Waldstücke südlich der Straße Kiew — Shitomir durchstoßen, die Straße gewonnen und gegen 7.00 Uhr der Ostteil von Korostyshew besetzt und hier, auf dem Ostufer des Teterew, ein Brückenkopf gebildet. Damit war die Hauptnachschubrollbahn des Gegners nach Westen gesperrt. [18]

Mit diesen von mehreren Seiten in die Stadt Shitomir eindringenden Panzerspitzen sind wiederum die Legionäre des „Bataillon Alexander". Sie kämpfen sich in hervorragender Haltung und in erbitterten Gefechten durch die Häuserblocks bis in das Zentrum der Stadt vor.

Das XXXXVIII. Pz.Korps sah nach dem Fall von Shitomir die Gelegenheit gekommen, die russischen Panzerverbände in umfassender Operation zu zerschlagen.

An den folgenden Angriffskämpfen zur Vernichtung feindlicher Panzerverbände ist das „Leg.Btl. Alexander" wiederum beteiligt.
„Die Zuverlässigkeit und Bewährung der Legionäre im Kampf ist das besondere Verdienst der in diesem Bataillon kämpfenden deutschen Offiziere, Oberjäger und Jäger der Division" — stellt der Gen.Mj. von Pfuhlstein, Kommandeur der Division Brandenburg, in seinem Weihnachtsbefehl 1943 fest und fährt fort:

„... unsere alten russischen Legionäre unter Hauptmann Auch, zu einem Bataillon zusammengefaßt, haben als Nachspitze die befohlene Ausweichbewegung der deutschen Truppen in Gegend Shitomir gedeckt und ermöglicht. Als Letzte haben unsere Legionäre Shitomir verlassen! Als Erste sind sie im Gegenangriff wieder in die Stadt eingedrungen!!" —

In die schweren Rückzugskämpfe 1944, die in der nächsten Phase bis an die Donau führen, sind die Legionäre vom „Leg.Btl. Alexander" hineingerissen und stehen sie wie ihre Kameraden durch.

Stichwort „Achse" — der Abfall Italiens

In der Nacht vom 24./25. Juli 1943 wird im Großrat der Faschistischen Partei ein Mißtrauensvotum gegen Mussolini eingebracht.
Am Vormittag des 25. Juli empfängt der italienische König den Duce, der ihm den Zusammenbruch des bisherigen Systems mitteilt und seine Entlassung als Capo di Governo und Oberkommandierender erhält.
Der König beauftragt den Marschall Badoglio mit der Regierungsbildung und unterstellt sich das Commando Supremo unmittelbar.
Wenn auch der plötzliche Umschwung in Italien überraschte, so war dieser selbst doch schon lange als eine Möglichkeit, mit der gerechnet werden mußte, ins Auge gefaßt worden.
Bereits vor dem Fall von Tunis bestand bei der Wehrmachtführung kein Zweifel darüber, daß dieses Ereignis eine schwere Erschütterung in Italien mit sich bringen würde.
Während des ganzen bisherigen Ablaufes des Krieges hatte die Schwäche der italienischen Wehrmacht nicht behoben werden können. Die Stellung und Wirkungsmöglichkeit des Duce wurde zudem beeinflußt durch die zunehmende Kriegsmüdigkeit in Volk und Wehrmacht, die bedingt war durch die Mißerfolge von drei Jahren Krieg, durch die unsichere Haltung des Königshauses und der ihm ergebenen alten Generale und Politiker.
Aus einem mitgehörten Funkferngespräch zwischen Roosevelt und Churchill am 29. 7. 1943 geht hervor, daß damals bereits eine geheime Verbindung der Angloamerikaner zum italienischen König bestand.
Der erste offizielle Schritt wurde nach einer Reutermeldung (vom 12. 8.) ungefähr eine Woche nach dem Sturz Mussolinis (am 25. 7.), und zwar in der ersten Augustwoche, d. h. zwischen dem 27. 7. und 3. 8. 1943, also etwa am 2. oder 3. August unternommen. An diesem Tage nahmen italienische Vertreter in zwei neutralen Länder die Verbindung mit den britischen Vertretern auf.
Unter diesen Umständen war Hitler fest entschlossen, die italienischen Positionen nötigenfalls mit deutschen Kräften zu übernehmen und zu halten; maßgebend war hier vor allem die Überzeugung, daß der Krieg so weit wie möglich vom Kern Europas und damit von den deutschen Grenzen ferngehalten werden müsse.
Die hierzu vom WFSt im Mai 1943 vorsorglich bearbeitete Übersicht über die Lage bei einem Ausscheiden Italiens aus dem Kriege führte zu weiteren Vorbereitungen; dabei spielte neben den großen italienischen Inseln, die als Vorfeld der Verteidigung der italienischen Halbinsel gelten mußten, vor

allem der Balkan wegen seiner kriegsentscheidenden wirtschaftlichen Bedeutung eine Rolle.

Daher hat der am 25. Juli eingetretene politische Umsturz sofort deutsche Gegenmaßnahmen ausgelöst. Die ersten Befehle gehen am gleichen Tage gegen 23.00 Uhr hinaus.

Sie betreffen den Fall „Alarich" (Truppentransportbewegungen in den Raum Oberitalien) und die Sonderunternehmungen „Kopenhagen" (Sicherung des Überganges über den Mont-Cenis-Paß) und „Siegfried" (Besetzung der südfranzösischen Küste im Bereich der italienischen Armee) — durch den OB West auszuführen.

Generalfeldmarschall Frhr. von Weichs wird Oberbefehlshaber Südost, GFM Rommel übernimmt mit der vorläufig noch getarnten He.Gruppe B die Führung in Oberitalien.

Desgleichen erfolgt durch Weisung Nr. 48 eine Änderung der Befehlsführung im Südostraum, die eine gesicherte Überwachung italienischer Verbände unter gleichzeitiger Absicherung gegenüber den Partisanen-Einheiten vorsieht. [19]

Durch einen V-Mann beim Oberkommando der italienischen Luftwaffe wird durch Mithören eines Ferngespräches am 4. 9. bekannt, daß der Abschluß der italienischen Verhandlungen mit den Alliierten vollzogen wurde.

Die ersten Meldungen von der Kapitulation der italienischen Armee übermittelt ein Aufruf der feindlichen Sender. Dieser findet am 8. September um 17.00 Uhr seine Ergänzung durch die gleichfalls durch Rundfunk bekanntgegebene Erklärung des Generals Eisenhower, Italien habe bedingungslos kapituliert.

Auf Weisung des Führers läßt der Chef WFSt um 20.00 Uhr fernmündlich den beteiligten Kommandostellen das Stichwort „Achse" durchgeben, das ab 20.40 Uhr fernschriftlich bestätigt wird.

Die Italiener verrieten, wie sich aus entzifferten amerikanischen Funksprüchen ergibt, die deutschen Minensperren und minenfreien Wege in der Bucht von Salerno an die Angloamerikaner, und zwar schon vor dem 5. September 1943.

Darauf landete der Gegner in den Morgenstunden des 9. September mit starken Kräften im Abschnitt Salerno.

Der OB Süd (Italien) wird am 8. 9. gegen 0.45 Uhr angewiesen, daß bei der durch den „Achse"-Befehl nunmehr ausgelösten Räumung von Sardinien, falls notwendig, zugunsten der in jedem Fall notwendigen Rückführung von Menschen auf den Abtransport von Gerät zu verzichten ist. [20]

Die aus den wenigen Sätzen des Kriegstagebuches OKW erkennbaren Vorgänge um das Stichwort „Achse“ und die daraus resultierenden Entschlüsse für Gegenmaßnahmen deutscherseits lassen gerade an den neuralgischen Punkten im Mittelmeerraum BR-Verbände bereitstehen. Aus den vorbereitenden Maßnahmen des WFSt seit Mai 1943 läßt sich entnehmen, daß die im Fall „Achse“ durchzuführenden Aktionen „Kopenhagen“ und „Siegfried“ den BR-Einheiten zuzuschreiben sind. Die im Juli 1943 mit wesentlichen Teilen einsatzbereite „Küstenjäger-Abteilung BR“ kann ihre Verfügungsbereitschaft zum Schutze der italienischen Küsten gerade im rechten Augenblick in die Tat umsetzen.
Insofern soll der Weg dieser aus dem Gesamt-Verband BR abgespaltenen Einheiten zu einem ihnen neu entstandenen Kriegsschauplatz nachgezeichnet werden:

Die 6./Lehr-Regiment „Brandenburg“ zbV 800 war seit Juli 1942 zum OB-West in den Raum St. Germain verlegt worden, um für Objektschutz, Aufklärung nach Südfrankreich und besondere Aufgaben verfügbar zu stehen. Diese Zeit endete im Dezember 1942, und die „West-Kompanie“ wird als künftige Stammeinheit für die aufzustellende II. Abt./Verband 803 nach Düren in Marsch gesetzt. Hptm. Bansen, vormals Chef der 6. Kp., wird ihr neuer Bataillonskommandeur.
Ein Abruf an die Ostfront im Januar 1943 wird durch die erneute Anforderung des OB West für die II. Abt./803 zur Verlegung nach Südfrankreich abgewandelt. Sie sollte dort im Rahmen Fall „Gisela“ Abwehraufgaben entlang der spanisch-französischen Grenze in den Pyrenäen übernehmen.
Diese wurden jetzt besonders akut, nachdem OB West aus dem Sicherungsbereich Südfrankreich für den Fall „Alarich“ mehrere Divisionen für Oberitalien (He.Gr. B — GFM Rommel) abzugeben hatte.
Am 23. Februar 1943 verläßt die II./Verband 803 im Bahntransport den Standort Düren — in Richtung Frankreich. Ziel ist der Distrikt Pau, Basses Pyrenée's (franz. Baskenprovinz), wo sie in den letzten Februartagen eintrifft.
Der Abteilungsstab II./803 zieht in Mauleon-Soulle unter, die 5. Einheit unter Lt. Sauter und die 6. Einheit unter Lt. Hossfeld beziehen in Navarrenx Unterkunft, Teile auch in Eaux Bonnes. Die 7. (schw.) Einheit des Hptm. Pollmann ist ebenfalls eingetroffen.
In den nächsten Wochen Ausbildung und neben den normalen Sicherungsaufgaben vor allem Dienst im Hochgebirge . . . Lt. Hossfeld als alter Bergsteiger vermittelt das Verhalten im Hochgebirge.

Die Hochgebirgsausbildung findet statt am Col d'Aubisques (südlich Oloron) und am Pic du Ger — Höhe dort 2618 Meter.
Diese Zeit verläuft bis Anfang August 1943 ohne besondere Vorkommnisse.
Die am 25. Juli nachts wegen des politischen Umsturzes in Italien ausgelösten deutschen Gegenmaßnahmen — hier Stichwort „Alarich" — erfassen am 10. August auch das II./3. Rgt. Dieses verlegt, unter gleichzeitiger Bereitstellung von mindestens zwei Stoßtrupps für zbV-Einsätze, zunächst nach Marseille.

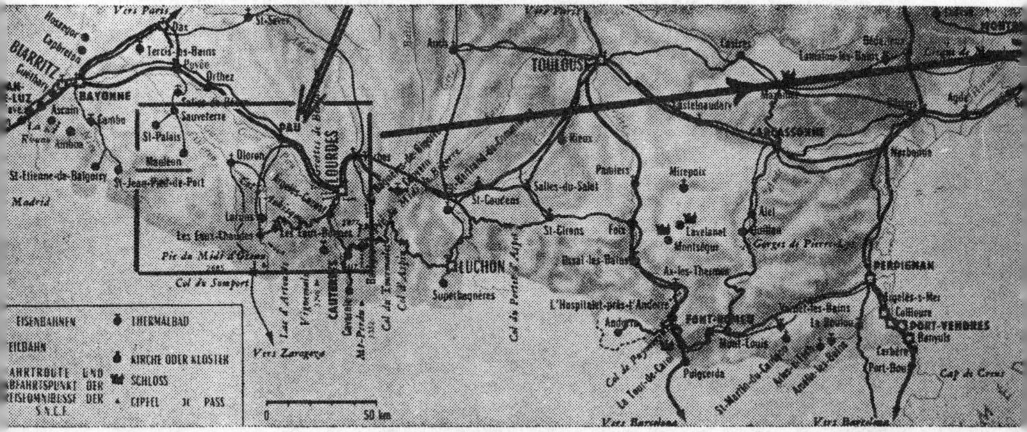

Zur weiteren Verwendung des II./3 schlägt OB West am 10. August vor: Übernahme des Abschnittes des ital. XXII. AK. (mit Kriegshafen Toulon) durch die 356. Div. mit zwei Sicherungsregimentern im Abschnitt Marseille, und dem II./3. Rgt. in Toulon.
Bei einer fernmündlichen Anfrage des WFSt meldet OB West, „... daß er den Übergang am Mont Cenis durch 1 s.Flak-Battr. des Flak-Rgt.'s 18, 1 MG-Kp. und eine verst. Pi.-Kp. der 715. Div. und einem Zug des II./3 BR sichern, aber im übrigen Teile der Vorausabteilung der 715. Div. in den Raum nördlich Avignon ziehen werde ..." [21]
Darauf erfolgt Alarmverlegung des Bataillons am 19. August nach Toulon, unter gleichzeitiger Entsendung eines Zuges der 7. (s.) Kompanie unter Führung des Lt. Fischer in den Bereich des AOK 19, Meldung bei der „Kampfgruppe Major Münch". —

Das II./3. Rgt. verbleibt zunächst in Toulon und wird dort mit Auslösung Stichwort „Achse“ am 8. 9. 1943 sofort alarmiert: Entwaffung der italienischen Einheiten, Besetzung der Kasernen und Sicherung des Kriegshafens. Von den freiwillig unter deutschen Befehl tretenden italienischen Einheiten wird das sog. „Bataillon M“ unter Führung des Capitano Z. dem Bataillon Bansen angegliedert.

Über die Vorgänge zur Erhaltung der wichtigen Tunnels am Mont Cenis in der Zeit 20. 8.—9. 9. 1943 gibt der Gefechtsbericht näheren Aufschluß:

> „Der Auftrag — Paß und Tunnel des Mont Cenis zu sichern, war der Kampfgruppe Major Münch übertragen worden. Auf Befehl AOK 19 war dazu der Zug Lt. Fischer des II./3 BRANDENBURG der Kampfgruppe am 20. 8. zugeführt und unterstellt worden. Lt. Fischer hat fortgesetzt versucht, einen klaren Auftrag zwecks Erkundung und späterer Sicherung des Mont Cenis-Tunnels zu erhalten. Sein Zug verfügte in ausreichendem Maße über italienisch sprechende Soldaten und italienische Tarnbekleidung. Eine eingehende getarnte Aufklärung wäre daher möglich gewesen. Lt. Fischer erhielt diesen Auftrag jedoch nicht, sondern wurde mit seinem Zug im wesentlichen zur Nachführung von Verpflegung und Post für die Kampfgruppe Major Münch eingesetzt.
> Erst am 8. 9. — gegen 21.50 Uhr, nachdem die Kapitulation der Italiener 4 Stunden vorher im Rundfunk bekanntgegeben worden war, erhielt Lt. Fischer den Auftrag, beide Ausgänge des Mont Cenis-Tunnels zu besetzen. Hier war es jedoch zu spät.
> Am Nordausgang konnte eine Sprengung verhindert werden, während derselbe Versuch am Südausgang scheiterte. Der Kraftstrom war bereits ausgefallen, eine in aller Eile gescharterte Kohlenlokomotive blieb im Tunnel stecken.
> Lt. Fischer und sein Zug erlitten schwere Kohlenoxydvergiftungen, an deren Folgen 4 (vier) Mann starben. Der schwer vergiftete Zug wurde von den Italienern interniert, am 10. September der Tunnel auf 200 mtr. gesprengt.“

An diesem 9. September ist die 60. Pz.Gren.Div. („Feldherrnhalle“) mit unterstellter 715. Div. dabei, im Abschnitt Hyères — St. Raphael den Abschnitt des italienischen I. Korps und den Abschnitt bis zur französisch-italienischen Grenze zu übernehmen.

Hier ist der „Einsatz Lt. Rahne“ des II./3. Rgt. zugeteilt, um in Richtung Nizza (französisch) und Menton (italienisch) vorzustoßen. Zu seinem gesonderten Einsatz ein Auszug aus dem Gefechtsbericht von GenMj. von Pfuhlstein:

„Der in Gegend Nizza befindlichen Vorausabteilung der Div. ‚Feldherrnhalle' wird der Zug Lt. Rahne beigegeben. Der Zug, vollmotorisiert, schnellstens beweglich, mit zahlreichen italienisch sprechenden Soldaten und für sämtliche Mannschaften mit italienischer Tarnbekleidung versehen, wäre besonders geeignet gewesen, überraschend italienische Stäbe auszuheben oder beim Vormarsch Sabotageakte und Sprengungen an Kunstbauten zu verhindern. Lt. Rahne hat dem Kommandeur der Vorausabteilung, Obstlt. v. d. Hagen, Gliederung und Zusammensetzung seines Zuges genau geschildert, die Möglichkeit eines schnellen Vorwerfens, gegebenenfalls unter Ausnutzung der Tarnbekleidung, betont, um Störungen im Vormarsch der Vorausabteilung zu verhindern.

Am 9. 9. 1943 gegen 11.30 Uhr rückte die gesamte Vorausabteilung auf der Uferstraße im Mot.-Marsch ab, mit dem Auftrag, zunächst bis zur französisch-italienischen Grenze durchzustoßen. Nachdem die Vorausabteilung bereits mehr als eine Stunde auf dem Marsch war, wurde Lt. Rahne hiervon in Kenntnis gesetzt, mit dem Befehl, sich an das Ende der Vorausabteilung anzuhängen. Nach dem Eintreffen der Spitze der Vorausabteilung in Menton wurde die Straße unmittelbar ostwärts Menton in großem Umfange nachhaltig zerstört. Die Sprengleitungen der Italiener lagen offen auf der Straße.

Nach Ansicht des Kdr.'s der Div. Brandenburg haben übermäßiger persönlicher Ehrgeiz und völlig unsachliche Gründe den Obstlt. v. d. Hagen bewogen, den Zug des II./3 bewußt und in voller Absicht auszuschalten. Die Verhinderung der Sprengung wäre für den bewährten Zug des Lt. Rahne mit seinen italienisch sprechenden Soldaten, in italienischer Tarnbekleidung und auf italienischen Kraftfahrzeugen vorfahrend, ein leichtes gewesen ..." [22]

Über die Lage nach der Kapitulation Italiens berichtet ein Teilnehmer im nachhinein aus der Sicht des II./3. Rgt. Brandenburg:

Die Lage nach der Kapitulation der italienischen Streitkräfte — bis auf die wenigen Einheiten „Mussolini" — war in Italien für unsere dort im Süden stehenden Truppen zunächst eine sehr große Verunsicherung in ihrem Rücken. Mit der Kapitulation waren die in Mittel- und Norditalien befindlichen Gefangenenlager geöffnet worden (von den Italienern), und die Gefangenen strebten an die Küsten und im Binnenland nach Süden zur Front. Dabei wurden sie von der Zivilbevölkerung unterstützt. Ein Abholdienst durch Marine- und Kommandoeinheiten der Alliierten an den Küsten, vornehmlich der Adriaküste, wurde mit Erfolg organisiert. Für die im Süden stehende Front mußte also in ihrem Rücken wieder Ruhe und Sicherheit gewährleistet werden.

Diesen vielfältigen, oft ereignisreichen Sicherungsaufgaben, die sich im Zusammenhang mit den Sicherungseinheiten des Heeres und der Marine entlang der südfranzösischen Küste hinziehen, geht das II./3 bis Oktober 1943 nach.
An diesem Tage wird das Bataillon Bansen aus der direkten Unterstellung beim OB West entlassen und verlegt im Mot.-Marsch nach Mittelitalien (Abruzzen), Standort Teramo — Eintreffen 8. Oktober 1943.

Hier erfolgt Unterstellung unter OB Süd — des Gen.Feldm. Kesselring, ab 6. November umbenannt in OB Südwest (He. Gr. B).

Dazu Tagebuchaufzeichnungen für die folgenden Tage, Einsätze und Gebiete:

> „Ab: 10. 10. 43 — Einsätze aus Raum Teramo in Richtung ‚Adria'-Küste nach: Pescara, Francaville; nach Norden: bis Civitanova, bis Macerata. Unterkunft: Btl.Stab — Teramo, 5. Kp.: Penne, später: Chieti, 6. Kp.: Civitella (an der Straße: Avezzano—Sora) (ab November 1943). Btl.-Stab ab November 1943: Ovindoli (Wintersportort) (an der Straße: Avezzano—Celano—L'Aquila). Standort: Ital-Kompanie „M" — in Teramo. Schw.Kp. — Hptm. Pollmann — Standort: Rocca di Mezzo (an der Straße: Avezzano—L'Aquila).
>
> So war denn ab Oktober 1943 bei der Verlegung des Btl.'s von Toulon nach Teramo, in den Abruzzen, und Unterstellung unter den OB Südwest (Kesselring) auch der taktische Auftrag klar: Ordnungs- und Sicherungstruppe, beweglich und in kleinen Einheiten einsetzbar, zum Einfangen der ‚wandernden' Gefangenen, Verhütung von damit zusammenhängenden Abholunternehmen an der Adriaküste, in zunehmendem Maße Bekämpfung von sich bildenden Partisanengruppen und schließlich Bandenbekämpfung im größeren Rahmen und in Zusammenarbeit mit anderen Sicherungs- und Ordnungseinheiten. Typische Brandenburg-Einsätze, mit Kriegslist und Tarnung, schon eigentlich seit unserer Verlegung nach Frankreich keine mehr." [23]

Diesen Aufgaben gehen die Kompanien des II./3. Rgt. bis etwa Mitte Januar 1944 nach. —

Als Anfang Dezember 1942 die unter der Bezeichnung 15. (le)/Lehr-Rgt. „Brandenburg" zbV 800 geführte sog. „Kp. Hettinger" aus ihrem Einsatzraum in Finnland in die Heimat zurückgeführt wird, verlegt sie im Zuge der Neugliederung nach Neuhaus im Triestingtal/Österreich. [24]

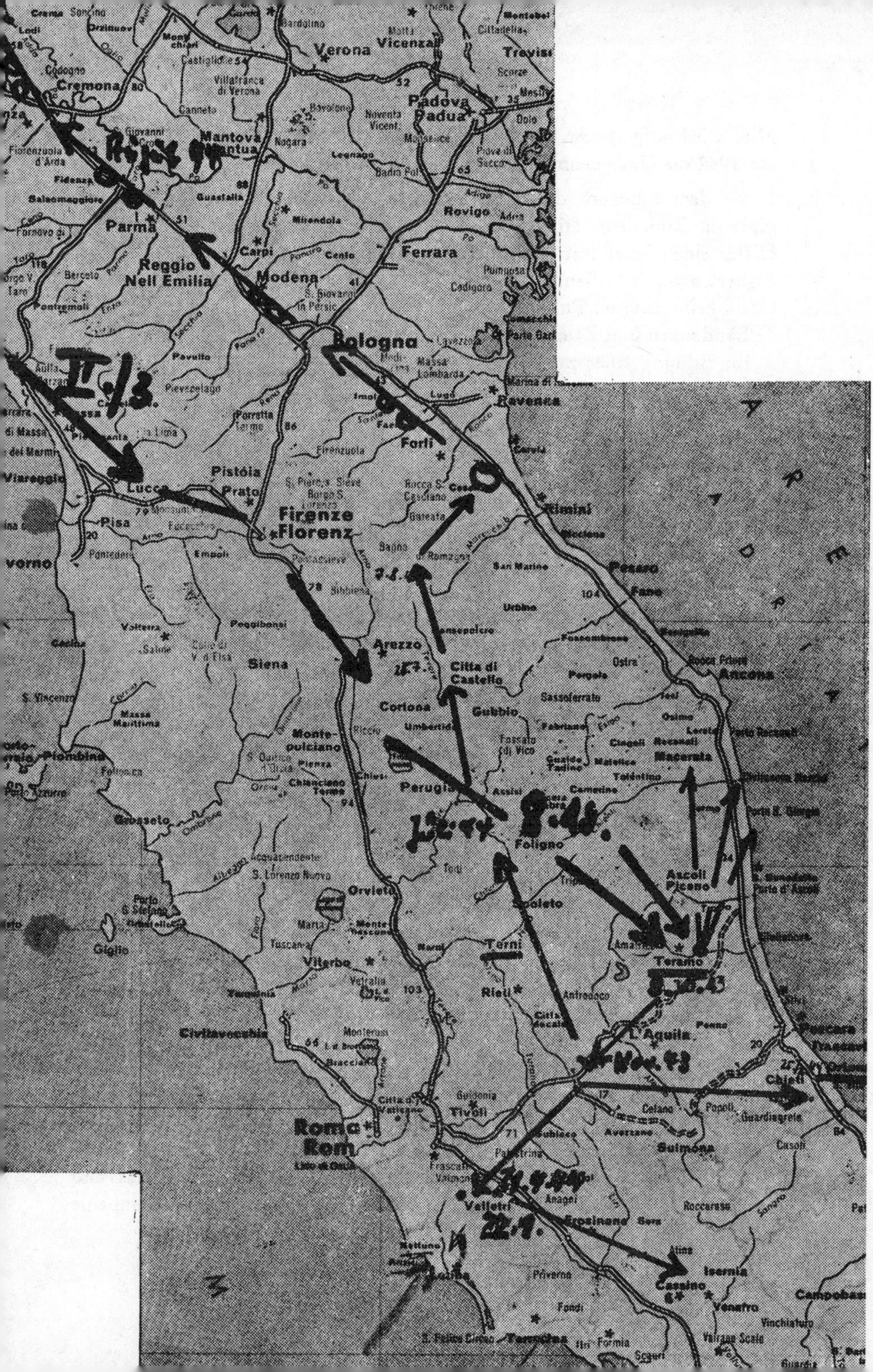

Verona
Vicenza
Padova
Padua
Mantova
Mantua
Cremona
Parma
Reggio
Nell Emilia
Modena
Carpi
Ferrara
Rovigo
Bologna
Ravenna
Forli
Imola
Rimini
Pesaro
Fano
San Marino
Urbino
Ancona
Macerata
Ascoli
Piceno
Teramo
L'Aquila
Pescara
Chieti
Sulmona
Avezzano
Popoli
Lucca
Pistoia
Prato
Pisa
Viareggio
Livorno
Firenze
Florenz
Empoli
Arezzo
Siena
Cortona
Perugia
Assisi
Foligno
Spoleto
Terni
Rieti
Gubbio
Orvieto
Viterbo
Civitavecchia
Grosseto
Piombino
Roma
Rom
Tivoli
Velletri
Frosinone
Cassino
Isernia
Nettuno
Formia
Fondi
Venafro
Campobasso
II./3

Hier wird aufgefrischt, umgegliedert; und hier erfolgt nach dem 3. Dezember 1942 die Umbenennung in 14. Einheit/Verband 804.

Unter dem Eindruck der sich verschärfenden Lage auf dem Kriegsschauplatz in Tunesien/Afrika schrieb Mussolini unter dem 9. März 1943 an Hitler einen Brief mit seiner Lagebeurteilung im Falle eines Angriffs der Alliierten gegen Italien.
Darin heißt es unter Punkt 3.)

> Landungen und Zweite Front: Die Feinde müssen unter allen Umständen die Bildung einer zweiten Front versuchen. — Dabei ist zwischen Landungsversuchen mit dem Ziel, die Kräfte der Achse zu zersplittern, und der eigentlichen Invasion zu unterscheiden.
> Der Duce rechnet mit massierten Luftangriffen auf Nord- und Süditalien sowie Landungen von „Kommandos" und Fallschirmtruppen auf Sizilien und Sardinien — zwecks Verbesserung der Seestellung.

Daraufhin ordnet das OKW unter dem 18. März 1943 an:

> „... Das OKW teilt dem OB Süd den Befehl des Führers mit, daß die Sturmbrig. XI. sofort nach Eintreffen im Einvernehmen mit dem Cdo. Supremo nach Sardinien überführt werden soll. Ihr wird die 14. Einheit des Sonderverbandes ‚Brandenburg' unterstellt, die durch Ausl.Abw. baldmöglichst nach Livorno zugeführt werden soll ..." [25]

Daraufhin wird die 14./Sonderverband BR unter Hptm. Hettinger als wiederum selbständiger Verband am 29. März 1943 nach Livorno/Italien in Marsch gesetzt.

29. 3. Verladen in Weißenbach. Tropenuniform. Ziel unbekannt.

1. 4. Über die italienische Grenze. Wehrsoldempfang in Lire.

2. 4. Livorno. Wir werden in Ardenca, oberhalb der Stadt, in einer italienischen Fallschirmjägerkaserne untergebracht.

9. 4. 5.30 Uhr Verladen. Abfahrt zum Hafen. Unsere Waffen und Geräte werden mit Ladenetzen an Bord eines Transportschiffes gehievt. Die „Brigade Einstmann" packt immer noch ein, komischer Haufen. — Im Lager werden wir einquartiert. Jede Gruppe bekommt eine Flasche Schnaps, das beruhigt etwas die Magennerven!

10. 4. Sardinien! Ankunft Porto Aranci, mit einer in den Golf hineingebauten Mole und einem kleinen Bahnhof, „Terra Nova". — Unser Zugführer ist Lt. Gutweniger (die Finnen nannten ihn „Wehän Hüver" — „weniger gut"!).

12. 4. Verpflegung wird knapp, also „zbV-Einsatz"! Die Brigade Einstmann hat zuviel davon. Unsere Gruppe „Gasparone" — das sind Manfred Stoll und andere Räuber! — organisiert für die Kompanie

14 Büchsen Bierwurst. Wir verstauen sie in GrW-Muntionskisten!
14. 4. Kleine Feier anläßlich Vermählung von Oberarzt Dr. Gerlach. Hptm. Hettinger spielt dazu auf seiner Geige . . . [26]

Die „kombin. Sturmbrigade" trägt den Namen „Brigade Einstmann". — Die Überführung von Livorno nach Sardinien wird auf dem Passagierschiff „Corsair" (8000 tons) durchgeführt.

Hptm. Hettinger wird am 20. April 1943 verletzt, sein Nachfolger für die 14./4. Rgt. wird Hptm. Benesch.

Ab Juli 1943 erfolgt für die 14./4 erneute Umbenennung in: 16. (le)/4. Rgt. Sie verbleibt bis nach dem 8. September 1943 als Sicherungstruppe auf der Insel Sardinien — dann erfolgt lt. Plan vom 29. 8. 1943 zugleich Entwaffnung der Italiener und Besetzung der Inseln um Maddalena, unter gleichzeitiger Befreiung der dort gefangen gehaltenen Faschisten.

Zu dem Ablauf des Handstreiches der BRANDENBURGER auf der Insel Maddalena am 9. September liegt ein Bericht vor:

> „Hierzu wurde die bisher auf Sardinien befindliche 16./4. Regiment BR eingesetzt. Auf der Insel lag eine sehr starke und gut bewaffnete italienische Besatzung von mindestens 5000 Mann an Infanterie, Artillerie und Marine, zum Teil in unzugänglichen Felsenstellungen.
>
> Ein infanteristisches Vorgehen mit den geringen verfügbaren Kräften wäre unmöglich gewesen. Nur gewandte und kaltblütige Anwendung der Kampfmethoden der ‚Division Brandenburg' — Täuschen des Gegners, selbständiger überraschender Einsatz einzelner Gruppen usw. — hat die erfolgreiche Durchführung des Unternehmens ermöglicht.
>
> Der Auftrag wurde ohne Blutvergießen durchgeführt, weil durch die schneidige Überrumpelung der Italiener jeder Widerstandswille des Gegners im Keime erstickt wurde. Der Erfolg des Einsatzes der Kampfgruppe war, daß während des 6tägigen Aufenthaltes auf Maddalena die Flankenbedrohung durch die zahlreichen Küstenbatterien aller Kaliber (von 7,5 bis 30,5 cm) ausgeschaltet und dadurch der Abtransport der 90. Pz.Gren.Div. nach Korsika nicht durch einen Schuß gefährdet wurde . . ." [27]

Ab 10. September 1943 erfolgen weitere Absetzbewegungen der bisherigen Besatzung aus Sardinien in Richtung Korsika. Die Überführung der 90. Pz.-Gren.Div. verläuft trotz des italienischen Widerstandes um Maddalena im allgemeinen planmäßig; verzögert sich jedoch wegen Mangel an Übersetzmitteln bis etwa 20. September. —

Die Feindlage im Brückenkopf Salerno jedoch verlangt Beschleunigung bei der Räumung von Sardinien und Korsika.

Am 5. Oktober ist die Rückführung der deutschen Truppen, unter ihnen die 16. (le)/4. Regiment BR, zum Festland abgeschlossen, die Einheit wird aus dem Bereich OB Süd zum Regiment nach Jugoslawien entlassen.

Die Auslösung des Stichwortes „Achse" läßt die Kdo.-Stellen auf dem Balkan erst in der Nacht zum 9. September 1943 Alarm auslösen. Zu diesem Zeitpunkt sind von der Division Brandenburg das 4. Rgt. mit Stab, II./4 und unterstelltem II./1 im Raum Sarajewo/Jugoslawien — Varos —Foca, das 2. Rgt. mit I. und II. und III. Btl. im Raum Florina/Nordgriechenland — Korca/Albanien, das 1. Rgt. mit I./1 und III./1 im Raum Theben, das I./1 in Bahnzuführung nach Levadia/Griechenland. Weiterhin zugeteilt die Kampfgruppe I./4, noch auf dem Peloponnes/Griechenland. Zugleich stehen die Fallschirmjäger der 15. (le) Kp. in und bei Kraljewo bereit.

Die Küstenjägerabteilung (KJA) befindet sich mit Abt.Stab und 3./KJA im Seengebiet der Dalmatinischen Küste im Raum Sibenik, die 1./KJA im Gebiet Athen — Larissa, während die 4. (s)/KJA mit Masse noch in Sardinien ist. —

Für die Regimentseinheiten des 4. Regiments ergeben sich mit Auslösung Stichwort „Achse" keine außergewöhnlichen Probleme im Zusammenhang mit der Entwaffnung der örtlichen italienischen Truppen.

Für die 15. (le)/4 liegt der Auftrag vor, den durch starke italienische Kräfte gesicherten Hafen Durazzo (Albanien) im Handstreich zu nehmen.

Über den Ablauf dieser Aktion heißt es im Tagebuch der Fallschirmjäger:

> „Als Spitzenkompanie einer Kampfgruppe — dabei waren zwei weitere Jäger-Kompanien zugeteilt — erreichte die Kompanie im Morgengrauen die Hafeneinfahrt. Durch Täuschung des Gegners und überraschenden Einsatz konnte die Öffnung der Hafentore erzwungen und die in der Nähe in Stellung gebrachten MG.-Posten entwaffnet werden.
>
> Sich wehrende italienische Stützpunkte und Schiffswaffen wurden in kürzester Zeit außer Gefecht gesetzt. Um 6.40 Uhr war der Hafen fest in der Hand der Kampfgruppe; italienische Infanterie- und Matrosen-Besatzungen — Stärke etwa 3000 Mann — entwaffnet, 2 Torpedo-Boote und 7 Handelsschiffe besetzt." [29]

Am gleichen 10. September 1943 erreicht die Kompanien und Bataillone ein Sonderbefehl des Kommandeurs 4. Rgt., in dem er seine Verabschiedung von der Division Brandenburg bekanntgibt:

Kampfgruppe HEINZ
Kommandeur

Gef.Std., den 9. September 1943

Sonderbefehl

In den nächsten Tagen muß ich mich für eine noch unbestimmte Zeit in ärztliche Behandlung begeben. Ich übergebe das Regiment Brandenburg und die Kampfgruppe Heinz einem von der Division Brandenburg bestimmten Nachfolger oder Vertreter, sobald dieser eintrifft.
Mein letzter Befehl an die Kampfgruppe verlangt:

Macht mir, Eurem seitherigen Kommandeur, Ehre, indem Ihr wetteifert an Pflichterfüllung, Treue, Gehorsam und Mut. Bleibt so, wie Ihr in den letzten Wochen des Einsatzes und der Arbeit geworden seid. Der unerbittliche schwere Abwehrkampf des deutschen Volkes verlangt höchsten soldatischen Einsatz.

Mein letzter Dank gilt allen Offizieren und Mannschaften des 4. Regiments wie der Kampfgruppe, die seit März unter Umständen, deren Schwere nur Ihr selber kennt, im Aufbau und Einsatz ihre Pflicht taten.
Ich danke dem Kommandeur des I. Bataillons, Hauptmann Hollmann, für seine wie immer bewährte vorbildliche und einfallsreiche Arbeit und Führung. Ich danke allen Führern und Männern des II./1., besonders dem augenblicklichen Bataillonsführer — Oblt. Rosenow —, der mich ganz besonders tüchtig und kenntnisreich unterstützte.
Ich danke dem schwer erkrankten Lt. Kohl und wünsche ihm baldige Genesung. Er hat sich sowohl als Kompanie-Führer wie in der Rekrutierung um die Kampfgruppe verdient gemacht.
Ich danke in besonderem Maße dem Führer des II./4, Oblt. Lau, für seine allezeit klare, umsichtige und tapfere Führung und seine unermüdliche hingebungsvolle Arbeit. —
Ich danke allen Führern und Männern der 6./4, die, von ihrem früheren Kompaniechef, Hauptmann Hartmann, hervorragend ausgewählt, unter ihrem späteren Chef und Bataillons-Führer, Oblt. Lau, in allen schweren opferreichen Einsätzen hohen Mannesmut und kämpferisches Können bewies.
Kameraden der beiden Bataillone und der 15. Kompanie!
Wir werden als „Brandenburger“ ebenso gern und oft eingesetzt wie in Wesen und Leistungen verkannt. Das ist unser Los! Es darf uns nicht bekümmern! — Ich weiß, was Ihr alle, Offiziere und Mannschaften, Ärzte

und Sanitäter, Kämpfer und Fahrer, Adjutanten wie Stabspersonal, von Mitrovica bis Banja Luka geleistet habt.

Ich werde dies immer und überall bezeugen!

Die Gräber an unseren Wegen künden von Einsatz und Erfolg der Kampfgruppe. Den gefallenen Kameraden schulden wir unseren innigsten Dank. Ihr Geist soll uns für immer verbinden.

Allen Kameraden des 4. Regiments und der seitherigen Kampfgruppe Heinz wünsche ich zum Abschied Erfolg in allen kommenden Einsätzen — und Soldatenglück!

Seit 1939 für „Brandenburg“ arbeitend, seit 1940 „Brandenburg“ als Truppenführer zugehörig, hoffe ich auch künftig, mit dem Schicksal von „Brandenburg“ verbunden zu sein!

Auf Wiedersehn, Kameraden!

Heinz[30]

Nur wenige Tage später scheidet auch der Regiments-Adjutant, Oblt. Johannes, aus. Neuer Rgt.-Kommandeur wird Obstlt. von Hugo.

Die Küstenjäger-Abteilung Brandenburg, von der bereits einige Einheiten als im Einsatz benannt wurden, verdankt ihre Entstehung einer Besprechung am 25. September 1942 auf dem vorgeschobenen Rgt.-Gef.-Stand in Woroshilowsk. Am 28. 9. 1942, ebenfalls in Woroshilowsk[28], wird mit erfahrenen Männern ein Gliederungsplan entworfen; dabei ist Oblt. Kriegsheim, der bei der Vorgängerin, der „le. Pi.Kp./Lehr-Rgt. BR zbV 800, an hervorragender Stelle mehrfach Einsätze im maritimen Bereich durchgeführt hat. Weiter dabei ist Oblt. Conrad von Leipzig, vormals bei den BRANDENBURGERN in Afrika, der jetzt als künftiger Kommandeur der KJA vorgesehen ist. Weiterhin ist der Kpt.Lt. Martiny als seemännischer Berater an der Besprechung beteiligt.

Mit dem hier im Entwurf entstandenen Konzept wird dann Admiral Canaris befaßt, der mit Billigung des OKW/WFSt die Freigabe zur Aufstellung dieser Küstenjäger-Abteilung Brandenburg gibt.

Am 10. Januar 1943 erfolgt die Aufstellung der KJA Brandenburg aus der le. Pi.Kp. und aus Freiwilligen der Kriegsmarine.

Sie wird voll motorisiert und gliedert sich wie folgt:
Abt.Stab, 1.—3. K.Jg.Kp. und 4. (s.) K.Jg.Kp.

dabei für 1.—3. Kp. je:	1 s.Sturmboot 42, 1 Pi.Ldgs.Boot 41, 2 le.MG.
	2 s.Sturmboote 42 (geplant 6), 2 Pi.Ldgs.-Boote 41, 9 le.MG.
	2 le.Fla-Waffen, 2 m.Granatwerfer

für 4. (s.) Kp.:	2 Kdo.Boote der X. Flottilia MAS Borghese 6 s.Sturmboote 42 12 Sprengboote mit je 1 MG., sowie Fla-Waffen.

Die 1. bis 3. Kp. sind Jäger-Kompanien mit je einem Bootszug (zusammen etwa 230 Mann stark), die „schwere“, 4. Kp. ist als erste deutsche „Kleinkampf-Einheit“ konzipiert und wird nach und nach so ausgestattet.
Einsatzauftrag der Abt.: Partisanenbekämpfung von See her und Kommandounternehmen hinter die feindlichen Linien und gegen gegnerische Schiffe und Hafenanlagen. Personelle und materielle Unterstützung der Aufstellung durch das Pi.Lehr-Btl. (s. F.) in Lindau mit seinen Kompanien und Einrichtungen im Raum Kreßbronn bis Hard/Bregenz, für die schwere Kompanie außerdem durch die italienische X. S-Flottille.
Mit dieser Gliederung und Erweiterung eines amphibischen Verbandes im Rahmen der Aufstockung des Lehr-Rgt. „Brandenburg“ zur Division zeichnet sich die Zielrichtung künftiger Aufgaben ab. Andererseits ist sie etwas Neues und bisher Einmaliges — daß nämlich Heereseinheiten für maritime Zwecke Verwendung finden. Wenn auch die Masse des Personals von der Kriegsmarine kommt, so spielen die Führung dieses Verbandes und ihrer Kampfeinheiten in Anbetracht der zu bewältigenden Sonderaufgaben die wesentlichste Rolle. Nicht außer acht zu lassen ist jedoch, daß hier ein Versuch der Kombination zwischen Wassereinsatz und Kampfauftrag gemacht wird. Folglich ist nicht auszuschließen, daß die Geburtshelfer Kriegsmarine und Kommandoeinheiten ihren Einfluß auf die Gestaltung und bei Durchführung von Aktionen wiederholt geltend machen werden. Daß dem so ist, wird sich in der Folgezeit, nicht immer zum Vorteil für den Verband, zeigen.
Die Formulierung des Auftrages birgt vielseitige Möglichkeiten des künftigen Einsatzes in sich, so daß bereits für die Aufstellung mehr Zeit als gewünscht in Anspruch genommen wird. Wenn auch der 10. Januar 1943 als „Gründungsdatum“ angesetzt werden muß, so sind es im gleichen Monat nur der Stab und die 2. Kp., die sich zusammenfinden. Die 3. Kp. — aus Restteilen der vormaligen „le. Pi.Kp.“ als Stamm — entsteht im Februar/März 1943, die Zuführung von Heerespersonal teils aus Freiburg, teils aus Brandenburg für die Aufstellung der 1. und 4. (s) Kp. und die verzögerte Bereitstellung von Bootspersonal der Marine bringen erst etwa Juli 1943 die Zusammenfassung zu diesen Einheiten.
Der Druck der höheren Kommandostellen zum baldigen Einsatz der jeweils aufgestellten Kompanien bringt es mit sich, daß der Kommandeur der Küstenjägerabteilung, Rittmeister von Leipzig, je nach Fertigmeldung

der Aufstellung und nach Dringlichkeit des Auftrags im Sommer 1943 die Kompanien — einzeln und getrennt — einsetzen muß. So verlegen der Stab/KJA und die 3. Kp. im Eisenbahntransport an die Dalmatinische Küste in den Raum der San-Martino-Bucht bei Fiume, die 1. Kp. geht nach Brindisi/Süditalien, die 2. Kp. an die Ligurische Küste/Norditalien und die 4. (s) Kp. muß ihre Ausbildung in Sesto Calende am Lago Maggiore fortsetzen. Für den Kommandeur der Abteilung eine unerträgliche Belastung, da weder die Möglichkeit einer geschlossenen Führung noch einer geschlossenen Verbandsausbildung gegeben ist. Eine nicht zu unterschätzende Erschwerung für eine einheitliche Kampfführung, die auch bis Kriegsende niemals zur Ausführung kommt.

Die 1./KJA, die am 15. Juli 1943 Langenargen/Bodensee verläßt, zieht mit der Bootsstaffel im Raum Brindisi/Süditalien unter, während die Infanterieteile auf dem Luftwege nach Piräus (Griechenland) weitergeleitet werden. Kurze Zeit später verläßt die Bootsstaffel ihren Liegeort und geht im Seemarsch über die Adria in Richtung Insel Korfu, Ithaka und Patras im Hafen Lutrakion vor Anker; dort Vereinigung mit den Kampfeinheiten. Von diesem Kp.-Stützpunkt aus werden in der Folgezeit wiederholt Transportaufträge für das 1. Regiment sowie Erkundungen zur Ausspähung von Partisanennestern entlang den Küsten des Golfs von Korinth durchgeführt.

Der 8. September 1943 mit Stichwort „Achse“ — Kapitulation Italien — ändert die Lage sofort und löst umgehend höchste Aktivitäten aus, die in erster Linie die Entwaffnung der italienischen Einheiten und die Besetzung von wichtigen Stützpunkten der Italiener zum Ziele haben. Das gilt für die 1./KJA vordringlich im Gebiet Athen — Larissa. Zur gleichen Zeit ist die 4. (s)/KJA mit Teilen in Santa Lucia auf Sardinien, um mit anderen Heereseinheiten die Sicherung dieser für den Nachschub wichtigen Insel gegen alliierte Angriffe von See her durchzuführen, zumal seit dem 9. Sept. 1943 die Alliierten an mehreren Stellen Süditaliens angelandet sind.

Der WFSt veranlaßt am 27. Oktober 1943 die Unterstellung des Abt.-Stabes/KJA sowie der 2. und 3. Kp. unter den OB Südost und Zuführung in den Adria-Raum; hier ist Zusammenarbeit mit dem Landungs-Pi.Btl. 771 vorgesehen. Auch Teile der 4. (s) Kp. — jedoch ohne Sprengbootteile — werden nach dort überführt.

Währenddessen kann die 1./KJA im Zuge der teilweise mit Kämpfen verbundenen Entwaffnung der italienischen Truppen im Raum Athen bis Larissa erste Erfolge aufweisen, indem die Bootsstaffel dieser Kompanie mit Korv.Kpt. Dr. Brandt von der 21. U-Jagd-Flottille am 9. September 1943 in einem Handstreich gegen Piräus ein italienisches Torpedoboot entert, das später als TA-Boot der Kriegsmarine abgetreten wurde. In der Zeit vom 13.—28. 9. 1943 erfolgt die Verlegung der s.Sturmboote von Lutrakion nach Igumenica, von wo diese den Stab der 1. Geb.Div. nach Kajos übersetzen. Deren Infanterieteile werden dazu mit dem exspanischen Frachter von Piräus herangeführt und auf Korfu angelandet. Nach Beendigung dieser Aktion um den 28./29. 9. 1943 wird die 1./KJA im Seemarsch von Murthos über Prevesa — Ithaka — Patras nach Lutrakion, zum eigenen Stützpunkt, zurückverlegt.

Für die 1./KJA unter Hptm. Kuhlmann kommt mit dem 1. Oktober 1943 die endgültige Trennung von den bisherigen Bindungen zur Abteilung. Sie verlegt aus ihrem Kp.-Stützpunkt Lutrakion über Piräus in die Ägäis — zunächst zur Insel Naxos, wo sie sich mit ihren Kampfteilen und der übrigen Landungsflotte für das Unternehmen „Eisbär", die handstreichartige Inbesitznahme der Insel Kos, bereitstellt. Und dies geschieht am 3./4. Oktober 1943, als die Jäger der 1./KJA in der Kamara-Bucht im Südwesten der von italienischen und britischen Truppen verteidigten Insel anlanden. Aus der Sicht des Kompanieführers der „Fallschirmjäger-Kompanie Brandenburg", die daran beteiligt ist, berichtet Oblt. Oschatz:

„Kompanie springt 6.10 Uhr an vorgesehener Absprungstelle ab. Es fehlen 2 Maschinen mit 24 Mann der Kampfstärke der Kompanie. Eine Maschine fiel beim Start durch Rollschaden aus, die andere Maschine verfehlt den Sammelplatz. Die Besatzung beider Maschinen springt am folgenden Tage zur selben Zeit nach. Landung der Fallschirmjäger und Abwurfbehälter im wesentlichen an vorgesehener Absprungstelle.

Entgegen den Erwartungen bekommt Kompanie sofort und teils noch während des Absprungs starkes Feuer von einer Batterie, 2 schweren Granatwerfern, 2 s. Pak und mehreren schweren Maschinengewehren aus beiderseits flankierenden Richtungen.

Sammeln und einheitliches Vorwärtsführen des Angriffs in östlicher Richtung nimmt etwa 1/2 Stunde in Anspruch, in welcher die Kompanie stark niedergehalten wird.

Verbindungsaufnahme mit Küstenjägerkompanie zwecks Bildung der Kampfgruppe Kuhlmann erfolgt erst nach etwa einer Stunde. Landung der Küstenjägerkompanie hatte sich, durch die Wetterverhältnisse bedingt, um 2 Stunden verzögert. Dadurch konnte der der Küstenjägerkompanie gestellte Auftrag, den Absprungplatz der Fallschirmkompanie freizukämpfen und zu sichern, nicht erfüllt werden.

Unter Belassung von einem LG 42 und 1 MG-Gruppe zur Sicherung nach

Westen — Vorstoß im Rahmen der Kampfgruppe nach Osten, dabei im wesentlichen Vorgehen der Fallschirmkompanie nördlich der nach Antimachia führenden Straße bis Wegegabelung 3,5 km westlich Flugplatz Antimachia. Hierbei wurden in zügigem Vorgehen der Kompanie 2 Batterien mittlerer Kaliber in ausgebauten Feldstellungen und eine 7,5-cm-Flak-Batterie außer Gefecht gesetzt bzw. überrannt. Die zahlreichen MG.- und Infanteriestellungen wurden zum größten Teil im umfassenden Angriff überwunden, zum Teil wurde durch Zuruf und durch Vorschicken gefangener Italiener der Widerstand gebrochen.

An der Wegegabel 3,5 km westlich Antimachia wurde ein Stop zum Ordnen der Verbände und Nachführen von Munition (insbesondere s.Granatwerfer) eingelegt. Zum Munitionstransport wurden weitgehend gefangene Italiener eingesetzt. Führer der Kampfgruppe befiehlt von hier aus weiteren Vorstoß in Richtung auf Flugplatz Antimachia durch umfassenden Angriff je eines Zuges der Küstenjäger (südlich der Straße) bzw. der Fallschirmkompanie (nördlich der Straße). Antreten zu diesem umfassenden Vorgehen für beide Züge um 13.00 Uhr. Hart nordostwärts der Wegegabel eingebaute 7,5-cm-Flak-Batterie, die kurz vorher kapituliert hatte, erklärt sich bereit, mit ihrer italienischen Bedienungsmannschaft das beiderseitige umfassende Vorgehen der Kampfgruppe Kuhlmann durch Feuer auf die englischen Flakstellungen auf dem Flugplatz Antimachia zu unterstützen.

Unter Überwindung schwierigster Geländeverhältnisse und Ausnutzung der zahlreich vorhandenen tiefeingeschnittenen Täler erreicht die nördlich der Straße angesetzte Umfassungsgruppe der Fallschirmkompanie unter Führung des Kompanieführers am Spätnachmittag — vom Feind ungesehen — die Höhe nördlich des Flugplatzes.

Es gelingt der Umfassungsgruppe der Fallschirmkompanie noch vor Einbruch der völligen Dunkelheit, mit 1 s.Granatwerfer, 1 s.MG-Gruppe, einer Schützengruppe und Teilen des Kompanietrupps im Angriff den größten Teil des Flugplatzes zu nehmen und für die Nacht zu sichern.

Dabei wurde nach gutliegendem s.Granatwerferfeuer der Widerstand der Engländer gebrochen und neben einer Anzahl von Gefallenen 33 englische Gefangene gemacht. Da zu dieser Zeit mit der südlich der Straße abgesetzten Kampfgruppe der Küstenjäger keine Verbindung bestand, konnte diese nicht bei der Inbesitznahme des Flugplatzes eingreifen.

Seit 17.10 Uhr war der Flugplatz bereits fest in der Hand der Fallschirmkompanie. Eine kleine Hakenkreuzflagge wurde auf dem Rollfeld ausgelegt. Funkverkehr zur Kampfgruppe Kuhlmann bestand nicht.

Gegen 17.30 Uhr und 18.00 Uhr erlebten die auf dem Flugplatz befindlichen Teile der Kompanie 2 moralisch stark beeindruckende Bombenangriffe eigener Flugzeuge. Beim ersten Angriff wurde das ausgemachte Erkennungssignal (weiße Leuchtkugel) abgeschossen, aber von den Maschinen nicht beachtet, beim 2. Angriff fehlte es an Leuchtpistolen und Leuchtmunition. Trotz der starken Wirkung dieser Angriffe hatten die Teile der Kompanie hierbei nur einen Verwundeten als Ausfall.
In der Nacht wurde mit einem inzwischen erbeuteten PKW Verbindung mit den gegen Westen abriegelnden Sicherungsteilen der Kampfgruppe aufgenommen. Entgegen den Erwartungen konnten von dort keine weiteren Teile zur Verstärkung der Besatzung des Flugplatzes abgegeben werden.
Die Nacht vom 3. zum 4. Oktober auf dem Flugplatz verlief ruhig.
Am 4. 10. früh wurde in Stärke einer Gruppe Aufklärung in den Ort Antimachia angesetzt. Diese Gruppe stieß etwa in Ortsmitte mit Teilen der Kampfgruppe Doerr zusammen und nahm Verbindung auf.
Unter Mitwirkung von 2-cm-Flak (Einling) auf Selbstfahrlafette und 2 s.Pak 7,5 konnte im Laufe des 4. 10. der heftige Widerstand der der Westsicherung gegenüberstehenden englischen und italienischen Kräfte gebrochen werden. Die dort befindlichen Teile der Kampfgruppe stießen zusammen mit Kampfgruppe Doerr bis an den Westzipfel der Insel vor.
Im Laufe des 5. 10. erfolgt das Zusammenziehen der Kräfte in Antimachia, Bergen der Abwurfbehälter und Transport auf den Flugplatz Antimachia." [31]

In der Zeit 7.—10. Oktober erfolgt seemäßiger Vormarsch und Anlandung auf der Insel Kalymnos, dort Verhandlungen mit dem italienischen Inselkommandanten, der zur kampflosen Übergabe bewogen wird.
Bei einem britischen Luftangriff gegen diese Insel wird der Chef der 1./KJA, Hptm. Kuhlmann, schwer verwundet. Lt. Schädlich übernimmt die Führung.
In der Zeit vom 12.—16. November 1943 läuft dann das Landungsunternehmen „Leopard" (Taifun) gegen die Insel Leros, an dem die 1./KJA im Zusammenwirken mit Fallschirmjägern und Teilen des III./1. Regiment wesentlichen Anteil hat.
Bis Kriegsende verbleibt die 1./KJA, später umbenannt in „Küstenjäger-Kompanie Rhodos", weiter in der Ägäis, im Bereich der Inseln des Dodekanes und Rhodos.
Währenddessen sammeln die restlichen Teile der Küstenjägerabteilung im nördlichen Teil der Dalmatinischen Inseln, und zwar Stab, 2., 3. und Teile 4. (s) Kp. Auf der Fahrt von Zara nach Split am 2. Dezember 1943 gegen 11.20 Uhr wird ein aus 11 Fahrzeugen bestehendes, gemischtes Geleit aus

1 Siebelfähre, einigen J-Booten der 10. L-Flottille, mehreren Zivilfahrzeugen und 3 L-Boote der KJA bei Jelonac durch britische Flugzeuge aus der Sonne heraus angegriffen. Sieben Fahrzeuge, darunter alle drei K.J.-Boote, werden versenkt, 80 Küstenjäger getötet, eine Siebelfähre schwer beschädigt. Ein furchtbarer Verlust, ein Aderlaß, der zum Ende des Jahres 1943 zur Zusammenfassung und Neugliederung der Küstenjägerabteilung Brandenburg führt.

Aus der Küstenjäger-Abt. werden im Frühjahr 1943 nur wenige, besonders geeignete BRANDENBURGER — insgesamt 5 Männer — für ein gefährliches Unternehmen mit begrenzten Chancen der Rückkehr ausgesucht. Es ist ein Auftrag der Abwehr, der auf die Vernichtung eines gerade aus Australien nach Durban/Ostafrika überführten Schwimmdocks hinzielt. Gerade dieses Schwimmdock ist es, das als einziges in der Lage ist, große Schiffe zur Reparatur aufzunehmen; es unbrauchbar machen, hieße zugleich Ausschalten von feindlicher Schiffskapazität.

In Langenargen/Bodensee bei den „Küstenjägern" fällt die Wahl auf Lt. Hans Brügmann, der als Führer dieser Aktion über See geeignet ist. Er sucht sich aus dem Kreis seiner Soldaten die Südwestafrikaner Reinhard Schneider und Bill Fesqu, die Ostafrikaner Otto Hand und Lehr, sowie als fünften den Willfried Moll aus, mit denen er das Unternehmen wagen will. Wiederholte Gespräche beim Stab der Division in Berlin bringen ihn den Einzelheiten des Unternehmens näher. Die Kenntnis des Zielgebietes — die Küste Südwestafrikas, wo er im Jahre 1914 geboren wurde — machen Lt. Brügmann geradezu prädestiniert für diese Aufgabe. Und sie soll mit Hilfe eines am 12. Juni 1943 auslaufenden U-Bootes zusammen mit den genannten Männern ausgeführt werden.

Das Unternehmen scheitert, als U 200 unter Korv.-Kapitän Schonder nach Durchlaufen der Dänemarkstraße, südwestlich von Island, zum Nachtanken aus einem Versorgungsboot auftauchen muß. Es ist der 24. Juni 1943. Ein britischer U-Boot-Jäger liegt bereits auf der Lauer — genau an dem Punkt, an dem die Versorgung des auslaufenden deutschen Bootes stattfinden soll. Alle 62 Besatzungsmitglieder, und der gerade am Flak-Geschütz eingesetzte BRANDENBURGER Kommandotrupp, kommen ums Leben.

Nachstehend die Zusammenfassung aller nach Zeugenaussagen und Einzelberichten erkennbaren Bruchstücke dieser Tragödie, die keiner dieser tapferen Männer überlebt hat:

U 200, Kdt. Korv.Kpt. Heinrich Schonder.

1.) Deutsche Angaben: 12. 6. 43 Kiel ausgelaufen. Keine Meldung von dem Boot. Totalverlust. Vermutlich in der

Islandpassage durch U-Jagdgruppe zusammen West durch VP 84 versenkt.[32]

2.) Englische Angaben: Am 24. 6. 1943 auf 59°00' Nord und 26°18' West durch VP 84 versenkt.

Beide Ortsangaben sind identisch. VP 84 ist Typ und Nr. eines britischen U-Boot-Jägers. — Also kein Zweifel über das Schicksal des Bootes, seiner Besatzung und des an Bord befindlichen Brandenburger Kommandos.
Dieser nüchterne Eintrag in den Logbüchern von zwei gegnerischen Kriegsschiffen zeigt einmal mehr die tiefe Tragik einer Gruppe deutscher Soldaten und das Mißlingen eines Kommandounternehmens. Und es ist nicht auszuschließen, daß der Ursprung dieses sinnlosen Todes der BRANDENBURGER und das Scheitern noch im Anfangsstadium in dem Verrat bei Dienststellen zu suchen ist, die bereits mit der Planung beschäftigt waren. Angesprochene Südafrikaner aus Durban bestätigten im nachhinein, daß sie lange unter Alarm standen, weil ein deutsches U-Boot mit einem Sabotagetrupp gemeldet war.

BRANDENBURGER auf dem Balkan

In Griechenland, in Albanien, in Jugoslawien — überall auf dem Balkan sind die Untergrundkräfte am Werk, die Besatzer ihrer Länder durch Einsatz von heimatliebenden Bewohnern, offiziell Banden oder Partisanen genannt, zu vertreiben oder ihnen das Leben schwer zu machen. Es sind meist Zivilpersonen, die zu den Waffen greifen und mit allen Mitteln versuchen, hinter den Fronten neue Kampfgebiete aufzutun, dadurch deutsche Truppen zu binden und ihren Einsatz an den Fronten zu verhindern. Alle Mittel sind ihnen recht: Sprengungen zur Vernichtung von Brücken und Tunnels; Störung des Eisenbahnnachschubs; Überfälle bei Nacht und Nebel. Dolch und Messer zur lautlosen Beseitigung von einsamen Posten und Meldern sind ebenso gebräuchlich wie Überfälle zur Ausschaltung deutscher Stützpunkte. Allgemein heißt die Losung: Tod und Vernichtung den Okkupanten! Unterstützt werden die Partisanen von den Westalliierten und von der Sowjetunion — mit Waffen und Geld! Nacht für Nacht regnen Kanister, Fallschirme, Behälter, Waffen und Gerät für die Partisanen vom Himmel herunter.
Und hier vom 29. September 1943 der Funkspruch der ‚Roten Kapelle':
Albert an Direktor (Moskau) — von Werther an Olga:

Seit 21. September außer Linie Villach — Udine alle Eisenbahnverbindungen Norditaliens mit Deutschland unbrauchbar gemacht oder besetzt. — Große kroatische und slowenische Freischaren unter Führung von Tito vereinigten sich mit italienischen Truppen der Bezirke Fiume, Zara, Laibach und unterbrachen deutsche rückwärtige Verbindungen, von deren Offenhaltung deutsche Truppen in Italien weitgehend abhängen. Ebenso sind fast alle Bahnen und Straßen zwischen Norditalien und Südfrankreich unterbrochen, so daß nach Italien geworfene deutsche Truppen jetzt so gut wie eingekesselt sind, ohne Nachschub von Waffen, Munition, Material. — Sie wären verloren, wenn in Süditalien gelandete schwer gerüstete alliierte Armee so kämpfen würde wie ohne Luftwaffe kämpfende Partisanen Titos.

Deutsche Führung rechnet aber auf Fortdauer langsamen Tempos Alliierter und wird Ausweg in neuem Massenaufgebot österreichischer Reserven gegen Partisanen von Tito suchen.

In diesen schweren Kämpfen stehen die Bataillone der BRANDENBURGER gegen die Partisanen, um sie zu vernichten oder doch zu vertreiben. Es ist ein Kampf ohne Ende, denn wo sie auftauchen und sich in Kämpfe einlassen, geht es hart her; dann sind sie verschwunden, untergetaucht, um über Nacht an anderer Stelle einen neuen Schwerpunkt ihrer Tätigkeit aufzutun. So ist auch der Einsatz der BRANDENBURGER mit den einzelnen Bataillonen ohne Verbindung zueinander zu verstehen. Das I. Btl./1. Rgt. BR am Golf von Korinth — bei Levadia; das III. Btl./1. Rgt. BR im Raum Theben; das I. Btl. des 2. Regiments in Albanien bei Korca; eine Kampfgruppe als Teil des 4. Rgt. BR am Adriatischen Meer, irgendwo im Raum von Banja Luka.

Und hier wieder die Funksprüche der ‚Roten Kapelle' am 6. Oktober 43:

Albert an Direktor (Moskau) — von Werther:

Seit 22. September stellen Deutsche gut ausgerüstete reguläre britische und jugoslawische Spezialtruppen in Montenegro fest. — Sie unterstützen Montenegriner, die an Bucht von Cattaro kämpfen.

24. September 1943

Albert an Direktor (Moskau) — von Olga:

a) Inf.Div. Nr. 87 bei Triest durch Partisanen abgeschnitten;
b) wegen Erfolgen der Partisanen in Montenegro rücken bulgarische Truppen über Djakowa wieder ab. — [33]

Die Verschärfung des Partisanenkrieges zeichnet sich immer deutlicher ab, besonders nachdem die bisherigen italienischen Verbände als Besatzung ausfallen. Diese müssen teilweise wegen ihrer zunehmend feindlichen Haltung überwacht, deren Plätze durch deutsche Truppen eingenommen wer-

Kruševo (Крушево)
14.8.43
Prilep
Orle
Pesočani
Dolenci
Sopotnica
Belčište
Lešani
Krivogaštani
Trnovo
Murgaševo
Topolčani
Trebeništa
Kosel
Ohrid (Охрид)
Resen
Kažani
Kukurečani
Capari
Bitola
Bukovo
Heraclea
Bistrica
Kremenica
Velušine
Ljubojno
Prespansko Jezero
Galičica
Ag.Germanos
Kato Kline
Florina
Trigonon
Polipotamon
Vernon
Novaci
Budakovo
Suvodol
Staravina
Kajmakčalan
Dobro Polje
Pinovo
Vermion
Promachi
Aridea
Edessa
Arnissa
26.8.43
Piperica
Vevi
Amintaeon
Náoussa
Kozani
Ptolemais
Kastoria
Mavrochorion
Klisoura
Bilishti
Korça
Nestórion
11.9.43
I.
II.
Argos Orestikon
Mesolongos
Neapolis
Siátista
Servia
274
Grevena
26.7.43
Tsotilion
Gramos
Arena
Samarina
Vasilica
Smolikas
Eleutherochori
Mikrokalton
Akarvas
Sérvia
Perdikkas
Komanos
Pentekomi
Ag.Teodoros
Vathilakkos
Protohori
Pirsdyiannī
Kerasovon
Deskati
Milia
Knidi

den. Das zwingt zu Verschiebungen der Einheiten von einem Ort zum anderen, zur wiederholten Kampfunterstützung für die neu eintreffenden, landesunkundigen und unerfahrenen Besatzungs- und Alarmeinheiten. Die ständige Verstärkung der Partisanen und ihre verbesserte Waffenausstattung, die Weitläufigkeit und Unübersichtlichkeit des Gebietes und die feindselige Haltung der Bevölkerung zwingen dazu, den Schwerpunkt der Kampfeinsätze deutscherseits entlang den großen Nachschubstraßen zu verlegen.

Hinzu kommt die ständig steigende, oft ganz offene Unterstützung durch britische Berater, die sich auch führungsmäßig immer erkennbarer in die Organisation der Partisanenverbände einschalten.

Das läßt sich aus den Tagesmeldungen des III./2 aus dem Kampfraum Florina/Griechenland entnehmen:

„Am 18. 8. 43 unternimmt III./2 im Verein mit weiteren Einheiten ein größeres Unternehmen im Raum Watohora — Polipotamon — Makrohori (südwestlich Florina).

Bei Korifi (12 km sw. Florina) kam es zu einem kurzen Feuergefecht mit einer schwachen Bande.

Erbeutet:

1 le.MG., größere Mengen Munition, 3 englische Fallschirme, wertvolles Karten- und Aktenmaterial, sowie eine komplette englische Funkausstattung mit den dazugehörigen Schlüsseln und Funk-Unterlagen.

Bei der Auswertung der vorgefundenen Unterlagen konnte eine rege Aufklärungstätigkeit vonseiten der Engländer über deutsche und italienische Truppenverschiebungen im griechischen Raume festgestellt werden. Unter anderem fiel dem Regiment ein englischer Geheimbefehl in die Hände, welcher den englischen Aufklärungsorganen, d. s. abgesprungene englische Offiziere, genaueste Befehle über die Vermittlung von Angaben über deutsche und italienische Truppen gab.

Aus vorliegenden Funksprüchen, die von der Bedienung des Funkgerätes (nach Gefangenenaussagen der 2 englischen Offiziere) nach Kairo abgegeben worden waren, konnte entnommen werden, daß das Regiment wohl als ein zur 1. Geb.Div. gehörender Truppenteil angenommen wurde. Das Funkgerät wurde, nachdem die Funkunterlagen entziffert und ausgewertet worden waren, von der 3./N.A. „BR“ versuchsweise eingesetzt, worauf sich beim ersten Verkehr die englische Gegenstelle meldete.“ [34]

Für das 2. Regiment geht im Zuge der Kräfteverschiebung die Zeit seines Einsatzes im Raum Florina mit Auslaufen Oktober 1943 zu Ende.

Im Wald bei Kiestinki/Finnland.

Sammeln ostwärts von Gafsa/Afrika.

Soldatenfriedhof bei Ljudowka/Rußland.

Ehrentafel der 12./LRB in Düren.

Hauptmann Siegfried Grabert, gef. am 25. Juli 1942 bei Bataisk.

Grabkreuze der gefallenen Brandenburger vor Bataisk.

Ritterkreuz für Hauptmann v. Koenen (links im Bild Generalmajor von Pfuhlstein).

... aus der Luft.

... im Gebirge.

Takt. Zeichen und Ärmelstreifen – Pz.Gren. Div. Brandenburg.

Bereits am 18. 9. war das II./2 unter Hptm. Oesterwitz nach Tirana/Albanien verlegt worden. Das I. und III./2 ist zu dieser Zeit noch im Einsatz gegen Partisanen im Raum Korca/Albanien. Diese beiden Bataillone werden am 6. November durch das Feldersatz-Btl. der 1. Geb.Div. dort abgelöst. Sie verlegen im Mot.-Marsch nach Florina/Griechenland, wo sie bahnverladen über Saloniki in Richtung Skopje/Jugoslawien abfahren. Am 11. November treffen sie in Raska, Montenegro, ein, wo ein neuer Einsatz bevorsteht.

Währenddessen kann der Kommandeur des 1. Rgt., Major Walther, sein I./1 in Empfang nehmen. Dieses kommt im E-Transport von Neuhaus/Triestingthal-Österreich. Es wird am 15. September in Nish/Jugoslawien ausgeladen. Am 28. 9. 1943 erreicht es unter Rittm. Plitt im Mot.-Marsch den Unterbringungsraum des 1. Rgt. und zieht in Levadia unter. Hier und an den Thermopylen besetzt es Stützpunkte und sichert die Pässe. —

Für das III./1, Gefechtsstand wie der Rgt.-Stab in Aliartos, liegt die Hauptaufgabe in der Sicherung der Stadt und Umgebung, der Schutz der Verbindungsstraßen nach Athen und in der Sicherung der Küstenstriche am Golf von Korinth wie am Golf von Euboea gegen alliierte Anlandungen.

Über den Ablauf dieser Tage bis in den Oktober hinein berichtet aus der Sicht des Unterführers der Objäg. Haat Haake, von der 9. Kp. im 1. Regiment Brandenburg:

„*Mittwoch, 22. 9. 1943*

Ich melde mich beim Chef, Oblt. Lenssen, und auf der Schreibstube beim Spieß, Stabsfeldwebel Busse. Dort treffe ich viele alte Bekannte von der 3. Kompanie, so Karl Pfeiffer, er ist Kradstaffelführer beim Bataillon. Dann sehe ich mir das Museum an: Viele alte Grabsteine, Reliefs, Friese und Säulenkapitelle, auch einige Bruchstücke vom steinernen Löwen, dem Wahrzeichen Thebens.

Mittags zum Einsatz gegen Partisanen. Ich führe die 2. Gruppe. Mit LKW bis hinter Aliartos in ein Dorf hinein. Jede Gruppe bekommt ein Muli, dann beginnt in der Hitze ein mühsamer Aufstieg über Felsen und Geröll. Ein Muli stürzt und muß abgeladen werden. Oben geht ein MG. in Stellung und sichert. Wir gehen gegen das Dorf vor, die Partisanen laufen auf der anderen Seite davon. Das MG. schießt hinterher. Im Dorf muß ich den Ortsrand sichern, während andere den Bürgermeister und den Popen verhören. Um 16.00 Uhr dann Rückmarsch — ein furchtbarer Weg durch die Dunkelheit. — Von Aliartos mit LKW zurück nach Theben, gegen Mitternacht fallen wir dann todmüde ins Bett.

Freitag, 1. 10. 1943

6.00 Uhr Wecken, Kompaniebelehrung. — 14.00 Uhr Trauerfeier für den verstorbenen Kameraden Gärtner. 16.00 Uhr Abfahrt über Aliartos nach Stevenikon. Beladen der Mulis. Anstrengender Nachtmarsch auf schmalen Saumpfaden. Oft reißt die Verbindung ab. Zwei Mulis stürzen und müssen neu beladen werden. An einer Schlucht bleibt der Einsatz Giessmann zur Sicherung zurück. Dort bricht das Muli der San-Staffel zusammen und muß zurückgelassen werden. Ein Stück weiter wird die Spitze angeschossen und Oberfeldw. Keller verwundet. Unser MG. macht etwas Feuerzauber, dann ist es wieder ruhig. Vor uns schlägt ein Muli den Ogefr. Wollny um, daß er die Besinnung verliert. Dadurch reißt die Verbindung endgültig ab. Wir verlieren den Weg und versteigen uns. Das Muli des s.Gr.W. stürzt vor Entkräftung ab.

Donnerstag, 7. 10. 1943

Kompanie im Einsatz gegen Arachowa. — Dort sollen 1600 Partisanen sein. Eine stark gesicherte Straßensperre ist am Nachmittag vom I. Bataillon genommen worden. Am Spätnachmittag ist Arachowa in unserem Besitz, aber die Vögel sind ausgeflogen.

Sonntag, 17. 10. 1943

3.30 Uhr Wecken, sofort auf LKW aufsitzen. Abfahrt zusammen mit dem Btl.-Kommandeur. Nach einer Stunde treffen wir die 10. und 11. Kompanie. Dann zu Fuß weiter. Hinter einem Dorf bekommen wir von links Feuer. Gruppe Höhne und Gruppe Zintl greifen an, die Partisanen ziehen sich zurück. Am Nachmittag kommen wir in ein Dorf, in dem am Tage vorher eine Luftwaffenfeldkompanie 6 Tote hatte. Sie sind gerade bei der Beerdigung. Weiter nach Inoi, wo wir um 5.50 Uhr die Fahrzeuge treffen. Um 9.00 Uhr kommt Habke und sagt, daß es morgen wieder los geht.

Montag, 25. 10. 1943

1.00 Uhr Wecken, die Kompanie geht zum Einsatz. Wir fahren in Richtung Chalkis, dann südlich. Als wir ins Tal kommen, gehen die Partisanen auf der anderen Seite davon. Wir finden nur eine verlassene Schreibstube. — Gegen 20.00 Uhr zurück nach Theben.« [35]

Eine erneute Lagebeurteilung des WFSt für den Südostraum im Rahmen der Gesamtlage veranlaßt Hitler am 4. Okt. 43 zu neuen Weisungen an den OB Südost.

(Auszug)

1) Der Auftrag zur Verteidigung des gesamten Südostraumes, einsch. Peloponnes, bleibt bestehen ...

2) Die wichtigsten Inseln der südlichen Sporaden müssen als Rückendekkung des Sperriegels Kreta — Rhodos besetzt bleiben oder wieder besetzt werden.
3) Die Kräfte sind daher zu gruppieren:
   a) Heeresgruppe E — mit XXII. Geb.AK. und LXVIII. AK.
   auf dem Peloponnes *mit:* — — —
   im übrigen Griechenland *mit:*
      11. Lw.Feld-Div.
      114. Jg.Div.
      SS-Pol.Div.
      SS-Pol.Geb.Rgt. 18
   und: 1. Rgt.Div. „Brandenburg".
   Besetzt bleiben bzw. werden müssen neben Kreta und Rhodos die Ionischen Inseln Korfu, Kephalonia und Zante sowie die ägäischen Inseln Skarpanto, Melos, Cos, Samos, Chios, Mytilene und Lemnos.
   b) 2. Pz.-Armee mit XV., V. SS- und XXI. Geb.AK. sowie dem LXIX. Res.Korps — *mit:*
   im Küstenschutz — — —
   in der Sicherung der rückwärtigen Verbindungen und zum Bandenkampf *mit:*
      373. u. 369. kroat. Inf.Div.
      SS-Bosniaken-Geb.Div.
      187. und 173. Res.Div.
      1. Kos.Division
      114. Jg.-Div. sowie
      Masse der Division „Brandenburg"
   als Reserve des OB Südost:
      1. Geb.Div. und 1. Pz.Div.
   Zugeführt werden: ...
   Ausgetauscht werden: ... [36]

Der Kommandeur der Div. Brandenburg erhält am 6. 10. einen Auszug aus dem oben genannten Befehl.
Die Auswirkung dieses neuen Befehls für die Division Brandenburg zeigt sich in der Zuführung des 2. Rgt. unter Obstlt. Pfeiffer seit dem 8. Nov. in den Raum Raska/Montenegro, dem Verbleib des 1. Regiments im Raum Theben — Levadia und dem Versuch des Gen.Mj. von Pfuhlstein am 23. 10., die Kampfgruppe I./4 unter Hptm. Hollmann gegen das dem 4. Rgt. im Raum Banja Luka zugeteilte II./1 auszutauschen.
Dazu die Begründung des Divisionskommandeurs:

am 23. 10. 43

„Austausch — I./4. Rgt. gegen das II./1. Rgt. Brandenburg.

Ich schlage vor, das in Süd-Griechenland im Rahmen des „1. Rgt.“ eingesetzte I. Btl./4. Rgt.BR baldmöglichst auszutauschen gegen das II. Btl./1. Rgt. BR, das zur Zeit in der Gegend Banja Luka eingesetzt ist.

Grund: Der beim I./4. Rgt. befindliche Oblt. Böckl ist ein besonders guter Kenner des serbo-kroatischen Raumes. Als geborener Ostmärker hat er einen großen Teil seines Lebens, teils als österr. Offizier, teils als Reisender, teils im Auftrage der deutschen Abwehr, im serbo-kroatischen Raum verbracht. In diesem Raum hat er daher noch zahlreiche persönliche Verbindungen und eine größere Zahl von Vertrauensleuten. Der Oblt. Böckl hat neben vielen Vorzügen eine Reihe von Eigenarten, die seine Bindung an den augenblicklichen Btl.-Kdr. — Hptm. Hollmann — erwünscht erscheinen lassen.

In dem I. Btl./4. Rgt. BR befinden sich außerdem etwa 80 gutausgebildete Bosniaken, die unter Führung des Oblt. Böckl im serbo-kroatischen Raum Vorzügliches leisten würden; hier in Griechenland sind sie nicht recht am Platze. Ein Herausschälen dieser Leute mit Oblt. Böckl aus dem I. Btl./4. Rgt. ist daher nicht ratsam.

Das I. Btl./4. Rgt. würde demnach im serbo-kroatischen Raum im Rahmen des dort befindlichen 4. Rgt.'s an der richtigen Stelle stehen. Dort wäre eine weitere Verstärkung der „Bosniaken-Züge“ leicht möglich, auch Unterstützung des So.-Kdo's Kirchner ...

Aus den verschiedensten truppendienstlichen Gründen ist außerdem erwünscht, daß das II./1. Rgt. und das I. Btl./4. Rgt. wieder in den Rahmen ihres Rgt.'s-Verbandes eingegliedert werden.

Ich bitte gehorsamst um Entscheidung dieses Vorschlages.

von Pfuhlstein“ [37]

Diese gelingt jedoch nur zum Teil. Wohl wird das I./4 dem 4. Rgt.BR wieder nach Sarajewo zugeführt, jedoch verbleibt das II./1, jetzt unter Führung des Oblt. Rosenow, weiter beim 4. Regiment. Dieses wohl in der Erwartung, daß die Masse des 1. Rgt. BR in einiger Zeit ebenfalls in das Gebiet Jugoslawien nachgezogen werden wird. —

Aus der „Kampfgruppe Heinz“,4. Regiment, die bisher nur aus dem II./4 und zugeteiltem II,/1 bestand, entwickelt sich im Okt. 43 unter Führung des Obstlt. von Hugo wieder ein komplettes Regiment.

Die Division Brandenburg erhält Befehl, ihr neuaufgestelltes III./4. Rgt. ab 15. 10. 43 dem OB Südost zuzuführen (dazu Vortrags-Notiz). [38]

Die Kommandeurs-Besetzung 4. Rgt. ist:

Rgt.Kdr. 4. Rgt. — Obstlt. von Hugo

Kdr. I./4 — Major Hollmann
Kdr. II./4 — Hptm. Lau
Kdr. III./4 — Hptm. von Koenen
Kdr. II./1 — Hptm. Rosenow (zugeteilt)

Für das II./1 unter Hptm. Rosenow, das in der Zeit 22. 8. — 13. 11. 43 in und bei Banja Luka untergebracht ist und dort Sicherungsaufgaben nachging, erfolgt ab 19. Nov. Verlegung nach Nordwesten nach Kostajnica (südostw. Zagreb). Weitermarsch ab 1. Dez. über Bihac nach Knin (1. 12.). Von dort wird in einem Zangenangriff das Unternehmen „Ziethen" eingeleitet, um einen größere Partisanen-Verband im Gebirge nordostw. Knin einzuschließen und zu vernichten.

Über die Schwierigkeiten im Gebirge, über Land und Leute, die dieses Geschehen begleiten, berichtet Dr. med. Fischer in seinem persönlichen Tagebuch:

„Am 6. 12. 43 ist „Unternehmen Ziethen" gestartet worden, nachdem wir um den 5./6. 12. den Ort Bosn.-Grahovo besetzt hatten (südl. Drvar). Die Wege führten uns wieder durch kahles Gebirge, das mit dem Grauweiß seines Granits und der spärlichen Bewachsung mehr wie eine Mondlandschaft aussieht. Die Straße, die wir fuhren, verlief fast durchweg eben. Im Süden türmten sich beachtliche Berghöhen, die schon ordentlich verschneit waren, wenn der Wind die recht tief gehende Wolkendecke für einige Zeit aufriß und den Blick nach oben freigab.

Die letzten 15 km traten die Berge beiderseits der Straße ziemlich auseinander und säumten einen kilometerlangen See ein. Die Karte verzeichnete allerdings keinen solchen See, es war das Werk der überaus starken Regenfälle der letzten Wochen.

In dieser Gegend hier war Holz ein rarer Artikel. Die Häuser der entlang der ganzen Wegestrecke sich hinziehenden kleinen Ansiedlungen waren aus Stein gebaut und meist sogar mit Ziegeln bedeckt.

Was sich uns an Menschen bot, waren zumeist Frauen, die uns vor allem gegen Schluß mit dem „Deutschen Gruß" zulachten. Die wenigen Männer dazwischen trugen rote, gewundene Turbane auf dem Kopf, und ihre Hosentaschen-Eingänge, zwei auf jeder Seite, waren mit bunten Stickereien eingefaßt. Im allgemeinen machte das Volk keinen wohlhabenden Eindruck; den ärmlichsten Eindruck dabei gaben die Kinder ab, die mit wenigen, oft nur notdürftig zusammenhängenden Lumpen bedeckt ihre Schafe hüteten oder die witzigen kleinen Esel der hiesigen Gegend, mit riesigen Wasserbottichen beladen, hinter sich herzogen. Trotzdem sind uns in Kroatien noch viel ärmlichere Dörfer begegnet." [39]

Für das II./1 endet dieses Unternehmen am 8. 12. 43 in Livno, tief in den

Bergen Bosniens. Von hier aus wiederholte Vorstöße in das Gebirge, gegen Partisanennester und Stützpunkte, so am 13. 12. zu Fuß auf die Höhe 1131. Von dort weiter nach Galicic, wo die Kompanien auch Weihnachten verbringen.
Der Stab des 4. Rgt. BR verlegt unter Zurücklassen des Rgt.-Kommandeurs, Obstlt. von Hugo, der am 5./6. Dez. durch Schußbruch (Schienbein) verwundet und ins Lazarett verbracht wurde, aus dem Raum Banja Luka nach Sinj, an der Straße Livno — Split (Spalato), und verbleibt dort auch bis in den Jan. 44 hinein. — Seine Bataillone sichern im gleichen Raum die Nachschubverbindungen gegen ständige Angriffe der Partisanen von der Küste her. Von dort versuchen diese, den über See angelandeten Nachschub durch das Gebirge zu ihren im Landesinneren kämpfenden Verbänden zu schaffen.
Der andere Schwerpunkt für die Division Brandenburg liegt weiter in Südgriechenland, wo das 1. Regiment mit I. und III. Btl., sowie zugeteilter Fallschirmjäger-Kp. (die: 15.(le)/4) und der 1./KJA dem LXVIII. AK. unterstellt sind. Die Zusammenarbeit mit dem dort befehlsführenden „Admiral Ägäis" ergibt sich durch die Anwesenheit der 1./KJA, die Verbindung mit dem X. Fliegerkorps durch die Fallschirmjägerkompanie.
Entsprechend dem Befehl vom 4. 10. 43 an He.Gr. E für Verteidigung bzw. Wiederbesetzung der Inseln in der Ägäis wird die 15.(le)/4 von Kraljewo (aus dem Raum 4. Rgt.) kurzfristig nach Athen überflogen und zum Sprungeinsatz bereitgestellt.
Den Sprungeinsatz dieser Fallschirmjägerkompanie beschreibt der ins einzelne gehende Gefechtsbericht des Kp.-Führers, Oblt. Oschatz, vom 19. 10. 1943:

A b s c h r i f t.
G e h e i m.

Fallschirmjaegerkompanie 15./4. Rgt. Brandenburg — O.U., den 19.10.1943.

Gefechtsbericht

über die handstreichartige Wegnahme der feindbesetzten Insel Lèvita durch Teile der 15./4. Rgt.Brandenburg (Fallschirmjägerkompanie) am 18.10.1943.

a) Feindlage:

Die 60 km nordwestlich Kos gelegene, rund 4 km lange, 1 1/2 km breite Insel Lèvita ist, wie eigene Funkaufklärung ergeben hatte, von 2 im Feinddienst stehenden badogliohörigen italienischen Funkstellen besetzt. Durch Meldungen dieser Funkstellen wurden in letzter Zeit eine Anzahl deutscher Geleite frühzeitig erfasst und von Feindkräften angegriffen und vernichtet.

Eigene Seeaufklärungsfliegermeldungen hatten ergeben, dass vor einigen Tagen ein kleines englisches Schiff mit rund 50 deutschen Gefangenen an Bord von der Insel Stampalia kommend auf dem Wege nach Leros in die Porto di Lèvita, anscheinend wegen Maschinenschadens eingelaufen war. Dem Seeaufklärer war es gelungen mit einem bei den deutschen Gefangenen befindlichen Offizier, einem Leutnant, Verbindung aufzunehmen. Es stellte sich heraus, dass von den Gefangenen rund die Hälfte verwundet, zum Teil schwer verwundet war. Dringende ärztliche Hilfe war erforderlich.

b) Auftrag:

Am 17.10. 19.00 Uhr erhielt der Führer der 15./4.Rgt.Brandenburg den Auftrag mit Teilen der Kompanie im stosstruppmässigen Luftlandeeinsatz in engster Zusammenarbeit mit Seefliegereinheiten die Insel Lèvita im Handstreich zu nehmen, die beiden dort befindlichen Funkstellen auszuheben und unbrauchbar zu machen, die rund 50 dort befindlichen Gefangenen zu befreien, die Verwundeten beschleunigt mit zurückfliegenden Seeflugzeugen zum Festland zu fliegen, die englische Besatzung gefangen zu nehmen, die Insel planmässig durchzukämmen und sie mit den vorhandenen Kräften zu halten, bis ablösende Teile einer Luftwaffenfelddivision und eine eigene Funkstelle eintreffen.

c) Gedachter Verlauf

1) Die Führung des fliegerischen Teiles der Unternehmung lag in den Händen des Kommandeurs einer in Athen liegenden Arado-Seeaufklärergruppe, Oberstleutnant Busch, die infanteristische Kampfführung, das Landen und der Kampf auf der Insel selbst wurde vom Kompanieführer, Oberleutnant Oschatz, durchgeführt.
Stärke der eigenen Kräfte: 4 Schützengruppen, Kompanieführer und Teile des Kompanietrupps, 1 Funkuffz.und 2 Funker, Truppenarzt (Oberarzt Dr.Koepchen) und 3 Sanitätsdienstgrade.
2) Fliegerischer Einsatz: Zum Antransport des Stosstrupps der 15./4. Rgt.Brandenburg wurde an Lufttransportraum zur Verfügung gestellt: 2 Ju. 52 (See) und 1 Dornierflugboot.

Anlage zu Nr. 006660/43 g. K. OKW/WFSt

3) Aufteilung des Stroßtrupps: Je Ju 52 (See) 1 Schützengruppe. In dem Dornierflugboot 2 Schützengruppen. Die Teile des Kompanietrupps, Funker und Sanitätsdienstgrade gleichmäßig auf die 3 Maschinen verteilt.
4) Geplanter Start: 18. 10. 1943 05.30 Uhr mit 6 Arado-Seeaufklärern, 1 Dornierflugboot und 2 Ju 52 (See).
5) Anflugweg: Athen, Seefliegerhorst Phaleron, Kap Sunion, Südspitze Kea, Südspitze Syros mit direktem Kurs über Nordspitze Naxos, Denousa, Westspitze Chinaro. Der fliegende Verband, bestehend aus dem Dornierflugboot und 2 Ju 52 (See) wird begleitet durch 3 Arado-Seeaufklärer als Jagdschutz. 3 Arado-Seeaufklärer, dem Verband 15 Minuten voraus, klären auf der Insel Lèvita vor der Anlandung des Verbandes auf und stellen insbesondere eventuelle Veränderungen in der Seelage (Einlaufen neuer Schiffseinheiten in der Porto di Lèvita) fest. Der mit Jagdschutz fliegende eigene Verband sammelt und kreist im

Raum westlich Chinaro und wartet auf Ergebnis der Aufklärung der 3 voraus befindlichen Seeaufklärer (Arado). Bei unveränderter Lage, wenn die geplante Landung durchführbar erscheint, wird der Verband mit grünem Leuchtzeichen von einer Arado-Maschine von Chinaro abgeholt und nach der Südküste von Lèvita hinübergeführt. Bei veränderter Seelage, wenn Durchführung des Auftrages nicht möglich erscheint, wird der Verband durch rotes Leuchtzeichen durch die Seeaufklärer zu Umkehr und Rückflug nach Phaleron veranlaßt.

Nach Anflug an die Südküste Lèvitas Anwassern des Verbandes in der Bucht Porto di Lèvita, das Dornierflugboot in der Mitte, die beiden Ju. 52 (See) seitlich. Aussetzen des Stoßtrupps der Fallschirmkompanie mit Floßsäcken, beschleunigte Einladung der auf der Insel vorhandenen deutschen Gefangenen und Verwundeten und Rückflug nach Athen-Phaleron. Während des gesamten Vorgehens des Stoßtrupps der Fallschirmkompanie auf der Insel überwachen 3 Arado-Seeaufklärer mit Bordwaffen (2-cm-Kanonen) und Bomben leichten Kalibers das Vorgehen und schalten feindlichen Widerstand auf Anforderung der Erdtruppen durch rotes Leuchtzeichen, in Feindrichtung geschossen, aus. Beim Vorgehen des Stoßtrupps wird außerdem von Geländepunkt zu Geländepunkt mit Rauchzeichen orange der Stand der eigenen vorderen Teile angezeigt. Wenn die Insel fest in eigener Hand ist, wird durch Rauchsichtzeichen violett der über der Insel befindlichen überwachenden Aradokette das Zeichen zum Abbruch der Überwachung, da nicht mehr erforderlich, gegeben. Im Laufe der weiteren Tagesstunden ist zeitweise Überwachung der Insel durch eigene Fernaufklärer vorgesehen. Für den Spätnachmittag ist die Abholung des gesamten Stoßtrupps der Fallschirmkompanie und der restlichen, nicht verwundeten deutschen Gefangenen nach Ablösung durch Teile einer Luftwaffenfelddivision vorgesehen. Rückflug des Stoßtrupps unter Jagdschutz durch 3 Aradomaschinen nach Athen-Phaleron.

6) Infanteristische Kampfführung auf der Insel: (Siehe beiliegende Karte 1 : 25 000 Insel Lèvita mit Einzeichnungen). Anwassern der 3 Transportmaschinen in der Porto di Lèvita. Dornierflugboot in der Mitte, je 1 Ju 52 (See) an der Seite. Aussetzung des Stoßtrupps der Fallschirmkompanie an 3 verschiedenen Stellen an die Insel.

In der rechten Maschine (Ju 52 See) 1 Schützengruppe, dabei der Kompanieführer.

Auftrag für diese Gruppe: Anlandung mit Schlauchbooten bei der vorspringenden Nase C Tromba, Vorstoß auf Höhe M. Calasuria. Von dort weiterer Vorstoß auf Punta del Faro. Aushebung der Bedienungsmannschaft der dortigen Signalstelle. Der Kompanieführer begibt sich nach Anlandung an den Ostauslauf der schlauchartigen Bucht Vurcalo zwecks sofortiger Verbindungsaufnahme mit dem dort am Vortage durch deutsche Seeaufklärer festgestellten deutschen Offizier (Lt. Fickers) und den rund 50 Mann deutschen Gefangenen. Sicherstellung der Bewaffnung der unverwundeten Mannschaften mit mitgebrachten Waffen und Munition und Vorbereitung der schnellen Versorgung und des Abtransportes der dort befindlichen Verwundeten.

Die in dem Dornierflugboot befindlichen 2 Schützengruppen landen mit ihren Schlauchbooten in der Bucht Jerani südlich der kleinen Ortschaft, die in der Mitte der Insel liegt.

Auftrag: Nehmen und Säubern der Ortschaft, Einbringen von Gefangenen. Anschließend Durchkämmen des gesamten ostwärtigen Teiles der Insel. Rückkehr zur Ortschaft in der Mitte der Insel unter Mitnahme der Gefangenen. Von dort aus in derselben Form Durchkämmen des Westteils der Insel.

Die Floßsäcke der links vom Dornierflugboot gewasserten Ju 52 (See) erreichen mit einer Schützengruppe die Bucht zwischen Höhe 118 und 130.

Auftrag für diese Gruppe: Wegnahme der Funkstation auf Höhe 130. Feststellen, ob auf Höhe 118 Feindanlagen vorhanden. Vorstoß von Höhe 130 zur Höhe 118 im Westen der Insel und Aushebung der dort befindlichen Funkstelle.

Nach Absuchen und Durchkämmen der Insel bleiben die Höhe 130 im Westen und die Höhe 141 mit je einer Schützengruppe mit le.MG. besetzt.

Auftrag dieser Gruppen: Sicherung nach Süden, Feststellen des Einlaufens feindlicher Überwasserstreitkräfte und Verhindern feindlicher Landungsversuche in der Porto di Lèvita.

Rest des Stoßtrupps und die eingebrachten Gefangenen sammeln in Gegend Höhe 38 hart südlich der Ortschaft. Abwarten des Eintreffens der Seetransportmaschinen zum Rückflug. Einweisen des ablösenden Offiziers der Luftwaffenfelddivision in Verhältnisse auf der Insel.

d) Tatsächlicher Verlauf:

Der tatsächliche Verlauf entsprach in fast allen Teilen dem gedachten Verlauf. Die Wegnahme der Insel wurde in der geplanten Form durchgeführt.

Anflug des Verbandes, Aufklärung der Insel durch Arado-Seeaufklärer, Abholung des Verbandes von Chinaro und Anwassern der Maschinen erfolgten planmäßig. Beim Aussetzen der Floßsäcke aus dem Dornierflugboot kenterte ein Floßsack. 1 Insasse des Floßsackes, Obergefreiter

Bruhn, wurde anscheinend durch MG.-Kästen und anderes Gerät unter Wasser gezogen. Er tauchte noch zwei oder dreimal zur Oberfläche empor und versank dann endgültig. Trotz sofort eingeleiteter Rettungsversuche konnte er nicht mehr geborgen werden.
Der Ablauf aller vorgesehenen Bewegungen des Stoßtrupps auf der Insel erfolgte genau wie geplant. Feindlicher Widerstand ergab sich beim Anlanden und beim Durchkämmen der Insel nicht. Die vom Gegner besetzt, gut ausgebaute Hauptfunkstelle auf Höhe 130 wurde, noch bevor die ersten Teile des darauf angesetzten Stoßtrupps heran waren, durch die überwachenden Arado-Seeaufklärmaschinen mit Bordwaffenbeschuß und leichten Bomben angegriffen. 2 Mann der italienischen Bedienungsmannschaft wurden tödlich getroffen. Der Rest der Besatzung der Hauptfunkstelle verstreute sich in das nördlich gelegene Gelände. Es war dieser Funkstelle nicht möglich, noch rechtzeitig einen Funkspruch über die Landung deutscher Kräfte aufzusetzen und dem Gegner durchzugeben. Der Kompanieführer nahm, wie geplant, Verbindung mit dem am Ostausläufer der Bucht Vurcalo befindlichen deutschen Offizier und den 50 ehemaligen Gefangenen auf, die schnelle ärztliche Versorgung durch den am Unternehmen teilnehmenden Truppenarzt und seine Sanitätsdienstgrade wurde sichergestellt und der schnelle Abtransport der Schwerverwundeten in die Wege geleitet.
Die Anlandung war gegen 07.00 erfolgt. Gegen 11.30 war die Insel planmäßig gesäubert und durchkämmt und fest in eigener Hand. Um diese Zeit wurde die überwachende Aradomaschine durch violettes Rauchsichtzeichen entlassen. An Gefangenen wurden 9 Engländer, darunter 1 Offizier (der Kapitän des vor einigen Tagen mit den deutschen Gefangenen eingelaufenen Dampfers) und 11 Italiener, die Besatzung der Funkstationen, eingebracht. Die Beute an Lebensmitteln und Material war entsprechend der geringen Besatzung unbedeutend. Gegen 15.15 kamen unter Jagdschutz 3 Ju 52 (See) zur Abholung des Stoßtrupps der 15./4. Rgt. Brandenburg. Gleichzeitig wurden die ablösenden Teile einer Luftwaffenfelddivision unter Führung eines Offiziers mitgebracht, der vom Kompanieführer in die Verhältnisse auf der Insel eingewiesen wurde. Gegen 15.30 erfolgte Start zum Rückflug nach Athen-Phaleron. Da in einer Maschine die englischen Gefangenen mitgeführt wurden, reichte der vorhandene Transportraum nicht zur Abbeförderung des gesamten Stoßtrupps aus. 2 Schützengruppen unter Führung eines Oberfeldwebels verblieben in der Nacht vom 18. zum 19., dem Leutnant der Luftwaffenfelddivision unterstellt, auf der Insel und wurden am nächsten Vormittag durch Ju 52 (See) zurückgeholt.

Das gesamte Unternehmen verlief dank der reibungslosen Zusammenarbeit zwischen den Teilen der Luftwaffe und den Teilen des Heeres völlig planmäßig. Das Unternehmen dauerte vom Start am 18. 10. früh bis zur Rückkehr der Masse des Stoßtrupps am Spätabend desselben Tages nur 12 Stunden.

e) Gefangene: 9 Engländer, davon 1 Offizier; 11 Italiener.

f) Beutematerial: 1 vollständiges englisches Seekartenwerk mit wertvollsten Kartenunterlagen für die eigene Führung. Wertvolle Funk- und Schlüsselunterlagen von der in Feinddiensten stehenden Hauptfunkstelle.

g) Eigene Verluste: 1 Toter (beim Kentern eines Schlauchbootes ertrunken). 2 Verwundete (durch Unglücksfall bei Selbstentzündung einer Eihandgranate durch Splitterverletzung).

h) Erfahrungen:

Obwohl der Vorbereitungsdienst zur Durchführung des Unternehmens vom Zeitpunkt der Auftragserteilung (19 Uhr des Vorabends bis zum Zeitpunkt des Starts 05.30 am 18. 10.) außerordentlich knapp war, konnten alle Vorbereitungen und notwendigen Besprechungen mit den teilnehmenden Einheiten der Luftwaffe noch rechtzeitig durchgeführt werden. Lediglich die ursprünglich geplante Mitnahme eines weitreichenden Funkgeräts der Kompanie zur Herstellung einer Verbindung von der Insel nach Athen war nicht mehr möglich, da die Funkgeräte in Erwartung eines Sprungeinsatzes in die Abwurfbehälter der Kompanie eingebaut waren, die Maschinen selber aber befanden sich auf einem etwa 70 km entfernten auswärtigen Flugplatz. Die rechtzeitige Heranführung des Funkgerätes konnte daher, obwohl sofort ein Fahrzeug entsandt wurde, nicht mehr bewerkstelligt werden.

gez. Oschatz

Oberleutnant u. Kompanieführer“ [40]

Nur vier Tage später — am 22. Okt. 43 — wird die 15. (le) Fallschirmjäger-Kompanie erneut zum Sprungeinsatz herangezogen, — Ziel ist diesmal die Insel Stampalia, der ebenso erfolgreich abläuft. Die Kompanie verbleibt zunächst als Besatzung dort. Auch hier wird die sehr gute Zusammenarbeit mit den Transportstaffeln des X. Fliegerkorps und die Unterstützung der begleitenden Jäger besonders hervorgehoben.

Während die Masse I./1 weiterhin ihren Sicherungsaufgaben im Raum Levadia nachgeht und der Btl.-Gef.Stand nach Atalanti verlegt, wird am Mittwoch, 27. 10. 43, beim III. Btl. die Absicht des Einsatzes gegen die Inseln bekannt. So wird z. B. die 9./1. Rgt. BR, Chef: Oblt. Lenssen, am 28. 10. früh nach Piräus verlegt, wo sie in den nächsten Tagen Verladeübungen in Wasserflugzeugen und mit Schlauchbooten durchführt. — Jedoch wird ein vorbereiteter Einsatz am 1. Nov. zunächst zurückgestellt, man geht von Theben aus den bisherigen Sicherungsaufgaben nach.

Jedoch werden am Freitag, 12. Nov., alle Aktionen abgebrochen, am Samstag, 13. 11., um 0.00 Uhr ist Abmarsch nach Athen, wo man gegen 5.00 Uhr im Wasserflughafen Phaleron eintrifft.

Dazu ein eingehender Bericht über die Hintergründe des Einsatzes des III./1 sowie der 15. (le)/4 und der 1./KJA mit Vorgeschichte und Ablauf unter Zugrundelegen britischer Berichte für die Zeit 13. Nov. — 11. Dez. 1943:[41]
Als im Jahre 1941 Griechenland und Kreta in deutsche Hand gefallen waren, hatten die Briten Pläne zur Besetzung kleiner Ägäis-Inseln als Ausgangsbasen für Überfälle auf Verbindungslinien ausgearbeitet und die Möglichkeit eines größeren Unternehmens gegen den Dodekanes mit Rhodos und Skarpanto als wichtigste Objekte ins Auge gefaßt. Alle diese Pläne jedoch mußten seinerzeit während der Kämpfe in Nordafrika und bis zum Beginn der Invasion Siziliens zurückgestellt werden. Diese Pläne der Briten konnten nach der Kapitulation Italiens am 8. September 1943 wieder herausgeholt werden, um sie in die Tat umzusetzen.
Als Vorkommando der regulären brit. 234. Brigade geht an diesem Tage eine Abordnung in Haifa an Bord — mit Ziel Rhodos. Sie kommt jedoch nur bis Castellorosso, deren ital. Besatzung am 10. 9. 43 gegenüber einer schwachen Abteilung der brit. Special Boat Squadron (Spezialboot-Schwadron) kapituliert. Die nachfolgende 234. Brigade kann wegen Schwierigkeiten bei der Bereitstellung des Schiffsraumes und wegen der Wetterlage erst am 18. 9. folgen — und zu diesem Zeitpunkt (am 13. 9. 43) ist die Entwaffnung der ca. 40 000 Mann starken Besatzung auf Rhodos bereits abgeschlossen — die Insel ist fest in deutscher Hand.

Für die deutschen Kommandostellen jedoch ergibt sich die Schwierigkeit, bei der Ausdehnung des Gebietes und der Vielzahl der Inseln, alle Inseln mit deutschen Besatzungen zu versehen, so daß die Gefahr besteht, daß die Briten ihre Stützpunkte dort anlegen, wo auch weiterhin nur ital. Einheiten, die kampfunwillig sind, stationiert sind. Und das geht schneller als angenommen; mit Luftlandungen und Schiffsanlandungen setzen die Briten ihre Besatzungen auf den Inseln Kos und Leros und bereits am 18. 9. 43 auch auf Symi, Stampalia und Ikaria ab; zunächst mit schwachen Sicherungen, die jedoch bis Monatsende auf Kos, Leros und Samos jeweils auf Bataillonsstärke gebracht werden.

Auf Kos war zu dieser Zeit ein ziemlich ärmlicher Flugplatz in Antimacchia, von dem nur einmotorige Flugzeuge über die Ägäis operieren und

Angriffe gegen Rhodos fliegen konnten. Zur Verteidigung waren Teile eines R.A.F.-Regiments nach Kos verlegt worden.

Mit zunehmender Besorgnis beobachten die deutschen Kommandostellen diese Entwicklung und die sich ständig erschwerende Schiffsversorgung der eigenen Hauptstützpunkte Kreta und Rhodos. Eine neue Lagebeurteilung am 22. 9. zeichnet auf, daß die Bedrohung des Peloponnes und der jonischen Front stark nachgelassen hat, der Inselriegel Rhodos-Kreta dagegen erhöhte Bedeutung besitzt. Mehr denn je muß verhindert werden, daß die Briten ihre Luftstützpunkte näher an das griechische Festland heranschieben und evtl. Möglichkeiten der Anlandung gewinnen.

Die eigenen Vorbereitungen laufen in zwei Richtungen an; einmal müssen die Angriffs-Truppen bereitgestellt, ausgerüstet und auf diesen speziellen Einsatz vorbereitet —, und zum anderen müssen Kontingente für die Besatzung der einzelnen Inseln zusammengestellt werden. Dazu werden eilends sog. „Fest.Inf.Bataillone", von denen zu diesem Zeitpunkt 13 bereits bestehen, aufgestellt, deren Führer und Unteroffiziere durch Abgaben der Südost-Divisionen zu gewinnen sind; immerhin ca. 12 000 Mann, dazu Waffen und Gerät. —

Und hier tritt die Division Brandenburg mit ihren Spezialeinheiten gleich in mehrfacher Hinsicht an:

Die Fallschirmjägerkompanie (15. (le) Kp./4. Rgt.) steht bereit, um im Fallschirmeinsatz über den Inseln abzuspringen. Die 1. Kompanie der Küstenjägerabteilung wird nach Einsätzen gegen Korfu um den 1./2. 10. 1943 im Seemarsch mit „Olympia-Geleit" der Kriegsmarine von Piräus in Richtung Insel Naxos verlegt. Dort Bereitstellung der Landungsflotte für die Eroberung der Dodekanes-Insel Kos.

Der Kommandeur des 1. Regiments BR, Major Walther, erhält Befehl, sein im Raum Theben/Griechenland in Bereitschaft liegendes III. Btl./1, dessen Aufgaben zur Bandenbekämpfung von dem im Raum Levadia liegenden I. Btl./1. Rgt. mit zu übernehmen sind, auf den Einsatz gegen die Dodekanes-Inseln vorzubereiten. Dazu ist das Bataillon nach Athen-Piräus vorzuziehen und Wasser- und Landeübungen, teils mit Wasserflugzeugen, durchzuführen.

Der Schwerpunkt der Vorbereitungen der unter dem Befehl des Gen.Lt. Müller stehenden Kampfgruppen zielt auf die Anlandung bei den Inseln Leros und Samnos hin, wobei entscheidend das Zusammenspiel der Marine mit ihren Transportschiffen, der Luftwaffe sowohl hinsichtlich Bekämpfung der brit. Flieger wie des zeitgerechten Absetzens eigener Fallschirmjäger und der zeitplanmäßigen Absetzung der Heeres-Landungstruppen, ist.

Die Zeit drängt.

Am 8. Okt., spätestens jedoch am 9. Okt., soll die „Kampfgruppe Müller" zum Angriff gegen die Schwerpunkt-Insel Leros antreten — Stichwort:

„Leopard". Ausgangspunkt ist das Festland Griechenland. Zugleich erhält „Sturmdiv. Rhodos" Befehl, bis spätestens 7. 10. abends die Brit. Funkstellen auf Symi (nordostw. Rhodos) und Nisyros (westl. Rhodos) zu beseitigen. Die deutsche Luftwaffe soll die Angriffe mit systematischen Bombardierungen vorbereiten, dann durch rollenden Einsatz unterstützen.
Durch sich weiter versteifenden Widerstand der Briten verzögert sich jedoch alles. Die von Rhodos aus gegen die Insel Symi vorgestoßene deutsche Kampfgruppe muß die Insel wieder räumen, das Minenschiff „Bulgaria" mit 285 Soldaten des „X.Fest.Inf.Btl." an Bord wird auf dem Marsch nach Kos durch ein feindliches U-Boot versenkt. Mit Eile ist hier nichts getan – die Vorbereitungen müssen intensiviert werden, vor allem aber deutsche Kampfflugzeuge müssen verstärkt gegen die Inselstellungen der Briten eingesetzt werden. Und so starten tagtäglich Sturzkampfflugzeuge gegen Leros und bekämpfen die zwischen Felsen eingebauten feindl. Batteriestellungen; Kampfflugzeuge fliegen ihre Ziele auch auf anderen feindbesetzten Inseln an. Es geht darum, den Gegner niederzuhalten, seine Aktivitäten einzudämmen. Denn am 17. 10. wird wiederum ein Dampfer mit Teilen des „XI. Fest.Inf.Btl." an Bord nordostw. Amorgos durch ein U-Boot angegriffen und versenkt. Die Verluste häufen sich, das Unternehmen der „Kampfgruppen Gen.Lt. Müller" wird ständig risikoreicher. Das Problem ist, daß Teile der brit. Marinestreitkräfte auch in türkischen Gewässern, obwohl neutral, aber stillschweigend akzeptiert, patroullieren – und auf Führer-Befehl dort nicht von der deutschen Luftwaffe bekämpft werden dürfen.
Bei anhaltend gespannter Lage im Dodekanes durch feindl. Bedrohung von See her meldet die Heeresgruppe an den OB Südost, daß das Unternehmen „Leopard" nicht vor dem 8. Nov. durchführbar sein wird. Hinzu kommt eine erhebliche Verschlechterung der Wetterlage. Auch muß noch immer die Überführung und Bereitstellung des II./Fallsch.Jg.Rgt. 2 abgewartet werden. Es stehen am 2. Nov. 43 die für den Transport unerläßlichen Sibelfähren noch nicht zur Verfügung. Also geht auch dieser Tag ohne Abmarschbefehl vorüber. Die Nervosität wächst. Das Warten bei der Truppe wird unerträglich.
Die 1./KüstenjägerAbt. BR liegt nach Anlandung im Hafen von Calino auf der Insel Kalymnos, fast in Sichtweite der nördl. liegenden Insel Leros, bereit. Das III./1.Rg. BR unter Hptm. Froboese sammelt im Wasserflughafen Phaleron bei Athen, die 15.(le)/4.Rgt. BR jedoch wird aus dem Unternehmen ausgeklammert, erhält sofort Luftaufnahmen der Insel Samos sowie genaue Pläne der ausgedehnten Minenfelder um die Hauptstadt Vati. Die Fallschirmjäger sollen bei günstigem Ablauf von „Leopard" dort abgesetzt werden, um

1.) dem Feind die Möglichkeit zu nehmen, von dort stationierte Truppen-Verstärkungen nach Leros zu bringen,
2.) dem Feind jede Möglichkeit zu nehmen, aus Leros nach Samos auszuweichen.

Die wenig geeignete Insel Patmos wäre die letzte Zufluchtsmöglichkeit für die Briten aus Leros geworden – aber es kommt doch anders.

Die Insel Leros – das Ziel dieses Unternehmens der „Kampfgruppen Gn.Lt. Müller" – hat insgesamt eine Länge von etwa 14 km, sie mißt an der breitesten Stelle ca. 5 km und weist im Süden ihre höchste Erhebung von 334 Metern auf. Schon in Friedenszeiten war gerade diese Insel als Schlüsselposition im Dodekanes mit erheblichen Verteidigungsanlagen und versteckten Batteriestellungen verstärkt worden. Zum Zeitpunkt des bevorstehenden deutschen Angriffs ist die britische Besatzung auf eine Stärke von einer Brigade gebracht worden, die durch Einteilung der Insel in drei Verteidigungs-Abschnitte von Nord nach Süd die Besetzung mit dem IV./Buffs, dann dem II./Royal Irish Fusiliers und dem I./King's Own Royal Regiment aufweist. Die Befehlsführung mit Stab der 234. Brigade hat der brit. General Tilney, der über insgesamt etwa 200 brit. Offiziere und ca. 3000 Mann brit. Truppen Befehl führt. Außerdem sind noch ca. 350 ital. Offz. und ca. 5000 Mann unter Führung des ital. Admirals Mascharpa auf der Insel.

In der Nacht vom 11. auf 12. Nov. 43 läuft das Unternehmen „Leopard" an. Die deutsche Landungsflotte nähert sich unter dem Schutz deutscher Zerstörer der Insel von Südwesten und kann in der aufkommenden Morgendämmerung von See her zwei Kampfgruppen hart ostwärts der Stadt Leros und nördlich der Alindabucht an Land setzen. Schwerstes Abwehrfeuer aus in Felsen eingebauten Küstenbatterien geht auf die Landungstruppen nieder, kann aber nicht verhindern, daß zunächst der Küstenstreifen gehalten wird. Mit Aufkommen des Tageslichts am 12. Nov. 43 kommen deutsche Stukaflieger und bekämpfen gezielt diese Batterien, und am Vormittag landen aus der Luft auch die ersten Teile des II./Fallsch.Jg.Rgt. 2. Die 1./Küstenjäg.Abt. BR setzt sich mit der Landungsgruppe zur Nordost-Küste der Insel Leros in Marsch. Sie erzwingt gegen schwerste brit.-ital. Abwehr mit 2 s.Stubos und 1 L-Boot die Anlandung in der Pandeli-Bucht – ein weiteres L-Boot wird noch vor dem Anlanden durch Artillerietreffer versenkt.

Aus der Sicht der Verteidiger – der brit. Besatzung von Leros – zeichnet sich der Ablauf der Kämpfe bis zum 16. Nov. 1943 so ab:

> „Am 12. 11. 1943 um 6.00 Uhr in der Frühe begann – unterstützt von Sturzkampfflugzeugen und Zerstörern – der Feindangriff mit Landungen im äußersten Nordosten der Insel (etwa 500 Mann) und in der Pandeli-Bucht (etwa 150 Mann) ostwärts der Stadt Leros. Am Nach-

mittag des gleichen Tages wurde außerdem noch rund ein Bataillon Fallschirmtruppen nordostwärts und direkt auf dem Rachi-Rücken abgesetzt. Obwohl unsere Truppen noch im Besitze der umgebenden Höhen waren und somit die Absprungplätze jederzeit einsehen konnten, gewann der Gegner die Kontrolle über den schmalen Gurna-Alinda-Rücken. Im Nordosten blieb der Gegner den ganzen 12. 11. über im Landekopf festgenagelt, hatte aber bis zum 13. 11. gegen 2.00 Uhr früh dann doch seinen Brückenkopf über den Monte Clidi hinaus bis St. Neadonne ausgeweitet. Die in der Pandeli-Bucht gelandeten Feindkräfte wurden von einer Kompanie der Royal Irish Fuseliers im erfolgreichen Gegenangriff auf die tieferliegenden Hänge des Monte Appetici zurückgeworfen, erhielten aber in der folgenden Nacht Verstärkungen nachgelandet. Parallel dazu führten die Deutschen auch am Nordufer der Gurna-Bucht eine Nachlandung durch. Damit waren die Landverbindungen zwischen Süd-, Mittel- und Nordabschnitt der Inselverteidigung abgeschnitten.
In der Nacht vom 13. zum 14. 11. führte die bis dahin in Reserve gehaltene Kompanie des Kings Own Regiments einen Gegenstoß gegen die Feindkräfte am Monte Appetici durch, konnte aber trotz heftiger Feuerunterstützung durch die Schiffsartillerie der Zerstörer „Echo" und „Belvoir" nicht die gesteckten Angriffsziele gewinnen. Gegen 7.00 Uhr morgens am 14. 11. stand der Gegner sogar schon unmittelbar vor unserem Hauptquartier auf dem Monte Appetici.
Im Nordabschnitt konnte das Bataillon der „Buffs" in der Nacht zum 14. 11. den Monte Clidi zurückgewinnen und seinen Angriff sogar noch weiter vortragen, während zum gleichen Zeitpunkt auch im Südabschnitt auf breiter Front ein Angriff nach Norden erfolgte. In diesem konzentrischen Angriffsunternehmen konnten gute Fortschritte gegen den auf dem Gurna-Alinda-Rücken kämpfenden Gegner erzielt werden. Kurz nach Mittag waren diese Feindkräfte im Raum Quaranta fast vollständig eingeschlossen. Bei dieser Aktion konnten über 200 Deutsche gefangen genommen werden, und der Feind erlitt überhaupt schwerste Verluste durch Verwundung und Tod. Trotz heftiger feindlicher Gegenwehr wurde der Angriff zu Ende geführt und am 15. 11. um 20.00 Uhr ein weiterer kräftiger Stoß gegen die deutschen Stellungen auf dem Rachi-Rücken geführt.
Nachts zuvor waren weitere Teile des II./Royal West Kents aus Samos nachgeführt worden, die dem Angriff noch mehr Kraft verliehen. Trotz heftiger und andauernder Bombenangriffe und Bordwaffenbeschuß, denen die unter einem schweren Handicap operierende R.A.F. keine wirkungsvolle Gegenwehr entgegensetzen konnte, gelangen geringe Anfangs-

erfolge. Unsere Verbindungen wurden unterbrochen und jegliche Bewegungen erschwert, unsere Truppen zeigten Anzeichen von Müdigkeit, und am Ende des Tages war das Angriffsziel Monte Rachi nicht erreicht. In der Nacht konnte der Gegner seine Positionen verbessern, im ersten Licht des 16. 11. einen von Sturzkampfflugzeugen unterstützten schweren Angriff gegen den Monte Moriviglia vortragen. Obwohl unsere Truppen sich verzweifelt wehrten, konnten sie die Stellungen am Monte Moriviglia nur noch bis gegen 8.15 Uhr vormittags halten. Zu diesem Zeitpunkt hatte aber der Feind seinen Brückenkopf an der Pandeli-Bucht weiter auszudehnen vermocht und gediegene Reserven aufgebaut. Unsere Lage wurde unhaltbar, und um 20.00 Uhr des gleichen Tages ergab sich die Besatzung."[42]

Von den BRANDENBURGERN sind am 12. Nov. 43 noch nicht die Teile des III./1.Rg. BR im Einsatz, sie stehen zunächst in Piräus bei Athen in Bereitschaft, abwartend, wie sich die Entwicklung bei den Kämpfen auf Leros abzeichnen wird. Währenddessen versuchen die angelandeten Küstenjäger im Angriff über einen fast deckungslosen Steilhang Land zu gewinnen. Stärkstes Feindfeuer verursacht erhebliche Ausfälle, vor allem unter den Offizieren, die alle verwundet werden. Leider auch durch eigene Stuka, die ihre Bombenlasten über diesen Steilhang abladen. Es gelingt den Küstenjägern noch bis an die betonierten Stellungen einer brit. 15-cm-Batterie auf der Kastell-Höhe heranzukommen, dort bleiben sie erschöpft und stark dezimiert im Feindfeuer liegen.

Zur Unterstützung und Verstärkung wird nunmehr die 15.(le)/4.Rgt.BR von ihrem Auftrag Samos entbunden und am zweiten Tage über Leros abgesetzt.

Am Montag, 15. Nov. 43, kommt die Krise; der deutsche Angriff hat sich festgelaufen, an keiner Stelle geht es weiter. Die Briten haben aus den Verteidigungsabschnitten, die bisher nicht angegriffen wurden, Reserven herausgezogen und treten zu Gegenstößen an. Der Nordteil der Insel ist – entgegen vorlautender Meldungen – noch nicht in deutscher Hand. Schwere Waffen, die bei der zweiten Anlandungswelle mitkommen sollten, sind noch nicht auf der Insel – und ohne diese ist kaum noch ein Weiterkommen. Der Feind verteidigt sich in den Felsen zäh und verbissen.

Nur die deutsche Luftwaffe ist immer wieder zur Stelle, mit 145 Kampf- und Sturzkampfflugzeugen unterstützt sie den Kampf. –

Das bei Piräus auf dem griechischen Festland noch in Reserve gehaltene III./1. Regiment unter Hptm. Froboese wird alarmiert. Hierzu ein Auszug aus dem Tagebuch des am Schwerpunkt eingesetzten Einsatzführers, Oberjäg. Haake:

„Montag, 15. 11.

23.00 Uhr Alarm. Wir fahren zum Hafen Piräus und werden auf zwei ital. Torpedoboote verladen, die um 2.00 Uhr auslaufen. Ich schlafe unten im Vorschiff in einem völlig überhitzten Raum. Frühmorgens gehe

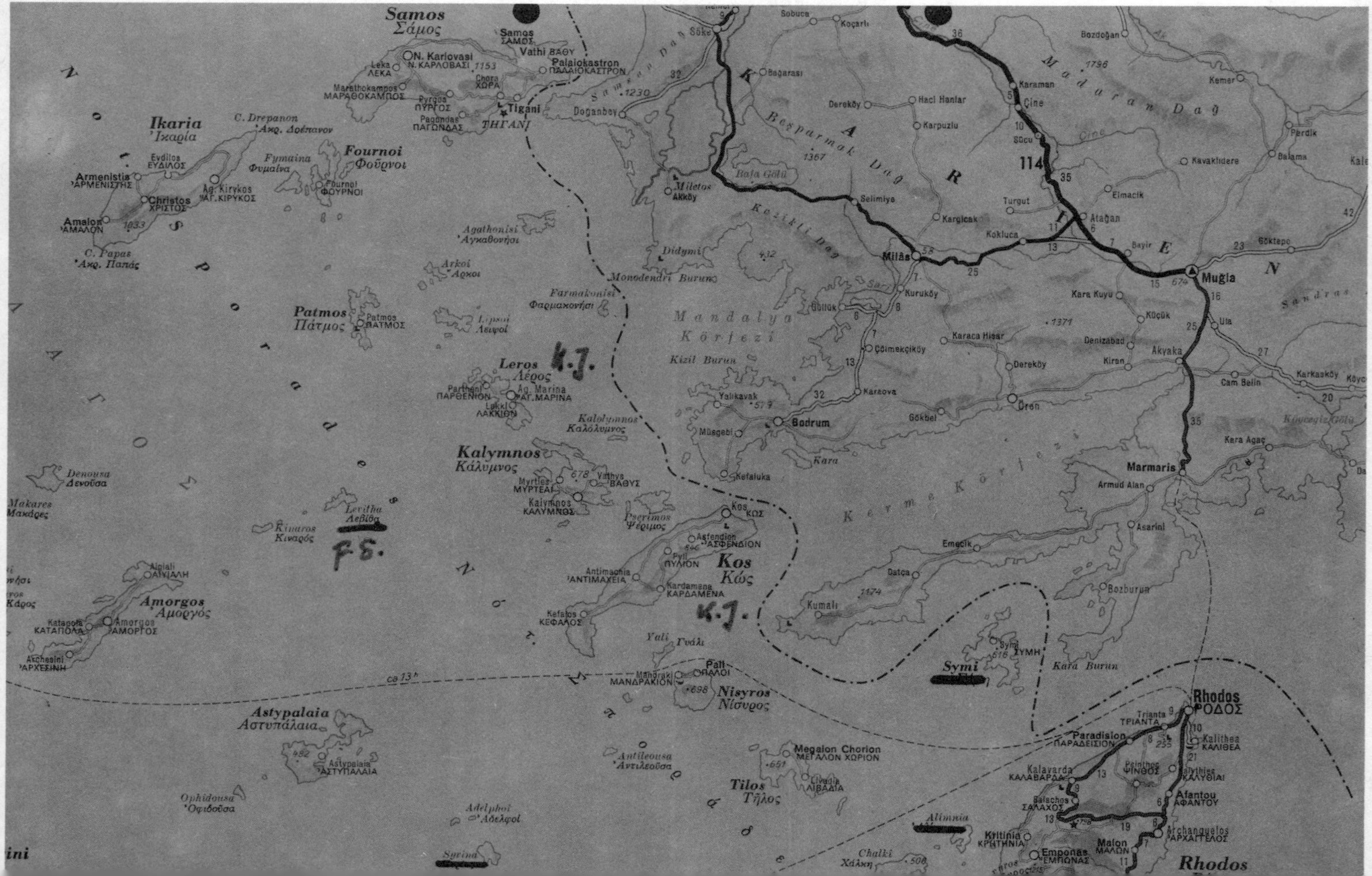

Samos
Σάμος
Samos
ΣΑΜΟΣ
Vathi ΒΑΘΥ
N. Karlovasi
Ν. ΚΑΡΛΟΒΑΣΙ
Palaiokastron
ΠΑΛΑΙΟΚΑΣΤΡΟΝ
Tigani
ΤΗΓΑΝΙ
Ikaria
Ἰκαρία
Fournoi
Φοῦρνοι
Armenistis
ΑΡΜΕΝΙΣΤΗΣ
Christos
ΧΡΙΣΤΟΣ
Amalon
ΑΜΑΛΟΝ
Patmos
Πάτμος
Leros
Λέρος
Kalymnos
Κάλυμνος
Kos
Κώς
Nisyros
Νίσυρος
Astypalaia
Ἀστυπάλαια
Amorgos
Ἀμοργός
Tilos
Τῆλος
Rhodos
ΡΟΔΟΣ
Rhodos
Miletos
Didymi
Milâs
Muğla
Bodrum
Marmaris
Mandalya
Körfezi
Kerme Körfezi
Datça
Symi
Megalon Chorion
ΜΕΓΑΛΟΝ ΧΩΡΙΟΝ
Söke
Çine
Karaman
Selimiye
Kokluca
Ataǧan
Ören
Akyaka
114
K A R I E N
Madaran Daǧ
Beşparmak Daǧ
Kizil Burun
Kara Burun
k.J.
k.J.
F.S.

ich an Deck und unterhalte mich mit einem Maschinenmaaten über technische Dinge. Sehe die Dampfanlage an. Sehr alt, Baujahr 1925. Dann schlafe ich noch etwas an Deck in einer Hängematte. Das leise Wiegen ist herrlich. Vormittags sitzen wir an Deck herum. Kurz vor der Insel Leros, unserem Ziel, greifen uns engl. Flieger an, ohne Erfolg. In der Bucht einer Nachbarinsel werden wir am Nachmittag auf Prähme verladen. Dann kommt General Müller und wünscht uns viel Erfolg zu unserem Einsatz. Bei Anbruch der Dunkelheit fahren wir ab. Nach etwa zwei Stunden erreichen wir eine Bucht von Leros, bekommen sofort fdl. Feuer. Waffen und Gepäck ausladen, Bereitstellen zum Angriff. Der Tommy beharkt uns mit Ari, die Splitter schwirren nur so.
Dienstag, 16. 11.
Gegen 2 Uhr gehen wir über einen Sattel vor und kommen unbehelligt in den Ort Leros. Wir stoßen durch und greifen bei Hellwerden die Höhe südl. der Stadt an. Starkes Inf.-Feuer. Ich gehe gegen eine Flakstellung vor. Klette und Berger werden verwundet. Ich besetze mit Lascyk und Tadewald die Stellung. Huesmann wird verwundet. Um 15 Uhr stürmt die Kompanie die Höhe 204. Der Chef, Oblt. Lenssen, Obfeldw. Thiele und Gefr. Hangen fallen bei diesem Angriff. Ein engl. General wird gefangen, außerdem etwa 2 Kp.'n Engländer und Italiener. Unsere Stukas greifen fortwährend die engl. Stellungen und das Hinterland an. Abends kapitulieren die Verteidiger der Insel. General Müller verhandelt mit drei engl. Generalen. Ich beziehe mit drei Mann meiner Gruppe eine Geschützstellung, in der wir noch Gefangene machen. Nachts werden die Toten beerdigt."

Und mit dem Einsatz dieser Truppe gelingt der entscheidende Umschwung; denn Oblt. Max Wandrey, der nach Verwundung des Btl.-Kdr.'s Hptm. Froboese die Führung übernahm, stürmt mittags mit seinen Männern die entscheidende Höhe 204 und damit das britische Hauptquartier auf dem Monte Meriviglia. Die noch wenigen einsatzfähigen Küstenjäger — darunter auch Oberarzt Dr. Schrägle — beteiligen sich an dieser Aktion, und es gelingt, den brit. General Tilney dort gefangen zu nehmen. Bis zum Abend ist die ganze Insel in deutscher Hand, die tapfere britische Besatzung ergibt sich mit mehr als 200 Offizieren und 3000 Mann, an Waffen fallen in deutsche Hand ca. 16 schw. brit. Flak, ca. 20 2-cm-Flak, etwa 120 Geschütze anderer Kaliber bis zu 15 cm und etwa 80 Flugabwehrmaschinengewehre.[43]

An allen wesentlichen Punkten der Insel beziehen deutsche Einheiten Abwehrstellungen, in Erwartung evtl. feindlicher Gegenangriffe. Jedoch bleibt es ruhig — man richtet sich ein.

Und sofort werden auch Vorbereitungen getroffen, den „Sprung“ nach Norden, zur Insel Samos, einzuleiten. Dazu startet die deutsche Luftwaffe in verstärktem Maße gegen Stellungen auf dieser Insel mit Bombenangriffen. Diese letztlich zwingen die dortige britische Besatzung zur Ablandung unter Mitnahme von dort auch noch anwesenden griechischen Truppenteilen. Der letzte Mann der brit. Besatzung verläßt am Sonntag, 21. Nov., die Insel — und am gleichen Tag versucht der Kommandeur des 1. Regiments, Major Walther, dort mit einer kleinen Gefechtsgruppe anzulanden, um die Besatzung zur Übergabe aufzufordern; und das gelingt auch, zumal die Masse der Besatzung die Insel bereits geräumt hat. Die Besatzung Samos kapituliert am Montag, 22. 11., 10.10 Uhr. Für diesen Tag und die nachfolgende Zeit nachstehend wiederum ein Auszug aus dem Tagebuch eines Einsatzführers:

Sonntag, 21. 11.
13 Uhr Wache beendet, zurück zur Kompanie und zu meiner Gruppe. Es soll nach Samos gehen. Major Walther fährt hinüber, um die Besatzung der Insel zur Kapitulation aufzufordern. 19 Uhr zum Hafen, wir sollen verladen werden, — dann zurück. Das Unternehmen ist verschoben worden. Wir schlafen auf Fallschirmen.

Montag, 22. 11.
7 Uhr marschbereit. Warten. Gegen Mittag kommt Nachricht, daß Samos kapituliert hat. 13 Uhr Abfahrt — eine Flotte von 26 Booten. 20 Uhr landen wir an der Südküste von Samos. Durch minenverseuchtes Gelände nach Wathi, dort Eintreffen 1.00 Uhr.

Dienstag, 23. 11.
9 Uhr löse ich die Gruppe Zintl bei den Batteriestellungen ab. Die Bevölkerung bringt uns Wurst und Wein. Abends Quartier in Tiganion. Die Stadt ist von Bomben stark zerstört. Ich führe ab heute den Einsatz. (Anm.: Einsatz = Zug mit 3 Gruppen.)

Mittwoch, 24. 11. — Freitag, 3. 12.
Viel Arbeitsdienst: Munition stapeln, Benzinfässer rollen, italienische Geschütze von den Bergen herunterschleppen. Wäsche kochen. Auch unser Essen kochen wir selber. Irmler läßt die Nudeln anbrennen. Schafskopp spielen. General Müller überrascht uns beim Waffenappell.

Samstag, 4. 12.
15 Uhr tritt das Btl. an. Gen. Müller übergibt die verliehenen Auszeichnungen. 60 EK II und 8 EK I.

(Anm.: Oblt. Max Wandrey, der nach Verwundung des Kdr.s Hptm. Froboese das Btl. übernahm, die entscheidende Höhe stürmte und den engl. Gen. Tilney gefangennahm, erhielt das Ritterkreuz; die Verleihung fand aber erst im Febr. 1944 in Lamia statt.)

Abends ist alles weinselig und schießt in der Gegend herum.

Dienstag, 7. 12.

Wir warten seit Tagen auf das Stichwort „Goldlotos". Das ist der Verladebefehl. Endlich, um 23 Uhr ist es soweit. Wir gehen an Bord eines Fährprahms. Engl. Flieger greifen an.

Mittwoch, 8. 12.

1.00 Uhr Umladen auf einen Zerstörer. Tommies greifen wieder an. U-Boot-Alarm. Um 5 Uhr fahren wir los: 1 Zerstörer, 1 Torpedoboot, 1 Räumboot und 1 Frachter, dazu Fliegerschutz. 10 Uhr wieder U-Boot-Alarm. Vier Torpedos werden auf uns abgeschossen, wir fahren wilde Kurven. 18 Uhr Ankunft in Piräus. [44]

Der mit der britisch-italienischen Kapitulation von Leros und Samos errungene Erfolg ist hoch zu bewerten. Diese kombinierte See-Luft-Angriffsoperation gegen eine Insel ist im übrigen eine der letzten des Krieges gewesen. Hitler spricht über den OB Südost den Eroberern von Leros und Samos, besonders auch Gen.Lt. Müller, Kdr. der 22. Inf.Div., seine voll Anerkennung aus.

Am 12. Dez. 43 kehrt das III./1 — nunmehr unter Führung Hptm. Wandrey — nach Theben zurück, um 24 Stunden später nach Lamia zu verlegen. Dort erfolgen wieder Aufklärungsvorstöße nach Norden, die jedoch keine Feindberührung ergeben (21. 12.). Dafür entwickelt sich westlich von Lamia, am Ausgang des Sperchia-Flußtales, und auf den Randhöhen beiderseits ein Partisanenschwerpunkt.

Währenddessen hat das I./1 am 12. Dez. seinen Schwerpunkt der Sicherung und der Bekämpfung von Partisanen von Atalanti aus nach Kamena Wurla (Badeort am Golf von Euboea) verlegt. Dort liegt auch die 3. Kp. des 1. Rgt.'s. So ist der für den deutschen Nachschub so entscheidende Thermopylen-Paß zum Jahresende und bis in den Jan. 44 von Süden aus durch Teile I./1 (Kamena Wurla) und von Norden her durch das III./1 (Lamia — Sperchia-Tal) gesichert.

Oblt. Berndt, Chef der 3./1. Rgt. Brandenburg, zu dieser Zeit vorübergehend Btl.-Führer, berichtet nachstehend von einem Angriffs-Unternehmen im Rahmen des Rgt.'s:

„Unternehmen am 30./31. 12. 43

Die Leutnante Stahl und Krohn kommen von der Kriegsschule direkt in meine 3. Kp. — als Zugführer.

Etwa Ende Dez. 1943 unternehmen wir unter Hptm. Gerlach (Rgt.Fhr. 1. Rgt. für in Urlaub befindlichen Mj. Walther) einen Einsatz von den

Thermopylen aus ins Hochgebirge. Ziel war das Dorf Mavrolitarion. Ich führte das I. Btl.

Von Evangelistrion aus ging es in die Berge. In den frühen Morgenstunden bekam die 2. Kp. unter Oblt. Waldemar Späth Feindberührung. Die 2. Kp. war zur Flankensicherung eingesetzt.

Die Partisanen zogen sich unter Rücklassung einiger Toter zurück. Später fanden wir sie nackt, offensichtlich brauchten die Partisanen dringend Kleidung und Stiefel.

In Mavrolitarion vereinigte sich das Regiment ...

Nach 1—2 Tagen setzte sich das I. Btl. bei Nacht ab und legte sich im Hochgebirge in einen Hinterhalt. Wir rechneten damit, daß die Partisanen das abrückende Regiment angreifen würden, um ihm den Rückzug zu verlegen.

Der Plan ging voll auf. Im Morgengrauen rückten starke Partisanen-Verbände über die verschneiten Höhen heran. Im Tal hörte man Gefechtslärm.

Das abrückende 1. Rgt. wurde angegriffen, die auf uns zukommenden Part.-Verbände sollten den Rückzug des Rgt.'s verhindern. Sie zogen an der „Kp. Schulte" vorbei, die in Schneehemden im Wald lag — und liefen dann auf die sMG. des Lt. Krohn zu. Die zurückflutenden Partisanen wurden von Oblt. Schulte's Leuten erwischt und erheblich bekämpft.

Damit war unser Ziel erreicht, ich ließ zum Rückzug antreten, um nicht noch Verluste zu riskieren. Aber die Partisanen waren zähe Burschen: Unter Absingen von Liedern und mit Trompeten-Signalen verfolgten sie uns ...

Hptm. Gerlach ließ dann später noch die Kompanie Sölders angreifen, die dabei schwerste Verluste erlitt." [45]

In einer weiteren Lagebeurteilung vom 1. November 1943 aus der Feder des OB Südost wird die Verschärfung der Bandenlage besonders deutlich. Darin heißt es auszugsweise:

„Für eine bald bevorstehende feindliche Landung fehlen ausreichende Anzeichen. Im Inneren hat sich die Lage verschärft; es handelt sich hier jetzt nicht mehr um ein „Bandenunwesen", sondern darum, daß der Feind auf dem Balkan Fuß gefaßt hat und geschlagen werden muß, bevor die eigenen Truppen in die Küstenverteidigung zurückgezogen werden. Die Bandenlage wird durch die Gesamtkriegslage bestimmt: Der Zulauf zu den Banden hängt von den Hoffnungen auf eine britische Landung oder auf einen bolschewistischen Sieg ab.

In Griechenland stehen nationalgriechische und kommunistische Banden in ca. Stärke 12 000 bis 15 000 Bewaffnete gegeneinander. Britische Berater in beiden Lagern haben noch keine Einigung herbeiführen können.

In Albanien gibt es 2 Bandengruppen: Die kommunistische steht mit Tito in Verbindung, die nationale will sich nicht durch Zusammengehen mit den Deutschen kompromittieren.

In Montenegro haben kommunistische Banden die Übermacht.

In Serbien bemüht sich Mihailovic um eine nationalserbische Armee. Er erwartet den Anstoß zur Tat von außen; da dieser fehlt, nähert sich seine Bewegung einer Krise. Ihm gegenüber gewinnt der Kommunismus beständig an Einfluß; er drängt Mihailovic jetzt auch aus Kroatien zurück. Deshalb sucht dieser Verbindung mit deutschen Stellen. Es wird angestrebt, ihn vom Vorgehen gegen die Deutschen abzubringen; doch muß Vorsorge gegen Erpressermethoden getroffen werden. Außerdem ist die kommunistische Zersetzung seiner Verbände weit fortgeschritten.

In Kroatien gibt es vier Machtbereiche:

1. das von den Deutschen besetzte Gebiet;
2. das der kroatischen Staatsgewalt zugängliche Gebiet, im wesentlichen nur noch Agram selbst;
3. die serbische Autonomie (d. sind: Bereiche, die sich selbständig gemacht haben), sie haben sich „eingeigelt" und kommen je nach Lage den Deutschen entgegen oder nicht;
4. das Tito-Gebiet, ein Sowjet-Staat mit guter Zivilverwaltung und geordneter Wehrorganisation (etwa 100 000 Mann).

Als Ergebnis ist das Absinken der nationalen, ein Ansteigen der kommunistischen Kräfte festzustellen. Der gefährlichste Gegner ist Tito. Falls es nicht in den nächsten Monaten gelingt, ihn entscheidend zu schwächen, vollzieht sich der Zusammenschluß aller kommunistischen Kräfte, und die Verteidigung der Küste wird undurchführbar. Es geht um die Bildung oder Verhinderung eines bolschewistischen Kampfraumes im Südosten an den Grenzen des Reichs. Die Gefahr ist nur mit militärischen und politischen Mitteln zugleich zu bannen. Ein neues Staatsgefüge muß geschaffen werden. Dieses kann vielleicht noch in Form eines deutschen Aufsichtssystems eingerichtet werden. Voraussetzung sind Niederschlagung der Tito-Kräfte und dauernde Besetzung des ganzen Landes mit deutschen Truppen; denn die kroatische Wehrmacht zerfällt mehr und mehr.

Der OB Südost plant, die dalmatinischen Inseln zu säubern und Tito zu bekämpfen durch die Unternehmungen „Kugelblitz" — d. i. die Säuberung von Ostbosnien — und Unternehmen „Adler" — d. i. die Säuberung des Küstenstreifens Fiume — Zara.

Ferner sind vorgesehen: 2—3 Unternehmungen nördlich der Save und ein weiteres an der Straße Split, Livno, Travnik. Der OB hat ferner die Absicht, die Küste feldmäßig, teilweise festungsmäßig, auszubauen.[46]

Das Unternehmen „Kugelblitz" wird federführend dem Gen.Lt. von Stettner, Kommandeur der 1. Geb.Division, übertragen, dazu wird das 2. Rgt. Brandenburg unterstellt. Die Vorbereitungen, die auf die Vernichtung von Tito-Verbänden im Viereck Sjenica —Prijepolje (nördl.) — Plevlja (westl.) — Brodarewo (südl.) hinzielen, werden um den 22. Nov. 43 eingeleitet. Mit dem 2. Dez. 43 erfolgt Antreten zum Unternehmen „Kugelblitz"; dabei fällt dem I./2 die Aufgabe zu, die Stadt Prijepole im Lim-Tal in Besitz zu nehmen.

Wir folgen hier dem Bericht des derzeitigen Btl.-Führers, Oblt. Steidl:

„Ich wurde zu Pfeiffer befohlen und erhalte Befehl, die für den Lim-Übergang entscheidende Brücke in Prijepolje zu nehmen und zu halten bis Verstärkung eintrifft. Der Ausgang des Unternehmens hängt von der Durchführung meines Kampfauftrags ab. Ich bin mir der Schwere bewußt und arbeite den Kampfplan sorgfältig aus. Allerdings fehlen mir im Augenblick noch genaue Unterlagen über den Feind. Teile der 1. Geb.-Div. und das Btl. Renner sind angetreten, um die Hochpässe zwischen Sjenica und dem Raum ostwärts Prijepolje freizukämpfen. Nach hartem Ringen steht die Spitze westlich Gvods. Ich ziehe das Btl. bis dorthin vor, um Aufklärung und Einblick ins Gelände zu bekommen. Die Wege sind verschlammt. Etwas Schnee liegt auf den Hängen. Wir ziehen in armseligen Bauernhütten unter. Ein Muselmane kommt aus Prijepolje und berichtet, wie es dort aussieht. Die Stadt ist von Titoleuten und Italienern stark besetzt: Panzer und Artillerie sind am Ort. Die Brücke ist zur Sprengung vorbereitet und durch Bunker gesichert. Über dem Kloster Milesevo und dem Bergrücken Kosevina bis zum Limtal liegt die Hauptkampflinie der Tito-Banden. Feindliche Panzer sichern die Straße. Auf der Höhe von Kocevo liegen unsere vordersten Linien. Sie sind von Teilen der 1. Geb.Div. besetzt.

In der Frühe des 3. Dezember marschiert unser Kommando mit Tragtieren los bis in die Höhe der Vorposten bei Kocevo. Nach einigen Stunden Rast brechen wir am 4. Dezember 2.00 Uhr nachts zu unserem Brückenunternehmen auf.

Lt. Mark macht mit seinem Zug die Spitze. Er biegt rechts ab; wir sind abgerissen und marschieren geradeaus und kommen direkt zum Lim. Ein Abbiegen ist dort wegen des Sumpfgeländes unmöglich; wir müssen umkehren und bei der Häusergruppe den Weg nach Norden nehmen. In der Dunkelheit hören wir Stimmen in italienischer Sprache. Wladimir Mark ist im Gespräch mit den ersten Sicherungsgruppen des Feindes. Wir liegen flach am Boden. Wladimir gibt ihnen zu verstehen, wir seien Italiener. Die Spannung steigt. Sie trauen uns nicht und eröffnen das Feuer. Für uns ist die Zeit jetzt kostbar. Wir müssen vor der Dämmerung Prijepolje haben — also drauf und ran brülle ich, und wir stürmen mit Hurra die Löcher und überrennen die Gegner. Eigene Verwundete fallen an, sie werden mitgetragen. Im Eilmarsch ziehen wir das Limtal abwärts in der Hoffnung, daß der Feind in der Stadt noch nicht alarmiert ist. Wir haben noch 4 km zurückzulegen. Es ist bereits 4.00 Uhr vorbei und ein fahler Schein zieht schon im Osten über die Bergkämme. Nach 1 km erhalten wir von vorne und rechts Feuer. Im blitzartigen Zupacken wird der Feind geworfen. Der letzte Bunkerposten vor der Stadt verliert sein Leben, ohne daß er vorher etwas gemerkt hätte. Es wird hell, Nebel zieht durch das Flußtal. Wenige hundert Meter vor uns liegt die Stadt. Die große Brücke ist deutlich zu sehen. Das Herz schlägt jetzt ruhig, das Ziel ist im Auge, es muß gelingen. Jagdfieber erfaßt uns. Am jenseitigen Limufer ist reger Verkehr. Bunkerscharten drüben, nur 60 Meter entfernt, Geschütze stehen aufgefahren, der Gegner hält uns für eigene Leute. Im Nebel sind wir nicht genau zu sehen, es wäre sonst nicht auszudenken, kein Mann käme von uns lebend heraus. Wir marschieren in Reihe auf einem schmalen Pfad; rechts von uns steiler Berghang, obendrauf dichtbesetzte feindliche Stellungen, links von uns der Limfluß und am anderen Ufer wieder Feinde, nichts als Feinde. Ich befehle raschestes Marschtempo und sofortigen Angriff aus der Bewegung. Der erste Bunker am Ortsrand ist gestürmt, im Laufschritt stürmen wir auf die Ortsmitte zu, von der die Straße über die Brücke abzweigt. Von allen Seiten schlägt uns wütendes Abwehrfeuer entgegen. Die Bunker vor der Brücke sind überwunden, im Sturm wird die Bewachung niedergekämpft, werden die Zündkabel durchgeschnitten. Jenseits steht eine mit starken Mauern zur Festung ausgebaute Kaserne. Keuchend laufe ich über die Brücke, Wladimir ist schon drüben; links und rechts spritzen Geschosse an den Eisengeländern ab und pfeifen haarscharf an meinen Schläfen vorbei. Eine Deckung gibt es nicht, der ungeschützte Weg im rasenden Feuer wird unendlich lang. Doch es geht gut. Ein kleiner Brückenkopf ist gebildet. Das Häuschen und das Lazarett sind fest in unserer Hand. Leider habe ich in den verbissenen Nahkämpfen viele Leute verloren. Nur die 2. Kompanie steht mir hier zur Verfügung, während die 1. drüben in schwere Häuserkämpfe verwickelt ist. Der Feind ist zäh und verbissen; den ersten Schock hat er überstanden und setzt auf uns einen heftigen Gegenstoß an. Er ist auf allen Seiten auf Nahkampfentfernung ran. Handgranaten fliegen hin und her. Vom großen weißen Haus unterstützt er mit s.MG. Einer meiner Besten, Max Kohlhuber, erhält einen Kopfschuß. Der kleine Raum füllt sich mit Verwundeten. Mein Funkspruch an das Regiment: „Brücke unzerstört um 6.30 Uhr in eigener Hand, Entsatz dringend nötig", bleibt ohne Antwort. Seit Stunden liegen wir im verbissenen Abwehrkampf. Der Gegner will unbedingt an die Brücke heran. Die Handgranaten sind uns ausgegangen. Ich habe noch 30 Mann, alles andere ist tot oder verwundet. Wladimir wird durch Schulterschuß verwundet. Es scheint nicht so arg zu sein, er raucht eine Zigarette. Ich gehe mit ihm zum Fenster und sehe zum jenseitigen Ortsteil. Die 1. Kompanie ist im Angriff gegen die Höhen, von denen wir Rückenfeuer erhalten. Klatschend schlagen Geschosse neben Wladimir und mir in die Mauer. Im nächsten Augenblick fällt er um. Die Kugel schlug ihm durch den Kopf. Wieder einer der Besten fort für immer. Ich beiße die Zähne zusammen. Nur jetzt unter keinen Umständen weich werden. Nur noch 18 Mann habe ich zum Halten des Brückenkopfes. Über 800 Gefangene sind in unserer Hand. Die ersten Panzerwagen rollen über die Brücke; mit ihnen mein Regimentskommandeur. Das III. Btl. (Reuner) ist drüben im Ort, Lt. Haut ist mit wenigen Männern zur Verstärkung im Schutze der Panzer über die Brücke gekommen. Der Kommandeur schüttelt mir die Hand und fällt mir vor Freude um den Hals. Ich trete zum Angriff gegen die Kaserne an, in der sich noch rund 300 Mann verteidigen. Vergebens, es ist nicht ranzukommen. Nach mehreren verlustreichen Angriffen gebe ich auf und will die Dunkelheit abwarten. Mit Panzern, Pak und Leichtgeschützen schießen wir auf kurze Entfernung hinein, doch der Feind ist verbissen und erwidert immer wieder das Feuer.

Der Rgt.-Kommandeur will unbedingt noch vor Einbruch der Nacht die stark verteidigte Kaserne in unseren Besitz wissen. Nach vergeblichen Angriffen, die noch schmerzliche Verluste kosten, warte ich aber erst die Dunkelheit ab. Inzwischen ist die Gefangenenzahl auf 1200 gestiegen. Panzer transportieren meine Verwundeten über die Brücke zurück, die noch immer unter heftigem Feindbeschuß liegt. Mit Dunkelwerden setze ich zum Sturm auf die Kaserne an. Mein Kp.-Feldwebel riegelt ab, um ein Entkommen des Feindes zu verhindern, und unterstützt mich mit

MG.-Feuer. Im Schutze von 2 Panzern gelingt es meinem Stoßtrupp, an den Eingang ranzukommen. Mit Nebelkerzen und Benzinkanistern wird der letzte Widerstand gebrochen. 180 tote Feinde liegen im Hause. Um 22 Uhr sind Prijepolje und das Westufer des Lim fest in unserer Hand.“

Zwischen Tara und Lim — südlich der Linie Sjenica — Prijepolje — Plevlja —, in den felsigen Bergen, ziehen von Süden her Tito-Banden heran und bedrohen den Rücken der deutschen Angriffstruppen, die nach Westen und Nord-Westen im Angriff sind. Das I./2 wird daher am 7. Dez. 43 nach Süden in Marsch gesetzt und erreicht im Mot.-Marsch die Stadt Brodarewo. Von dort geht es im Fußmarsch, über Serpentinen, in dichtem Waldgelände über Bukovik in die Gegend um Grab. — Dort vordere Sicherungslinien, die von Muselmanen gestellt werden, zusammen mit der „Kompanie Jaksch“ — gegenüber den feindbesetzten Höhen um Punkt 1139. — Von hier aus Angriff des Bataillons Steidl in Richtung Draskowina, der bis zum Ortsrand durchschlägt.

Hier Sicherungen, zusammen mit den Milizen unter Camil, die Verbindungstrupps und die Aufklärung nach Süden stellen. Feind wird gemeldet aus Süden — dem Ort Bjelopolje; Kräfte geschätzt auf 3000 Mann. In der Odzak-Schlucht wird eine deutsche Nachschubkolonne überfallen, Brücke ist gesprengt, Tragtiere werden zusammengeschossen.

Weiterer Feind erkannt auch von Westen her im Anmarsch — auf Draskowina zu, bald Feindberührung. Dabei fällt Feldw. Rechner durch Herzschuß, mehrere Verwundete auf deutscher Seite. Die Munition wird knapp. Am 11. Dez. löst sich schließlich das I./2. Regiment aus seinen Stellungen bei Draskowina und zieht sich hinhaltend kämpfend und unter Mitnahme aller Verwundeten auf die Höhen beiderseits von Grab zurück. Noch in der Dunkelheit folgt der Gegner nach. Es trifft Befehl ein, die Höhen beiderseits von Grab zu verteidigen als Vorposten-Stellung für die Stadt Brodarewo. Das Bataillon richtet sich mit seinen zwei schwachen Kompanien notdürftig ein, verstärkt durch die Milizen. Starkes Schneetreiben, hundekalt, teilweise Nebel in den Morgenstunden.

Mit Einbruch der Helligkeit am 11. Dez. erfolgt feindlicher Vorstoß von allen Seiten in unübersichtlichem Gelände durch Bandengruppen, dabei auch Frauen. Hin- und hergehende Abwehrkämpfe über Stunden, die Lage wird wiederholt kritisch, kurzfristige Gegenstöße schaffen dann wieder Luft.

Am 12. Dez. 43 trifft vom Regiment Funk-Befehl ein: „Durchkämpfen bis zu den Höhen bei Petulja, dort Ablösung der ‚Kompanie Vizenz‘ und erneute Sicherung ...“

Der Rückzug wird noch während der Nacht eingeleitet, das Verlassen der Sicherungen am Tage ist unmöglich. Die Höhen beiderseits Petulja werden erreicht und erneut besetzt. Nur geringe Feindberührung. Das abgekämpfte I./2 verbleibt in diesen Stellungen bis zum 18. Dez. Es wird am 18. 12. abgelöst und verlegt zurück nach Prijepolje in Ruhe.
Der Gegner verhält sich ruhig; vermutlich hat er seine Kräfte für die Wintermonate zurückgezogen, um sie umzubilden.
Und während die Muselmanen und Milizen in den umliegenden Bergen sichern, verbleibt das I./2 als Eingreifreserve in Prijepolje. Mit Jahresbeginn 1944 übernimmt Hptm. Weithoener, der Bataillons-Kommandeur, wieder die Führung des I. Bataillons. Oblt. Steidl wird bald darauf zum Hptm. befördert und zu einem Btl.-Führer-Lehrgang kommandiert. Dort erreicht ihn das folgende Telegramm:
Btl.Führer Lehrgang PUTLOS
für Hptm. Steidl des 2. Rgt. Brandenburg.
Der Führer hat Ihnen das Ritterkreuz des Eisernen Kreuzes verliehen. OB der 2. Pz.Armee u. Rgt. gratulieren. Von mir und der ganzen Div. herzlichste Glückwünsche. Ich freue mich sehr, daß Ihre ausgezeichnete ständige Einsatzbereitschaft und Ihre Leistungen diese Anerkennung gefunden haben.

gez. v. Pfuhlstein
Div. Brandenburg

Das bisher in und bei Tirana/Albanien eingesetzte II./2 unter Hptm. Oesterwitz trifft in Prijepolje ein und wird seinem Regiment wieder unterstellt.
Mit der Rückführung des II./2 aus Albanien zum Regiment sind zum Jahresende 1943 nur noch zwei Verbände in Albanien: In Küstennähe westlich Berat die 100. Jg.Div. und im Raum Crna die 297. Inf.Div., beide unter dem Kommando des XXI. Geb.A.K.
Die Nähe des zwischenzeitlich in der Hand der Alliierten befindlichen „Stiefelabsatzes“ Italiens zum albanischen Festland bietet verstärkt die Möglichkeit großzügigen Nachschubs über die „Straße von Otranto“ — für die Partisanenverbände. Die beiden mit Schwerpunkt im Küstenbereich eingesetzten deutschen Divisionen bilden in ihren weitläufigen Stützpunkten kaum genügend Abwehr gegen die meist nächtlichen Infiltrationen.
Das waldige, bergige und durchschnittene Hinterland Albaniens mit dem fast nahtlosen Übergang in die Bergwelt Montenegros läßt eine Übersicht überhaupt nicht zu. Um den Mangel an Präsenz auszugleichen, die stolze, im Grunde antikommunistische Bevölkerung für sich zu gewinnen und eine lose Kontrolle der zumeist britischen Einflüsse zu erlangen, setzt die Ab-

wehr Kommandos, Trupps und auch Einzelpersonen ein. Diese mit der Mentalität, Sprache und Kenntnis der besonderen Verhältnisse ausgestatteten Soldaten wirken „wie Fische im großen Teich" inmitten der Bergbewohner, als Gegengewicht zum alliierten Einfluß.

Ihnen zur Seite stehen Landesbewohner, die freiwillig und ohne Druck, stets jedoch beherrscht von ungeheurem Freiheitswillen, in die Dienste dieser Kommandos getreten sind.

Zwei solche Unternehmungen, die sich über Monate hinziehen und in ihrer oft mittelbaren Wirkung nicht unterschätzt werden dürfen, sind hier nachstehend aufgezeichnet. Sie sind von BRANDENBURGERN durchgeführt, mehr am Rande des eigentlichen Kampfgeschehens, aber hinsichtlich der Wirkung und des Erfolges ein kaum wägbarer Faktor im Ablauf dieses Krieges.

Die wenigen aus dem „Kommandounternehmen Schamil" herausgekommenen kaukasischen Freiwilligen sammeln sich Anfang 1943 mit ihrem ebenfalls entkommenen Kdo.-Führer Oblt. Lange am Ausgangspunkt Armawir. Da der Rückzug der deutschen Armeen aus dem Kaukasus-Gebiet eine Rücknahme der Front auch in der Ukraine einschließt, verlegt das Kommando zu neuem Einsatz auf den Balkan. Hier verschärft sich der Kampf der Tito-Banden ständig und erzwingt den Einsatz erfahrener Einsatzgruppen. Dazu zählt auch das im August 1943 auf ca. 80 Mann verstärkte „Kommando Lange".

Mit Gefechtsstand in Tirana (griech. Botschaft) erfolgt Auftrag für den Aufbau nationalalbanischer Bandeneinheiten zum Sicherungseinsatz der deutschen Nachschubstraße Tirana — Elbasan — Struga — Bitola (Bitolj). Zugleich sollen damit deutsche Kampfeinheiten, die bisher die Sicherung durchführten, freigemacht werden.

Unter dem Stichwort „Balli-Kombetar" entstehen durch Anwerbung mehrere nationale Bandengruppen, die in der Zeit Sept. 43 — Mai 1944 eine Gesamtstärke von annähernd 12 000 Mann erreichen. Ein bis zwei deutsche Sicherungsregimenter, darunter auch das I. R. 113, können dadurch herausgezogen werden.

Diese straff geführten und mit Beute-Waffen aus ital. Beständen wie Gebirgsstutzen, Granatwerfer, MG. und MPi. ausgerüsteten Gegen-Banden unter deutscher Kontrolle sind um die Jahreswende 1943/44 von Skutari (Shkodar) und Prizren bis Valona und Struga — Dibra ständig im Sicherungseinsatz.

Mit Hilfe deutscher Offiziere wie Lt. von Moritz (Balte), Lt. Janko (ein älterer Albanien-Kaufmann), Lt. Thomasius werden wiederholt Jagdeinsätze auch gegen angelandete bzw. mit Fallschirm abgesprungene Sabotage-

trupps der Briten durchgeführt. Es gelingt u. a., den britischen General Davies und seinen engeren Stab gegen Jahresende 1943 gefangen zu nehmen.
Ausgelöst durch den Ruf des bewährten Führers einer Gegenbande, Aziz Bicaku, in das derzeitige Einsatzgebiet in den Bergen nördl. des „Shkumbini“, wird in einem größeren Umkreis ein Kessel um das Stabsquartier der Briten gebildet, der dann langsam zugezogen wird. Dabei kommt es wiederholt zu Feuergefechten, bei denen schließlich General Davies einen Leberschuß, sein ihn begleitender Major einen Oberschenkelschuß erhalten. Das ist das Ende der britischen Militärmission in Albanien. Und damit fällt eine weitere Unterstützung künftig dort aus.
Auch hier zeigt sich, daß die Bandenbekämpfung im Gebirgsgelände Albaniens nur mit ungewöhnlichen Mitteln erfolgreich geführt werden kann.
Lange, noch zum Jahresende 1943 zum Hauptmann befördert und mit dem Ritterkreuz ausgezeichnet, erleidet im Januar 1944 einen schweren Unfall (Kopfverletzung), der die Einstellung seiner Tätigkeit in Albanien erzwingt. In der zweiten Hälfte Febr. 1944 übernimmt Hptm. Eggers — wiederum ein „alter“ und sehr erfahrener BRANDENBURGER — die Führung des Kommandos, das noch bis in den Juni 1944 hinein in Albanien wirksam bleibt.
Eine zusammenfassende und bewertende Darstellung der im Jahre 1943 an vielen Stellen des Kriegsgeschehens eingesetzten BRANDENBURGER gibt der folgende Weihnachts- und Neujahrsbefehl des Kommandeurs der Division Brandenburg, Generalmajor v. Pfuhlstein, vom Dezember 1943:

Division Brandenburg
Kommandeur
Nr. 747/43 geh.

WEIHNACHTS- UND NEUJAHRSBEFEHL

Soldaten der Division Brandenburg!

Zum Weihnachtstage und zur Jahreswende sende ich allen Offizieren, Oberjägern und Jägern, den Sanitäts-Offizieren und Beamten der Division an der Front, in den Lazaretten und in der Heimat kameradschaftliche Grüße und Wünsche!

An der Schwelle vom alten zum neuen Jahr will ich Euch allen einen Überblick geben über das, was das ablaufende Jahr an Ereignissen der Division Brandenburg gebracht hat. Ich will Euch weiterhin zeigen, wie unsere Lage im Augenblick ist und welche Aufgaben das neue Jahr für die Division Brandenburg bringen wird.

Im Januar 1943 standen fast alle Teile des damaligen Sonderverbandes „Brandenburg" an der Front im Osten, vor allem im Süden der Front. Bei Eis und Schnee in schwerste Kämpfe verwickelt, bildeten die schwachen Kompanien der „Brandenburger" die Nachhut für zahlreiche Divisionen, Panzer-Divisionen und Panzer-Korps. Teilweise sich selbst aufopfernd, ermöglichten sie die befohlene Ausweichbewegung.

Erst ab Ende Januar, meist erst im Februar und März konnten die „Brandenburger" herausgezogen und vorübergehend in die Heimat verlegt werden. Was zurückkam, war eine kleine Schar tapferster Männer. Verlaust und dreckig in abgerissener Uniform brachten sie ihre Waffen mit. Diese Waffen aber waren ausgeschossen und für neuen Kampf nicht mehr verwendbar. Die wenigen meist uralten und überlasteten Kraftfahrzeuge waren fast ausnahmslos im russischen Schnee und Schlamm steckengeblieben und gesprengt.
Das Wichtigste aber brachten diese Männer mit:

Das absolute Gefühl der Überlegenheit des deutschen Soldaten und vor allem der „Brandenburger" über den russischen Feind!

Und was geschah nun?

In wenigen Wochen wurde in hervorragender Arbeit und im Zusammenwirken aller aus den Kompanien des Sonderverbandes die Division Brandenburg zusammengestellt. Die kampfbewährten Kompanien bildeten den Stamm der neuen Bataillone, deren Führung die alten kriegserfahrenen Kompanieführer übernahmen. Neue junge Mannschaften, ältere und jüngere Offiziere und Unteroffiziere traten hinzu. So wurden aus den Kompanien Bataillone, die Bataillone zu Regimentern zusammengestellt.

Anstelle der alten unbrauchbaren Waffen wurden neue Waffen modernster Art ausgegeben. Die gesamte Division wurde vollständig mit neuem, modernstem und wertvollstem Kraftfahrmaterial ausgestattet.

An dieser Stelle möchte ich dankbar der hervorragenden Mitarbeit des 1. Generalstabsoffiziers der Division gedenken, des inzwischen an der Ostfront als Regimentsführer schwerverwundeten Hauptmann Wülbers.

Bereits im April gingen die ersten Bataillone wieder an die Front. Die letzten Teile der Division folgten im Mai. Ich gebe zu, es ging alles sehr, sehr schnell. Es wäre gut gewesen, wenn für diese riesige Neuorganisation einige Tage und Wochen mehr zur Verfügung gestanden hätten. Aber es ging nicht. Führung und Front forderten den denkbar schnellsten Einsatz aller irgendwie verfügbaren „Brandenburger".

Und was wurde im Jahre 1943 im Kampf geleistet?

Das 1. Regiment, die Fallschirm-Kompanie des 4. Regiments unter Führung von Oberleutnant Oschatz und Leutnant Hörl, die 1. Küstenjäger-Kompanie mit ihrem jetzt schwerverwundeten Hauptmann Kuhlmann waren an der Einnahme und Säuberung der Inseln Kos, Levita, Stampalia, Kalimnos, Leros und Samos maßgeblich beteiligt. Einige dieser wichtigen Inseln wurden ausschließlich durch „Brandenburger" im kühnen Handstreich genommen. Als auf der Insel Leros nach 4 schweren Kampftagen die Krise heranreifte und niemand sagen konnte, ob nicht ein schwerer Rückschlag unmittelbar bevorstand, brachte das III./1. Rgt. unter Führung des hierbei verwundeten Hauptmann Froböse die siegreiche Entscheidung. Oberleutnant Wandrey mit 20 tapferen Jägern durchbrach die starke englische Befestigungslinie, knackte in der Tiefe der englischen Front eine Anzahl besonders starker Bunker und nahm hier persönlich den Kommandanten der Insel, den englischen General Tillney gefangen. Die Kapitulation des zahlenmäßig und materiell weit überlegenen Engländers und der starken und modern ausgebauten Inselfestung wurde somit durch das III./1. Rgt. und die kühne Tat des Oberleutnants Wandrey und seiner Jäger entscheidend beeinflußt.

Das 2. Regiment unter der umsichtigen, energischen und ebenso fürsorglichen Führung seines Kommandeurs, Oberstleutnant Pfeiffer hat in zahllosen Kämpfen und Gefechten in Nord-Griechenland, in Albanien und vor allen Dingen im serbischen Raum dem Feind fast tagtäglich schwerste Verluste an Menschen und Material beigebracht.

Den außerordentlichen Feindverlusten steht eine geringe Zahl eigener Verluste gegenüber. Dies ist darauf zurückzuführen, daß das 2. Regiment unsere bewährte zbV-Kampfweise immer wieder in besonders erfolgreicher Art angewendet hat. Dies als Lehre, Ansporn und Vorbild für alle. Besonders anerkennend will ich hervorheben die 3 Bataillons-Kommandeure, den Hauptmann Weithoener, Hauptmann Oesterwitz, Hauptmann Renner und ferner den Oberleutnant Steidl. Alle 4 alte erfahrene zbV-ler.

Das 3. Regiment steht mit dem I. und III. Bataillon seit Monaten an einem der Brennpunkte der Ostfront in schwerem Kampf. Es ist eine Stelle, die fast tagtäglich im Wehrmachtbericht genannt wird. Diese beiden Bataillone haben die ganze Wucht und Verbissenheit der russischen Angriffe kennengelernt. In schwerstem Kampf mit zahllosen schweren Panzern durchgebrochenen Kavalleriemassen und zahlenmäßig überlegenen Infanterien, Artillerie-, Granatwerfer- und Salvengeschützen, oft ohne Nachbarn links und rechts, haben sich diese Bataillone vorbildlich für alle deutschen Soldaten geschlagen. Die Hauptleute Pinckert (Gerhard), Grawert und Mertens haben an den errungenen Erfolgen besonderen Anteil.

Das Bataillon Hauptmann Bansen hat es dagegen in Italien leichter gehabt. Es hat aber auch hier seine Aufgaben zur vollsten Zufriedenheit der vorgesetzten Kommandostellen erfüllt.

Unsere alten russischen Legionäre, unter Hauptmann Auch zu einem Bataillon zusammengefaßt, haben als Nachspitze die befohlene Ausweichbewegung der deutschen Truppen in Gegend Shitomir gedeckt und ermöglicht. Als Letzte haben unsere Legionäre Shitomir verlassen. Als Erste sind unsere Legionäre im Gegenangriff wieder in die Stadt Shitomir eingedrungen! Die Zuverlässigkeit und Bewährung unserer Legionäre im Kampf ist das besondere Verdienst der in diesem Bataillon kämpfenden deutschen Offiziere, Oberjäger und Jäger der Division.

Unvergessen in der Division bleiben die harten und aufopferungsvollen Kämpfe des Bataillons von Koenen und der Küstenjäger-Kompanie Hauptmann Kuhlmann in Afrika und Tunesien im Anfang dieses Jahres. Die Küstenjäger-Kompanie hat auf Kos und Leros gezeigt, daß Geist und Schwung noch die gleichen sind wie in Afrika und Tunesien, und auch das III. Bataillon des 4. Rgts. unter Hauptmann von Koenen steht längst wieder am Feind.

Das 4. Regiment ist z. Zt. bataillonsweise aufgeteilt eingesetzt. Einige Teile des Regiments stehen erst seit kurzem am Feind. Der Start des 4. Regiments wird erst im Jahre 1944 richtig kommen.

Der Kampf der 1. Kompanie auf der Insel Leros unter Führung des hierbei verwundeten Oberleutnants Sölder, die zahlreichen erfolgreichen Einsätze der Fallschirm-Kompanie und nicht zuletzt der kühne Handstreich der Kompanie Hettinger zur Wegnahme der Inselfestung Maddalena bilden den Auftakt für kommende weitere Erfolge des ganzen Regiments.

Ein großes Kesseltreiben in schwierigem Gebirgsgelände im Mai—Juni ds. Js. hat die junge Mannschaft des Regiments zu harten Soldaten gemacht.

Unsere Funker haben erneut gezeigt, daß sie ihr Fach beherrschen. Sie stellten die Verbindung von den eingesetzten Gruppen und Zügen tief in oder gar hinter der feindl. Front zum Bataillon oder zum Regiment her. Ebenso gut und sicher waren stets die Verbindungen über viele hunderte von Kilometern zu allen „Brandenburgern“ an den weiten Fronten Europas.

Die Sanitäts-Offiziere haben sich nicht nur als Ärzte bewährt. Wenn es darauf ankam, wie z. B. im Osten und auf der Insel Leros, waren sie ebenso gute Kämpfer und Führer von Einheiten. Dank gebührt den Beamten, die sich pflichtbewußt und umsichtig für die gerade bei uns nicht leichte Versorgung der Truppe mit Erfolg einsetzten.

Die stolzen Erfolge des Jahres 1943 haben in die Reihen der Kompanien der Division erneut Lücken gerissen. Die Zahl der gefallenen Kameraden ist glücklicherweise nicht sehr hoch. Sehr viel größer ist dagegen die Zahl der Verwundeten.

Wir gedenken zur Jahreswende unserer Gefallenen in Ehrfurcht und Dankbarkeit. Sie warten auf den Sieg, den wir erkämpfen werden. Ich erwarte, daß in den Weihnachtstagen zahlreiche Briefe und Grüße von der Front an die bekannten Angehörigen unserer gefallenen Kameraden gehen.

Ebenso wollen wir engste Verbindung halten zu unseren Verwundeten und Kranken in den Lazaretten. Meist sind es gerade unsere allerbesten Soldaten. Keiner darf vergessen werden. Über unsere Genesenden-Kompanien wollen wir sie alle ohne Ausnahme baldmöglichst wieder in unsere Reihen haben. Deshalb, meine Offiziere, Oberjäger und Jäger: wer noch nicht einen Gruß den verwundeten oder kranken Kompanie-Angehörigen, Kameraden und Freunden geschickt hat, der hole dies Versäumnis sofort nach!

Und was bringt nun das neue Jahr 1944 der Division Brandenburg?

Durch die Kämpfe des ablaufenden Jahres sind unsere Reihen gelichtet. Die Kompanien sind teilweise nicht mehr als eine Handvoll Leute. Dies wird mit Beginn des neuen Jahres anders! Neuer Nachschub an besonders ausgesuchten Freiwilligen aus allen Teilen des deutschen Heeres wird, im Januar beginnend, in unsere Reihen eingestellt und schnellstens dens Front-Regimentern zugeführt. Dazu kommen die ersten jungen Soldaten, die im neuen Lehr-Regiment der Division unter Führung des Major Martin sorgfältig ausgebildet sind. Ich habe diese Rekruten-Kompanien gesehen. Sie sind im Geländedienst, in allen Kampfarten tadellos geschult. Und so ganz nebenbei machen diese jungen Jäger einen Präsentiergriff und einen Exerziermarsch in der geschlossenen Kompanie, wie ich es nur von meinem alten Regiment des Weltkrieges 1914/18 und aus dem Hunderttausend-Mann-Heer kenne. Die Regimenter werden sich in Zukunft um diesen tadellosen Ersatz reißen. So erreichen wir in den Monaten Januar, Februar bis März das, was wir uns alle schon lange als Ziel gewünscht haben: Aus der Handvoll Männer wird dann endlich eine kampfkräftige Kompanie mit allem notwendigen Drum und Dran. Daneben wird unsere Waffenausstattung weiter verbessert. Durch das Lehr-Regiment stehen wir in Zukunft in bezug auf Nachersatz in ausreichender Weise auf eigenen Füßen. Die jungen Wehrpflichtigen werden von Anfang an gleich innerhalb unserer Division gründlich ausgebildet und in unserem Geiste erzogen. Daneben laufen Unterführerlehrgänge und ein besonderer Kampfschullehrgang zur Vertiefung und Verbesserung unserer zbV-Kampfweise.

Im Lehr-Regiment sind viele Offiziere, Oberjäger und Mannschaften der

Division, die nach schwerer Verwundung g.v.H., teilweise mit Amputationen, für unsere Division Hervorragendes leisten. Alle drängen an die Front. Eine zeitlang müssen sie aber im Lehr-Regiment aushalten. Eine Auswechslung und ein Austausch ist vorgesehen.

Im vorstehenden Überblick habe ich eine Reihe von Offizieren namentlich genannt, die als Bataillons- und Kompanieführer im Kampf den Ausschlag gegeben haben. Unsere Erfolge wären aber nicht denkbar, wenn diesen Offizieren nicht Hunderte von tapferen Oberjägern und Jägern in treuer Kampfgemeinschaft zur Seite gestanden hätten. Die Namen all dieser tapferen Soldaten zu nennen ist nicht möglich. Ihnen gilt aber im gleichen Maße mein Dank und meine Anerkennung.

Viele Offiziere, die jetzt vor der Front stehen und vor allem beim Einbruch in den Feind die Vordersten sind, kommen aus unseren eigenen Reihen. Vor kurzem standen sie noch als Gefreite und Oberjäger in Reih und Glied. Innerhalb der Division brauchen wir noch viele tüchtige Offiziere und Oberjäger. Jeder kann es werden bei entsprechender Leistung und Befähigung.

Selbstbewußt und hocherhobenen Hauptes tritt die Division Brandenburg in das neue Jahr ein! Niemand in der ganzen deutschen Wehrmacht und erst recht niemand beim Feind kann uns „Brandenburgern" imponieren oder irgend etwas vormachen!

Die Erfolge der Division im Jahre 1943 haben dies eindeutig gezeigt. Im Jahre 1944 wird die aufgefüllte und gut ausgerüstete Division Brandenburg dies erneut beweisen. Wir alle wissen, worum es in diesem Krieg geht. Getreu unserem Versprechen und unserem Schwur, den wir dem Führer geleistet haben, fassen wir die Waffe fester und legen sie erst aus der Hand, wenn für uns, unsere Frauen, Kinder und Kindeskinder eine sichere Zukunft in unserem geliebten, großen und schönen deutschen Vaterland erstritten ist.

Unsere Parole für das Jahr 1944 ist die gleiche wie im alten Jahr: Sie lautet: „Brandenburger überall voran!"

von Pfuhlstein

Von der Ostfront nach Italien

Die Rote Armee erreicht am 3. Januar 1944 die ehemalige polnische Grenze. Die He.Gr. Mitte, die ihre verkürzte Front in mehreren Abwehrschlachten behauptet, muß, um den Zusammenhalt mit der zurückgehenden He.Gr.

Nord-Ukraine zu wahren, ihren rechten Flügel abschnittsweise von der Desna nach Westen zurücknehmen. Sie schirmt zu Beginn der Schlammperiode die Nordfront der Pripjet-Sümpfe ab.

6. Juni 1944	—	durch Landung der Alliierten im Westen werden fortschreitend mehr deutsche Kräfte gebunden, die daher der Ostfront vorenthalten werden.
9. Juni	—	Beginn der sowjetischen Offensive gegen die finnische Front auf der Karelischen Landenge.
22. Juni	—	Beginn des sowjetischen Hauptangriffs zwischen Pripjetsümpfen und Düna gegen die He. Gr. Mitte, deren Hauptteil, durch zwei sich zusammenschließende feindliche Angriffsspitzen eingekesselt, aufgespalten und zur Waffenstreckung gezwungen wird. 25 von 40 deutschen Divisionen werden vernichtet.

Durch das Loch — etwa 350 km breit — dringt die Rote Armee schnell nach Westen vor. Jedoch gelingt es ihr nicht, bis Riga durchzustoßen und dadurch die He.Gr. Nord abzuschneiden. [47]

Zum Jahresbeginn 1944 sind zwei Bataillone des 3. Regiments BR, wenn auch räumlich getrennt, im Bereich der He.Gr. Mitte eingesetzt. Während sich der Rgt.-Kommandeur, Obstlt. Fr. Jacobi, mit Stab beim III./3 südostwärts Pinsk aufhält, verlegt das I./3 zunächst nach Lepel, südlich Polozk, und am 5. Januar nach Sabolotje.

Die Erkenntnis bei den Kdo.-Stellen, daß ein über Hunderte von Kilometern auseinandergerissenes Regiment kaum effektive Abwehrleistungen erbringen kann und der zersplitterte Nachschub die Schwierigkeiten nur noch vermehrt, läßt der Forderung des Regiments nach Zusammenführung Rechnung tragen. Das I./3 wird am 9. 1. 1944 über Molodescno — Baranowitshe nach Horodno in Marsch gesetzt, und zunächst der „Pz.Gren.Div. Feldherrnhalle" unterstellt (24. 1. 1944).

Während die nunmehr im gleichen Raum eingesetzten Teile des 3. Regiments bataillonsweise bis in den März 1944 hinein vornehmlich zur Bekämpfung von Partisanen und zum Freikämpfen der Nachschubstraßen verwendet werden, so das I./3 mit „Kav.Rgt. Mitte" bei Oziersk (24. 2.—8. 3.), das III./3 im Waldgelände bei Horodno im Rahmen der „7. Inf.Div." gegen die sowjetische „Arbeiter- und Bauern-Division", verschärft sich die Lage am linken Flügel der He.Gr. Süd entscheidend.

Dort war die 1. ukrainische Front unter Marschall Schukow aus der Linie nördlich Ljubar — Schepatowka — Luzk am 4. März 1944 erneut zum Angriff angetreten. Dieser Angriff schlug tiefe Breschen in die Front der He.Gr. Süd, die sich zwischen Schepatowka und dem Raum südostwärts Tarnopol bald zu einer etwa 50 km breiten Lücke erweiterte: Der Feind drängt hier scheinbar unaufhaltsam nach Südwesten.

In ihrem weiteren Verlauf brachte die Offensive den Feind über den Bug, Dnjestr und Pruth nach West-Bessarabien an die Moldau und weiter nördlich — unter vorübergehender Einschließung der 1. Pz.-Armee — tief nach Galizien hinein und führte damit die größte Krise herauf.

Diese Entwicklung südlich der Heeresgruppe Mitte und die aufgebrochene Front zwingen die südostwärts am Horyn stehenden Teile des 3. Regiments immer stärker in den Abwehrkampf gegen auch nach Nordwesten vorstoßende Feindgruppen. Die Verdichtung der Abwehrlinien nach Osten und Süden führt das I./3 und das III./3 im Waldgelände bei Horodno zu gemeinsamen Aktionen und zur Vereinigung unter dem Rgt.-Kommandeur (Mitte März 1944).

Der bisherige Kommandeur I./3, Hptm. Gerh. Pinkert, wird durch Rittm. Mertens ersetzt, beim III./3 übernimmt Hptm. Wasserfall Ende März 1944 von Hptm. Grawert die Führung des Bataillons.

Die in Stichworten im Tagebuch festgehaltenen Daten für das I./3 bis in den Mai 1944 hinein zeigen die räumliche Verschiebung im Zuge der Absetzbewegungen:

23. März 1944	—	das I. Bataillon führt einen Angriff gegen Zolkin; das Unternehmen scheitert.
24. März 1944	—	es wird bei Zolkin herausgezogen und nach Kolodno verlegt.
26./27. 3. 1944	—	Das I. Bataillon verlegt aus dem Raum Kolodno in Richtung auf Widzibor.
29. März 1944	—	Das I. Bataillon verlegt bis Janow, etwa 40 km westlich Pinsk.
1. April 1944	—	Verlegung des I. Bataillons nach Wolka — Sseylynka, etwa 87 km südwestlich von Pinsk.
21. April 1944	—	Abmarsch des I./3. Regiment, nur Gefechtsteile nach Derewna zum Einsatz in der HKL.
bis: 30. 5. 1944	—	das I. Bataillon seit dem 21. 4. in Abwehrkämpfen in der HKL bei Derewna.
am: 30. 5. 1944	—	nach schweren Kämpfen im Raum Derewna, südwestlich von Pinsk, erfolgt Ablösung und Herauslösung aus der HKL. [48]

Völlig unerwartet für die Soldaten werden diese zum nächsten Eisenbahn-

Verladebahnhof transportiert und verladen. Am 31. Mai 1944 setzen sich die Züge in Bewegung — in Richtung Süden — nach Italien. Die ersten Teile des I./3 treffen im Raum Triest um den 5. Juni 1944 ein und ziehen zunächst in Castelnuovo unter. Dort erfolgt Ablösung des zur Sicherung eingesetzten IV./Alarm-Regiment Brandenburg. Dieses wird in den Raum Veldes/Oberkrain verlegt. —

Die Gründe für diese plötzliche Herauslösung aus einer Rückzugsbewegung an der Ostfront mögen verschieden auszulegen sein. Die auf Partisanen-Bekämpfung gestimmte Truppe ist mit Einbeziehung der Pripjet-Sümpfe in den Frontbereich im Juni 44 für neue Aufgaben frei; die Verkürzung der Fronten erlauben die Freigabe für andere Kriegsschauplätze; der neue Kommandeur der Division Brandenburg — Gen.Lt. Kühlwein — kann die Zusammenführung seiner verstreuten Verbände an einen Kriegsschauplatz durchsetzen. Wesentlich jedoch erscheint die bedrohliche Lage im Raum Triest — Laibach — Fiume für die Entscheidung zu sein.

Nachdem Mitte Mai 44 die Front in Italien mit der anglo-amerikanischen Offensive gegen die deutsche 10. Armee wieder in Bewegung geraten ist, kann eine Anlandung auf der Halbinsel Pola nicht mehr ausgeschlossen werden. Andererseits weisen die sich verstärkenden Ansammlungen von Tito-Einheiten in Dalmatien auf Angriffshandlungen nach Nordwesten hin. Beide Aspekte unterstreichen die Gefahr für Istrien, das als wichtigster Eckpfeiler für die Verbindung zwischen den Kampfräumen im Südwesten (Italien) und Südosten (Jugoslawien) und gleichzeitig als Einfallspforte in den Donauraum zunehmend an Bedeutung gewinnt. Schutzmaßnahmen gerade an diesem Bogen erscheinen vordringlich.

Vor allem das I./3 wird sehr bald in anhaltende, schwere Abwehr- und Sicherungskämpfe gegen ständig vordringende Partisaneneinheiten hineingerissen, die sich auf den Raum Görz — Udine und im Küstenbereich, etwa 30 km nördl. der Küste zwischen Fiume und Abazia bewegen. Die Lage dort ist of recht schwierig, und es gelingt bei einigen Operationen nur mit Glück und geschicktem Taktieren, sich einer gestellten Falle zu entziehen. Einschließungen und Umklammerungen sind häufig, — aber immer wieder findet sich ein Loch, um herauszukommen.

Wiederum aus den Tagebuchaufzeichnungen eines Teilnehmerns, die Raum und Auftrag am besten wiedergeben:

20./21. 6. 44 — Unternehmen im Raume 15 km nordwestl. Castelnuovo. — Um 20.00 Uhr Abfahrt der Gefechtsteile. — Der I. Zug tritt um 22.00 Uhr an. Um 24.00 Uhr wird der I. Zug am Wegedreieck

500 m südostw. Merse von einer Sicherung der Banditen angeschossen. Der II. Zug marschiert über Grussizza. — Die Zivilbevölkerung sagt aus, daß ein Banditen-Spähtrupp von 5 Mann am Nachmittag im Dorf war. Weitermarsch über Cuie (ausgebrannter Ort). Nördl. Cuie werden 6 Banditen in Lauerstellung erkannt.

21./22. 6. 44 — Nach kurzem Feuergefecht ziehen sich die Banditen zurück, in Richtung Gabrezza.

I. Zug marschiert mit Marschzahl vom Wegedreieck nach Tatre. Der Zug gerät in einen Hinterhalt und wird längere Zeit festgehalten. Stärke des Gegners etwa 20 Mann. Trotz größter Geländeschwierigkeiten stößt der Zug entlang der Straße über Oreschia nach Tatre vor. In der Dorfmitte werden Banditen festgestellt, die mit der Bevölkerung verhandeln. Ein Bandit wird gefangen genommen, ein Zivilist wird mitgenommen, da er nach eigenen Angaben Gefangener der Banditen war. Nach seiner Aussage suchten die Banditen im Dorf nach Verpflegung.

Während des Marsches nach Tatre nimmt der II. Zug einen Zivilisten mit, der den Weg zeigt. Gabrezza feindfrei. 7.15 Uhr (22. 6.) trifft II. Zug in Tatre ein.

Inzwischen erreicht der III. Zug am 22. 6. 44 um 1.45 Uhr die Straßengabel nördl. Slivia.

Spähtrupp erkundet Geländeverhältnisse um Slivia. Feind wird nicht festgestellt. An der Kirche des Ortes teilt sich der III. Zug, eine Bereitstellung wird eingenommen. — Eine Gruppe umgeht den Ort, wird bereits 200 m von der Kirche angeschossen. Slivia wird durchsucht, Waffen gefunden. Blutspuren zeigen, daß der Gegner Verwundete hat.

Oblt. Straub stößt mit 2 Gruppen auf Oreschia vor, umstellt den Ort und durchsucht die Häuser. Ein Lager der Banditen wird gefunden. Westl. Oreschia wird eine Tel.-Leitung festgestellt und zerstört.

	Auch werden Beobachtungsstände gefunden — an der Straße Matteria — Castelnuovo.
	VI. Zug — bestehend aus Landesbewohnern — marschiert in der Nacht von Gradischie über Ritomovo nach Calizza, umstellt den Ort und durchsucht ihn. Feind nicht festgestellt. Zug marschiert weiter über Oreschia und nimmt Verbindung mit Oblt. Straub auf. — 10.15 Uhr Unternehmen beendet — Rückmarsch nach Castelnuovo.
26. 6. — 1. 7. 44	— Einsatzes des I./3. Regiment nördlich von Görz.
2. 7. 44	— Einsatz bei bei Baccia, Chiusa und Gracowa — Serravall. Freikämpfen und Freihalten der deutschen Nachschubstraßen.
6. 7. 44	— Verlegen des I. Bataillons nach St. Lucia.
17. 7. — 7. 8. 44	— Einsatz des I. Bataillons im Raum: Plava — Piedicolle — Lucinica — Col di Canale — Locavizza.
8. 8. — 13. 8. 44	— Verlegungs- und Demonstrationsmarsch über Locavizza — Cobliza — Voschia — Trebica nach Osoppo.
19. 8. — 13. 8. 44	— Einsätze des I./3. Regiment im Raum Erpelle.
7. 9. — 7. 10. 44	— Einsätze im Raum Sappiano. [49]

Auch das III./3 unter Hptm. Wasserfall ist im gleichen Raum im Einsatz und — wie es scheint — nicht ganz ohne Wirkung, wie aus einer Meldung aus dem Heeresfernschreibnetz vom 28. 6. 44 zu entnehmen ist:

Heeresfernschreibnetz.

Angenommen
von: H D V S
28.6./ o745

-::-:: K R ::-:: HCMX / FUE 015874/ 85 28.6. 0300 =

--::-:: QEM ::-::

::-:: OKH GEN ST DH / OP ABT = ::-::

::-:: -- GKDOS --::-::

::-::-- TAGESMELDUNG 27.6.44 --,-- ::-::

ROEM,1, ::-::-- ERDLAGE ::-::-::

::-::. A) -- 10. ARMEE :--.-::-::

::-:: 1.) -- ROEM 76. PZ.KORPS :--.-::-::

(alles weitere auch in GROSSbuchstaben!)-

Seit Tagesbeginn setzte der Feind nach stärkster Artl.-Vorbereitung mit weit überlegenen Kräften von Pz.Kampfwagen und rollendem Einsatz von Jagdkampfflugzeugen unterstützt , westl. des Trasimenischen Sees seine Angriffe fort und wurde dank des heldenhaften Kampfes der Fallsch.Jaeger und Grenadiere und der vorbildlichen Zusammenarbeit von Inf., Art., und Werfer überall unter besonders hohen Verlusten für den Feind abgewiesen.
Feindvorstoesse gegen den Abschnitt der Fallsch.Pz.Div. "Hermann Göring" mit Pz.Kampf- und Pz.Spaehwagen wurden bereits weit vor der HKL in zusammengefassten Feuer zerschlagen......
....

3.) ::-:: -- BANDENTÄTIGKEIT --::-::

EIN UNTERNEHMEN DES ROEM 3./ 3.BRANDENBURG GEGEN BANDENSTUETZPUNKT IM RAUM ::-:: 18 / 20 ::-:: FUEHRTE ZUR VERNICHTUNG EINES WAFFEN'- UND SPRENGSTOFFLAGERS UND BEFREIUNG VON 5 DEUTSCHEN SOLDATEN. -

Die Anfang Juni 44 aus dem Mittel-Abschnitt der Ostfront in den ital.-jugosl. Grenzbereich verlegten Teile des 3. Regiments Brandenburg mit I. und III. Btl. sind ihrem seit Anfang November 43 in Mittel-Italien stehenden II./3 nähergerückt. Für sie alle wird das Geschehen auf dem ital. Kriegsschauplatz entscheidende Auswirkungen in der Zukunft haben, wobei es bis zum Abschluß dieser Phase niemals gelingt, das Regiment unter einheitlicher Führung zum Einsatz zu bringen.

Nachdem die Verteidigung der ital. Halbinsel entgegen der ursprünglichen Absicht durch die Weisung vom 4. 10. 43 in die Linie Gaeta — Ortona vorverlegt worden war, mußte mit dem Versuch des Gegners gerechnet werden, durch eine überholende Landung an einer der beiden langen Küstenflanken die ital. Verteidigungsfronten von rückwärts zum Einsturz zu bringen und daneben eine neue Festlandsfront zu errichten.

Tatsächlich landete der Feind am 22. Jan. 1944 früh völlig überraschend bei Astura, Nettuno und später auch an der Incastro-Mündung — 16 km nordwestl. Anzio. Dort standen nur schwächste Kräfte zur Küstensicherung zur Verfügung.

Der OB Südwest entschließt sich, sofort alle am linken Flügel der 10. Armee verfügbaren Teile unter rücksichtsloser Entblößung derselben, sowie die hinter dem rechten Flügel der 10. Armee stehenden Heeresgruppen-Reserven heranzuzieheh. [50]

Als eine der ersten Alarmeinheiten wird das II./3 in Teramo alarmiert und im Mot.-Marsch über Rom nach Velletrie, am Südhang der Albaner Berge, verlegt; dort Sicherung vor allem der Nord-Süd-Nachschubstraße zur Front. Wider Erwarten verhält sich der gelandete Gegner ruhig; er führt seine Ausladungen fort, ohne am 23. Jan. und den folgenden Tagen zu versuchen, den Brückenkopf auszuweiten.

Bereits am 24. Jan. stehen aus verschiedenen Divisionen zehn Bataillone bereit sowie eine Kampfgruppe der 71. Div. Ab 25. Jan. übernimmt das AOK 14 die Befehlsführung am Brückenkopf. Ende Jan. wird das II./3 wieder herausgelöst und in die Abwehrfront bei Cassino eingeschoben. Dort kämpft es in vorderster Linie anstelle der herausgezogenen Teile der 1. Fallsch.Jg.-Div. bis in die ersten März-Tage hinein.

Anfang April 44 befindet sich der Btl.Gef.Stand in Ascoli-Piceno, etwa 20 km nördl. von Teramo.

Das Bataillon Bansen besteht noch immer aus dem Btl.-Stab und:
Btl.-Adj. Lt. Müller

5. Kp. — Oblt. Sauter
6. Kp. — Oblt. Hossfeld
7. (schw.) Kp. — Hptm. Pollmann
8. Kp. — Lt. Neubauer
und einem ital. Freiw.Bataillon.

Hptm. Bansen ist zu einem Lehrgang abberufen worden.

Die Hauptaufgabe des II. Bataillons besteht in der Bekämpfung von Partisanengruppen in den Abruzzen, im Freihalten der Nachschubstraßen und im

Schutz der Adria-Küste gegen Feind-Anlandungen. Wiederholte Einsätze auch im Verband unter Führung des Generals Wolf.

Anfang Juni 44 — Btl.-Gef.-Stand jetzt in Avezzano, ostw. Rom, trifft Hptm. Helm. Pinkert ein und übernimmt die Führung des II./3. Hptm. Pollmann ist als Kommandeur des I./Lehr-Rgt. Brandenburg nach Veldes/ Oberkrain versetzt.

Sowohl im Landekopf von Nettuno als an der Ortano-Sangro-Front bei der 10. Armee finden aus Witterungsgründen und wegen Heranführung und Bereitstellung weiterer alliierter Kräfte nur Kämpfe geringerer Bedeutung statt.

Das ändert sich mit dem 12. Mai 44, als der Feind zu einem großangelegten, mit starker Luftunterstützung vorgetragenen Angriff mit Schwerpunkt bei Minturno und südl. Monte Cassino antritt.

Nachdem außer kleinen Fronteinbrüchen in den ersten Tagen die Abwehrlinie gehalten werden kann, gelingt dem Gegner unter unwahrscheinlichem Materialeinsatz am 19. 5. der Durchbruch nördlich von Pontecorvo und westlich des Flüßchens „Liri". Verschärft wird die Lage für die deutschen Abwehr-Verbände noch dadurch, daß der Gegner am 23. Mai auch aus dem Landekopf von Nettuno zum Angriff antritt. Zwangsläufig setzen Absetzbewegungen in festgelegte neue Abwehr-Linien nach Norden ein, auch für das II./3. Regiment. Von Avezzano, ostw. Rom, geht es über Arsoli — Carsoli — Terni — Bevagna — Perugia.

Am Vormittag des 4. Juni dringen feindl. Panzer mit aufgesessener Infanterie in Rom ein; um 14.15 Uhr erreichen sie die Stadtmitte. Am 19. Juni stehen die hinhaltend kämpfenden deutschen Verbände etwa in der Linie beiderseits Perugia (dort ist der Feind am 19. 6. eingedrungen). —

An diesem Tage geht auch der Widerstand auf der Insel Elba zu Ende. Darüber ein Augenzeugen-Bericht: [51]

> „Von Anfang an bei diesen Fronteinsätzen bekamen wir die für die ital. Südfront typischen Merkmale am eigenen Leib zu spüren, wie z. B.: Langer Nachschubweg aus der Heimat, systematische Störung und Zerstörung dieser Nachschubwege durch die feindliche Luftüberlegenheit, klimatische Erschwernisse, Munitions- und Treibstoffmangel, zehnfache Feindüberlegenheit durch Artillerie, Panzerwaffe, Tiefflieger und Bombenangriffe zur Unterstützung beim taktischen Einsatz. Nicht zuletzt aber für die verantwortlichen Kommandeure völlig irre, immer gleich „Führer"-Befehle zum Aufbau von Hauptkampflinien — gegen alle Regeln taktischer Grundsätze mitten im völlig offenen Gelände oder in der Talmitte statt am Rande, nur zu dem Zwecke, daß der Rückzug so viel wie möglich verlangsamt oder verzögert werden soll. Als Folge dieser

Maßnahmen — bei der herrschenden Feindüberlegenheit — waren dann unnütz hohe Verluste an Menschen und Material zu verzeichnen, und das Gegenteil einer Verzögerung war häufig der Fall. Wenn endlich die HKL in eine günstige Position zurückgenommen werden konnte, war es für einen Erfolg oft zu spät."

Am 18. Juli 44 stehen Teile des II./3 unter Hptm. Helm. Pinkert im Raum Arezzo — Citta di Castello, etwa bei Citerna, in schweren Abwehrkämpfen gegen nach Norden vorstoßende Panzerspitzen. Hier im waldigen, oft tief eingeschnittenen Gelände geht es nur um hinhaltenden Abwehrkampf von Geländeabschnitt zu Geländeabschnitt. Wenn im Nachbartal der Panzerfeind durchgestoßen ist, heißt es aufsitzen und im nächsten Abschnitt erneutes Festsetzen. Halten — kämpfen — räumen — aufsitzen — verschwinden — neuer Abschnitt — erneute Gegenwehr — so geht es Tag für Tag.

In dieser Zeit trifft bei Hptm. Helm. Pinkert ein Div.-Befehl vom 14. 7. 44 ein, in dem es u. a. heißt:

„Division Brandenburg" v. 14. 7. 44
Betr.: Aufstellung Streifkorps Frankreich

VO — Stab OB-West
Major Hollmann

Für Bereich OB West ist Aufstellung eines Streifkorps FRANKREICH vorgesehen, das sich in

Streifkorps Frankreich-Süd
Streifkorps Biscaya
Streifkorps Frankreich-Nord

gliedern wird.

8. Kp./3. Rgt. BR wird aus dem Verband des „3. Regiment" herausgelöst und bildet das Streifkorps „Süd-Frankreich".

Stärke: 1 kl. Führungsstab mit Nachr.Zug und 2 Einsatzgruppen.

Führung Streifkorps „Süd-Frankreich": Hptm. Traege

Aus 8. Kp./3. Rgt. BR wird gleichzeitig herausgelöst ein Zug mit geeignetem deutschen Personal und spanisch sprechenden Legionären als Stamm der aufzustellenden

Einsatzgruppe Pyrenäen des „Streifkorps Biscaya".

Führung „Einsatzgruppe Pyrenäen": Lt. Demetrio

Lt. Pawel wird beauftragt, Vorarbeiten für die Aufstellung „Einsatzgruppe Bretagne" und „Einsatzgruppe Flandern" des Streifkorps „Nord-Frankreich" durchzuführen.

Für die Division Brandenburg
der 1. Generalstabsoffizier
gez. Frankfurth [52]

Die mit dem 19. Juni erfolgte Besetzung der Insel Elba durch die Alliierten und das weitere Vordringen der feindlichen Angriffsarmeen nördl. von Rom verstärkt wesentlich die Gefahr einer Feindanlandung an der ligurischen Küste. Auf der Insel Elba war Lt. Steinmann mit einer kleinen Gruppe des II./3 stationiert. Da Hitler mit Bestimmtheit eine Großlandung im Raum Genua — Livorno erwartet, die im Falle eines Gelingens die ganze He.-Gruppe C abschneiden würde, befiehlt er am 11. Juni die beschleunigte Verstärkung der in diesem Raum eingesetzten Kräfte.
Bis Mitte August sollten der landungsbedrohten Küste noch drei Bataillone — und zwar aus der Div. Brandenburg und der Hochgebirgsschule Mittenwald — zugeführt werden. Außerdem wird die franz.-ital. Grenze für den Fall erkundet, daß der Gegner in Südfrankreich einfallen sollte.
Am 14. August trifft in Genua ein Bataillon der Hochgebirgsschule ein, das nun mit weiteren Teilen — darunter II./3 — zu einem Regiment zusammengefaßt wird und die ital.-franz. Grenze besetzen soll.
Das sind die Voraussetzungen für den Abruf des II./3, ohne 8. Kp., aus den schweren Kämpfen im Raum ostwärts von Florenz. Die Verlegung im Mot.-Marsch erfolgt zunächst bis Cesena, nordwestl. von Rimini, wo es etwas auffrischt und zunächst als Eingreifreserve der Armee bis etwa Mitte August verbleibt.
Der 15. August 44 bringt dann Gewißheit, daß es der Feind nicht auf die ligurische, sondern auf die südfranz. Küste abgesehen hat. Die darauffolgende Woche bringt Klarheit darüber, daß Italien nunmehr von den Alpen her bedroht ist, wenn es nicht gelingt, vor dem Auftreten feindlicher Einheiten auf ihrem Kamm die Eingänge nach Italien abzuriegeln. Da die Landung geglückt ist und die eigenen Kräfte zu gering sind, um sie bezwingen zu können, sind schnelle Entschlüsse erforderlich. So ist das II./3 bereits am 20. August 44 auf dem Marsch über Forli — Bologna — Turin — Ivrea — Aosta nach Courmayeur, um die Pässe und Grenzübergänge im sog. „Dreiländer-Eck" nach Westen abzuriegeln. Hptm. Helm. Pinkert mit Btl.Gef.Stand in Ivrea, nördl. Turin, setzt die Teile seines Btl.'s nunmehr so ein, daß er neben den Sicherungsaufgaben auch eine gewisse Stabilität in die dort befindlichen ital. Truppen hereinzubringen versucht. Die Zahl der

ital. Überläufer, vor allem in die Schweiz, nimmt laufend zu, aber auch die Partisanen im Hochgebirge machen vermehrt Schwierigkeiten. Dazu kommen in starkem Maße die Tieffliegerangriffe der alliierten Luftwaffe, die bis in den letzten Winkel der Täler ihre Bomben werfen. Ende September 44 wird durch solch' einen Luftangriff auf Ivrea auch der Btl.-Gef.-Stand II./3 getroffen; Hptm. Helm. Pinkert und einige seiner Soldaten finden den Tod. Dieser Verlust wirkt sich auf die Kampfkraft dieses BRANDENBURGER Bataillons spürbar aus. [53]
Als das in Italien eingesetzte 3. Rgt. Brandenburg im Herbst 1944 herausgelöst und, im Zuge der Umgliederung der Division Brandenburg in eine Panzergrenadierdivision, verlegt werden soll, gelingt es im Oktober 1944 nur dem Rittmeister Mertens, die Masse seines I. Bataillons frei zu bekommen und diese kompanieweise im Eisenbahntransport nach Floridsdorf bei Wien in Marsch zu setzen. Kleine Teile dieses Bataillons verlieren sich bei fremden Einheiten in den Kämpfen bei und nördlich Triest.
Vom III. Bataillon des Regiments (Hptm. Wasserfall) gehen Teile in dem sogenannten „MG-Bataillon Kesselring“ auf, das bis in den Januar 1945 hinein in hervorragender Tapferkeit die weiteren Rückzugs- und Abwehrkämpfe besteht. Andere größere Teile verlegen noch in den Raum südwestl. Turin in die sogenannte „Alpenfestung“. Auch das II. Bataillon beendet wie das III. Bataillon stark zusammengeschmolzen seinen kämpferischen Einsatz in den Bergen nordwestl. Turin.
In der Rückschau des Geschehens 1944/45 stehen die Kämpfe der BRANDENBURGER in Istrien und an der Nahtstelle OB Südwest zu OB Südost in einem inneren Zusammenhang zu den Ereignissen auf dem Balkan.
Wohl gaben die West-Alliierten durch ihre Angriffe in Italien den Anlaß für den Einsatz des 3. Regiments ab Juni 44, unter Ablösung des seit Feb. 44 dort eingesetzten „Alarm-Regiments BR“. Aber der erbitterte Krieg im Raum Triest — Fiume betraf viel mehr die Abwehr der aus Jugoslawien vordringenden Partisanen.
Das war kein Kampf in offener Feldschlacht gegen Soldaten — das war eine erbittert geführte Auseinandersetzung mit Partisanen, denen jedes Mittel recht war.
Das läßt sich für 1944 auch für die in der Inselwelt der Dalmatinischen Küste eingesetzte „Küstenjäger-Abteilung Brandenburg“ sagen, die in ihrer Auseinandersetzung mit den Partisanen das Ende ebenfalls in Istrien, auf der Halbinsel Pola und im Raum Triest — Fiume findet.
Die zusammengefaßte Küstenjägerabteilung, jedoch ohne 1. Kp., führt in den Monaten Febr.—April 44 zahlreiche Unternehmen entlang der dalmatinischen Küste zwischen Abbazia und Bar durch, die teilweise sehr verlust-

reich sind. Diese Aktionen erfolgen zumeist im Zusammenwirken mit Booten des neu in den Einsatzraum verlegten Ldgs.Pi.Btl. 771. Der zur Verwendung für Tarneinsätze requirierte Küstensegler „Ave Maria“ der KJA wird bei einem brit. Luftangriff versenkt.

Unter dem Druck der veränderten Verhältnisse bei der Kriegsmarine müssen im Mai 44 auf höchste Weisung die Sprengboote, Torpedoträger, Fernlenkboote zusammen mit dem Personal — nach freier Entscheidung jedes einzelnen — an die in Aufstellung begriffenen Kleinkampfverbände der Marine abgestellt werden. Dieser Befehl trifft die 4. (s) Kp. am schwersten. Der Kommandeur der Küstenjägerabteilung entscheidet sich zum 20. Juni 44 zur Umgliederung des gesamten Verbandes in vier gleiche Kompanien, nachdem nun auch die in der Ägäis operierende 1. Kp./KJA aus dem Verband ausgegliedert worden ist. Sie wird künftig die Bezeichnung „K.Jg.Kp. Rhodos“ tragen. Es entsteht im Rahmen der Abteilung eine neue 1. Kompanie, die in O.T.-Uniformen eingekleidet unter der Tarn-Bezeichnung „Bau-Lehrstab zbV“ in Bar (süd-dalmatinische Küste) stationiert wird. Unter Vortäuschung von Materialtransporten mittels L-Booten sollen hier vor allem Partisanenbewegungen und brit. Versorgungsaktionen ausgespäht werden. Bei einer solchen Tarnaktion nach einer von Partisanen besetzten Insel in Süddalmatien kann die Besatzung eines angeblich Kies abholenden L-Bootes ein die Partisanen versorgendes brit. U-Boot versenken.

Die alte 1. Kompanie ist in ihrem Einsatzraum der Inseln des Dodekanes seit März 44 recht aktiv. Über ihren Einsatz wird an anderer Stelle berichtet werden.

Über die weiteren Kämpfe und typischen Einsätze der Küstenjägerabteilung Brandenburg erfahren wir noch Einzelheiten aus einem nachgezeichneten Tagebuch. Sie sind Ausdruck eines erbitterten Ringens um Positionen, die unter dem immer stärker werdenden Druck des Feindes schließlich doch nicht gehalten werden können und im Zuge eigener größerer Ausweichoperationen aufgegeben werden müssen.

„*22. 07. — 05. 08. 1944:* Säuberungsaktionen der K.J.A. mit unterstellten Booten des Ldgs.Pi.Btl. 771 gegen verschiedene Adria-Inseln, so z. B. gegen Pasman und Zirje. Dann Ldgs.Pi.-Boote aus Unterstellung entlassen.

01. 09. — 04. 09. 1944: 4./K.J.A. mit zwei unterstellten L-Booten der 3./Ldgs.Pi.Btl. 771 Säuberungsaktionen gegen Partisanen auf der Adriainsel Brac.

06. 09. — 08. 09. 1944: Säuberungsaktionen der 4./K.J.A. mit 1 unterstellten Fübo und 4 L-Booten der 3./771 auf der Insel Hvar.

Bei 28 Jabo-Angriffen im Verlaufe des 7. 9. geht ein L-Boot der 3./771, bei der Ablandung am 8. 9. auf dem Wege nach Makarska auch noch ein s.Stubo der K.J.A. verloren. Am 8. 9. abends Weiterfahrt des Verbandes nach Split.

09. 09. — 16. 09. 1944: Zwei K.J.-Boote laufen im Geleit mit Booten des Ldgs.Pi.Btl. 771 von Bakar nach Zara. Unterwegs mehrere Luftangriffe, außerdem wegen Feindlandung auf Pag einige Tage Zwangsaufenthalt auf Rab, ehe Marine die Weiterfahrt freigibt.

12. 9. 1944: Ein K.J.-Boot unterstützt das Ldgs.Pi.Btl. 771 bei Ablandung zur Räumung der Insel Brac.

15. 09. / 16. 09. 1944: Ein K.J.Zug auf 2 L-Booten der 2./Ldgs.Pi.Btl. 771 zu Spähtruppaktion gegen Partisanenkräfte nach Brac. Nach Verlust anderer drei Pionierboote bei einem Seegefecht vor der Insel und wegen Verspätung der angelandeten Küstenjäger müssen die zugeteilten L-Boote des Btl. 771 leer zum Festland zurücklaufen. Der K.J.Zug gerät bis auf wenige Soldaten, die zum Festland zurückschwimmen können, in Gefangenschaft. Anschließende mehrtägige Suchaktionen mit le.Stubos der 3./771 bleiben vergebens.

16. 09. — 18. 09. 1944: Mehrfache Anlandungen einer K.J.Kp. mit Booten der 2./771 auf Brac zum Entsatz abgeschnittener Stützpunkte und Kräfte. Die Räumung der Insel gelingt aber nur noch teilweise. Vor allem bleibt auch die Suche nach dem am 16. 9. auf der Insel zurückgebliebenen K.J.Zug vergeblich.

23. 09. / 24. 09. 1944: 2 K.J.Stubos mit 3 L-Booten der 2./771 verlegen 280 Küstenjäger von Sibenik nach Zara.

28. 09. / 29. 09. 1944: 1 L-Boot und 2 s.Stubos der K.J.A. verlegen in größerem Geleit von Split nach Sibenik. Unterwegs wird u. a. auch eines der K.J.Stubos von britischen MGBs im Kampf versenkt.

30. 09. / 01. 10. 1944: 2 K.J.-Boote verlegen in größerem Geleit von Sibenik nach Zara.

08. 10. 1944: 1 K.J.Stubo beteiligt sich an Versorgungsfahrten des Ldgs.-Pi.Btl. 771 zum Stützpunkt Biograd. Unterwegs wirkungsloser Beschuß durch fdl. Landbatterien auf Pasman.

10. 10. — 12. 10. 44: Ein L-Boot des Ldgs.Pi.Btl. 771 schleppt ein K.J.-Boot von Split über Sibenik nach Zara (Zadar).

11. 10. — 12. 10. 1944: Zwei K.J.-Stubos beteiligen sich an der Räumung des Stützpunktes durch das Ldgs.Pi.Btl. 771. In beiden Nächten wieder vergeblicher Beschuß durch fdl. Landbatterien aus Pasman. — Am 11. 10. 1944 dann Aufbringung eines feindl. Partisanenbootes.

30. 10. / 31. 10. 1944: Sechs Boote der K.J.A. BR verlegen mit größerem Geleit von Zara (Zadar) nach Sujak/Fiume. — Unterwegs werden in Nin u. a. Landteile der K.J.A. an Bord genommen.

01. 11. / 02. 11. 1944: Restliche Boote der K.J.A. laufen mit letztem Geleit ohne Verluste von Sibenik durch den Zadarski-Kanal, die Engen von Nin und Razanac und den Velebitski-Kanal nach Sujak bei Fiume.

1. Hälfte Nov. 1944: Auf der Insel Pag verteidigen sich 16 Ustascha-Leute seit Tagen erfolgreich gegen weit überlegene Partisanenkräfte, worauf ihnen von Novi aus die 2./ und 3./K.J.A. zu Hilfe geschickt werden. Die Küstenjäger stürmen die feindbesetzte Höhe 200 und säubern die Insel. Immer wieder kehren aber die Partisanen zurück und müssen dann in immer erbitterteren Kämpfen erneut geworfen werden. Die Küstenjäger bleiben fast fünf Monate auf Pag."

Die Küstenjägerabteilung, die mit Stab in Sujak bei Fiume sitzt, erleidet am 10. Januar 1945 einen schweren Verlust; der allseits beliebte Kommandeur und Freund seiner Küstenjäger — Rittmeister Conrad von Leipzig —, aus früheren Einsätzen schwer verwundet und doch stets im Einsatz, lebt nicht mehr. „... ich denke an ihn in großer Verehrung, er war nicht nur ein hervorragender Offizier, sondern auch ein guter Kamerad ...", das ist das Denken und Sagen seiner Küstenjäger, als sie davon erfahren. Mit allen militärischen Ehren wird er auf dem Soldatenfriedhof in Fiume beigesetzt.

Weiter aus dem Tagebuch für das Jahr 1945:

2. April 1945 — 2./K.J.A. BR räumt ihren Stützpunkt auf Pag und wird nach Karlobag abgelandet.

4. April 1945 — die 2. Kp./K.J.A. zieht sich nach dem Fall von Karlobag auf eine 15-cm-Artillerie-Stellung bei Jablanac zurück.

5. April 1945 — Die schw. Stubo's der K.J.A. versuchen, auch noch den Stützpunkt der 4. Kp. bei Novalia/Pag zu räumen, der jedoch bereits von den Jugoslawen überrannt ist. Es können nur noch zwei Versprengte geborgen werden, die zunächst nach der Insel Rab mitgenommen werden. Auf Rab mißlingt ebenso die Ablandung zwischenzeitlich dort zur Verteidigung einer Artillerie-Batterie angelandeter zwei Züge der 2. Kp. Die Boote laufen daraufhin nach Jablanac, wo ebenfalls der Endkampf begonnen hat.

8. April 1945 — Reste der 2. Kp. geraten beim Fall des Art.Stützpunktes nahe Jablanac ebenfalls in die Hände der Partisanen, die den Kp.Chef ohne Verhandlung zusammen mit an-

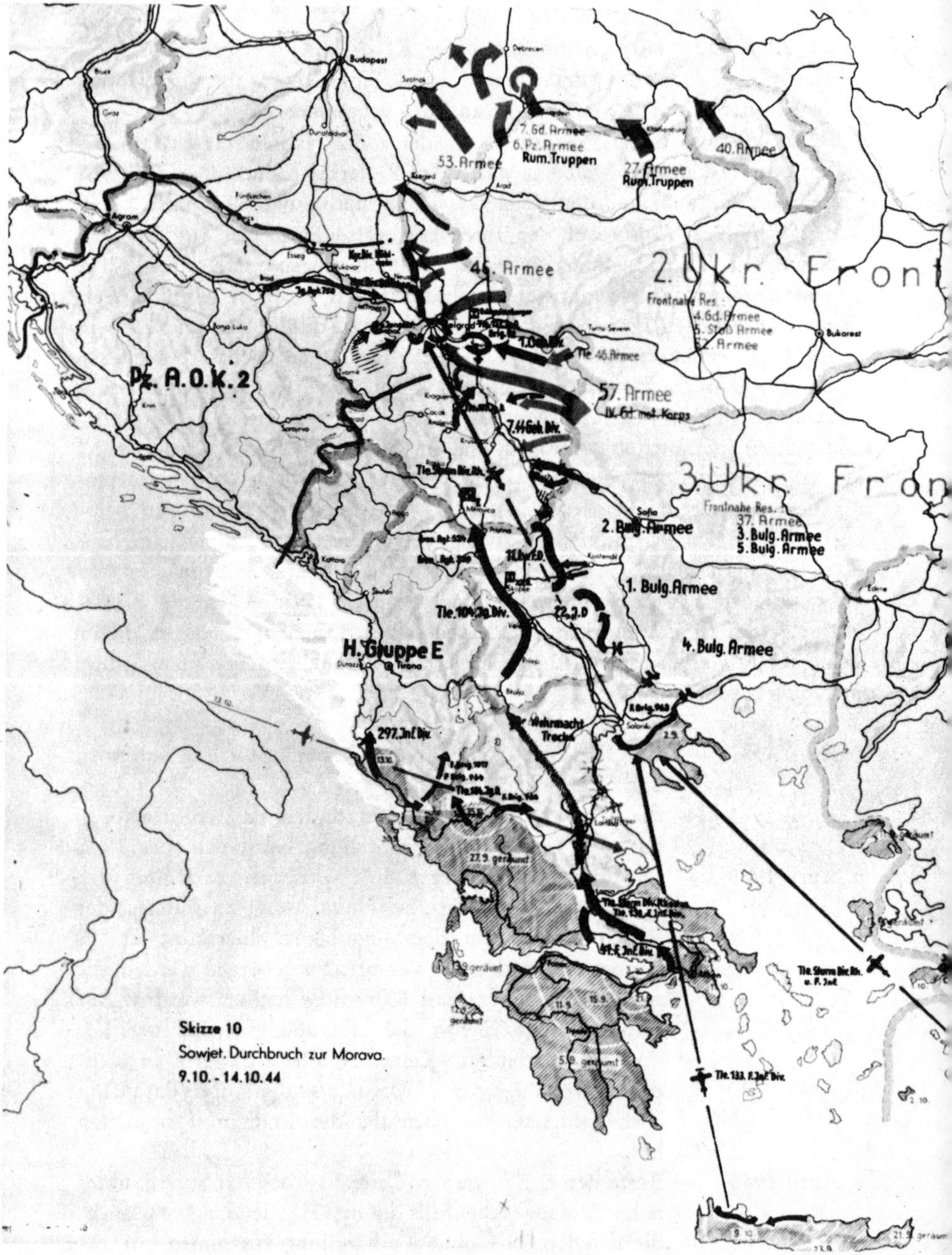

Skizze 10
Sowjet. Durchbruch zur Morava.
9.10. - 14.10.44

deren Dienstgraden angesichts der angetretenen Kompanie erschießen.

Die letzten 2 K.J.Stubos ziehen sich mit den letzten Überlebenden über Senj, Novj, Cirkveniza, Porto Ré etappenweise nach Sujak/Fiume zurück und laufen dann mit dem letzten Geleit noch nach Monfalcone, wo sie gesprengt werden. Ihre Besatzungen kommen dann noch bis Cividale und werden dort von italienischen Partisanen gefangengenommen, aber anschließend britischen Truppen überstellt." [55]

Aber das sind nur Bruchteile der vormaligen Küstenjäger-Abteilung Brandenburg, die mit kleinen Gruppen bis in den Raum Udine gelangen und dort das Glück der britischen Gefangennahme am 1. Mai 1945 haben.

Man muß davon ausgehen, daß entlang der nördlichen dalmatinischen Küste und ihren vorgelagerten Inseln immer wieder Küstenjäger in Gefangenschaft geraten, die, durch die Eigenart der Einsätze zumeist auf sich gestellt, keinen Ausweg zur Flucht mehr gefunden haben.

Hinzu kommen der Haß, die Brutalität und sinnlose Abschlachterei gerade während der Kämpfe mit den Partisanen-Einheiten, die aus der Mentalität der Landesbewohner heraus zur Mißachtung des Lebens schlechthin geführt haben. Es sind Tausende, oft gar nicht am eigentlichen Kampf Beteiligte, die durch Mord und Quälereien den Tod gefunden haben; und darunter sind auch Küstenjäger, die irgendwo im Abseits gelitten haben und gestorben sind — keiner weiß wo und wann.

„Unternehmen Rösselsprung"

Auf der Grenze zwischen den Kämpfen des Winters und des Frühjahrs 1944, der mit der alliierten Großoffensive einsetzenden Phase der Aufstandsbewegung im Südostraum, steht das Unternehmen „Rösselsprung", mit dem die Initiative seit längerer Zeit zum ersten Mal wieder auf die deutsche Seite übergehen sollte. Der Zeitpunkt hierfür ist außerordentlich günstig, da die Tito-Bewegung infolge des gescheiterten Vorstoßes nach Serbien und der auch an anderen Stellen erlittenen Rückschläge eine bedeutende Minderung an Macht und Ansehen erfahren hatte. Eine erfolgreiche deutsche Aktion mußte sie gerade jetzt empfindlich treffen und der deutschen Führung eine angesichts der gespannten großen Lage sehr erwünschte Entlastung schaffen.

Da es infolge der weiten räumlichen Ausbreitung der Partisanenbewegung nicht möglich war, die gesamten militärischen Kräfte Titos durch eine großräumige Umfassungsoperation zu vernichten, entstand der Gedanke, überraschend in den von ihm beherrschten Zentralraum einzudringen und seine Führungsorgane (einschließlich der ausländischen Militärmission) zu zerschlagen oder mindestens vorübergehend lahmzulegen. Es war nicht ausgeschlossen, daß es hierbei gelingen würde, der Person Titos habhaft zu werden.

Die Herkunft des eigentlichen Auftrages für das Unternehmen „Rösselsprung" — „... nämlich das Eindringen in den von Tito beherrschten Zentralraum und die Zerschlagung seiner Führungsorgane ..." [58] — ist nicht ganz eindeutig. Planung und Idee für „Rösselsprung" wird heute in erster Linie der 2. Panzerarmee mit Stab in Kraljewo — Kragujewac zugeschrieben. BRANDENBURG steht dort über den vorgeschobenen Einsatzstab der Division und über die Einheit „Wildschütz" in ständiger Verbindung, insbesondere mit dem Ic. Drei Fragen stehen für die Vorbereitungen im Vordergrund: Wo genau ist das Hauptquartier Titos? — und vor allem er selbst? — Durch wen läßt sich das Unternehmen durchführen, und wie lassen sich die Vorbereitungen am wirksamsten geheimhalten?

Den Aufenthalt Titos, wenn er auch wiederholt wechselt, glaubt man immer wieder kurzfristig ermitteln zu können. Nicht nur, daß das Hauptquartier Anfang 1944 eine Größenordnung aufweist, die nicht zu übersehen ist, mit Stabsabteilungen, Nachrichtenstellen, Wacheinheiten usw. Man ist sicher, durch Agenten aus der Bevölkerung und durch das Abhören des Funkverkehrs stets auf dem laufenden zu bleiben. Entscheidend ist zum Zeitpunkt des Losschlagens, den Verbleib Titos selbst genau zu kennen.

Über die Frage der Durchführung, das Wie und durch Wen — darin gehen die Ansichten schon wesentlich weiter auseinander. Letztlich schälen sich zwei Möglichkeiten heraus, und zwar entweder die der überraschenden Überrumpelung des Stabsquartiers oder die des kämpferischen Einsatzes aus der Luft und auf der Erde in einem kombinierten Angriff.

Für die Durchführung dieser Aktion zieht man BRANDENBURGER heran. Aus Teilen des I./4. Regiment werden ab Oktober 1943 landes- und sprachenkundige Soldaten herausgezogen. Dazu tritt die Einheit Kirchner, die der Division direkt unterstellt ist. Diese Einheit war ursprünglich für einen Fallschirmeinsatz in Kurdistan vorgesehen. Sie bestand aus Iran-, Palästina-Deutschen, Sprachspezialisten für den Iran, Funkern und V-Leuten, dabei Aserbaidshaner und Kurden. Wegen der allgemeinen Entwicklung der Kriegslage kam der Einsatz nicht mehr zur Ausführung. Die Einheit Kirchner wurde daraufhin umgerüstet und mit Fahrzeugen ausgestattet. Außerdem treten jugoslawische Sprachkenner hinzu. Die Einheit wird nach Banja Luka verlegt, um von dort gegen die Partisaneneinheiten zu operieren.

Zunächst völlig unabhängig davon besteht innerhalb des I./4. Regiment in Griechenland — auf dem Peloponnes — eine besondere Einsatzgruppe von gut ausgebildeten Bosniaken [59] unter Führung von Oblt. Böckl. Dieser, ein besonderer Kenner der serbo-kroatischen Szenerie, vormals österreichischer Offizier, verfügt darüber hinaus über zahlreiche Verbindungen und eine größere Anzahl von Vertrauensleuten.

Diese „Einheit Böckl“ verlegt Ende November/Anfang Dezember 1943 aus Griechenland in den Raum Banja Luka und trifft dort mit der „Einheit Kirchner“ zusammen.

Die BRANDENBURGER basieren mit ihrer Aufklärungs- und Kampftätigkeit gegen die Partisanen auf serbischer und kroatischer Bevölkerung. Die unmittelbare Zusammenarbeit mit den Ustaschen, deren Einfluß sich auf das Stadtgebiet von Banja Luka beschränkt, ist nicht möglich; sie wird sogar von ihnen für falsch gehalten.

Zusammen mit einsichtsvollen Cetnik-Führern, kroatischen Bürgermeistern und Geistlichen, wie auch mit verständigen kroatischen Kommandeuren und Polizeioffizieren der deutsch-kroatischen Polizeitruppe gelingt es, eine Gemeinsamkeit und ein gegenseitiges Stillhalteabkommen zwischen den serbischen und kroatischen Bevölkerungsteilen auf dem Lande und weitgehend auch in der Stadt zustande zu bringen. Es ging diesen Leuten um den Schutz von Haus, Hof und Heimat, und um die Bewahrung ihres Volkstums und ihrer gewachsenen Kultur.

Die BRANDENBURGER hatten einen ständigen Einsatzstab bei den Cetniks und wechseln sich ständig mit diesen im Gelände ab. Der Raum nordostwärts und vor allem südlich von Banja Luka war für die Cetniks ohne Gefahr begehbar. Mit Unterstützung der BRANDENBURGER werden hier ständig 10—20 Fernspähtrupps der Cetniks im Feindgebiet gehalten, die zum Teil von deutschen Funktrupps begleitet sind. Das Ergebnis ist eine ausgezeichnete Aufklärung im weiten Umkreis um die Stadt Banja Luka herum.

Im Rahmen dieser Spähtrupptätigkeit, bei der sich die deutschen Männer in der Bekleidung den Cetniks oder auch den Partisanen angleichen, ja teilweise auch als Engländer auftreten, werden auch Kampfaufgaben gelöst. So wird zweimal ein Zug der regelmäßig verkehrenden Partisanen-Eisenbahn von Jaice in das Grmec-Gebirge gesprengt.

Hervorzuheben ist das ständig gute Funktionieren der Funkverbindungen; es laufen tagtäglich Meldungen und Funksprüche von den zahlreichen Spähtrupps ein, deren Inhalt an das XXI. Geb.-Korps weitergeleitet werden.

Aus katholischen Bauern wird im Ort Kotor Varos eine Miliz durch Feldwebel Weller mit seinen 10 Soldaten aufgebaut. An der Spitze dieser Miliz kämpfen der Bürgermeister und der katholische Pfarrer. Der Ort liegt etwa 35 km südostwärts von Banja Luka auf einer Höhe und ist wiederholt gefährdet. Er ist häufig den konzentrischen Nachtangriffen der Partisanen ausgesetzt; Kommando und Miliz jedoch schlagen jeden Angriff erfolgreich zurück. —

Darüber hinaus besteht mit Standort Kraljewo noch der „Verband Wildschütz", eine Truppe aus dem 4. Rgt., die sich vordringlich mit Feindaufklärung im Belegungsraum der Tito-Kräfte beschäftigt. Ihm obliegen vor allem die Aufgaben der Nachrichtenbeschaffung, der Einwirkung auf die Bevölkerung, der Erkundung von Bandenstützpunkten und deren Bekämpfung.

Dazu verfügt der Verband über mobile V- und Kampf-Kommandos. Führer dieses Verbandes ist Major Benesch.

In der Neujahrsnacht 1943/1944 erleben die deutschen und kroatischen Verteidiger von Banja Luka den gezielt geführten Angriff von zehn Partisanen-Brigaden gegen die Stadt, angeblich direkt von Tito geführt. Die Partisanen dringen unter Ausnutzung der Silvesterknallerei überraschend von drei Seiten gleichzeitig in die Stadt ein.

Am zweiten Kampftag sind Deutsche und Kroaten auf einen engen Raum im Zentrum der Stadt zusammengedrängt und verteidigen sich verbissen nach allen Seiten. Auch halten sich noch kleine „Inseln", wie der Flugplatz, die Loga-Kaserne und die Zitadelle. Die BRANDENBURGER sind zunächst Korpsreserve, sie werden nur in Brennpunkten eingesetzt. In der

Nacht zum zweiten Kampftag erhalten sie den Auftrag, sich an die Vrbas-Brücke westlich der Stadt heranzukämpfen und die an der Brücke eingesetzte Polizeikompanie zu verstärken. Dazu müssen jedoch die BRANDENBURGER erst die Ausfallstraße nach dort freikämpfen.
Bei spärlicher Deckung verlieren sie dabei einen Gefallenen und 13 Verwundete. Der Brückenkopf jedoch kann erreicht und erfolgreich gehalten werden. Abends zieht dann der Einsatzführer alle verfügbaren eigenen Männer nach und baut den Brückenkopf weiter aus. Dabei geraten bei den nächtlichen Gefechten wiederholt die landwirtschaftlichen Gebäude des am Gegenufer liegenden Trappistenklosters in Brand. In der folgenden Nacht lösen dann Jäger die BRANDENBURGER ab.
Am dritten Kampftag wird Banja Luka durch Teile der Brigade (mot.) 92, genannt „Die Balkan-Feuerwehr“, entsetzt. Die gepanzerten Fahrzeuge der Brigade fahren in allen Gassen der Stadt auf und vertreiben die Partisanen aus der Stadt. Sie flüchten weit hinaus in die nahen Wälder. —
In der kurz darauf angesetzten Verfolgung der Partisanen nach Süden kann die Brigade (mot.) 92, dabei die geländekundigen Einheiten von BRANDENBURG, Jaice erreichen, wo zuletzt auch das Hauptquartier Titos gemeldet war. Ein überraschender Zugriff aus der Bewegung heraus ist nicht mehr möglich. Die BRANDENBURGER sind mit die ersten in der Stadt, aber der Stab Titos hat wenige Stunden vorher das Quartier geräumt. Es befand sich gut getarnt eingebaut in einer chemischen Fabrik.
An den Vorbereitungen für das Unternehmen „Rösselsprung“ sind auch die Fernspähtrupps der BRANDENBURGER im Raum Banja Luka intensiv beteiligt. Unmittelbar vor Auslösung des Stichworts „Rösselsprung“ gehen ein starker Stoßtrupp und einige Cetniks durch die Partisanen-Front hindurch und halten sich mehr als 7 Tage hinter der feindlichen Front auf. Von hier aus kann dann der Einsatzführer von den Spähtrupps an den vereinbarten Verbindungspunkten die neuesten Aufklärungsergebnisse sammeln, die genauen Standorte der Partisanen-Stäbe durchfunken und einen neuen feindlichen Flugplatz ausmachen.
Als die eigene Verpflegung knapp wird, fordert der Einsatzführer Luftversorgung an, die mit Verpflegungsbomben, Sprengstoffbehältern und Ausrüstungsgegenständen planmäßig abgewickelt wird.
Von dem Zentrum des Unternehmens „Rösselsprung“ — in Drvar — ist dieser Stoßtrupp im Partisanen-Hinterland etwa 60 km entfernt. Mit Erfüllung seiner Aufklärungs- und Erkundungsaktion kann er sich aus diesem Gebiet lösen und in Richtung eigene Linie bei der 1. Geb.-Div. durchschlagen.
Auf deutscher Seite wird alles darangesetzt, der Person Titos habhaft zu

werden; und da man sicher ist, daß dieser von dem Vorhaben der Deutschen erfahren haben wird, werden weitere Truppenkontingente in dem Raum zusammengezogen. Bei der deutschen Führung rechnet man also mit dem kämpferischen Einsatz. Dazu verfügt das befehlführende Pz.AOK 2 die Heranführung eines SS-Fallsch.Jg.Btl.'s, die Versammlung weiterer Teile des 4. Regiments, die Verstärkung durch Teile des 1. Regiments (II./1 und III./1) und die Heranführung von Teilen der in Jaice stehenden Brigade (mot.) 92 sowie einer Sonderkampf-Truppe der 7. SS-Freiw.Div. „Prinz Eugen". Ziel dieser weiträumigen Maßnahme ist der Vormarsch aus verschiedenen Richtungen konzentrisch auf einen Punkt zu, an dem Titos Hauptquartier vermutet wird.
Das Problem für diese Bewegungen ist in erster Linie die Frage der Geheimhaltung der deutschen Absichten, denn entscheidend bleibt das Überraschungsmoment im Fall des Losschlagens.
Tito und sein Hauptquartier, dabei auch eine britische Militärmission, waren Anfang Januar 1944 nach Drvar, etwa 100 km westlich von Jaice, ausgewichen. Dort zunächst in einigen Häusern untergebracht, verlegten sie in nahegelegene Felsenhöhlen zum Schutz gegen wiederholte deutsche Bombenangriffe. Endgültig ziehen die Stäbe und Tito dann in eine andere Höhle unter, die nahe des Ortes Bastasi, etwa 6 km außerhalb vom Ortskern Drvar liegt. Zusätzlich erfolgen Schutzverstärkungen durch Offiziersschüler des Begleitbataillons von Tito und Einheiten einer Ingenieurbrigade.
Spätestens am 27. März 1944 wird den Mitgliedern des Obersten Stabes von Tito klar, daß den Deutschen der derzeitige Sitz des Hauptquartiers jetzt bekannt sein mußte. — Ein zu den Deutschen übergelaufener Jugoslawe aus dem Raum Drvar war wieder in die Hände der Partisanen gefallen. Dort hatte er berichtet, was er bei den Deutschen etwa Mitte März 1944 ausgesagt hatte. Und am 4. Mai fällt den Partisanen bei einem Überfall auf einen Sicherungszug ein Dokument in die Hand, aus dem eindeutige Einzeichungen aus dem Raum Drvar erkennbar sind.
Somit steht für beide Seiten fest, daß etwa ab April 1944 jede Seite die Absichten der anderen kennt.
Auf deutscher Seite hatte die Funküberwachung einen wesentlichen Anteil an der Aufklärung des neuen Standortes des Tito-Hauptquartiers. Die Vorbereitungen zielen hier auf eine Kombination von Umfassungsangriff auf der Erde und gleichzeitigem Fallschirm-Sprung-Einsatz gegen den Obersten Stab hin.
Auch wird SS-Hpt.-Sturm-Führer O. Skorzeny herangezogen, um den Sprungeinsatz des SS-Fallsch.Jg.Btl.'s mit den Erdtruppen zu koordinieren. Die „Einheit Benesch", in der jetzt die Einheiten Kirchner und Böckl

zusammengefaßt sind, wird zunächst dem Luftlandeunternehmen zugeschlagen; die Bereitstellung der Erdtruppen an ihren weiter entfernt gelegenen Ausgangspunkten ist eingeleitet.
Dazu der Rgt.-Kommandeur des 1. Rgt. Brandenburg:

> „Das III. AK. lag in Knin, der nächstgelegene Divisionsstab war in Drnis untergebracht, — das 1. Regiment jedoch erhielt seine Befehle direkt vom Korps. Unterstellt und damit verstärkt wurde es durch das Pz.Gren.-Sturm-Bataillon der 2. Pz.Armee, zu welchem zu dieser Zeit vor allem Fahnenjunker und Offz.-Anwärter, die zur Ausbildung nach Belgrad eingezogen waren, gehörten. Weiter gehörten zum Regiment noch eine kroatische Freiw.Kp. und eine Aufklärungs-Abt.
> Das 1. Regiment — mit zwei Bataillonen und den Verstärkungen — sollte am linken Flügel der angreifenden 7. SS-Freiw.Div. „Prinz Eugen“ über Bosn. Grahovo angreifen und das bei Drvar festgestellte Hauptquartier in Besitz nehmen.“

In der Nacht vom 24. zum 25. Mai 1944 sind dann alle Vorbereitungen abgeschlossen — der Einsatz steht bevor.
Auch die Partisanen hatten zwischenzeitlich weitere Einheiten herangezogen und mindestens 6 Divisionen bei und um Drvar bereitgestellt.
Um 6,35 Uhr des 25. Mai 44 setzt der deutsche Angriff nach einem längeren Bombardement der Luftwaffe ein, wobei die Funkzentrale des Obersten Tito-Stabes zerstört wird. Von den bestehenden Telefonverbindungen bleibt nur noch eine Leitung betriebsbereit. Das Überraschungsmoment glückt auf deutscher Seite — was den genauen Zeitpunkt betrifft — restlos, die Partisanen in und um Drvar sind zunächst wie gelähmt.
Gegen 7.00 Uhr geht die erste Welle der Fallschirmjäger — unter dem Hauptsturm-Fhr. Rybka — im Tal von Drvar nieder und die Lastensegler mit den Luftlandetruppen, dabei Teile des Trupps „Benesch“, klinken über der Kleinstadt aus. Allerdings sind zu diesem Zeitpunkt keine geschlossenen Partisanen-Einheiten in der Stadt, da sie sich aus Furcht vor Bombenangriffen auf die umliegenden Höhen verzogen hatten. Lediglich etwas mehr als 100 Offz.-Schüler halten an den Felsenhöhlen Wache und nehmen somit auch als erste den Kampf mit den gelandeten Deutschen auf. Bis gegen 8.00 Uhr ist der Großteil der Stadt bereits in deutscher Hand, lediglich die Offz.-Schüler halten noch ihre Stellungen, und es gelingt nicht, diese zu erobern. Selbst eine gegen Mittag gelandete zweite Welle der Fallschirmjäger kann sich nicht durchsetzen. Vielmehr versteift sich nun der Widerstand der Partisanen, nachdem erste Verstärkungen der „3. Lika-Brigade“ eintreffen und in den Kampf eingreifen. Es kommt zu schweren

Kämpfen, und die Verluste — gerade auch auf deutscher Angreifer-Seite — sind erheblich.

Währenddessen ist das verstärkte 1. Regiment Brandenburg, links hinter der SS-Freiwilligen-Division, im Vormarsch aus dem Raum Knin in Richtung Bosn. Grahovo. Auf dem Marsch dorthin wird die Regiments-Kolonne wiederholt von feindl. Jabos, die von der Insel Vis kamen, angegriffen, wodurch Ausfälle zu beklagen sind.

Wiederum berichtet der Rgt.-Kommandeur:

„„Bosn. Grah. liegt am Fuße eines Gebirgsrückens, gebildet vom Berg Sator und dem Berg Jadovnik, auf deren Rücken sich ein Flugplatz befand, der von der 1. und 6. proletarischen Div. Titos gesichert war. Dieser Flugplatz war das erste Angriffsziel des verst.Rgt. Dazu wurde das II./1 von Peulje frontal angesetzt, während das III./1 von Bosn. Grah. aus die Höhen unter Beschuß nahm und angriff. Alle Angriffsversuche erstickten im schweren Abwehrfeuer der kommunistischen Eliteeinheiten, unterstützt von ehem. ital. Geb.Geschützen. Das II. Bataillon hatte dabei besonders hohe Verluste und mußte zeitweilig erreichte Stellungen wieder räumen und Verwundete zurücklassen, die beim nächsten Gegenangriff meistens übel verstümmelt oder erschossen aufgefunden wurden. Darauf führte ich dem Btl. Verstärkungen zu, um am nächsten Morgen die Wegnahme der vor uns liegenden Höhen mit dem Flugplatz zu erzwingen. Der Rgt.Gef.Stand dabei. In der Nacht aber hatten die Partisanen die Stellungen geräumt, so daß am nächsten Morgen die Höhe ohne Verluste genommen werden konnte. Auch der Flugplatz, der später erreicht wurde, war inzwischen leer. Die letzten Maschinen mit der englischen Mission waren am Tage zuvor abgeflogen (ohne Beschuß unserer eigenen Fla, da die Besatzung in diesem Moment die Waffen reinigte und nicht schußbereit war). In diesem Stadium erreichte mich ein Funkspruch, daß eine Kp. des Pz.Gren.Sturmbtl. auf dem Berg Jodavnik von Partisanen eingekesselt und in höchster Gefahr sei, da sie kaum noch Munition habe. Der Kp.Chef war zu schnell den ausweichenden Partisanen gefolgt und hatte dabei seine Versorgungsteile zurückgelassen. Also kam es jetzt darauf an, diese Kp. herauszuhaüen, bevor sie endgültig vernichtet werden konnte. Dazu verlegte der Rgt.Gef.-Stand zum III./1 Richtung Bosn. Grah. und zog mit diesem auf der Straße nach Drvar vor, um von dort flankierend die Höhen des Jadovnik zu nehmen und die bedrängte Kp. zu entsetzen. Von hier aus verfolgte das

Rgt. die nach N abziehenden Partisanen, die sich nun nicht mehr zum Kampf stellten, nachdem Tito sich in Sicherheit hatte bringen können.[60]
Es kommt wiederholt zu Krisen, und erst in den Vormittagsstunden des 26. Mai werden die Fallschirmjäger durch die gerade eintreffende „Aufkl.-Abt. 373" entsetzt. Mit dem Eintreffen weiterer deutscher Einheiten im Laufe des 26. Mai ziehen sich die Partisanen dann aus Drvar zurück.
Im Ganzen gesehen wird das Ziel — Tito in Gewahrsam zu nehmen und die Masse des Obersten Stabes zu liquidieren — nicht erreicht. Tito kann fliehen, seine nagelneue Marschalls-Uniform sowie einige nur unbedeutende Dokumente werden erbeutet. Die Masse des Hauptquartiers mit Tito verlegt trotz einsetzender Verfolgung durch die 7. SS-Freiw.Div. „Prinz Eugen" zunächst nach Potoci, westl. von Jaice, um später von einem Feldflugplatz bei Kupreskopolje aus mit Flugzeug zur Insel Vis (Lissa) — am 3./4. 6. 44 — zu entkommen.
Eine entscheidende Schwächung der kommunistischen Aufstandsbewegung ist durch dieses Unternehmen nicht erreicht worden. Das Unternehmen „Rösselsprung" hat der deutschen Seite jedoch eine gewisse Atempause verschafft.

Das ab Mai 1943 auf Anregung des Gen.Mj. von Pfuhlstein zunächst in Brandenburg/Havel aus Restkommandos als Ausbildungspersonal und zugeführten Rekruten aufgestellte Ersatz-Bataillon unter Führung des Major Martin wird ab Aug./Sept. 43 ergänzt durch die Aufstellung des II. Bataillons in Baden bei Wien. Damit besteht das neue „Lehr-Regiment Brandenburg" mit Sitz in Brandenburg/Havel aus zwei Bataillonen. Das unter Führung des Hptm. von Einem-Josten aufzustellende Bataillon wird zum Gebirgsjäger-Ersatzbataillon gegliedert, seine Kompanien sind im Raum Neuhaus/Triestingthal untergebracht und stellen den Personal-Ersatz für das 2. Rgt. der Division Brandenburg. Desgleichen wird der bisherige Heimatstab 2. Rgt. eingegliedert. — Um Hochgebirgsausbildungsstätten verfügbar zu haben, verlegt das Bataillon einige Monate später nach Admont in der Steiermark.
Am 5. März 44 erfolgt Befehl WFSt (H) zum Aufruf an bestehende Teile des Lehrregiments für ein „Alarm-Regiment BR" — für einen Einsatz im Raum südostw. Krakau im Zusammenhang mit dem Unternehmen „Trojanisches Pferd". Transportbereitschaft wird für den 10. März befohlen. — Jedoch kommt es nicht mehr dazu, die beiden Bataillone kehren in ihre Standorte Brandenburg und Admont/Österr. zurück.

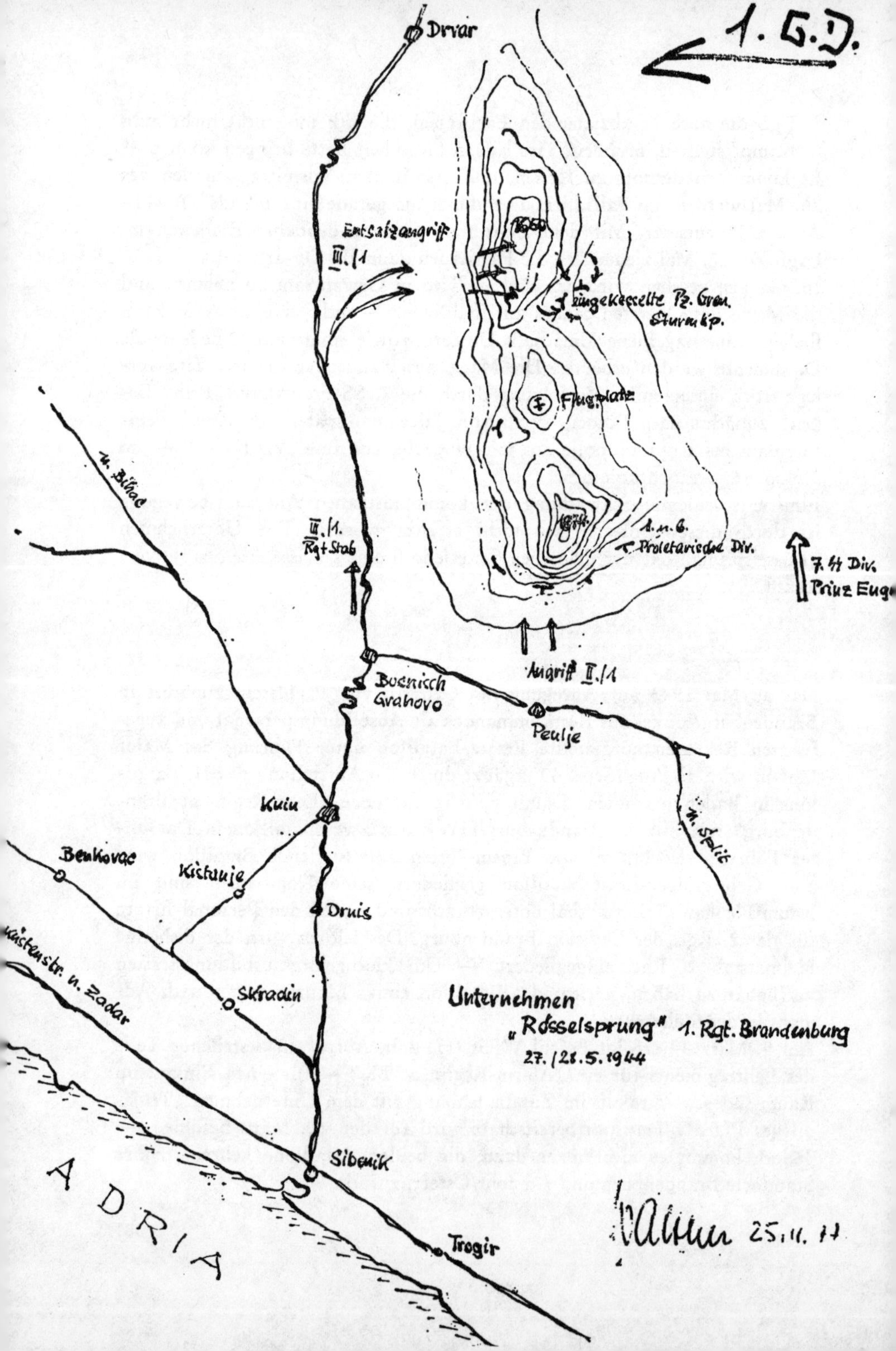
1. G.D.
Drvar
Entsatzangriff
III./1
eingekesselte Pz. Gren. Sturmkp.
Flugplatz
1. u. 6. Proletarische Div.
7. SS Div. Prinz Eug
III./1.
Rgt Stab
Angriff II./1
Bosnisch Grahovo
Peulje
n. Bihac
n. Split
Knin
Benkovac
Kistanje
Drnis
Küstenstr. n. Zadar
Skradin
Unternehmen
„Rösselsprung" 1. Rgt. Brandenburg
27./28.5.1944
Sibenik
ADRIA
Trogir
25.11.77

Der Durchbruchsangriff der Alliierten am 12. Mai 44 südlich von Rom erzwingt erneut Alarmierung des „Alarm-Regimentes BR" mit zwei Bataillonen, die im Eiltransport nach Istrien und in den Raum Triest — Fiume verlegen, um dort vordringlich den Küstenschutz gegen evtl. Anlandungen zu übernehmen. Obstlt. Martin führt hier.

Dort treffen am 5. Juni 44 das I. und III./3 ein und lösen ab; die Teile des Alarmregimentes verlegen am 17. und 18. Juni 44 mit III. Btl. unter Führung von Hptm. Grawert nach Stein, das IV. Btl. unter Führung des Oblt. Bistrick nach Domzale im sog. „Reichsgau Oberkrain", nordwestlich Laibach.

Es ergeht Befehl des OKW/WFSt/Op (H) Südost Nr. 00 6053/44 g. Kdos. vom 9. 6. 44, wonach das „Lehr-Regiment Brandenburg" unter der Führung des Obstlt. Martin in den Reichsgau Oberkrain zu verlegen ist. Unterbringungsraum Domzale — Stein — Krainburg — Radmannsdorf — Veldes; territoriale Unterstellung dort unter stellv. Gen.Kdo. XVIII. A.K. Jedoch darf der Einsatz des Regimentes durch das stellv. Gen.Kdo. nur zur Sicherung des Unterkunftsraumes des Regiments und, soweit im Rahmen der Ausbildung tragbar, zur örtlichen Bandenbekämpfung erfolgen.

Zugleich wird das bisherige „Alarm-Regiment BR" mit Wirkung 15. 6. 44 aufgelöst. Die bisherige Bezeichnung „Heimatstab" für die Standorte Düren und Brandenburg kommt in Fortfall, das Lehrregiment glieder sich im neuen Raum wie folgt:

Rgt.-Stab	in Veldes (anders: Bled a. See)
18. schw. Lehr-Kp.	in Veldes
I. Btl. (bisher: Freiburg)	als Grundausbildungs-Bataillon im Raum Veldes — Lees
II. Btl. (bisher: Admont)	als Gebirgs-Grundausbildungs-Bataillon im Raum St. Veit (Save)
III. Btl. (bisher: III./Alarm-Rgt.)	als Feldausbildungs-Bataillon Raum Stein
IV. Btl. (bisher: IV./Alarm-Rgt.)	als Feldausbildungs-Bataillon Raum Domzale — Hannsburg

Gem. Div.Befehl vom 21. 6. 44 werden z. Zt. durch Rekrutierungsmaßnahmen der Division in Ungarn rekrutierte Volksdeutsche zum „Ausbildungs-Bataillon (U)" der Division Brandenburg zusammengezogen. Führer: Hptm. Auch. Dieses „Ausbild.Btl. (U)" wird dem Lehrregiment unterstellt.

In Freiburg verbleiben noch die 1. und 2. Genesenden-Kompanie, in Brandenburg die 3. und 4. Genesenden-Kompanie sowie die 17. Lehrgangs-Kompanie.

Die Leg.-Lehr-Kompanie wird gemäß Div.Befehl von Kranepuhl (bei Brandenburg) nach Freiburg verlegt und dort dem Führer des Kampfschul-Lehrgangs unterstellt.
Das Rest-Kommando des F.S.-Bataillons ist gem. Div.-Befehl vom 23. 8. 44 umgehend nach Brandenburg zu verlegen. Die Unterkünfte in Stendal sind für die Übergabe herzurichten, Heimatstab Brandenburg bereitet Unterbringung in der Generalfeldzeugmeister-Kaserne vor.
Die sich auch im österreichischen Raum bemerkbar machende Bandenbewegung zwingt zu frontnaher Ausbildung, so daß es u. a. auch zum Ausbau der Ortsverteidigung der einzelnen Unterkunftsbereiche kommt.
Wiederholte Einsätze gegen Banden im dortigen Raum und zur Unterstützung örtlicher Polizei-Organe verursachen wiederholt Verluste, u. a. auch einige Gefallene und Vermißte.
Ende April 1945 wird dieses Regiment unter der neuen Bezeichnung „Führer-Pz.Gren.Rgt. 5" aus dem Raum nördl. Laibach herausgezogen und unter Führung des Obstlt. Schwarzrock in den Raum Stockerau, am Nordufer der Donau, im Rahmen der „Führer-Grenadier-Division" eingesetzt.

Der bittere Weg zurück über Belgrad

Zum Jahresbeginn 1944 führt die Heeresgruppe E mit Sitz in Saloniki im griechisch-ägäischen Raum. Von den drei Fronten des OB Südost wird die Wahrscheinlichkeit einer feindlichen Anlandung an der jonischen Front gering eingeschätzt, sie ist daher nach Abzug des 2. Regiments nur verhältnismäßig schwach gesichert. Dagegen sind die besonders landegefährdeten Stellen der Peloponnes-Küste, die Landenge von Korinth und die Jonischen Inseln durch ständig zugeführte Festungsbataillone wesentlich verstärkt worden.

Weg und Kampf des 1. Regiments Brandenburg.

Die Verteidigung im Raum Piräus — Athen — Süd-Attika unter dem Kommando des LXVIII. A.K. wird durch das im Raum Levadia — Lamia stehende 1. Regiment Brandenburg ergänzt.
Hauptaufgabe hier: Kampf gegen Partisanen, Freihalten der Nachschubstraße über die Thermopylen sowie Sicherung des Küstenbereiches gegenüber der Insel Euboea. Hauptsorge des Regiments-Kommandeurs, Major Walther, ist die ständige Bedrohung aus dem westlich gelegenen Sperchiatal heraus, wo sich gerade in den letzten Wochen die Partisanen der EAM sehr stark gemacht haben.

Deshalb werden vermehrt Spähtrupps und Kampfgruppen, sowohl von Lamia aus durch das III./1 wie von Kamena Wurla her durch Teile I./1 gegen das sehr unübersichtliche, durchschnittene Waldgelände angesetzt. Dabei finden am 3. 1. 44 der Oblt. „Stups" Minzenmay, Adj. III./1, sowie zwei seiner Begleiter aus der 10. Kompanie, der Gefreite Bobby Nolting und der Jäger Peter Bub, den Tod, als sie Teilen einer an einer gesprengten Brücke festsitzenden Kompanie den Weg freikämpfen wollen.
Die außerordentliche Beunruhigung durch Partisanen beiderseits der Straße Lamia — Levadia zwingt immer wieder, auch abseits dieser Straße, aufzuklären und Stärke zu zeigen. Die Gefahren, die sich bei solchen Aufträgen auftun und jungen, unerfahrenen Kommandoführern zum Verhängnis werden, zeigen sich beispielsweise bei einem solchen Unternehmen am 14. und 15. Januar 1944.
Oblt. Späth der 2. Kp. führt vertretungsweise das Bataillon in Atalanti. Lt. Stahl erhält Auftrag, mit einem kampfkräftigen Spähtrupp in Kompaniestärke gegen die EAM-Partisanen im Raum Sklitron aufzuklären. Dieser Ort liegt westlich der Straße nach Levadia, Ausgangspunkt ist das Nest Evangelistria, rechts im Gebirge; Feldwebel Chr. Koch begleitet mit schweren Waffen:

„Wir kommen gut nach Sklitron hinein. Dort werden Sicherungen aufgestellt und Erkundigungen bei der Bevölkerung nach dem Verbleib der Partisanen eingeholt. Das führt zu keinem Erfolg; die Menschen dort sind zu ängstlich, sie schweigen.
Nun gut, wir halten uns einige Zeit im Dorf auf, füllen die Wasserkanister und verlasten sie auf die Mulis.
Plötzlich macht sich eine gewisse Unruhe unter den Dorfbewohnern bemerkbar. Irgend etwas ist im Gange, die Sache stinkt . . .
Schließlich setzt sich die Spitze in Marsch, der Zug folgt, dann der Kp.-Trupp, die Mulis und der schwere Zug hinterher. Als ich so schließlich am Schluß meines Haufens den Dorfausgang hinter mir habe, die Mulis vor mir etwa 200—300 Meter entfernt, geht von links oben und halbrechts hinter uns der Feuerzauber los. Ich gebe meinem Zug „Feuer frei", und wir bekämpfen kaum sichtbare Ziele. Als ich nach einer Weile von vorne keinen Gefechtslärm mehr höre, gebe ich meinem Zug den Befehl: ‚Hang herunter — in die Bachsohle — raus zum Talausgang — dort warten!'
Nach diesem Befehl erhält der MG.-Schütze 1 (Maierhofer) einen Oberschenkeldurchschuß rechts; sein Schütze 2 läßt den Karren liegen, Gefreiter Beck, ein Rumäniendeutscher, und ich versuchen, das MG. zu holen, aber die Partisanen haben das gemerkt und decken uns mit MG.-

und MPi.-Feuer ein. Wir lassen das MG. liegen und verschwinden aus dem Talgrund.

Wir schaffen es auch, und ich muß feststellen, daß von der Kompanie keiner mehr vorne ist. Deshalb baue ich erst mal eine Abwehrlinie auf und schicke einen Spähtrupp los; er soll das Bataillon verständigen. Zugleich startet Uffz. Glaser mit einbrechender Dunkelheit einen Gegenstoß, um Luft zu schaffen. Inzwischen treffen erste Teile des Bataillons ein. Von der 2. Kompanie fehlen der Leutnant Stahl, Uffz. Schmiedel und ein Gefreiter, die in einen Hinterhalt geraten sind.“ [61]

Zwei Tage später, um den 17./18. 1. 44, dringt die Masse des Bataillons nochmals in das Tal bei Sklitron ein, mit Vierlingsflak und schweren Waffen. Unter dieser Sicherung sucht der Btl.-Arzt Theo Becker mit zwei Mann nach der Stelle, an der nach Aussagen des Popen die gefallenen Soldaten beerdigt sein sollen. Zwei Leichen, nicht jedoch die des Lt. Stahl, werden gefunden; danach ist dieser anscheinend in die Hände der Partisanen gefallen. Man hört nie wieder etwas von ihm. — Kriegsschicksal!

Die Zeit vergeht, mit abwechselnd Sicherung, Spähtrupps, Ausbildung, Bereitschaft, Fahrzeugpflege — bis zum 20. Febr. 44. Es wird Marschbereitschaft für das ganze Regiment befohlen.

Um 5.00 Uhr Abmarsch in strömendem Regen über Larissa, am 21. 2. weiter über den Servia-Paß, am 22. 2. über Kozani — Ptolomäis — Bitolj nach Prilep. Am 25. 2. weiter über Veles nach Skopje, am 26. 2. dann über Prizren nach Diakowa in Albanien.

Nach einigem Hin und Her, währenddessen sich das I./1 unter Rittm. Plitt vom 1.—7. März in Pec aufhält, wird klar, daß das 1. Rgt. BR dem Pz.-A.O.K. 2 unterstellt wird und als Eingreifreserve für den Fall feindlicher Anlandungen an der dalmatinischen Küste zwischen Zadar und Split eingesetzt werden soll. Sein Auftrag ist die Sperrung der Zugänge der Partisanen zur Küste, die auf diesem Wege ihre Versorgung und den Abtransport ihrer Verwundeten durchführen. Außerdem Bandenbekämpfung im Inneren von Bosnien.

Während das III./1 unter der Führung von Oblt. Seuberlich für den zum Lehrgang kommandierten Hptm. Wandrey nach einem Marsch über Cetinje — Ragusa — Split (9. 3.) entlang der Küste ist und am 11. 3. 44 in Skradin, nördl. Sebenik eintrifft, verlegt das I./1 über Skutari nach Tirana (ab 8. 3.). Dort Sicherung, Bereitschaft, Kasernenbetrieb. Aber auch wiederholt Vorstöße in die Berge und Demonstrationsmärsche. Deutlich machen, daß man da ist. Dazwischen weiterhin Einsätze im Mot.-Marsch zum Freikämpfen der Nachschubstraßen; das geht so bis Mitte April.

Währenddessen hat sich das III./1 in und um Skradin eingerichtet; Rgt.-Stab und Teile des Bataillons in der Stadt, die 11. Kompanie unter Oblt. Frömmel beim Alu-Werk, außerhalb der Stadt. Sofort Beginn der Vorbereitungen zum Einsatz gegen Tito-Partisanen; dabei handelt es sich um Teile der Proletarski-Brigade und der Lika-Stoßbrigade. Es ist ein Kampf ohne Ende; wo die Partisanen sich in Kämpfe einlassen, geht es hart her. Eigene Verluste steigen. Dann sind sie plötzlich wieder verschwunden, untergetaucht, um überraschend an anderer Stelle wieder aufzutauchen. Größer angelegte Unternehmen stoßen oft ins Leere, kleinere Einheiten in Kompaniestärke geraten in Hinterhalte. Erfolgreich sind einige Tarn-Einsätze. Unterstützt werden die Partisanen durch die Alliierten, die Nacht für Nacht Behälter und Kanister mit Waffen, Gerät und Benzin an Fallschirmen abwerfen. Erschwert wird die Situation durch das Mit-, Neben- und Gegeneinander der kroatischen Ustascha-Verbände und der königstreuen serbischen Cetniks. Von letzteren operiert eine Einheit unter dem Oblt. Savic und dem Lt. Iljic eine Zeitlang zusammen mit dem III. Bataillon.

Über die Einsätze des III./1 in den Partisanengebieten abseits der Hauptnachschubstraßen einige Einzeldaten, als Nahkampftage der beteiligten Soldaten:

18. 3. 44. — Nahkampftag: Unternehmen „Baumblüte"
Nachts zum Einsatz; durch mehrere Dörfer weit ins Partisanengebiet vorgestoßen. Im letzten Dorf Angriff der Partisanen, beiderseits Verluste.

28. 3. 44 — Unternehmen „Bora".

29. 3. 44 — Sturm auf D. Ceranje, Höhe 214 und Höhenzug nordwestl. davon.

6. 4. 44 — Sturm auf den Berg Debeljak bei Grabovci.

8. 4. 44 — Sturm auf Höhe 146 bei Gacelezi.

14. 4. 44 — Sturm auf Höhe 181 bei Ostrovice—Lisane.

18. 4. 44 — Nachtgefecht bei Vuksic.

27. 4. 44 — Unternehmen „Denkzettel".

Diese Gefechte sind schwer, sie kosten Verluste, der Erfolg ist kaum erkennbar, immer wieder tauchen die Partisanen auf, sie sind nicht zu fassen.

Am 14. April wird bekannt, daß die Division Brandenburg in Gen.Lt. Kühlwein einen neuen Divisionskommandeur hat.

Etwas anders verläuft der weitere Weg des I./1, der in Benkovac, südostw. Zadar in Kroatien, seinen vorläufigen Endpunkt hat. Von dort aus führt es, oft im Zusammenwirken mit dem in Skradin untergebrachten III./1, Einsätze gegen Partisanen durch.

Über Zeitablauf und Tätigwerden des I./1 erfahren wir etwas aus dem Tagebuch des Feldwebel Goller der 3. Kompanie:

April 1944

3. 4. Einsatzbefehl. Um 17 Uhr Abmarsch.
10. 4. Kompanie vom Einsatz zurück. Waffenreinigen. Neuer Einsatzbefehl.
20. 4. Zur Kompanie gefahren, 230 km. Schriftlichen Kram erledigt.
21. 4. Über Podgoriza — Skutari nach Tirana.
24. 4. Verladen! — Kompanie 17 Uhr abgefahren.
25. 4. Ganze Nacht durchgefahren. 8 Uhr Kompanie in Podgoriza erreicht. Besprechung beim Chef.
26. 4. Weiterfahrt über Thenergenpaß — am Meer entlang, herrliche Nachtfahrt.
27. 4. 6 Uhr in Ragusa angekommen — eine Stadt wie im Märchen.
28. 4. Ruhetag in Metrovica.
29. 4. Waffenreinigen. Bunter Nachmittag. Viel gelacht. 19 Uhr Abfahrt Meschkowiz Nachtfahrt an der Adria. Herrliches Erlebnis.
30. 4. Um 5 Uhr in Omis angekommen. Berge, Meer. Zauber der Natur. Sache Fuchs-Legenstein, es rollt wieder mal.

Mai 1944

2. 5. Komp.Belehrung vom Chef, Oblt. Berndt. 19 Uhr Abfahrt von Omis. Nacht durchgefahren.
3. 5. Um 8 Uhr in Kistanje angekommen.
7. 5. Impfen gegen Cholera und Ruhr. Vietor wieder da.
9. 5. Kompanie im Einsatz.
10. 5. Gegen 6 Uhr Kompanie vom Einsatz zurück. Geschlafen. 10 Uhr wieder Abfahrt von Kistanje.
11. 5. Gegen 3 Uhr in Benkovac angekommen.
13. 5. Arbeitsdienst. Mit Lt. Jäger gefeiert.
17. 5. Btl. vom Einsatz zurück. Troß umgezogen.
20. 5. Btl. von Hptm. John übernommen. Obstlt. Walther gesprochen.
26. 5. Wieder in Benkovac.
30. 5. Massenflug feindlicher Bomber über uns weg, schon tagelang.

Hptm. John übernimmt nach ausgeheilter Verwundung am 20. Mai 1944 die Führung des I./1. Regiment Brandenburg.

Der bisherige Kommandeur, Rittm. Plitt, geht als Führer des Verbindungsstabes beim Pz.AOK 2 nach Kraljewo.

Die Masse des Bataillons ist weiterhin im Einsatz gegen Partisanen, aus Benkovac heraus in ostwärtiger Richtung, dabei Stützpunktbildung, Jagdkommandos und Minenverlegung.

Über die Wirksamkeit der ständigen Kampfeinsätze gegen Partisanen berichtet das Kriegstagebuch/OKW vom 2. Juni 44: „Mitte Mai hatten Säuberungsunternehmen des Gren.Rgt. (mot) 92 und des Regiments „Brandenburg“ hinter der Dalmatinischen Küste die Tito-Kräfte in diesem Raume, vor allem ihre Versorgungseinrichtungen, fühlbar geschwächt.“ [62]

Für das I./1 zeigt das Tagebuch die ständige Einsatzbereitschaft dieses Verbandes anhand der Tätigkeiten der 3. Kompanie:

Juni 1944

1. 6. Alarmgruppe im Einsatz. Um 17 Uhr zur Kompanie über Skradin — Drnis — Knin.

2. 6. 6 Uhr Ankunft Gradowa. Geschlafen. 14 Uhr Besprechung beim Kdr. 18 Uhr Rückfahrt. Jabo-Angriff. B-Krad mit zwei Mann während der Fahrt getroffen, beide tot. Um Steinhaufen gewetzt, so wehrt man sich.

3. 6. Gegen 9 Uhr Ankunft in Benkovac.

4. 6. Alarmstufe 2, alles verladen.

5. 6. Warten. Gerüchte schwirren herum. Im Ort starke Schießerei. Auf Minen gefahren.

6. 6. Nachricht vom Beginn der Invasion im Westen. Alarm.

7. 6. Stützpunkt Lt. Jäger überfallen. Abends Schießerei. Alarmgruppen auf Lauerstellung.

8. 6. Nachschubkolonne mit Verpflegung für Partisanen geschnappt. Tiefflieger.

9. 6. Jabo-Angriff. Bomben. Einige tote Zivilisten.

10. 6. Kompanie aus Einsatz Skradin zurück. Waffenreinigen.

11. 6. Durch Bomben geweckt. Den ganzen Tag von Tieffliegern beharkt. [63]

Für das Zusammenwirken der Bataillone ist der inzwischen zum Oberstleutnant beförderte Kommandeur des 1. Regiments Brandenburg, Walther, mit Stab in Skradin verantwortlich. In und bei der Stadt steht auch noch das III./1; sein Kommandeur, Hptm. Wandrey, ist vom Bataillonsführer-Lehrgang zurückgekehrt.

Mit den einleitenden Maßnahmen für das Unternehmen „Rösselsprung“ ab Mitte Mai 1944 ist nun auch das bisher im Raum des 4. Regiments eingesetzte II./1 in die Unterstellung zum alten Regiment zurückgekehrt. Schon beim Einsatz in Richtung Drvar, bei Bosn. Grahovo, konnte Obstlt. Walther wieder über sein Bataillon verfügen. [64]

Ab Juni 1944 wechselt die Führung bei diesem Bataillon. Hptm. Rosenow wird zu neuen Aufgaben abberufen, der stellv. Führer des III./1, Oblt. Seuberlich, wird als Btl.-Führer II./1 eingesetzt.

Die nächsten Wochen sind für das III./1 wiederum sehr schwer und fordern die letzten Kräfte heraus. Im Nachweis der Nahkampftage, die im Soldbuch der Soldaten verzeichnet werden, ist zu lesen:

7. Juni 44	—	Tomaevica Stan
7. Juli 44	—	Sturm auf Brine bei P.
14. Juli 44	—	Sturm auf Höhe 111 bei Gacelezi
1./2. Aug. 44	—	Nahkämpfe im Ortsbiwak Smerdelje
3. Aug. 44	—	Smerdelski und Gay
29. Aug. 44	—	Vorstoß auf Paßstraße Obrovac — Gracao Angriff gegen Höhen 892 und 863
30. Aug. 44	—	Freikämpfen der Paßstraße Obrovac — Gracao bis zur Höhe 985

Die Tage dazwischen, auch wenn sie nicht aufgezeichnet sind, sind ausgefüllt mit Sicherung in Stützpunkten, mit Streifenfahrten zur Überwachung der Nachschubstraßen und der Erkundung nach dem Verbleib gemeldeter Partisanengruppen. In der Ortsunterkunft Skradin gibt es für das III./1 nicht weniger Probleme. Die Straßenbrücke über den Krka, einen Fluß, der die Stadt vom ALU-Werk oberhalb trennt, ist ständig „geladen". D. h., aus Sicherheitsgründen sind Sprengstoffladungen angebracht. Diese Brücke, eine Stahlkonstruktion in genau 111,70 Meter Länge, wird auf Anordnung der in diesem Raum befehlführenden Division mit Sitz in Drnis ständig bewacht. Die Zündung — Leitfeuer und elektrisch — ist vorbereitet, aber nicht angebracht, wohl stecken einige Hundert Kilogramm TNT-Sprengstoff in der Konstruktion — zur Vorsicht, man kann nie wissen. Eines Tages jedoch brausen einige britische Jagdbomber im Tiefstflug über die Stadt — vom Meer kommend — und schießen mit Leuchtspurmunition in die Sprengladung hinein, die Brücke fliegt in die Luft.

Währenddessen ist das zur Zeit in Trogir am Meer untergebrachte I./1 unter Hptm. John weiterhin in ständigem, sich verschärfendem Einsatz zur Sicherung des Küstenberiechs und des Hinterlandes. Der Zeitablauf aus dem Tagebuch der 3. Kompanie:

3. Juli 1944	—	sGr.We. und Fla-Zug im Einsatz
9. Juli 1944	—	Schrecklicher Tag: Zug bringt Verpflegung zu Einsatzteilen; dabei Hinterhalt. 14 Tote, 14 Vermißte.
10. Juli 1944	—	Mit Alarmzug im Morgengrauen zur Unglücksstelle. Traurige Szene.
17. Juli 1944	—	Ausbildung am Ofenrohr (Panzerfaust).
20. Juli 1944	—	Attentat auf Hitler. Alarmbereitschaft.

Die eigenen Verluste, von denen die Rede ist, gehen an den Kern der Truppe. Jener 9. Juli 1944 vernichtet die Gemeinschaft der 3. Kompanie,

die bisher den Kampf getragen hat. — Ein Zug der Kompanie bringt Verpflegung zu den Gefechtsteilen in den Stützpunkten; er gerät dabei in einen Hinterhalt und wird aufgerieben: 14 Gefallene, 14 Vermißte — da bleibt nichts mehr — der Zug ist ausgelöscht.
Die Lage auf den verschiedenen Kriegsschauplätzen verschärft sich zusehends, die Überlegenheit der Alliierten Streitkräfte wächst von Tag zu Tag. Im Westen das Unternehmen „Overlord“ am 6. Juni mit der Anlandung zahlreicher Divisionen bei Caen/Frankreich. In Italien wird die offene Stadt Rom am 4. Juni besetzt, die alliierten Kräfte treten am 6. Juni zum weiteren Angriff nach Norden an. Am 9. Juni setzt die sowj. Offensive gegen die finnische Front auf der Karelischen Landenge ein. Am 22. Juni ist der Beginn einer weiteren, diesmal sowjetischen Groß-Offensive zwischen den Pripjet-Sümpfen und der Düna gegen die deutsche Heeresgruppe Mitte, die die Front über Hunderte von Kilometern aufreißt.
Das Attentat auf Hitler in dessen Hauptquartier am 20. Juli 44 löst wohl Alarm aus, berührt aber die Fronttruppe nicht unmittelbar. Ihre Sorgen liegen stärker bei den örtlichen Gefahrenpunkten, für das 1. Regiment im Raum Skradin — Trogir im Einsatz gegen die Partisanen. Die zunehmende Stärke dieser Verbände, ihre immer besser werdende Ausrüstung und Bewaffnung und die immer spürbarere Unterstützung durch die Alliierten und deren Luftwaffe, diese Dinge sind es, die die Kämpfe zusehends verschärfen. Die Verluste sind kaum noch auszugleichen, die Übermacht der anderen Seite wird immer deutlicher.
Hptm. John muß sein Bataillon verlassen, seine alte Verwundung ist wieder aufgebrochen, er muß in die Heimat. Wieder einer der bewährten Führer weg, Oblt. Kohl, der dienstälteste Chef übernimmt die Führung. Und wieder ein schwerer Verlust bei der 3. Kompanie; ein brit. Jabo-Angriff im Raum Benkovac auf die Kolonne: 8 Mann tot, 12 Mann teilweise schwer verwundet, ein Kübel, drei LKW zerstört — das alles am 15. 8. 44. Wie soll man diese Verluste ersetzen? Wie seinen Auftrag noch erfüllen? Unfaßbar! Es kommt auch kein Ersatz mehr heran; die Genesenden und jungen Rekruten werden an anderer Stelle zur Aufstellung neuer Einheiten benötigt. Nur einzelne, die ganz Alten, sie finden den Weg zur kämpfenden Truppe, zu ihrer Kompanie zurück.
Man hilft sich selbst, Züge werden zusammengelegt, Kampfgruppen gebildet, in jedem Fall alles versucht, die Kampfkraft wiederherzustellen, die Aufträge häufen sich, irgendwie müssen sie erfüllt werden.
Der tiefe sowjetrussische Durchbruch südlich der Karpaten und der Bruch des Bündnisses mit Deutschland durch Rumänien und Bulgarien verändert in der zweiten Augusthälfte 1944 die Lage auf dem Balkan so gravierend,

daß der OB Südost am 26. August 1944 Weisung vom WFSt erhält, die Zurücknahme der gesamten deutschen Truppen aus Südgriechenland einzuleiten.

Das Signal eines allgemeinen Rückzuges auf dem Balkan auf eine verkürzte Linie ist gesetzt. Der Befehl zur Rückführung möglichst zahlreicher Truppen von den Ägäischen Inseln wird offiziell am 6. Sept. den betroffenen Truppen zugestellt.

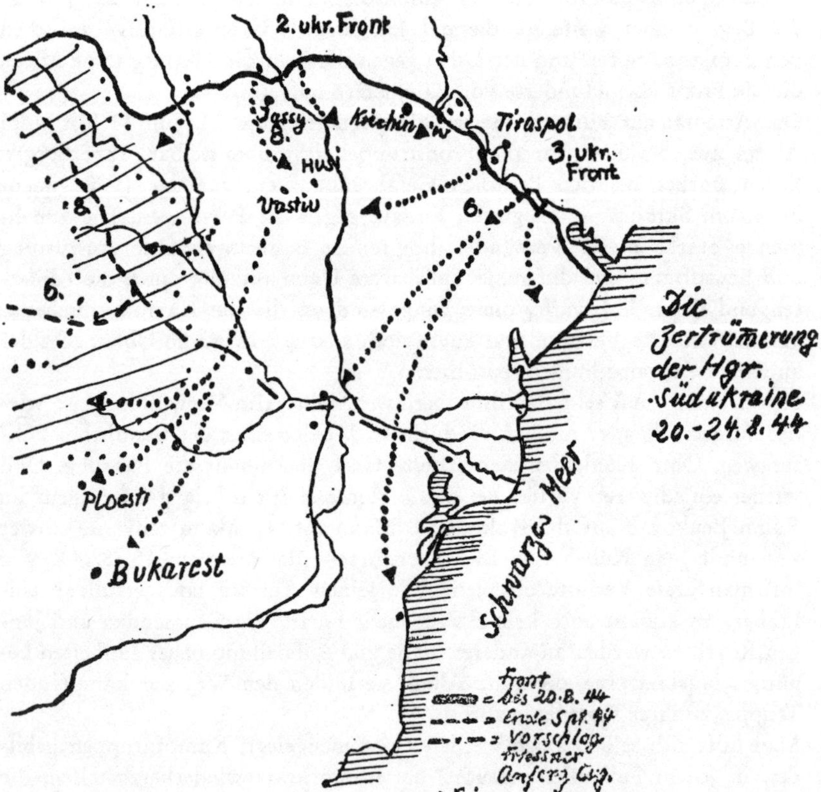

Die ersten Rückzugsbewegungen zeichnet nachstehender Plan: [66]

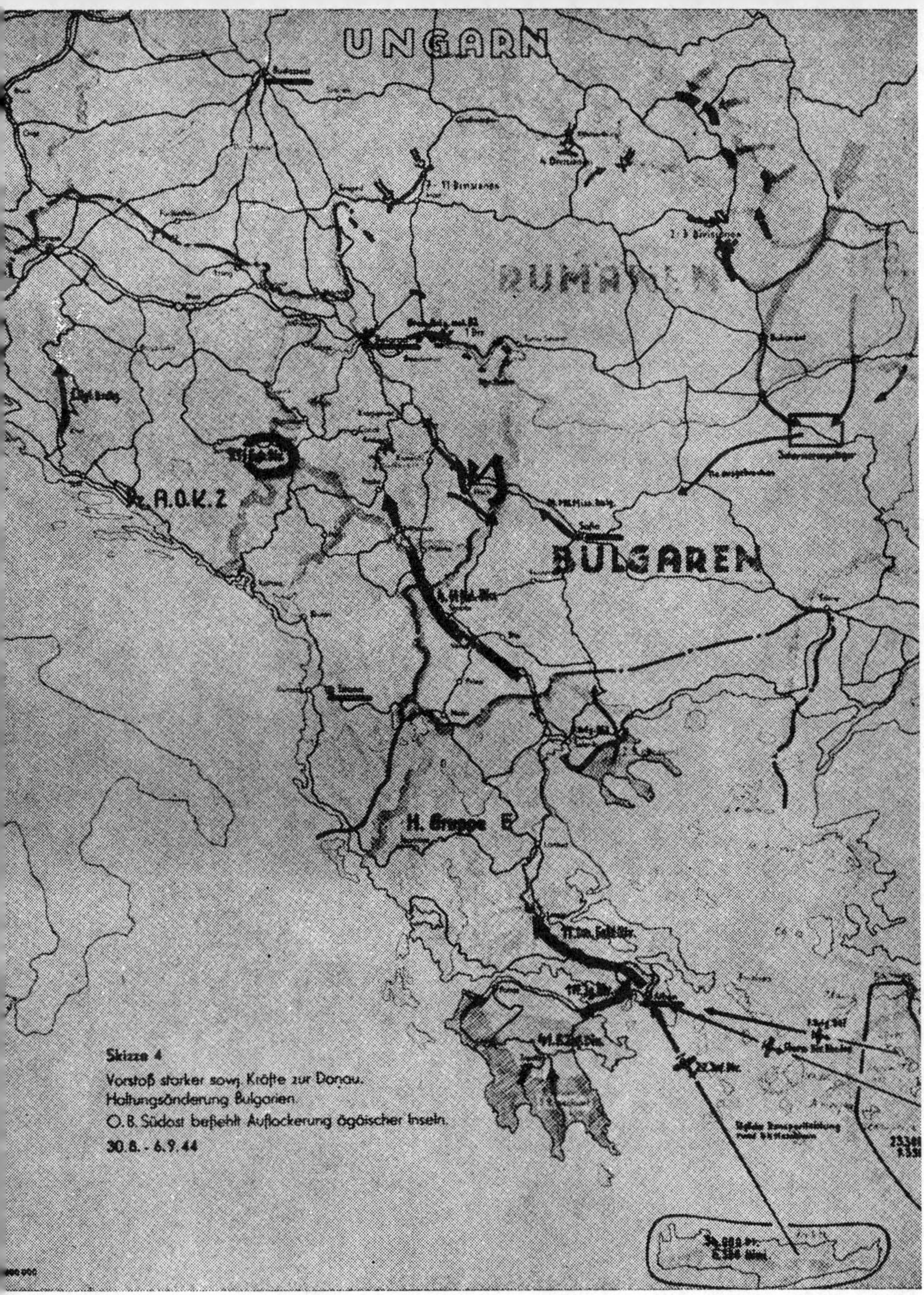

Skizze 4
Vorstoß starker sowj. Kräfte zur Donau.
Haltungsänderung Bulgarien.
O.B. Südost befiehlt Auflockerung ägäischer Inseln.
30.8. - 6.9.44

Und an diesem 6. Sept. 44 folgt das III./1 aus Skradin im Mot.-Marsch dem am 4.9. abends gegen 19.00 Uhr aufgebrochenen I./1 in Richtung Drnis — Knin nach. Es geht nach Belgrad, als Verstärkung gegen die sowj. Spitzen, die mit Aufklärungskräften bereits am 5. 9. im Raum Turnu Severin und mit starken motorisierten Einheiten bei Craiova gemeldet sind. Hier allerdings bleiben sie stehen, bewegen sich vielmehr nach Norden, während die Masse über die Donau in Richtung Bulgarien verlegt. Eine Atempause für Gen.Feldm. von Weichs, der alles an verfügbaren Truppen an die Donau wirft, um die Nachschublinien der Heeresgruppe F nach Griechenland und die südlich gelegenen deutschen Truppenbasen zu erhalten.
Noch eine weitere Gefahr tut sich auf: Seit Anfang September 1944 hatten sich die Partisanen des II. und XI. Proletarischen Korps aus dem Süden und Südwesten Serbiens in allgemein nördlicher Richtung in Bewegung gesetzt. Die in Ostserbien nach Norden sich vorschiebenden beiden Divisionen stießen bis in den Raum von Negotin vor, um mit der Roten Armee Verbindung aufzunehmen.
In Westserbien hatten die Kräfte des I. und XII. Prolet. Korps mit fünf Divisionen in langsamem, aber stetigem Vorgehen nach Norden bis Mitte September den Raum von Valjevo erreicht, was von den erheblich abgekämpften Verbänden der Polizei — SFK — RSK — nicht verhindert werden konnte. All dieses bedeutete, daß im Rücken der Ostfront der Heeresgruppe F eine Bedrohung durch Titos Verbände aufstieg. [67]
Um so drängender wird die Zuführung noch einigermaßen kampfkräftiger deutscher Verbände.
Der Zeitablauf dazu aus Tagebuch 3. Kp./1. Rgt.:

4. 9. Abmarschbefehl erhalten. 19 Uhr Abfahrt über Drnis — Knin.
5. 9. Weiter über Lopotsch.
6. 9. Gegen 15 Uhr 15 km vor Bihac. Schießereien. Bulgarien abgefallen.
7. 9. Über Bihac — Dwar — Bos. Nowi. Alarm Eine Kampfgruppe von Landesschützen ist eingeschlossen.
8. 9. Einsatzbefehl. Kampfgruppe rausgehauen. Tolle Sache, echt Brandenburger! Gegen 14 Uhr zurück.
9. 9. Das halbe Btl. auf Eisenbahn verladen. Wir weiter Landmarsch. Untergezogen.
10. 9. Auf Schiene verladen. Abfahrt 17 Uhr.
11. 9. 10 Uhr durch Brod. Unstete Fahrt durch serbisches Banat.
12. 9. Um 1 Uhr in Semlin, ab 4 Uhr ausgeladen, 6 Uhr Fahrt durch Belgrad. Unterkunft in Visnjnica, nordostw. Belgrad.
16. 9. Um 3 Uhr Alarm. 5 Uhr in Einsatz über Belgrad nach Valjewo. Eingeschlossene Kampfgruppe der Polizei rausgehauen.

18. 9. 12 Uhr Abfahrt von Valjewo. Dauernd unter Beschuß. Tolle Nacht. Gegen 1 Uhr in Ub angekommen.
19. 9. Stellungen bezogen. Nach Belgrad zum Troß gefahren.
20. 9. Tropenuniform abgegeben, wieder feldgrau.
22. 9. Abwarten. Gerüchte. Parolen. Abends mit Kompanie leicht gefeiert.
23. 9. EK-Verleihungen. Chefbesprechung.
24. 9. Obstlt. Walther hier. Ausverkauf von Brandenburg.

Es soll in Geheimer Kommandosache der Befehl für die Umgliederung der Division Brandenburg in eine Panzergrenadier-Division erteilt sein. Näheres nicht bekannt, nur soviel, daß ein Umgliederungsstab in Baden bei Wien eingerichtet wird, zu dem die Regimenter und selbständigen Bataillone je 1 Offizier als Verbindungsmann abzustellen hätten.
Die Lage im Südostraum gestattet es jedoch nicht, daß das 1. und 2. Rgt. sowie Teile des 4. Rgt.'s zur Umgliederung herausgezogen werden können. Vielmehr werden sie unverzüglich an den Brennpunkten des Abwehrkampfes bei Belgrad eingesetzt.
In der Nacht des 18. September 1944 verlegt das I./1. Regiment Brandenburg mit seinen zu kleinen Kampfgruppen abgesunkenen Kompanienstärken zunächst nach Ub. Dort Sicherung gegen nur vorsichtig nachfolgende Tito-Einheiten. Am 25. 9. geht es weiter über Obrenovac nach Sabac a. d. Save, um dort einen Brückenkopf zur Sicherung der Übergänge gegen durchbrechende Partisanen-Einheiten zu bilden. Der nächste Save-Übergang ist nur noch vor der Stadt Belgrad, dieser ist jedoch bereits von zwei Seiten gefährdet. Das III./1 ist zwischenzeitlich ebenfalls eingetroffen und in Mokri Lug, südostw. von Belgrad, untergezogen. Aber kaum 24 Stunden später wird das Bataillon aus seiner dringend notwendigen Ruhe gerissen und eilends in Marsch gesetzt. Der Chef der 9./1, Oblt. Röseke, der bei diesem Gefecht schwer verwundet wird, berichtet:

„Wir hatten schon Belgrad durchfahren und lagen außerhalb, südostwärts in Mokri Lug — da brannte es etwa 60—80 km südlich Belgrad. Wir wurden dorthin in Marsch gesetzt und erreichten in der Nacht 18./19. 9. die Kleinstadt Arandjelovac. Die gesamten Fahrzeuge und ein Teil der schw. Waffen, vor allem die Leichtgeschütze, blieben unter Sicherung durch Teile der 11. (schw.) Kp. und des Btl.-Trosses dort. Die 9. und 10. Jg.Kp. erhielten Befehl, den westlich nahe gelegenen Berg bzw. Bergmassiv Vencac in Besitz zu nehmen, bevor ihn die von Westen angreifenden Partisanen erreichten. Diese wollten sich mit den von Osten schon weit vorgedrungenen Russen eben in dieser Gegend vereinigen, um die Straße Belgrad — Nisch — Skoplje und somit den Hauptverbindungsweg der He.Gr. F nach und von Mazedonien—Griechenland abzuschneiden. So jedenfalls wurde uns die Lage dargestellt. Genaueres, vor allem über Feind und eigene in diesem Raum eingesetzte Verbände, war uns Kp.Chefs und auch unserem Btl.Kdr. Hptm. Wandrey nicht bekannt. Der Einsatz ging also völlig ins Ungewisse. Max Wandrey klappte nach der Befehlsausgabe sein Kartenbrett zu, legte die Hand an die Mütze (obwohl der „deutsche Gruß" schon vorgeschrieben war) und sagte: „Meine Herren, diese Scheiße verdanken wir unserem geliebten Führer!" (Diesen sarkastischen Spruch kannten wir schon von ihm und hörten ihn auch später noch einige Male; dabei war Max eigentlich ein alter Nazi, er hatte sich im roten Hamburg schon mit Ernst Thälmann und seinen Genossen in den Jahren vor '33 herumgeschlagen). —

In den frühen Morgenstunden, noch in der Dämmerung, erstiegen wir den Vencac, und ziemlich gleichzeitig mit uns kamen die Partisanen von Westen her dort droben an. Man hatte also keinerlei Zeit zu Aufklärung, Erkundung und Stellungsbau, es ging sofort los! Eine Kompanieführung war schon nicht mehr möglich. Es bildeten sich kleine Kampfgruppen, teils angreifend, teils igelnd. Geschossen wurde rings um die Windrose. Ich hatte plötzlich auf wenige Meter eine Anzahl brauner Käppis mit dem roten Stern gegenüber, und zum ersten und einzigen Mal in diesem Saukrieg passierte mir, was man in Büchern über den ersten Weltkrieg erschauernd gelesen hatte: eine Handgranate flog mir von drüben genau vor die Nase, — ich packte sie und warf sie zurück, — sie detonierte in der Luft. Mit meinen zwei Meldern, die bei mir waren, machte ich sofort mit lautem Gebrüll einen „Gegenstoß", und wir räumten das Nest drüben aus. Dabei bekam ich einen Pistolensteckschuß in den linken Arm, er steckt heute noch drin. Etwa gleizeitig wurde Lt. Seiberlich, der Führer meines I. Zuges, sehr schwer verwundet. Dann passierte nicht weit von mir weg die Sache mit Oblt. v. Gußstedt: er war mit unserem ital. Beute-Pz.Sp.Wg. auf der Straße den Berg heraufgefahren, bekam sofort Beschuß, es muß eine panzerbrechende Waffe dabeigewesen sein, — stürzte um, Räder nach oben, brannte... Die Schreie v. G.'s gellen mir noch in den Ohren, und niemand konnte ihm helfen. — Max Wandrey sagte später: „Vielleicht war das sein Glück. An diesem Tag kam per Funk der Befehl, v. G. zu verhaften, im Zusammenhang mit dem 20. Juli." Er war der O 1 des Generalmajors von Pfuhlstein gewesen.

Inzwischen hatte der Troß und die in Arandjelovac befindlichen Teile der 11. Kp. (Chef Oblt. Frömmel) Befehl erhalten, nach Topola zu verlegen. Die Straße führte durch ein Tal. Frömmel kam mit seinen Geschützen noch durch, — die übrige Kolonne wurde von Partisanen überfallen. Eine Seitensicherung auf beiden Seiten der Straße war nicht möglich gewesen, es war kein Platz (und auch keine Zeit) zur Entfaltung. So hatten es die Partisanen leicht, fast alle Fahrzeuge in Brand zu schießen. Der Führer des Trosses, Obfeldw. Pister, und einige seiner Leute gerieten in Gefangenschaft und wurden an Ort und Stelle ermordet. Andere konnten flüchten bzw. sich verstecken. Wir sahen vom Berg aus die brennenden Fahrzeuge und hatten noch keine Ahnung, daß es unsere eigenen waren. —

Ich hatte meine Kompanie wieder einigermaßen im Griff. Wir konnten die Verwundeten bergen. Die Toten mußten wir liegen lassen. Ich weiß nun nicht mehr, war es mein eigener Entschluß oder bekam ich Befehl, der Berg war nicht länger zu halten, wir setzten uns ab. Dies ging noch ohne weitere Verluste, da die Partisanen ebenfalls stark angeschlagen waren und nicht gleich nachstießen. So erreichten wir abends Topola, wo sich das Btl. und Teile des Rgts. sammelten. Hier bekam ich erst einmal eine Morphiumspritze von unserem Dr. Szliska, — ich wurde in das Bett der Königin von Jugoslawien im Schloß Topola gelegt, — die Dame war natürlich nicht anwesend! — und für den Rest der Nacht bis zum nächsten Mittag fehlt mir ein Streifen im Film. Vermutlich waren noch andere deutsche Truppen eingesetzt, die Ereignisse überstürzten sich, niemand blickte mehr durch." [68]

Immer verwirrender und verzweifelter zeichnet sich die Lage Ende September 1944 im Raum Belgrad ab. Selten hat wohl ein Oberkommando mit so unzulänglichen und uneinheitlichen Kräften eine so entscheidungsvolle Aufgabe lösen müssen wie das des OB Südost. Aus ihrem Brückenkopf am Westufer der Donau, beiderseits der Timok-Mündung, treten die Sowjets am 29. 9. 1944 mit frischen Kräften erneut zum Angriff an, Ziel Negotin. Andere Teile drücken von Südosten her gegen Zajedar nach Norden vor und gefährden die südliche Nachschubstraße Petrovac — Bor für die im Donau-Bogen südlich Turnu Severin kämpfenden deutschen Verbände, dabei das 2. Regiment bei der 1. Gebirgs-Division.

Südlich Belgrad sichert bei Topola noch das III./1. Rgt. gegen von Südwesten vorstoßende Partisanen-Einheiten, und vor Sabac a. d. Save das I./1. Rgt. Dort tauchen Anfang Oktober ebenfalls die Spitzen von Tito-Einheiten auf. Das alles sieht einem übergroßen Brückenkopf vor Belgrad ähnlich.

Jedoch nicht weniger schwierig ist die Lage der „zusammengekratzten" Einheiten, die nördlich und nordostwärts der Donau die weite Lücke zum rechten Flügel der Heeresgruppe bei Arad schließen sollen. Dort auch das

inzwischen zugeführte II./1 unter Major Gerh. Pinkert, das seit kurzer Zeit direkt im Theiß-Donau-Dreieck eingesetzt ist.
Teile des I./4 BR liegen in der Stadt Belgrad und werden in Richtung Smederewo in Marsch gesetzt. In Belgrad trifft am 27. 9. 1944 auch das von Topola zurückkehrende III./1. Rgt. ein. —
Ein besonders gefährdeter Punkt sind die Brückenübergänge über die Save in/bei Sabac. Wenn diese in Feindeshand fallen, ist die letzte Verbindung nach Norden, außer in Belgrad, unterbrochen. Deshalb auch sind die Trosse der Einheiten, soweit sie südlich der Donau eingesetzt sind, vornehmlich im Raum Ruma und Indija untergezogen und halten nur vorgeschobene Gefechtstrosse zur Versorgung der Truppe bereit.
Das neben einigen Alarm-Einheiten im Brückenkopf Sabac eingesetzte, jedoch personell geschwächte I./1. Rgt. unter Führung Oblt. Hebeler wird am 28. 9. 1944 aus dem Schlaf gerissen — Alarm! — Alarm! — Sowjetische Truppen oder Tito-Einheiten — genaues weiß man nicht — greifen die vorgeschobenen Sicherungen und Stützpunkte in strömendem Regen und grundlosem Matsch an!
Für die nächsten Kampfes-Tage im Brückenkopf von Sabac hier ein authentischer Bericht aus dem Tagebuch des Obfeldw. Goller der 3./1. Regiment:
Oktober 1944

1. 10. Störungsfeuer vom Russen. Sonst ruhig.
6. 10. Leichter Regen. Barrikaden gebaut. Unruhig. Immer Schießereien.
7. 10. Wieder Angriff abgewehrt. Schiff mit Munition angekommen.
8. 10. Herrlicher Sonnenschein. Munition verteilt. Wieder reich! Abends übliche Schießereien.
10. 10. Abmarschbefehl. Nach zehn Tagen Ring gesprengt. Unter Feuer abends nach Sabac über Ruma. Regen. Kurzer heftiger Nachtkampf.

Mit dem 10. Oktober setzt sich die Erkenntnis durch, daß den Sowjettruppen in Verbindung mit Tito-Einheiten der Durchbruch gelungen ist. Die im Donau-Bogen südlich Turnu Severin und im Raum Negotin — D. Milanovic befehlsführende Armee-Abt. Felber entscheidet sich, die „Kampfgruppe Müller", das sind Teile der 7. SS-Pz.Gren.Div. „Prinz Eugen", die durch das 2. Regiment verstärkte 1. Gebirgsdivision, Kampfgruppen und Alarmeinheiten, hinter die Morawa (Linie Smederewo — V. Orasje — V. Plana) zurückzunehmen. Dazu wird die „Kampfgruppe Wittmann", dabei das I./4. Rgt. unter Oblt. Schönherr, über Smederewo herangeführt, um im Morawa-Tal auf V. Plana vorzustoßen und nach Westen die Durchbruchslücke offen zu halten. Zugleich wird die unmittelbare Brückenkopfstellung in Belgrad weiter verstärkt. Dazu trifft von Nordwesten kommend (aus Raum Ruma) das I./1. Rgt. unter Oblt. Hebeler am 11. Oktober in der Stadt ein; das I./4. Rgt. ist nach Erledigung seines Auftrages im Morawa-Tal ebenfalls für die Stadtverteidigung vorgesehen. Dagegen ist das III./1 unter Hptm. Wandrey ab 29. 9. nördlich der Stadt gegen von Nordosten angreifende Sowjet-Spitzen im Einsatz, das II./1 unter Major Gerh. Pinkert ab erste Tage Oktober in Abwehrstellungen an der Theiß. —

Der Kommandeur des 1. Regiments, Obstlt. Walther, ist ständig zu seinen an verschiedenen Plätzen eingesetzten Bataillonen unterwegs. Dabei wird er am 13. Oktober 1944 verwundet und muß in die Heimat abtransportiert werden. Bereits zwei Tage später, am 15. Oktober, trifft sein Nachfolger, Oberst von Brückner, von der 23. Pz.Div. kommend, ein und übernimmt die Führung des Regiments.

In der Nacht 14./15. Oktober 1944 durchstoßen Feindpanzer den äußeren Verteidigungsring und dringen in die südlichen Vorstädte Belgrads ein. Daraufhin zerfällt die Verteidigung im ganzen Stadtgebiet in Stützpunktkämpfe, die sich noch bis zum 20. Oktober (teilweise bis 21. 10.) 1944 hinziehen.

Die 1. Gebirgs-Division hatte inzwischen westlich Pozarevac die Morawa erreicht und sich mit der „Kampfgruppe Wittmann“ vereinigt. Aus beiden Verbänden wird unter dem Kommandeur der 1. Geb.Division, Gen.Lt. von Stettner, die „Kampfgruppe von Stettner“ gebildet. Diese sollte nach Belgrad durchstoßen und dort den Übergang über die Donau erzwingen. Unter dem Vorbehalt des Mißlingens dieser Absicht werden zu diesem Zeitpunkt (14. 10.) noch verfügbare Verstärkungen an den Save-Übergang bei Sabac entsandt, um diesen in jedem Fall offenzuhalten.

Mit dem 15. Oktober 1944 setzt der Vernichtungskampf in der Stadt Belgrad ein.

Währenddessen hat sich die „Kampfgruppe von Stettner“ mit ihren Gefechtsteilen, dabei das 2. Regiment im Verbande der 1. Geb.Div., und das I./4 bei der Kampfgruppe Wittmann, sowie mit zahlreichen Trossen, aufgelösten Dienst- und Verwaltungsstellen usw. am 16. Oktober bis in den Raum südostwärts Mokri Lug durchgekämpft. Knapp 10 km vom Stadtkern entfernt setzt sie am 17. 10. zum Durchbruch auf die an diesem Tage noch offenen Save-Brücken an; der Angriff mißlingt an der heftigen Gegenwehr der Sowjets am Südrand der Stadt und dem fehlenden Befreiungsstoß deutscher Truppen aus Belgrad heraus. Gen.Lt. von Stettner entschließt sich, in der Nacht 17./18. 10. direkt nach Westen, südlich des Avala-Berges, in Richtung Save-Übergang bei Sabac durchzubrechen.

Mit Angriffsbeginn am 18. 10. früh reißt jede Verbindung nach oben ab, Luftaufklärung südlich Belgrad beobachtet schwere Kämpfe von sich auflösenden Kampfgruppen auf dem Wege nach Westen.
Einzelne Versprengte, dann geschlossene Kompanien, Trosse, Einzelgruppen — treffen am 19. 10. und später am nördlichen Save-Ufer ein. Die Rote Armee meldet hohe Gefangenen- und Beutezahlen.
In der Nacht vom 20. Oktober erfolgt Zurücknahme des eigenen Brückenkopfes Belgrad auf das nördliche Save-Ufer, damit hat Tito nach vierjährigem Kampf sein Ziel erreicht.
An diesem 20. Oktober, dem Fall Belgrads — dem heutigen Staatsfeiertag in Jugoslawien —, übernimmt Oberst Schulte-Heuthaus die Führung von Kampfgruppen der Division Brandenburg, mit Gefechtsstand in Neusatz (Novi Sad), und zugleich das Kommando über den Abwehr-Abschnitt an der Theiß. Das ist etwa die Linie von der Theiß-Mündung bis Szeged, mit Schwerpunkt bei Titel. Trotz schwerster Kämpfe um die Theiß-Übergänge stabilisiert sich die Lage vorübergehend, wohl eine Folge der Nachschubschwierigkeiten bei den Sowjets. Es gelingt in dieser Zeit, die einzelnen Teile der Division Brandenburg im Raum Novi Sad aufzufangen, sie neu zugliedern und etwas aufzufrischen. Das II./1 unter Hptm. Wandrey, das nicht unmittelbar in die Kämpfe in Belgrad oder südlich davon hineingezogen war, steht an der Theiß, nördlich Titel, in ständiger Abwehr gegen feindliche Übersetzversuche. Nach Verwundung des Hptm. Wandrey (Oberschenkel-Verletzung) hatte Hptm. John, noch am Stock gehend, die Führung übernommen. Das war am 16. Oktober im Morgengrauen im Bereitstellungsraum des III./1 für einen Gegenstoß zur Vernichtung eines russischen Brückenkopfes an der Theiß. Am 18. 10. wird Hptm. John durch Bauchschuß erneut verwundet und übergibt die Führung des Bataillons an Oblt. Friedrichsmeyer.
Das I./1, dessen Führer Oblt. Hebler seit dem Übergang an der Save vermißt wird, kann mit kleinen Gruppen nach Westen und dann über die Save nach Norden entweichen.
Oblt. Röseke, bisher Chef der 9./1. Regiment, meldet sich am 2. November 1944 in Albertfalu (Alberstdorf) bei seinem Rgt.Kommandeur, Oberst von Brückner, zurück — und erhält Befehl, die Führung des I./1 zu übernehmen und sofort am Brückenkopf Apatin Stellungen zu beziehen. Dabei linker Nachbar das I./2. Regiment.
Mit Eintreffen des Rittm. Mertens (früher 3. Rgt.) beim Regiment übernimmt dieser dann das I./1 und Oblt. Röseke kehrt zum III./1 zurück. Rittm. Mertens ist wenige Tage später bei den Kämpfen um den Brückenkopf Apatin gefallen.

Bis Mitte November 1944 gelingt es den Sowjets nicht, ihren Brückenkopf bei Apatin und Batina auszudehnen, aber den deutschen Kampfgruppen auch nicht, sie über die Donau wieder zurückzuwerfen. Der Div.-Gefechtsstand mit Führungsstaffel ist zu dieser Zeit in Darda, nördlich von Esseg in Ungarn. Hier übergibt GenLt. Kühlwein die Division an Oberst Schulte-Heuthaus.
In diesen Tagen im November werden bereits erste Teile der Division Brandenburg aus der Abwehrfront herausgezogen und nach Baden b. Wien in Marsch gesetzt. Die Umgliederung zur Panzergrenadier-Division beginnt. Neue zur Division tretende Verbände wie die Aufklärungs-Abteilung, Panzer und Sturmgeschütze verlegen ebenfalls in den Raum südlich Wien.
Lediglich die neue Flak-Abteilung verstärkt als ideale Abwehr-Waffe die geschwächten Kampfgruppen in der vorderen Linie, an der Donau.
Nachdem die Sowjets im Brückenkopf erkennen müssen, daß sie hier nicht weiterkommen, verstärken sie ihre Durchbruchsversuche weiter nördlich, wo mehr Alarm-Einheiten und abgekämpfte Gruppen versuchen, dem Ansturm der Russen standzuhalten.
Schließlich kommt es am 20./21. November zum Zusammenbruch der deutschen Stellungen vor allem nördlich des Brückenkopfes Apatin, als es dort dem Gegner gelingt, in die deutschen Verteidigungslinien einzudringen und nach beiden Seiten die deutsche HKL aufzurollen. In aller Eile werden Kampfgruppen und Bataillone aus den kampfruhigen Abschnitten herausgezogen und zum Gegenstoß vordringlich nach Norden gegen die feindliche Einbruchstelle angesetzt. Das Btl. Heine (II. Btl.) kämpft in heldenhaftem Ringen bis zur Selbstaufgabe, um seine Stellungen gegen die von allen Seiten anrennenden Sowjets zu halten; vergebens, nur Hptm. Heine und sein Melder kommen aus diesem Kampf heraus, das Bataillon ist zerschlagen.
Absetzbewegungen werden unter dem Druck der sowjetischen Angriffe eingeleitet, SS-Verbände sollen weiter hinten eine neue Auffanglinie aufgebaut haben.
Auch Teile des 1. Regiments unter Oberst von Brückner sind da, bilden immer wieder neue Auffangstellungen, um das Herauslösen der noch weiter ostwärts kämpfenden Bataillone zu gewährleisten. Am 27. November 1944 schließlich wird Fünfkirchen (Pecs) erreicht, keiner ahnt, daß auch hier bereits der Feind im Anmarsch ist. Feindliche Pak-Granaten zischen mit hartem Knall über die sammelnden Fahrzeug-Kolonnen. Gewehr-Feuer und das Dauerfeuer sowjetischer MG. schallen herüber.
Noch in den Abendstunden geht der Rückmarsch, jetzt motorisiert, nach Westen in Richtung Pellerd weiter. Auch hier zeigen sich bereits Vorboten

des Feindes, der unaufhaltsam weiter nach Westen drängt. Immer wieder werden neue Stellungen bezogen, immer wieder auch sind die eigenen Kräfte zu schwach, zieht der Russe an ihnen vorbei, um dann im Rücken aufzutauchen. In Gyod wird wieder Stellung bezogen — wohin soll das noch führen?

Und weiter geht's zurück, durch die Berge, durch Schluchten und Wälder nach Nordwesten — hart bedrängt von feindlichen Panzerspitzen.

Am 3. Dezember wird, wie so oft, wiederum Sicherung bezogen, und zwar bei der Stadt Kaposvar (nordwestlich Pecs). Am Bahnhof kommt es zu schweren Nahkämpfen, in deren Verlauf 15 T-34 vernichtet werden können. Neue Verbände sind im Anmarsch, darunter auch die schnell aufgefrischte 1. Geb.Div. Sie sollen die eigenen Linien verstärken, endlich den Feind zum Stehen bringen. Doch weiter gehen die Kämpfe, die sich jetzt entlang der Straße Kaposvar — Böhönye abspielen. Der Feind drängt weiter nach, kann aber im Laufe der nächsten Tage aufgehalten werden. Um den 8. Dezember 1944 — Schnee liegt in der Puszta, der Boden ist hartgefroren — geht es in Ruhe in die Gegend Szenyer, dort zunächst als Kampfreserve. [70]

Damit sind auch die letzten Teile des 1. Regiments Brandenburg nach langem Tauziehen mit den Kommandostellen herausgelöst und für die Umgliederung freigestellt. Das III./1 liegt in Rechnitz und gliedert bereits um. Es wird am 18. Dezember 1944 auf die Bahn verladen und nach Ostpreußen verlegt. Unterbringung in Angerburg/Ostpreußen.

Weg und Kampf des 4. Regiments Brandenburg.

Das Anfang des Jahres 1944 in relativ ruhiger Lage verharrende 4. Regiment mit Gef.Stand Livno sichert in dem Raum beiderseits der Straße Sinj — Livno. Es bildet in erster Linie die bewegliche Reserve des OB Südost zum Einsatz gegen mögliche alliierte Anlandungen an der dalmatinischen Küste. Mit mobilen Kampftrupps sichert es an zahlreichen Stellen die deutschen Verbindungsstraßen und bekämpft wiederholt auftauchende Partisanengruppen. Schnee und Stürme, unwirtliches Gebirgsgelände, verschüttete Straßen erschweren diese Aufgabe.

Das II./1 unter Hptm. Rosenow, das bisher mit 5. und 6. Kompanie im Gebiet Galivic untergebracht und dem 4. Regiment unterstellt ist, verlegt am 21. Januar 1944 im Mot.-Marsch über Vakuf nach Jaice, wo es zunächst Unterkunft bezieht (am 9. 1. 1944 zurückerobert). Diese Bewegungen sind nur dann verständlich, wenn man die wiederholten Abgaben von Divisionen andere Kriegsschauplätze durch den OB Südost berücksichtigt. Der oft sehr plötzlich herausgelöste Truppenteil hinterläßt Lücken auf der Karte

der Besatzungs- und Sicherungseinheiten. Diese müssen schnell ausgefüllt werden, denn Titos Aufklärung erkennt sehr schnell Veränderungen bei der Besatzung sowohl hinsichtlich Stärke wie Qualität.
Erst Mitte März kommt Bewegung auch in die Unterbringungsräume des 4. Rgt. Nachdem in der Beurteilung der Lage zunächst eine unmittelbare Gefahr der Feindanlandung nicht gegeben ist, wird die Masse des 4. Regiments für den Einsatz im Rahmen „Margarethe I" (Ungarn) bereitgestellt. Ein verstärktes Bataillon ist am 18. März nach Ungarn in Marsch gesetzt. Etwa zur gleichen Zeit ist das unterstellte II./1 über Zenica nach Brod a. d. Save vorgezogen worden.
Auch Major Helm. Pinkert, vorübergehend Führer des 4. Regiments, ist versetzt; Rgt.-Führer wird Major Hollmann, bisher Kommandeur des I./4.
Die im Zusammenhang mit Margarethe I ab Mitte März 1944 eingeleiteten Bewegungen deutscher Verbände und deren Abzug nach Ungarn hat Tito veranlaßt, erneut zum Angriff anzutreten.
Dieser neue Einfall Titos in Serbien, der am 21. 3. 1944 aus dem Raum südlich Visegrad über den Lim-Abschnitt zielt, ist eine großangelegte, von sowjetischen Offizieren beratene und von den Engländern versorgte Operation, die die deutsche Führung in einem denkbar ungünstigen Augenblick trifft. Fast alle für eine wirkungsvolle Gegenaktion in Frage kommenden Verbände befinden sich in Ungarn, der Militär-Befehlshaber Südost hatte zunächst nur die Kräfte des bulgarischen Okkupations-Korps und landeseigene Verbände zur Verfügung, dazu eine Gruppe der Division Brandenburg, die am 22. März von Süden her zum Angriff antreten konnten.[71]
Auf Seiten Titos sind starke Teile des II. Kommun. Korps, etwa in Stärke von 17 000 Mann, mit Geschützen, Granatwerfern, zahlreichen MG. im Angriff, der am 28. März den Studenica- und Reka-Abschnitt erreicht.
Die beschleunigte Heranziehung der noch in Ungarn gebundenen Einheiten, darunter die Masse des 4. Rgt. BR und das Gren.Rgt. (mot) 92 wird befohlen. Das Eintreffen in dem bedrohten Gebiet im Ibar-Tal südlich Uzice verzögert sich jedoch bis etwa 10. April. Um diese Zeit aber verliert die Zuführung weiterer Verbände an Dringlichkeit, nachdem in den ersten Tagen des April eine Verlangsamung und Abschwächung der Tito-Offensive wider Erwarten eingetreten ist. Sofort einsetzende Gegenstöße zusammengeraffter deutscher und bulgarischer Kräfte erreichen sogar ein Zurückdrängen der Tito-Einheiten in die Berge hinein. —
Dagegen flackern an anderen Stellen Aktivitäten von Tito-Kräften auf; so versuchen diese Ende März, gegen die Stadt Jaice vorzugehen, ohne daß den Aufständischen die Einnahme der Stadt glückt. Ein weiteres Machtzentrum der Aufständischen hatte sich im Papuk-Gebirge im nördlichen Kroatien

gebildet. Als ein weiteres neues Zentrum der Tito-Bewegung mußte seit Anfang Mai Montenegro angesehen werden, so daß die Einheiten des 4. Regiments wiederholt dagegen angesetzt werden müssen.
Mitte Mai 1944 wird neben einem ausgesuchten Teil des I. Btl.'s auch das II./4. Rgt. für das Unternehmen „Rösselsprung" bereitgestellt und beteiligt sich zeitweise an der Verfolgung flüchtender Tito-Einheiten nach dem 25. Mai 1944. — Während der Rgt.-Stab 4. Rgt. dann nach Jaice verlegt, wird das III./4 unter Führung des Major von Koenen bei Kupres an der Straße Livno — Bugojno in heftige Partisanengefechte verwickelt (11. Juni). Von dort aus durchkämmt es die Gebirgszüge bis in das Gebiet um Osin Glavica (Kroatien), wo es wiederum unter erheblichen eigenen Verlusten am 2. Juli 1944 mit Tito-Einheiten zu schweren Kämpfen kommt.
Der Weg des III./4 geht dann über Mostar in den Raum Nevesinje, wo um die Kleinstadt mehrere Tage gekämpft wird.
Währenddessen (20. 7.) befindet sich der Stab 4. Regiment weiterhin in Jaice und verfügt um den 1. August die Auflösung des II./4 (bisher Hptm. Lau) und Eingliederung in das I./4, das jetzt der Hptm. Kriegsheim führt. Es ist einfach eine Notmaßnahme, nachdem die Gefechtsstärken der Kompanien dieses Bataillons immer mehr schrumpfen. Major Hollmann ist abberufen worden, Major von Koenen, bisher Kdr. des II./4, übernimmt die Führung des 4. Regiments Brandenburg. Der Rgt.-Gefechtsstand verlegt von Jaice nach Bugojno, an der Straße nach Mostar.
Mit Beginn der sowjetischen Groß-Offensive am 20. August 1944 bei Jassy und Tiraspol, die zur Einschließung des Großteils der deutschen 6. Armee südwestlich Kishinew (23. 8.) und zum Rückzug der verbliebenen nur geringen deutschen Kräfte auf die Karpatenpässe führt, wird eine Serie von Ereignissen eingeleitet, die zu einschneidenden Folgen führt.
Unter anderem auch dazu, daß der Führer des 4. Regiments, Major von Koenen, zu einer eiligen Besprechung nach Belgrad gerufen wird.
Über den weiteren Verlauf der Ereignisse berichtet Hptm. Kriegsheim, Kdr. I./4. Rgt.:

> „Am letzten Tag, 21. 8. 1944, da ich ihn sah, fuhr er von Donji Vakuf mit einem Geleitzug aus mehreren Pkw und Lkw in Richtung Belgrad. Er saß im ersten Fahrzeug. Es war befohlen, daß der Führer eines Geleitzuges, der mehr als drei Fahrzeuge umfaßte, nicht an der Spitze fahren sollte. Doch Fritz von Koenen mußte eben einfach immer vorne sein!
> Bei der Abfahrt lief ich noch neben seinem Auto her und rief: ‚Laß dich nicht totschießen, Fritz!' — — Wenige Stunden später war er aber totgeschossen, bei Visegrad, unweit von Sarajewo.

Wir Offiziere saßen abends zusammen, ahnungsvoll, in Bugojno. Es lag irgendwie in der Luft, daß etwas passiert war, wir warteten eigentlich nur auf die Bestätigung. Wieso das so war, kann ich nicht erklären.
Gegen Mitternacht kam ein Anruf aus Belgrad. Ein General verlangte mich zu sprechen. Er sagte: ‚Major von Koenen ist in Visegrad bei einem Überfall erschossen worden.' (22. 8. 1944). — Schweigen. — Dann sagte er: ‚Was seid ihr eigentlich für ein Verein, der Koenen hatte eine Aktentasche mit geheimen Kommandosachen bei sich. Die Tasche ist verschwunden. Wie stehe ich nun da?' —
Mir ist jedes Wort erinnerlich. Ich erwiderte, daß ich mir keinen besseren Transport derartiger Schriftstücke denken könnte, als mit einem stark gesicherten Geleitzug unter Führung meines Kommandeurs. Aber er schnitt mir das Wort ab.
Als ich später den Offizieren die niederschmetternde Nachricht sagte, saßen wir lange Zeit stumm da. Einer sagte schließlich: ‚So ein Kaffer wird nie abgeschossen.' Ich habe nicht vergessen, was ich erwiderte: ‚Es gibt Kommandeure, von denen wissen die Partisanen, daß sie uns mehr schaden, wenn sie am Leben bleiben.'
Später haben mir Überlebende berichtet, was geschehen war. Koenen saß neben dem Fahrer im ersten Auto, hinter ihm sein Adjutant. Plötzlich kam schweres Schützenfeuer. Der Geleitzug hielt. In dem durch die Fahrzeuge aufgewirbelten Straßenstaub war nichts zu erkennen. Koenen und sein Fahrer waren sofort tot. Die Angreifer sprangen herbei, rissen Koenen das Ritterkreuz ab, dem Adjutanten, der sich tot stellte, rissen sie den Ehering vom Finger. Er war es übrigens, der mir den Hergang geschildert hat.
Das ist nun wichtig: Die Aktentasche mit den GehKdos. wurde später im Wald gefunden. Nichts fehlte. Das beweist, daß es sich nicht einmal um Partisanen gehandelt hat, die Fritz von Koenen ermordeten, sondern um Straßenräuber. Bosnien hat damals von ihnen gewimmelt, ich erinnere mich daran." [72]

Der Reg.-Adj. ist Oblt. Heinz Meineke, der Fahrer Gefr. Kurt Sand. Zunächst übernimmt Hptm. Kriegsheim, in Bugojno, die Führung des Regiments, zu dem zu dieser Zeit das I./4 und III./4 zu rechnen sind. Das II./1 — bisher dem 4. Rgt. unterstellt, wurde von Brod a. d. Save in den Raum Belgrad vorgezogen.
Am 23. August 1944 erfolgt in Rumänien ein Staatsstreich, Antonescu wird verhaftet.
Dem OB Südost wird aufgetragen, eine Kräftegruppe im Raum Nish — Belgrad bereitzustellen — als erste Maßnahmen der Obersten deutschen

Führung zur Niederschlagung des Putsches in Rumänien. Dazu gehören neben Teilen der Sturmgeschütz-Brigade 201 auch das 4. Rgt. Brandenburg, sowie das aus Montenegro zuzuführende Fallsch.Jg.Btl. Brandenburg. Während das letztere mit Teilen bereits in der Nacht vom 24. zum 25. August 1944 auf dem Flugplatz Kovin, ostwärts Belgrad, eintrifft, werden die beiden Bataillone des 4. Rgt. BR auf getrennten Straßen in den Raum nördlich Belgrad verlegt. [73]
Anhand von Gefallenenlisten wissen wir, daß Teile des III./4. Rgt. Brandenburg in schwerste Abwehrkämpfe im Raum Klausenburg im nördlichen Rumänien verwickelt wurden. Dort verlieren sich die Spuren dieser Einheit in den schweren Rückzugskämpfen nach Ungarn hinein.
Ende Oktober/Anfang November 1944 werden die Reste der Kampfgruppe III./4 an der Donau — im Raum zwischen Pecs (Fünfkirchen) und Novi Sad (Neusatz) von dort eingesetzten Teilen der Division Brandenburg aufgenommen. —
Das I./4 unter Hptm. Gerlach, in Indija, nördlich Belgrad, in Bereitschaft gehalten, wird alarmiert, um im Zusammenwirken mit der „Kampfgruppe Wittmann" durch einen Vorstoß nach Südosten einen Umfassungsangriff der Sowjets westlich der Morawa entgegenzuwirken. Damit soll der eingeleitete Ausbruch der 1. Geb.Div. sowie des begleitenden 2. Rgt. Brandenburg aus dem Raum zwischen Donau und der Morawa in Richtung Belgrad gewährleistet werden.
In der Nacht vom 14. auf 15. Oktober 1944 steht das I./4. Rgt. BR in schweren Kämpfen mit sowjetischen Panzerspitzen, die von Süden her auf dem Westufer der Morawa im Angriff gegen Vk. Orasje sind. Hier besteht die Gefahr, daß die deutschen Stellungen auf dem Westufer, mit Blickrichtung Osten, von Süden her aufgerollt werden. Teile der Gren.Brigade (mot.) 92 versuchen zusammen mit dem I./4. Regiment den Vormarsch entlang der Morawa zu stoppen. Doch nach Lage der Dinge scheint das bei der Stärke des Gegners unmöglich.
Am 15. Oktober 1944 erfolgt schließlich Absetzbefehl für das Bataillon nach Osipaonica, wo die Vereinigung mit den durchbrechenden Teilen der 1. Geb.Div. und mit dem 2. Regiment Brandenburg erfolgen kann.
Mit dem I./4. Rgt. BR als Nachsicherung marschieren die Einheiten, stark vermischt mit Teilen der Gren.Brig. (mot.) 92 und der 1. Geb.Div., nach Norden, in Richtung Smederevo zu, wo sie bereits durch heftiges Artilleriefeuer empfangen werden.
Der Feind sitzt bereits nördlich der Donau und steht mit Spitzen in den östlichen Vororten von Belgrad. Der Rückweg ist abgeschnitten. Es gilt nun, sich nach Norden durch die feindlichen Truppen durchzuboxen.

Schwere Kämpfe toben währenddessen in den Straßen und Häuserblocks in Belgrad. Nicht nur die Trosse verschiedener Einheiten sind darin verwickelt, auch das I. Btl./1. Regiment wehrt sich in verzweifelten Nahkämpfen gegen die durch zahlreiche Straßenzüge vorrückenden Sowjet-Panzer und Infanterie.

Im wesentlichen gehen die Durchbruchs-Kämpfe der eingeschlossenen Teile der Brandenburger und der 1. Geb.Div. um die Straße Belgrad — Nish, an der die Sowjets stärkste Pak-, Panzer- und MG.-Stellungen errichtet haben, um ein Entweichen zu verhindern. Die Höhen bei Bolce, die Höhe 511 und bei Avala — alles noch hart südostwärts Belgrad — werden heißumkämpfte Stellungen, an denen die Männer mit verzweifeltem Mut vorbeizukommen versuchen. Nur unter Opferung zahlreicher verwundeter Kämpfer und mit der letzten Kraft gelingt es.

Immer wieder von schnellen Truppen der Sowjets eingeschlossen, versuchen die völlig aufgesplitterten deutschen Kampfgruppen, den Einschließungsring zu durchbrechen. Munition wird knapp, die körperlichen Kräfte verzehren sich in immerwährenden Kämpfen am Tage und spannungsreichen Nachtmärschen, um dem Feind zu entgehen. Immer mehr Männer geraten in Gefangenschaft, viele andere fallen in dem unübersichtlichen Berg- und Waldgelände um Belgrad.

Am 20. Oktober 1944 kapitulieren auch die letzten Reste deutscher Truppen in Belgrad; der Kampf dort ist zu Ende.

Das I. Btl./4. Rgt. unter Führung von Oblt. Schönherr wird vernichtet. Der Btl.-Führer, dabei Lt. Seeger und Lt. Mundlos sowie die Reste von annähernd 20 Mann, geraten ca. 7 km südlich der Save durch Verrat in sowjetische Gefangenschaft; Lt. Seeger fällt durch eine Partisanen-Kugel.[74]
Restteile des I./4, die aus dem Kessel in und bei Belgrad herauskommen sowie die nördlich Belgrad verbliebenen Trosse sammeln im Raum Esseg, an der Donau, und werden dort von Major Gerh. Pinkert, dem derzeitigen Führer des 4. Regiments Brandenburg in Empfang genommen.

Weg und Kampf des 2. Regiments Brandenburg

Bei der Kräfteverteilung im Südostraum zu Anfang des Jahres 1944 sind dem V. SS-Geb.A.K. die 118. Jg.-Div. südwestlich Mostar und die 181. Inf.-Div. bei Cattaro zum Küstenschutz unterstellt. Zugleich stellt sich die als Eingreifreserve vorgesehene 7. SS-Geb.Div. „Prinz Eugen“ zur Teilnahme an dem Unternehmen „Waldrausch“ (Unternehmen gegen das Bandengebiet westlich Travnik — Banja-Luka — Livno) bereit.

Dem V. SS-Geb.A.K. untersteht ferner das 2. Rgt. Brandenburg im Raum Prijepolje — Plevlja; vorgeschobener Div.Gef.Stand Brandenburg ist Kraljevo.

Das unter Führung des Oberst Pfeiffer mit Gef.Stand in Prijepolje stehende 2. Regiment sichert den Raum nach Süden mit Milizen (Muselmanen) unter Camil in Belopolje und Brodarewo gegen Tito-Einheiten, vor allem am Westufer des Lim. Jedoch herrschen ebenso undurchsichtige Verhältnisse südostwärts dieser südlichsten Stützpunkte im Sicherungsbereich des 2. Rgt. Brandenburg.

In Sjenica, unmittelbar an der Nachschub- und Verbindungsstraße Plevlja — Prijepolje — Milosev — Sjenica — Duga Poljana — Novi Pazar liegt ein Polizei-Regiment, dessen wesentliche Aufgabe in der Sicherung dieser Verbindungen gegen Süden besteht.

Von Prijepolje, dort das I .und II./2, werden Stützpunkte in das Zlatar-Gebirge, auf den Höhenrücken am Kloster Milesev und in Richtung Nova Varos vorgeschoben. Zugleich halten mobile Spähtrupps ständig Verbindung untereinander.

Nördlich, in Priboy am Lim ist ebenfalls eine Besatzung aus Muselmanen unter Camil, während in Plevlja, westlich von Prijepolje, das III./2 unter Hptm. Renner sowohl die Verbindungsstraße über den Jabuka-Paß wie auf den Höhen südwestlich gegen den „Tara"-Abschnitt sichert. Gerade hier ist bekannnt, daß stärkere Partisanen-Einheiten südlich der „Tara" versammelt sind, und in dem Raum bei Zabljak ein Nachschubschwerpunkt, der von alliierten Flugzeugen aus Italien versorgt wird, unterhalten wird.

Der erneute Versuch Titos, mit vereinigten Partisanen-Einheiten ab 21. März 1944 aus dem Raum südlich Visegrad in südöstlicher Richtung nach Serbien durchzubrechen, berührt den Sicherungsraum des 2. Regiments nur unwesentlich. Er zielt vor allem auf das Gebiet des Gebirges südlich der Linie Uzice — Kraljevo hin und löst im Sicherungsraum des 2. Rgt.'s nur vermehrte Aktivitäten der örtlichen Partisanengruppen — vermutlich zur Entlastung des Tito-Angriffs — aus.

Dabei wird das I. Btl. des 2. Rgt.'s (Führung Hptm. Steidl) besonders gefordert und in den Raum nördlich Prijepolje verfügt. Die ständigen, oft in hartem Kampf geführten Versuche, die von allen Seiten immer wieder vordringenden Partisanen-Gruppen in Schach zu halten, Überfälle auf eigene Stützpunkte, Hinterhalte für Nachschubkolonnen zu verhindern, dann die wieder einsetzenden eigenen Gegenstöße auf in der Nacht verlassene Ortschaften, das Auffahren auf Minen, plötzliche Feuerüberfälle aus den Wäldern — das alles kostet unersetzliche Verluste.

Über eine an einem Sonntag abgehaltene Trauerfeier für gefallene Kameraden berichtet das Tagebuch des I./2. Rgt. Brandenburg:

„An einem Sonntag tritt das Bataillon am Heldenfriedhof an zur Ehrung für die in den letzten schweren Kämpfen gefallenen Kameraden. Der Regimentsstab mit Oberst Pfeiffer ist auch da. Allzuviele mußten in den letzten Wochen in die Erde. Da liegen sie alle, auf den schlichten Holzkreuzen stehen die Namen: Lt. Lorenz Angeringer, Lt. Walter Unger, Lt. Winter, Oblt. Keßler, Lt. Mark und viele viele andere. Erinnerungen steigen auf, an schwere und heitere Stunden, an geteiltes Leid, an gemeinsam verbrachte Feldzüge. Ich halte die Grabrede, es fällt mir schwer; es ist der Muttertag im Jahre 1944. Gar manche Mutter weiß heute noch nicht, daß ihr Sohn in fremder Erde ruht, daß er nicht mehr heimkehren wird zu ihr. Auch uns wird es ernst ums Herz; vielleicht morgen schon ruhst du oder der hier drinnen. Doch der Geist der toten Kameraden wird uns weiter vorangehen und uns nur härter machen." [75]

Im Sicherungsraum des 2. Regiments Brandenburg herrscht relative Ruhe, die Partisanen-Einheiten sind in Schach gehalten, das Gebiet ist in deutscher Hand, die Nachschubstraßen sind frei von feindlichen Einflüssen, man kann, wenn auch oft unter Schutz, die wichtigsten Versorgungspunkte erreichen.

Insofern kann berichtet werden, daß die Post aus der Heimat auch diesen Krisenraum erreicht, Personal-Ersatz eintrifft, neue Waffen kommen, desgleichen junge Offiziere aus der Heimat. Darunter sind Lt. Stalf, Lt. Schütze, Lt. von Klitzing u. a. An Waffen treffen für die schw. Kompanie des Hptm. Selgrad schw. 12-cm-Granatwerfer ein, für die Rgt.-Battr. unter Hptm. Sigrist Leichtgeschütze, neue Fahrzeuge. Es wird Ausbildung betrieben, Unterführer-Lehrgänge, diese immer wieder von Spähtrupp- und Sicherungsfahrten unterbrochen, werden eingerichtet, man fährt in Urlaub in die Heimat, andere kehren von dort zurück.

Es besteht aber auch kein Zweifel, daß sich die Partisanen-Einheiten laufend verstärken und ständig mit weiteren Gruppen südlich und südostwärts von Prijepolje in das bergige Waldgelände einsickern.

Tito hält ohne erkennbare Rücksicht auf die im Mai und Juni veränderte Lage an seinem alten Ziel, dem Einbruch nach Serbien hinein, fest. Ein weiteres Ziel scheint zweifellos die Unterbrechung der Bahnstrecke Saloniki — Belgrad, des Lebensnervs der deutschen Südoststellung, zu sein.

Im ganzen ordnet sich Tito vielleicht den alliierten Gesamtplänen ein, in denen der Gedanke, die deutschen Kräfte in den Außenpositionen der Festung Europa abzuschneiden, eine große Rolle spielt. Die deutsche militärische Führung bleibt demgegenüber weiter bemüht, unter bewußter Schwä-

chung weniger wichtiger Abschnitte — einschl. der Küstenabschnitte — und unter vollem Einsatz der operativen Reserven diesen Einbruch zu verhindern und den Tito-Kräften an ihren anderen Schwerpunkten möglichst hohe Verluste zuzufügen.
Während das 2. Rgt. weiterhin im Raum zwischen Tara und Lim mehr oder weniger in einer Rundum-Verteidigung steht, mit Schwerpunkt der Abwehr nach Süden, tritt am Rgt.-Gef.Stand in Prijepolje im Juli 44 ein Wechsel in der Führung ein. Oberst Pfeiffer muß zur Behandlung früherer Verwundungen nach Belgrad, der bisherige, oft bewährte Kommandeur des II./2, Major Oesterwitz, übernimmt die Führung des 2. Regiments Brandenburg.
Ende Juli 44 zeichnen sich in Nordbosnien größere Vorbereitungen der Tito-Kräfte zum erneuten Einbruch nach Serbien ab. Das hier neu aufgestellte III. Kommun.Korps umfaßt 4 Divisionen und wird auf etwa 7000 bis 9000 Mann geschätzt. Dazu sind von Westen und Nordwesten die 6. und die 11. kommun. Div. im Anmarsch.
Daher übermittelt der OB Südost am 29. Juli 44 eine Weisung an das Pz.-A.O.K. 2 für das Unternehmen gegen die Serbien bedrohenden roten Großbanden — Stichwort „Rübezahl". Aufgabe der Armee sei es, nach Zuführung der 1. Geb.Div., der Sturmgesch.Brig. 201 und des Fallsch.Jäg.-Btl.'s Brandenburg sowie unter Herausziehung aller irgendwie freizumachenden Einheiten, die in Montenegro massierten Feindgruppen so zu zerschlagen, daß gegnerische Offensiv-Absichten für lange Zeit unterbunden werden und wieder dauernde Verbindung zwischen dem Sandschak und West-Montenegro zustande komme.
Der Beginn des Unternehmens verzögert sich, da der Abtransport nicht planmäßig abläuft. Am 3. 8. wird die Bahnlinie bei Mitrovica unterbrochen, während die schon eingetroffenen Teile der 1. Gebirgsdivision erst den Bereitstellungsraum freikämpfen müssen. Denn die Tito-Kräfte beginnen bereits in den ersten Augusttagen nach Osten vorzudrängen, am 4. 8. überschreiten sie den Lim, andere Teile erreichen am folgenden Tag den „Ibar"-Abschnitt. Gleichzeitig beginnen weitere Tito-Kräfte in Nordost-Bosnien über Vlasnica nach Süden zu drücken, um sich dem Angriff anzuschließen. Am 8. August dringen weitere Kräfte über die Straße ostwärts Sarajewo vor und überschreiten am nächsten Tage die „Braca". Tito-Kräfte aus Südserbien drücken nach Westen und kommen mit einer Gruppe am 9. August bereits bis 40 km an Kraljevo heran. Jedenfalls hält der OB Südost trotz der teils zangenartigen Bewegungen verschiedener Partisanen-Einheiten an seinem Plan für das Unternehmen „Rübezahl" fest, dessen Beginn für den 11. August angestrebt wird. Zu dieser Zeit wird in einer „Beurtei-

lung der Lage auf dem westl. Balkan" der Abt. Fremde Heere - West die Stärke der zum Einbruch nach Serbien aufmarschierenden Tito-Kräfte auf insgesamt 13 Divisionen geschätzt.[76]

Für das im Rahmen des am Unternehmen „Rübezahl" beteiligten 2. Regiment einzusetzende I. Bataillon unter Hptm. Steidl lautet der Auftrag:

Allgemeine Lage:

Feind hat mit starken Teilen — mehrere Divisionen — den Tara-Fluß nach Norden überschritten und steht in breiter Front im Raume südlich Prijepolje — Plevlja. Reger feindl. Luftverkehr auf Flugplatz Zabljak, dort Nachschubdienst der Alliierten aus Italien beobachtet.

Eigene Truppen: stellen sich in der Linie Prijepolje — Plevlja — Sjenica bereit und stoßen in den feindl. Aufmarschraum vor, zerschlagen die dortigen Feindkräfte ...

Eigene Einheiten: Teile 2. Rgt. BR, Teile 1. Geb.Div., SS-Division „Prinz Eugen", dazu Pionier-Truppen, Muselmanen und Cetniks, zugeteilt das Fallsch.Jäg. Btl. BR, u. a. m.

Dem I. Btl./2. Regiment wird unterstellt: Panzereinheit Albrecht, Pioniere und Cetnik-Verbände.

Luftwaffenunterstützung ist zugesagt ...[77]

Das Unternehmen „Rübezahl" beginnt am 12. August 1944 und führt in den folgenden Tagen zur Einnahme von Berane und zum Zurückdrängen des Gegners über den Lim hinweg; von hier aus weicht er weiter nach Westen aus.

Der Angriff des verstärkten I./2 mit III./2. Regiment als rechtem Nachbarn gilt der Bereinigung der Lage bis zur Tara und der Vernichtung der Feindgruppen in diesem Gebiet.

Etwa ab 16. August verlegt das I./2 unter Hptm. Steidl nach Plevlja und verstärkt die Sicherungen nach Süden und Westen. Teile III./2 des Hptm. Renner stehen kurz vor der Tara —, und zu dieser Zeit gelingt es einem kühnen Stoßtrupp, über den Fluß hinweg nach Zabljak einzudringen und den dortigen Nachschub-Flugplatz zu zerstören.

Immer wieder jedoch werden die eigenen Nachschubstraßen für die an der Tara kämpfenden Verbände von kleineren Feindgruppen bedroht. Fahrzeuge werden in Brand geschossen, Minen verlegt, Überfälle — schließlich wird das I./2 in Plevlja alarmiert, um eine stärkere Partisanengruppe von den Höhen bei Odzak zu vertreiben.

Mit dem 20. August setzt die sowjetische Großoffensive aus der Linie Tiraspol — Jassy ein, die innerhalb von 4 Tagen die Front der He.Gruppe Ukraine aufbricht und die Vernichtung von mindestens 14 Divisionen herbeiführt. Dieser militärischen Katastrophe folgt die politische; am 24. August scheidet Rumänien, am 8. September Bulgarien aus dem Bündnis mit Deutschland aus.

Erste Auswirkungen zeigen sich im Abzug der 1. Geb.Div. aus dem noch laufenden Unternehmen „Rübezahl“ und der Verlegung in den Raum Nish. Das Fallsch.Jg.Btl. BR unter Major Weithoener folgt am 24. August im eiligen Mot.-Marsch nach Belgrad, wo es neue Befehle für einen Luftlandeeinsatz gegen Bukarest erhält.

Die Weisung vom 26. 8. 44 an den OB Südost, die Rückführung aller Truppen und Einrichtungen aus dem südlichen Griechenland und der Ägäis einzuleiten, unterstreicht den Versuch, eine neue Abwehrfront von der Struma bis zu den Karpaten aufzubauen.

Die Kämpfe gegen die Tito-Kräfte gehen zwar weiter, aber mit dem Abzug der 1. Geb.Div. ist kein durchschlagender Erfolg mehr zu erwarten. Mit dem 30. 8. wird daher das Unternehmen „Rübezahl“ beendet. Mit der Kräfteminderung im dortigen Raum verschärft sich die Lage für die zwischen Lim und Tara verbleibenden Truppen in den kommenden Wochen erheblich.

Der Kräftebedarf für die im Osten aufzubauende Abwehrlinie zwingt in zunehmendem Maße zur Räumung der Orte Drvar, Jaice, D. Vakuf, Bugojno, Niksic und Debar bis zum 30. August, während Banja Luka noch gehalten wird.

Die bis 30. August angesetzte Räumung der genannten Städte läßt für die im rückwärtigen Gebiet zwischen Lim und Tara noch kämpfenden Verbände einen luftleeren Raum entstehen, der sich recht bald mit Tito-Einheiten ausfüllt. Verständlich, daß nunmehr auch von Norden her Partisanen-Einheiten versuchen, die um Prijepolje und Plevlja stehenden Verbände abzuschneiden. Es bleibt den verbliebenen deutschen Truppen nur noch der Weg nach Osten, über Nova Varos, um herauszukommen.

Am 6. Sept. 44 gegen 3.00 Uhr rückt das I. Btl./2. Regiment aus dem Raum Nova Varos in Richtung Raska ab — Ziel ist Belgrad —, Zwischenunterkunft am gleichen Tage in Kraljevo (bisher Sitz des vorgeschob. Div.Gef.-Std. Brandenburg).

Zu diesem Marsch ein Auszug aus dem Tagebuch des I./2. Regiment:

> „So stehen wir am Abend in der großen Marschkolonne, abschiednehmend von unseren Toten, die wir am Heldenfriedhof zurücklassen, von unseren muselmanischen Freunden, die sich nun vollkommen verlassen vorkommen.
>
> Kühl weht der Abendwind uns um die Ohren. Wir hocken in meinem Kübelwagen und treffen die letzten Vorbereitungen für die Reise nach Belgrad. Es soll nur nachts marschiert werden, um dem Feind die gro-

ßen Bewegungen — mit uns rollen auch andere Divisionen nach Nordosten — zu verschleiern.

Nun gebe ich das Abmarschzeichen —, die Kolonne rollt in die Dunkelheit hinein —, das Herz schlägt wehmütig den langen alten Erlebnissen in der Bergwelt Montenegros nach und ist gleichzeitig voll Erwartung der kommenden Ereignisse. Langsam geht es über die hohen Pässe, tief unter uns glänzt das helle Band des für uns schicksalhaften Limflusses. Novi Pazar, das malerische Muselmanenstädtchen, wird um 2 Uhr nachts passiert, und am frühen Morgen ziehen wir vor der Bahnstation Raska unter. Auf strengste Fahrzeugtarnung wird geachtet, da hier Tiefflieger häufig sind.

Am Abend rollen wir wieder, unendlich lange Kolonnen von Gebirgsjägern mit Tragtieren und Trossen überholend, in den schmalen Tälern. Vor Kraljevo wird wieder am Tage Halt gemacht. Ich fahre zum ehem. Div.-Quartier und treibe mich beim Lager herum und kann für meine Leute „Fallschirmsonderverpflegung" organisieren. Gefr. Klenneis bleibt beim Lager als Nachkommando zurück. Die Fahrt zieht sich noch mehrere Tage hin —, immer dasselbe Bild: Kolonnen zu Fuß, zu Pferde und motorisierte Fahrzeuge. Es scheint die ganze Balkanarmee zu sein, die nach Norden strebt — aber ohne Hast, vollkommen geordnet, mit einer Ruhe, als gebe es keine Gewitterwolken aus dem Osten. Vor Belgrad stürzt Gefr. Niederer mit meiner alten Guzzi-Solomaschine. Um mir den Schlaf zu vertreiben, fahre ich meinen Kübel selbst, während meine Melder hinten in tiefem Schlaf träumen. Unterwegs erfahre ich, daß Hptm. „Hänschen Haut" — eine alte „zbV-Kanone" — unweit Raska als Vorhut bei einem Gefecht überfallen wurde und gefallen ist." [78]

Erste Maßnahmen zum Aufbau eines Flankenschutzes waren notdürftig und mit eilends herangeführten Alarmeinheiten Ende August 44 durch den Militär-Befehlshaber Serbien bei Turnu Severin südlich der Donau und bei Orsova nördlich der Donau eingeleitet worden.

Das I./2. Regiment, aus dem Raum Prijepolje/Montenegro kommend, trifft am 8. 9. 1944 abends in Mokri Lug bei Belgrad ein. Das II. und III. Btl. folgen nach.

Bereits am 10. September erfolgt Alarm für die zuerst eingetroffenen Bataillone Brandenburg; es ist das I. Btl., das in Richtung bulgarische Grenze in Marsch gesetzt wird. Der Marsch geht über Smederevo — Petrovac, dort kurzes Feuergefecht mit Banden, weiter in Richtung Bor — Rgotina am Timok, dort Eintreffen gegen 15.00 Uhr am 13. September. Dann noch ein Vorziehen bis Negotin, nahe des Dreiländer-Ecks Rumänien — Bulgarien — Jugoslawien.

Nach bisherigen Meldungen sollen sowjetische Panzerspitzen kurz vor der Donau stehen. Dort in Negotin ein schauerliches Bild: vollkommen abgekämpfte Stützpunkt-Besatzungen aus Rumänien, die sich eben noch haben absetzen können, Nachrichten-Helferinnen, die sich nur im letzten Augenblich den rumänischen Truppen haben entziehen können, Marine-Besatzungen deutscher Schwarzmeer-Einheiten, die sich bis hierher durchgeschlagen haben —, ein Bild deutscher Truppen in voller Auflösung.

In aller Eile werden diese führungslosen Soldaten zusammengefaßt, zu einem Flüchtlingstreck vereinigt und in Rückmarsch gebracht. Spähtrupps melden Feindspitzen bereits diesseits der Donau und Feindgruppen auch in Zajecar, wo sie ein fürchterliches Blutbad unter den dortigen Volksdeutschen anrichten. Ein anderer Spähtrupp stellt im letzten Augenblick ein Tankschiff in Prahovo, nördlich Negotin, sicher, das unter Feindbeschuß geräumt werden kann.

Südlich Negotin wird währenddessen das II./2. Regiment zum Flankenschutz herangezogen und eingesetzt.

Das bisher an der bulgarischen Grenze, etwa 4 km südostw. Kobusnica, mit Teilen, dabei 1. und 2. Kp., sichernde I./2. Regiment kann herausgelöst und am Abend des 14. 9. 1944 nach Negotin verlegt werden.

Aus Brza-Palanka, an der Straße Negotin — Turnu Severin, kommen alarmierende Nachrichten über die Einschließung der dortigen deutschen Stützpunkt-Besatzung. Sofort wird das I. Btl./2. Regiment zu deren Entsatz in Marsch gesetzt.

Über die Befreiung dieses Stützpunktes berichtet der Führer des Unternehmens:

> „Der Auftrag lautet einfach: Befreiung der Besatzung, die ringsherum von starken Bandenkräften eingeschlossen ist. Am Nordufer der Donau marschiert bereits der Russe mit seinen Divisionen nach Westen. Das Gebiet, das ich zu durchstoßen habe, ist von Banden besetzt, die Anmarschlänge zum Stützpunkt beträgt 60 km. Ich entschließe mich, mit Fahrzeugen die Sache zu machen, da ja in Brza Palanka 120 Verwundete und Nachrichtenhelferinnen sein sollen.
>
> Mühselig kämpfen wir uns durch die Schluchten durch, immer wieder fliegen vor unseren Nasen Brücken in die Luft; wir fahren auf Minen, werden angeschossen, so geht es Tag um Tag, hinter uns schließt sich wieder der Ring des Feindes. Wie eine Insel im großen Meer treiben wir langsam dem Ziele zu, zäh und verbissen. Eigene Verwundete nehmen wir mit, die Toten bleiben zurück, irgendwo am Rande der Straße.
>
> 10 km vor Palanka lasse ich die Fahrzeuge stehen. Jork Adolf baut mit einem Teil seiner Kompanie die Igelsicherung auf. Ich schiebe mich über

die Höhen, durch die Wälder an Palanka heran, und es gelingt mir, mich durch eine schwache Stelle des Einschließungsrings in den Ort zu kämpfen.

Ein Bild der Verwüstung tut sich vor uns auf. Starkes Artilleriefeuer liegt im Ort. Deutlich sehe ich am Nordufer der Donau die rumänischen Batterien feuern. In einem Keller finden wir Schutz. Der Ortskommandant ist nicht zu finden. Rings auf den Höhen ist Gefechtslärm. In einer Schlucht am Südausgang finde ich die ersten Leute der Besatzung. Es sind Matrosen, die uns vor Freude um den Hals fallen; glaubten sie doch an keine Hilfe mehr. Die Verwundeten liegen im Blut, teilweise ohne Verbände, in notdürftigen Hütten. Der Ortskommandant, ein Hauptmann älteren Kalibers, beherrscht die Lage nicht, und auch er ist mit seinen Nerven fertig. Ein Major und Ritterkreuzträger schließt sich mir an, der unterwegs nach Kladvo war, um die dortigen Kräfte zu übernehmen. Die Nachrichtenhelferinnen hocken in aufgelöstem Zustand in Löchern und glauben sich in einer anderen Welt, als wir uns als Retter vorstellen.

Noch in der Nacht beginne ich mit dem Abtransport der Verwundeten zu den Fahrzeugen. Die Bergung gestaltet sich sehr schwierig, es fehlt an Tragbahren, an Trägern, müssen doch meine Begleitmannschaften in erster Linie den andrängenden Feind bekämpfen. Ich bleibe die Nacht über in Palanka.

Der Major stürzt in der Dunkelheit in einen Wassergraben und erleidet eine leichte Gehirnerschütterung. Regen setzt ein. In einer armseligen Hütte finden wir Unterkunft. Mit Hellwerden ziehen wir in langer Kolonne aus Palanka —, vorne Kieffer als Sicherung, in der Mitte die holde Weiblichkeit, ich bilde die Nachhut. Es geht gut bis zu den Fahrzeugen. Beim Rückmarsch gibt es noch ein Gefecht. Hinter mir braust ein Spähwagen auf Minen. Die Sache ist bald bereinigt, und am Abend sind Verwundete und Mädchen in guter Obhut in Negotin, während ich mit meinem Bataillon als Sicherung vor der Stadt bleibe.“ [79]

Während das II./2 am 18. Sept. noch südostw. Negotin sichert, das III./2 unter Hptm. Renner die Zufahrtstraße und den Rücken gegen Partisanen in Gegend Stubic (westl. Negotin) offenhält, kämpft sich das I./2 durch das partisanenverseuchte Gebirge entlang der Straße Plavna — Klokocevac — Topolnica nach D. Milanovac a. d. Donau durch, wo es nach Verzögerungen schließlich am 22. Sept. eintrifft.

An diesem 22. 9. setzen sowj. Spitzen über den Fluß und können mit Hilfe der Partisanen einen Brückenkopf im Donaubogen westlich und südwestlich von Turnu Severin bis zur Sehne Brza Palanka — Donauknie ostw. D. Milanovac erzwingen.

Für das hier stehende I./2 ergibt sich der Auftrag, die Donau nach Norden zu überschreiten und die gegen Orsova nördlich der Donau angreifende Gren.Brig. (mot.) 92, Kdr. Oberst Hildebrandt, zu verstärken. Ziel ist, den sowj. Fährverkehr auf der Donau zwischen Turnu Severin und Orsova zu unterbinden.

Noch in der Nacht übergesetzt, soll im Morgengrauen des 23. Sept. der Angriff beginnen, darüber berichtet:

„Eine abgesplitterte Kompanie der 1. Gebirgsdivision wird mir unterstellt. Wir keuchen in der feuchten Morgenluft eine steile, dichtbewaldete Höhe empor und stellen uns am Bergrücken zum Angriff bereit. Vorsichtig schieben wir uns in einem Maisfeld vor. Wir sehen auf der gegenüberliegenden Höhe deutlich die feindlichen Stellungen. Es sind Rumänen, die nichtsahnend sorglos neben ihren Schützenlöchern hin und hertrampeln, sich an Feuern wärmen oder mit ihren langen Gewehren patrouillieren. Unser Angriffsplan ist klar: Die Kompanie der 1. GD umgeht die Höhe von Norden her, wir greifen nach dem Stukaangriff frontal an, während Mot. 92 im Talufer an der Donau vorstößt.

Die Artilleriebeobachter, darunter Oblt. Reisinger, bereiten die Feuerkommandos vor, während meine schweren Granatwerfer die Nebelgranaten zur Markierung für den Stukaangriff bereitlegen. Erst um 9.00 Uhr erscheinen unsere Stukas am Himmel! Ich gebe für die Granatwerfer „Feuer frei“, und schon gurgeln die Nebelgranaten aus den Rohren —, helle Rauchwolken stehen kurz danach über den feindlichen Stellungen. Wie Adler stürzen sich unsere Stukas vom klaren Himmel und setzen Bombe um Bombe auf unser erstes Angriffsziel. Es klappt gut. Mit „Hurra“ geht es den Hang hinunter, drüben keuchend hinauf, und in kurzer Zeit ist der Feind geworfen, Gefangene und große Beute in unserer Hand. Der fliehende Gegner wird zusammengeschossen. Auch rechts von uns im Tale dröhnt der Gefechtslärm.

An meiner rechten Flanke, im Ort Jeselnica, sitzt der Russe mit Panzern und schießt nach allen Seiten. Eine Höhe trennt uns noch von Orsova. Doch wir müssen stoppen, da Mot. 92 nicht vorwärtskommt. Vor uns zieht der Feind laufend Verstärkung auf die Höhe —, wir erhalten starkes Feuer! Da auch ein Stukaangriff am Nachmittag auf Jeselnica keinen Erfolg bringt, entschließen wir uns zum Angriff auf die nächste Höhe. Im zähen Ringen kommen wir Schritt um Schritt bergan und erreichen mit Dunkelheit mit Teilen unser Angriffsziel. Der Rest bleibt als Flankensicherung zurück. Vor uns im Tale liegt die Stadt

Orsova. Eisenbahnzüge und mot.-Kolonnen rollen vor unseren Augen nach Norden vorbei, ohne daß wir etwas unternehmen können. Unsere Artilleriefunker sind ohne Verbindung. Ein starker Gegenangriff zwingt uns, die Nachtstellung in den Talkessel zu verlegen. Eine Aussicht, Orsova zu nehmen, besteht nicht mehr. Um Mitternacht werde ich durch Funk zu Oberst Hildebrandt befohlen.“ [80]

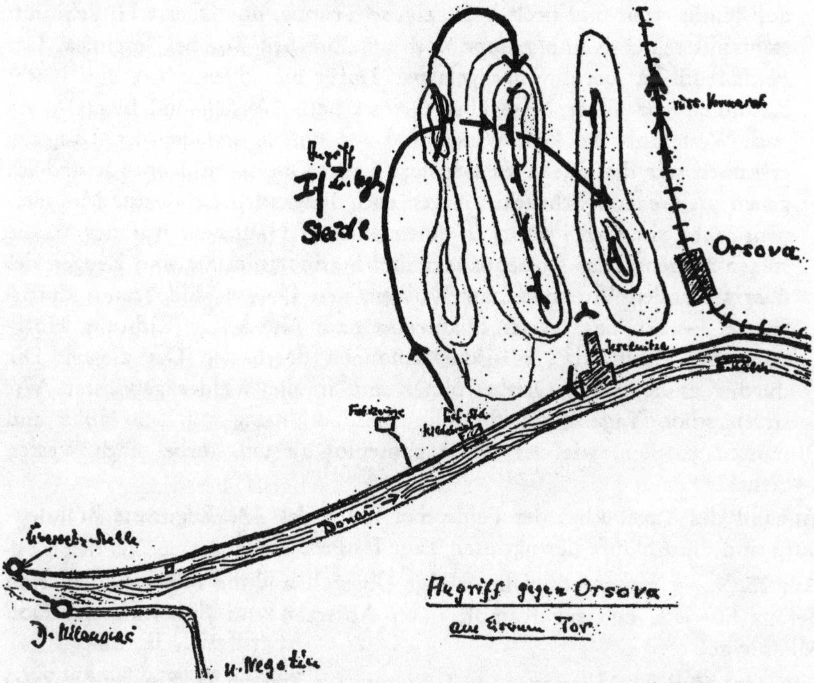

Am 24. Sept. erfolgt Absetzen über Ograda Veche nach Svinita. Danach Übersetzen über die Donau auf das Westufer — nach Don Milanovac. Dazu Bericht aus der Feder des Führers I./2, Hptm. Steidl:

„Wir marschieren über die Höhen nach Milanovac, da dort starke Kräfte des Feindes im Anmarsch seien und Milanovac als Stützpunkt unter allen Umständen gehalten werden müsse. Wir rollen mit unseren Fahrzeugen entlang der Donau, auf der in Felsen gehauenen Donaustraße (Trajanstraße der Römer) nach Westen. Der Kasanpaß wird passiert, in dem sich die Fluten der Donau in zahlreichen Stromschnellen und Wirbeln ihren Weg durch die links und rechts steil aufragenden Felsen bahnen. Herrlich schön ist die Donauenge am Eisernen Tor. Die alte Türkeninsel Ada Kaleh mit ihren Kasematten guckt mit ihrem Westende gegenüber Orsova hervor. Zerschossene Tanker liegen gestrandet davor. Auf ihnen sitzt der Russe. Nach 30 km Fahrt sind wir in dem kleinen Nest Svinita gegenüber Milanovac angekommen. Hier sollen wir zunächst eine Sicherung aufbauen, da russische Kräfte uns nördlich bereits weit überholt haben. Die Batterie Reisinger von der 1. GD bleibt mir unterstellt. Auf den steilen Höhen vor dem Ort liegen meine Männer auf Wacht, weit und breit keine eigene Truppe, nur Oberst Hildebrandt steht mit seiner Kampfgruppe noch am Eisernen Tor bei Jeselnica. Der Feinddruck hat bei ihm nachgelassen. Dafür marschieren Tag und Nacht Kolonnen vor seiner Nase über Orsova nach Norden und biegen dann nach Westen ab, wo kein Widerstand von uns zu erwarten ist. Langsam erkennen wir die eigene aussichtslose Lage. Oberst Hildebrandt und ich geben an General Schneckenburger nach Belgrad diese durch. Mit meinem Stabe sitze ich im Ort in einem kleinen Häuschen. Auf der Straße stehen ausgebrannte Russenpanzer und Stalinorgeln. Sie sind Zeugen des überraschenden Vorstoßes vor Wochen, den Oberst Hildebrandt durchführte. — Ein angesetzter Spähtrupp nach Norden in Richtung Hoffnungsthal ergibt, daß russische Kolonnen durch den Ort ziehen. Die durchwegs deutschen Ortsbewohner sind in die Wälder geflüchtet. Wir sitzen schon Tage hindurch ohne Feindberührung auf der Höhe und müssen zusehen, wie der Russe pausenlos an uns vorbei nach Westen zieht!« [81]

Anhand des Tagebuches des Feldwebel Resch des I./2. Regiment Brandenburg sind die Abläufe der nächsten Tage festgehalten:

Am 25. 9. — gegen 5.00 Uhr erfolgt Überfall auf die Höhe 497, es sind bereits Sowjets, heftiger Kampf, dann Absetzen und Sicherung bei Don Milanovac.

Sicherung südl. D. Milanovac. — I. Einsatz (= Zug) + II. Einsatz (= Zug) und Aufklärung nach Süden.

26./27. 9. — Sicherung südl. D. Milanovac auf Höhe 202, russischer Angriff im Nahkampf abgeschlagen. Nahkampftag für Gruppe Oberjäger (= Uffz.) Gorazdza. — Für die Nacht 27. zum 28. 9. 44 Sicherung auf Höhe 202 südl. D. Milanovac.

30. 9. — Weiter Sicherung auf Höhe 202, dann Ablösung durch 1. Kompanie. Die 2. Kompanie übernimmt die Sicherung am Ortsausgang West. Angriff von Partisanen wird abgeschlagen. Nahkampftag für die Gruppe des Oberjägers (= Uffz.) Schleifer.

Weiterhin Sicherung West-Ausgang von D. Milanovac und Höhe südwestlich davon.

Am 29. 9. 44 beginnen neue sowj. Kräfte, die beiderseits der Timok-Mündung über die Donau gegangen waren, gegen Negotin hin anzugreifen und das dort kämpfende Geb.Jäg.Rgt. 99 und das II./2 BR auf die Höhen westlich der Stadt zu drängen. Es kann nicht verhindert werden, daß die Rote Armee, an dem zurückgebogenen Südflügel der 1. Geb.Div. vorbeistoßend, die Straße nördl. Zajecar überschreitet und auf Bor vorstößt. Da gleichzeitig zwei Divisionen Titos im Rücken die Verbindung nach Westen unterbrechen, ist die 1. Geb.Division, dabei Teile 2. Regiment, Ende Sept. von ihrer Versorgung abgeschnitten. [82]

Währenddessen wird der Befehl an den Führer der Kampfgruppe Steidl (I./2) erhärtet, unter allen Umständen den Ort Don Milanovac als Eckpfeiler nach Norden (Donau) und Osten (gegen den inneren Donau-Bogen) zu verteidigen. Dazu stehen ihr folgende Kräfte zur Verfügung:

das stark dezimierte I./2. Regiment Brandenburg,
die Gebirgs-Battr. Oblt. Reisinger mit 4 Geschützen,
ein Zug Gebirgsjäger der 1. Geb.Div. (abgesplittert),
ein Bataillon russ. Freiwilliger, als Ortsbesatzung,
ein Flak-Zug der Luftwaffe,
eine Donau-Fähre (Fährprahm der Marine), 1 Kanonenboot und einige Sturmboote,

im ganzen etwa 1500 Mann, mit noch ausreichender Munition und Verpflegung, jedoch die Fahrzeuge des Bataillons ohne Betriebsstoff.

Währenddessen sind am 4. Okt. 44 den auf Bor durchgebrochenen Feindgruppen nördl. Zajecar vorbei weitere Kräfte gefolgt. Auch südl. Zajecar geht der Feind vor, die Verbindung zwischen der 1. Geb.Div. und der herangeführten 7. SS-Geb.Division wird zerrissen. Eingeschlossene Teile der 1. Geb.Div. in Zajecar können am 8. Okt. mit Hilfe der 7. SS-Geb.Div. ausbrechen. [83]

An diesem 8. Okt. brechen sowjetische Panzer in das Morava-Tal ein. Dies bedingt den schnellen Aufbau einer Abwehrfront an der Morava. Dazu wird u. a. die „Kampfgruppe Wittmann" — dabei das I./4. Regiment Brandenburg — herangeführt.

Es besteht Gefahr, daß die Teile der „Armee-Abt. Felber" im Donaubogen — so die 1. Geb.Div. mit 2. Regiment, die 7. SS-Geb.Div. — abgeschnitten werden. [84]

Neue Maßnahmen müssen ergriffen werden: Der Aufbau einer Abwehrfront und das Absetzen der 7. SS-Geb.Div. an die Morava südl. Lapovo; Lösen der 1. Geb.Division vom Feind und Gewinnung des westlichen Morava-Ufers, unter Aufnahme der „Gruppe Wittmann" (dazu gehören: Gren.Brig. (mot.) 92, Teile der 117. Jäg.-Div. und das I./4. Rgt. BR);

POŽAREVAC
Smoljinac
Kladovo
Cerovac
Majilovac
Rabrovo
Petrovac
Poljana
Kalište
Vlaški Do
Rašanac
Despotovac
Jagodina
Porodin
Vk. Popović
Medveđa
Cripina
Tekija
Milanovac
Brza Palanka
Dušanovac
Plavna
Vk. Kamenica
Sikole
Rabrovo
Slatina
Šarbanovac
Brusnik
Jasikovo
Sipikovo
Šiljkovo
Bregovo
Halovo
Grčić
Rečka
Tamnič
Zlot
Krivi Vir
Tigonist
14.10.

Räumung des Brückenkopfes Belgrad-Nord —, um Kräfte zu gewinnnen. Heranziehen der bei Sabac a. d. Save eingesetzten Teile des 1. Regiments sowie der Panzer-Abt. 202 nach Belgrad — zur Verfügung der „Armee-Abt. Felber“.

Die Lage bei den hinhaltend kämpfenden, zurückgehenden Teilen der 1. Geb.Division und der 7. SS-Geb.Division im Raum Bor zwingen die eingeschlossene „Kampfgruppe Steidl“ (verst. I./2), in der Nacht 8. zum 9. Okt. 44 aus der Stadt Don Milanovac auszubrechen.

Für die nächsten Tage geben die Notizen aus dem Tagebuch des Feldwebel Resch näheren Aufschluß, die gleichzeitig auch für das ganze 2. Rgt. Brandenburg gültig sind:

„*8. 10. 1944:*

Die 2. Kp. liegt etwa 50 Meter, stellenweise nur 30 Meter vor den sowj. Stellungen. — Im Nahkampf werden zwei fdl. Angriffe während der Nacht auf Höhe 283 abgeschlagen, sowohl gegen 2.00 Uhr wie 5.00 Uhr früh. Gegen 8.00 Uhr wird der zwölfte Fd.-Angriff unter schwersten Opfern abgeschlagen.

Die Verbindung zum II. Btl./2. Regiment, das uns entsetzen soll, kann nicht hergestellt werden. Gegen 12.00 Uhr mittags löst sich die 2. Kp. unbemerkt vom Feind von der Höhe 283. — Feldw. Resch erkundet Rückweg und Abtransport der Verwundeten nach Milanovac. Der Kp.-Chef der 2. Kp., Oblt. Kieffer, deckt mit wenigen Männern den Rückzug. Gegen 22.00 Uhr abends setzt sich das verst. I. Bataillon aus Milanovac ab. Alle Fahrzeuge müssen jedoch nach vorheriger Vernichtung stehenbleiben. Die Verwundeten werden auf Tragtieren und Mauleseln in das unwegsame Gelände mitgenommen, später auf gefundene Ochsenkarren umgeladen. Bis auf einen Verwundeten alles mitbekommen.

9. 10. 1944:

4.30 Uhr Weitermarsch in Richtung Dobra. 15.00 Uhr stößt der Russe auf unsere Nachhut und drängt scharf nach. Es kommt zu schweren Gefechten. In der Eile übernehme ich die Spitze mit einem Teil der Komp., um den Abtransport der Verwundeten zu beschleunigen, bis der Kompanie-Chef die Russen mit dem Rest der Komp. abhält, was trotz des großen Durcheinanders zum größten Teil glückt.

Eigene Verluste: 1 Verwundeter, 2 Vermißte.

Obgefr. Schillinger wird schwer verwundet und kann nicht mehr geborgen werden. Gefr. Ruse und Gefr. Wonka vermißt.

10. 10. 1944:

Weitermarsch auf Höhen 683 und 299. — Die Spitze wird von der 2. Kompanie übernommen, wir stoßen bald auf marschierende Russen im Waldgelände. Durch Nebel wird unser Schleichen begünstigt.

Um 17.00 Uhr setzen wir den Marsch in einem Bachbett nach Nordwesten fort.

11. 10. 1944:

Das Durchschlagen zur Straße Majdan Pek — Kucevo, etwa 15 Kilometer vor Kucevo, gelingt. — Eintreffen in der Stadt Kucevo gegen 23.00 Uhr.

12. 10. 1944:

Gegen 14.00 Uhr Abmarsch von Kucevo, wir treffen auf Einheiten der 1. Geb.-Division.

13. 10. 1944:

5.00 Uhr Abmarsch in Richtung Pozarevac (in Rabovo), Gefechtsberührung mit Russen. — Gegen 23.00 Uhr Ankunft in Pozarevac.

14. 10. 1944:

Dort treffen wir mit Teilen des III./2 zusammen. — Gegen 16.00 Uhr Abrücken über die „Morawa", dort Auffangstellung. Die Brücke wird gegen 3.00 Uhr früh gesprengt." [85]

Als Teile des 2. Rgt. Brandenburg (I./2) am 14. Okt. gegen 16.00 Uhr die Morawa bei Osipaonica nach Westen überschreiten, gedeckt durch ihre Kameraden vom I./4. Regiment bei der Kampfgruppe Wittmann hart südl. davon, sind sie jedoch aus dem Schlamassel nicht heraus.

Luftaufklärung hatte am Tage zuvor bereits (13. 10.) Mot.-Feindkräfte von Südosten her am Avala-Berg, etwa 12 km südl. von Belgrad, festgestellt. Es handelte sich um vordertes Teile des IV. Garde (mech.) Korps.

So bleibt für die Verbände und Kolonnen der 1. Gebirgs-Division, des 2. Rgt.'s BR, der 7. SS-Geb.-Division sowie für die Teile der Kampfgruppe Wittmann mit dem I./4. Regiment, sowie die Gren.Brig. (mot.) 92 und Teilen der 117. Jg.-Div. nur der Weg direkt nach Norden, Richtung Smederevo, hoffend, daß von dort aus die Straße nach Belgrad südlich der Donau entlang noch offen ist.

Am 15. 10. 44 stehen Teile noch auf dem Westufer der Morawa in Abwehr- und Auffangstellungen für die von Osten heranströmenden deutschen Einheiten. Erst gegen 13.00 Uhr tauchen dort auch die ersten Sowjets am Ostufer auf. Gegen 17.45 Uhr erfolgt Absetzen bis Skobalj, am 16. 10. früh mit Fahrzeugen des III. Btl. weiter nach Smederevo —, dort gegen 9.00 Uhr Ankunft.

Gegen Mittag erneutes Antreten in Richtung Belgrad, doch dieser Versuch scheitert. Die Sowjets sitzen seit dem 15. 10. früh bereits in den südl. und südostwärtigen Stadtbezirken Belgrads und beherrschen auch vom Avala-Berg her die Straße Smederevo — Belgrad. Also kein Durchkommen mehr. Durch Artilleriebeschuß treten Verluste ein. Der neue Nachrichten-Offizier des 2. Regiments fällt. Für den 17. Okt. 1944 — hier Bericht Resch:

„Den ganzen Tag werden Angriffe der 1. Geb.-Div. bis nach Belgrad vorgetragen. Belgrad ist von den Russen besetzt, somit der Kessel geschlossen. Beziehen Flankensicherung auf Höhen südostw. Belgrad. Der Durchbruch durch Belgrad gelingt nicht. Wir werden auf Fahrzeuge des III. Btl. verteilt. — In der Frühe kam es beim Beziehen der Sicherung zu Gefechten mit Partisanen.

Feindverluste: 4 Tote.

In der Nacht um 23.00 Uhr kam der Befehl zum Durchschlagen nach Westen. Auf der Straße nach Belgrad ein Durcheinander: Fahrzeuge ineinandergefahren, vernichtet, teils brennend. Russe beschießt bereits mit MG.'s die Straße. Verwundete — meist der 1. Geb.-Div. — liegen in 2 Häusern an der Straße dicht gedrängt. Um 23.00 Uhr brennen beide Häuser. Ich schlage mich noch bis zu den Fahrzeugen durch, um wenigstens etwas Verpflegung und eine Decke zu holen. Mittlerweile rückt der Komp.-Chef mit der Komp. ab. Treffe unterwegs einen Funktrupp vom Btl. — Wir waren etwa auf 10 Mann vom I. Btl. angewachsen. In der stockdunklen Nacht bei dem Versuch, Funkverbindung mit dem Btl. aufzunehmen, erkenne ich an der Stimme den Sanitäts-Uffz. Wichmann unserer Kompanie. Der Kompanie-Chef war gerade mit der Kompanie im Anmarsch. Ich muß sie in der Nacht noch auf dem Weg überholt haben, ohne es zu merken." [86]

Den ganzen Tag des 17. Oktober 1944 über tragen die Jäger und Grenadiere ihre Angriffe und Vorstöße in Richtung Belgrad vor —, doch alles scheint vergebens —, kein Durchkommen.

Daraufhin beschließt GenLt. von Stettner, Kdr. der 1. Geb.Div., die Zusammenfassung aller Truppen südlich von Belgrad und den Durchbruch ohne schwere Waffen, ohne Kraftfahrzeuge und ohne Nachrichtenmittel in Richtung auf Sabac a. d. Save.

Jegliche Funk- und Nachrichtenverbindung bricht ab —, für die Kommandostellen nördlich der Donau ist nichts mehr zu hören. Aufklärungsflugzeuge jedoch erkennen die Situation der abgeschnittenen Truppen südlich von Belgrad.

Um Mitternacht des 17. zum 18. Oktober ordnen sich beiderseits Bolec und bei Vrcin die Stoßkeile zum Durchbruch: Im Norden die Gren.Brigade (mot.) 92 und im Süden Teile des Geb.Jg.Rgt.'s 98; dahinter die Verbände der Kampfgruppe Wittmann — dabei das I./4. Regiment —, und als Nachhut das Geb.Jg.Btl. 54. Dazwischen eingestreut Trosse, zahlreiches Personal, dabei auch weibliches, von aufgelösten Dienststellen, Flüchtlinge u. a. m. Hierzu den Bericht eines s.PKw-Fahrers der 1. Kompanie des 2. Regiments, Ogefr. R. Felhofer, der mit der Kompanie Auer zu einem Schwester-Bataillon abgestellt worden war:

„Parolenmäßig erfuhren wir, daß Belgrad schon von den Russen besetzt sei und wir eingekesselt wären. Am 17. Oktober 1944, etwa gegen 23.00 Uhr, kam der Befehl durch, alle Kraftfahrzeuge und sämtliches Material, das nicht mitgenommen werden könne, möglichst lautlos zu vernichten. Jetzt erkannten wir schon die Tragweite und ahnten, was uns bevorstand. Jeder ging ans Werk. Ich zerhieb am Motor alles mit der Kreuzhacke, so gut es ging. Dann packte ich meine Sachen und schwer trennte ich mich von meinem Steyr-Kübelwagen, mit dem ich schon so manches durchgemacht hatte. Aber wer hatte schon viel Zeit zum Nachdenken; der Russe hatte unser Vernichtungswerk schon bemerkt und schickte so manchen Segen zu uns her. Die Sanitätsautos waren voll von Verwundeten, die jammerten, denn sie wußten, daß ihnen von unserer Seite nicht mehr geholfen werden konnte. Jeder hatte mit sich selbst zu tun, alles war durcheinander. Unsere Offiziere waren mit den Kompanien im Einsatz. Es waren ca. 30 000 Mann im Kessel, aber jeder mußte sorgen, wie er selbst durchkam.

Wir gruppierten uns am 18./19. 10. 44 und zogen auf eigene Faust los. Ich besaß einen Kompaß, ein anderer eine Landkarte, hinter uns ein Flammenmeer, vor uns die Ungewißheit: wie weit werden wir uns durchschlagen müssen, bis wir wieder auf die Hauptkampflinie stoßen, und wie werden wir alles überwinden können? Es besaß ja jeder nur mehr höchstens einen Karabiner. Gegen Morgengrauen trafen wir mit Teilen unserer Kompanien zusammen, und so war es für uns schon leichter, weil unser Hptm. Steidl wieder da war, dem wir unser volles Vertrauen schenkten. Als wir zur Hauptverkehrsstraße Nish — Belgrad kamen, erwarteten uns die Russen schon. Es war noch dunkel, und auf einmal hörten wir Lautsprecher der Russen, die uns aufforderten, uns zu ergeben. Es wurde uns mitgeteilt, daß 30 Panzer um uns herum stünden und ein Versuch, durchzubrechen, den sicheren Tod bedeuten würde. Zur Überlegung gebe er uns 2 Stunden Frist.

Ein Großteil fing zu graben an, um eine Deckung zu haben. Es waren Soldaten aller Wehrmachtsteile auf der Flucht. Ich robbte langsam vorwärts, und alles ging gut, bis ich zu einer Schlucht kam. Wir hatten uns wieder zusammengefunden und mußten dann doch bemerkt worden sein, denn auf einmal ging ein Feuerzauber los. Ich kam aber wieder gut durch, alle Augenblicke schrie einer auf und mußte liegen bleiben. Einige kamen doch glücklich durch diese Todesschlucht, wie wir sie genannt hatten, und es ging weiter in Richtung Westen.

Es war um die Mittagszeit, da sahen wir wieder Russen vor uns. Etliche Panzer rauschten auf und ab, und wir bemerkten, daß russische Infanterie in Stellung ging. Ein Feldwebel unseres Bataillons, der perfekt russisch sprach, hatte 2 Panzerfäuste, und mit diesen arbeitete er sich bis zu den Russen vor. Er verjagte dabei durch russische Zurufe die Soldaten aus ihren Gräben, und als er in der Nähe der Panzer war, schoß er die zwei ab. Dadurch entstand bei den Russen ein Durcheinander, und wir stürmten mit Hurra, so laut wir schreien konnten, nach vorne. Wir hatten fast keine Munition mehr, aber dafür schrien wir um so mehr. Also ging wieder alles gut vorüber, natürlich wurden auch viele verwundet, aber jeder schleppte sich weiter, so gut es ging. Die Flucht ging weiter, bis in ein Dorf, wo wir etwas zu essen, und zwar Marmelade, holten. Auf einmal hieß es antreten. Es wurde uns befohlen, alles, was wir noch an unnötigem Zeug mithätten, wegzuwerfen, um ja leichter fortzukommen. In der folgenden Nacht wäre eine Strecke von 60 km zu bewältigen. Dann ging die Flucht wieder los: Regen prasselte auf uns nieder, dabei war es so finster, daß man den Vordermann fast nicht sehen konnte. Wer ein weißes Hemd anhatte, riß sich ein Stück heraus und steckte es dem Vordermann an den Rücken, um ja die Verbindung nicht zu verlieren. Wir kamen in eine Schlammgegend, bis über die Knie wateten wir im Dreck dahin. Bei vielen blieben die Stiefel stecken, aber es ging unaufhaltsam weiter. Trotz der großen Strapazen kamen wir nur 6 km vorwärts. Es war aussichtslos, die Russen fuhren vor uns mit den Autos herum. Allmählich gaben wir die Hoffnung auf, noch lebend herauszukommen.

Es war wieder eine Schlucht zu durchqueren, die mit Scheinwerfern beleuchtet war. Zwei Stunden warteten wir, auf einmal wurden die Scheinwerfer abgedreht. Jetzt hieß es, schnell handeln, und es ging wieder gut. Ich konnte in den Stiefeln nicht mehr gehen, da alles voll Schlamm war. So zog ich barfuß los, es war schon trostlos, aber ich mußte mitkommen. So ging es weiter, ohne Rast und Ruh; die Kraut- und Rübenäcker wurden kahl gegessen, so verhungert waren wir bereits. Mit den Partisanen gab es auf der ganzen Strecke kleinere Gefechte, aber das ging schon an.

19./20. 10. 1944:
Gegen Abend kamen wir an die Save, jetzt atmeten wir auf. Die Pioniere machten sich gleich daran, aus Baumstämmen Flöße zu bauen, um alles überzusetzen. Wir konnten uns daher etwas zur Ruhe legen. Aber auf einmal kam der Russe die Save entlang und vereitelte unseren Übergang. Wieder war alles zwecklos geworden. Dann hieß es, wir müßten bis Sabac, eine Stadt an der Save, die etwa 60 km weg war.

Im Eilmarsch ging es weiter. Viele Kameraden blieben hier liegen, teils wegen wundgelaufener Füße, wegen des Hungers; andere hatten die Flucht satt, da sie der Meinung waren, daß doch alles zwecklos sei. Natürlich wurden fast alle von Partisanen aufgegriffen. Ich humpelte schon an zwei Stöcken mit der letzten Willenskraft, denn die Füße waren angeschwollen und blau. Es war ja doch schon kalt, und die Überanstrengung dazu, meist querfeldein, über Stoppelfelder. Für jeden galt es nur, sich zu retten.

Jetzt war nur mehr die eine Ungewißheit, ob die Brücke in Sabac noch nicht gesprengt worden war. Die letzten Kilometer vor Sabac kroch ich schon mehr auf allen Vieren.

Endlich war die Stadt in Sicht, und wir sahen bald deutsche, gepflegte Soldaten, wir waren gerettet! Wir bekamen schnell etwas zu essen und richteten uns wieder zusammen, so gut es ging. Die Zivilbevölkerung schlug die Hände vor Entsetzen zusammen, so heruntergekommen waren wir. Das war uns aber gleich, für uns war die Hauptsache, daß wir alles gut überstanden hatten.

Bald setzten wir uns wieder in Bewegung, bis uns Fahrzeuge entgegenkamen, die uns zum Bahnhof nach Ruma brachten." [87]

Weiter geht's in Richtung Westen auf Mitroviac zu, immer verfolgt, gejagt und angegriffen von verfolgenden Sowjet-Panzern. Es ist der 22. Oktober 1944.

Endlich, endlich wieder deutsche Truppen, die nördlich der Save eine lockere Auffangstellung errichtet haben. Endlich wieder Verschnaufen, Luftholen — Sammeln!

Was blieb noch? — Wer fehlt? — Sofort werden die stetig eintreffenden Gruppen und Männer gesammelt, wird auf der Eisenbahn verladen, der Bahntransport nach rückwärts eingeleitet.

Ziel für die Teile des 2. Regiments ist Esseg in Ungarn, wo auch die Trosse inzwischen fast vollständig versammelt waren. Dort erste ausgiebige Ruhe, Neugliederung und Neueinkleidung.

Schließlich wird am 27./28. Oktober 1944 im Mot.-Marsch nach Darda a. d. Drau, einem Grenzort noch auf ungarischem Boden, verlegt. Dort Eingliederung von Ersatz, Ausbildung, Ruhe.
Anfang November 1944. Die Sowjets stehen mit Spitzen an der Donau, bei Baja und Apatin, und verhalten sich ruhig. Bei Apatin, hart nördlich des Zusammenflusses der Drau mit der Donau, haben die Sowjets einen Brückenkopf nach Westen, der aber zunächst nicht weiter gefährlich erscheint.
Am 7./8. November 1944 rücken weitere einsatzbereite Teile des 2. Regiments, vor allem das I. Btl. unter Hptm. Steidl, an die Donau mit Auftrag, den bei Apatin auf das Westufer getretenen Feind zu werfen, Reste zu vernichten.
Doch es kommt nicht mehr zu dem Angriff der Bataillone am Brückenkopf von Apatin, der Gegner seinerseits ist im Begriff, seine Übersetzstelle nach Westen zu erweitern. Starker Übersetzverkehr, besonders während der Nacht, zunehmendes Artillerie-Feuer auf die deutschen Stellungen und die sich laufend vermehrende Verstärkung der Sowjets auf dem westlichen Donau-Ufer sind bereits die ersten Anzeichen eines bevorstehenden Angriffs.
Am 21./22. Nov. 44 kommt es zum Zusammenbruch der Abwehrlinien entlang der Donau von Apatin bis Mohacs (Ungarn), nachdem der Durchbruch am linken Flügel das Aufrollen von der Seite einleitet. In aller Eile werden wohl noch Kampfgruppen, Alarmeinheiten, Restteile abgekämpfter Bataillone nach Norden geworfen und zum Gegenangriff angesetzt. Vergebens, die Sowjets sind südl. Mohacs durch!
Wieder geht es — hinhaltend kämpfend — zurück nach Nordwesten. Die 2./2. Regiment Brandenburg verzeichnet am 22. Nov. als Nahkampftag den Ort Ciprassat, am 7. Dez. den Ort Sonja, im Raum südl. Kaposvar.
Mitte Dez. 44 kommen die Bewegungen südlich des Plattensees, ostw. Nagykanizsa, zum Stehen, aufgefrischte deutsche Kräfte können die sowjetischen Angriffe abweisen.
Vorbereitungen für Gegenangriffe werden getroffen, um endlich geeignete Abwehrstellungen zu gewinnen.
Es wird von Ablösung für das 2. Rgt. Brandenburg gesprochen. Es soll zur Auffrischung gehen und auch für diese Teile die bereits seit September 1944 eingeleitete Umgliederung erfolgen. Das wird am 16. Dezember 1944 Wirklichkeit, an diesem Tage rollen die Fahrzeuge des 2. Regiments zurück. Ziel ist Angerburg in Ostpreußen. Dort sind fast alle BRANDENBURGER — soweit sie die schweren und verlustreichen Kämpfe des Jahres 1944 überstanden haben — noch einmal am Heiligabend 1944 in gemeinsamen Unterkünften versammelt.

Rückblick und Ausblick stimmen diese Männer ernst.
Aber ihren Einsatzwillen und ihren Kampfesmut haben sie noch. Und sie wissen gute und verläßliche Kameraden an ihrer Seite.

Von den Aufgaben als Kommandotruppe entbunden

Ab Frühjahr 1944 nehmen Umfang und Gefährlichkeit der vom Feind geschürten Aufstandsbewegungen in den Flanken und im Rücken der deutschen Truppen in bisher nicht gekanntem Ausmaß zu. Die sich deutlich zugunsten des Feindes verändernde Kriegslage ist die Hauptursache für diese Entwicklung.
Übergeordnete Kommandostellen der in schweren Kämpfen geschwächten und oft überforderten Heeresdivisionen greifen immer häufiger auf die in ihren Abschnitten für Spezialaufgaben bestimmten BRANDENBURGER zurück und setzen sie oft an Brennpunkten des Kampfes als Nothelfer ein. Dieser Umstand zwingt zu Überlegungen über eine Neuformulierung der künftigen Aufgaben für die BRANDENBURGER Regimenter, Bataillone und Kompanien.
Am 27. Mai 1944 faßt der neue Divisionskommandeur, Generalleutnant Kühlwein, die seit Wochen im Divisionsstab durchdachten Gedanken in einer Niederschrift zusammen und legt sie dem OKW/WFSt (Op)H vor. Die Niederschrift enthält die folgenden wichtigsten Gedanken:

„Die Division wurde als Sonderverband für Angriffsoperationen geschaffen. Seitdem die deutsche Wehrmacht in der Verteidigung kämpft, hat sich die Division dieser Lage angepaßt und ist die Verfügungstruppe der Wehrmacht zur Bandenbekämpfung geworden. Die Erfahrungen der Division bei den Rückzugskämpfen im Osten, bei der Bandenbekämpfung auf dem Balkan, in Frankreich und in Italien sowie bei Kleinkriegsvorbereitungen auf Sardinien und dem Peloponnes zeigen, daß die Aufgaben der Division nur durchführbar sind, wenn sie sich auf einen ausreichenden Stamm an Kampfdolmetschern und geworbenen Einheimischen stützen kann. Um in noch größerem Maße den Anforderungen gewachsen zu sein, wird deshalb vorgeschlagen, planmäßig vorausschauend solche landeseigenen Verbände aufzustellen.

Vorschlag: Zweiteilung der Division Brandenburg in
a) Streifkorps
b) Jägerregimenter und Spezialabteilungen.

Zu a): Die Streifkorps werden auf *allen* vorhandenen und einmal möglichen Kriegsschauplätzen als bodenständige Verbände aus Kampfdolmetschern der Division und geworbenen Einheimischen aufgestellt.
Aufgabe der Streifkorps ist die Durchführung von Kleinkriegeinsätzen in Verbindung mit Einheiten der Division unter b), denen dazu im Einsatzraum die Streifkorps als ‚Kommandozüge' unterstellt werden. Solange eigene Einheiten nicht im Einsatzraum der Streifkorps liegen, bereiten sie sich auf die zu erwartenden Einsätze vor. Sie werden während dieser Zeit von der Division Abt I c gesteuert und wirtschaftlich, je nach Lage, Dienststellen der Abwehr, des SD oder des Zolls unterstellt oder mit diesen auf Zusammenarbeit angewiesen. Während dieser Zeit ist es ihre Aufgabe, sich mit Waffen des Gegners und seiner Kampfweise vertraut zu machen, die Tarnung in jeder Hinsicht zu vervollständigen und Material für unsere Kampfeinheiten bereitzustellen. Während dieser Zeit sollen sie . . .
Zu b): Die Jägerregimenter der Division, die Küstenjägerabteilung und das Fallschirmjägerbataillon sind von den Kriegsschauplätzen unabhängige, überall zu verwendende schnell bewegliche Einheiten mit geballter Stoßkraft. Bei Verlegungen ist die notwendige psychologische Einstellung auf Gegner und Land zu berücksichtigen.
Aufgaben: Sie nehmen in den jeweiligen Einsatzräumen die Streifkorps auf. Gestützt auf die Streifkorps führen sie Kleinkrieg. Bei Angriffsoperationen ermöglichen sie das Absetzen getarnter Stoßtrupps, bilden deren Rückhalt und Entsatz oder ermöglichen ihre Rückholung . . ." [90]

Für den Divisions-Kommandeur kommt wohl noch eine andere Überlegung hinzu: Er will durch vorzeitige Abgabe dieses Vorschlages verhindern, daß im Zuge der Eingliederung wichtiger Teile der bisherigen Abwehrorganisation der Wehrmacht in den Sicherheitsdienst (SD) auch Teile der Division Brandenburg in eine Abgabe einbezogen werden. Deshalb geht sein Vorschlag davon aus, diese Streifkorps entweder der Division unmittelbar zu unterstellen oder aber, soweit die Division in dem Gebiet nicht vertreten ist, diese direkt dem I c der jeweiligen Armee zuzuteilen. Tatsächlich ist von den später aufgestellten und noch eingesetzten Streifkorps keines unmittelbares Glied der SS geworden.
Für die Aufstellung der vorgeschlagenen Streifkorps erteilt der Wehrmachtsführungsstab kurzfristig seine Genehmigung. Die Vorbereitung der Aufstellung mit sorgfältiger Auswahl des geeigneten landeskundigen Rahmenpersonals und deren Zuführung zu den einzelnen Kriegsschauplätzen nimmt naturgemäß einige Wochen in Anspruch. Für das Tätigwerden der Streifkorps ist der 1. August 1944 als Zeitpunkt erkennbar.

Durch mehrere Divisionsbefehle ist ihr organisatorischer Aufbau festgehalten.

Die 8./3. Regiment Brandenburg wird Ende Juli 1944 in Italien herausgelöst und bildet das „Streifkorps Südfrankreich". Dieses gliedert sich in einen kleinen Führungsstab mit Nachrichtenzug und zunächst zwei Einsatzgruppen. Der Aufbau dieses Streifkorps kann nur allmählich im Rahmen des anfallenden geeigneten Personals erfolgen.

Aus der 8. Kompanie wird gleichzeitig 1 Zug mit geeignetem deutschen Personal und spanisch sprechenden Legionären als Stamm für die aufzustellende „Einsatzgruppe Pyrenäen" des „Streifkorps Biscaya" herausgelöst. Diese Einsatzgruppe untersteht zunächst dem „Streifkorps Südfrankreich". Es bleibt vorerst weiter der Division unmittelbar unterstellt. Gleichzeitig beginnen die Vorarbeiten zur Aufstellung der „Einsatzgruppe Bretagne" und der „Einsatzgruppe Flandern" des „Streifkorps Nordfrankreich". Für die Dauer dieser Arbeiten untersteht ihr Führer der Kampfschule der Division. Diese wiederum übernimmt die Aufgaben des Heimatstabes für das „Streifkorps Nordfrankreich". [91]

Zur einheitlichen Führung und Betreuung der in Frankreich eingesetzten Verbände der Division entsendet diese einen Verbindungsstab unter Führung von Major Hollmann zum Oberbefehlshaber West.

Die Aufgaben dieses V.O.-Stabes sind:

a) Aufbau und Betreuung der Streifkorps Südfrankreich, Biscaya und Nordfrankreich,
b) Befehlsübermittlung an die Streifkorps nach den Weisungen des OB West,
c) Zusammenfassung und Weiterleitung aller Anträge der Streifkorps an die Division sowie Weitergabe der Befehle der Division an die nachgeordneten Dienststellen,
d) Fühlungnahme und engste Verbindung mit den Dienststellen der Abwehr, des SD und der PropAbt Frankreich,
e) Zusammenarbeit mit OQu OB West in allen Fragen der Versorgung der Streifkorps. Vermittlungsstelle zwischen DivStab und Streifkorps auf den von der Division gesteuerten Versorgungsgebieten. [92]

In Vorbereitung der Aufstellung eines „Streifkorps Karpaten" wird zunächst die „Einsatzgruppe Slowakei" aufgestellt. Auftrag ist durch mündliche Weisung festgelegt. Für die personelle Aufstellung der Einsatzgruppe sind 100 aus der Slowakei einzuziehende volksdeutsche Rekruten zur Auffüllung vorgesehen. Ihre Ausbildung wird im AusbBtl. (U) des Hptm. Auch durchgeführt. [93]

Für Fernspähtruppaufgaben und zur möglichen Entfachung aktiven Widerstandes im Falle einer sowjetrussischen Besetzung des Baltikums stellt die Division der Heeresgruppe Nord eine „Einsatzgruppe Baltikum“ zur Verfügung. [94]

Die Stärke der Einsatzgruppe umfaßt ohne Legionäre 2 Offiziere und 36 Uffz. sowie Mannschaften — mit entsprechender Bewaffnung. Der Führer der Einsatzgruppe setzt sich umgehend mit der Heeresgruppe Nord I c in Verbindung und führt der Heeresgruppe entsprechend deren Weisungen die Einsatzgruppe zu.

Mit dem zügigen Aufbau des „Streifkorps Karpaten“ wird eine „Einsatzgruppe Rumänien/Siebenbürgen“ aufgestellt. Ihr Führer setzt sich sofort mit der Heeresgruppe Südukraine und dem Deutschen General bei der ungarischen Wehrmacht in Verbindung und führt die Einsatzgruppe nach provisorischer Ausrüstung durch Division und Kampfschule von Baden aus schnellstens in den Einsatzraum nach. Auftrag: Bandenbekämpfung und aktive Sabotage, Sperrung der Grenzpässe und Feindaufklärung für Heeresgruppe Süd. Infanteristischer Einsatz hat in jedem Fall zu unterbleiben.[95]

Dieses sind die heute noch erfaßbaren Teile der Streifkorps. Nicht alle sind mehr zum Einsatz gekommen.

Mit der Lageentwicklung an den Fronten, der Zusammenführung aller erfaßbaren Teile der BRANDENBURG-Verbände zur Umgliederung und den neuen Befehlsverhältnissen lösen sich allmählich die Verbindungen zu den Streifkorps und Einsatzgruppen. Diese führen ein gewisses Eigenleben und leisten bis zum Ende des Krieges, besonders in Frankreich und auf dem Balkan, Beachtenswertes.

Es kann aber nicht übersehen werden, daß die Aufstellung einiger Streifkorps und Einsatzgruppen nur ein erster Schritt geblieben ist. Er verwirklichte nicht das im Vorschlag der Division angestrebte Zusammenwirken von Streifkorps und den BRANDENBURGER Jägerregimentern bzw. Spezialabteilungen.

Wohl oder übel war der Atem für eine umfassende Streifkorpslösung schon zu kurz.

Noch während ihrer Aufstellungszeit treten mehrere Ereignisse ein, die auf die folgende Entwicklung bei den BRANDENBURGERN nicht ohne Wirkung geblieben sind.

1. Die sich weiter verschärfende Kriegslage, die in den vorausgegangenen Kapiteln deutlich geworden ist, führt dazu, alle nur denkbaren Reserven für die Aufstellung von Kampfdivisionen des Heeres auszuschöpfen.
2. Das Attentat auf Hitler am 20. Juli 1944 steigert dessen Mißtrauen gegenüber der Wehrmacht, insbesondere gegenüber dem Heer. Selbst die

Generale in seiner unmittelbaren Umgebung bekommen eine noch größere Distanz zwischen Hitler und sich zu spüren. Auch Generaloberst Jodl, dem als Chef des Wehrmachtsführungsstabes die Entscheidung über die Zukunft der Division Brandenburg obliegt, ist davon nicht ausgenommen.

3. Der Machtzuwachs Himmlers macht eine Abweisung oder Eindämmung des Interesses des SD an erfahrenen BRANDENBURGER zbV-Soldaten immer schwieriger. Das Militärische Amt des SD unter Skorzeny streckt schnell die Hände nach ihnen aus.
4. Generaloberst Guderian wird als neuer Chef des Generalstabes des Heeres erster militärischer Berater Hitlers für den östlichen Kriegsschauplatz. Guderian ist seinem ganzen Denken nach ein Panzergeneral. Aus seiner Umgebung stammt der Plan, kleinere Panzerkorps mit nur zwei gepanzerten Divisionen zu schaffen. Die Zahl der zu selbständigen Operationen fähigen gepanzerten Großverbände soll dadurch erhöht, die Erfolgsaussichten der großen Abwehrschlachten im Osten sollen verbessert werden.

Unter diesen vielschichtigen Umständen stellt der Stab der Division Brandenburg neue Erwägungen an. Sie werden durch den neuen 1. Generalstabsoffizier, Major i. G. Erasmus, offensichtlich erheblich beeinflußt.

Neben die bisher von Gen.Lt. Kühlwein bevorzugte Streifkorpslösung, die nach wie vor auch von mehreren in Kommandounternehmen erfahrenen Offizieren des Divisionsstabes unterstützt wird, tritt eine in ganz andere Richtung zielende Lösungsmöglichkeit. Es ist die einer Umgliederung in eine Kampfdivision des Heeres. In die Überlegungen sind sowohl die Bildung einer Jägerdivision (mot.) wie die einer Panzergrenadierdivision einbezogen.

Als die militärische Krise auf dem Balkan ihrem Höhepunkt entgegengeht und fast alle dort eingesetzten BRANDENBURGER in schweren und verlustreichen Abwehrkämpfen stehen, ergeht am 8. September 1944 die Entscheidung des Wehrmachtführungsstabes.

Die Division Brandenburg wird von ihren Aufgaben als Kommandotruppe entbunden und dem Generalstab des Heeres zur Umgliederung zur Verfügung gestellt. [97]

Der Wortlaut dieser für alle BRANDENBURGER einschneidenden Entscheidung ist erhalten. Er lautet:

Oberkommando der Wehrmacht | F.H.Qu., den 8.9.1944
Nr.0010994/44 g.K.WFSt/Op.

12 Ausfertigungen
.Ausfertigung

An
1.) Gen.St.d.H./Op.Abt. = 1.Ausf.
2.) Gen.St.d.H./Org. = 2.Ausf.
3.) Ob.Südost
4.) Ob.Südwest
5.) Reichsf.-SS, Führungshauptamt
6.) Reichsf.-SS, Sicherheitshauptamt
7.) Division "Brandenburg"
8.) Heerespersonalamt
durch Fernschreiben

Division "Brandenburg" wird unter Entledigung ihrer bisherigen Aufgaben als Sonderkampfverband und Aufhebung des unmittelbaren Unterstellungsverhältnisses unter Chef WFSt Generalstab des Heeres zur Umgliederung zur Verfügung gestellt und ist hierzu durch Ob.Südost im Großraum um Belgrad zu versammeln. Im Bereich Pz.AOK 2 entstehende Nachteile müssen in Kauf genommen werden.

Hierzu wird befohlen:

a) Der Division sind beschleunigt Artillerie, 1 Pionier-Btl., Sturmgeschütze zur Panzerabwehr sowie erforderliche Versorgungstruppen zuzuführen. Umgliederung in eine mot.Jäger-Div., die rasch zu verschieben und im Geb.Kampf zu verwenden ist.

b) Ob.Südwest führt in Istrien eingesetzte Teile 3.Rgt."Brandenburg" im Einvernehmen mit Ob.Südost in den Raum Belgrad zu.

c) Küstenjäger-Abt., Fallschirmjäger-Btl. und II./3.Rgt. "Brandenburg" sind nach Weisung Gen.St.d.H. zu den Heerestruppen zu überführen.

d) Im Sonderkampf ausgebildete Soldaten in Stärke von 900 Offz., Uffz. und Mannschaften treten zur Waffen-SS über. Übernahme regelt Gen.St.d.H. im Einvernehmen mit Reichsf.SS und Division "Brandenburg".

- 2 -

81

Zur Zeit im Sonderkampf im Südosten eingesetzte Soldaten sind zur Durchführung ihrer dortigen Aufgaben im Einsatz zu belassen.

e) Gen.St.d.H. meldet beabsichtigte Gliederung, Ob.Südost Zeitplan für Versammlung.

I. A.

gez. J o d l

F.d.R.

Major d.G.

Verteiler:

Chef WFSt	3.Ausf.
Stellv.Chef/WFSt.	4.Ausf.
Op(H) Südost	5.Ausf.
Op(H) Südwest	6.Ausf.
Org.	7.Ausf.
Qu	8.Ausf.
I c	9.Ausf.
Heeresstab	10.Ausf.
Res.	11.- 12.Ausf.

Erhalten ist auch der Tagesbefehl, den Generaloberst Jodl am 11. September an die BRANDENBURGER gerichtet hat. Hier sein Wortlaut: [98]

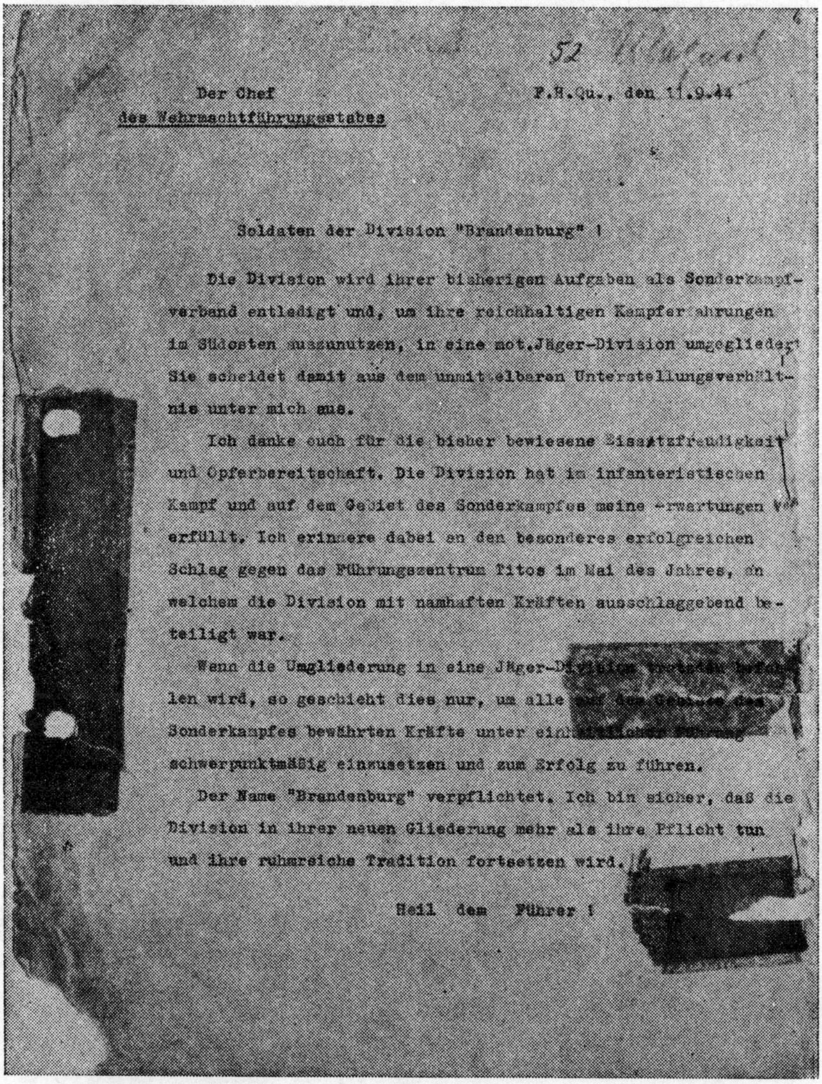

Der Chef
des Wehrmachtführungsstabes

F.H.Qu., den 11.9.44

Soldaten der Division "Brandenburg" !

Die Division wird ihrer bisherigen Aufgaben als Sonderkampfverband entledigt und, um ihre reichhaltigen Kampferfahrungen im Südosten auszunutzen, in eine mot. Jäger-Division umgegliedert. Sie scheidet damit aus dem unmittelbaren Unterstellungsverhältnis unter mich aus.

Ich danke euch für die bisher bewiesene Einsatzfreudigkeit und Opferbereitschaft. Die Division hat im infanteristischen Kampf und auf dem Gebiet des Sonderkampfes meine Erwartungen voll erfüllt. Ich erinnere dabei an den besonderes erfolgreichen Schlag gegen das Führungszentrum Titos im Mai des Jahres, an welchem die Division mit namhaften Kräften ausschlaggebend beteiligt war.

Wenn die Umgliederung in eine Jäger-D[illegible] len wird, so geschieht dies nur, um alle [illegible] Sonderkampfes bewährten Kräfte unter ein[illegible] schwerpunktmäßig einzusetzen und zum Erfolg zu führen.

Der Name "Brandenburg" verpflichtet. Ich bin sicher, daß die Division in ihrer neuen Gliederung mehr als ihre Pflicht tun und ihre ruhmreiche Tradition fortsetzen wird.

Heil dem Führer !

Dieser Tagesbefehl hat in den anhaltenden schweren Kämpfen die meisten BRANDENBURGER gar nicht erreicht. Vielleicht ist seine Verteilung auch mit voller Absicht unterblieben.

Sicher ist nur, daß der Generalstab des Heeres sich bereits am 13. September dafür entschieden hat, die Division Brandenburg in eine Panzergrenadierdivision umzugliedern.
Bei der Truppe wird diese bevorstehende Umgliederung erst gerüchteweise und später als Tatsache bekannt. Die Reaktion darauf ist unterschiedlich. Die alten zbV-Soldaten können nur schwer fassen, daß Kommandounternehmen bei der Division Brandenburg nun der Vergangenheit angehören sollen. Eine Reihe von ihnen nimmt aus freien Stücken, ein anderer Teil auf unabweisbare Anforderung den Weg zu den SS-Jagdverbänden. Dort behalten sie im allgemeinen den Status von Heeresangehörigen bei. Ihre Zahl bleibt jedoch begrenzt und beträgt um die 350 Mann. Sie nehmen ihre zbV-Erfahrung mit zu den Jagdverbänden und stellen dort bis zum Kriegsende ihren Mann.
Der weitaus größte Teil der BRANDENBURGER, der den bitteren Weg zurück über Belgrad überlebt hat, wird schließlich im Dezember 1944 nach Ostpreußen verlegt und bildet dort den kampferfahrenen Kern für die Panzergrenadierdivision Brandenburg im Panzerkorps Großdeutschland. Auch die Pz.Grenz.Div. Brandenburg leistet bis zum Kriegsende noch Hervorragendes.
Entscheidend für Erfolg und Überleben aber bleibt auch hier, daß sich die BRANDENBURGER absolut aufeinander verlassen können.

Dank des Verfassers

An dieser Stelle will ich denen danken, die zum Werden dieses Buches beitrugen. Mein Dank gilt in erster Linie den ehemaligen BRANDENBURGERN, die mich beim Sammeln, Sichten und Auswerten der oft schwer auffindbaren Quellen nach Kräften unterstützten und mir eigene Aufzeichnungen zur Verfügung stellten.
Den Entschluß, das nun vorliegende Buch zu versuchen, konnte ich nur fassen, weil ich dieser Unterstützung sicher sein durfte. Der Abstand von mehr als 30 Jahren hat zudem die Einsicht gefördert, daß bisher eine einigermaßen vollständige und dabei sachliche Darstellung über die BRANDENBURGER und ihre Kommandounternehmen nicht vorliegt, und daß diese Lücke geschlossen werden sollte. Diese Auffassung unterstützte das Militärarchiv des Bundesarchivs. Ihm danke ich sehr für das bewiesene Entgegenkommen und für die Freigabe von Dokumenten.
Einen besonderen Dank aber schulde ich den Mitgliedern eines Redaktionsausschusses, die mich vom Beginn meiner Arbeit an diesem Buch bis zu seiner Vollendung so intensiv, sachkundig und mit vollem Engagement berieten. Ohne ihr Zutun wäre dieses Buch wohl überhaupt nicht entstanden. So aber ist es eine gemeinschaftliche Arbeit geworden und hat dadurch sicherlich an dokumentarischem Wert gewonnen.

Helmuth Spaeter

Anmerkungen

Teil 1

Nr.	Quelle	Seite
1 –	Dr. Th. von Hippel, pers. Nachlaß, Kiel 1976	22
2 –	Bundesarchiv–Militärarchiv, Dokumente, Freiburg 1977	23
3 –	Fr. O. Busch, Kampf um Norwegens Fjorde, Preetz 1964, S. 7 ff.	38
4 –	Erich Röseke, pers. Bericht, Leinfelden 1976	46
5 –	Fr. O. Busch, a. a. O., S. 13 ff.	47
6 –	Werner Brockdorff, Geheimkommandos des Zweiten Weltkrieges, München–Wels 1967, S. 96 ff.	48
7 –	Fritz Benesch, Nachlaß, 1977	49
8 –	Zülch, Carolus, Eigendruck, Köln 1942	52
10 –	Hermann Kürschner, pers. Bericht, Kerpen 1977	57
11 –	W. Stöhr, pers. Bericht, Weihn. Brief BR 1958	60
12 –	Wilhelm Walther, pers. Bericht, 1977	65
13 –	Zeitschrift: Feldgrau, Heft 6, Berlin 1970	67
14 –	A. Bikar, Lt. Colonel, pers. Schreiben, Brüssel 1973	70
15 –	Heinz Höhne, Canaris-Patriot, München 1976, S. 395 ff.	76
16 –	Klaus Benzing, Der Admiral, München 1977	77
17 –	Dr. von Hippel, a. a. O., Nachlaß	80
18 –	Heinz Höhne, a. a. O., S. 407 ff.	89
19 –	Gert Buchheit, Der deutsche Geheimdienst, München 1966, S. 241 ff.	92
20 –	Brief an den Verfasser vom 16. 8. 1976	112
21 –	P. Gosztony, Hitlers Fremde Heere, Düsseldorf 1976, S. 75 ff.	114
22 –	Heinz Höhne, a. a. O., S. 414, 424 ff.	114
23 –	Heinz Höhne, a. a. O., S. 426 ff.	115
24 –	Brief an den Verfasser vom 16. 9. 1977	117
25 –	Stefan Resch, pers. Bericht, Tübingen 1977	121
26 –	Klaus Benzing, a. a. O., 1976	121
27 –	Brief an den Verfasser 1977	124
28 –	Moorehead, Afrikanische Trilogie, Band II 1947	125
31 –	Rudolf Morill, pers. Angaben, Nürnberg 1976	112

Teil 2

Nr.	Quelle	Seite
1 –	Helmdach, Überfall, Neckargemünd 1963	126
2 –	Heinz Höhne, a. a. O., S. 428 ff.	126
3 –	KTB–OKW/WFSt, Band I, S. 87 E	126
4 –	H. E. Salisbury, 900 Tage Belagerung Leningrad, S. 181 ff.	126
5 –		126
6 –	KTB–OKW/WFSt, Band I, S. 88 E ff.	126
7 –		127
8 –	H. E. Salisbury, a. a. O., S. 184 ff.	127
9 –		127
10 –	KTB–OKW/WFSt, Band I, S. 96 E ff.	127
11 –	S. 98 E ff.	127
12 –	KTB–OKW/WFSt, Band I, S. 119 ff.	128
13 –	vgl. Weihn. Brief BR 1965, Stuttgart 1965	134
14 –	Bericht: Krieg im Zwielicht, Heft 29, Köln 1952	137
15 –	Erich von Manstein, Verlorene Siege, Bonn 1955, S. 182 ff.	145
16 –		140
17 –	Bericht: Krieg im Zwielicht, Heft 29, Köln 1952	141
18 –		142
19 –	Rolf Stoves, Die 1. Panzerdivision, Bad Nauheim 1961, S. 180 ff.	142
20 –		143

21 – Brief an den Verfasser 1976 . . . 144
22 – Rolf Stoves, a. a. O., 198 ff. . . . 146
23 – K. Burrer, pers. Bericht, Aachen 1977 . . . 147
24 – Solzchenyzin, Gulag 1973, 1975 . . . 152
25 – Brief an den Verfasser 1976 . . . 162
26 – Rolf Stoves, a. a. O., S. 280 ff. . . . 162
27 – P. Gosztony, a. a. O., S. 75, 105 ff. . . . 164
28 – P. Gosztony, a. a. O., S. 142 ff. . . . 165
29 – KTB–OKW/WFSt, Band I, S. 426 ff. . . . 164
30 – KTB–OKW/WFSt, Band I, S. 449, 485, 700 ff. . . . 165
35 – M. Kehrig, Stalingrad, Stuttgart 1974, S. 25 ff. . . . 176
36 – M. Kehrig, a. a. O., S. 32 ff. . . . 177
38 – W. Aidnik, pers. Tagebuch, Karlsruhe 1977 . . . 182
39 – Helmuth Spaeter, Geschichte des Panzerkorps Großdeutschland, Duisburg 1960 . . . 188
40 – Günter Wülbers, pers. Bericht, Hannover 1977 . . . 193
41 – Weihn. Brief BR 1958, Stuttgart 1958 (Bericht Kl. Müller) . . . 195
42 – F.M. von Senger und Etterlin Jr., Die 24. Panzerdivision, Neckargemünd 1962, S. 71 ff. . . . 194
43 – Weihn. Brief BR 1958, Stuttgart 1958 (Bericht L. Dresely) . . . 196
47 – Weihn. Brief BR 1976, Stuttgart 1976 . . . 201
49 – Wilhelm Tieke, Der Kaukasus und das Öl, Osnabrück 1970, S. 59 ff. . . . 202
50 – W. Aidnik, pers. Tagebuch, Karlsruhe 1977 . . . 203
51 – W. Tieke, a. a. O., S. 76, 88 ff. . . . 205
52 – H. Spaeter, a. a. O., S. 99 ff. . . . 208
53 – Kurt Steidl, pers. Tagebuch, Birkfeld 1958 . . . 211
54 – W. Tieke, a. a. O., 92 ff. . . . 212
55 – Brief an den Verfasser, September 1977 . . . 212
56 – W. Tieke, a. a. O., S. 170, 192, 294 ff. . . . 213
57 – Weihn. Brief BR 1977, Stuttgart 1977 (Bericht Dr. Gerlach) . . . 215
59 – H. Spaeter, a. a. O., S. 212 ff. . . . 217
61 – Werner Lau, pers. Bericht, Reinbek 1955 . . . 219
63 – Kt. Steidl, a. a. O., pes. Bericht 1960 . . . 221
64 – W. Tieke, a. a. O., S. 257, 299, 302 ff. . . . 221
66 – W. Tieke, a. a. O., S. 222 ff. . . . 223
67 – Kt. Steidl, a. a. O., pers. Bericht 1960 . . . 225
69 – Kt. Steidl, a. a. O., pers. Bericht 1960 . . . 228
70 – W. Tieke, a. a. O., S. 307, 319, 325 ff. . . . 229
73 – Archiv BR beim Verfasser . . . 233
74 – W. Tieke, a. a. O., S. 331, 344, 354 ff. . . . 236
75 – Kt. Steidl, a. a. O., pers. Bericht 1960 . . . 239
76 – ebenda, dortselbst . . . 242
77 – Aus: Der Große Atlas zum Zweiten Weltkrieg, Südwest-Verlag 1975 . . . 251
78 – Archiv BR beim Verfasser . . . 246
79 – Brief an den Verfasser 1976 . . . 248
80 – 81 – } Weihn. Brief BR 1965, Stuttgart 1965 (Bericht Kt. Lohse) . . . 254, 260
82 – Willi Clormann, pers. Bericht, Wiesbaden 1958 . . . 263
84 – Hans von Steffens, pers. Bericht, Karlsruhe 1976 . . . 266
85 – Bericht aus Zeitschrift „Die Oase“ (Kuhlmann), 1960 . . . 273
86 – KTB–OKW/WFSt, Band III, Funspruch S. 464 ff. . . . 273

Teil 3

Personen- und Sachregister

Bemerkungen:
Soweit nicht namentlich genannt, lagen Aufzeichnungen und Mitteilungen im Original dem Verfasser vor. Für die Anonymität einzelner Berichterstatter wird um Verständnis gebeten.

Auflösung verwendeter Abkürzungen

Abt.	Abteilung
A.K.	Armeekorps
Amt Ausl./Abw.	Amt Ausland/Abwehr
AOK	Armeeoberkommando
Art. u. Ari	Artillerie
Art.Rgt. u. A.R.	Artillerieregiment
ASt	Abwehrstelle
Battr.	Batterie
Btl.	Bataillon
BR	Brandenburg (in Truppenbezeichnungen)
CIC	Combined Intelligence Committee — Feindnachrichtendienst der Combined Chiefs of Staff in Washington, D.C.
Div.	Division
Do-Werfer	Bezeichnung eines Mehrfachraketenwerfers
EAM	Griechische Nationale Befreiungsfront (Elliniko Apelofthero-tiko Metopo)
E.K.	Eisernes Kreuz
fdl.	feindlich
Feldw.	Feldwebel
FHQu	Führerhauptquartier
Fhr.	Führer
FS-Bataillon	Fallschirmjägerbataillon
Fübo	Führungsboot
Geb.Div.	Gebirgsdivision
Geb.Korps	Gebirgskorps
Gefr.	Gefreiter
Gen.Feldm.	Generalfeldmarschall
Gen.Kdo.	Generalkommando
Gen.Lt.	Generalleutnant
Gen.Major	Generalmajor
Gen.Oberst	Generaloberst
GenStH	Generalstab des Heeres
Grp.	Gruppe
Gr.Wf. u. Gr.We.	Granatwerfer
He.Gr.	Heeresgruppe
HKL	Hauptkampflinie
Hptm.	Hauptmann
HQu.	Hauptquartier
Inf.	Infanterie
Inf.Div. u. I.D.	Infanteriedivision
Inf.Rgt. u. I.R.	Infanterieregiment
i.G.	im Generalstab
Kav.Rgt.	Kavallerieregiment
Kdo.	Kommando

Kdr.	Kommandeur
K.J.A. u. KJA	Küstenjägerabteilung
Korv.Kpt.	Korvettenkapitän
Kp.	Kompanie
Kptlt.	Kapitänleutnant
KStN	Kriegsstärkenachweisung
KTB	Kriegstagebuch
K-Trupp	Kampftrupp
L-Boot	Landungsboot
Leg.	Legionär
LG	Leichtgeschütz
Lt.	Leutnant
MI-5	britische Gegenspionage und Sicherheitsdienst
M.G. u. MG.	Maschinengewehr
le.M.G. u. le.MG.	leichtes Maschinengewehr
MPi., MPi, Mp.	Maschinenpistole
mil.geo.	militärgeographisch
Nachr.Abt.	Nachrichtenabteilung
NO	Nachrichtenoffizier
OSS	Office of Strategic — amerikanische Behörde für den geheimen Nachrichtendienst und für Sonderoperationen
O 1	Ordonnanzoffizier 1
O.A. u. OA	Offizieranwärter
OB	Oberbefehlshaber
Obfeldw.	Oberfeldwebel
Obfhr.	Oberfähnrich
Obgefr.	Obergefreiter
Objäg. u. Oberjg.	Oberjäger (= Unteroffizier)
Oblt.	Oberleutnant
Obstlt. u. Oberstlt.	Oberstleutnant
Offz.	Offizier
OKH	Oberkommando des Heeres
OKW	Oberkommando der Wehrmacht
Op.Abt.	Operationsabteilung
Org.Abt.	Organisationsabteilung
OSchtz.	Oberschütze
Pz.Armee	Panzerarmee
Pz.Aufkl.Abt.	Panzeraufklärungsabteilung
Pz.Div.	Panzerdivision
Pz.Gren.Div.	Panzergrenadierdivision
Pz.Korps	Panzerkorps
Rgt. u. Regt.	Regiment
Rittm.	Rittmeister
SAS	Special Air Service — brit. Organisation für Sonderaufgaben hinter den feindlichen Linien
San.Feldw.	Sanitätsfeldwebel
Sanka	Sanitätskrankenkraftwagen
SD	Sicherheitsdienst

S-Flottille	Schnellbootflottille
s.Gr.We.	schwerer Granatwerfer
s.MG.	schweres Maschinengewehr
SPW	Schützenpanzerwagen
S.R.	Schützenregiment
Stabs-Kp.	Stabskompanie
Stgefr.	Stabsgefreiter
s.Stubo	schweres Sturmboot
T-Einsatz	Tarneinsatz
TNT	Trinitrotoluol (Sprengstoff)
T-Trupp	Trupp in Tarnkleidung
Trp.	Trupp
Uffz.	Unteroffizier
UK	unabkömmlich
Vers.Lager	Versorgungslager
V-Mann	Vertrauensmann
V.O. u. VO	Verbindungsoffizier
WFSt	Wehrmachtsführungsstab
zbV	zur besonderen Verwendung
Zg.	Zug
Ia	1. Generalstabsoffizier
Ic	Die Feindlage bearbeitender Offizier

Literaturauswahl

Abshagen, Karl Heinz: Canaris, Stuttgart 1955
Alistaire Horne: To loss a battle en France 1940, London 1969

Benzing, Klaus: Der Admiral, Eigenverlag 1973
Berthold, Will: Division Brandenburg, die Haustruppe des Admirals Canaris, Bad Wörishofen 1960
Berthold, Will: Division Brandenburg (Heyne-Taschenbuch), München 1977
Bikar, André (Lt. Colonel): 10 Mai 1940 Küchelscheid- un poste de Gendarmerie; Actions des commandos allemands; aus Revue de la Gendarmerie, Heft 52/1973, Heft 63/1976, Heft 68/1977
Borcher, Will: Krieg ohne Menschlichkeit, Wackersberg—Burgern 1975
Brissaud, André: Canaris — Fürst des deutschen Geheimdienstes oder Meister des Doppelspiels, Frankfurt 1978
Brockdorff, Werner: Geheimkommandos des Zweiten Weltkrieges, München 1967
Buchner, Alex: Im Geheimen Auftrag, München (o. D.)
Burdick, Germany's Military Strategy and Spain in the World War II, New York 1968
Buchheit, Gert: Anfänge des Regiments Brandenburg, Mitteilungsblatt Waffenring deutscher Pioniere, Heft 4/1969, Heft 1/1970
Buchheit, Gert: Der deutsche Geheimdienst, München 1966
Bürkner (Admiral): Angriff auf Gibraltar (Planung) v. 26. 11. 1964

Erasmus, Johannes: Der geheime Nachrichtendienst, Göttingen 1952

Farago: The Game of the foxes, New York 1971
Farago: Das Spiel der Füchse, Frankfurt 1972

Görlitz, Walter: 2. Weltkrieg — Band 2, Abschnitt XXII, S. 57 ff.
Groscurth, Helmut: Tagebuch eines Abwehroffiziers, Stuttgart 1970

Hnilicka, Karl: Das Ende auf dem Balkan, Göttingen 1970
Höhne, Heinz: Canaris-Patriot, München 1976

Jaus, Otto: Die Brandenburger Freiwilligen, Österr. Soldatenkalender 1975

Koch-Kent: 10. Mai 1940 en Luxembourg, Luxembourg 1971
Korten, Hans Joachim: Die Brandenburger (o. D.)
Kriegsheim, Herbert: Getarnt, Getäuscht und doch Getreu, Berlin 1958

Leverkuehn, Paul: Der Geheime Nachrichtendienst der deutschen Wehrmacht im Kriege, Frankfurt 1964

Manstein, Erich von: Verlorene Siege, Bonn 1955
Melchers, E. T. (Lt. Colonel): Kriegsschauplatz Luxemburg August 1914 — Mai 1940, Luxemburg 1966

Nemis, Fred: Brandenburger in Nordafrika, Rastatt (o. D.)

Ordioni, Pierre: Commandos et Cinquieme Colonne en Mai 1940, Paris 1970

Papeleux, Léon: Hitler, Franco, Canaris et Gibraltar, „Le Monde" v. 21. 1. 1975
Papeleux, Léon: L'Admiral Canaris — Ente Franco et Hitler, Paris 1977

Reile, Oscar: Geheime Westfront, München 1962
Reile, Oscar: Geheime Ostfront, München 1963
Reile, Oscar: Treff Lutetia Paris, München 1973

Skorzeny, Otto: Deutsche Kommandos im II. Weltkrieg, 2. Aufl., Band 2: Wir kämpften — wir verloren, Königswinter 1973
Spaeter, Helmuth: Geschichte des Panzerkorps Großdeutschland, Duisburg 1960
Schramm, Percy Ernst (Hrsg.): Kriegstagebuch des Oberkommandos der Wehrmacht (Wehrmachtführungsstab); in Zusammenarbeit mit A. Hillgruber, W. Hubatsch und H.-A. Jacobsen; 4 Bände, Frankfurt 1961—1965
Schindler: Mosty und Dirschau 1939, Freiburg 1972
Schröder, Bern Philipp: Deutschland und der Mittlere Osten im Zweiten Weltkrieg, Frankfurt—Zürich 1975
Steffens, Hans von: Auf Rommels Spuren, Karlsruhe 1959
Steffens, Hans von: Salaam, Neckargemünd 1960
Stoves, Rolf: Die 1. Panzerdivision, Bad Nauheim 1961
Stephan, Enno: Geheimauftrag Irland — deutsche Agenten im irischen Untergrundkampf 1939—1945, Oldenburg 1961

Tieke, Wilhelm: Der Kaukasus und das Öl, Osnabrück 1970
Töpelmann, Hans: Die Deutsche Kompanie, Berlin 1963

Watzdorf/Charisius/Voerster: Getarnt, Entdeckt und Aufgerieben — Die faschistische Sondereinheit Brandenburg z. b.V. 800, Berlin 1961

Zeitschriften

„Alte Kameraden" — Die Brandenburger in Tunesien (Küstenjäg.Abt.); Im Hinterland des Gegners (Küstenjäg.Abt.); Auf den Inseln des Dodekanes (Küstenjäg.Kp. RHODOS); Heft 6, 7 und 10, Stuttgart 1976

„Europäische Freiwillige" (Strassner) — Handstreich der Brandenburger, Osnabrück 1968

„Feldgrau" (G. Buchheit) — Die Anfänge des Regiments Brandenburg, Heft 1/1963, Heft 6/1970, Berlin

„Der Frontsoldat erzählt" — Jg. 17, Nr. 6—9, 1953/1957

„Die Gebirgstruppe" — Heft 4 und 5, München 1958

„Der Kyffhäuser" (Bender) — Die geheimnisvollen Brandenburger, 12/1958

„Der Landser" (W. Brockdorff) — Siegfr. Grabert, Der erste Ritterkreuzträger der „Brandenburger", Rastatt 1975

„Die Nachhut" (AGEA) — Heft 15/16, München 1972

„Vierteljahreshefte für Zeitgeschichte" — Heft 4, München—Stuttgart 1970

(o. D.) = ohne Datum